Beethovens Wiener Gönner

Auftraggeber und Widmungsempfänger in ihrer Verwandtschaft

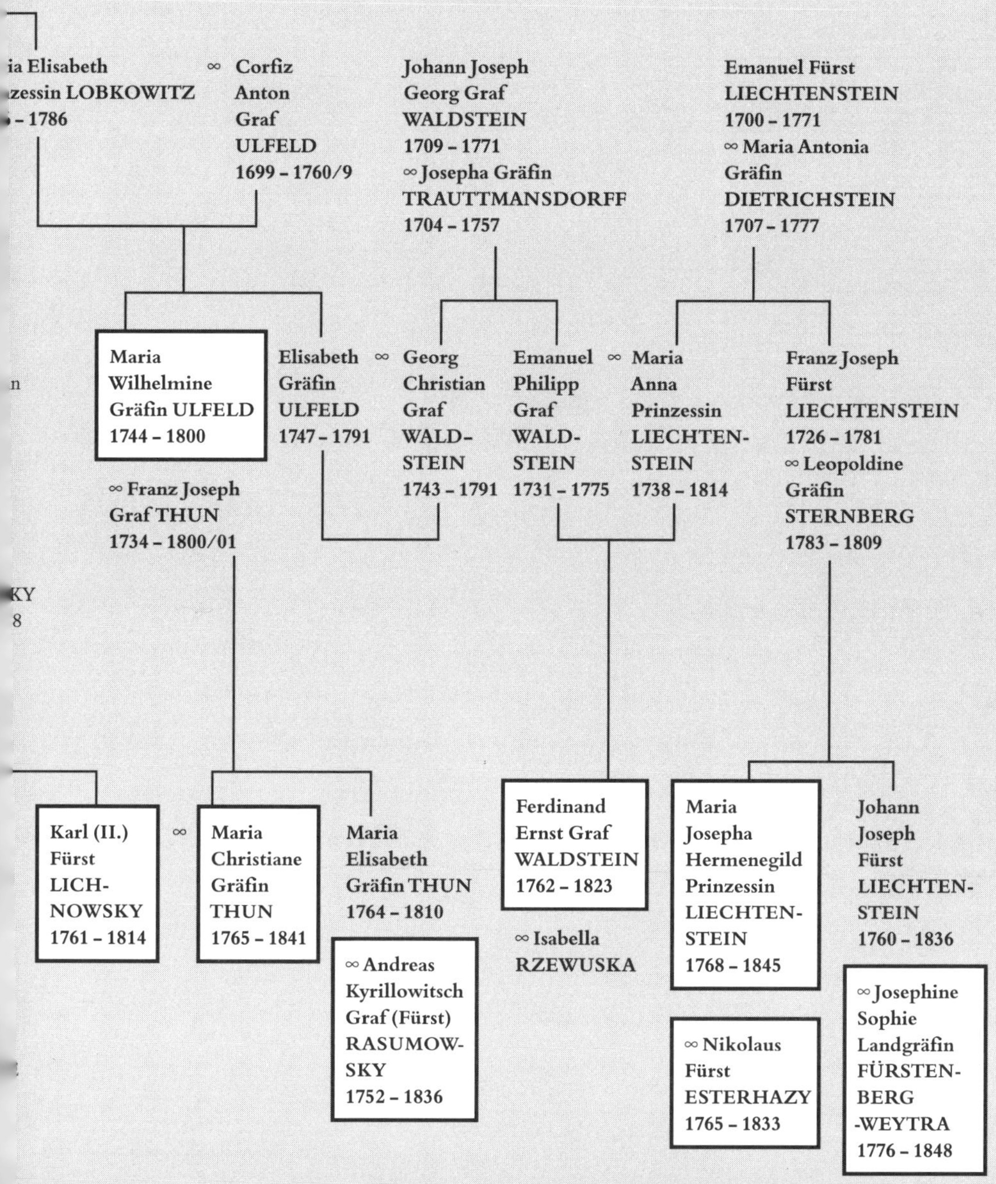

ia Elisabeth
zessin LOBKOWITZ
– 1786

∞ Corfiz
Anton
Graf
ULFELD
1699 – 1760/9

Johann Joseph
Georg Graf
WALDSTEIN
1709 – 1771
∞ Josepha Gräfin
TRAUTTMANSDORFF
1704 – 1757

Emanuel Fürst
LIECHTENSTEIN
1700 – 1771
∞ Maria Antonia
Gräfin
DIETRICHSTEIN
1707 – 1777

Maria
Wilhelmine
Gräfin ULFELD
1744 – 1800

∞ Franz Joseph
Graf THUN
1734 – 1800/01

Elisabeth
Gräfin
ULFELD
1747 – 1791

∞ Georg
Christian
Graf
WALD-
STEIN
1743 – 1791

Emanuel
Philipp
Graf
WALD-
STEIN
1731 – 1775

∞ Maria
Anna
Prinzessin
LIECHTEN-
STEIN
1738 – 1814

Franz Joseph
Fürst
LIECHTENSTEIN
1726 – 1781
∞ Leopoldine
Gräfin
STERNBERG
1783 – 1809

KY
8

n

Karl (II.)
Fürst
LICH-
NOWSKY
1761 – 1814

∞ Maria
Christiane
Gräfin
THUN
1765 – 1841

Maria
Elisabeth
Gräfin THUN
1764 – 1810

∞ Andreas
Kyrillowitsch
Graf (Fürst)
RASUMOW-
SKY
1752 – 1836

Ferdinand
Ernst Graf
WALDSTEIN
1762 – 1823

∞ Isabella
RZEWUSKA

Maria
Josepha
Hermenegild
Prinzessin
LIECHTEN-
STEIN
1768 – 1845

∞ Nikolaus
Fürst
ESTERHAZY
1765 – 1833

Johann
Joseph
Fürst
LIECHTEN-
STEIN
1760 – 1836

∞ Josephine
Sophie
Landgräfin
FÜRSTEN-
BERG
-WEYTRA
1776 – 1848

Konrad Küster

Beethoven

Konrad Küster

Beethoven

Deutsche Verlags-Anstalt
Stuttgart

Bildnachweis

Die Bilder wurden
folgenden Büchern entnommen:

Klaus Günzel: Die Brentanos.
Eine deutsche Familiengeschichte. Zürich 1993:
S. 307 (Privatbesitz; Foto: Killian).

H. Ch. Robbins Landon: Beethoven. Wien 1970:
S. 64 (Schloß Hradec/Tschechische Republik),
137 (Historisches Museum der Stadt Wien),
253 (Gesellschaft der Musikfreunde in Wien).

Ferdinand Pfohl: Beethoven, Bielefeld/Leipzig 1926:
S. 198, 230, 233.

Klaus Albrecht Schröder:
Ferdinand Georg Waldmüller, München 1990:
S. 209 (Privatbesitz; Foto: Edith Jäkel).

Die übrigen Bildvorlagen
stammen aus dem Archiv des Verfassers.

Die Deutsche Bibliothek – CIP-Einheitsaufnahme

Küster, Konrad:
Beethoven / Konrad Küster. –
Stuttgart : Deutsche Verlags-Anstalt, 1994
ISBN 3-421-06690-6

© 1994 Deutsche Verlags-Anstalt GmbH, Stuttgart
Alle Rechte vorbehalten
Lektorat: Ulla Küster
Typografische Gestaltung: Brigitte Müller
Satz: Uhl+Massopust GmbH, Aalen
Druck und Bindearbeit: Friedrich Pustet, Regensburg
Printed in Germany

ISBN 3-421-06690-6

Inhalt

Vorwort

Man hat sich Beethoven nicht immer auf gleiche Weise genähert. Unter seinen Zeitgenossen gab es ebenso Bewunderer wie Kritiker, schließlich auch solche, die ihm beim Anhören seiner Musik nicht zu folgen vermochten. Jüngeren Generationen war er vor allem ein Vorbild – ein Vorbild allerdings, dessen Wirkung auch frustrierend sein konnte, weil man es für schlichtweg unmöglich hielt, mit ihm kompositorisch mithalten zu können. Dieser Aspekt verlor desto mehr an Bedeutung, je mehr Beethoven als eine Figur der Geschichte erscheint (also nicht als eine Figur, an der die Gegenwart zwangsläufig zu messen ist); geblieben ist vielmehr eine wohl weltweite und nahezu uneingeschränkte Bewunderung seines Werks.

Die Vorbildfunktion in jener zweiten Etappe prägte allerdings nicht nur Musiker, sondern auch Musikliebhaber. Beethoven wurde zum Klassiker, dem man sich dennoch über nur wenige Jahrzehnte hinweg als einem Beinahe-Zeitgenossen verbunden fühlen konnte, also gewissermaßen zu einer Art musikalischem Übervater. Und dieses Prinzip entwickelte nun seine eigene Dynamik: Während sich Interpretationsstile und unser Verhältnis zu Beethovens Musik in der beschriebenen Weise verschoben haben, prägen doch elementare Bestandteile des Beethoven-Bildes, das in der zweiten Etappe entwickelt worden ist, auch noch das unsere. Manchem mag dies als unproblematisch erscheinen; dennoch gibt es komplexe Brüche zwischen einem Persönlichkeitsbild, das einen aktiven, direkt gegenwartsbezogenen Geniekult flankiert, und einem Bild, das für eine historische Gestalt entwickelt wird, wobei der Bewunderung für ihr Schaffen kein Abbruch geschieht – eher im Gegenteil.

Beethovens Tod lag gerade ein Dreivierteljahrhundert zurück, als sich

1903 der französische Dichter Romain Rolland dessen Leben in der Studie *La vie de Beethoven* widmete. Rolland, der 1915 für seinen Beethoven-Roman *Jean-Christophe* (veröffentlicht 1904-12) den Literaturnobelpreis erhielt, stand ohne Zweifel in jener besonderen Situation, daß seine Bewunderung für Beethoven auch durch dessen Vorbildcharakter belastet wurde. *La vie de Beethoven* wurde in mehrere Sprachen übersetzt und somit in mehreren Sprachräumen zu einem das Beethoven-Bild prägenden Text – nicht nur als musikhistorischer Text, sondern auch als ein Stück Literatur. Auch am Ende des 20. Jahrhunderts erscheint sie als selbstverständlicher Bestandteil des deutschsprachigen Buchmarkts; sie ließ sich in der Zwischenzeit sogar als Ausgangspunkt für eine spätstalinistische Beethoven-Rezeption interpretieren*.

Nachdem Rolland dort auf Beethovens Tod zu sprechen gekommen ist, schreibt er*: »O Beethoven! Andere haben vor mir die Größe deines Künstlertums gepriesen, du aber bist mehr als der erste unter allen Musikern, du bist die Verkörperung des Heldentums in der ganzen modernen Kunst, du bist der größte und beste Freund der Leidenden, der Kämpfenden. Wenn das Elend der ganzen Welt uns überwältigt, dann nahst du dich uns, wie du dich einer trauernden Mutter nahtest, dich wortlos ans Klavier setztest und der Weinenden Trost reichtest in dem Gesang deiner ergebenen Klage. Und wenn uns Ermattung droht im ewigen nutzlosen Kampf gegen die Mittelmäßigkeit der Tugenden und der Laster, bist du der Ozean des Willens, des Glaubens, in den wir untertauchen, der unsere müden Glieder stärkt. Du gibst uns deine Tapferkeit, deinen Glauben daran, daß der Kampf Glück ist, dein Bewußtsein der Gottähnlichkeit.« In solchen Worten (über deren Gefühls-Hintergrund schlichtweg keinerlei Urteil angebracht ist) erscheint Beethoven als eine Persönlichkeit, die die Welt fundamental verändert hat, von der die Welt andererseits aber in einer kaum überbietbaren Weise Besitz ergriffen hat.

In dem Bild, das man sich von Beethoven macht, stehen somit Ansätze nebeneinander, die sich kaum vereinbaren lassen. Man bewundert den klassischen Musiker – obgleich dieser viel eher Zeitgenosse der literarischen Romantik war. Man konstatiert Beethovens Bindungen an Haydns und Mozarts Wien – obgleich diese Stadt für ihn nur über eine Reihe von »historischen Zufällen« zu einer exilartigen Wahlheimat wurde und er zuvor Wurzeln viel eher in Bonn geschlagen hatte. Man sieht Beethoven (ähnlich Schiller) als Vorboten einer neuen Zeit, die sich mit der Französi-

---

* Sternchen im Text verweisen auf den Anmerkungsteil (S. 423 ff.).

schen Revolution Bahn gebrochen habe und vom Bruch mit Bisherigem, vom Einsatz für demokratischen Geist und mindestens von Nonkonformismus geprägt gewesen sei – obgleich Beethoven ein gespaltenes Verhältnis zum schließlichen Träger dieser Bewegung, Napoleon, hatte (daß dieser von den Regierenden der Zeit diese Bewegung noch am ehesten »trug«, wird man sagen können), obgleich Beethoven in besonders intensiver Verbindung zum Bruder des letzten römisch-deutschen und ersten österreichischen Kaisers stand (zu Franz' Bruder Erzherzog Rudolph) und seine größten Erfolge hatte, als die Anführer des nachmaligen Restaurationszeitalters sich in Wien zum »Kongreß« versammelt hatten. Beethoven: klassisch und romantisch, restaurativ und revolutionär, kleindeutsch und österreichisch, vor allem aber mit internationaler Ausstrahlung schon zu Lebzeiten; eher aber, als daß dieser Universalismus nur in seiner Person lag (als etwas schlichtweg Inkommensurables), ist zunächst bemerkenswert, daß so viele mit ihm, mit seinem Leben und mit seinem Wirken, etwas anzufangen wußten. Goethe achtete ihn und hatte Anteil daran, daß der junge Felix Mendelssohn Bartholdy vom Anblick Beethovenscher Autographe in »heiliges Staunen« versetzt wurde*. Ernst Theodor Amadeus Hoffmann bewunderte die Instrumentalmusik Beethovens und stand dessen Vokalmusik kritisch gegenüber; bei Richard Wagner war es gerade umgekehrt. Wagner zog aus Beethovens Wirken die Konsequenz, daß man keine Sinfonien mehr schreiben könne; Anton Bruckner und Gustav Mahler, obgleich gerade keine Wagner-Gegner, errangen ihren Ruhm dennoch als Sinfoniker und scheiterten auf fast groteske Weise daran, die durch Beethoven scheinbar standardisierte Neunzahl der im Laufe eines Lebens komponierbaren Sinfonien zu überbieten. Im 20. Jahrhundert schritt die Politisierung von Beethovens Musik noch besonders voran; doch eine »bürgerliche« und eine »sozialistische« Musikkultur stürzten sich auf ein und dasselbe Werk: die 9. Sinfonie (nur die Volksrepublik China machte eine Ausnahme, weil in Schillers Hymne nicht nur »alle Menschen werden Brüder« vorkommt, sondern auch ein Gottesbegriff*). Letztlich geht die divergente Annäherung an Beethoven aber auch ins Detail: Einerseits bewundert man die Faßlichkeit und »Volkstümlichkeit« einzelner Themen, andererseits die komplexe Musiksprache des Spätwerks, die für manchen Beobachter auf eine Auflösung der Tonalität in der Zeit um 1900 vorauszuweisen scheint. Dieser letzte Aspekt hat spezifischer mit Beethovens Leben und Werk zu tun als alle vorher genannten, und zwar tatsächlich als ein Nebeneinander von Unterschiedlichem. Derartiges zu verfolgen ist daher eines der Anliegen dieses Buches – um so mehr, als die außermusikalischen Quellen zu Beethovens Leben in ihrer Substanz erstaunlich dürftig sind.

Zwar fühlten sich viele, die Beethoven gekannt hatten, veranlaßt, späterhin ihre Erinnerungen an ihn aufzuschreiben; doch diese Äußerungen sind bereits auch Interpretation und enthalten Verfärbungen aus dem Blickwinkel einer Nachwelt (wie freilich jede biographische Annäherung) und sind dadurch besonders belastet, daß ihre Urheber vielfach bestrebt waren, Beethovens Wesen in knappen Kernsätzen zu charakterisieren. Daß sich gerade darüber aber ein Beethoven-Bild (ein einzelnes) verfestigte, ist unvermeidlich – eher als daß man sich heutzutage aus diesen Berichten als einer Meinungs-Pluralität selbst ein Bild entwickeln könnte (und oftmals informieren Anekdoten, die jemand über einen anderen erzählt, ja auch mindestens ebensosehr über den Erzähler wie über den Dargestellten). Über alledem bleibt erstaunlich, wie intensiv das Beethoven-Bild von Strukturen, die sich aus der Betrachtung des fortgeschrittenen 19. Jahrhunderts herleiten, beherrscht wird; daß sich zwischen diesem und den Ergebnissen internationaler Beethoven-Forschung zunehmend eine Kluft auftut, kann um so weniger erstaunen, als diese Beethoven-Forschung wirklich etwas Internationales ist – aufgrund der Wirkung Beethovens.

Als »Quellen« stehen zwar ferner Hunderte von Beethoven-Briefen zur Verfügung – allerdings sind auch unter diesen kaum so konkrete Informationsträger wie die Reisebriefe der Familie Mozart, sondern ein Großteil erweist sich als knappe, punktuelle Nachrichten aus dem Alltagsbetrieb (genauer gesagt: solche, die nur in diesem eine Funktion übernehmen, ohne deren Hintergründe eigens offenzulegen), wenn man nach weiterreichend Biographischem sucht. Ursache dafür ist, daß so vieles vor Ort in direktem persönlichen Kontakt abgewickelt werden konnte: in Wien, allenfalls an den Sommerfrische-Zielen der k. k. Gesellschaft. Und in Wien ist Beethoven zwar notorisch oft umgezogen; im Mozartschen Sinn gereist ist er hingegen höchst selten.

Persönliche Kontakte zu Beethoven wurden aber durch eine zunehmende Behinderung erschwert: durch seine Taubheit. Um verbale Kontakte von außen empfangen zu können, wurden seit 1818 »Konversationshefte« geführt, in denen Beethovens Gesprächspartner Bemerkungen eintrugen, die sie an ihn richten wollten. Aber Beethoven war »nur« taub, nicht auch stumm (folglich konnte er auch direkt antworten), und manche Äußerung scheint er auch trotz seiner Taubheit verstanden zu

haben, wenn sie nur gesprochen wurde. So informativ einzelne Bemerkungen auch sein mögen, ergibt sich aus ihnen kein geschlossenes Bild
(über Gesprächsverläufe oder über Diskussionsstoffe)*. So wichtig und
in jedem Sinn einzigartig die Konversationshefte als Quelle sind (neben
einem für die Biographik eher »üblichen« Briefkorpus), wird gerade an
der Strukturierung dieses Materials deutlich, daß es – weder hier noch im
Fall einer anderen beteiligten Person – eine unbestechliche Quelle sein
könnte, die ohne Interpretation auskäme. Auch aus diesem Grund erhält
das geschilderte schaffensbiographische Vorgehen für die Beschäftigung
mit Beethovens Biographie eine besondere Bedeutung, und dies um so
mehr, als das musikalische Denken Beethovens praktisch nie aussetzte
(mindestens hatte es stets »Bereitschaftsdienst«, und deshalb benutzte
Beethoven ein Skizzenbuch auch auf Spaziergängen). Dabei hat es den
Anschein, daß er an einer fortwährenden Optimierung der Lösungen für
musikalische Fragestellungen arbeitete – nicht zum Schaden für die Einschätzung jeweils früherer Werke, sondern eher so, daß in einer großen
Zahl von Kompositionen ein exemplarischer Charakter zu liegen scheint
(und zwar: schon von Beethoven so angelegt). Dies sind nicht nur Kompositionen, die in jener zu Symbolhaftem erhobenen Opus-Folge von 1
bis 138 enthalten sind, sondern auch solche, die als »Werke ohne Opus-
Nummer« (»WoO«) oder gar erst durch Willy Hess' Supplement-Arbeit
(»Hess«) weiter außerhalb des publikumswirksamen Gesichtskreises liegen. Igor Strawinsky sagte einmal*: »Vivaldi wird sehr überschätzt, ein
langweiliger Mensch, der ein und dasselbe Konzert sechshundertmal
hintereinander komponieren konnte.« So mißgünstig dies ist und so sehr
es an Vivaldis Musik vorbeizielt – über Beethoven hätte Strawinsky dies
sicherlich nicht gesagt. Das ist insgesamt Resultat eines veränderten
Künstlerbildes; Beethoven selbst mag dazu beigetragen haben, daß sich
die Ansprüche an einen Künstler zunehmend in dieser Richtung wandel-
ten. Von einer Schaffensentwicklung zu sprechen (selbst wenn man in ihr
»Brüche« zu konstatieren geneigt ist oder feststellt, daß sie »nicht geradli-
nig« oder »mehrspurig« verlief) und diese als den roten Faden des Lebens
zu betrachten: Bei kaum einem anderen Komponisten liegt dies somit
näher als bei Beethoven, dessen Schaffen zudem mindestens hinsichtlich
der Bereiche, die von jener Opuszahlen-Folge erfaßt wurden, praktisch
flächendeckend im Musikrepertoire präsent ist – anders auch als etwa der
viel selektivere Zugriff, der den Umgang mit Mozarts Werk prägt
(Mozarts frühe Sinfonien und Opern kennt man viel weniger als die
späteren Werke dieser Gattungen). Auch eine solche Schaffensbiographie

ist Interpretation – allerdings an der Quelle, die für die weltweite Beethoven-Rezeption das Primäre ist. Das heißt nicht, daß das Leben Beethovens in einer Werkbetrachtung völlig unbeachtet bleiben könne; eher aber sollte man bedenken, wie wenig gerade dieses Schaffen aus einer »reinen« Lebensbetrachtung ausgegliedert werden kann. Dies hat für die Musiker-Biographik auch weiterreichende Konsequenzen.

Einer allgemeinen Heroengeschichtsschreibung gegenüber bezieht man mittlerweile eine eher zurückhaltende Position; es kann folglich auch nicht Sinn einer Künstlerbiographie sein, von einem letztlich vordergründigen Geniebegriff auszugehen, der den Künstler aus seiner Zeit isolierte. Nur einem Künstler gegenüber wäre man bereit, weiterhin jenes Heroisch-Genialische an den Ausgangspunkt der Biographie zu stellen, weil man ja auch die Werke nicht als kollektive Leistungen, sondern als individuelle erlebt. Damit aber bringt man zwei Ebenen in eine gefährliche Nähe zueinander: das Individuelle, das wir den Werken eines Künstlers aufgrund unseres Erlebens beimessen, und ein »heroisches« Herauslösen des »zugehörigen« Menschen aus seiner Zeit, wenn wir uns seinem Leben zuwenden. An dieser Stelle sollte man bedenken, daß man einen Politiker wegen seines politischen Wirkens, einen Dichter wegen seines literarischen Schaffens, einen Naturwissenschaftler wegen seiner Entdeckungen würdigt. Das Medium Musik mag besonders schwer in Worte zu fassen sein; doch dies kann kein Grund dafür sein, daß die biographische Würdigung eines Komponisten sich jenem ansonsten allgemein üblichen Standard entzieht, nach dem das Werk den Einstieg bildet. Und vielleicht kommt man auch dem Wesen Beethovens näher, wenn man seinem musikalischen Denken und dessen Entwicklung nachzuspüren sucht, als wenn man konstatiert, daß er beim Komponieren etwa ungekämmt in einem kargen, chaotisch unordentlichen Zimmer gesessen habe. Denn, wie schon Hugo von Hofmannsthal es als Einleitung einer Rede anläßlich von Beethovens 150. Geburtstag ausdrückte (1920)*: »Der gerade Weg zu Beethoven führt durch seine Werke.«

1. Kapitel

Bonn

Eine Karriere

Herkunft und Kindheit

Ludwig van Beethoven wurde 1770 in Bonn geboren, wohl Mitte Dezember; das früheste Datum, das über ihn informiert, ist das der Taufe am 17. Dezember. Sein Vater Johann, um 1740 als Sohn des nachmaligen Hofkapellmeisters Ludwig van Beethoven (1712-1773) geboren, war seit 1752 Sänger (zunächst als Diskantist) in der Hofkapelle des Erzbischofs von Köln; dieser residierte in Bonn. Die Mutter, Maria Magdalena, Tochter des Oberhofkochs Johann Heinrich Keverich aus Ehrenbreitstein, war 1746 geboren und schon einmal verheiratet gewesen, ehe Johann sie 1767 zur Frau nahm. Ihr erstes Kind, Ludwig Maria, kam 1769 zur Welt und starb bereits wenig später; nach Ludwig, dem nachmaligen Komponisten, wurden 1774 und 1776 die Brüder Caspar Carl und Nikolaus Johann geboren. Drei noch jüngere Geschwister, zwei Schwestern und ein Bruder, erreichten kaum das Kleinkindalter.

Diese Daten mögen plakativ wirken und über ihre eigentliche Substanz hinaus nicht sehr mitteilungsfreudig erscheinen. Doch gerade über das, was den jungen Beethoven erwartete, sagen sie erstaunlich viel aus. Generationenverhältnisse, Grundprobleme des Musikerstandes in jener Zeit, Grundprobleme auch der kurkölnischen Lokalgeschichte, zeitübliche Verhaltensmuster, die aber in ihren psychologischen Folgen beachtenswert sind: Das alles ist in diesen knappen Angaben vereinigt, über drei Generationen hinweg – von Ludwig van Beethoven also zurück bis zu seinem gleichnamigen Großvater.

Dieser Großvater, Sohn eines Bäckermeisters, war als Kapellknabe gewissermaßen zufällig in das Musikgeschäft hineingeraten: Zunächst in seiner Heimatstadt Mecheln singend, ist er – nach dem Stimmwechsel – 1731 in Leuven nachweisbar, 1732 in Lüttich; daß er 1733 im Bonner

Hofmusikerstab erscheint, kann also als konsequente Fortsetzung einer Wanderbewegung ostwärts erscheinen. Nach 28 Jahren gelang ihm dort ein bemerkenswerter Coup: Im Zuge einer Neubesetzung des Erzbischofsstuhls ließ er sich zum Hofkapellmeister befördern. Er nutzte eine Chance, die sich grundsätzlich bot, wenn ein Territorium von einem Regierungswechsel erfaßt wurde: Ein »Neuer« brachte stets seinen eigenen Personalstab mit, wenn er die Herrschaft übernahm (egal, ob es sich um die Thronfolge in einem weltlichen Fürstentum handelte oder um die Neuwahl in einem geistlichen). Das bedeutete jeweils, daß die ursprünglichen Personalverhältnisse eines Hofes durcheinandergewirbelt wurden: Manche Posten wurden eingespart, weil praktisch jeder neue Herrscher bei seinem Regierungsantritt den Schock durchleben mußte, wie zerrüttet die Staatsfinanzen waren; andere Posten wurden mit neuen Leuten besetzt, und nur einer Auswahl der bisherigen Stelleninhaber konnte es gelingen, auch im neuen Regiment einen Platz innezuhaben. Im Zuge dieses normalen Prozesses erreichte Ludwig van Beethoven der Ältere folglich 1761 den Gipfel dessen, wohin damals eine höfische Musikerkarriere führen konnte. Er dürfte sich des Aufstiegs, der ihm damit gelungen war, bewußt gewesen sein.

Auch sein Sohn Johann behielt seine Stellung über den Regierungswechsel hinweg; alles andere wäre wohl ein Affront gegen den neuen Kapellchef gewesen. Und auf dieser Linie entwickelte sich für Johann van Beethoven ein lebensbestimmendes Spannungsverhältnis: Ihm wurde das undankbare Schicksal zuteil, fortan im Schatten eines aktiven und geachteten Vaters zu stehen, und für seine Entwicklung dürfte sich dies vorwiegend ungünstig ausgewirkt haben. Die Situation, in der Johann van Beethoven fortan stand, ist allerdings bisweilen wohl überinterpretiert worden, denn bei näherer Betrachtung zeigt sich, daß die Bedingungen, unter denen er heranwuchs, total normal waren. Er wohnte bis zu seiner Eheschließung (mit rund 28 Jahren) in seinem Vaterhaus, wie man es als unverheirateter Sohn, der nicht etwa auf die Universität zog, durchaus tat; das war also keine Fesselung des Sohnes an den Haushalt des Vaters, wie man bisweilen liest. Johanns Situation läßt sich aus einem vielleicht unkonventionellen Vergleich heraus verdeutlichen: Wolfgang Amadeus Mozart verließ den Hausstand seines Vaters Leopold 1781, als 25jähriger; bei allen Mutmaßungen, die man über den Vater-Sohn-Konflikt im Hause Mozart anzustellen bereit ist, ist der Gedanke, den man als so schicksalhaft für Johann van Beethovens Laufbahn ansieht, für Mozart nie geäußert worden – daß nämlich das Leben in seinem Vaterhaus seine

Persönlichkeits- und Schaffensentwicklung behindert habe. Wenn dies nun also für Johann van Beethoven gelten soll, können die Gründe dafür nicht bei den Lebensverhältnissen an sich gelegen haben, sondern allenfalls bei den individuellen Umständen und im Bereich des Charakterlichen der beteiligten Persönlichkeiten.

Mozart ist dennoch Johann van Beethoven gegenüber gleich in mehrfacher Hinsicht im Vorteil gewesen: Beider Väter befanden sich zwar in führenden Positionen einer erzbischöflichen Hofkapelle; insofern sind die Startvoraussetzungen für beide grundsätzlich gleich gewesen. Leopold Mozart aber blieb auf der Karriereleiter schließlich als Vizekapellmeister hängen und hatte damit zu leben, daß ihm bei der Vergabe des Kapellmeisterpostens andere vorgezogen wurden; soweit er konnte, stellte er sein Leben in den Dienst der Erziehung seiner Kinder. Für eine Person hingegen, der der Karrieresprung nach ganz oben gelang wie Ludwig van Beethoven dem Älteren, wäre diese uneingeschränkte Fürsorge für musikalische Nachwuchsbegabungen viel schwerer gewesen. Leopold Mozart war zudem ein geradezu fanatischer Pädagoge – und im privaten Bereich war Wolfgang Amadeus schon das zweite »Opfer«, dem sein Musikunterricht gelten konnte, denn dieser konnte zumindest in den allerersten Anfängen in den gleichen, erprobten Bahnen geplant werden, in denen derjenige der älteren Tochter abgelaufen war (»Nannerl«; so jedenfalls lassen es die Mozartschen Notenbücher vermuten). Mozarts Unterricht entwickelte dann aber eine Eigendynamik; der Salzburger Erzbischof Sigismund von Schrattenbach muß es gewesen sein, der der Familie Mozart bei den süddeutsch-österreichischen Regierenden das Entree öffnete, und damit war fast zufällig die Reisetätigkeit der Mozarts in Gang gesetzt worden.

Johann van Beethoven hingegen war das einzige Kind, das seinen Eltern blieb; und Erzbischof Clemens August von Köln wurde auch nicht darauf aufmerksam, daß Johann van Beethoven etwa ein musikalisches Wunderkind sei, sondern er nahm ihn schlichtweg in die Hofkapelle auf – noch zu einem Zeitpunkt, zu dem auch der Vater noch in keiner besonders hohen Position stand, also als normaler Gunstbeweis und als normale Kunst-Anerkennung. Auf diese Weise gelangte der Platz, den die Familie Beethoven in der Bonner Hofmusik einnahm, eben auf eine viel normalere Weise in die typische »zweite Generation« als im Fall der Familie Mozart. Die Fußstapfen des Hofkapellmeisters Ludwig van Beethoven waren aber zumindest seit jenem Ereignis von 1761 für den Sohn Johann zu groß, um in sie hineinzupassen; und das Engagement des

Vaters für den Sohn mag nicht wesentlich darüber hinausgereicht haben, dafür zu sorgen, daß dieser den ihm zugewiesenen Platz in der Kapelle angemessen ausfüllte. Und wiederum: Grundsätzlich ist dies die normale Fürsorge, die man in typischen Musikerfamilien der jeweils nächsten Generation entgegenbringt. Nur eben konnte Ludwig van Beethoven der Ältere seine persönliche Leistung – berechtigterweise – für bemerkenswert halten, und dies ließ er wohl auch seinen Sohn spüren.

Johann van Beethoven ist dann langfristig als Trinker und als Versager in die Geschichte eingegangen; wäre diese Geschichte aber nicht die seines Sohnes, fiele es viel leichter, auch sie als Normalität zu begreifen: Daß in den Hierarchien des Alten Reiches ein Sohn den Beruf des Vaters ergreifen sollte, war ja normal, und daß der Sohn dort nicht reüssierte (vor allem nicht genau so wie der Vater, der aus eigener Kraft in den Hierarchien aufgestiegen war), liegt ebenso nahe wie das Gegenteil. Schließlich sollte man auch bedenken, daß das kurkölnische Gebiet klassische Weinbaulagen einschloß; Wein steht in einem solchen Gebiet grundsätzlich als Alltagsgetränk zur Verfügung (also leichter als etwa in Oberbayern oder an der Nord- und Ostseeküste), und für die Menschen der Zeit war Wein eines der saubersten Getränke, die man sich denken konnte – sauberer als Wasser, weniger anfällig gegen Rezepturschwankungen als Bier, schwächer alkoholisch als alle Arten von Schnaps. Der Schritt von einem sozusagen normalen Konsum von Alkoholika zu deren Genuß im Übermaß ist heute ebenso klein wie damals – gerade bei ortsüblichen Getränken. Johann van Beethovens fortschreitende Abhängigkeit von deren Genuß sollte man also nicht überbewerten. Daß unter dem Spott, dem er sich daraufhin aussetzte, am meisten seine nächste familiäre Umwelt zu leiden hatte, also seine Frau und (im Fall der Familie Beethoven) primär das älteste Kind, Ludwig der Jüngere, steht auf einem anderen Blatt. Auch das aber wäre heute nicht wesentlich anders, als es damals war, und es spiegelt damit eher ein allgemeines soziales Problem als ein individuelles des jungen Beethoven. Dennoch konnte sich ein solches für Beethoven ergeben – allerdings nicht das einzige, das auf ihm und seiner Jugendzeit lastete.

Er war zwar das älteste Kind seiner Eltern, das die Kindheit überlebte; ihm war aber ein älterer Bruder vorausgegangen, der ebenfalls Ludwig geheißen hatte, aber kurz nach der Geburt gestorben war. Im Vornamen Ludwig, den Beethoven von seinem Großvater »erbte«, spiegelt sich für ihn somit nicht nur eine normale innerfamiliäre Namenstradition, sondern dieser Name hatte für ihn eine potenzierte Vorbildfunktion. Schon jenem älteren Bruder hatte man den Namen des erfolgreichen Hofkapellmeisters als »Programm« mit auf den Lebensweg gegeben; als dieser Bruder starb, gaben die Eltern dem nächstjüngeren Sohn nun nicht nur wieder den Namen dieses Großvaters, sondern auch den des (zweifellos geliebten und betrauerten) ersten Kindes. Auf diese Weise beginnt das psychologisch Relevante für Beethoven nicht erst in Kindheit und Jugend oder angesichts der Konflikte zwischen Vater und Großvater, sondern pränatal und auf einer ganz eigenen Ebene.

Welche Auswirkungen konnte dies auf Beethovens Entwicklung haben? Eine Antwort wird möglich, wenn man die Forschungen des Psychologen William G. Niederland über die Wurzeln von Kreativität hinzuzieht*. Niederland schildert die Schaffensbiographie des Archäologen Heinrich Schliemann. Schliemanns Vater, ein Pastor, der den weiblichen Bediensteten seines Hauses übel mitspielte und der seine eigene Frau mißhandelte, läßt sich als zerrüttete Persönlichkeit bezeichnen. Ehe Schliemann geboren wurde, hatten seine Eltern einen weiteren Sohn gehabt, der ebenfalls Heinrich hieß, aber früh starb; dessen Vornamen ging nun auf den Zweitgeborenen über. Schliemann wuchs daraufhin in einem Spannungsfeld zwischen Eigenidentifikation und dem imaginären Vorbild des verstorbenen, gleichnamigen älteren Bruders auf, in der ganz konkret personalisierten Spannung zwischen Tod und Leben – ein klassischer Stimulus für Kreativität. Die Spannung verschärfte sich für ihn dadurch, daß er als Pastorensohn stets auf dem Kirchhof mit dem Grabmal seines gleichnamigen Bruders konfrontiert wurde. Für Beethoven liegen die Verhältnisse nun möglicherweise ähnlich: Auch er hatte mit dem »Defekt« zu leben, daß er am Verhalten seines Vaters zweifelte; doch dies ist nur eine Seite der psychologischen Grundlagen. Auch Beethoven hatte einen älteren Bruder gleichen Namens, der als Kind gestorben war und den er selbst freilich nicht gekannt hatte; dessen Namen begegnete Beethoven allerdings weniger auf dem Friedhof als in seinem Großvater – der aber 1773 starb, so daß anschließend für Beethoven (seitdem er zwei Jahre alt war) das die Kreativität stimulierende Spannungsverhältnis zwischen Tod und Leben auf doppelter Ebene bestehen konnte.

Beethoven trug das Gedächtnis jenes älteren Bruders gleichen Namens sein Leben lang mit sich; dies zeigt sich beispielsweise 1810, als er seinen Bonner Jugendfreund Franz Gerhard Wegeler bittet, aus den Bonner Kirchenbüchern sein genaues Geburtsdatum zu ermitteln. Er schreibt*: »Etwas ist unterdessen in acht zu nehmen, nämlich: daß noch ein Bruder früherer Geburt vor mir war, der ebenfalls Ludwig hieß, nur mit dem

Zusatze ›Maria‹, aber gestorben ist. Um mein gewisses Alter zu bestimmen, muß man also diesen erst finden, da ich ohnedem schon weiß, daß durch andere hierin ein Irrtum entstanden, da man mich älter angegeben, als ich war. Leider habe ich eine Zeitlang gelebt, ohne selbst zu wissen, wie alt ich bin. [...] Also laß Dich's nicht verdrießen, wenn ich Dir diese Sache sehr warm empfehle, den Ludwig Maria und den jetzigen nach ihm gekommenen Ludwig ausfindig zu machen.« Als die Unterlagen bei Beethoven schließlich eingingen und den 17. Dezember 1770 als Taufdatum referierten, glaubte er ihnen nicht, sondern vermerkte als »wahres« Geburtsjahr auf der Rückseite des Taufscheins »1772«, da sich »1770« auf Ludwig Maria beziehe. Abgesehen davon, daß es für einen im Dezember Geborenen vielleicht ohnehin nicht leicht ist, das Kalenderjahr und das diesem um rund 50 Wochen hinterherhinkende Lebensjahr miteinander in Einklang zu bringen, ist dies alles primär ein Hinweis darauf, wie gewichtig für Beethoven in seiner Persönlichkeitsentwicklung das Bild jenes unbekannten, gleichnamigen Bruders war, dessen Namen er allenfalls nur über den so vorbildhaften Großvater begreifen konnte.

Unter diesen individuellen Belastungen gelangte der Bonner Hofmusikerberuf der Beethovens mit Ludwig dem Jüngeren also in die dritte Generation. Daraus, daß auch der nächstjüngere Bruder, Caspar Carl, als Musiker wirkte (auch als Komponist), wird klar, wie stark dieser Lebensweg gerade auch für den kleinen Ludwig als etwas Vorgezeichnetes erscheinen muß. Daß auch für diese dritte Generation noch nicht die Normalität einer Tradition entstehen konnte, dürfte angesichts der besonderen Konstellation zwischen Ludwig van Beethoven dem Älteren und seinem Sohn Johann verständlich sein, ebenso zwischen diesem und seinem Sohn Ludwig und zwischen Großvater und Enkel.

Der kleine Ludwig erhielt Unterricht bei seinem Vater; wie in einem solchen Falle üblich, sollten dabei eher Traditionen weitergegeben werden, als daß es um die spezielle Förderung individueller Anlagen ging. Die Interessen des Vaters und des Sohnes zielten allerdings in zweierlei Richtung; Gottfried Fischer, das um neun Jahre jüngere Nachbarskind der Beethovens, berichtet später in unterschiedlichen Versionen von Differenzen zwischen dem Unterrichtsziel, das Johann van Beethoven im Auge hatte, und dem Üben, das Ludwig van Beethoven praktizierte*. »Er spielte wieder nach seinem Sinn ohne Noten. Da kam sein Vater herein: ›Hörst du denn gar nicht auf nach all meinem Sagen?‹ – Er spielte wieder, sagte zu seinem Vater: ›Ist denn das nicht schön?‹ – Sagte sein Vater: ›Das ist nur was anderes, allein aus deinem Kopf; dafür bist du

noch nicht da, befleißige dich auf dem Klavier und der Violine, mach'
geschwind richtige Angriffe auf die Noten [also: spiel richtig vom Blatt],
daran ist mehr gelegen; wenn du es mal so weit gebracht hast, dann
kannst du, und mußt du mit dem Kopfe noch genug arbeiten. Aber damit
gib dich jetzt nicht ab, du bist noch nicht dafür da.‹« Abgesehen davon,
daß Gottfried Fischer aufgrund des Altersunterschieds kein unbedingt
glaubwürdiger Zeuge für Beethovens frühesten Musikunterricht sein
kann, entspricht das Verhalten, das er für Johann van Beethoven
beschreibt, durchaus dem Standard der Zeit: »Der Jünger ist nicht über
seinen Meister; wenn der Jünger ist wie sein Meister, so ist er vollkom-
men«, heißt es beim Evangelisten Lukas (Kapitel 6, Vers 40), und das
Stadium der Vollkommenheit erreicht zu haben wird vom Meister fest-
gestellt, nicht vom Jünger oder Lehrling. Zum Vergleich: Auch Leopold
Mozart hat kompositorischen Wildwuchs bei seinem Sohn nicht gedul-
det; entsprechende Konflikte wie aus dem Hause Beethoven sind nicht
dokumentiert, so daß man annehmen kann, daß Leopold Mozart die
Eigenständigkeiten seines Sohnes vielleicht eher nutzte, kanalisierte und
aufgriff, als es Johann van Beethoven tat. Doch das Geschick, das Leopold Mozart aufbrachte, ist das Besondere, nicht die vielfach angenom-
mene Ignoranz Johann van Beethovens gegenüber der »Genialität« seines
Sohnes. Somit hätte die Normalität einer Familientradition im Bonner
Hofmusikerstab vielleicht für die vierte Generation eintreten können; daß
dies nicht so kam, ist Ergebnis der großen Politik – und in deren Vorfeld
letztlich auch der kleinen. Dies macht einen Überblick über die kurkölnischen, von Bonn aus regierten Verhältnisse erforderlich.

Kurköln und Habsburg

Das Erzbistum Köln war generationenlang der wichtigste nördliche Vor-
posten wittelsbachischer Politik gewesen: Ausgehend von Bayern
strahlte diese über das Kurfürstentum von der Pfalz in die norddeutschen
Bistümer aus – und neben den Bistümern Hildesheim, Paderborn und
Münster war das Kurfürstentum und Erzbistum Köln das wichtigste
Wittelsbacher-Territorium, das als Sekundogenitur zur Besetzung
anstand (also als Regierungsposten für nicht erstgeborene Söhne). Auf
diese Weise hatte auch Clemens August von Bayern 1723 den Erzbi-
schofsthron bestiegen, der vierte Sohn des Kurfürsten Max II. Emanuel
von Bayern. Clemens August starb 1761; ein bayerischer Nachfolger

stand schlichtweg nicht zur Verfügung – der bayerische Kurfürst Max III. Joseph starb 1777 kinderlos, so daß sogar die bayerische Erbfolge zu einem Problem wurde (um die Ansprüche des Pfälzer Verwandten Karl Theodor, der sich schließlich durchsetzte, kam es zunächst zum Bayerischen Erbfolgekrieg). Doch die Kölner Erzbischofsfrage kam zudem in einer kritischen Zeit auf die Tagesordnung: Die führenden deutschen Reichsstände hatten 1761 kaum die Möglichkeit, sie für sich zu entscheiden. Preußen und Österreich waren, umgeben von zeitüblichen Koalitionen, in den Siebenjährigen Krieg verwickelt. Österreich wäre wohl am ehesten an einem Eingreifen in Bonn interessiert gewesen; doch nach den Niederlagen aus dem Jahr 1760 (bei Liegnitz und Torgau) waren die Vorzeichen dafür nicht günstig. Und so wählte man in Köln den schwäbischen Grafen Maximilian Friedrich von Königsegg-Aulendorf*, der langfristig wohl nur als Interims-Person gelten konnte.

Nachfolger des Erzbischofs Maximilian Friedrich wurde dann 1784 Maximilian Franz, der jüngste Bruder des regierenden Kaisers Joseph II. – und damit war ein erster Habsburger auf den Kölner Erzbischofsstuhl gekommen. Trotz der Ungunst der Zeit richteten die Habsburger sogar noch eine Generationen-Folge ein, die derjenigen der Wittelsbacher zuvor vergleichbar ist: 1801 folgte Anton Viktor, Bruder des Kaisers Franz II., jenem Maximilian Franz nach – obgleich bereits in dessen Regierungszeit die Eroberung Kölns durch die Truppen der Französischen Revolution gefallen war. Aus der Perspektive von 1784 betrachtet, war aber zunächst eine geradezu erstaunliche Situation entstanden. Ohnehin befanden sich Österreich und Bayern das 18. Jahrhundert hindurch auf Konfrontationskurs: Bayern versuchte 1740, mit Kurfürst Karl Albrecht (als Kaiser Karl VII.) eine langfristige Wittelsbacher-Kaiserfolge durchzusetzen, als die Habsburger keinen männlichen Nachfolger für Kaiser Karl VI. bieten konnten; Österreich versuchte 1777/78, sich Bayern einzuverleiben, als der dortige Wittelsbacher-Zweig im Mannesstamm ausstarb. Beide Projekte scheiterten gleichermaßen. Nun immerhin ließ sich das »Erbfolge«-Problem in Köln zugunsten Habsburgs entscheiden; dies sprengte zudem den wittelsbachischen Gebietsverbund am Niederrhein, denn das Erzbistum Köln grenzte im Westen an das vormals pfälzische und seit 1777 bayerische Herzogtum Jülich und im Osten an das seit derselben Zeit ebenfalls bayerische Herzogtum Berg. Zudem – und dies dürfte die am weitesten reichende politische Folge aus den Veränderungen von 1784 sein: Österreich, das nicht nur nach Südosteuropa gegen die Türken expandierte, sondern auch die vormals spanischen Niederlande besaß, hatte so mit Köln ein Territorium gewonnen, daß vielleicht wieder einmal daran denken ließ, eine Landbrücke zwischen Wien und dem Ärmelkanal einzurichten – eine Idee, die sich auf das Jahr 1477 zurückführen läßt, als das Herzogtum Burgund durch Heirat an die Habsburger fiel. Und Maximilian Franz war gut darauf vorbereitet, diese Funktion zu übernehmen: Auf das kurkölnische Amt hatte er sich bereits als Koadjutor seines Vorgängers eingestimmt; außerdem repräsentierte er eine solche Landbrücke gewissermaßen in eigener Person, denn er war auch Vorsteher des Deutschen Ordens, der sein Zentrum im fränkischen Mergentheim hatte. Für das neu-habsburgische Köln/Bonn mußte dies klare Folgen haben: Freilich ungeachtet dessen, daß man sich im Vorfeld der Französischen Revolution befand (eben in deren Vorfeld, so daß das Ereignis an sich nicht konkret absehbar war), machte Maximilian Franz sich an einen neuen Landesausbau – an die Durchstrukturierung dessen, was er übernahm, nach den Regeln, die er selbst aus seiner Wiener Herkunft heraus kannte.

Dieser Landesausbau ist letztlich auch im Musikalischen erkennbar. Das Repertoire der Bonner Hofkapelle, das 1784 beim Regierungsantritt des neuen Fürsterzbischofs in einem Inventar erfaßt wurde*, zeigt ein geradezu typisches, nur mäßig »habsburgisches« Bild – beispielhaft etwa im Bereich der Messen. Unter den Komponistennamen findet man zwar durchaus auch solche von österreichischen Musikern (etwa Johann Georg Albrechtsberger, Antonio Caldara und »Haydn«, wer auch immer damit gemeint sei – Joseph oder Johann Michael), aber eher im Rahmen dessen, daß diese eine internationale Ausstrahlung hatten. Wesentlich sind ebenso auch die Kompositionen von Musikern aus Böhmen (genannt wird der Familienname Brixi, wobei in der Regel offenbleiben muß, welches Mitglied der Musikerfamilie damit gemeint ist). Eigentlich aber nicht erstaunlich: Besonders groß ist der Anteil, den die Musiker des Rhein-Main-Neckar-Gebiets einnehmen: der Umkreis der Mannheimer Schule (Anton Filtz, Georg Joseph Vogler, Ignaz Holzbauer, Stamitz – Johann oder Karl), ferner Niccolò Jommelli (lange Jahre in Stuttgart) und Joseph Alois Schmittbaur (aus Karlsruhe); hinter »Schmidt« schließlich verbirgt sich wohl der Mainzer Domkapellmeister Johann Michael Schmidt. Schließlich sind Musiker aus dem katholischen Gebiet südöstlich der Schwäbischen Alb vertreten: Franz Anton Rößler alias Anton Rosetti aus Oettingen-Wallerstein, Ernest Weinrauch aus dem oberschwäbischen Kloster Zwiefalten. Man sieht also: Die Infrastruktur dieses Gebiets funktionierte trefflich, ebenso freilich seine Einbindung in den internationalen Kontext; auf mehr Österreichisches war man an sich nicht angewiesen. Doch nun unternahm Maximilian Franz entsprechende Schritte – der wichtigste davon war, daß er eine Oper einrichtete, die dann in den ersten Januartagen 1789 ihren Spielbetrieb aufnahm.

Beethoven und der Erzbischof

Beethovens Großvater erlebte den Regierungsantritt Maximilian Franz' nicht mehr mit; sowohl Beethovens Vater als auch Beethoven selbst wurden aber in die neue Hofkapelle übernommen. Über Johann van Beethoven berichtet ein Gutachten, das im Zuge des Regierungswechsels angefertigt wurde[*]: »Johan Betthoven hat eine ganz abständige stimm, ist lang in Diensten, sehr Arm, von zimlicher Aufführung und geheiratet.« Nichts folglich von Trunksucht oder ähnlichem; die Rede ist vielmehr von einer »zimlichen Aufführung« – Johann verhalte sich also so, wie es sich ziemt. Armut, geleistete Hofdienste und die Vorstandschaft über einen Haushalt werden als soziale Komponenten außerdem in die Waagschale geworfen, um die »ganz abständige Stimm« aufzuwiegen, also – nach dem Sprachgebrauch der Zeit – die Stimme eines alternden Sängers[*]. Damit war er aber kein Einzelfall: Von den zwölf Personen, die als Sängerinnen und Sänger genannt werden, wird für die Hälfte von minderen Qualitäten gesprochen; für eine weitere Sängerin wird ebenfalls der Begriff »abständig« gebraucht. Somit ist es auch konsequent, daß noch im Hofkalender für 1790 Johann van Beethoven unter den Tenoristen der Kapelle als erster genannt wird – aufgrund der Anciennität.

Sein Sohn Ludwig hingegen erscheint im gleichen Dokument als Organist und »Braccist«, folglich als ein mehrfach einsetzbarer Musiker, wie man es nach den Kapellstrukturen der Zeit ohnehin gern sah. Auf diesen Posten hatte ihn der Unterricht durch den Vater gut vorbereitet: Unterricht auf der Violine als einem Streichinstrument und dem Klavier. Somit hatte der Unterricht, den Johann van Beethoven seinem Sohn angedeihen ließ, diesen sogar auf die Eventualitäten, die ihn in Bonn erwarten konnten, bestens eingestimmt. Für Beethoven blieb es aber nicht bei den lokalen und punktuellen Funktionen; er erhielt offenkundig eine spezielle Stellung in den Landesausbau-Bestrebungen des Kurfürsten Maximilian Franz. Die Idee hierzu griff dieser freilich nicht aus der Luft, sondern entwickelte sie letztlich im Kontext des zunehmenden örtlichen

Aufsehens, das Beethoven bereits seit der letzten Zeit des Vorgänger-Erzbischofs musikalisch erregte.

Unter dem Datum des 2. März 1783 wird in Carl Friedrich Cramers »Magazin der Musik« (Ausgabe vom 30. März) über die Verhältnisse der kurkölnischen Hofkapelle in Bonn berichtet – und über Beethoven heißt es dort: »Louis van Betthoven, Sohn des obenangeführten Tenoristen, ein Knabe von 11 Jahren, und von vielversprechendem Talent. Er spielt sehr fertig und mit Kraft das Clavier, ließt sehr gut vom Blatt, und um alles in einem zu sagen: Er spielt größtentheils das wohltemperirte Clavier von Sebastian Bach, welches ihm Herr Neefe unter die Hände gegeben. [...] Herr Neefe hat ihm auch, sofern es seine übrige Geschäfte erlaubten, einige Anleitung zum Generalbaß gegeben. Jetzt übt er ihn in der Composition, und zu seiner Ermunterung hat er 9 Variationen von ihm fürs Clavier über einen Marsch in Mannheim stechen lassen. Dieses junge Genie verdiente Unterstützung, daß er reisen könnte. Er würde gewiß ein zweyter Wolfgang Amadeus Mozart werden, wenn er so fortschritte, wie er angefangen.«

Zum Zeitpunkt des Berichts war Beethoven zwar nicht elf, sondern zwölf Jahre alt (aber auch noch keine dreizehn, wie man bisweilen aus der Differenz 1770/1783 vorschnell schließt); das Problem der Bestimmbarkeit seines Alters reicht also offenkundig bis in seine früheste Jugend zurück. Sein Lehrer (der den Bericht übrigens selbst verfaßte) war Christian Gottlob Neefe, der 1779 nach Bonn gekommen war – als Protestant auf den erzbischöflichen Organistenposten. 1748 in Chemnitz geboren, von 1769 an Student in Leipzig, gehört er zu den typischen Persönlichkeiten, die den Namen Johann Sebastian Bachs in jener Zeit über den sächsisch-thüringischen Raum hinaustrugen und so die Grundlage für die internationale Pflege von dessen Werk legten – in der Zeit, die fälschlicherweise lange mit »Bach geriet völlig in Vergessenheit« umschrieben wurde. Auch Neefe überstand den Übergang in die Hofkapelle des Nachfolgers Maximilian Franz ohne nachhaltig wirksame Blessuren, rangierte als Organist vor Beethoven und war ebenfalls zudem als Streicher tätig (unter den Geigern).

Grundlagen, auf denen nun die weitere und besondere Förderung Beethovens konkret aufbauen konnte, sind jene c-Moll-Klaviervariationen über einen Marsch des Kasseler Musikers Ernst Christoph Dressler (WoO 63), die 1782 bei Johann Michael Götz in Mannheim erschienen und Beethovens Namen als Komponisten erstmals in die Welt hinaustrugen. Gewidmet sind sie der Gräfin Felicitas von Wolff-Metternich, der

Frau des kurkölnischen Konferenzministers; nach den üblichen Widmungspraktiken muß man annehmen, daß sie eine besondere Gönnerin Beethovens war – daß sie ihn also für die Widmung auch finanziell belohnte. Den Variationen folgten weitere Drucke nach, von denen die drei von Johann Philipp Boßler gedruckten Klaviersonaten von 1783 (WoO 47) vorerst die wichtigsten sind – sie wurden noch Erzbischof Maximilian Friedrich gewidmet und in der Vorrede (trotz der vorausgegangenen Variationen) als »die Erstlinge meiner jugendlichen Arbeiten« bezeichnet. Bis dahin dürfte sich auch Johann van Beethovens Einstellung zum eigenschöpferischen Musizieren seines ältesten Sohnes nachhaltig geändert gehabt haben; Gottfried Fischer gibt Johann van Beethovens Stolz auf das Schaffen seines Sohnes mit folgenden Worten wieder[*]: »Mein Sohn Ludwig, an dem habe ich jetzt meine einzige Freude, er nimmt in der Musik und im Komponieren so zu, er wird von allen bewunderungswürdig angesehen. Mein Ludwig, mein Ludwig, ich sehe es ein, er wird mit der Zeit ein großer Mann in der Welt werden.«

Man kann daran zweifeln, ob in Bonn ein originäres Bewußtsein dafür vorhanden war, was der kleine Mozart als Wunderkind an so Vorbildlichem geleistet hatte, daß es nun auf den jungen Beethoven übertragbar erschien; zwar war Mozart 1763 auch in Bonn gewesen, aber er hatte dort nicht konzertiert, weil der damals erst eben nach Köln berufene Maximilian Friedrich nicht zu Hause war. Vielleicht hatte Neefe diesen Teil des Berichts auch nicht unbedingt für das allgemeine Publikum geschrieben, sondern mit Blick auf den nachmaligen Erzbischof Maximilian Franz formuliert, der zu jenem Zeitpunkt bereits als Koadjutor seines Vorgängers wirkte. Er jedenfalls muß gewußt haben, was es hieß, wenn eine Person als »ein zweyter Wolfgang Amadeus Mozart« gelten konnte, denn er kannte den »ersten« persönlich seit dessen Kindertagen – und seit seinen eigenen (beide waren 1756 geboren). 1762 waren die beiden erstmals einander begegnet; 1782 setzte Mozart, kurz zuvor nach Wien gekommen, große Hoffnungen auf die Protektion durch Maximilian Franz, und er schrieb über diesen an seinen Vater (23.1.1782)[*]: »Bey diesem kann ich sagen daß ich alles gelte – er streicht mich bey allen gelegenheiten hervor – und ich wollte fast gewis sagen können, daß wenn er schon Churfürst von kölln wäre, ich auch schon sein kapellmeister wäre.« Es wurde nichts daraus, wohl aber aus der Förderung Beethovens mit Reisestipendien, die Neefe in seinem Artikel als Voraussetzung für nachmaligen Erfolg eingefordert hatte.

Dennoch gilt Maximilian Franz nicht als Schlüsselfigur für Beethovens

Laufbahn; nur langsam habe sich dieser für Beethoven erwärmt. Das ist aber keineswegs erstaunlich: Als der neue Kurfürst 1784 sein Amt antrat, war Beethoven dreizehn Jahre alt und hatte sich – abgesehen von den Grundlagen des Neefe-Berichts – noch nicht besonders profiliert; so berichtet später Beethovens Mitschüler, der Kurfürstliche Rat Wurzer*: »Von den genialen Funken, die er später so reichlich sprühete, entdeckte damals niemand eine Spur.« So ist es zunächst einmal kein Wunder, wenn die Förderung Beethovens von offiziell-staatlicher Seite erst allmählich einsetzte – allerdings nicht so spät, wie es üblicherweise dargestellt wird. Jenen Rang einer Schlüsselfigur spricht man (viel eher als dem Kurfürsten) einem anderen zu, Ferdinand Ernst Graf von Waldstein; doch dieser ist vor 1788 wohl kaum in Bonn gewesen, und zu jenem Zeitpunkt hatte sich Beethovens Situation bereits grundlegend geändert.

Zunächst mag man dabei an Beethovens erste Wien-Reise 1787 denken, und allein der Hinweis auf sie genügt, um Beethovens Förderung auch schon in der Vor-Waldstein-Phase zu beleuchten. Doch was muß für eine Hof-Bürokratie der Zeit vorausgegangen sein, ehe man einen erst sechzehnjährigen Musiker auf eine Studienreise von Köln nach Wien schickt? Versucht man, diese Veränderungen in ihrer historischen Abfolge darzustellen, begibt man sich für die früheren Etappen auf ein außerordentlich unsicheres Terrain: Das Material, das zur Betrachtung herangezogen werden kann, ist dürftig und widersprüchlich. Ausgehend von dem Gedanken, daß die erste Wien-Reise schlichtweg eine Vorgeschichte gehabt haben muß, helfen vielleicht die Mitteilungen des Bonner Hofcellisten Bernhard Mäurer ein Stückchen weiter – selbst wenn sie bei oberflächlicher Betrachtung als völlig abwegig erscheinen. Otto Jahn, der frühe Biograph Mozarts und in Bonn Professor für Altertumskunde, exzerpierte aus Mäurers Aufzeichnungen folgendes*: »Der Kurfürst Maximilian Franz schickte ihn [Beethoven] nach Mainz zum Kapellmeister Sterkel, den er sehr schätzte; dort schrieb er die schönen Klaviertrios, welche Simrock gestochen hat; nachher schickte er ihn nach Wien, von wo er wieder nach Bonn zurückkam.«

Freilich: Über eine Reise Beethovens nach Mainz weiß man nichts, und eine Begegnung Beethovens mit Johann Franz Xaver Sterkel, dem Kapellmeister von Maximilian Franz' Mainzer Erzbischofs-Kollegen, ist erst auf einer späteren Reise nach Mergentheim dokumentiert – 1791 in Aschaffenburg. Der Bonner Musikverleger Nikolaus Simrock berichtet*, daß er und einige Hofmusiker die Idee hatten, Beethoven bei dieser Gelegenheit mit Sterkel »bekannt zu machen« (folglich können die bei-

»Schattenriß des sechszehnjährigen Beethoven«.
Frontispiz zu Wegeler/Ries, 1838

den einander zuvor kaum begegnet sein). Schließlich: Mit den »schönen Klaviertrios, welche Simrock gestochen hat« müssen die Trios op. 1 gemeint sein, die 1795 erstmals in Wien erschienen (zunächst bei Artaria in Kommission) und 1797 in einem Nachdruck des Bonner Verlagshauses; daß deren Wurzeln in die Zeit vor Beethovens Wien-Reise zurückreichen (und zwar vor die erste, die 1787 stattfand, denn von einer anderen kam er nicht mehr nach Bonn zurück), ist nicht bekannt. Somit könnte es den Anschein haben, daß an Mäurers Bericht nichts Wahres ist.

Doch die Datenlage kann man auch umkehren. Meinte Mäurer wirklich die Klaviertrios – oder überdeckt sich in seinen Erinnerungen deren Druck mit den drei Klavierquartetten WoO 36, die tatsächlich um 1785 entstanden? Eine Druckausgabe der Klavierquartette ist erst aus der Zeit nach Beethovens Tod nachweisbar – ist also vielleicht schon in den 1780er Jahren von ihnen ein (vielleicht privater) Druck bei Simrock angefertigt worden? Diese Quartette sind ohne die Kenntnis von drei Mozartschen Violinsonaten undenkbar, da sie thematisches Material aus diesen benutzen; wer aber könnte dafür verantwortlich sein, daß Beethoven sie nicht nur zur Kenntnis nahm, sondern auch als Inspirationsquelle nutzte? Möglich ist, daß Sterkel Beethoven den Tip gegeben hat; es könnte folglich sein, daß eine lediglich nicht näher dokumentierte Reise nach Mainz doch stattgefunden hat, daß Sterkel Beethoven in der Mozart-Frage angeleitet hat, daß Sterkel dies aber eher als etwas Beiläufiges ansah und sich 1791 in

Aschaffenburg dem 20jährigen gegenüber nicht mehr so recht daran erinnerte, daß er Beethoven bereits begegnet war. Es ist doch denkbar, daß dieser maximal 15jährige Bonner Gast keine bleibenden Erinnerungen bei ihm zurückgelassen hatte. Falls es tatsächlich eine entsprechende Reise gegeben hat, müßte sie jedenfalls vor Jahresende 1786 stattgefunden haben – denn der eben 16jährige Beethoven reiste im Frühjahr 1787 nach Wien, eben auf der Reise, von der er wieder nach Bonn zurückkehrte.

Bei einer Bewertung der Vorgänge, die der Ankunft des Grafen Waldstein in Bonn (Januar 1788) vorausgingen, kommt man somit immer wieder auf eine Initiativfunktion des Kurfürsten zurück, dessen Engagement im übrigen schon mit jener ersten Wien-Reise dokumentiert ist. Entweder hatte Beethoven derart das Vertrauen Maximilian Franz', daß dieser ihn von sich aus nach Wien schickte; oder Maximilian Franz war auf einen unabhängigen Gutachter angewiesen, der ihm raten konnte – hierfür käme Sterkel durchaus in Frage, der eben über eine nur kürzere Reise leichter erreichbar war. Und: Es ist zwar denkbar, daß Beethovens Beschäftigung mit Mozart von Sterkel (oder auch von Neefe) ausgelöst wurde; sie ist um die Mitte der 1780er Jahre nicht selbstverständlich – weder geographisch noch in der allgemeinen Verbreitung Mozartscher Kompositionen noch darin, daß irgendeine aus Wien nach Köln gekommene Persönlichkeit sie als Vorbilder mitgebracht hätte. Doch da der neue, habsburgische Erzbischof Mozart aus seiner Wiener Zeit persönlich so gut kannte, könnte eine intensive Beschäftigung Beethovens mit Mozarts Werk auch gerade von Maximilian Franz ausgelöst worden sein; und wenn dieser tatsächlich Mozarts Musik so schätzte, wie es den Anschein hat, dann lag es für den jungen Beethoven auch nahe, sich mit ihr auseinanderzusetzen – nicht nur wegen objektiver Qualität, sondern auch deshalb, weil man dies als Vorgabe ansehen konnte, um dem neuen Landesherrn näherzukommen. Man sollte folglich den Einfluß nicht unterschätzen, den Maximilian Franz auf die künstlerische Entwicklung Beethovens und letztlich auf die Bildung eines »geistigen Zusammenhangs« zwischen diesem und Mozart nahm (also auch für die Formulierung des Gedankengebäudes »Wiener Klassik«); und da der neue Erzbischof 1784 auf jenen Posten gekommen war und schlichtweg eine begründbare Veranlassung gehabt haben muß, schon 1787 Beethoven nach Wien reisen zu lassen, ist die Zeitspanne zwischen Regierungsantritt und Förderungsbeginn auch beachtlich kurz gewesen.

Jene Wien-Reise, also vielleicht schon Beethovens zweite Reise unter dem neuen Erzbischof, währte von März bis Mai 1787; daß Beethoven

Mozart traf, wird zwar vermutet, ist aber nicht nachweisbar. Immerhin: Angesichts der persönlichen Beziehungen, die Maximilian Franz in Wien zu Mozart unterhalten hatte, ist kaum denkbar, daß Beethoven etwa keine Empfehlung an Mozart in der Tasche hatte, als er nach Wien aufbrach. Wien: Auch für Beethoven war dies sicherlich ein wichtiges Ziel; doch es dürfte fast noch entscheidender gewesen sein, daß Maximilian Franz nun einen jungen Musiker aus seiner Hofkapelle, dessen Förderung ihm offenkundig am Herzen lag, in seine eigene Vaterstadt schicken konnte. Dies ist ein Aspekt des erwähnten Landesausbaus: Der neue, erste habsburgische Erzbischof von Köln bemühte sich offenbar, im kulturellen Bereich die Bindungen Kölns, das er freilich nach individuellen Gesichtspunkten gestaltete, zum Zentrum der Habsburgermonarchie zu intensivieren. Für Beethoven selbst dürfte die Reise – abgesehen von den Eindrücken, die sie als solche auf den Sechzehnjährigen gemacht haben muß – nur wenig faßbaren Ertrag gehabt haben, denn Beethoven brach sie nach nur zweiwöchigem Aufenthalt in Wien ab: In Bonn lag seine Mutter im Sterben.

Ein anderer Punkt, weshalb Maximilian Franz in der Beethoven-Biographik nicht unbedingt als gute Gestalt wegkommt, ist, daß man bei seinem Regierungsantritt Beethoven nicht einmal als Komponist anerkannt habe*. Eines der Hauptargumente dafür, einen entsprechenden Karriere-Rückschlag für Beethoven zu vermuten, liegt darin, daß sich der Zeit zwischen 1785 und 1789 praktisch keine Werke zuordnen lassen. Doch das kann auch andere Gründe gehabt haben – vor allem eben eine intensivierte Reisetätigkeit, möglicherweise auch eine intensivere Einbindung in den musikalischen Hofdienst (besonders nach Eröffnung des Opernbetriebs in Bonn Anfang 1789). Ohnehin sind zu zahlreichen Werken Beethovens auch aus anderen Bonner Zeitabschnitten nur Bruchstücke erhalten geblieben: etwa die Solostimme eines Klavierkonzerts von 1784 (WoO 4), das man bei der Ermittlung von Beethovens Klavierkonzert-Oeuvre allzu häufig vergißt. Es ist nicht ausgeschlossen, daß sich Beethoven von einigen dieser Werke in den 1790er Jahren in Wien distanzierte; daß diese Distanz noch frühere Werke in größerem Ausmaß eingeschlossen hätte, wäre freilich plausibel.

Die »Josephskantate«

Neue Perspektiven ergaben sich im Winter 1789/90. Zunächst stellte Beethoven ein eigenartiges Gesuch an den kurerzbischöflichen Hofstaat, über dessen Zweck und Hintergründe man allenfalls indirekt informiert ist: Nicht Beethovens Gesuch hat sich erhalten, sondern nur das kurerzbischöfliche Dekret vom 20. November 1789. Aus diesem läßt sich herauslesen, daß Beethoven darum gebeten habe, seinen Vater vom Hofdienst zu dispensieren, ihn in eine kurkölnische Landstadt übersiedeln zu lassen und die Hälfte des jährlichen 200-Taler-Gehalts, das er bezogen hatte, fortan dem Sohn gewissermaßen als kommissarischem Vorstand der Familie auszuzahlen. Die Situation wird undurchsichtig, weil Beethoven anscheinend aus Rücksicht auf seinen Vater darauf verzichtet hat, die finanzielle Seite des Dekrets wirksam werden zu lassen, und die geforderten 100 Taler fortan von seinem Vater direkt bezog; ferner ist ungeklärt, in welchem Ausmaß Johann van Beethoven seinen Dienstpflichten weiter nachkam und ob Beethoven damit, daß er das Inkrafttreten des Dekrets verzögerte, eine faktische Ausweisung des Vaters aus der Residenzstadt verhindern wollte. Unklar sind schließlich aber auch die Konsequenzen für Beethoven im Hofdienst: Höhere Besoldung (gleichviel, ob sie bei einem anderen eingespart wurde) setzt ein stärkeres Engagement des Entlohnten voraus; mehr Geld gibt es nur für eine Übernahme von mehr Dienstpflichten. Die rein soziale Komponente unversorgter jüngerer Geschwister oder die Fürsorge eines Sohnes für den Vater hätte der Rentmeisterei gleichgültig sein können. Somit ist nicht ausgeschlossen, daß Beethoven nicht etwa als Familienvorstand mehr Geld zugesprochen bekam und auf den Vollzug verzichtete, weil dieser einer Entmündigung des Vaters gleichgekommen wäre, sondern daß fortan der Vater von seinen Diensten dispensiert war, der Sohn aber noch stärker in den Hofdienst eingebunden wurde und Beethoven zur Ehrenrettung des Vaters unter der Hand eine Umwegfinanzierung für sein eigenes Gehalt akzeptierte. Diese stärkere Einbindung Beethovens könnte schließlich auch einer der Gründe sein, weshalb in der Folgezeit eine intensivierte Komposititonstätigkeit Beethovens nachweisbar ist.

Noch besser ist man aber aus der unmittelbar folgenden Zeit über einen anderen Schaffensbereich informiert – und Beethovens Komponieren tritt auf diesem Sektor derart massiv in Erscheinung (sowohl biographisch als auch werkästhetisch gesprochen), daß wichtige Entwicklungen Beethovens vorausgegangen sein müssen, ehe er sich diese neue

Situation erschließen konnte. Am 20. Februar 1790 starb in Wien Kaiser Joseph II., der älteste Bruder Maximilian Franz'; am 24. Februar hatte die Nachricht Bonn erreicht. Angesichts der engen verwandtschaftlichen Bindungen ist es selbstverständlich, daß im neu-habsburgischen Erzbistum Köln intensiv des verstorbenen Kaisers gedacht wurde; und am 28. Februar lag der Text einer Trauerkantate vor, die am 19. März von der Bonner Lesegesellschaft uraufgeführt werden sollte. Beethoven erhielt den Auftrag, den Text zu vertonen; aus undurchsichtigen Gründen wurde die Uraufführung jedoch zwei Tage ante festum abgesetzt.

Eine solche Lesegesellschaft hatte ihren Zweck teilweise tatsächlich darin, daß man dort las: vorwiegend Zeitungen, die von Vereinsseite aus abonniert wurden. Andernorts nannte man derartige Vereine eine »Museumsgesellschaft«, wobei an ein »Museum« im modernen konservatorischen Sinne nur in Ausnahmefällen gedacht war, sondern eher an die latinisierte Form des griechischen Begriffs »Museion« – man etablierte die Museumsgesellschaft also als Musensitz und verschrieb sich der Pflege der Künste. Auf musikalischem Sektor übernahmen diese Vereinigungen eine wesentliche Funktion für die Entwicklung eines bürgerlich organisierten, von höfischen Strukturen abgesetzten Konzertwesens. Klar ist also, daß ein Auftrag an Beethoven, die Trauerkantate zu schreiben, nicht direkt vom Hof selbst ausgegangen sein kann; klar ist daher auch, daß der junge Hofmusiker Beethoven sich zuvor als Komponist so weit – und eben aus dem Hof heraus – profiliert hatte, daß man überhaupt auf die Idee kam, ihm den Auftrag zu erteilen. Dies zeigt, daß Beethoven nicht aus dem Stand heraus den Geniestreich dieser Kantate getan haben kann, sondern daß wir mangels Quellen vielleicht schlichtweg über den komponierenden Beethoven im Bonner Leben der Jahre 1788 und 1789 zu wenig wissen (vielleicht muß man eben tatsächlich mit größeren Werkverlusten rechnen).

So zukunftsweisend die Bonner Lesegesellschaft als Institution gewesen sein mag, handelte es sich bei der geplanten Veranstaltung doch um etwas überaus Traditionelles. Zum Vergleich: 1705 starb Kaiser Leopold I.; sein Nachfolger wurde Joseph I. Zum Gedenken an den ersten und zur Thronbesteigung des zweiten schrieb Dietrich Buxtehude, Organist an der Lübecker Marienkirche, je ein Werk, die er an zwei aufeinanderfolgenden Tagen im Rahmen seiner Abendmusiken aufführte. Lübeck war – neben der Schlüsselstellung in der Hanse – Freie Reichsstadt; der Kaiser war deshalb oberster Stadtherr. Daß man deshalb Inthronisation und Tod entsprechend beging, war gewissermaßen örtliche Pflicht. Doch auch Buxtehudes Abendmusiken waren keine offiziellen Veranstaltungen; sie gelten vielmehr ebenfalls als wichtige Vorform des bürgerlichen Konzertwesens. Die Praxis, auch über größere Entfernungen an derartigen Trauerfällen (bzw. an Inthronisationsfeiern) Anteil zu nehmen, setzte sich über das ganze Jahrhundert hinweg fort; daß man aus heutiger Sicht die betreffenden Vokalwerke kaum kennt, hängt freilich damit zusammen, daß diese sich speziell auf eine einzige Person beziehen. Die Tatsache einer solchen Feier brauchte sich nicht auf einen Rechtstitel zu beziehen – so, daß Buxtehude in seiner Veranstaltungsreihe etwa dazu verpflichtet gewesen wäre, entsprechende Werke aufzuführen. Vielmehr zeigt sich, wie tief dieses Zeremoniell auch im Bereich des Freiwilligen wurzelte, selbst wenn es nicht immer frei von utilitaristischen Überlegungen war: In jedem Fall war eine derartige Veranstaltung »aus dem Volk heraus« ein Loyalitätsbeweis, und im Falle der Bonner Feierlichkeiten richtete dieser sich direkt auch an den Fürsterzbischof als Verwandten des Verstorbenen. So konnte sogar diese Feier eine Funktion im neu-habsburgischen Landesausbau Kurkölns übernehmen; und daß gerade Beethoven mit der Vertonung beauftragt wurde, könnte auch in diesem Zusammenhang von tieferer Bedeutung sein.

Eine derartige Trauerkantate beleuchtet in ihren mehreren Sätzen unterschiedliche Aspekte: Sie geht von dem Gedanken der Trauer aus (normalerweise in einen Chorsatz gefaßt), stellt anschließend Betrachtungen über Lebensleistungen des Verstorbenen an oder schildert, wie diesen noch vor kurzem das blühende Leben umgeben habe, ehe sie neuerlich auf den Tod zu sprechen kommt. Musikalisch-technisch gesprochen, ermöglichte dies den Einsatz unterschiedlicher Klangfacetten – eine Differenzierung, wie sie etwa auch in einer Moll-Sinfonie aus Dur-Binnensätzen heraus möglich ist. Beethovens Kantate ist siebensätzig; eingerahmt von Chorsätzen (beide mit gleichem Text und aus gleichem musikalischem Material gestaltet) stehen als Nummer 2 und 4 zwei Rezitativ-Arie-Satzpaare (das erste für Baß, das zweite für Sopran); das Mittelstück des Werks ist eine weitere Sopranarie mit Beteiligung des Chors (»Da stiegen die Menschen ans Licht«).

Das Besondere von Beethovens Trauerkantate läßt sich vielleicht begreifen, wenn man eine andere vokale Trauermusik aus der gleichen Zeit dagegenhält: diejenige von Joseph Martin Kraus für den schwedischen König Gustav III.· aus dem Jahr 1792. Kraus, Jahrgangskamerad Mozarts, stammte aus dem Odenwald und war im Umkreis der Mannheimer Schule großgeworden; somit stammte er aus dem gleichen Rhein-

Main-Neckar-Kontext wie Beethoven. Seine Lebensstellung fand er jedoch am Stockholmer Königshof, an dem er bis zum Hofkapellmeister aufstieg; Stockholm war in jener Zeit ein musikalisch äußerst fruchtbares Pflaster, denn Gustav III. entwickelte seine Residenz zu einem der Mittelpunkte der europäischen Opernkultur seiner Zeit. Als »Opernkönig« ist er in die Geschichte eingegangen und manchem vielleicht auch nur aus der Oper bekannt: Das auf einem Maskenball an ihm verübte Attentat, dem er 1792 zum Opfer fiel, wurde Stoff von Giuseppe Verdis *Un ballo in maschera*. Kraus' Trauermusik (die im Unterschied zur Kantate Beethovens tatsächlich bei den offiziellen Trauerfeierlichkeiten aufgeführt wurde) ist zwölfsätzig; ihre Aufführungsdauer bewegt sich mit rund einer Dreiviertelstunde im gleichen Rahmen wie Beethovens siebensätzige Trauerkantate. Kraus' Komposition ist bis in die Musik hinein dem Gedanken verpflichtet, daß der bewunderte (wenn auch nicht unumstrittene) König so plötzlich und unerwartet aus dem Leben gerissen wurde: Sie ist beherrscht von knappen Phrasen, plötzlichen Wendungen und offenen Schlüssen, und sie greift in dieser Dramatik auch den Rang der Opernkultur auf, die am Hof des Getöteten eine so glanzvolle Stellung innegehabt hatte. Anders Beethoven: Daß seine Musik dem Grundaffekt der Erschütterung ebenso gerecht wird wie diejenige Kraus', ist keine Frage; doch im Gegensatz zu dem dramatischen Fluß der Kraus-Musik wirkt sie massiv und eher im Punktuellen gewaltig. Dieses, eine viel eher epische als dramatische Wirkung, durchzieht das ganze Werk; und vielleicht kommt man damit einer der Wurzeln Beethovenscher Kunst besonders nahe.

Schon im Eingangschor (auf den Text »Tot! stöhnt es durch die öde Nacht«) ist es vor allem die eine Silbe »Tot«, die Beethoven darstellt – in Folgen schwerlastender Akkorde, aber auch in eigenartig weit gespannten Melodiebögen. Im Gegensatz zu der Musik Kraus', die immer wieder aus dem vollen Lauf heraus aufgehalten wird und anschließend dennoch weiterläuft, als hätte sich ihr gar nichts in den Weg gestellt, kommt Beethovens Musik kaum überhaupt in Bewegung – wobei dies freilich ebenso eindrucksvoll sein kann wie der andere Zugang. Ein Schlüssel dazu, dieses Komponieren Beethovens zu verstehen, liegt darin, wie er in diesem Werk überhaupt Text auffaßt – und dies zeigt sich besonders in der Baßarie Nr. 3: Beethoven läßt Gedankenkomplexe kaum je »ungestört« und zusammenhängend erklingen, sondern geht von vornherein den Ausdruckspotenzen des Textes nach. Gedankenfluß und Ausdruck werden so zu zwei konkurrierenden Prinzipien, und Beethoven scheint

dabei den Ausdruck höher bewertet zu haben als den tatsächlichen »Fluß«
der Gedanken. Jene Arie nun gehört in den Kontext dessen, das Lebenswerk des Verstorbenen zu würdigen; ihr geht ein Rezitativ voraus (eher
ein intensiv bewegter Orchestersatz, der bisweilen für Texteinschübe
unterbrochen wird):

> »Ein Ungeheuer, sein Name Fanatismus,
> stieg aus den Tiefen der Hölle,
> dehnte sich zwischen Erd und Sonne,
> und es ward Nacht.«

Dann folgt die Arie mit folgendem knappem Text:

> »Da kam Joseph mit Gottes Stärke,
> riß das tobende Ungeheuer weg zwischen Erd und Himmel
> und trat ihm aufs Haupt.«

Beethoven vertont die ersten beiden Gedanken des Arientexts je zweimal
unmittelbar nacheinander (»Da kam Joseph / mit Gottes Stärke« jeweils
wiederholt); dann setzt sein so unmittelbares Interpretieren des Textes
ein. Anstatt den Text nun weiterlaufen zu lassen, dringt er zunächst nur
bis zum nächsten Substantiv vor (»riß das tobende Ungeheuer«) – so, daß
der Gedankengang offengehalten ist, aber die Unmittelbarkeit des Rei-
ßens deutlich werden kann. Anschließend setzt er neu ein mit »das
tobende Ungeheuer weg«, wiederholt dann das »weg« zweimal, ehe er
die textliche Fortsetzung anschließt (»zwischen Erd und Himmel«). Auf
diese Weise erschließt er in seiner Musik den Text sehr plastisch und
unmittelbar; aber der dramatische Vorgang des Sprechens bleibt außen
vor.

Für den restlichen Text wird Beethoven noch deutlicher. Nach einem
ersten Durchgang durch »und trat ihm aufs Haupt« folgt als eine Unter-
streichung des gewaltsamen Tretens ein unisono-Melisma von Sänger
und Orchester auf die eine Silbe »trat«, mündend in ein einzelnes »ihm«,
ehe mit »ihm aufs Haupt« der Phrasenkomplex beendet wird. Die gleiche
Textkonstellation wird daraufhin wiederholt, um ein zusätzliches einzelnes »trat« erweitert, ehe Beethoven mit einem Satz, der sich nur noch
locker an die Vorlage anlehnt, den ersten Arienteil abschließt (»dem
tobenden Ungeheuer, dem Ungeheuer, trat er aufs Haupt, trat er aufs
Haupt«). Nach einem kurzen Orchesterzwischenspiel läßt Beethoven

den Gesamttext mit geringfügigen Erweiterungen nochmals ablaufen, so, wie es für zweiteilige Arien eben typisch ist; das Ausdruckspotential steigert er dabei mit einer stärkeren Schärfung der Harmonik, ehe mit der Wiederaufnahme jenes frei geschaffenen Textes »dem tobenden Ungeheuer trat er aufs Haupt« ganz unerwartet das sieghafte D-Dur, die Grundtonart des Satzes, wieder hervorbricht.

Der Gegensatz, der sich somit zwischen der Dramatik der Kraus-Trauermusik und der Ausdrucksgebundenheit von Beethovens Kantate auftut, zieht freilich kein grundsätzliches Qualitätsurteil nach sich; vielmehr läßt sich an Beethovens Kantate die Ausdrucksgebundenheit seines Stils, die den Textfluß auch weit hintanzustellen bereit sind, besser verstehen als in untextierter Musik. Diese Feststellung hat freilich Folgen für die Betrachtung von Beethovens späteren dramatischen Werken.

Anscheinend wurde Beethovens Kantate zum vorgesehenen Termin nicht fertig; und möglicherweise überstieg sie die Fähigkeiten der Musiker, über die die Lesegesellschaft verfügen konnte. Dennoch: Beethoven erhielt auch den Auftrag, den Text einer Kantate zur Krönung des Nachfolgers, Leopolds II., zu vertonen (also praktisch analog zur Situation Dietrich Buxtehudes); da Beethoven einen Auftrag brauchte, um überhaupt an die Vertonung gehen zu können, muß man daran zweifeln, daß die Lesegesellschaft Einwendungen stilistischer oder gar qualitativer Art gegen das erste der beiden Werke hatte. Die Umstände, weshalb es nicht zur Aufführung der Trauerkantate kam, bleiben also im Dunkeln.

Aufbruch nach Wien

In Beethovens weiterer künstlerischer Entwicklung nehmen zwei bislang unbeteiligte Personen wichtige Funktionen ein: Joseph Haydn und nun eben Ferdinand Ernst Graf von Waldstein. Waldstein wurde zu einem der wichtigsten Bonner Förderer Beethovens. Haydn kam in den letzten Dezembertagen 1790 auf seiner Reise nach London durch Kurköln; abgesehen davon, daß das Reisen zu Wasser (auf dem Rhein) ohnehin leichter und zügiger ging als zu Lande, war es für Haydn als Habsburger-Untertan auch naheliegend, die Reisestrecke bestmöglich über habsburgisches Territorium zu legen. Und so kam er auf seiner Rückreise im Juli 1792 neuerlich durch Bonn; vermutlich bei diesem Aufenthalt wurden die notwendigen Absprachen dafür getroffen, daß Beethoven bei Haydn seine Ausbildung fortsetzen solle, und Waldstein hat den entscheidenden

Impuls dafür gesetzt. Ein Vierteljahr später, vom 24. Oktober an, lag im Bonner »Zehrgarten« ein Stammbuch auf, in das die Freunde Beethovens diesem ihre Wünsche und Gedanken, die sie ihm auf den Weg mitgeben wollten, eintragen konnten. Etwa am 2. November verließ Beethoven seine Vaterstadt – für immer.

An sich kann das so nicht gedacht gewesen sein. Graf Waldstein hatte in das Stammbuch geschrieben:

> »Lieber Beethoven!
> Sie reisen itzt nach Wien zur Erfüllung ihrer so lange bestrittenen Wünsche. Mozart's Genius trauert noch und beweinet den Tod seines Zöglinges. Bey dem unerschöpflichen Hayden fand er Zuflucht, aber keine Beschäftigung; durch ihn wünscht er noch einmal mit jemanden vereinigt zu werden. Durch ununterbrochenen Fleiß erhalten Sie: Mozart's Geist aus Haydens Händen.
>
> Bonn d 29.ᵗ Oct. 792   Ihr warer Freund Waldstein«

Es wird stets betont, daß Waldstein damit der wohl erste gewesen ist, der aus Haydn und Mozart durch die Hinzufügung Beethovens jene »klassische« Dreiergruppe gemacht habe. Doch Waldstein kann nicht daran gedacht haben, Beethoven zu einem »Wiener« Klassiker zu machen; allenfalls kann er den Wunsch gehabt haben, daß Beethovens Beherrschen des Wiener Stils später der Bonner Hofmusik zugutekommen solle. Denn Beethoven war mit allem – mit seiner Ausbildung, mit seiner lokalen Reputation und letztlich auch als förderungswürdige Person, die man von Bonn nach Wien schickte – nur das, was er aus der Tradition seiner Familie heraus sein konnte, aber auch das, was in der Tradition deutscher Fürstenhöfe von ihm erwartet wurde: ein Hofmusiker. Er erhielt zwar eine für die örtlichen Verhältnisse exzeptionell breite Ausbildung; doch genau dieses läßt sich aus dem regionalen, durch habsburgische Hausmachtinteressen bestimmten neuen Leben Bonns nach 1784 heraus verstehen. Diese Ausbildung hätte ihn über kurz oder lang dazu befähigt, den Bonner Kapellmeisterposten als ein in der Wolle gefärbter Musikchef zu übernehmen und der Kapelle einen besonderen Glanz zu verleihen – er wäre in die Fußstapfen seines Großvaters getreten, und zwar so, daß dies für seine Familie nun wirklich ein Stück Normalität hätte werden können. Ohne Zweifel wurde er also zunächst nur in der

Erwartung dessen nach Wien geschickt, daß er als gereifte Künstlerpersönlichkeit anschließend nach Bonn zurückkehren und die dortige Musikszene bereichern würde; und daß Beethoven dies anders sah, ist nicht zu belegen. Diese Gesamtsituation prägt auch noch die Anfänge dieses zweiten Wiener Aufenthalts Beethovens: Maximilian Franz zahlte, und Beethoven stand nach wie vor auf den Bonner Gehaltslisten – bis März 1794.

Als Beethoven nach Wien aufbrach, war er knapp 22 Jahre alt; seine Amtspflichten in Bonn erloschen, als er 23 Jahre alt war. Im gleichen Alter reiste Mozart zum zweiten Mal nach Paris (1777/78); zur Gruppe seiner Violinkonzerte kamen später keine Werke mehr hinzu, von den Messen, Divertimenti und Salzburger Sinfonien waren die meisten zu diesem Zeitpunkt komponiert. Oder Mendelssohn: 23 Jahre alt wurde er 1832; die Italienische Sinfonie und die Reformationssinfonie waren zuvor komponiert, ebenso die Hebriden-Ouvertüre, das Oktett, die Ouvertüre *Meeresstille und Glückliche Fahrt* und das g-Moll-Klavierkonzert. Beethoven sollte man mit dem gleichen Maß messen, wobei eben nicht unwichtig ist, daß eine ganze Reihe früher Kompositionen aus der Bonner Zeit sich schlichtweg nicht oder vielleicht nur in stark umgearbeiteter Fassung erhalten hat: Auch der 22- oder 23jährige Beethoven war an sich ein fertig ausgebildeter Komponist, als er 1792 zum zweiten Mal nach Wien kam – ausgebildet für den Bonner Hofdienst und dafür, dort eine glanzvolle Stellung zu übernehmen. Für Beethoven ist Bonn somit eine Karriere für sich; indem er sie langfristig weder antrat noch antreten konnte (selbst wenn er gewollt hätte), begann für ihn 1792 nur scheinbar ein neues Leben. An sich fing er aber nicht wieder beim Nullpunkt an; seine Erfahrungen garantierten eine bruchlose Fortentwicklung, letztlich konkret an den Werken, die in der Zeit unmittelbar zuvor in Bonn entstanden waren und die immerhin so beschaffen waren, daß Beethoven an ihnen in Wien weiterarbeiten konnte – sie zwangen ihn nicht dazu, daß er sie in eine finstere Ecke verbannte, weil er nun ein neues Komponieren zu lernen hatte. Beethoven stieg also aus einer aussichtsreichen Karriere aus, ohne dies vielleicht 1792 zu ahnen, konnte aber die Künstlerpersönlichkeit bleiben, für die in Bonn die Grundlagen gelegt worden waren.

2. Kapitel

Haydn

Die Eigendynamik der Fortbildung

Nachdem Beethoven sich in Wien niedergelassen hatte (vorerst als beur-
laubter Hofmusiker aus dem mit Wien verschwisterten Bonn), kam
letztlich alles anders, als es geplant war. Erstens: Aus Haydns Händen
bezog Beethoven nicht »Mozarts Geist«. Zweitens: Er bezog Wiener
Kultur nicht nur aus Haydns Händen. Drittens: Es gab plötzlich in Wien
neue Förderer für Beethoven. Und viertens: Beethoven kehrte nicht nach
Bonn zurück; er hätte es langfristig auch gar nicht tun können. Und mit
diesem vierten Aspekt schließt sich der Kreis, denn eher kann davon die
Rede sein, daß nun die mit Wien verschwisterten Kreise Bonns nach
Wien kamen. Diese vier Aspekte haben zudem jeweils mehrere Seiten; zu
betrachten sind Beethovens Fortschritte als Komponist, seine Lebensbedingungen und die Intensität seiner Bonner Verankerung während dieser
ersten Wiener Zeit.

Unterricht bei Haydn

Nüchtern betrachtet, war es eine absurde Idee, Beethoven »Mozart's
Geist aus Haydens Händen« in Aussicht zu stellen, und zwar in doppelter
Hinsicht. Weder ist es möglich, den überaus individualisierten Stil eines
Komponisten wie Mozart, den dieser aus einer rund 30jährigen Auseinandersetzung mit seinen Kunstmitteln und denen seiner Umwelt gewonnen hatte, direkt auf einen anderen zu übertragen; noch weniger ist
denkbar, daß dabei ein Dritter als Mittelsmann wirkt, zumal dann, wenn
dieser fast ein Vierteljahrhundert älter ist als derjenige, dessen Stil er
transferieren soll. Haydn hat folglich allenfalls seinen eigenen »Geist«

vermitteln können – vorausgesetzt, er war ein Lehrer, der so autoritär und freigebig zugleich war, daß er dies überhaupt tat. Er müßte Beethoven erlaubt haben, daß er ihm in die Karten schaute, oder einen Schüler dazu gezwungen haben, genau das zu tun, was er selbst tat. Die Risiken, daß bei dem Unterricht etwas anderes herauskam, waren also groß: Ließ Haydn Beethoven vielleicht eher auch individuelle Freiheit? Oder: Vermittelte er vielleicht ein theoretisches System, das als Lehrkonzept sinnvoll erscheinen konnte, aber in der Praxis nur wenig tragfähig ist? Und man sollte die Rechnung auch nicht ohne den Schüler machen: Wie vieles war Beethoven überhaupt bereit, an radikal Neuem aufzunehmen – er, der immerhin aus seiner Bonner Praxis heraus als routinierter Musiker gelten muß (wie es etwa die beiden Kantaten des Jahres 1790 zeigen)? Die Hindernisse, die sich einem echten Stiltransfer Haydn-Beethoven in den Weg stellen konnten, waren also so vielfältig, daß der speziell angestrebte Erfolg von vornherein hätte als zweifelhaft erscheinen müssen – ganz zu schweigen von den Möglichkeiten des noch viel weniger praktikablen Stiltransfers Mozart-Beethoven via Haydn.

Fraglich ist allerdings, ob Waldstein seine Äußerung so wörtlich gemeint hat – oder ob es nicht vielmehr eine poetische Wendung war, mit der er die Eintragungen in das »Zehrgarten«-Stammbuch einleitete. Vielleicht ist nur sein Ziel gewesen, daß Beethoven als vielversprechender junger Komponist bei Haydn zusätzliche Anregungen erhalten könnte, eine Art »letzten Schliffs« – wobei Haydn für Waldstein offenkundig die zweite Wahl war und nur nach Mozarts Tod die Person, die dafür in Frage kam. Daß er dieses Ziel mit »Mozart's Geist« gewissermaßen verwechselte, umschriebe eine Hoffnung, die sich wiederum auf die Bonner Personalverhältnisse bezöge. Auch Waldstein hatte Mozart übrigens persönlich erlebt: Er gehörte zu denjenigen, die ein Abonnement für Mozarts erste große Konzerte-Serie in Wien 1784 erwarben.

Beethovens Aufenthalt in Wien funktionierte zunächst nur deshalb, weil Erzbischof Maximilian Franz ihn bezahlte: Beethovens Bonner Salär (450 Gulden) wurde weiter ausgezahlt, dazu der Unterricht noch als solcher mit 500 Gulden finanziert. Was aber versprach sich der Erzbischof von der Reise? Weshalb faßte er Haydn als Lehrer Beethovens ins Auge, einen Musiker, der vor kurzem ja nur zufällig durch Bonn gereist gekommen war? Maximilian Franz kannte aus seiner Wiener Zeit auch andere Musiker; weshalb etwa schickte er Beethoven nicht (ungeachtet jener Begegnung mit Haydn) zu einem Wiener Hofkünstler, etwa zum Kapellmeister Antonio Salieri? Dieser hatte die personellen Umwälzungen, die

38

bei Regierungswechseln unvermeidlicherweise eintraten, gut überstanden, nicht nur den Übergang von Joseph II. zu Leopold II. 1790/91, sondern auch denjenigen nach Leopolds Tod 1792, auf den die Regierungszeit des letzten römisch-deutschen Kaisers, Franz II., folgte. Im Zuge einer Anbindung Kurkölns an die habsburgischen Stammlande wäre also Haydn gerade nicht die nächste Adresse gewesen. Haydn hingegen war damals praktisch arbeitslos: Er hatte den Sprung aus dem Regiment seines so wichtigen Dienstherrn in das des Nachfolgers nicht geschafft: 1790 war Fürst Nikolaus I. von Esterházy (»der Prachtliebende«) gestorben; dessen Nachfolger Anton übernahm Haydn (wie die meisten anderen Musiker) nicht in seinen Hofstaat. Haydn nutzte diese Situation, um nach England zu reisen, und er suchte nun wohl selbst nach neuen Lebensperspektiven. In diesen konnte der gut dotierte Unterrichts-Auftrag immerhin eine Teilfinanzierung des Lebensunterhalts nach sich ziehen. Insofern könnte allenfalls Graf Waldstein derjenige gewesen sein, der die Vision einer Trias Haydn-Mozart-Beethoven hatte, selbst wenn sie zunächst als irrationale Koppelung von Unvereinbarem erscheinen muß und selbst wenn seine Ziele primär auf die Bonner Zukunft ausgerichtet gewesen sein müßten; alle anderen Beteiligten konnten auch viel momentanere Interessen in die Waagschale werfen.

Wenn man schließlich danach fragt, welche konkreten Erwartungen man aus dem Bonner Kulturleben an den Unterricht Beethovens durch Haydn geknüpft haben mag, muß man zunächst klären, welchen Ausbildungsstand Beethoven in den Unterricht einbringen konnte. Das Ergebnis ist auffallend klar konturiert: Beethoven hatte bis 1792 bereits nachweislich Erfahrungen in der Konzertkomposition gesammelt (zumindest aus dem Es-Dur-Klavierkonzert WoO 4 von 1784 und dem C-Dur-Violinkonzert WoO 5, aber auch aus dem nachmaligen 2. Klavierkonzert op. 19, dessen Anfänge bis in Beethovens Bonner Zeit zurückreichen); er hatte diverse Kammermusikwerke geschrieben (drei Klavierquartette WoO 36, das Klaviertrio WoO 38, Teile der späteren Klaviertrios op. 1), ferner vier Klaviersonaten komponiert (die drei *Kurfürstensonaten* WoO 47 sowie eine weitere in F-Dur WoO 50), ebenso, über zehn Jahre hinweg, vier Variationenzyklen für Klavier allein (WoO 63, 1782, bis WoO 66, 1792). Daneben steht um 1792 auch Kammermusik für Bläser (zwischen Allegro und Menuett für zwei Flöten WoO 26 und dem Bläseroktett op. 103). Erste Erfahrungen in dramatischer Musik zeigen sich in dem *Ritterballett* WoO 1, das 1790/91 für den Grafen Waldstein entstand, Erfahrungen in Vokalmusik selbstverständlich in den beiden

39

Kantaten des Jahres 1790 sowie in einer Reihe von Liedern. Dachbegriffe, unter die sich dies zusammenfassen ließe, wären also vor allem »diverse Kammermusik mit Klavier« (aber auch: für Klavier allein), daneben »Bläserkompositionen«, »Konzerte« und »Werke für Soli, Chor und Orchester«; das Bild würde ergänzt durch die Lieder und durch das *Ritterballett* als ein Werk zumindest mit dramatischem Anspruch.

Haydns Ruhm hingegen gründete sich auf andere Gattungen: Als Konzertekomponist hatte er sich kaum einen Namen gemacht, als Opernkomponist war seine Ausstrahlung nicht besonders groß. Auch in seinem Oeuvre hingegen nahm Kammermusik mit Klavier und Musik für Klavier allein einen wesentlichen Raum ein; darüber hinaus konnte er jedoch zwei zentrale Gattungen in die Diskussion einbringen, die für Beethoven zuvor zumindest nicht im Zentrum des Interesses gelegen hatten (wenn nicht gar außerhalb seines Gesichtskreises), die aber späterhin auch für ihn sehr wichtig wurden: Sinfonien und Kammermusik ohne Klavier. Zuletzt waren von Haydn die sechs Streichquartette op. 64 erschienen (Tost-Quartette, 1790); und von der Uraufführung der ersten sechs Londoner Sinfonien (Nr. 93-98) kehrte Haydn nun gerade nach Wien zurück. Schließlich aber hatte er Erfahrungen in der Messenkomposition – für einen Hoforganisten wie Beethoven nicht ganz unwichtig. Daß man mit diesem Gattungsspektrum auch die Erwartungen an den Unterricht umschreiben kann (übrigens Gattungen, in denen auch Mozart hervorgetreten war), ist also doppelt wahrscheinlich: sowohl aus Haydns Vorgeschichte als auch aus Beethovens Gesamtsituation (Herkunft, mutmaßlich angestrebte berufliche Laufbahn) heraus.

Doch so einfach lassen sich Verlauf und Ertrag des Unterrichts nicht miteinander koppeln. Beethoven verlegte sich fortan nicht etwa auf das Komponieren von Sinfonien; sein erster Beitrag zu dieser Gattung ist die 1799/1800 entstandene C-Dur-Sinfonie op. 21. Die ersten Werke der Gattung Streichquartett entstanden um die gleiche Zeit, ab 1798 (die sechs Quartette op. 18). Daß Haydn jene Unterrichtsziele so konkret gepflegt hätte, widerlegen auch die Quellen; der Unterricht für Beethoven fing beim Nullpunkt an – bei schlichten kontrapunktischen Konstruktionen*. Beethoven seinerseits knüpfte, wenn er in jener Zeit außerhalb jenes Unterrichts komponierte, an Gattungs-Interessen aus seiner Bonner Zeit an; mittelfristig lag ein wesentlicher Teil seiner Aktivitäten damit gerade auf solchen Gebieten, auf denen Haydn nicht (oder kaum) tätig war. Der Unterricht, den Haydn Beethoven erteilte, ist also nicht leicht zu beschreiben: Offenkundig handelte es sich um einen erstaunlich elementaren Unterricht in Satztechnik; und offenkundig lief der Unterricht darauf hinaus, daß Beethoven die Gattungen, in denen Haydn arbeitete, eher mied, als daß er in ihnen von Haydn direkt zum eigenen Schaffen angeleitet wurde.

Ferner: Der Unterricht begann wohl noch im November 1792, also bald nach Beethovens Ankunft in Wien; er endete, als Haydn am 19. Januar 1794 zu seiner zweiten Englandreise aufbrach. Beethovens Wiener Ansätze als Komponist von Quartetten und Sinfonien liegen erst in deutlich späterer Zeit; deshalb sollte man die Beziehung zwischen Haydn und Beethoven schärfer differenzieren. Was tat Beethoven in der Zeit, bevor Haydn aus Wien abreiste? Welche Werke Beethovens entstanden in der unmittelbar darauffolgenden Zeit – schlug Beethoven also direkt neue Wege ein, als er Haydns Aufsicht »entronnen« war? Und: Wie entwickelt sich die Koexistenz Beethovens und Haydns in Wien, nachdem dieser Ende August 1795 dorthin zurückgekehrt war?

Abgrenzungsversuche

Wie sehr und wie lange Beethoven in Wien an seiner bisherigen Musik anknüpfen konnte, erschließt sich bereits aus einem groben Überblick heraus[*]. Im Mai 1795 wird in Wien das Erscheinen der drei Klaviertrios op. 1 angekündigt; das zweite und dritte von ihnen war erst kurz zuvor entstanden, das erste hingegen wohl schon in Bonner Zeit – vielleicht im Umfeld des Es-Dur-Trios WoO 38 von 1790/91, das Beethoven zeitweilig für eine Veröffentlichung im Rahmen des Opus 1 vorgesehen hatte. Anfang 1796, ein Dreivierteljahr nach Haydns Rückkehr aus England, erschienen die drei Klaviersonaten op. 2, die Beethoven seinem Lehrer Haydn widmete; ihre Entstehungszeit (vor allem 1794/95) reicht bis 1793 zurück, also in die Zeit vor Haydns neuerlicher Abreise, und auch in ihnen fußen Teile auf Bonner Material (am klarsten erkennbar durch Querverbindungen zum Klavierquartett WoO 36 Nr. 3). Somit wirkt Beethoven in der Zeit, in der er bei Haydn Unterricht hat, durchaus auch auf einigen Feldern, die in der gleichen Zeit Haydn bestellt: Die Beschäftigung mit der Gattung Klaviersonate reicht für Haydn bis 1795, die mit der Gattung Klaviertrio noch bis ins 19. Jahrhundert hinein. In beiden Gattungen setzte Beethoven in Wien also eine künstlerische Entwicklung, deren Anfänge schon in seiner Bonner Zeit liegen, bruchlos fort; er konnte sich sogar konkret mit Werken, die er in Bonn geschrieben hatte, auch weiterhin identifizieren. Diese Gattungs-Kontinuität zeigt sich auch auf breiterem Fundament: Ende 1793 schickte Beethoven ein F-Dur-Oboenkonzert (Hess 12) von Wien nach Bonn, schrieb 1792/93 weitere Bläser-Kammermusik (das Es-Dur-Oktett op. 103, das Rondino für Bläseroktett WoO 25) und schuf einen Variationenzyklus für Violine und Klavier über »Se vuol ballare« aus Mozarts *Le nozze di Figaro* (WoO 40). Die Probleme, die die fortwährende Beschäftigung mit älteren Werken für Beethoven aufwarf, sind hingegen ein Thema für sich (siehe S. 54 f.). Kollisionen mit Haydn werden also nur insofern vermieden, als Beethoven keine von dessen Schlüssel-Gattungen völlig neu angeht.

Dies gilt zunächst auch für Streicher-Kammermusik: In der ersten Wiener Zeit überarbeitete Beethoven sein in Grundzügen wohl schon aus Bonner Zeit stammendes Es-Dur-Streichtrio op. 3; ihm folgten später, zwischen 1796 und 1798, die D-Dur-Serenade op. 8 und die drei Trios op. 9 nach. Doch dann arbeitet Beethoven 1795 das Bläseroktett op. 103 zu einem Streichquintett um. Damit wird ein neuer Zug in Beethovens Verhältnis zu Haydn sichtbar: Er erweitert seinen Horizont – zwar mit solchen Gattungen, die für Haydn nicht im Mittelpunkt der Beschäftigung stehen, die aber dessen Interessen einkreisen. Gleichzeitig verliert er die Kammermusik für mehrere Streicher und Klavier aus dem Auge; der nächstjüngere Beitrag zu dieser für ihn in Bonn so wichtigen Werkgruppe sind erst die Klaviertrios op. 70, die 1808 erscheinen. Offenbar formulierte Beethoven damals für sich Gattungsbegriffe neu: Auf kammermusikalischem Sektor überrundeten die reinen Streicherbesetzungen in ihrer Bedeutung die für ihn bislang so wichtigen Bläserbesetzungen und die Gattung der Musik für mehrere Streicher und Klavier. Es scheint aber, als ob Beethoven die Gattung Streichquartett sorgsam gemieden habe.

Wie erwähnt, galten Haydns Interessen in jener Zeit wesentlich den Sinfonien und Streichquartetten: In den 1790er Jahren entstand die zweite Sechsergruppe der Londoner Sinfonien; ebenfalls in dieser Zeit arbeitete Haydn an weiteren Streichquartetten, an den Dreiergruppen op. 71 und 74 (1793), auf die die berühmte Sechsergruppe op. 76 (1797; mit dem *Kaiserquartett*) und ein weiteres Werkpaar folgten (op. 77, 1799). Für Haydn gewann außerdem die Arbeit an nichtdramatischen Werken für Soli, Chor und Orchester eine neue Dimension; dies zeigt sich zunächst in der *Paukenmesse* und der *Heilig-Messe* (beide 1796), und 1795-98 arbeitete er am Oratorium *Die Schöpfung*. Auch oratorische Vokalmusik komponierte Beethoven nicht; seine nächsten Beiträge zu diesen Gattungen, denen letztlich auch die Bonner Kantaten angehören, liegen erst im nächsten Jahrhundert – mit dem Oratorium *Christus am Ölberge* op. 85 (1803) und der C-Dur-Messe op. 86 (1807). Somit ergibt sich das eigenartige Bild, daß die Oeuvres von Lehrer und Schüler in den späteren 1790er Jahren komplementär wirken: Bereiche, die Haydn aktuell fesselten, erschließt sich Beethoven erst später; Beethoven scheint den direkten Vergleich mit Haydn vermieden zu haben. Das gleiche gilt aber auch umgekehrt, allerdings in bescheidenerem Rahmen: Haydns Klaviersonaten-Produktion endete 1795, in dem Jahr, in dem Beethovens drei Sonaten op. 2 erscheinen.

Diese Abgrenzung läßt sich auch aus den Beethoven-Haydn-Anekdoten erkennen. Von Beethoven berichtet dessen späterer Schüler Ferdinand Ries, wie enttäuscht er gewesen sei, als Haydn ihm riet, das dritte der Klaviertrios op. 1, das Beethoven für das beste der Dreiergruppe hielt, nicht zu publizieren. Ries führt aus*: »Daher machte diese Aeußerung Haydn's auf Beethoven einen bösen Eindruck und ließ bei ihm die Idee zurück: Haydn sei neidisch, eifersüchtig und meine es mit ihm nicht gut.« Haydn habe am Erfolg des Werks gezweifelt – und dies obwohl die Aufführung jenes c-Moll-Trios, der Anlaß zu seiner Kritik, gerade »außerordentliches Aufsehen« erregt hatte. Somit hätte Haydn einen Interessenkonflikt zwischen sich und Beethoven gesehen gehabt. Oder: In engem Zusammenhang zu diesem Vorfall berichtet Ries von einer Frage, die er an Haydn gestellt habe, nämlich »warum er nie ein Violin-Quintett geschrieben habe«. Ries »erhielt die lakonische Antwort: er habe immer mit vier Stimmen genug gehabt«. Indem Beethoven einerseits die Quartettproduktion umging und andererseits die Reduktion seines Bläseroktetts gerade in ein Streichquintett münden ließ, zeigt sich die Abgrenzung doppelt deutlich. Oder: Der Wiener Musikgeschichte-Pionier Aloys Fuchs* berichtet 1846 davon, daß Haydn nach der Uraufführung von Beethovens Ballettmusik *Die Geschöpfe des Prometheus* (1801) diesen für das Werk gelobt habe. Beethoven habe geantwortet: »O lieber Papa! Sie sind sehr gütig, aber es ist doch noch lange keine ›Schöpfung‹!« Haydn sei »überrascht und beinahe verletzt« gewesen; sein Lob dürfte durchaus ernstgemeint gewesen sein. Doch Beethovens Antwort ist nicht nur grob gewesen: Sie schlägt eine Brücke von Haydns Oratorium über die biblische Schöpfungsgeschichte zu Beethovens Ballett über den griechischen Schöpfungsmythos, und Beethoven stellte damit klar, daß er Haydns Kreise nicht im geringsten gestört zu haben glaubte. Somit sind Zweifel an der Tragfähigkeit der Beziehung zwischen Haydn und

Beethoven durchaus angebracht, allerdings für die Zeit vor 1794 in geringerem Ausmaß als nachher – offenkundig hat Haydn in dieser früheren Zeit Beethoven nicht als gleichgewichtigen Partner gesehen, dessen Konkurrenz man letztlich auch fürchten könne. Dies freilich fügt – von beiden Seiten her – dem Bild einer homogenen »Wiener Klassik« neuerlich Schaden zu.

Opus 2 und die Sonatenform

Fast symbolhaft in diesem Bild wirken hingegen die Werke, mit denen eine Verbindung der »Wiener Klassiker« konkret greifbar wird; und in dieser Hinsicht stellen sich neben die »reifen« Quartette, die Mozart Haydn 1785 widmete, die Klaviersonaten op. 2 von Beethoven, die dieser Haydn widmete und in denen der Verbindungs-Eindruck durch die Lehrer-Schüler-Beziehung überhöht wird. Allerdings sollte man gerade deren Stellenwert nicht überschätzen: Als die Sonaten 1796 erschienen, war Beethoven 25 Jahre alt, und das Komponieren von Klaviersonaten reicht für ihn bis mindestens 1783 zurück – Beethoven konnte also auf beträchtliche eigene Erfahrungen mit dem Schreiben von Klaviersonaten zurückblicken. Außerdem gründeten sich seine Erfahrungen im Umgang mit sonatenartigen Konstruktionen nicht nur auf den engeren Bereich der »Sonaten« selbst, sondern umfaßten vor allem auch seine Kammermusikwerke – die er, wie für das Klavierquartett WoO 36 Nr. 3 erwähnt, auch ganz konkret für die Arbeit an den Sonaten verwertete. Daß erst Haydn es gewesen sei, der Beethoven den Zugang zur Sonatenform der »Wiener Klassik« eröffnete, ist also kaum glaublich; und gerade für diese drei Sonaten dürfte Beethoven im Sinn gehabt haben, weniger seine Abhängigkeit als seine Eigenständigkeit unter Beweis zu stellen (zumal er darauf verzichtete, trotz der Widmung an Haydn auch auf dem Titelblatt zu erklären, daß er zuvor dessen Schüler gewesen war).

Nicht zuletzt die vermittelnde Funktion, die diese Sonatengruppe zwischen Haydn und Beethoven einnimmt, vielleicht sogar auch unterschwellig der Gedanke, hier sei nun tatsächlich »Stil« weitergegeben worden, hat vor allem die erste der drei Sonaten (f-Moll) zu einem Schlüsselwerk dafür gemacht, was klassische Sonatenform sei – mit Blick auf den »Sonatenhauptsatz«, also den ersten im Werkzyklus; der erste Satz dieser Sonate fand als Musterwerk Eingang in Formenlehre-Handbücher und sogar in den Schulmusikunterricht. Das Modell der Sonatenhauptsatzform, dessen formelhafte Substanz sich aus der Kompositionslehre schon vor 1800 heraus allmählich entwickelte und irgendwann um 1850 vom Bach- und Beethoven-Forscher Adolph Bernhard Marx in seiner Lehrtätigkeit verfestigt wurde, geht davon aus, daß ein erster (schneller) Sonatensatz zwei Themen habe, aus denen drei musikalische Teile gebildet werden: die Exposition, in der die Themen in ihrer Grundgestalt vorgestellt werden (das Hauptthema in der Grundtonart, das Seitenthema in einer anderen Tonart), ferner die Durchführung, in der beide Themen verarbeitet werden, und schließlich die Reprise, in der beide Themen in der Grundtonart zu stehen kommen. Die Exposition wird wiederholt; nach dem Doppelstrich mit Wiederholungszeichen können auch Durchführung und Reprise – als zusammenhängendes Gebilde – wiederholt werden. Letztlich zeigt aber gerade dieser f-Moll-Satz, wo die Probleme des Modells und Beethovens eigenschöpferischer Ansatz liegen; daher sind an der Eignung dieses Satzes als Modellwerk erhebliche Zweifel angebracht (Notenbeispiel 1).

Das Werk wird mit einer einprägsamen Motivik eröffnet; zu einem »Thema« wird sie aber nicht. Einerseits geht Beethoven von vornherein den Entwicklungsmöglichkeiten dieser Motivik nach (sie wird schon verarbeitet, ehe sie vollständig eingeführt ist); andererseits fehlt ihr schlichtweg ein kadenzierender Abschluß, und die Offenheit der Phrase wird dadurch noch betont, daß Beethoven nach ihr eine Generalpause setzt (mit Fermate). Es geht Beethoven also nicht darum, zunächst ausschließlich zu sagen, was sein Material ist, dieses klar abzugrenzen und erst anschließend auszubauen; an einem derartigen logischen Argumentieren ist ihm nicht gelegen. Viel eher dient die Motivik dazu, die musikalischen Abläufe bereits aus sich selbst heraus zu öffnen; sie macht eine Fortführung unverzichtbar. Nach einem Hauptthema (in der erwähnten Geschlossenheit) bliebe es hingegen der Kunst des Komponisten überlassen, auf welche Weise er eine Öffnung hin zum Fortgang erreichen kann. Somit stellt dieser Anfang die Existenz eines »Hauptthemas« in Frage; das, was sich an diesem Anfang als »themenhaft« begreifen läßt, bleibt auf eine tonartliche und locker motivische Signalwirkung beschränkt.

Daß die eröffnende Motivik eines Musikstücks aber eine solche Signalwirkung entwickelt, ist kaum zu umgehen; sie bestimmt nachhaltig die Grundstimmung der Komposition. Damit ist diese Motivik nur insofern ein »Thema«, als die griechische Urbedeutung des Worts (»Setzung«) erfüllt ist; mehr als dieses braucht hinter der Signalwirkung musikalisch nicht zu stehen. In Beethovens f-Moll-Sonate ist der Charakter einer

Notenbeispiel 1:
Klaviersonate f-Moll op. 2 Nr. 1,
1. Satz, T. 1-48 (Exposition)

»Setzung« für Stimmung und Kompositionsverlauf freilich besonders gut gegeben: Die Klaviermelodie steigt in den Tönen des f-Moll-Dreiklangs über fast zwei Oktaven weit auf; damit ist die f-Moll-Grundstimmung eindeutig festgelegt. Daß ein Hauptthema bei Beethoven häufig aus derart einfachsten Bestandteilen aufgebaut sei (so daß wirklich jeder bemerken müsse, in welcher tonartlichen Welt die Komposition stehe), hat schon der englische Komponist Hubert Parry bemerkt[*]; doch die Feststellung kann man auch umkehren: Ein Hauptthema bei Beethoven kann derart klar der tonartlichen Grundstimmung gelten – daß dies ein »Thema« sei, das man späterhin »verarbeiten« könne, ist zunächst nebensächlich. Die nicht »thematisch« abgegrenzte Eröffnung hält also den ersten Satz der f-Moll-Sonate nun auch unmittelbarer in Fluß als ein musikalisch vollgültiges Thema, nach dem man eben zunächst die Abgrenzung an dessen Ende überwinden müßte – die Komposition geht nun praktisch wie von selbst weiter.

Wie steht es vor diesem Hintergrund um das Seitenthema? Der Kompositionslehre zufolge ist es so definiert, daß es in einem Dur-Stück auf der Dominante steht (also eine Quinte höher als das Hauptthema), in einem Moll-Stück auf der Durparallele der Moll-Grundtonart (eine kleine Terz höher). Zusätzlich zur Definition als musikalisches »Thema« kommt hier also eine tonartliche Bestimmung hinzu, und dieser Modulationsgang wird aus der Kompositionslehre als »typisch sonatenhaft« angesehen. Doch der Modulationsgang ist älter als die »reine« Sonatenhauptsatzform: Schon um die Mitte des 18. Jahrhunderts setzte er sich auch für Kompositionen durch, die nicht sonatenartig sind, etwa für die Entwicklung einer Fuge oder einer Arie. Um einen solchen Modulationsgang akustisch offenzulegen, gibt es zwei Möglichkeiten: Entweder man setzt am neu erreichten tonartlichen Ziel einen einfachen Schlußpunkt, der sagt, was Sache ist – eine Kadenz in der Zieltonart. Auf diese Weise ist etwa in einem einfachen Tanzsatz dann bereits der Doppelstrich mit Wiederholungszeichen erreicht. Die andere Möglichkeit geht davon aus, daß man nach dieser Kadenz den charakteristischen Doppelstrich noch nicht sogleich erreichen möchte (sie baut also den Gedanken der ersten weiter aus); man läßt folglich nach der Kadenz ein vorzugsweise in sich abgeschlossenes melodisches Gebilde erklingen, das komplett in der neuen Tonart steht. Beides, sowohl die bloße Kadenz als auch der Eintritt eines »Themas«, ist an sich gleichermaßen als neue tonartliche »Setzung« geeignet; doch der Eindruck, daß ein »Thema« erklingt, ergibt sich nur daraus, daß die Musik dort noch fortgeführt wird, obgleich die neue

Tonstufe bereits erreicht ist. Folglich ist das Hauptthema ganz einfach das Ergebnis dessen, daß eine Komposition irgendwie beginnen muß; das Seitenthema betont an sich nur die neue Tonart, und diese wird bis zum Doppelstrich nicht wieder verlassen.

In Beethovens f-Moll-Sonate nun begegnet man einer Konstruktion, die die tonartlichen Prozesse sogar noch deutlicher vernehmbar macht als die angesprochene »zweite« Möglichkeit: Ehe die Motivik, die üblicherweise als Seitenthema gilt, erklingt (T. 20ff.), steht noch gar keine Kadenz in der Zieltonart; erst am Doppelstrich ist diese tatsächlich erreicht, so daß das »Seitenthema« noch der Moll-Stimmung der Satz-Eröffnung verpflichtet ist. Zudem scheint das »Seitenthema« vom »Hauptthema« abhängig zu sein: Beethoven legt es als freie Spiegelung der Sonaten-Eröffnung an (so, daß in jeweils einem der Themen die Bewegungsrichtung abwärts führt, wo sie im anderen aufwärts verläuft und umgekehrt)*. Dieser Satz enthält also an sich weder Haupt- noch Seiten-»Thema« im engeren Sinne der Kompositionslehre: Er beginnt mit einer »öffnenden« Motivik ohne thematischen Abschluß; mitten im modulatorischen Prozeß, an einer für ihn entscheidenden Stelle, steht eine melodisch auffällige, motivisch nicht restlos eigenständige Wendung, die aber aus ihrem Kontext heraus nicht den tonartlichen Anforderungen entspricht, die die (jüngere) Kompositionslehre an ein Seitenthema stellt.

Ferner: Der Doppelstrich mit Wiederholungszeichen gibt dem Satzverlauf eine Zweiteiligkeit, die vom Sonatenmodell negiert wird (Exposition, Durchführung und Reprise besagen ja eher, daß es sich um drei Teile handele). Tatsächlich wurde in der zweiten Hälfte des 18. Jahrhunderts jene Zweiteiligkeit dreiteilig überformt, wenn auch nicht so weitgehend, daß die Wurzeln komplett beseitigt wurden. Auch Beethovens f-Moll-Sonate spiegelt diese Situation. Nach dem Doppelstrich setzt das »Hauptthema« wieder ein; damit ergibt sich ein analoger Beginn beider Teile.

Das Hauptthema steht freilich nicht in der Grundtonart wie am Satzbeginn, sondern in der Tonart, in der die Musik unmittelbar zuvor, vor dem Doppelstrich, kadenziert hat; dieser »Themen«-Eintritt unterstreicht also das Zweiteiligkeits-Prinzip. Andererseits wollte man immer weniger darauf verzichten, auch die Rückkehr in die Grundtonart entsprechend signalhaft zu gestalten; diese Funktion kann das »Hauptthema« besser als jede andere Motivik erfüllen, weil mit ihm in jeder Hinsicht ein Rückbezug auf die Konstellationen des Werkanfangs möglich ist: tonartlich ebenso wie motivisch. Und damit ist der Eindruck der Dreiteiligkeit etabliert – der freilich auch dann denkbar ist, wenn der Komponist nach dem Doppelstrich nicht mit dem Hauptthema fortfährt, sondern beispielsweise mit einer Variante derjenigen Motivik, die gerade unmittelbar vor dem Doppelstrich erklungen ist (wie im ersten Satz der Sonate op. 2 Nr. 3).

Wenn nun aber das »Hauptthema« viel eher als »Öffnung zum Nachfolgenden« angelegt ist wie in Beethovens f-Moll-Sonate, ist, wenn diese Musik erklingt, eine Konsequenz klar: Nichts könnte die Musik jener »Setzung« besser fortführen als die Musik, die schon am Satzbeginn nach dem »Thema« erklungen ist. Der Anfangssatz von Beethovens f-Moll-Sonate ist allerdings sehr knapp gehalten; nur 20 Takte liegen zwischen dem Beginn und dem »Seitenthema«, und sie werden fast komplett mit Motivgestalten gefüllt, die sich auf die Anfangsmotivik beziehen. Welche Motivik sollte also hier, in der »Durchführung«, darauf folgen? Fast zwangsläufig ist es die jenes »Seitenthemas«. Auch dies läßt sich also viel eher aus den musikalischen Abläufen herleiten, die Beethoven in der Exposition angelegt hat, nicht nur aus einem abstrakten Formmodell. Daß die Motivgestalten, die zu Satzbeginn zwischen diesen beiden »Themen« vermitteln, auch in der »Durchführung« aus dem »Hauptthema« entnommen sind, ist neuerlich kein Wunder: So läßt sich eben tatsächlich der Weg von einem Motiv X zu einem Motiv Y zweimal auf eine prinzipiell gleiche Weise beschreiben. Die Kompositionslehre hebt hingegen hervor, daß damit das Hauptthema nun »verarbeitet« (»durchgeführt«) werde; sie negiert, daß das gleiche Verfahren, Teil-Motive aus dem »Hauptthema« zu isolieren, bereits die unmittelbare Satzeröffnung ermöglicht hat. Eher als daß hier etwas Neues geschähe, werden beide Teil-Anfänge analog gestaltet – wobei allerdings der Kontext nicht gleich ist.

Die Ursache für diese Unterschiedlichkeit der Zusammenhänge ergibt sich aus dem Ziel, das von jenen beiden Teilen erreicht werden soll: Ehe das Hauptthema in der geschilderten Weise zum dritten Mal erklingt, muß der Weg zurück in die Grundtonart gefunden werden, und zwar, wie erwähnt, mit Hilfe der Motivik, die als Fortsetzung des Hauptthemas dient, also auch mit dem Seitenthema. Dieses darf aber auf zwei Tonstufen nicht eintreten: weder auf der gleichen Stufe wie eben zuvor in der Satzmitte das Hauptthema (das wäre dieselbe Stufe, auf der das Seitenthema in der Exposition eingeführt worden ist) noch in der Grundtonart (die erst anschließend mit dem Hauptthema, bei jenem dritten Eintritt, erreicht werden soll). Folglich kommt man als Komponist nicht umhin, einen weiter ausgreifenden Weg zu wählen – und für den Eintritt des Seitenthemas in der Durchführung eine weitere Station in den modulatorischen Gang einzubauen. Und so berührt der Komponist in der »Durchführung« zwar die bisher dagewesenen Themen, aber mit ihnen auch solche klanglichen Regionen, die er zuvor noch nicht erschlossen hat – wobei er sein Fernziel nicht aus den Augen verlieren darf. Knapp gesagt: Zunächst nur durch dieses tonartlich »Neue« erlangt dieser Abschnitt den Charakter einer »Durchführung«, so wenig also, daß der eigentliche sprachliche Gehalt des Begriffs kaum erfüllt ist.

Und die Reprise: Für sie stellt sich die Grundbedingung, daß die schon mit dem Hauptthema erreichte Grundtonart nicht mehr verlassen werden darf – der Satz soll ja in sich tonartlich geschlossen sein. Das sicherste Verfahren, um dies zu gewährleisten, ist folglich, nach dem Hauptthema einerseits die gleiche Musik wie am Satzbeginn erklingen zu lassen, andererseits aber alles aus dem Satz auszuscheiden, was ein Verlassen der Tonart bedeuten könnte. Damit aber ändern sich die Abläufe im Detail: Der Komponist muß Einzelschritte eine neue Richtung geben, er muß sie neu bewerten, um das Seitenthema nun ebenfalls in der Grundtonart des Satzes eintreten lassen zu können. Gerade wenn das »Hauptthema« selbst nur die musikalischen Prozesse in Gang setzt, ohne eigentlich abgeschlossen zu werden, ergibt sich dabei sehr leicht etwas, das die Musikgeschichtsschreibung zu speziell mit Kompositionspraktiken Haydns in Verbindung gebracht hat: Angeblich geraten damit Durchführungselemente in die Reprise hinein; doch eine solche Interpretation mißt der Exposition eine viel zu normative Wirkung zu. Viel eher bildet auch Beethoven hier für die Fortführung der Eröffnungsmotivik nun eine dritte Variante (nach Exposition und »Durchführung«), weil jede von ihnen ein anderes Ziel vorbereiten muß. Fruchtbar wäre es also, jede dieser drei Varianten als gleichwertige Konsequenzen zu bezeichnen, die sich aus jenem einmal gesetzten Impuls ziehen lassen. Das Seitenthema kann daraufhin bestätigen, daß tatsächlich die Grundtonart seit dem Reprisenbeginn nicht verlassen worden ist, und der Satz kann ungehindert in der Grundtonart enden, allenfalls um eine Coda als Schlußverbreiterung erweitert.

Mit dieser Anlage erfüllt der Satz freilich ohne weiteres die Bedingungen, die man um 1795 an einen Sonatensatz stellen konnte (und gerade an den ersten Satz einer ersten Klaviersonate): Die kompositorische Konstruktion ist so klar und überschaubar, wie man es sich nur wünschen kann. Dennoch: Diese knappe Konzeption bewirkt nicht das, was ein Formenlehre-Musterwerk erfüllen müßte; eher zeigt sich in dieser Knappheit, daß auch Beethoven (und auch in Wiener Werken) von einem anderen, stärker von der kompositorischen Praxis bestimmten Sonaten-satz-Verständnis ausgegangen ist. Hinter diesem steht noch nicht das angeblich dialektische Prinzip, nach dem ein Thema (These) und ein Gegenthema (Antithese) exponiert, in der Durchführung gegeneinander abgewogen und in der – tonartlich geschlossenen – Reprise einer Syn-these zugeführt würden. Vielmehr wird dieser Satz geprägt von der Spannung zwischen Zwei- und Dreiteiligkeit und von der Unterschied-lichkeit der tonartlichen Abläufe in diesen Teilen; das Tonart-»Problem« prägt die Konstruktionen nicht einmal so weit, daß es zur Ausformung eines veritablen Seitenthemas führte. Und besonders bemerkenswert ist, daß die Entwürfe für diese Satzeröffnung bereits aus der Zeit um 1790, lange vor Beethovens Übersiedlung nach Wien, stammen; ihnen zufolge setzt sich das Seitenthema zudem schärfer von der Eröffnungsthematik ab als in der Endversion (ist also noch nicht als lockere Umkehrung des »Hauptthemas« angelegt)[*]. Weder die Anlage der »Themen« noch die Form als solche hat Beethoven also erst bei Haydn gelernt.

Wie variabel Beethoven gerade den Seitensatz-Gedanken in diesem Satzprinzip auffaßte, ergibt sich aus den Kopfsätzen der beiden anderen Werke: In der zweiten Sonate (A-Dur) steht das Seitenthema scheinbar »regelgemäß« auf der V. Stufe – aber in Moll statt in Dur; in der dritten Sonate erklingt auf der V. Stufe zunächst ein Moll-, dann ein Dur-Thema. Somit zeigt die erste Sonate, wie grundlegend der Gedanke einer zielgerichtet modulierenden Exposition auch für Beethoven sein konnte (im Gegensatz zu einer »thematischen«); die zweite zeigt, daß die tonartli-che Lehrbuch-Formung für ihn gar nicht bestand, und die dritte zeigt die intensive tonartliche Bindung des Gesamtverfahrens – denn gerade sie ließe jene dialektische Interpretation nicht zu.

Das Konstruktionsprinzip verbindet sich zudem nicht originär mit Wiener Klassik, sondern mit Musik aus der zweiten Hälfte des 18. Jahr-hunderts allgemein; Beethoven brauchte es von Haydn nicht mehr zu lernen. Somit ist der Satzaufbau viel eher ein Aspekt, in dem Beethoven auch auf Erfahrungen aus seiner Bonner Zeit aufbauen konnte. Und diese Anbindung ergibt sich auch auf anderer Ebene: Abgesehen davon, daß er Musik aus dem Klavierquartett WoO 36 Nr. 3 direkt übernahm, gilt dies ebenso auch für die Anlage des Trios, das im Scherzo der f-Moll-Sonate in der Mitte steht und in seinen Stimmtausch-Verfahren an Bachsche

Klaviermusik erinnert – ein Satzprinzip, das am ehesten aus den zweistimmigen Inventionen bekannt ist, aber ebenso auch in Präludien aus
dem *Wohltemperierten Klavier* vorkommt (vgl. etwa das Präludium BWV
856, ebenfalls ein F-Dur-Stück).

Wenn man aber das »dialektische« Sonatenprinzip in diesen drei Werken nicht verwirklicht sieht, sondern eher andere, eng an den kompositorischen Bedingungen entlang formulierte Prinzipien, so heißt dies nicht,
daß deren Ausdrucksvermögen zur Disposition stände. Das wird gerade
in dieser f-Moll-Welt deutlich: Im Finale, prinzipiell ebenfalls ein Sona-
tenform-Satz, entwickelt Beethoven eine aufgewühlte Sturm-und
Drang-Stimmung; zu Beginn der »Durchführung« tritt ein bis dahin
nicht dagewesenes, sangliches Thema ein, das das Formprinzip erst recht
nicht »erfüllt«, durchaus aber einen Ausdrucks-Kontrast zu dem aufge-
wühlten f-Moll-Satzbeginn ergibt. Und auch dieser bietet kein
»Thema«, nicht aber nur als »Öffnung« zum Nachfolgenden; vielmehr
scheint die Musik dieses Satzbeginns auch keinen Anfang zu haben,
sondern schon vorhanden zu sein, bevor der Satz beginnt.

In diesem Stimmungsgehalt könnte man auch den Eindruck gewinnen, Beethoven gehe über »klassische« Kategorien hinaus und bringe
romantische Grundlinien in die Komposition ein; der gleiche Eindruck
könnte sich auch aus den tonartlichen Umfärbungen der »Seitenthemen«
in den Kopfsätzen der zweiten und der dritten Sonate ergeben. Und: So
unendliche Auftakt-Schlenker wie im Rondo-Schlußsatz der A-Dur-
Sonate tragen ähnlich viel Ausdruckspotential in einen Satz hinein wie die
geschärften Wiederholungen der jeweiligen Schlußfloskeln in das
Scherzo der f-Moll-Sonate. Mit den Scherzi gehen diese grundsätzlich
viersätzigen Sonaten ohnehin auch über die klassische Sonaten-Dreisät-
zigkeit hinaus (etwa diejenige Mozarts und Haydns, von dem nur ein paar
Divertimenti per il Cembalo solo aus dem frühen Schaffen viersätzig sind).

Die Klavierkonzerte Nr. 1 und 2

Beethoven konnte also auch noch um 1795/96 erstaunlich vieles aus
seiner Bonner Praxis in die neue Wiener Umwelt übernehmen: Mit den
drei Klaviertrios, von denen mindestens das erste auf Bonner Entwürfe
zurückgeht, konnte er sich so weit identifizieren, daß er sie als »op. 1«
veröffentlichte (trotz der vorausgegangenen Drucke aus Bonner Zeit).
An seine Sonatenproduktion knüpft er an – vielleicht auf neuem Niveau,

aber gleichwohl wiederum mit Bonner Material und ohnehin in einer universellen musikalischen Form der Zeit. Besonders klar erkennt man die Möglichkeit zum Brückenschlag schließlich im Streichquintett op. 4, das komplett auf dem (erst sehr viel später gedruckten) Oktett für je zwei Oboen, Klarinetten, Hörner und Fagotte op. 103 fußt: Auch hier waren die fortgeschrittenen Wiener Erfahrungen Beethovens kein Anlaß, daß er sich von Älterem völlig distanzierte. Vielmehr hat es den Anschein, daß er beständig an diesem Älteren feilte. Wo aber zeigen sich dann Fortschritte Beethovens in Wien?

Die Spannung zwischen Bonner Musik, die Beethoven permanent wieder auf einen aktuellen Stand hinbewegen konnte, und neuen Prinzipien, die sich offenbar nicht mehr mit den Bonner Sprachformen verbinden ließen, zeigt sich besonders klar auf dem Gebiet der Klavierkonzert-Komposition – wobei aber beide Tendenzen gleichwertig nebeneinanderstehen: Fortentwickelte Bonner Werke rangieren auf gleicher Stufe wie neuentwickelte Wiener. Der ersten Rubrik gehört das 2. Klavierkonzert an (B-Dur, später als op. 19 gedruckt): Schon um 1787/89, also noch in Bonn, lag es in einer ersten Fassung vor, wurde 1793 in Wien umgearbeitet (unter anderem dadurch, daß ein neues Rondo als Schlußsatz in das Werk aufgenommen wurde), mußte aber schon 1794 eine neue Überarbeitung an sich geschehen lassen und erhielt erst 1798 die endgültige Gestalt*. Rund ein Jahrzehnt hat sich Beethoven folglich immer wieder mit der gleichen Komposition beschäftigt. Dies ist im kompositorischen Prozeß etwas nicht Unproblematisches: Es setzt voraus, daß man sich jeweils neu in die kompositorischen Entscheidungen, die man früher einmal getroffen hat, hineindenkt, daß man ältere Bewertungen überprüft, daß man eine Balance zu finden versucht zwischen der bereits schriftlich fixierten Substanz und neuen Ideen.

In seinen Wurzeln jünger ist das sogenannte »erste« Klavierkonzert C-Dur op. 15. Es wurde 1795 uraufgeführt und ist wohl erst unmittelbar zuvor entstanden (auch dieses Werk wurde 1800 nochmals überarbeitet)*. Der erste Satz des Konzerts steht der Technik Mozarts, derartige Konzert-Eröffnungssätze zu schreiben, viel näher als der Eröffnungssatz des zweiten Konzerts: Beethoven greift aus der Orchestereröffnung mehrere Motive heraus, um mit ihnen den Verlauf des ersten Soloteils zu bestimmen (mehr Motive als lediglich Haupt- und Seitenthema) und zwischen erstem Orchester- und erstem Soloteil auf möglichst breiter Ebene Beziehungen herzustellen. Von dieser Technik bleibt das »zweite« Klavierkonzert (schon aus Bonner Zeit stammend) praktisch unberührt;

sogar erster Orchester- und erster Soloteil werden nur vage in ihrer Motivik aufeinander bezogen*. Folglich hat Beethoven sich tatsächlich in Wien ein Stück weit »Mozarts Geist« angenähert. Wie wichtig ihm aber auch die eigenen, älteren Erfahrungen waren, zeigt sich in seinem Festhalten auch am B-Dur-Konzert.

Für Mozart erschiene ein solches Verfahren, sich immer wieder Älteres vorzuknöpfen, als kaum denkbar: Zwar hat auch er Einzelsätze von Werken nachträglich gegen neue Sätze ausgetauscht, und auch mit manchen seiner Opern hat er sich mehrfach beschäftigt. Doch Mozart scheint viel eher dazu tendiert zu haben, neue künstlerische Denkweisen in neue Werke münden zu lassen, als sich über mindestens acht Jahre hinweg immer wieder mit der gleichen Komposition zu befassen – selbst wenn für ihn die »alten« und »neuen« Denkweisen deutlich weniger weit auseinanderklafften als im Fall der beiden Konzerte Beethovens. Dessen Verhalten scheint somit sonderbar deutlich auf »definitive« Werkgestalten ausgerichtet zu sein; für seine Zeit ist dieses Denken aber nicht ungewöhnlich. Carl Maria von Weber etwa schrieb 1800, als 14jähriger, eine Oper *Das Waldmädchen*, die im gleichen Jahr in Freiberg in Sachsen uraufgeführt wurde; beim Publikum fiel sie durch. Zehn Jahre später, 1810 in Stuttgart, machte er sich daran, die Oper neu zu schreiben: er ließ sich ein neues Libretto über den gleichen Stoff dichten und komponierte nun auf dessen Grundlage (und vielleicht streckenweise auch in Erinnerung an das ältere Werk) die Oper *Silvana*. Weber nahm den Mißerfolg mit einem Werk also nicht zum Anlaß, ein neues zu schreiben, sondern er komponierte es unter komplexesten Bedingungen nach. Beethoven steht also auch mit seinen mehreren späteren *Fidelio*-Versuchen nicht allein; und diese leiten sich schon aus seinen Arbeitspraktiken der 1790er Jahre her.

Für Beethoven wirkte sich dies dennoch als Problem aus: Seine Umwelt erwartete von ihm viel eher das Mozart-Verhalten. Dies zeigt sich in dem kritischen Moment, den ein Unterricht wie derjenige Beethovens in Wien grundsätzlich hat: bei der Frage, ob das Projekt so lohnend ist, daß die Zahlungen fortgesetzt werden sollen. Haydn war es, der die Leistungsnachweise einreichte; sein Begleitbrief datiert vom 23. November 1793, ist also ziemlich genau (fristgerecht?) ein Jahr nach Beginn des Unterrichts geschrieben worden. Haydn übersendet »Eurer Churfürstlichen Durchlaucht einige musikalische Stücke, nähmlich ein Quintet, eine achtstimmige Parthie, ein Oboe-Konzert, Variationen fürs Fortepiano und eine Fuge von der Komposition meines lieben, mir gnädigst anvertrauten Schülers, Beethoven«*. Von diesen Werken erhofft er sich, daß sie »als ein empfehlender Beweis seines außer dem eigentlichen Studiren angewandten Fleißes von Eurer Churfürstlichen Durchlaucht gnädigst werden aufgenommen«. Der Kurfürst stellte aber fest: »Die Musik des jungen Beethoven, welche sie Mir zugeschickt haben, habe Ich mit ihrem Schreiben erhalten. Da indessen diese Musik, die Fuge ausgenommen, von demselben schon hier zu Bonn komponirt und produzirt worden, ehe er diese seine zweyte Reise nach Wien machte, so kann mir dieselbe kein Beweis seiner zu Wien gemachten Fortschritte seyn.«

Vor dem Hintergrund des Geschilderten betrachtet muß man feststellen, daß beide Seiten auf ihre Art recht hatten: Beethoven hatte keine wirklich neuen Werke komponiert; aber die Werke, die er übersandte, waren auch nicht mehr die alten. Eine Detailanalyse des übersandten Materials, die das Neue gegen das Bekannte abgewogen hätte, kann man von der kurkölnischen Administration nicht verlangen; andererseits bezeugt Beethovens Verhalten (ebenso wie wenig später dasjenige Webers) ein gewandeltes Verhältnis des Komponisten zu seinem Schaffen, für das der Musikbetrieb des früheren 18. Jahrhunderts keinen Raum geboten hatte. Will man also Haydns Funktion für Beethoven knapp beschreiben, sind zwei Aspekte bemerkenswert: Tatsächlich scheint Beethoven sich in Haydns Umkreis stilistisch Neues erschlossen zu haben; andererseits konnte Beethoven durchaus viele dieser neuen Erfahrungen darauf übertragen, was er bereits aus Bonn kannte.

Neue Lehrer

Die Bonner Zahlungen an Beethoven liefen weiter – Zeichen dafür, daß man nicht nur dem Fortgang des Unterrichts vertraute, sondern auch noch um das Jahresende 1793 Beethoven als Bonner Hofmusiker betrachtete. Haydn trat am 19. Januar 1794 seine zweite England-Reise an; die Reiseroute muß neuerlich Bonn berührt haben*. Erst im März endeten die Zahlungen an Beethoven. Ob dies von Maximilian Franz' Aufenthalt in Wien im Januar 1794* oder von Haydns Durchreise durch Bonn beeinflußt war, ist nicht dokumentiert. Jedenfalls war zur offiziellen Fortsetzung des Unterrichts nach Haydns Weggang ein neuer Lehrer notwendig.

Probleme im Unterricht Beethovens bei Haydn werden häufig darin gesehen, daß dieser beim Korrigieren nachlässig gewesen sei; schon ab Sommer 1793 nahm Beethoven heimlich zusätzlichen Unterricht bei Johann (Baptist) Schenk. Von Januar 1794 an war Johann Georg Albrechtsberger Beethovens offizieller Lehrer; und späterhin bezog Beethoven auch den Hofkapellmeister Antonio Salieri in den Kreis seiner Lehrer ein. Über Johann Schenk wurde Beethoven zum Enkelschüler des Wiener Kontrapunkt-Altmeisters Johann Joseph Fux: Dieser hatte als Wiener Hofkapellmeister der Bach- und Händel-Zeit das Monumentalwerk *Gradus ad Parnassum* geschrieben, eines der wesentlichen Kontrapunkt-Werke des Jahrhunderts. Schenk hatte den Unterricht des Fux-Schülers Johann Georg Wagenseil genossen und trat besonders als Singspielkomponist hervor; er hatte 1781 zu den Schlüsselgestalten für die Etablierung der Abteilung »Deutsches Singspiel« am Hoftheater gehört. Bis in unsere Zeit hinein haftet Schenk der Beiname »der Komponist des Dorfbarbier« an – wobei nicht ersichtlich ist, welchem Zweck dieser Rekurs auf sein 1796 so erfolgreich uraufgeführtes, der Nachwelt aber völlig unbekanntes Singspiel dient. Albrechtsberger hingegen war 1793, bereits während Beethovens Wiener Zeit, auf den traditionsreichen Posten des Domkapellmeisters an St. Stephan gekommen; an sich hatte Mozart seit Mai 1791 die Anwartschaft auf die Nachfolge des damaligen Stelleninhabers, des schwerkranken Johann Leopold Hofmann, inne, war aber selbst noch vor diesem gestorben. Auch diesen Posten hatte zu Anfang des Jahrhunderts einmal Fux bekleidet. Albrechtsberger galt somit im Wien jener Zeit als Schlüsselpersönlichkeit für Kirchenmusik.

Mit Schenk und Albrechtsberger scheint sich folglich ein Erfahrungshorizont zu weiten, den Beethoven in seiner Bonner Zeit angelegt hatte – dadurch, daß er bereits im frühen Klavierunterricht in Kontakt mit Bachs *Wohltemperiertem Klavier* gekommen war. Interesse an Traditionen des Kontrapunkts: Dies prägt somit die gesamte Oberfläche von Beethovens Ausbildung in jener Zeit. Geht man aber direkt von den Personen aus, mit denen Beethoven so in Kontakt kam, zeigt sich auch etwas anderes: Er hatte die aktuelle Lage der Musik in Wien erst vor Ort begriffen – und diese ließ sich nicht nur mit »Wiener Klassik« umschreiben. Vielmehr hatte er um sich herum einen besonderen Kreis von Lehrern gebildet: Über Haydn hatte er Kontakt zu Sinfonik und Streicher-Kammermusik, daneben über Schenk zum deutschen Singspiel, über Albrechtsberger zur Kirchenmusik und über Salieri zur italienischen Oper. Vor Ort hatte Beethoven seine Ausbildungs-Interessen also auf ein breiteres Fundament gestellt, als dies von Bonn aus intendiert gewesen war, auf ein breiteres auch als das, was sich mit »Wiener Klassik« umschreiben ließe: Dieser Begriff schließt das offizielle Wiener Musikleben der Zeit aus, an dem Beethoven aber gerade besonderes Interesse entwickelte.

Wie beschrieben, läßt sich von ungefähr 1795 an eine Distanz Beethovens zu Haydn darin feststellen, daß dessen Schaffen und dasjenige Beethovens als etwas Komplementäres erscheinen – bis kurz vor die Jahrhundertwende; Beethovens potentieller Wirkungskreis scheint also dort eingeengt gewesen zu sein, wo Haydns Interessens-Schwerpunkte lagen. Beethovens Aktivitäten auf dem Gebiet der italienischen Oper blieben in dieser Zeit auf einzelne Arien beschränkt, und er hat – aus welchen Gründen auch immer – später keine ganze italienische Oper geschrieben; eigene Versuche mit deutscher dramatischer Musik liegen erst im neuen Jahrhundert, ebenso geistliche Musik. Fast scheint es also, als sei es für Beethoven von Nachteil gewesen, daß er so intensiv und bewußt den Kontakt zur Wiener Musikkultur suchte: Auch zum Schaffen Schenks, Albrechtsbergers und Salieris wirkt das seine komplementär. Beethovens Wirkungsmöglichkeiten standen also auf einem sehr schmalen Fundament; von diesem ausgehend hätte er nur ein zwar bestens ausgebildeter, aber in der Breite seiner Aktivitäten eigenartig eingegrenzter, fast langweiliger Komponist werden können, oder er mußte entsprechend aggressiv in Interessenssphären seiner Lehrer eindringen. Diesen Weg erschloß er sich – zunehmend bewußt – in der Zeit um die Jahrhundertwende.

3. Kapitel

Lichnowsky und andere

Von den Klaviertrios op. 1 zu den Streichtrios op. 9

Start in Wien

Im März 1794 endete die Finanzierung Beethovens durch den Bonner Hof; fortan war er ein freier Mann. Dies hatte zwei Seiten: Einerseits konnte er nun tatsächlich tun und lassen, was er wollte; andererseits aber stand er auf dem wackligen Boden einer freiberuflichen Tätigkeit. Sicher, auch die beiden übrigen »Wiener Klassiker« hatten Zeiten ihres Lebens als freiberufliche Musiker zugebracht, Haydn bereits um die Jahrhundertmitte, Mozart während seiner gesamten Wiener Zeit. Doch als Haydn 1749 als 17jähriger aus einer Choristenstelle am Stephansdom ausgeschieden war und sich anschließend als Musiker durchzuschlagen hatte, blieb sein Aktionsradius auf untere Niveaus der Gesellschaft (auch: der Musiker) beschränkt*. Ein derartiges Fortkommen war im Wiener Musikleben der Zeit nicht aussichtslos – Reichtümer oder Ansehen waren damit allerdings nicht zu verdienen. Mozart hingegen ließ sich 1781 als immerhin schon halbwegs arrivierter, international erfahrener Komponist in Wien nieder und hielt seinen Status auf beachtlichem Niveau zehn Jahre lang durch; er stellte aber wohl höhere Ansprüche an seinen Lebensstandard, als es seinen Einnahmen entsprach (ersichtlich etwa, wenn man seinen Nachlaß mit dem anderer Wiener Musiker der Zeit vergleicht), mußte wohl nicht zuletzt deshalb Schulden machen und war spätestens seit den ausgehenden 1780er Jahren immer wieder auf der Suche nach einer Anstellung, mit der er den Freiberufler-Status hätte aufgeben können – die Kapellmeisterstelle am Stephansdom, die für ihn reserviert war und die dann 1793 Albrechtsberger erhielt, wäre eine derartige Position gewesen.

Vielleicht hatte Beethoven Mozart in jener Situation erlebt, als er 1787 in Wien war; ansonsten hatte er Erfahrungen zumindest darin, wie man ein Grundgehalt durch Zusatz-Mittel aus freiberuflicher Tätigkeit erweitern könne. Mit einer solchen »inoffiziellen« Protektion hatte Beethoven bereits in Bonn gelebt: Um ihn hatte es einen Kreis von Gönnern gegeben – von der Gräfin Felicitas Wolff-Metternich, der Widmungsempfängerin der 1783 gedruckten Klaviervariationen, über die Frau des kurkölnischen Geheimrats und Generalleutnants, Maria Anna Hortensia von Hatzfeld (der Beethoven seine Righini-Variationen WoO 65 widmete), bis hin natürlich zum Grafen Waldstein. Aufträge wie die der Lesegesellschaft zur Kantatenkomposition wurden normalerweise ebenfalls honoriert. Dieses Wissen brachte er folglich schon 1792 nach Wien mit; daß er, lediglich temporär zum Unterricht in Wien, Maßnahmen zur Gehaltsaufbesserung auch dort traf, bedeutet freilich nicht, daß er sich von vornherein aufs In-Wien-Bleiben eingerichtet gehabt hätte, sondern nur, daß er seine bisherigen Arbeitsgewohnheiten fortsetzte. Auf derartige Mittel war Beethoven aber ab 1794 angewiesen: Mitten in einer Unterrichtsphase (bei Albrechtsberger) stand er ohne Stellung und ohne geregelte Einkünfte da. Für den 25jährigen Mozart hatte die Situation 13 Jahre zuvor anders ausgesehen: Er hatte ein breiteres musikalisches Startkapital zur Verfügung gehabt, kannte die Wiener Gesellschaft seit Jahren von mehreren nicht gerade kurzen Besuchen und hatte beträchtliche Erfahrung auf dem internationalen Parkett. Andererseits war die Wiener Gesellschaft um 1780 vielleicht noch nicht im gleichen Ausmaß darauf eingerichtet, Einzelkämpfer zu fördern, wie sie es fortan mit Beethoven tat.

Die Wiener Adelsgesellschaft, die für ein derartiges Sponsoring bereitstand, war breiter gestreut als die im neuhabsburgischen Territorium Kurköln: Familien aus allen Ecken der habsburgisch regierten Länder hatten in Wien ihre Adelspaläste und folglich auch ihr eigenes Repräsentationsleben. Darunter waren nicht nur österreichische Adlige im engeren Sinne (also Mitglieder von Familien, die aus Ober- und Niederösterreich, aus Tirol oder aus dem vorderösterreichischen Breisgau stammten), sondern auch Adlige aus Böhmen (wie die Lobkowitz), aus Mähren (Ur-Heimat der Familie Liechtenstein) oder aus Österreichisch-Schlesien (dort wohnte die Familie Oppersdorff), schließlich Adlige aus habsburgischen Ländern, die außerhalb der Grenzen des Heiligen Römischen Reiches Deutscher Nation lagen: Zu erwähnen sind für Beethoven vor allem die ungarischen Erdödy und Esterházy (auch die burgenländischen Harrach gehören in diese Gruppe). Diese Familien waren vielfach durch verwandtschaftliche Beziehungen miteinander verbunden. Schließlich aber unterhielten auch ausländische Gesandte »Höfe« in Wien, in denen sich ein ähnliches Leben wie in jenen Adelspalästen abspielte. Die musikalischen Ambitionen dieser Adelskreise befanden sich allerdings in den 1790er Jahren in einer Umbruchphase. Im Jahrzehnt zuvor hatten die Türkenkriege wirtschaftliche Probleme für Österreich heraufbeschworen; diese wurden nun von den militärischen Folgen der Französischen Revolution noch verschärft. Die Devise hieß »sparen«; und den Anfang machte die Kaiserfamilie selbst – auf musikalischem Sektor damit, daß man die kaiserliche Kapelle entließ und an deren Stelle fortan nur noch ein Kammermusikensemble beschäftigte. Da aber vom kaiserlichen Hofleben eine starke Vorbildwirkung auf den Wiener Adel ausging, erfaßte die entsprechende Entlassungswelle auch die Wiener Adelskapellen. Sie waren in der Zeit zuvor wesentliche Kulturfaktoren in Wien gewesen (die man, wenn man den Blick allzu stark nur auf die direkt am Kaiserhof gepflegte Kunst richtet, unterschätzt); so war um 1790 Paul Wranitzky Kapellmeister des nachmaligen Beethoven-Gönners Joseph Franz Maximilian von Lobkowitz, Wranitzkys Bruder Anton wirkte als Musikdirektor beim Grafen Johann Nepomuk Esterházy von Galantha, der Eisenstädter Fürst Nikolaus Esterházy brachte für Aufenthalte in der Kaiserstadt die von Haydn angeführte Kapelle mit, und Beethovens nachmaliger Lehrer Johann Schenk diente zeitweilig an der Privatbühne des Fürsten Auersperg. Dieses Kapell-Leben wurde nun abrupt beendet; allerdings wurden manche Kapellen wenig später wieder eingerichtet, womit deutlich wird, daß nicht etwa eine ökonomische Krise, sondern wohl tatsächlich die Vorbildwirkung des Kaisers für die Umstrukturierung verantwortlich war.

Diese Umorientierung der aristokratischen Musikrezeption schlug sich auch im musikalischen Repertoire nieder: Es entstand ein neuer Bedarf für Kammermusik; Orchestermusik wurde nicht mehr im gleichen Ausmaß benötigt wie bisher. Dies muß zugleich mit einem Qualitätsschub für das Wiener Musizieren verbunden gewesen sein, denn die Kammermusikensembles mußten aus Virtuosen zusammengesetzt werden – und weil die Musik nicht chorisch aufgeführt wurde, gab es keinen Platz mehr für minder befähigte Musiker, die in einem Orchester auch lediglich eine klangverstärkende Funktion haben konnten. Obendrein setzte diese Individualisierung des Musik-Aufführens auch an einem anderen Punkt an: in der Klavierkultur. Zwar überschätzt man die Wiener Möglichkeiten wohl, wenn man davon ausgeht, daß ein Klavier fortan zum bürgerlichen Lebensstandard gehörte; doch allein schon darin, daß Wien im süddeutsch-österreichischen Klavierbau eine Schlüsselstellung erlangte und zugleich eine entsprechende Sogwirkung etablierte, zeigt sich, welche Dynamik das örtliche Wechselspiel von Angebot und Nachfrage auf dem Klaviersektor gehabt haben muß. Eine führende Position erlangte dabei bezeichnenderweise ein Betrieb, der erst selbst als Reaktion auf jenen Sog nach Wien gekommen war: die einst Augsburger Klavierbaufirma Stein, deren Erbin Nanette gemeinsam mit ihrem Mann, dem Schiller-Freund Andreas Streicher, den Betrieb 1794 nach Wien verlegte.

Klavierbauer vor allem in Wien, London und Paris trieben damals die Entwicklung des nur wenige Jahrzehnte alten Hammerklaviers in gewaltigen Sprüngen aus dem Gleichschritt heraus, in dem sich dessen Fortentwicklung zunächst noch neben der des Cembalos befunden hatte. Die Fortschritte lassen sich bereits an einer Äußerlichkeit ablesen: Cembali wie Hammerklaviere der Zeit zwischen 1740 und etwa 1790 hatten eine Tastatur von F_1 bis f^3, also fünf Oktaven überspannend; ein Vierteljahrhundert später stand Beethoven ein Klavier zur Verfügung, das in der Tiefe eine Quinte mehr Raum hatte (bis C_1), in der Höhe eine Oktave (bis f^4). Der Spiel-Raum war also im interpretatorischen und damit auch im kompositorischen Bereich um fast ein Drittel erweitert. Diese Entwicklungen traten nun neben den Kammermusik-Auftrieb, der Wien erfaßte; Klavier- und Kammermusik boten auch für Beethoven langfristig ein breites Wirkungsfeld.

Beethoven hatte wohl schon im Laufe des Jahres 1793 (also noch während des Unterrichts bei Haydn und noch während der Bonner Zahlungen) in dem pianistischen und allgemein-sozialen Kräftefeld einen charakteristischen Platz eingenommen: Er wohnte fortan im Haus des Fürsten Karl von Lichnowsky. Dieser war ein in allen äußeren Belangen charakteristischer Vertreter des Wiener Adelslebens: Er wirkte in Wien, doch sein Familiensitz lag in Glatz (heute Hradec) bei Troppau im damaligen Österreichisch-Schlesien; in Wien hielt er sich ein Streichquartett, das von Ignaz Schuppanzigh angeführt wurde und dessen Musiker allesamt noch jünger waren als Beethoven – ein Streichquartett, das für die weitere Entwicklung der gesamten musikalischen Gattung von immenser Bedeutung war. Vielleicht war Lichnowsky eine weitere Person, die in Beethoven nicht nur einen jungen Musiker aus Bonn sah, sondern auch längerfristig in ihn als einen »Wiener Klassiker« investierte (ähnlich also wie Graf Waldstein es in Bonn zum Ausdruck gebracht haben könnte) – denn für den Fall, daß Beethoven nicht in Bonner Diensten bleiben würde, konnte sich Lichnowsky sicher sein, daß sich die Bindung an ihn nicht allzu schnell auflösen lassen würde. Doch was er von Beethoven zunächst erwartete, läßt sich auch knapper umschreiben: Auftritte als Pianist und auch als Klavier-Improvisator, Kompositionen eher erst in zweiter Linie.

Mit der Verbindung zu Lichnowsky war Beethoven von vornherein fest in eine weit ausgreifende Wiener Infrastruktur eingebunden, und zwar auf verschiedene Weise. Daß gerade Lichnowsky es war, der unter den Wiener Aristokraten in Sachen Beethoven das Rennen machte, ist wohl nichts weniger als ein Zufall gewesen*. Lichnowskys Frau, Gräfin Christiane (Christine), war eine geborene Comtesse Thun; deren Schwester war verheiratet mit dem russischen Gesandten Andreas Kyrillowitsch Rasumowsky, später der Widmungsempfänger der *Rasumowsky-Quartette* Beethovens – daß das Beethoven-Interesse langfristig auch ihn erfaßte, ist also kein Wunder. Die Schwiegermutter Rasumowskys und Lichnowskys, Maria Wilhelmine Thun, war eine geborene Comtesse Ulfeld; sie hatte schon 1762 Mozart bei seinem ersten Besuch in Wien erlebt, erleichterte ihm von 1781 an den Einstieg in Wien wesentlich und unterhielt einen musikalisch eminent wichtigen Salon in Wien. Auch ihre Schwester hatte den kleinen Mozart spielen gehört; sie, Elisabeth Ulfeld, heiratete 1765 den Grafen Georg Christian Waldstein, den Onkel von Beethovens Bonner Gönner. Damit also schließt sich der Kreis: Waldstein mag Beethoven, als dieser nach Wien reiste, von vornherein auch an die Schwester seiner Tante (und in deren Salon) verwiesen haben, und diese wird ihren Schwiegersohn benachrichtigt haben (vgl. das vordere Vorsatzblatt).

Die Kontakt-Möglichkeiten griffen aber von vornherein noch weiter aus. Die Mutter der Gräfin Thun und der Gräfin Waldstein, Maria Elisabeth Gräfin Ulfeld, war eine geborene Prinzessin Lobkowitz; damit aber war sie eine Tante von Beethovens so wichtigem Förderer ab 1809, zu dem Beethoven aber schon in den 1790er Jahren in Kontakt kam. Und auch Adelskreise, in denen Haydn verkehrte, waren der Personengruppe, zu der Waldstein Beethoven den Zugang erschließen konnte, durch enge Verwandtschaftsbeziehungen verbunden. Einerseits: Joseph Fürst Schwarzenberg ermöglichte 1798 und 1801 in seinem Palast die Uraufführungen der Oratorien *Die Schöpfung* und *Die Jahreszeiten*; er war Schwager des Fürsten Lobkowitz. Andererseits: Haydn hatte jahrzehntelang im Dienst der Fürsten Esterházy gestanden; 1794 ging die Regierung an den 29jährigen Nikolaus (II.) über – der mit einer Cousine von

Waldstein verheiratet war. Wenn Beethoven also nun zum »freischaffenden Künstler« werden konnte, nachdem der Bonner Hof die Finanzierung für ihn hatte einstellen müssen, beruhte dies nicht auf einer freien, »revolutionären« Entscheidung, sondern es lag an der außerordentlich günstigen gesellschaftlichen Struktur, der er in Wien begegnet war – zweifellos zunächst nur für temporäre Kontakte, nun aber plötzlich auch als Lebensgrundlage. Folglich war sein Wiener Aktionsradius durch die Bonner Begegnung mit Waldstein auf Jahrzehnte hinaus vorgezeichnet; sein Wirken erscheint dabei als direkt adelsabhängig – und nicht nur darin, daß er mit den ohnehin verschwägerten Familien in Kontakt kam, sondern sogar darin, daß er direkt in den engsten Zirkel der Verwandtschaftsbeziehungen hineingeriet. Offen war allenfalls, welche Segmente aus diesem Kreis sich Beethoven am schnellsten und nachhaltigsten erobern konnte; und fürs erste machte der Fürst Lichnowsky das Rennen.

Lichnowsky, 1761 geboren*, war zeitweilig Mozarts Schüler gewesen, ist als Persönlichkeit schillernd und in den Motiven, die ihn in seinem Musik-Mäzenatentum leiteten, nur schwer faßbar. Als Student in Göttingen war er um 1780 mit Musik Johann Sebastian Bachs in Berührung gekommen (vielleicht durch dessen nachmaligen Biographen Johann Nikolaus Forkel); in die Musikgeschichte griff er zunächst dadurch ein, daß er Mozart die Möglichkeit bot, mit ihm 1789 über Prag, Dresden und Leipzig nach Berlin zu reisen. Unter einem völlig glücklichen Stern stand das Verhältnis beider Reisender wohl nicht; den Mozartschen Briefen, die von jener Reise erhalten geblieben sind, läßt sich nur entnehmen, daß Mozart an Lichnowsky Zahlungen zu leisten hatte. Geld steht auch im Zentrum des letzten Ereignisses, mit dem sich die Namen Mozart und Lichnowsky in Verbindung bringen lassen: Ende 1791 ging Lichnowsky als Sieger aus einem Prozeß hervor, in dem es um Schulden Mozarts in Höhe von 1435 Gulden ging; die Hintergründe liegen völlig im Dunkeln. Zwei Jahre später schon ist dann die Beziehung zu Beethoven etabliert. Ob Lichnowsky zwischen Mozart und Beethoven noch auf einen Dritten gesetzt hatte, weiß man leider nicht, und welche weiterreichenden Vorstellungen Lichnowsky in diese Beziehungen einbrachte, ist ebenfalls unklar: Verfolgte er mit Beethoven nun Ziele, die er mit Mozart (der zudem zeitweilig wohl sein Lehrer gewesen war) auf dem Gebiet der Adelsprotektion nicht erreicht hatte? Hatte er Mozart gegenüber posthum ein schlechtes Gewissen – so daß er nun mit der Förderung Beethovens eine persönlich empfundene Schuld abtragen wollte?

Karl Fürst Lichnowsky.
Unsigniertes Ölbild

Indem Beethoven nun Lichnowskys Hauspianist wurde, übernahm er nicht nur eine Stellung in dessen weiterem Familienkreis, sondern zugleich auch im Musikleben des Wiener Adels: Lichnowsky war nicht der einzige, der sich einen Pianisten hielt; derartige Hauspianisten hatten sich einem innerstädtischen Vergleich zu stellen. Beethoven geriet somit auch in ein Rivalitätsverhältnis der Adelsfamilien hinein; die jeweiligen »Hauspianisten« ließ man in Klavier-Wettspielen gegeneinander antreten. An sich ist das nicht weiter bemerkenswert: Derartige Wettspiele hatten sich während des Jahrhunderts schon öfters zugetragen – 1708 (oder 1709) in Rom zwischen Domenico Scarlatti und Georg Friedrich Händel, 1717 in Dresden zwischen Louis Marchand und Johann Sebastian Bach, 1766 in Marktbiberbach bei Augsburg zwischen dem knapp elfjährigen Mozart und dem zwölfjährigen Sigismund Bachmann (später, als oberschwäbischer Klostermusiker: Sixtus Bachmann), 1781 noch zwischen Mozart und Muzio Clementi in Wien. Es ist aber wohl letztlich der besonderen Klavierkultur in Wien und der größeren Anzahl guter Pianisten zuzuschreiben, daß dort die Pianisten-Wettspiele nun besonders auffällig wurden.

Doch Beethoven scheint damit besondere Probleme gehabt zu haben. An seine Bonner Jugendfreundin schrieb er[*]: »Ich hatte schon öfter bemerkt, daß hier und da einer in Wien war, welcher meistens, wenn ich des Abends phantasiert hatte, des andern Tages viele von meinen Eigenheiten aufschrieb und sich damit brüstete.« Doch die Sorgen vor dem Plagiat hatten ihre Ursache wohl kaum nur darin, wie sich Beethovens Umwelt verhielt; die Probleme waren zudem auch individueller Art: Er war aus einer kleinen Residenzstadt mit einem überschaubaren Kulturleben in eine der wenigen Kulturmetropolen seiner Zeit gekommen, und es ist durchaus verständlich, wenn er mit deren Vielfalt nur schwer zurechtkam; von der Fähigkeit aber, mit dieser Vielfalt im eigenen Interesse zu operieren (und sei es als Intrigant), dürfte er weiter als alle seine »Konkurrenten« entfernt gewesen sein. Den Aspekt eines »Großstadt-Kulturschocks« sollte man folglich für Beethoven nicht allzu gering veranschlagen – auch darin, daß er seiner Umwelt gegenüber Mißtrauen entwikkelte und dieses kaum überwinden konnte.

Lichnowsky wurde zunächst allein schon dadurch, daß Beethoven bei ihm in Hause wohnte, zu einer neuen Konstante für dessen Leben – nachdem Haydn Anfang 1794 aus Wien abgereist war. In die Zeit bis zu Haydns Rückkunft im August 1795 fällt dann zumindest die Druckvorbereitung der Klaviertrios op. 1 (wenn nicht auch die Komposition weiter Teile von ihnen), die Beethoven Lichnowsky widmete; auf sie ist noch mehrfach zurückzukommen. Beethoven trat sicherlich häufig in den wöchentlichen Privatkonzerten Lichnowskys auf; allerdings sind Details hierzu nicht überliefert. Aus diesem Umfeld heraus erschloß sich Beethoven auch die Wiener Konzertpodien: Ende 1794 überarbeitete er sein nachmals 2. Klavierkonzert und trat dann am 29. und 30. März 1795 erstmals in öffentlichen Konzerten auf – im Burgtheater, und zwar vermutlich trotzdem mit dem jüngeren »ersten« (das andere stand dann am 18. Dezember 1795 erstmals auf dem Programm, und zwar in einem von Haydn dirigierten Konzert). In diesen März-Veranstaltungen erklang außerdem der erste Akt des Oratoriums *Gioas, Re di Giuda* (»Gioas, König von Juda«) von Antonio Cartellieri (oder Cardellieri), der sich damals gerade bei Salieri einen letzten Schliff als Opernkomponist zu holen versuchte und wenig später Kapellmeister des Fürsten Lobkowitz wurde. Möglicherweise präsentierte Salieri, der üblicherweise für jene Konzerte verantwortlich war, damals dem Publikum zwei seiner Schüler als vielversprechende Musiker*. Als Haydn nach London aufbrach, war Beethoven lediglich sein Schüler und (seit kurzem) Lichnowskys Hauspianist; als er von dort zurückkehrte, war Beethoven eine feste Größe des Wiener Konzertlebens geworden.

Beethoven war somit bereits in Wien zu Hause, als andere dort erst eintrafen – und sie kamen reihenweise dorthin, seine Jugendfreunde ebenso wie seine Brüder und nicht zuletzt sein früherer Dienstherr. Im Grunde genommen war Beethoven dieser Bewegung nur um wenige Monate voraus gewesen: Am 20. September 1792 hatte mit der Kanonade von Valmy der Erste Koalitionskrieg seinen Anfang genommen, am 21. Oktober war Mainz besetzt; der Anspruch der französischen Republik auf ihre »natürlichen Grenzen«, Alpen und Rhein, stand ganz konkret im Raum – drei Tage später, am 24. Oktober, hatte Graf Waldstein seinen Beitrag in Beethovens Stammbuch im »Zehrgarten« geschrieben. 1795 wird mit dem Frieden von Basel das linke Rheinufer preisgegeben; damit ist das Erzbistum Köln als Territorialstaat aus seiner Verankerung gelöst (der Reichsdeputationshauptschluß 1803 hat diesen endgültig ausgelöscht). Im Mai 1794 traf nun Beethovens Bruder Caspar Carl in Wien ein, im Oktober Beethovens Jugendfreund Franz Gerhard Wegeler, und 1794 kam auch Lorenz von Breuning an die Donau, Bruder von Beethovens Bonner Freund Stephan (dieser ist erst 1801 in Wien). Ebenfalls 1794 endete die Regierung des Erzbischofs; er floh zunächst in das Fürstbistum Münster und starb 1801 in Hetzendorf bei Wien. 1795 folgte schließlich auch der dritte Beethoven-Bruder, Nikolaus Johann; im gleichen Jahr trug sich Beethoven mit der Absicht, die Bonner Sängerin Magdalena Willmann zu heiraten – auch diese war nach Wien gekommen, und die gesamte »Affäre« zeigt, wie eng sich Beethoven diesen Emigrantenkreisen verbunden fühlte. Nur für kürzere Zeit hielten sich auch die Vettern Andreas und Bernhard Romberg in Wien auf: Sie hatten sich vor dem Einrücken der Franzosen zunächst nach Hamburg gewandt, reisten 1795 nach Italien und kehrten im Winter 1796/97 bei Beethoven ein. Und daß Beethoven sich um 1804/05 von Willibrord Joseph Mähler porträtieren ließ, der in Wien ansonsten als Hofsekretär wirkte*, kann kaum Zufall gewesen sein – Mähler stammte aus Ehrenbreitstein, dem Geburtsort von Beethovens Mutter. Sie alle repräsentieren nur einen kleinen Teil der Wanderungsbewegung aus dem linksrheinischen Gebiet in andere Gegenden des Reiches – in einem ähnlichen Ausmaß, wie Goethe es 1796/97 in seinem Epos *Hermann und Dorothea* beschrieb. Für die Bonner Hofkultur lag es gedanklich freilich nahe, nach Wien zu gehen – gewissermaßen in den Schoß der habsburgischen Welt. Dennoch dürfte es für nur wenige eine echte »Heimkehr« gewesen sein wie für den Kurfürsten; alle anderen teilten prinzipiell das Los historisch früherer und späterer Vertriebener, fern einer Gegend zu leben, für die man heimatliche Gefühle entwickelt hatte. Und noch im Sommer 1801 schrieb Beethoven an Wegeler*: »Mein Vaterland, die schöne Gegend, in der ich das Licht der Welt erblickte, ist mir noch immer so schön und deutlich vor meinen Augen, als da ich Euch verließ; kurz ich werde die Zeit als eine der glücklichsten Begebenheiten meines Lebens betrachten, wo ich Euch wiedersehen, und unsern Vater Rhein begrüßen kann.« Daß Maximilian Franz die Zahlungen an Beethoven im März 1794 einstellte, mag bereits mit den Bedrängnissen des Staatsapparats in Zusammenhang gestanden haben – somit wäre letztlich die Bonner Entwurzelung Beethovens im Kern Bestandteil der Fluchtbewegung gewesen, und Beethovens Stellung als »Wiener Klassiker« hinge selbst mit den politischen Problemen der Zeit zusammen. Ohne die Hilfestellung Lichnowskys wäre der Wiener Start Beethovens so glücklich aber kaum denkbar gewesen.

Das Bewußtsein, sich auf den Spuren Mozarts zu bewegen, muß bei Beethoven um 1795 ausgeprägt vorhanden gewesen sein, vielleicht sogar noch gefördert durch Lichnowsky. Im Frühjahr 1796 fuhr Beethoven mit Lichnowsky nach Prag, um dort zu konzertieren; von dort aus reiste er allein weiter. Zunächst ist nicht zu erkennen, daß die Reise mit einem Hintersinn befrachtet wäre; doch auf der Weiterreise kommt Beethoven exakt in die Orte, die auch Mozart (auf seiner Reise mit Lichnowsky 1789) berührt hatte: Dresden, Leipzig und Berlin. Es ist zwar denkbar, daß Beethovens Fernziel Berlin war; dorthin hätte er von Prag aus auch direkt über Dresden, Luckau und Zossen reisen können – doch er wählte den Umweg über das Musikzentrum Leipzig. Reiste er auf Mozarts Spuren?

Zudem: In den ersten Wochen des Jahres 1796 hielt sich Konstanze Mozart in Berlin auf und zog dort – unter der besonderen Protektion des Königs stehend – aus der Aufführung von Werken ihres Mannes reichen finanziellen Ertrag. Am 14. Februar 1796 leitete der König das Handschreiben, mit der er die entsprechenden Konzerte gestattete, mit folgenden Worten ein*: »Se. Königl. Majestät von Preussen etc. etc. machen sich ein wahres Vergnügen, durch die Gewährung des Wunsches der Wittwe Mozart zu beweisen, wie sehr Sie [die Majestät] das Talent ihres verstorbenen Mannes geschätzt, und die ungünstigen Umstände bedauert haben, welche ihm die Früchte seiner Werke einzuerndten verhinderten.« Auch Konstanze Mozart hatte zuvor Konzerte in Prag, Dresden und Leipzig veranstaltet; praktisch zur gleichen Zeit, zu der man ihr in Preußen das Abhalten der Konzerte erlaubte, brachen Lichnowsky und Beethoven aus Wien auf (am 19. Februar schreibt Beethoven einen Brief aus Prag an seinen Bruder Nikolaus Johann – ein erster Beleg dafür, daß er die Reise angetreten hat). Die Einbindung Beethovens in den Mozart-Kontext wird damit noch konkreter: Er reist zunächst mit dem Gönner, den Mozart 1789 auf einer Reise nordwärts begleitet hat, und folgt von Prag an der Route Mozarts; seiner Reise geht diejenige von Mozarts Witwe voraus.

Friedrich Wilhelm II. hatte ausgeprägte musikalische Interessen und war aktiver Cellist – wenn er auch als solcher im Bewußtsein seiner Um- und Nachwelt keine ebenso tiefe Verankerung erlangte wie sein flötespielender Vorgänger Friedrich der Große. Friedrich Wilhelm II. engagierte 1787, kurz nach seinem Regierungsantritt, den Cellisten Luigi Boccherini nach Preußen, den er zum Hofkompositeur ernannte, und als »Sur-Intendanten« der königlichen Kammermusik zog er einen weiteren Cello-Virtuosen nach Berlin, Jean-Pierre Duport; zu diesem stieß nach Ausbruch der Französischen Revolution schließlich noch dessen Bruder Jean-Louis, ebenfalls Cellist. Diese geballte preußische Cello-Kultur hatte Mozart 1789 erst in ihren Anfängen miterlebt*, und sie dürfte ihm neue Anregungen zur Quartettkomposition gegeben haben: In seinen *Preußischen Quartetten* (insbesondere im ersten und in Teilen des zweiten, KV 575 und 589) erhält das Cello eine derart herausgehobene Funktion, daß es sogar bisweilen den höchsten Part des Satzes übernimmt, höher als die Parts beider Geigen und der Bratsche. Das Cello war im früheren 18. Jahrhundert ein nur mäßig bewegliches, auf Fundamentfunktion ange-legtes Instrument gewesen, so, wie es Generalbaßmusik eben erforderte; die Entdeckung des neuen melodischen Potentials setzte also die Bereit-schaft zur grundlegenden Umdefinition der Cellofunktionen voraus. Sie verband sich mit einer Entdeckung des Stradivari-Klangs, der (auch auf dem Gebiet der Geigen und Bratschen) zunächst weniger geschätzt wor-den war als der Klang etwa der Amati- und Stainer-Instrumente; Bocche-rini, Duport und nicht zuletzt Friedrich Wilhelm II. spielten allesamt Stradivari-Instrumente. Mozart war also 1789 in Berlin vermutlich mit einem neuen Cello-Klangideal in Berührung gekommen; und sein Bio-graph Georg Nikolaus Nissen (mit dem Konstanze Mozart in zweiter Ehe verheiratet war) berichtet, daß Mozart dem König gegenüber geäu-ßert habe: »Auch Quartett habe ich nirgends so gehört, als hier.«

Auch auf diese Berliner Verhältnisse war Beethoven bestens vorberei-tet. Er muß die Mozart-Quartette gekannt haben: Das Scherzo seines c-Moll-Klaviertrios op. 1 Nr. 3 enthält einen Trio-Mittelteil, der (bei auf-fallend ähnlicher Motivik) die Cellolastigkeit des Trios im Menuett von Mozarts erstem *Preußischen Quartett* in geradezu verblüffender Weise spiegelt. Für Beethoven sind Mozart-Anklänge, auch konkrete Nutzung Mozartscher Musikabläufe als Satzmuster, zwar schon in seinen Bonner Kompositionen nichts Ungewöhnliches, doch die *Preußischen Quartette* Mozarts waren Frucht der Berlinreise, die Lichnowsky initiiert hatte, und Beethoven widmete die drei Klaviertrios op. 1 wiederum Lichnowsky – im Vorfeld nun seiner Berlinreise. Die Ereignisse liegen zu dicht beiein-ander, um noch als Zufälligkeiten angesehen werden zu können.

Mit den beiden Cellosonaten op. 5, die Beethoven für das Zusammen-spiel mit Jean-Pierre Duport in Berlin komponierte, zeigt sich, daß und wie er auf die örtliche Situation und auf die individuellen Fähigkeiten seines Partners reagierte; diese balancierte er mit seinen eigenen Interessen als Pianist sorgsam aus. Anfang 1797 gingen die Sonaten in Druck, gewidmet dem preußischen König, der Beethoven bereits für das Komponieren und Spielen reich belohnt hatte. Franz Gerhard Wegeler und Ferdinand Ries berichten*: »Beim Abschiede erhielt er eine goldene Dose mit Louisd'ors gefüllt. Beethoven erzählte mit Selbstgefühl, daß es keine gewöhnliche Dose gewesen sei, sondern eine der Art, wie sie den Gesandten wohl gegeben werde.«

Wenn man nach dem Verhältnis Friedrich Wilhelms II. zu Beethoven fragt, sollte man zwei außermusikalische Aspekte nicht unberücksichtigt lassen. Für den König ist denkbar, daß er (ähnlich wie Lichnowsky) das Gefühl hatte, zwischen ihm und Mozart sei eine Rechnung offengeblieben, die er selbst noch zu begleichen habe. 1789, noch in dem »Kalten Krieg« zwischen Preußen und Österreich in der Folge des Siebenjährigen Krieges, war es wohl nicht möglich gewesen, daß sich der preußische König für den k. k. Hofkompositeur Mozart so einsetzte, wie er es vielleicht gern getan hätte; überraschend schnell griff er dann nach Mozarts Tod dessen Witwe unter die Arme – schon am 7. Februar 1792, zwei Monate nach Mozarts Tod, beauftragte er seinen Wiener Gesandten Konstantin Philipp Wilhelm Jacobi Freiherrn von Klöst, Konstanze Mozart für 100 Dukaten acht Kompositionen Mozarts abzukaufen. 1796 aber, nach der Einigung zwischen Österreich und Preußen über die Frage, wie man der Französischen Revolution entgegentreten solle, könnte Friedrich Wilhelm II. beabsichtigt haben, den zu ihm Gekommenen von vornherein ideal zu unterstützen.

Das Verhältnis Beethovens zu Friedrich Wilhelm II. hingegen wurde in späterer Zeit indirekt belastet: dadurch, daß seit etwa 1810 die Rede davon ist, Beethoven sei ein »natürlicher Sohn« eines preußischen Königs, entweder Friedrichs des Großen oder eben Friedrich Wilhelms II. Doch die starke Projektion der Berlin-Reise auf Mozart wäre kaum möglich gewesen, wenn irgendetwas an diesem Gerücht gewesen wäre; zumindest hätte die Reise wohl im Detail einen anderen Verlauf genommen. Der Ertrag, den sie hatte, ist mit der Projektion auf Mozart und aus dem, was Beethoven selbst in sie einbrachte, in allen Teilen hinreichend erklärt.

Lichnowsky brachte somit (mittelbar oder unmittelbar) um 1795 einen neuen Zug in Beethovens Komponieren: In der Cello-Frage tritt in dieses ein grundsätzlich neuer Faktor ein, der Beethoven veranlassen mußte, Grundlagen seiner Satztechnik zu überdenken. Dieses »Cello-Prinzip« muß nicht von vornherein auf die Berliner Verhältnisse ausgerichtet gewesen sein; wahrscheinlicher ist, daß die drei letzten Mozart-Quartette in der Lichnowsky-Kammermusik des Schuppanzigh-Quartetts hierbei eine Rolle spielten, daß Beethoven dies also selbst miterlebte oder zudem noch von Lichnowsky auf die Besonderheiten dieser Musik hingewiesen wurde.

Somit präsentierten sich die Herausforderungen, die sich Beethoven in den Klaviertrios op. 1 stellten, als ein komplexes Geflecht von Vorbedingungen und Zielsetzungen: Das Cello sollte aus seiner traditionellen Rolle als Baßinstrument herausgelöst und bestmöglich der Violine gleichgestellt werden; allerdings hat es dann der Violine eine Fähigkeit zum Dialog mit sich selbst voraus, weil es abwechselnd in Melodie- und in Baßfunktion spielen kann. Selbst wenn aber die Balance zwischen Cello und Violine geklärt war, stand immer noch die Rolle des Klaviers in Frage: Cantabile-Spiel gleicher Tragweite wie auf den Streichinstrumenten war auf einem Klavier der Zeit (mit lederbespannten Hämmerchen und einem relativ schnell verklingenden Ton) kaum möglich, so daß ihm Ausdruckspotenzen abgehen, die in den beiden Melodieinstrumenten zumindest liegen können. Die Probleme richteten sich also neben dem Problem der Stimmkombination auch auf den Ausdruck – unter jeweils unterschiedlichen Vorzeichen. »Ausdruck« ist dabei nicht nur das schon aus sich selbst heraus »sprechende« c-Moll des dritten Trios; derartige Moll-Stimmungen gewinnen relativ leicht ein Profil, das man für unverwechselbar hält. Ausdruck hat auch subtilere Ebenen; wie Beethoven mit dem Problem umging, läßt sich besonders günstig im ersten der Trios betrachten: im zweiten Satz, ausdrücklich »Adagio cantabile« überschrieben.

Jener zweite Satz des Es-Dur-Trios steht, wie es für zweite Sätze absolut nicht untypisch ist, in der Subdominante, in As-Dur. Dieses As-Dur fügt sich mühelos in einen illustren Kontext von Sätzen gleichen Stimmungspotentials ein. Es singt tatsächlich; und es nimmt eine Portion bester, ernstgemeinter Sentimentalität in sich auf. Es ist dasselbe As-Dur, das jenen fatal glücklichen Kanon prägt, in den sich in Mozarts *Così fan tutte* Ferrando und Guilelmo [sic] gegen Ende des Werks hineinmanövriert haben, nachdem sie die Geliebte des jeweils andern bis hin zum fingierten Ehekontrakt für sich gewonnen haben – in eine nur scheinbar heile, brüchige und in diesem Frieden illusionäre Welt. Es ist dasselbe As-Dur, das Beethoven später auch im Mittelsatz des Tripelkonzerts entwickelt – bezeichnenderweise aus einer Sololinie des Cellos heraus. Daß Beethoven diesen unverwechselbaren Tonfall auch in einem Werk trifft, das er bereits in Bonn begonnen hat, zeigt letztlich neuerlich, wie bruchlos sein Schaffen den (zunächst eben wohl nur als zeitweilig konzipierten) Übergang von Bonn nach Wien überspannt.

In jenem zweiten Klaviertrio-Satz beginnt das Klavier allein; es trägt den thematischen Rahmen vor, einen knappen achttaktigen Abschnitt. Dieser wird anschließend in einem kurzen Mittelstück fortgesetzt (vier Takte), ehe die Anfangsmotivik neuerlich abläuft. Für jenes Mittelstück erweitert Beethoven die Besetzung: An dieser eigentlich nebensächlichen Stelle treten die beiden Streicher ein – so, als sei deren Mitwirkung eine kompositorische Notwendigkeit. Dadurch erlangt die Phrase etwas Unfertiges, das die musikalischen Räume ähnlich öffnet wie ein Hauptthema ohne kadenzierenden Abschluß, auch damit, daß die cantabile-Eigenschaften der Streichinstrumente nun die anfangs an das Klavier gestellten Ansprüche überhöhen können.

Andererseits lösen die Einzelstimmen einander im melodischen Vortrag ab, als seien sie baulich alle gleich: das Cello so beweglich und so vernehmlich wie die Violine, das Klavier den beiden Streichinstrumenten im Melodievortrag durchaus gleichgestellt. Besonders deutlich zeigt sich dies im as-Moll-Mittelteil (von Takt 51 an, vgl. Notenbeispiel 2): Die melodische Substanz wird zunächst vom Klavier dargeboten, geht dann auf die Violine über und wird schließlich vom Cello fortgeführt; und während das Cello seinen Melodie-Beitrag leistet, wird es (als das tiefere Streichinstrument) von der Violine mit einem Part begleitet, den zunächst der Pianist selbst in tiefer Lage entwickelt hat – als Begleitung seines Melodie-Anteils.

Die Ausdrucks-Frage bleibt allerdings nicht nur auf die Details eines Zusammenspiels der so verschiedenen Instrumente beschränkt; vielmehr gelangt Beethoven auch zu neuen Vorstellungen von der Einheit seiner Werke. Dies zeigt sich besonders deutlich im dritten Satz dieses Klaviertrios: Beethoven schreibt kein Menuett; der Charakter des späterhin so typischen Beethoven-Scherzos tritt offen zutage. Aus der Musiklehre heraus hat man hier einen Satz wieder in der Grundtonart Es-Dur zu erwarten; doch Beethoven enthält dem Hörer die Tonart des Satzes so lange als möglich vor. Er beginnt in reinstem c-Moll, kadenziert daraufhin in B-Dur, und erst im 16. Takt, dort, wo in manchem Menuett bereits der Doppelstrich der Satzmitte steht, ist das Grund-Es-Dur erreicht. Mit jenem Doppelstrich wäre in einem knappen Standard-Menuett hingegen bereits die Dominante der Grundtonart erreicht, also B-Dur; bis Beethoven dieses Ziel erreicht, vergehen noch 24 weitere Takte. Der Ertrag dieser Überlegungen liegt auf mehreren Ebenen: Beethoven stellt für den Satzbeginn die Tonart in Frage; daraus eröffnet er sich formal einen größeren Raum, in dem sich seine Musik bewegen kann. Zudem gewinnt er mit einem besonderen Ausdrucks-Aspekt die Aufmerksamkeit seiner Hörer: Weil das Normale nicht zustandekommt, werden diese besonders wachgerüttelt – mit einer wohldosierten Schock-

Notenbeispiel 2:
Klaviertrio Es-Dur op. 1 Nr. 1,
2. Satz (Adagio cantabile),
T. 47-61 (Übergang zum Mittelteil)

wirkung. Dieses psychologisierende Abwägen des Normalen prägt sein Komponieren zeitlebens. Und: Beethoven kittet mit dieser Tonart-Entscheidung die Sätze enger aneinander; es ist kaum denkbar, den Beginn des Scherzos zu verstehen, ohne zuvor den As-Dur-Mittelsatz gehört zu haben. Das c-Moll als Start-Tonart liegt eine Terz höher als jenes As-Dur und nochmals eine Terz darüber das Ziel Es-Dur. Beethoven arbeitet folglich nicht mit dem Kontrast, der sich üblicherweise zwischen den Sätzen eines Werks ergibt, sondern er vermittelt zwischen zwei Sätzen; somit liegt das Erstaunliche darin, daß Beethoven die Standard-Satzverknüpfung auf ihre Grundlagen hinterfragt und dem Hörer eigens »erklärt«. Möglich wird ihm dies aber, weil ihm die Offenheit des Scherzos dazu die Freiheit gibt – eine Freiheit, die im streng geordneten, tanzbezogenen Menuett kaum denkbar gewesen wäre, sondern dessen Überschreitung praktisch voraussetzt. Anders als Mozart, dessen kompositorische Laufbahn praktisch vom Menuett und von entsprechend einfachen geradtaktigen Tanzformen ausgegangen ist (die Notenbücher, die der Vater für den Unterricht benutzte, zeugen davon), hatte Haydn sein Leben lang Probleme, diese Tanzformen tatsächlich zu beherrschen und sich entsprechend nutzbar zu machen*. Beethoven dürfte von Haydn eher gelernt haben, wie man Problemen mit der Gattung Menuett begegnen könne, als daß Haydn ihn in deren Grundlagen eingewiesen hätte; daß sich Haydns Lösungsansätze in Beethovens Praxis verselbständigten, ist daraufhin naheliegend.

Douglas Johnson hat sich in einem detaillierten Artikel dem stilistisch Neuen gewidmet, das sich für Beethoven um 1794/95 ergeben habe; er hat dabei aus den Trios op. 1 und den Sonaten op. 2 jeweils die zweiten und dritten Werke als Informationsquelle genutzt und von den früher entstandenen ersten Kompositionen in beiden Dreiergruppen abgegrenzt. Nach seinen Beobachtungen hat Beethoven damals in vier Punkten Wesentliches dazugelernt: die souveräne Verteilung des thematischen Materials an die Stimmen eines Ensembles, die Farbigkeit der Tonartbeziehungen in einem Werk, die innere Balance der Sätze zueinander (und, intern: ihrer Bestandteile), schließlich eine offene Gestaltung thematischer Zusammenhänge, aus denen heraus sich jeweils eine musikalische Fortführung zwingend ergibt. Johnson führt dies auf Eindrücke Beethovens im Unterricht bei Haydn zurück. Im wesentlichen mag er diese Entwicklung richtig sehen; doch ganz so kraß läßt sich der Unterschied zwischen Beethovens früheren und späteren Werken nicht darstellen.

Die Beobachtungen an den ersten Werken beider Werk-Dreiergruppen zeigen, daß Beethoven manches davon schon früher beherrschte. Die gleichmäßige Verteilung des musikalischen Materials auf alle Stimmen eines Ensembles führt Johnson auf Haydns speziellen Kontrapunkt-Unterricht zurück; gerade im langsamen Satz des Klaviertrios op. 1 Nr. 1 findet man aber auch dafür ideale Beispiele. Zudem war Beethoven ja überhaupt zu einem Kontrapunkt-Spezialisten ausgebildet worden, wie es vor ihm wohl kaum einen anderen gegeben hatte: Durch Neefe kannte er Bachsche Techniken, durch Albrechtsberger und Schenk diejenigen des Wiener Hochbarock – durch Haydn eine vielleicht individuellere, gleichwohl ebenfalls an Fux orientierte, die aber in diesem Gesamtspektrum nur eine Facette unter mehreren war. Und: Möglichkeiten dazu, thematische Konstruktionen offen zu gestalten, wandte Beethoven bereits seit seinen ersten Variationenzyklen an, in denen diese Offenheit jeweils den Fortgang eines Zyklus legitimieren sollte; und in der Klaviersonate op. 2 Nr. 1 ist es gerade die offene, variable Gestaltung des Hauptthemas, die die Probleme mit der Sonatenhauptsatzform aufkommen läßt. Die Farbigkeit der Harmonik schließlich, die Johnson wesentlich in Terzbeziehungen sieht, zeigt sich sogar schon in der Baßarie aus der *Josephskantate* von 1790 (vor »riß das tobende Ungeheuer ...«); und Johnson läßt unberücksichtigt, wie variabel Beethoven die Positionen von Seitenthemen bestimmt – variabler, als Haydn es tut. Somit könnte es sein, daß das Spiel mit Tonarten ein viel originäreres, schon aus Bonner Zeit stammendes Stilmittel Beethoven ist – in dem Rahmen, der sich auch im Scherzo-Beginn des Trios op. 1 Nr. 1 zeigt.

Somit gehen in den Trios unterschiedliche Konzepte auf: Haydns Unterricht, Bonner Grundlagen, ferner vielleicht auch spezielle Anregungen durch Lichnowsky. Allerdings: Beethoven nahm Wohltaten, die Lichnowsky ihm zukommen ließ, nicht allzu offenherzig entgegen. Nach 1795 ist er nicht mehr als Bewohner von Lichnowskys Palais nachweisbar; offenkundig floh er davor, von Lichnowsky dauernd beobachtet und behütet (oder eher: bewacht) zu werden. Lichnowsky erhielt seine Förderung auch über diese Distanz hinweg aufrecht und ging 1800 dazu über, Beethoven eine Jahrespension in Höhe von 600 Gulden zu zahlen (bis 1806). Beethoven nahm folglich keine völlig eindeutige Rolle in dem Wiener musikalischen Mächtespiel ein: Einerseits setzte er regelrecht als Wirtschaftsfaktor auf die Protektion durch den Adel; andererseits bemühte er sich darum, auf privater Ebene möglichst ungeschoren davonzukommen.

In diesem Spannungsverhältnis entwickelt sich auch ein anderer Aspekt: der Modus, nach dem Beethoven seine Werke publizierte. Manche von ihnen hat Beethoven ausdrücklich personenbezogen veröffentlicht, indem er das Werk irgendjemandem widmete. Er konnte dann damit rechnen, daß er abgesehen von den Einkünften aus dem Verkauf der Werke auch noch eine Gratifikation vom Widmungsempfänger erhielt; man dankte dafür, daß der eigene Name auf diese Weise in der Welt herumgetragen wurde. Doch Beethoven entwickelte die Ideen hierzu erst allmählich; und neuerlich nahmen die Lichnowsky-Klaviertrios, die die so symbolhafte Opuszahl »1« erhielten, eine Schlüsselfunktion ein. Die Werke wurden vom Wiener Notenverleger Artaria zunächst lediglich in Kommission herausgebracht; das finanzielle Risiko, das dieser folglich nicht selbst übernehmen wollte, hat Beethoven aber kaum selbst getragen, sondern wohl Lichnowsky – nicht aber heimlich gegenüber Beethoven, wie man bisweilen annimmt: Beethoven muß aus seiner Bonner Zeit in den Widmungstechniken versiert genug gewesen sein, um den finanziellen Einsatz des Widmungsempfängers zu verstehen, gerade bei einem in Kommission verlegten Privatdruck.

Warum aber erhielten die Lichnowsky-Klaviertrios überhaupt die Opus-Nummer 1 – nach all dem, was vorausgegangen war? Erstens: Es ist nicht Beethovens erster Druck; auf seinen Bonner Drucken findet sich keine Zählung. Zweitens: Schon von Wien aus publizierte Beethoven bei Simrock in Bonn Variationen über ein Thema von Dittersdorf und über ein Thema des Grafen Waldstein (WoO 66 und 67, 1793/94); doch auch für sie gibt es noch keine Numerierung – nicht der Umzug nach Wien bewirkte also, daß Beethoven seine Drucke zu zählen begann. Drittens: Als »Oeuvre I« wurden hingegen auch Beethovens Variationen über »Se vuol ballare« aus Mozarts *Le nozze di Figaro* bezeichnet, die im Juli 1793 bei Artaria erschienen (als erster Wiener Druck Beethovens) und Eleonore von Breuning gewidmet wurden, der Bonner Jugendfreundin. Daß Beethoven ein Mozart-Thema aufgreift und den entsprechenden Druck nach Bonn dediziert, dürfte über seine Befindlichkeit in jener Zeit einiges aussagen – über die gedankliche Verwurzelung in Bonn ebenso wie über das Bewußtsein dessen, daß er in Wien war, um dort »Mozarts Geist« zu empfangen. Die Numerierung hingegen dürfte auf Artaria zurückgehen, der eben feststellte, daß man von jenem Beethoven noch kein anderes Werk im Verlagsprogramm habe. Warum erschienen dann aber die

Klaviertrios – ebenfalls bei Artaria – nicht als »op. 2«? Die Vermutung liegt folglich nahe, daß Lichnowsky für die Klaviertrios eine symbolträchtige Nummer durchsetzen wollte – er als Beethovens so wichtiger Steigbügelhalter in Wien und eben wohl auch als Financier des Drucks selbst. Und daß es Beethoven schließlich auch verborgen geblieben wäre, weshalb Lichnowsky Artaria dazu drängte, dieses Werk als ein zweites »opus 1« im Verlagsprogramm zu führen, ist äußerst unwahrscheinlich. Das bedeutete zugleich, daß Lichnowsky auf die Drucklegung jener Mozart-Variationen selbst noch keinen Einfluß hatte, seine intensive Beziehung zu Beethoven also wohl erst etwas jüngeren Datums ist.

Mit dem »opus 1« war aber eine Analogiekonstruktion zu Haydns nächstwichtigem Schüler etabliert, zu Ignaz Pleyel: Dieser hatte sein Opus 1 seinem Gönner Graf László (Ladislaus) Erdödy gewidmet, ehe das Opus 2, in seinem Fall eine Serie Streichquartette, an Haydn ging – ähnlich wie Beethoven seine Sonaten op. 2 nun Haydn widmete. Von diesem Moment an war es von Lichnowsky aus wohl Beethoven überlassen, wie er weitermachen wollte, und den Wiener Verlegern, wie sie Unordnung in ihren Verlagsverhältnissen verhindern wollten.

Die weitere Veröffentlichung von Werken Beethovens läßt sich also unter zwei Aspekten betrachten: In welchen Werken setzt sich die Folge der Opus-Nummern, in welchen Werken die der Dedikationen fort? Ohne Opus-Nummer erscheinen einige Variationenzyklen und Lieder sowie Tanzreihen unterschiedlicher Besetzungen; das Gattungsspektrum hingegen, das die Opus-Nummern 1 und 2 erfaßten, wird im folgenden von der Opus-Reihe ausgebaut. Somit erfährt man ein Stück weit wohl auch, wie Beethoven sein Oeuvre gewichtete: Jene Werke, die heute als »Werke ohne Opus-Nummer« (»WoO«) figurieren, können nicht nur zufällig aus der Opus-Numerierung ausgespart worden sein, sondern eher deshalb, weil Beethoven sie als Gelegenheitskompositionen ansah; dies bestätigt er selbst später, als er für die Drucke seiner Variationenzyklen op. 34 und 35 ausdrücklich Opus-Nummern zu haben wünscht.

Unter den nächsten Werken mit Opus-Nummer sind einige, die weit in Bonner Zeit zurückgehen; sogar bis zur Veröffentlichung reicht Beethovens Ansatz, neu Erfahrenes auch auf Älteres übertragen und dieses damit auf einen aktuellen Stand führen zu wollen. Die Nummer 3 wird somit einem Es-Dur-Streichtrio zugeordnet, der Umarbeitung eines Werks aus Bonner Zeit; als Opus 4 erscheint die Streichquintett-Fassung des Bonner Bläseroktetts. Diese Werke, ebenso die Sonate für Klavier zu vier Händen op. 6 und die Serenade für Streichtrio op. 8, erscheinen ohne

Widmung; Beethoven denkt bei der Veröffentlichung also nur an die »Vermarktung« an sich, ohne also Gratifikationszahlungen für Widmungen einzubeziehen. Im Grunde genommen gehören auch die Cellosonaten op. 5 in diesen Kontext: Friedrich Wilhelm II. von Preußen hatte Beethoven bereits für deren Komposition und Aufführung belohnt. Widmungsempfänger früher Werke waren also neben dem preußischen König lediglich Haydn und Lichnowsky, der Lehrer und der maßgebliche Förderer. Das Bild ändert sich mit der Es-Dur-Klaviersonate op. 7 (gedruckt im Herbst 1797): Beethoven widmet sie einer Person aus der ihm nahestehenden Aristokratie, Barbara (Babette) von Keglevics.

Widmungen verbinden sich seit opus 1 und 2 hingegen eher mit Variationenzyklen, Werken also, die keine Opusnummer erhalten: Ebenso wie längerfristig Beethovens *Figaro*-Variationen »Oeuvre I« ein »Werk ohne Opusnummer« blieben, erschienen 1795 Variationen über ein Thema aus Giovanni Paisiellos Oper *La molinara* (für Lichnowsky), im Sommer 1797 die *Judas-Maccabäus*-Variationen WoO 45 für Klavier und Cello (für Christiane von Lichnowsky). Außerhalb des Variationen-Kontexts steht nur, stärker zweckgebunden, die Widmung des *Abschiedsgesangs an Wiens Bürger* WoO 121 an den Kommandanten eines Freiwilligenkorps', das am 15. November 1796 in die Koalitionskriege zog: an den Obristwachtmeister von Kövesdy (bemerkenswert ist diese kleine Komposition, weil sie ein erstes Eingreifen Beethovens in das Feld der politisierten Musik der Zeit zeigt). Zwischen die beiden Variationenzyklen, die die so starke Bindung Beethovens an das Ehepaar Lichnowsky unterstreichen, schiebt sich aber im Frühjahr 1797 ein weiterer: Variationen über den russischen Tanz aus dem Ballett *Das Waldmädchen* von Paul Wranitzky (WoO 71) für Anna Margarethe von Browne. In der Publikationspraxis hat Beethoven somit im Laufe des Jahres 1797 sich an einen neuen Modus herangetastet: Mit der Widmung der Wranitzky-Variationen an die Gräfin Browne bewegte er sich erstmals aus dem Lichnowsky-Kontext heraus; die Klaviersonate op. 7 ist ein erstes Werk, das einer Person »neben« dem Lichnowsky-Kreis gewidmet und zudem mit einer Opuszahl versehen wird.

Anna Margarethe von Browne, unter anderem Widmungsempfängerin auch der drei Klaviersonaten op. 10 (Herbst 1798), war die Frau von Johann Georg von Browne, dem Beethoven im Sommer 1798 die drei Streichtrios op. 9 widmete. Browne, aus irischer Familie stammend, die in russischen Diensten stand und reiche Besitzungen im baltischen Raum hatte, wirkte als kaiserlich russischer Oberst in Wien. Beethoven bezeichnet ihn in der Widmungsvorrede (für Lichnowsky sicherlich nicht sehr angenehm) als »premier Mécene« seiner Muse. Über Brownes Gegenleistung ist man informiert: Er schenkte Beethoven ein Pferd, an dem dieser jedoch bald das Interesse verlor*. Mit Anna Margarethe war Browne erst seit 1796 verheiratet; der Kontakt Beethovens zu dem jungen Paar, der mit der Komposition der Variationen schon aus demselben Jahr heraus direkt faßbar ist, muß also rasch zustandegekommen sein.

Babette von Keglevics hingegen, Tochter eines ungarischen Magnaten, war eine Klavierschülerin Beethovens – und damit dringt man noch einen Schritt tiefer in die Welt der Beethovenschen Aristokratie-Kontakte ein, denn seine pianistischen Fähigkeiten erlaubten ihm freilich längst, den Unterricht als Einnahmequelle einzubeziehen. Auch die Kontakte zu ihr lassen sich anhand der Widmungen weiterverfolgen: 1799 widmete ihr Beethoven Variationen über »La stessa, la stessissima« aus Salieris *Falstaff*, im März 1801 schließlich, einen Monat nach ihrer Hochzeit mit dem Fürsten Innocenzo d'Erba-Odescalchi, das Klavierkonzert Nr. 1 (op. 15).

So öffnet sich mit dem Ehepaar von Browne und mit Babette von Keglevics der Blick für Beethovens weiter ausgreifende Kontakte im Wiener Musikleben. Der Rahmen weitete sich nur langsam: Opus 11, das B-Dur-Trio für Klarinette, Violoncello und Klavier, ist Wilhelmine von Thun gewidmet, jener Schlüsselgestalt im Mäzenatentum der Wiener Klassiker und Schwiegermutter Lichnowskys; die drei Violinsonaten op. 12 sind eine Verneigung vor Antonio Salieri, dem zeitweiligen Lehrer Beethovens. Mit der *Sonate pathétique* op. 13 folgt dann wieder einmal ein Werk, dessen Widmungsempfänger Karl von Lichnowsky heißt. Und zunehmend erfaßten seine Widmungen auch die Randbereiche des Waldstein-Verwandtschaftszirkels: Das Quintett für Bläser und Klavier op. 16 dedizierte er dem Fürsten Schwarzenberg, die Quartette op. 18 dem Fürsten Lobkowitz. Beethovens Widmungspraxis hatte ihr Geleise gefunden; seine Druckpraxis, die für spätere Generationen dazu führte, Opus-Nummern und Werkchronologie miteinander verschmolzen zu sehen, ist allerdings wohl erst 1803 bei ihrem Ziel angelangt – damit, daß Beethoven dann, wie erwähnt, einen ersten Variationenzyklus mit einer Opus-Nummer versieht.

79

Die Streichtrios op. 9, die Beethoven 1798 dem Grafen Browne widmete, sind die letzten Kammermusikwerke Beethovens, ehe er Streichquartette zu komponieren begann; sie setzten die Linie fort, auf der er sich mit Streichtrio- und Streichquintett-Komposition schon seit ein paar Jahren befaßte, knüpfen dabei aber zwangsläufig auch an den Fragen der Satztechnik an, denen Beethoven sich auch in den Klaviertrios op. 1 zu stellen hatte. In Streichtrios sind die Ausgangsbedingungen, die sich aus den Instrumenten ergeben, einheitlicher als in Klaviertrios; dennoch kann gerade diese Streicher-Triobesetzung als eine Art Nagelprobe dafür gelten, wie ernst es Beethoven mit der Gleichbehandlung war. In Streichquintetten stellt sich dies Problem übrigens auf gleiche Weise: Wenn sich dieses aus zwei Geigen, zwei Bratschen und einem Cello zusammensetzt, lassen sich daraus zahlreiche unterschiedliche, miteinander dialogisierende Dreiergruppen bilden. Ein Instrument muß jeweils an zweien von ihnen zugleich beteiligt sein: so, daß zwei »klassische« Streichtriobesetzungen zustandekommen und das Cello an beiden mitwirkt, oder so, daß ein Ober- und ein Unterstimmentrio abwechselnd musizieren und eine Achsenfunktion bei der ersten Bratsche entsteht.

Untersucht man das Trio op. 9 Nr. 1 darauf, wie Beethoven das Problem der Gleichbehandlung der Instrumente meistert, kommt man zu einem eigenartigen Ergebnis. Zunächst: Über weite Strecken werden jeweils zwei Instrumente bevorzugt. Im ersten Satz, mit Beginn des schnellen Hauptteils, liegen führende Funktionen bei der Violine und dem Cello (T. 16–35); der Bratsche verbleibt lediglich eine begleitende Rolle. Dann wechseln die Funktionen: Violine und Viola setzen den Dialog fort, und das Cello übernimmt die Begleitung (T. 35 ff.; vgl. Notenbeispiel 3). Beethoven scheint lediglich mit Stimmpaaren operieren zu können, und die Gleichberechtigung der drei beteiligten Instrumente zeigt sich nur darin, daß alle von den Paarbildungen erfaßt werden können. Erst in der Schlußgruppe der Exposition wandelt sich das Bild: Gleich im Anschluß an den Moll-Seitensatz spielen alle drei Stimmen das gleiche Dur-Startmotiv; und am Teil-Schluß erklingt ein Sechzehntel-Aufschwung zunächst in der Violine, dann in der Viola, schließlich im Cello. Dies setzt sich daraufhin in der Durchführung fort – allerdings so, daß ein ungewöhnlicher Satz-Eindruck entsteht: Das Cello greift das Überleitungsthema aus der Exposition auf, das daraufhin durch die Stimmen wandert. Zwar mag dies für eine Durchführung durchaus als angemessen erscheinen; dennoch erinnert die Behandlung des Themas stark an fugische Techniken und spiegelt somit wohl die »Vorbelastung« Beethovens als Kontrapunktiker wider. Ist »thematische Arbeit« (übrigens mit einem Überleitungsthema!) für Beethoven zunächst nur als Derivat fugischer Vorgehensweisen denkbar? Im zweiten Satz des Klaviertrios op. 1 Nr. 1 fällt das Wandern der Thematik durch die Stimmen weniger ins Gewicht, weil Beethoven eben letztlich doch mit drei unter-

Notenbeispiel 3:
Streichtrio G-Dur op. 9 Nr. 1,
1. Satz, Beginn des schnellen Hauptteils (T. 16-44)

schiedlichen Instrumenten operiert; fugen-ähnlich wird das Musizieren folglich erst mit drei Instrumenten, die einander baulich sehr ähnlich sind.

Ähnlich eigenartig ist sein Komponieren in einem anderen Aspekt: in der Behandlung des Seitenthemas. Es tritt in Takt 49 ein – zwar auf der Quinte über der Grundtonart, aber in Moll und »endend« mit einem Halbschluß, also durchaus im Rahmen üblicher Beethoven-Überlegungen der Zeit. Nach einem ersten Durchgang wird es wiederholt; nun spielen es nicht mehr – wie zuvor – alle Instrumente gleichzeitig, sondern nur noch Viola und Cello, und die Violine setzt eine freie Gegenstimme hinzu. Auch dieses Thema wird also nicht »verarbeitet«, nicht einmal im engeren Sinne »fortentwickelt«, sondern schlichtweg variiert. Ist dies also ein Ergebnis von Beethovens so intensiver Arbeit als Variationenkomponist?

Beethovens Schaffen in jenen Jahren ergibt sich also nicht nur daraus, welchen Interessen seine Lehrer gerade nicht nachgingen; vielmehr dürfte er mit der Komposition von Klaviersonaten, mehr noch von Klaviervariationen und ferner mit diversen Werken für die kammermusikalischen Besetzungen Wiener Aristokratkonzerte ziemlich ausgelastet gewesen sein – von weiteren musikalischen Betätigungen wie dem Klavierunterricht, dem Improvisieren und dem eigenen Lernen einmal abgesehen. Lediglich die Arbeit an den Klavierkonzerten (deren späte Drucklegung 1801 nicht daraus resultiert, daß die Werke erst damals entstanden wären) scheint aus diesem Rahmen auszubrechen; doch die Konzerte waren Werke, die Beethoven für seine individuelle Pianistentätigkeit benötigte. Daß er damit in Wien eine herausgehobene Stellung zu Recht errang, sei nicht angezweifelt, und dies wird letztlich auch dadurch bestätigt, daß einer der Pianisten-»Rivalen«, Joseph Wölfl, ihm 1799 einige Klaviersonaten widmete. Dennoch: »Der« Beethoven, den die Nachwelt so sehr bewundert, scheint nur in Details erahnbar zu sein, zielt aber mit seinem Oeuvre in andere Richtungen als die, die im Zentrum des Interesses der Nachwelt stehen. Wie es zu der entscheidenden Wende kam, ist folglich ein Problem eigener Art.

4. Kapitel

»Neue Wege«

Kompositionen um die Jahrhundertwende

Am 29. Juni 1801 schrieb Beethoven aus Wien an seinen Freund Franz Gerhard Wegeler nach Bonn*: »Von meiner Lage willst Du was wissen; nun, sie wäre eben so schlecht nicht. Seit vorigem Jahr hat mir Lichnowsky, der, so unglaublich es Dir auch ist, wenn ich Dir es sage, immer mein wärmster Freund war, und geblieben ist (kleine Mißhelligkeiten gab es ja auch unter uns, und haben nicht eben diese unsere Freundschaft mehr befestigt?) eine sichere Summe von 600 Fl. ausgeworfen, die ich, solange ich keine für mich passende Anstellung finde, ziehen kann; meine Kompositionen tragen mir viel ein, und ich kann sagen, daß ich mehr Bestellungen habe, als fast möglich ist, daß ich befriedigen kann. Auch habe ich auf jede Sache sechs, sieben Verleger, und noch mehr, wenn ich mir's angelegen lassen sein will: man akkordiert nicht mehr mit mir, ich fordere und man zahlt. Du siehst, daß es eine hübsche Lage ist.«

Beethoven beschreibt folglich das, was auch der Überblick über sein Werkverzeichnis erkennen läßt: Er hatte sein Publikum in Wien gefunden, ebenso einen Ton (oder einen Stil), der beim Publikum gut ankam. Anlaß dazu, irgendetwas in diesem Gleichgewicht zu verändern, gab es anscheinend nicht; und doch hat Beethoven in das Gleichgewicht eingegriffen. Er wandte sich Gattungen zu, die außerhalb seines bisherigen Aktionsradius lagen, vor allem mit den 1798-1800 komponierten Streichquartetten op. 18 und der 1. Sinfonie, 1799/1800 entstanden; knapp gesagt, konnte er damit sein Ansehen noch steigern. Doch dies war nur eine erste Etappe des Wandels. Carl Czerny berichtet später*: »Um das Jahr 1803, als Beethoven Op. 28 (Klaviersonate in D) komponiert hatte, sagte er zu seinem intimen Freunde [Wenzel] Krumpholz: ›Ich bin nur wenig zufrieden mit meinen bisherigen Arbeiten. Von heute an will ich einen neuen Weg einschlagen.‹ Kurz nach diesem Ereignisse erschienen seine 3 Sonaten Op. 29 [op. 31 üblicher Zählung], in welchen man diese teilweise Erfüllung seines Entschlusses verfolgen kann.« Beethovens konkreter »Entschluß«, der vielleicht eher im Jahr 1802 anzusiedeln ist, steht aber in einem weiteren Kontext, denn wenn man sich seine Schaffensentwicklung gegenüber der Situation um 1796 vor Augen hält, faßte Beethoven in jener Zeit einen solchen Entschluß gleich mehrfach, allerdings auf unterschiedlichen Ebenen und in fortschreitender Zuspitzung. Im Grunde genommen muß man dreierlei auseinanderhalten: zunächst die »neuen Wege«, die Beethoven noch vor der Jahrhundertwende in Gattungen einschlug, die er auch schon früher gepflegt hatte, ferner die »neuen Wege«, die er sich dadurch erschloß, daß er auch in neuen Gattungen komponierte, und schließlich den »neuen Weg«, auf dem er über diese beiden Etappen noch bewußt hinausging. Wer das Neue nur im Bereich der musikalischen Formen und Gattungen erwartet, wird sicherlich enttäuscht; wer das Neue aber als eine bloße Werbemaßnahme diskreditiert, verstellt sich den Blick auf subtile Umbewertungen des Komponierens, die sich gattungs- und formübergreifend feststellen lassen – und vielleicht nicht primär im Rahmen des Schaffensprozesses an einem einzigen Werk, sondern auch im Vergleich dessen, was (von Komposition zu Komposition) den Begriff des letztlich erreichten »Werks« ausmacht*. Dieses Kapitel soll sich zunächst mit den beiden ersten Etappen befassen, mit dem Neuen für die alten Gattungen und den neuen Gattungen selbst; den Ergebnissen »des neuen Wegs« gelten die nachfolgenden Kapitel.

»Adelaide«

Sicher noch nicht zu den Werken gehörig, die Beethoven unter die Rubrik »neuer Weg« gefaßt hätte, ist das Lied *Adelaide*, komponiert 1794/95 in Wien, 1797 veröffentlicht ohne Opusnummer, nachgedruckt mit dem Zusatz »Op: 46« wohl in den 1820er Jahren – also in einer Zeit, in der an sich bereits deutlich höhere Opus-Zahlen an der Reihe gewesen wären. Doch es hat immer wieder im Zusammenspiel der unterschiedlichen Wiener Musikverleger Lücken in der Nummernfolge gegeben, die dann nachträglich besetzt wurden; daß man es aber späterhin als wünschenswert empfand, auch dieses Werk in die Folge der Opus-Nummern einzureihen, ist bereits eine vielsagende Information darüber, wie sehr man das Werk langfristig schätzte.

Beethoven hatte schon aus seiner Bonner Zeit heraus Erfahrungen in der Liedkomposition: 1783/84 waren erste Kompositionen dieser Gattung (*Schilderung eines Mädchens* WoO 107; *An einen Säugling* WoO 108) in einer Sammelpublikation des Speyrer Musikverlegers Heinrich Philipp Boßler erschienen. Um zu verstehen, was Beethoven tat und was das Besondere an *Adelaide*, im Geburtsjahr Franz Schuberts erschienen, sein konnte, muß man danach fragen: Wo befindet sich diese für den deutschen Sprachraum so typische Gattung (so typisch, daß sie im englischen nur mit dem Fremdwort »the German lied« umschrieben wird) in der Zeit vor 1800?

»An einen Säugling«, in »Neue Blumenlese für Klavierliebhaber«, Speyer 1784. Die Singstimme ist zugleich Klavier-Oberstimme

Informationen darüber lassen sich für Beethoven in breiter Form aus den acht Liedern op. 52 ziehen, die wohl komplett bereits vor *Adelaide* entstanden sind. Das einfachste Lied von ihnen ist das erste, die Vertonung von Matthias Claudius' *Urians Reise um die Welt*: Die Singstimmenmelodie wird auf gesamter Länge der Komposition vom Klavier mitgespielt; deshalb benötigte man in solchen Kompositionen zur Notation auch nicht drei Notensysteme wie für zahlreiche Schubert-Lieder (von Liedern Schumanns und Brahms' ganz zu schweigen), sondern nur zwei – der Klavieroberstimme wird zugleich der Text zugeordnet. Claudius' Gedicht hat 14 Strophen; die Musik aller Strophen ist gleich. Die meisten der nachfolgenden sieben Kompositionen entsprechen dem gleichen Standard; manche Elemente werden etwas freier gehandhabt und ausgebaut, aber die Rahmenbedingungen nicht grundlegend verändert.

Der strophische Charakter der zugrunde gelegten Dichtung bewirkt, daß auch die Musik strophisch angelegt ist, und Beethoven variiert das Prinzip nur unwesentlich – dadurch, daß er in Sophie Mereaus Gedicht *Feuerfarb* (Nr. 2) die sechs Strophen als drei Doppelstrophen auffaßt und so nicht sechsmal die gleiche Musik erklingt, sondern nur dreimal, oder dadurch, daß er in Hermann Wilhelm Franz Ueltzens *Liedchen von der Ruhe* (Nr. 3) die erste Strophe anders vertont als die nachfolgenden drei, die dann aber zu strophisch gleicher Musik vorgetragen werden (Nr. 7, *Marmotte*, ist hingegen nur einstrophig). Der musikalische Bau eines Liedes ist für Beethoven also weitgehend vom textlichen abhängig – ganz anders, als die *Josephskantate* von 1790 es zeigt.

Wie steht es demnach um die Freiheit, die Beethoven der Musik im Inneren des Strophenvortrags einräumt? Sie läßt sich daran erkennen, welche Rolle Beethoven dem Klavier zubilligt; dessen freie Anteile beschränken sich zunächst darauf, daß es ein Klaviernachspiel jeweils am Strophenende geben kann (in den Liedern Nr. 2 und 3, ferner in 5-8). Völlig vom Textvortrag bestimmt wird nur *Urians Reise um die Welt* (Nr. 1): Beethoven schreibt keinen einzigen Takt freie Klaviermusik. Und nur *Feuerfarb* hat auch ein Klaviervorspiel; alle übrigen genannten Lieder werden von Sänger und Pianist gemeinsam begonnen.

Und so erscheint die Vertonung von Goethes *Mailied* als Ausnahmewerk (»Wie herrlich leuchtet mir die Natur«; Nr. 4): Ähnlich wie in *Feuerfarb* bildet Beethoven aus den neun Strophen des Gedichts drei umfassendere musikalische »Strophen«-Komplexe; die Melodik der Singstimme ist von einem zum anderen prinzipiell gleich, kann sich aber von der Klavieroberstimme auch lösen, und die Klavierbegleitung der

letzten »Strophe« wird gegenüber derjenigen der beiden vorangegangenen intensiviert. Schließlich gibt es ein Vorspiel und ein (anders geartetes)
Nachspiel; analog zu diesem werden die Binnenstrophen durch ein konstantes Klavier-Zwischenspiel voneinander abgesetzt. Trotz dieser Freiheiten: Auch in *Mailied* bleibt der Charakter eines strophisch gehaltenen
Liedes weitestmöglich gewahrt, also obgleich der Komponist anders als
der Dichter definiert, was »Strophe« ist, obgleich sich Singstimme und
Klavierbegleitung in ihrem Wechselspiel gegeneinander verselbständi-
gen und obgleich der Komponist darin einen Entwicklungsgedanken in
das strophische Prinzip aufnimmt, daß er die letzte Strophe musikalisch
variiert und ihr den Charakter einer Pointe gibt. Mit der gesamten
geschilderten Bandbreite, von *Urians Reise* bis zum *Mailied*, spiegelt
Beethoven aber zeitübliche Standards; Mozarts Lieder etwa, auch diejenigen der Komponisten aus dem Umkreis Goethes, sehen nicht wesentlich
anders aus.

In *Adelaide*, der Vertonung eines ebenso strophischen Gedichts, läuft
hingegen alles anders – und Beethoven wußte das: Im Druck wird die
Komposition nicht als Lied bezeichnet, sondern als »Eine Kantate für eine
Singstimme mit Begleitung des Clavier«. Der Text lautet:

> *Einsam wandelt dein Freund im Frühlingsgarten,*
> *Mild vom lieblichen Zauberlicht umflossen,*
> *Das durch die wankenden Blütenzweige zittert,*
> *Adelaide!*

> *In der spiegelnden Flut, im Schnee der Alpen,*
> *In des sinkenden Tages Goldgewölken,*
> *Im Gefilde der Sterne strahlt dein Bildnis,*
> *Adelaide!*

> *Abendlüftchen im zarten Laube flüstern,*
> *Silberglöckchen des Mais im Grase säuseln,*
> *Wellen rauschen und Nachtigallen flöten:*
> *Adelaide!*

> *Einst, o Wunder! entblüht auf meinem Grabe*
> *Eine Blume der Asche meines Herzens;*
> *Deutlich schimmert auf jedem Purpurblättchen:*
> *Adelaide!*

Beethoven hätte auch diesen Text als »variiertes Strophenlied« vertonen können wie Goethes *Mailied*. Und Beethoven hätte den viermal gleichen Ausruf »Adelaide!« auf grundsätzlich gleiche Weise behandeln können: als Refrain. Er schreibt hingegen ein durchkomponiertes Lied (ohne deshalb allerdings den Strophenbau aus dem Auge zu verlieren); die Steigerung von einer Strophe zur nächsten findet sich auch hier.

Das Klavier beginnt allein und nimmt die Melodie, die der Sänger anschließend übernehmen wird, in ähnlicher Weise vorweg wie in der Goethe-Vertonung *Mailied*. Dann setzt der Sänger ein – und das Klavier hat an dessen Melodik nicht den leisesten Anteil; vielmehr übernimmt nun der Pianist in die Oberstimme eine triolische Linie, die aus dem Vorspiel heraus bereits als Begleitung bekannt ist, dort aber als tiefer Part. Diese Triolenbewegung ist aber mit einem besonderen Problem behaftet: Die Singstimme schließt sich ihr nur für das Wort »Zauberlicht« an; ansonsten setzt sie den Klavier-Triolen duolische Achtelwerte entgegen, woraus reizvolle rhythmische Reibungen entstehen, sei es beim

Notenbeispiel 4:
»Adelaide« op. 46, 1. Strophe

Singstimme.

Larghetto.

Pianoforte.

dolce e p

Ein_sam wan _ delt dein Freund im Frühlings _ gar_ten, mild vom lieb_lichen Zauberlicht um_

flos_sen, das durch wan _ _ kende Blü_thenzwei_ge zittert,

88

Wandeln im Frühlingsgarten oder beim Wanken der Blütenzweige, besonders aber auf dem Schlußwort des dritten Verses, »zittert« (Notenbeispiel 4). Die wechselseitige Eigenständigkeit von Singstimme und Klavierbegleitung könnte durch nichts offenkundiger werden als durch diesen den Textsinn stützenden Bewegungskontrast. Dann erklingt erstmals jener poetische Refrain »Adelaide!«; doch dieser wird nun in jeder Strophe zu einem anderen »Tüpfelchen auf dem i« für den vorausgegangenen Inhalt und zugleich jeweils zum geistigen Wendepunkt der Komposition – anschließend, in der jeweils nächsten Strophe, geht es mit völlig neuem Stimmungsgehalt weiter.

Und so bewegt sich Beethoven in der zweiten Strophe vollends vom Charakter seiner früheren Lieder weg: Hier wird nicht mehr jede Zeile nur einmal fortlaufend vorgetragen, sondern nachdem der Ausruf »Adelaide!« bereits erreicht ist, setzt Beethoven neuerlich mit dem zweiten Vers ein (»In des sinkenden Tages Goldgewölken«), um den Ausruf daraufhin nochmals ein Stückchen intensiver zu erreichen. Dies steigert sich in der dritten Strophe: Sie wird sogar komplett zweimal vertont. In kompositorischer Hinsicht ist Beethoven damit in eine »ausweglose« Situation geraten: Wie soll er, nachdem er in der zweiten Strophe einzelne Verse und in der dritten den kompletten Text wiederholt hat, die Musik nochmals steigern, um das »Wunder« der vierten Strophe angemessen zu gestalten? Andererseits: Beethoven informiert seinen Zuhörer darüber, daß mit der dritten Strophe das Lied noch nicht am Ziel angelangt ist – eine Fortsetzung ist musikalisch zwingend notwendig: Die erste Strophe hat die Grundtonart B-Dur nicht verlassen, die zweite Strophe ist ins benachbarte F-Dur gelangt; die dritte ist hingegen vom fernen Des-Dur ausgegangen, eine Klangwelt, die am Strophenende erst ansatzweise wieder abgebaut ist. Beethovens Lösung: Er wechselt das Tempo (von Larghetto zu Allegro molto) und schließt an die 69 Takte der ersten drei Strophen nun 112 Takte für die vierte an – womit bereits trotz des Tempowechsels deutlich wird, wie sehr er den Textvortrag weiter intensiviert. Der Text der Strophe wird zweimal komplett gesungen, ein dritter Teil-Durchgang beginnt nochmals bei »deutlich schimmert...«; einzelne Verse, aber auch Vers-Teile, werden dabei aus dem Textverlauf heraus isoliert und noch häufiger wiederholt. So konzentriert sich Beethoven zunächst intensiv auf das »Wunder«, und lange Zeit bleibt offen, worin es eigentlich besteht, denn zunächst wird folgendes gesungen: »Einst, o Wunder! o Wunder! entblüht auf meinem Grabe.« Anstelle einer Fortsetzung, die das Subjekt des Satzes bringen müßte, fällt das

Klavier ein – nicht nur mit zwei Takten Musik wie zu Beginn der Strophe, sondern mit vieren. Und noch immer nicht erfährt man das Subjekt: Erst nach einem weiteren »o Wunder! entblüht auf meinem Grabe« gelangt man zu »eine Blume«.

Diese Textbehandlung war für Beethoven nicht neu: Mit ihr setzt er den Weg fort, den er mit der *Josephskantate* eingeschlagen hat. Andererseits: Die emphatischen Textwiederholungen, daneben auch die Intensität dessen, wie die Musik die Stimmung des jeweiligen Gedichtausschnitts umsetzt, zeigen den Unterschied zum durchschnittlichen zeitgenössischen Lied; daß Beethoven (oder letztlich Artaria als Verleger) von einer »Kantate« sprach, verdeutlicht somit für das Verständnis der Zeit den Unterschied sehr treffend – selbst wenn der Nachwelt an der Komposition im Kontext von »the German lied« so vieles als selbstverständlich vorkommt.

Beethoven stand allerdings mit derartigen Tendenzen in den 1790er Jahren auch nicht allein; in jener Zeit entstanden weitere Kompositionen, die sich vor dem Hintergrund der bisherigen Lied-Geschichte als revolutionär bezeichnen lassen – etwa in Vertonungen der Balladen Gottfried August Bürgers durch den Stuttgarter Hofkapell-Leiter Johann Rudolf Zumsteeg (1760-1802), der von *Des Pfarrers Tochter von Taubenhayn* (1792) bis hin zu *Lenore* (1798) zunehmend Aufsehen erregte. In Balladen ließ sich diese Ausdrucksvielfalt relativ leicht erschließen: Zwar lassen auch sie sich Strophe für Strophe erzählen; doch der Gedanke, das inhaltliche Fortschreiten zu berücksichtigen, liegt in ihnen näher als in einer lediglich betrachtenden strophischen Dichtung. Beethovens *Adelaide* allerdings ist in ihrem inhaltlichen Verlauf zwar vielleicht als entfernt balladenhaft aufzufassen; in der Knappheit ihrer Form ist sie es jedoch nicht: Die Voraussetzungen liegen hier anders.

Eine Klärung hierfür gibt es aus zweierlei Richtung. Zunächst: Der Hinweis auf Beethovens Bonner Kantate mag zwar individuelle Wurzeln dieses »kantatenhaften« Verfahrens zeigen; andererseits hatte Beethoven ja in der Zeit zuvor gerade andere Wege der Liedvertonung beschritten. Daher ist zunächst erstaunlich, daß Beethoven überhaupt Elemente seiner Praxis, Texte für Singstimme und Orchester zu vertonen, auf eine andere Gattung überträgt. Dies setzt ein Hinterfragen von Sinn und Möglichkeiten der eigenen Kunstmittel voraus: Beethoven ergründet folglich die Kompatibilität von musikalisch eigentlich Unterschiedlichem. Dennoch gewinnt er wesentliche Anregungen aus dem poetischen Gehalt des Texts, den er vertont – und damit berührt man die Frage, welches Literaturverständnis im Einzelfall hinter Liedkomposition steht.

Beethoven erfaßt eine auffallend breite Literaturszene seiner Zeit auch schon mit seinen frühen Kompositionen. Eine größere Zahl von Texten stammt von gewissermaßen »vorklassischen« Dichtern: Lessing, Bürger und Hölty, die um 1795 bereits tot sind; einer noch früheren Generation gehört Christian Fürchtegott Gellert an, von dem Beethoven vor 1802 sechs Gedichte vertont (op. 48). Mit Matthias Claudius (1740-1815) öffnet sich der Kreis zur Gegenwart hin, die mit Goethes *Mailied* freilich noch immer in einer Sturm-und-Drang-Welt bleibt; entstanden war es schon im Mai 1771 in Sesenheim (Beethoven war gerade ein halbes Jahr alt). Schon aus seinem Bonner Umkreis heraus kannte Beethoven Dichtungen Schillers – 1793 schrieb der Bonner Universitätslehrer und Schiller-Freund Bartholomäus Ludwig Fischenich an Charlotte von Schiller, Beethoven werde das Gedicht *An die Freude* vertonen (rund drei Jahrzehnte später krönte eine Vertonung des Gedichts dann die 9. Sinfonie). Somit schlägt Beethoven einen ersten Lieder-Bogen durch die Dichtungswelt von Empfindsamkeit, Sturm und Drang und früher Klassik; wie lebendig aber schon früh seine Beziehung auch zur noch jungen Romantik ist, zeigt die Vertonung eines Gedichts von Sophie Mereau – gleichaltrig mit Beethoven, von 1803 an verheiratet mit Clemens Brentano.

Der Dichter von *Adelaide* ist Friedrich Matthisson; 1761 geboren, wirkte er hauptsächlich am Stuttgarter Hof, unter anderem als Bibliothekar. Dichtungen von ihm (etwa das schon früher auch von Beethoven vertonte *An Laura*) spiegeln noch den Geist der Empfindsamkeit; seine *Adelaide*, mit deren Namen er sogar der für das 18. Jahrhundert an sich noch furchterregenden Welt der Alpen Reize abgewinnen kann, wandelt jedoch die empfindsamen Züge ins Romantische – Nachtigallen, die spiegelnde Flut, die Zauberstimmung des Frühlingsgartens und vor allem die Blume, die aus der Asche erblüht und auf Novalis' »Blaue Blume« vorauszuweisen scheint, leisten weitere Beiträge zu diesem Bild. Beethoven geht diesen Details nach; in Goethes *Mailied*, trotz Sturm-und-Drang-Stimmung vor diesem Hintergrund eher distanziert, fällt das Ergebnis dementsprechend »reduzierter« aus. Beethoven steht also mit seiner »Kantate« *Adelaide* auf der Schwelle zum romantischen »German lied«, am Beginn eines »neuen Weges« in der Musikgeschichte; daß der Gattungsunterschied im Erstdruck derart thematisiert wird, zeigt, daß ein Bewußtsein für das Abweichende vorhanden war, selbst wenn der

Begriff, den man schließlich verwendete, noch nicht derselbe war, den man später für diese Gattung adaptierte. Doch 1821 maß man dann Schuberts eben erschienenes Goethe-Lied *Gretchen am Spinnrade* op. 2 auch an Beethovens *Adelaide*, die 1797 noch ohne Opus-Nummer erschienen war.

Die »Pathétique«

Neue Wege zeigen sich auch in Beethovens Klaviersonaten der Zeit – etwa in der c-Moll-Klaviersonate op. 13. Daß ihre Druckausgabe den Zusatz »pathétique« erhielt, geht wohl nicht auf Beethoven selbst zurück; zumindest hat er sich aber gegen diese Bezeichnung nicht gewehrt (daß sie mit diesem Titel aber vorbildlich für Modest Tschaikowsky wurde, als er auf der gemeinsamen Suche mit seinen Bruder Peter nach einem Titel für dessen 6. Sinfonie auf »Pathétique« stieß, darf man wohl annehmen). Für Beethoven übernahm jene Sonate zunächst eine andere Funktion: Er bezeichnete sie als »Grande Sonate« – und ihr folgten unter diesem Begriff weitere nach, deren »Größe« sich zunächst physisch darin äußert, daß sie als Einzelwerke publiziert wurden (und nicht im Rahmen eines Paars oder einer Dreiergruppe). Letztlich läßt sich auch daran, daß dies ein weiteres Werk ist, das Lichnowsky gewidmet wurde, ablesen, für wie wichtig Beethoven das Werk hielt; und damit wird man über den Grad des Neuen informiert, den es für ihn einnahm.

Die *Pathétique* ist Beethovens erste Klaviersonate, die nicht sogleich mit dem schnellen Satz beginnt; ihr erster Satz hat eine langsame Einleitung. Doch im strengen Sinn handelt es sich nicht um eine solche, denn sie dient nicht nur dazu, irgendwann den schnellen Satz freizusetzen und daraufhin innerlich als »überwunden« gelten zu können; ihre Grave-Motivik eröffnet später die Durchführung und klingt auch am Satzende nochmals an, vor der knappen Coda. Beethoven überträgt damit dem Introduktions-Material eine thematische »Signal«-Qualität neben der Themen-Struktur der klassischen Sonatenform. Man wird also mit den schwer lastenden Anfangsakkorden häufiger konfrontiert, als man es erwartet; und da dieses c-Moll tatsächlich so »schwer lastet«, erhöht der mehrfache Eintritt die pathetische Wirkung.

Folglich hat man es mit zweierlei zu tun: mit einer Verfremdung der Satzcharaktere und mit einer besonderen Tonart-Stimmung. Die Tonart c-Moll ist dabei für Beethoven nichts Außergewöhnliches, im Gegenteil:

Wenn man die Moll-Tonarten Beethovenscher Werke bis etwa 1800 summiert, ist unter ihnen c-Moll die wichtigste: In den Klaviertrios op. 1, den Streichtrios op. 9 und den Klaviersonaten op. 10 ist jeweils eines der Werke in c-Moll gehalten; zuvor steht schon Beethovens erste gedruckte Komposition, die Dressler-Variationen WoO 63, in c-Moll, ebenso freilich die *Josephskantate* – und um 1800 entsteht dann das c-Moll-Klavierkonzert. Im Rang deutlich zurückgesetzt folgen f-Moll (mit der zweiten *Kurfürstensonate*, der *Elegie auf den Tod eines Pudels* WoO 110 und der ersten Sonate in op. 2) und das g-Moll der zweiten Cellosonate in op. 5. Man machte es sich folglich zu leicht, wenn man die Titel-Symbolik allein auf den Tonartcharakter zurückführte.

Von diesen Werken steuert die c-Moll-Klaviersonate aus op. 10 einen wichtigen Aspekt zum Verständnis bei. Sie nimmt sich lediglich als »normales« c-Moll-Werk aus: gerade im ersten Satz ohne eine besondere Introduktion, sondern mit einer »normalen« Themenstruktur. Somit liegt das Besondere der *Pathétique* zunächst in Beethovens Umgang mit dieser Introduktion: Rückgriffe auf eine Introduktion im weiteren Verlauf eines Satzes sind unüblich; Beethoven erreicht damit eine stärkere Verflechtung der Satzglieder und evoziert damit eine besondere Stimmung. Diese Stimmung wird dann aber mit anderen Elementen überhöht: beispielsweise damit, daß Beethoven kein Es-Dur-Seitenthema schreibt, sondern eines in es-Moll. Ansonsten ist etwa der Schlußsatz von einem »Sturm-und-Drang«-Charakter geprägt, in dessen Rahmen sich auch der Schlußsatz der c-Moll-Sonate op. 10 bewegt.

Der Charakter des Werks wird außerdem auch von einem besonderen Wechselspiel zwischen der Werk-Grundstimmung und dem langsamen Mittelsatz geprägt – wobei es vielleicht auf einem modernen Flügel ein Problem ist, Beethovens Intentionen angemessen zu treffen. Die Satzüberschrift lautet »Adagio cantabile« – so gut es geht, hat das Klavier also zu »singen« (wie im Klaviertrio op. 1 Nr. 1). Beethoven fordert ferner fast durchgängig »piano«, von einigen Akzentsetzungen oder auch momentanen dynamischen Verbreiterungen abgesehen; und diese Vorschriften insgesamt gelten einem musikalischen Satz, der sich zu wesentlichen Teilen in der unteren Hälfte der Klaviertastatur abspielt. Zu einer »Oberstimme« auch noch in diesem Klangbereich tritt also ein reicher Begleitsatz hinzu – als Klangballungen, aber auch (in tiefster Lage) als Gegenstimme zu jener Oberstimme. Ein modernes Klavier kann dies kaum zum Erklingen bringen – vielfach bleibt es bei einem undifferenzierten, breiigen Orgeln. Die Ziele, die Beethoven damit verfolgte, werden aber schlagend deutlich, wenn man den Satz auf einem Klavier der Zeit gespielt hört – ein durchsichtiges Nebeneinander tiefer Stimmen, wie es sich auch im Miteinander-Musizieren mehrerer Celli oder Fagotte ergeben kann. Die Fortentwicklungen des Klaviers im späteren 19. Jahrhundert sind auf Kosten dieser Klangmöglichkeiten gegangen: Dicke Stahlsaiten statt der älteren Darmbesaitung, eine Gußeisenstützung für ihre vergrößerte Zugkraft sowie eine Filz- statt einer Lederbespannung für die Hämmerchen haben in klanglicher Hinsicht lediglich die Durchschlagskraft des Klaviers vergrößert.

In gewisser Weise läßt sich das so spezifische Ausnutzen dieser Klavierregister mit Beethovens Cello-Behandlung in der Kammermusik gleichsetzen: Es ist eine Aufwertung der tiefen Stimmen im klanglichen und melodischen Bereich. Auch sie äußert sich nicht nur in der *Pathétique*; dennoch leistet dies einen Beitrag zu ihrer besonderen Eindrücklichkeit. Und so ist es der Eindruck des vervielfachten Grave-Allegro-Kontrasts im ersten Satz (mit dem es-Moll-Seitenthema noch besonders unterstützt) und des »Sturm-und-Drang-Charakters«, der aus den beiden Ecksätzen heraus – kombiniert mit jenem besonderen Pathos des Mittelsatzes – dem Stimmungsleben dieser Sonate ihre besondere Popularität gab. Beethovens erste »Grande Sonate« ist damit ein erster Meilenstein in neuen Entwicklungen, die allerdings schon wenig später eine zweite Etappe erreichten.

Die »Mondschein-Sonate« und ihr Partnerwerk

Einen Halbton höher als die *Pathétique* steht die Sonate op. 27 Nr. 2, entstanden im Jahr 1801, und daß Beethoven dieses cis-Moll überhaupt als Werk-Grundtonart wählt, zeigt deutlich einen »neuen Weg« gegenüber jener um vier Jahre älteren ersten »Grande Sonate«. Dieser Rubrik hingegen gehört die cis-Moll-Sonate nicht an; sie hat ein Partnerwerk in Es-Dur, und beide repräsentieren nochmals einen neuen Typus – Beethoven hat ihn »Sonata quasi una fantasia« genannt. Anders als bisherige Sonaten-Gruppen sind diese beiden Werke aber insofern voneinander abgesetzt, als sie zwei verschiedenen Persönlichkeiten gewidmet sind: die Es-Dur-Sonate der Fürstin Josephine von Liechtenstein (verheiratet mit einem Waldstein-Vetter), die cis-Moll-Sonate der Comtesse Giulietta Guicciardi, die zeitweilig Klavierunterricht bei Beethoven hatte (seine Neigung ging auch über eine bloße Lehrer-Schüler-Beziehung hinaus) und die – letztlich auch wegen der Stimmungstiefe im ersten Satz jener Sonate – zu den Personen zählt, die zeitweilig im Verdacht standen, Beethovens »unsterbliche Geliebte« gewesen zu sein.

Doch zunächst gibt es ebenso wie für die *Pathétique* auch für die cis-Moll-Sonate ein Titel-Problem – und mit diesem stößt man in ähnlich »romantische« Sphären vor wie mit *Adelaide*: Es handelt sich um die *Mondschein-Sonate*. Erfinder des Titels war wiederum nicht Beethoven, sondern der Berliner Dichter und Musikschriftsteller Ludwig Rellstab (bekannt dadurch, daß von ihm die Texte der ersten Lieder in Franz Schuberts Zyklus *Schwanengesang* stammen). Den Angaben des Liszt-Schülers Wilhelm von Lenz zufolge hat Rellstab den Klangeindruck mit dem optischen Eindruck des mondbeschienenen Vierwaldstätter Sees verglichen*.

Rellstab hat mit dieser Sicht in der jüngeren Musikwissenschaft Kritiker gefunden – freilich nicht ohne Grund, denn daß Beethoven, als er den ersten Satz komponierte, gerade an den Mondschein am Vierwaldstätter See gedacht hätte (den er nicht kannte), ist abwegig. Doch es ist bemerkenswert, daß eben schon Menschen, die um wenige Jahre jünger waren als Beethoven (Rellstab ist 1799 geboren), derartige Assoziationen haben konnten. Der prägende Einfluß, der sich aus dieser Assoziations-Bereitschaft letztlich für das Ges-Dur-Impromptu op. 90 Nr. 3 von Franz Schubert (zwei Jahre älter als Rellstab) oder für die Wege hin zu Felix Mendelssohn Bartholdys *Liedern ohne Worten* ergeben konnten (Mendelssohn ist zehn Jahre jünger als Rellstab), läßt sich aber kaum hoch genug einschätzen.

Wesentlich an dem Eindruck, es handele sich um ein Natur-Stimmungsbild, dürfte die scheinbare Unbestimmtheit des Anfangs sein (Notenbeispiel 5): Der Beginn der Sonate besteht zunächst nur aus einer triolischen Begleitbewegung als Klavier-Oberstimme und einem unendlich langsamen kadenzierenden Gang im Baß. Dies ließe sich zudem bis ins Unendliche wiederholen – so unendlich und »ewig« wie die mondbeschienene Seefläche, die Rellstab vorschwebte. Dann aber setzt über den Begleit-Triolen ein weiterer Part ein (T. 5/6) – der den Eindruck des »Ewigen«, Offenen freilich in nichts stört. Melodische Elemente, die in diesen neuen Part eindringen könnten, werden auf ein Minimum beschränkt: Drei Takte lang scheint alles auf ein und dasselbe Gis bezogen zu sein; es gibt nur eine einzige Ausweichung, um einen Halbton nach oben (A) und von dort wieder zurück, und erst damit setzt Beethoven eine ganz knappe Schlußfloskel in Gang. Nun beginnt über jenem »ewig«

gleichen Begleitmuster die nächste Phrase (T. 10/11); sie bewegt sich qualitativ und quantitativ auf noch knapperem Raum: Beethoven benötigt nur drei Töne (g als Ausgangston, fis als nächstwichtige Melodiestation, schließlich ein einzelnes e), und für die kadenzierende Wendung genügt ihm ein einzelnes h. Mit diesen zwei Phrasen erreicht Beethoven zweierlei: Zunächst bleibt es bei der elegisch-flächigen, im besten Sinne sentimentalen Stimmung, die sich aus dem Amorphen des Werkanfangs herleitet; diesem rein Begleitungsmäßigen hingegen setzt Beethoven nicht etwa ein profiliertes Thema entgegen, sondern etwas nur sehr rudimentär Melodisches, das auch tonartlich eigenartig unbestimmt bleibt – beim ersten Mal in cis-Moll einsetzend und in E-Dur schließend, beim zweiten Mal in e-Moll einsetzend und in h-Moll schließend. So melodisch unprofiliert dagegen der unmittelbare Beginn ist (also: die Musik vor dem Einsatz jener »Melodie«-Stimme), so klar profiliert ist gerade er in harmonischer Hinsicht; mit dem »Thema« ist es umgekehrt, denn es ist (auf sparsamstem Niveau) melodisch profiliert, aber es ist

Notenbeispiel 5:
Klaviersonate cis-Moll op. 27 Nr. 2 (»Mondschein«),
1. Satz, Beginn

harmonisch offen – es legt sich nicht auf eine einzige Tonart fest. Und so stützen Thema und Begleitung jeweils auf ihre Weise den Eindruck, es handele sich bei diesem Satz um ein in der Grundstimmung offenes Perpetuum mobile.

Wie nah dieses Bild dem Wasser-Eindruck der Romantik ist, zeigt sich, wenn man aus Mendelssohns erster Serie der *Lieder ohne Worte* das sechste Stück dagegenhält: das erste der *Venezianischen Gondellieder* für Klavier, das Mendelssohn komponierte (am 16. Oktober 1830 vor Ort in Venedig; op. 19b Nr. 6). Das Stück steht in einer ganz anderen Tonart-Welt, in g-Moll; man begegnet aber der gleichen triolischen Grundbewegung wie in der *Mondschein-Sonate*, aus der sich plötzlich ein Melodiefragment herauslöst – bildlich gesprochen: ein zufällig aus der Ferne der venezianischen Lagune herübergewehter Melodiefetzen. Dann erklingt über dem in gleichmäßigem Andante sostenuto wogenden, triolischen Begleitteppich das eigentliche Gondellied. Aus seinen Lied-Intentionen heraus ist es in der Melodik viel stärker profiliert als irgendetwas in Beethovens Satz. Als das Gondellied verklungen ist, ist zunächst wieder nur die »Begleitung« übrig, aus der jedoch ein weiterer »Melodiefetzen« heraustritt. Mendelssohns bildliche Idee ist – gerade mit diesem Titel – freilich klarer faßbar als diejenige Beethovens; doch der Eindruck des so unendlich ruhig Bewegten, das folglich kaum Anfang und Ende haben kann, ist beiden Stücken (über alle unterschobene Bildlichkeit hinweg) zumindest abstrakt musikalisch gemeinsam. Damit begegnet man letztlich einem ähnlichen Problem wie in *Adelaide*: Gattungstitel dieses Werks ist »Kantate«, weil es die Grenzen dessen sprengt, was Zeitgenossen als liedhaft empfanden – unter dem Eindruck der Romantik ist es aber kein Problem, das Werk unter die Rubrik »Lied« zu rechnen. Wenn man entsprechend das Titelproblem »Mondschein-Sonate« zu bewerten versucht, hat man zwar hinzunehmen, daß Beethoven diesen Sonatensatz wohl kaum als jenes Naturstück intendiert hatte, als das Rellstab es sah; doch offenkundig enthält es Potenzen, die nachträglich dazu führen konnten, daß man es unter diese Naturstücke einreihte – womit der Satz im Stimmungsmäßigen eine ähnliche historische Schlüsselstellung übernimmt wie *Adelaide* als »Lied«. Die Ausgrenzung Beethovens aus einer »romantisch« motivierten Interpretation mag zwar der Epochenabgrenzung (hie Klassik, dort Romantik) dienlich sein, die freilich in den engen Generationenräumen selbst zwischen Beethoven und Mendelssohn fragwürdig ist; im Anspruch, der sich auf der abstrakt-konstruktiven Ebene der Musik zeigt, wird das Trennende aber minimiert. Allerdings bleibt ein Problem dabei offen: Es ist zwar denkbar, daß Beethoven mit derartigen »neuen« Werken konkrete Vorbilder schuf; doch wo liegen die Grenzen des Hinein-Interpretierens? Dies wird später näher zu betrachten sein (vgl. das 11. Kapitel).

Beethovens Presto-agitato-Schlußsatz steht trotz seiner für zeitgenössische Begriffe so andersartigen cis-Moll-Grundstimmung dem Sturm-und-Drang-Finale der c-Moll-*Pathétique* erstaunlich nahe. Zwischen ihm und dem Anfangssatz steht ein Des-Dur-Allegretto, das gemäß der Vorschrift Beethovens bruchlos an den Eröffnungssatz anzuschließen ist; es ist im gleichen Dreiertakt notiert und im gleichen Tempo gehalten wie ein Menuett oder Scherzo. Für die Sonate übernimmt der Satz aber eine ausgeprägte Mittelsatz-Funktion, und die Vorstellung, es könne sich um ein Scherzo handeln, war insbesondere Beethovens Nachwelt unerträglich. Der Pianist Carl Reinecke (1824-1910) berichtet davon, er habe Liszt dieses Werk spielen gehört (wohl um 1840), und dieser habe jedes nur erdenkliche scherzo-artige Element aus dem Satz ausgespart; Liszt soll den Satz zudem als »eine Blume zwischen zwei Abgründen« bezeichnet haben*. Unabhängig davon, wie man die Mittelsatz-Scherzo-Frage beantwortet, bleibt dem Satz aber auch eine viel unmittelbarere Funktion: Des-Dur und cis-Moll unterscheiden sich auf dem Klavier nur durch die Dreiklangsterz, die Dur von Moll absetzt; ein Des-Dur-Mittelsatz rückt somit im Tonvorrat nur minimal vom cis-Moll der Außensätze ab. In dieser Sonate, die ohnehin das zeitgenössische Form- und Tonartempfinden bis an die Grenzen der Belastbarkeit strapaziert, wählt Beethoven also für den Mittelsatz eine Tonart, die sich mit einer denkbar geringfügigen Griff-Variation von denen der Außensätze unterscheidet – letztlich um so den direkten Anschluß der Sätze zu ermöglichen.

Dieses Prinzip beherrscht noch ausgeprägter das Schwesterwerk dieser Komposition, die Es-Dur-Sonate op. 27 Nr. 1: Auch sie ist ihrem Titel zufolge eine »Sonata quasi una fantasia«. Sie setzt sich aus einer eigenartigen Folge unterschiedlicher Teilsätze zusammen, die Beethoven wiederum auf unterschiedliche Art zu Satzgruppen zusammenfaßt: Am Anfang steht ein Es-Dur-Andante, das einen überaus bewegten Allegro-Mittelteil in C-Dur enthält, am Schluß steht ein Allegro vivace, das bruchlos aus dem vorausgehenden Adagio con espressione herauswächst; doch kurz vor Werkende begegnet man nochmals dessen Motivik – ehe 20 Presto-Takte das gesamte Werk beenden. Somit bilden die drei Glieder zu Werkbeginn ohnehin einen Satz; der langsame Satz und der schnelle Schlußsatz werden durch die Reminiszenz zu einem zusammengehörigen Paar. Zwischen beiden Paaren steht ein Es-Dur-Scherzo-Satz (»Molto allegro e vivace«), der seinerseits mit dem Anfangssatz und dem langsamen Satz verknüpft ist, allerdings nicht auch durch eine vergleichbare motivische Verklammerung.

Beethoven relativiert also den Eindruck, ein mehrsätziges Werk bestehe lediglich aus einer lockeren Folge von Sätzen, die im Extremfall auch durch einen anderen, in gleicher Tonart stehenden ersetzt werden könnten. Tendenzen, die sich schon in den Klaviertrios op. 1 Nr. 1 feststellen lassen (darin, daß Beethoven die Tonart des Scherzo-Beginns nicht einfach »hinstellt«, sondern als organische Herleitung aus derjenigen des vorausgegangenen langsamen Satzes entwickelt), setzen sich also fort: Beethoven stellt zunehmend das Prinzip einer zyklischen Zusammengehörigkeit der Sätze heraus. Dies dürfte einer der wesentlichen Aspekte sein, die sich in dem Titelzusatz »quasi una fantasia« verbergen; das gleiche Prinzip beherrscht den Übergang zwischen erstem und zweitem Satz in der *Mondschein-Sonate**. Und dennoch kann davon kaum eine Rede sein, daß Beethoven in den beiden Sonaten gleiche Prinzipien lediglich in zwei Werk-Individualitäten realisiert habe; die Konzepte erweisen sich bei genauercr Betrachtung sogar als ausgesprochen unterschiedlich. In der Es-Dur-Sonate verknüpft Beethoven die Sätze eines traditionellen Sonatensatz-Zyklus besonders eng miteinander: Der erste Satz ist zwar nicht in »Sonatenhauptsatzform« komponiert, doch auf ihn folgen ein Scherzo, ein langsamer Satz und ein schnelles Finale, und sie öffnen sich an ihren Schlüssen zu etwas jeweils Neuem (auch das Finale: Über die Reminiszenz an den Mittelsatz erschließt sich Beethoven den Raum für eine Coda). Die Satzfolge hingegen, mit der Beethoven in der *Mondschein-Sonate* operiert, ist außergewöhnlich: Auf einen langsamen Satz folgen Scherzo und schneller Schlußsatz; auf einen mäßig bewegten Eröffnungssatz hat Beethoven gewissermaßen verzichtet. Es wäre freilich abwegig zu behaupten, daß er »fehlte«, nicht zuletzt weil langsame »Mittelsätze« ja nicht in der Grundtonart eines Werks stehen. Doch gerade damit kann man die tonartliche Konstruktion des Werks aufrollen.

Ein langsamer Satz in cis-Moll wie der, der die *Mondschein-Sonate* eröffnet, wäre im Inneren einer Sonate in E-Dur nichts Verwunderliches, ebensowenig in einer A-Dur- oder fis-Moll-Sonate. Somit hat es den Anschein, als ob Beethoven dem Hörer den Gedanken einer cis-Moll-Sonate aus dem Charakter eines langsamen Satzes heraus »mundgerecht« macht. Doch damit hat sich Beethoven für den Fortgang selbst Vorgaben gesetzt: Anders als im Inneren einer Sonate kann er nach diesem langsamen cis-Moll-Satz in keine jener Grundtonarten »zurückkehren« (weil es ja bislang keine andere Tonart als jenes cis-Moll gegeben hat). Erst durch die individuelle Konsequenz, die Beethoven zieht, tritt der »exotische« Charakter der Werk-Grundtonart unverhüllt zutage. Beethoven läßt das Des-Dur-Scherzo folgen – über die enharmonische Verwechslung von Cis nach Des, obgleich nach dem Tonartempfinden der Zeit zwischen beiden Tonarten Welten liegen. Schließlich folgt das cis-Moll-Finale in einer dritten Grundhaltung, die viel eher an die c-Moll-Stimmung des *Pathétique*-Finales erinnert und sich somit von den beiden vorausgehenden radikal unterscheidet.

So sind die beiden so unterschiedlichen Sonaten op. 27 dennoch zwei Musterwerke für das Prinzip »Sonata quasi una fantasia«. Die Es-Dur-Sonate zeigt, wie fließend Übergänge zwischen traditionellen Satzgestalten sein können; die cis-Moll-Sonate ist hingegen ein Lehrstück über die Vereinbarkeit des anscheinend Unvereinbaren. Für beides, also für die Übersteigerung der Prinzipien, die auch den Scherzo-Beginn im Klaviertrio op. 1 Nr. 1 prägen, bietet für Beethoven der lockere »Satzzyklus« in dessen traditioneller Machart keine Basis mehr; um auf das Besondere der Werke hinzuweisen, wählt Beethoven zunächst den Begriff der Fantasie, aus dem heraus die freie Überformung des Traditionellen verständlich wird.

Streichquartette op. 18

Etwa in der gleichen Zeit, in der Beethoven jene fraglos experimentellen Werke komponierte, schloß er auch eine andere Arbeit ab, mit der er Neuland betreten hatte: diejenige an den sechs Streichquartetten op. 18, den ersten, die er überhaupt schrieb. Sie beenden allerdings nicht nur eine längere »Wartezeit« (während der Beethoven Haydns Komponieren zunehmend »einkreiste«), sondern auch eine längere Arbeitsphase[*]: Diese reicht weit über die Anfänge an den Klaviersonaten op. 27 zurück. Beethoven begann die Arbeit am D-Dur-Quartett (Nr. 3) im Sommer 1798 und setzte sie in der ersten Jahreshälfte 1799 an den Quartetten in F- und G-Dur fort (Nr. 1 und 2). Damit war eine erste Zäsur erreicht; es können kaum andere als diese drei Werke gewesen sein, die Beethoven nun Lobkowitz schickte und für die er daraufhin honoriert wurde: Am 18. Oktober 1799 quittierte er den Empfang von 200 Gulden (leider sind die Quellen, in denen Lobkowitz diese Quartette erhielt, nicht überliefert). Doch es trat keine Zäsur im Schaffensprozeß ein; das A-Dur-Quartett (Nr. 5) wird wenig später fertig gewesen sein. Fast auf den Tag genau ein Jahr nach der ersten Zahlung, am 18. Oktober 1800, bestätigt Beethoven, neuerlich 200 Gulden von Lobkowitz empfangen zu haben. Somit müssen die restlichen beiden Quartette (zunächst c-Moll Nr. 4, dann B-Dur Nr. 6) ähnlich bis Sommer 1800 fertig gewesen sein, wie im Vorjahr die ersten drei Quartette vollendet waren. Im folgenden überarbeitete Beethoven die ersten drei Quartette nochmals gründlich; für die Quartette Nr. 1 und 2 läßt sich dies anhand des Quellenmaterials nachweisen, für das dritte (das älteste der Gruppe) ist eine analoge Überarbeitung daher um so mehr anzunehmen. Bis Dezember 1800 muß dies in der Hauptsache abgeschlossen gewesen sein (was nicht hinderte, daß Beethoven noch bis in den Notenstich hinein Veränderungen angebracht hat).

Zweieinhalb Jahre Arbeit überspannen in jedem Fall eine Zeit, in der Zielsetzungen verschoben und durch anderweitige Erfahrungen konkretisiert werden können; somit dokumentiert sich in den sechs Quartetten schon an sich eine Entwicklung, selbst wenn diese nach den Revisionen an der ersten Dreiergruppe kaum noch zu bemerken ist. Doch das F-Dur-Quartett ist komplett auch in der ursprünglichen Gestalt überliefert (zum G-Dur-Quartett zudem umfangreiche Skizzenbestände, die den Wandel ähnlich spiegeln). Die ältere Fassung des F-Dur-Quartetts widmete Beethoven am 25. Juni 1799 seinem Freund Karl Amenda; am 1. Juni 1800 schränkte er in einem Brief an ihn den Wert seines Geschenks allerdings folgendermaßen ein*: »Dein Quartett gieb ja nicht weiter, weil ich es sehr umgeändert habe, indem ich erst jetzt recht quartetten zu schreiben weiß, wie du schon sehen wirst, wenn du sie erhalten wirst.« Beethovens neue Erfahrungen lagen sowohl in der Motivpräsentation als auch im Verhältnis der vier Streicherstimmen zueinander – er mußte lernen, dieses Verhältnis anders zu bestimmen als in Orchestermusik, zugleich vollstimmiger als in einem Streichtrio und dennoch ohne einen so klangbetonten Part, wie ihn ein Klavier im kammermusikalischen Spiel bieten kann.

Beethoven gilt als einer der ersten, die in ihrem Schaffen auf der gesamten Tradition der Streichquartett-Kunst aufbauen konnten: Er entstammte aus seinem Bonner Musizieren heraus den Traditionen, die ausschnitthaft in der Mannheimer Schule kristallisierten; er kannte natürlich die Streichquartette Haydns, ebenso die späteren Mozarts – im Vorfeld seiner Klaviertrios op. 1 muß er den *Preußischen Quartetten* begegnet sein, und von den sechs Quartetten, die Mozart 1785 Haydn gewidmet hatte, läßt sich eine Kenntnis Beethovens sogar darin belegen, daß er sich aus dem fünften (KV 464, A-Dur) mindestens den langsamen Satz kopiert hatte. Diese Kenntnisse konnten eine Hypothek sein und eine eigenschöpferische Annäherung an die Gattung auch verzögern; doch aus ihnen muß nicht folgen, daß Beethoven sich erst ans Quartette-Komponieren machte, als er sicher war, Haydn und Mozart überflügeln zu können, und ebensowenig, daß seine ersten Werke dieser Gattung aus dieser Quellenkenntnis heraus Haydn und Mozart als Vorbildern intensiv verpflichtet sein müßten. Für jeden anderen jungen Komponisten der Zeit, der sich an das Komponieren von Streichquartetten machte, hätte das Problem prinzipiell ähnlich lauten müssen; warum also formuliert man es nur für Beethoven so?

Allein schon hinter der Frage steht vermutlich die Idee, Beethoven zwingend als dritten »Wiener Klassiker« zu behandeln. In seiner Bonner Zeit war dies freilich nicht absehbar; wenn Beethoven also damals noch keine Kammermusik für Streicher schrieb, können die mutmaßlichen Vorbilder Haydn und Mozart ihn in seinem Schaffen noch nicht derart individuell eingeschränkt haben. Gründe dafür, weshalb Beethoven die Gattung aussparte, könnten also viel eher auch in einer anders gearteten lokalen Nachfrage gelegen haben. In Wien, in einem physischen Nebeneinander mit Haydn als Lehrer, könnte es auch eine Abgrenzung der wechselseitigen künstlerischen Interessen gewesen sein, die Beethovens Streichquartett-Anfängen im Wege stand. Und nicht zuletzt dürfte es ihm auch nicht leichtgefallen sein, seine zuvor anders gelagerten Interessen mit den neuen Erfahrungen (die ja zwangsläufig in anderen individuellen Sprachformen konzipiert werden mußten) zu verbinden. Vielleicht handelte Beethoven auch nicht aus innerem Antrieb: Die Quartette waren offenkundig ein Auftrag des Fürsten Franz Joseph Maximilian Lobkowitz. Dieser allerdings scheint die Konfrontation Beethovens mit Haydn regelrecht provoziert zu haben: Wohl gleichzeitig gab er auch bei Haydn sechs Quartette in Auftrag, von denen allerdings nur zwei vollendet (und als op. 77 veröffentlicht) wurden.

Das Überraschende in den Quartetten op. 18 ist zunächst, daß der Prozeß der Gleichbehandlung der Instrumente im melodischen Vortrag, der sich aus der Quartettpraxis Mozarts herzuleiten scheint und der als Tendenz auch die Klaviertrios op. 1 prägt, sich nicht direkt fortsetzt: Oftmals liegt die melodische Führung prononciert bei der ersten Violine – scheinbar so, wie Haydn in seinen Quartetten op. 77 der Violine 2 und der Viola eher auch Füllstimmen-Funktionen überträgt. Doch eine solche

Feststellung täuscht in ihren beiden Teilen über ein andersartiges Interesse Beethovens hinweg: In seinen Quartetten kommt es zu einer intensiven Koppelung der Instrumente – in Unisoni, Oktavierungen und Terzen, und zwar für die Stimmen als Paare, als Dreiergruppe oder schließlich so, daß die Koppelung die Anlage des gesamten Ensembles reguliert. Das freilich führt zu einer neuen Geschlossenheit des musikalischen Stimmverbunds – in dem dann die Frage der Gleichberechtigung von Stimmen auf eine neue Grundlage gestellt wird: »Gleichberechtigung« hieße dort nicht mehr, daß die thematischen Bestandteile des Satzes unbedingt gleichwertig auf die Stimmen verteilt werden müssen, sondern eher, daß alle Stimmen im Satz auf gleich obligate Weise mitwirken. Dies ist zugleich einer der grundsätzlichen Unterschiede zwischen der Amenda-Version und der endgültigen Fassung des Streichquartetts op. 18 Nr. 1.

Einem Stimmenpaar kann dabei auch ein weiteres gegenübergestellt werden, und der Kontrast kann so weit gehen, daß er sich in den Noten als exakt spiegelbildliche Anlage niederschlägt. Derart Spiegelbildliches ist klanglich vorderhand fragwürdig: Das abendländlische Tonsystem wird ja aus dem Tonmaterial eines Oktavsystems gebildet, von dessen acht Tönen nie einer »der mittlere« sein kann, so daß es auch keine klanglich wahrnehmbare Spiegelachse gibt. Die Folge daraus ist, daß – so klar die Konstruktion in der Partitur aussieht – die Klangwelten der Paare einander für einen gewissen Zeitabschnitt musikalisch widersprechen, und es ist der Kunst des Komponisten überlassen, wie er diese Phase des Widersprüchlichen etabliert, wie er die Spannung, die aus einem derartigen Musizieren als Erwartung auf wiederhergestellte Ordnung resultiert, ausschöpfen möchte und wie er dann tatsächlich diese Ordnung erreicht.

Besonders reizvolle Beispiele für derartige Stimmkoppelungen finden sich im A-Dur-Quartett (Nr. 5). Im ersten Satz, am Schluß der Exposition, wird für einen längeren Abschnitt das Musizieren faktisch auf nur zwei Stimmen reduziert: In Takt 51 werden die beiden Violinen in Oktaven miteinander gekoppelt; ihnen treten Bratsche und Cello ebenfalls in einer Oktavkoppelung entgegen. Sechs Takte später wird diese Paarbildung aufgelöst; doch nun koppelt Beethoven die zweite Violine und die Bratsche in Terzen und stellt beiden das Cello in einer jener »optischen« Symmetrie-Bewegungen gegenüber (Notenbeispiel 6). Welche Klangwelten sich zwischen den Streicherstimmen im einzelnen auftun, ist für den Hörer erst ein sekundäres Problem – man hört sich dies zunächst als

»typisch Beethoven« zurecht. Typisch daran ist auch, daß eine Stimme ihren Ton orgelpunktartig durchhält (in diesem Fall die erste Violine); und zur Fortführung fächert Beethoven den Satz wieder in zwei Paare auf, die diesmal aber nicht in Oktaven, sondern in Sexten gekoppelt sind und gegenläufig musizieren (Violine 1 und Bratsche, Violine 2 und Cello). Wiederum hört man sich die harmoniefremden Einschläge zurecht.

Diese Technik ist spezifisch quartetthaft. Um die Gegenläufigkeit der Stimmen zu etablieren, braucht man zwei Stimmen, eine dritte Stimme muß die konstante Funktion übernehmen. Eine vierte Stimme schließt sich der ersten oder der zweiten an; dadurch erhält der Satz seine spezifische Dichte. Diese wäre folglich in einem Streichtrio kaum denkbar; in allen größeren Besetzungen (auch also schon im Quintett) wäre hingegen zu fragen, ob es in dieser Dichte noch genügend Freiräume gibt, so daß man keiner Stimme eine typische Begleitfunktion übertragen muß. Klar ist aber auch, daß die vier Stimmen, um deren Koppelung es hier geht, als gleichwertig behandelt werden: Sie profilieren sich innerhalb des Ensembles – eher aneinander als gegeneinander, und sie individualisieren sich nicht mit melodischen Mitteln auf Kosten der Partnerstimmen.

Weitere derartige Kombinationen finden sich im A-Dur-Quartett auch zu Beginn des Scherzo-Trios oder in den Variationen des dritten (langsamen) Satzes, in deren fünfter die beiden Mittelstimmen (Violine 2 und

Viola) fast durchgängig in Oktaven geführt werden, während die erste Violine über weite Strecken langausgehaltene Trillertöne zu spielen hat und das Cello einen kontrastierenden Part zum Satz beisteuert. Wichtig ist aber, daß Beethoven sich nicht mit derartigen instrumentatorischen Finessen zufriedengibt, sondern daß er diese Kunst der Quartett-Instrumentation auch der Themengestaltung ausschöpft. Mit solchen Details aber bewegt sich vor allem das A-Dur-Quartett op. 18 Nr. 5, das man häufig in eine so große Nähe zu Mozarts Quartett KV 464 rückt, von den »Mustern« weg, die Beethoven in der Streichquartettkomposition vorgeschwebt haben können.

Diesen Brückenschlag scheint zunächst die Grundtonart beider Werke (A-Dur) zu ermöglichen, ebenso die Satzfolge, die das Menuett an die zweite Position noch vor den langsamen Satz vorzieht. Doch je tiefer man in die Kompositionen eindringt, desto weniger erweist sich die Gleichsetzung als sinnvoll. So ist beiden Eröffnungssätzen zwar gemeinsam, daß sie bald nach dem Vortrag des Hauptthemas die strahlende A-Dur-Stimmung mit Moll-Zügen verdunkeln – doch Mozart tut dies auf einem besonderen Moll-Weg zu einem neuerlich strahlenden E-Dur-Seitenthema, Beethoven hingegen, indem er – ähnlich wie im ersten Satz des Streichtrios op. 9 Nr. 1 – das Seitenthema selbst nach Moll versetzt und die Stimmung erst daraufhin, gegen Satzmitte, wieder aufhellt. Die kompositorischen Ziele, die die beiden Komponisten verfolgen, sind also radikal unterschiedlich, selbst wenn dabei vordergründig ein ähnlicher Umgang mit der A-Dur-Stimmung und ihrer Nachbarschaft zu konstatieren ist.

Beethovens Praxis gründet sich in diesem Detail somit auf eigene Wurzeln, die sich bis in seine Bonner Zeit zurückverfolgen lassen. Dies gilt zudem auf einer anderen Ebene: Beethoven hatte in Bonn an Bachs Fugentechniken Klavierunterricht erhalten, und in Wien nahm er Unterricht unter anderem bei Johann Schenk und Johann Georg Albrechtsberger, also bei Musikern, die aus der Wiener Kontrapunkttradition Johann Joseph Fux' stammten; Beethoven war damit einer der ersten Musiker, die in der Zeit ihrer Ausbildung mit mehrfachen Traditionen kontrapunktischer Kunst (also in deren internationalen Strömungen) konfrontiert wurden. Seine Streichquartett-Technik, in der er ebenso auf den in seiner Zeit verfügbaren Strömungen aufbauen konnte, scheint davon viel profitiert zu haben: Demnach hätte seine Quartett-Begeisterung zunächst eben nicht der gleichgewichtigen Verteilung der Motivik auf vier individualisierte Instrumente gegolten, sondern viel eher den Möglichkeiten, vier Instrumente, die baulich, klanglich und spieltechnisch als gleichwertig gelten, miteinander zu koppeln – gewissermaßen auf einer ähnlichen Ebene wie der, daß in einer Klavierfuge die unterschiedlichen Stimmen auf einem baulich einheitlichen Instrument gespielt werden. Letztlich dürfte auch hinter Mozarts Bearbeitungen Bachscher Fugen für Streichtrio oder -quartett eine ähnliche satztechnische Idee stehen. Dabei bliebe (selbst bei einer absolut gleichen Verteilung der Satzanteile auf alle Instrumente) eine klangliche Vorrangstellung der Oberstimme erhalten – die freilich, sobald es sich nicht mehr um eine Fuge mit einem durch die Stimmen wandernden Thema handelt, ausgeprägter sein kann und das satztechnische Konzept der konkreten Verbindung von Gleichartigem dennoch nicht stört.

Die Besonderheiten dieser Werkgruppe bleiben aber nicht auf Beethovens Überlegungen zur Ensemble-Zusammensetzung beschränkt; auch darin, wie die Sätze sich entwickeln, schlägt Beethoven einen besonderen Weg ein. Auffällig ist, mit welcher Intensität (und mit welchen Ergebnissen) Beethoven sich Formen widmet, die auf besonders knappem melodischem Material beruhen. Am ausgeprägtesten ist dieses Ungleichgewicht im Scherzo des ersten Quartetts: Auf dessen acht Anfangstakte folgen 77 Takte als zweite »Hälfte« (im Trio teilt der Doppelstrich dann entsprechend einen 16taktigen Beginn und eine 44taktige Fortführung voneinander ab). Und Beethoven »spielt« regelrecht mit dem Ungleichgewicht: In jener »zweiten Hälfte« kommt er nicht nur (wie es normal wäre) einmal auf die Motivik des Anfangsabschnitts zurück, mit der dann eine Rahmenwirkung etabliert und das Signal für den nahenden Satzschluß gegeben wäre, sondern er läßt die Motivik zunächst ins Leere laufen – so, als wolle er noch besonders verdeutlichen, daß dies ein Ungleichgewicht sei.

Wiederum zieht er aber im A-Dur-Quartett besondere Konsequenzen. Zunächst: Anders als in den übrigen Quartetten scheint es in der Scherzo-Gestaltung von jener Arbeit mit knappen Phrasen unberührt geblieben zu sein. Dem äußeren Anschein nach ist die erste Menuett-»Hälfte« 24 Takte lang – doch für sie schreibt Beethoven keine Wiederholung vor, weil sie sich intern aus zwei so ähnlichen Bestandteilen zusammensetzt, daß der Eindruck des Wiederholten bereits mit dem einmaligen Durchspielen gegeben ist (beim »ersten Mal« musizieren 12 Takte lang nur die beiden Violinen, erst bei der »Wiederholung« alle vier Instrumente). In jedem Fall aber sind die nachfolgenden 73 Takte eine außerordentlich breit gelagerte zweite »Satzhälfte« – die Beethoven den Raum gibt, den Satz weit von dessen Stimmungszentrum wegzubewegen, ihn schroff in cis-Moll abbrechen zu lassen, knapp zwei Takte Generalpause einzuschieben und dann auf Grundtonart und Anfangsmotivik zurückzukommen.

Letztlich steht aber hinter jenen zwölf Anfangstakten eine Überlegung, die lediglich diejenige, die die übrigen Scherzo-Sätze prägt, noch um eine Stufe weiter führt: Derart knappe Phrasen lassen sich relativ leicht verformen. Jene achttaktigen Grund-Einheiten sind in der Regel zu verstehen als Folge aus einem viertaktigen Vordersatz und einem viertaktigen Nachsatz; das ist ein elementares Bauprinzip auch von Tanzmusik. Die Konstruktionen lassen sich erweitern, und zwar auch von innen heraus – dadurch, daß man einen zu erwartenden Schluß verzögert. So kommt auch die Zwölftaktigkeit des Menuett-Themas im A-Dur-Quartett zustande (Notenbeispiel 7): Beethoven beginnt »ordnungsgemäß« mit

Notenbeispiel 7:
Streichquartett A-Dur op. 18 Nr. 5,
2. Satz, Beginn

vier Takten; wie die anschließenden acht Takte zu einer Einheit verschmelzen, läßt sich an der ersten Violinstimme ablesen. In Takt 5 und 6 (ebenso in Takt 7 und 8) greift diese den Duktus der Takte 1 und 2 auf. Takt 10 enthält dann die gleiche Figuration wie Takt 3; doch damit steht sie nicht im vorletzten Takt der Phrase, sondern im drittletzten – Beethoven zögert den Schluß weiter hinaus, und auch mit dem »zusätzlichen« Takt 9 zuvor wird der musikalische Verlauf des Nachsatzes von vier auf acht Takte gedehnt. Wichtig ist also, daß Beethoven darüber hinweggeht, in welchem Kontext die vier Takte zunächst zueinander stehen; er läßt seine Zuhörer auf eine Schlußwirkung länger warten, als sie es annehmen können, und stellt dafür den klaren, in viertaktigen Einheiten regulierten Periodenbau ein Stück weit (zumindest beim Hören) in Frage.

Übrigens: Auch das Gegenteil ist möglich – die strenge Beachtung des

Periodenbaus in Phrasen, die beim bloßen Anhören als völlig aus der Ordnung geraten erscheinen. Auch hierfür bieten die Quartette op. 18 ein reizvolles Beispiel: Im Scherzo-Trio des ersten Quartetts arbeitet Beethoven mit einer Motivik, die dem Dreivierteltakt einen Zweiviertel-Rhythmus überstülpt; doch die Prozedur währt genau die phrasentypischen vier Takte lang.

Im A-Dur-Quartett (ähnlich auch im c-Moll-Quartett op. 18 Nr. 4) bleibt die Arbeit mit derart knappen Phrasen nicht auf das Scherzo beschränkt. Nach diesem Menuett folgt ein Variationenzyklus, dem ähnlich epigrammatisch anmutendes Material zugrunde liegt; und als ob es dessen Knappheit noch besonders hervorzuheben gälte, läßt Beethoven auch den Schlußsatz nach schon acht Takten an eine erste Grenze stoßen: Ein mit Fermate gedehnter »Schlußklang« läßt den Satz gewissermaßen aus dem erst eben errungenen vollen Lauf heraus sogleich wieder zum Stillstand kommen.

Die erste Sinfonie

Die C-Dur-Sinfonie Nr. 1 op. 21 erklang erstmals am 2. April 1800. »Endlich bekam doch auch Herr Beethoven das Theater einmal, und dies war wahrscheinlich die interessanteste Akademie seit langer Zeit«, berichtet ein Rezensent der Allgemeinen musikalischen Zeitung nach diesem Beethoven-Konzert [= Akademie] im Wiener Burgtheater*. Die Uraufführung des Werks lag also in der Zeit, in der Beethoven mit den Abschlußarbeiten der Streichquartette op. 18 beschäftigt gewesen sein muß (etwa in der Nachbarschaft der Klaviersonaten op. 27); die Kompositionsarbeiten hingegen lassen sich über fünf Jahre hinweg zurückverfolgen, denn Material, das Beethoven schließlich in diesem Werk verwendet hat, steht bereits neben Kontrapunktübungen aus dem Unterricht bei Albrechtsberger und neben Skizzen zu Adelaide* – womit sich ein Bogen des »Neuen« über die Jahre 1795/1800 hinweg schließt. Und: Die Druckausgabe sollte zunächst Beethovens früherem Dienstherrn, dem Kölner Erzbischof Maximilian Franz, gewidmet werden; doch dieser starb, und daraufhin rückte auf dem Titelblatt des Druckexemplars der Name Gottfried van Swietens an seine Stelle. Swieten, der österreichische Diplomat, hatte Mozart Bach-Eindrücke vermittelt, veranstaltete Konzerte, für deren Unterstützung er die Wiener Adelskreise gewann (also befand man sich, wenn man bei van Swieten war, auf einer Drehscheibe des

Kultursponsorings), und trat als Librettist für die Oratorien Haydns hervor – 1799 war *Die Schöpfung* uraufgeführt worden, danach saß er am Text der *Jahreszeiten.* Insofern spiegeln die äußeren Aspekte der Entstehungsgeschichte Beethovens damalige Lebensbedingungen: die zunehmend tiefe Verwurzelung in den mäzenatischen Bestrebungen der Aristokratie, die Konzertaktivitäten, schließlich auch das Ineinandergreifen der unterschiedlichen Schichten, auf denen »neue Wege« möglich waren.

Die Startbedingungen der Sinfonie in jenem Burgtheater-Konzert waren zudem besser als die, die das Werk in den auch nur wenig späteren Konzerten hatte: Beethoven stellte es an den Schluß des Programms. Damit blieb eine Komplikation aus, die sich für die Sinfonie ergeben konnte, wenn sie ein Konzert eröffnete: Der schnelle Hauptteil des ersten Satzes wird mit einer langsamen Einleitung vorbereitet, deren erster Akkord – entgegen der Praxis Beethovens in Eröffnungsthemen schneller Sonatensätze – noch nichts Genaues darüber sagt, in welcher Tonart das Werk steht. 1805 spricht ein Berliner Rezensent dieses Problem so an: »Die erste von Beethoven hub in dem Augenblick, als ein gespanntes Publikum die erste kräftige Zusammenstimmung eines grossen zahlreichen Orchesters erwartete, mit dem Septimenakkorde über der Dominante des Haupttons auf einem kurzen Auftakte an. Dergleichen Freiheiten und Eigenheiten wird niemand an einem genialischen Künstler wie Beethoven tadeln, aber ein solcher Anfang passt nicht zur Eröfnung eines grossen Concerts in einem weiten Operntheater.« Erwartet hatte man folglich einen Beginn, wie er in einer Opernouvertüre denkbar ist (zum Beispiel in denjenigen zu Mozarts *Don Giovanni* oder zur *Zauberflöte*) und auch in Sinfonien vorkommt (bei Mozart in der *Prager* KV 504 oder der Es-Dur-Sinfonie KV 543, entsprechend in den späten Sinfonien Haydns): Das volle Orchester präsentiert einen ersten Akkord in der Grundtonart – oder schlichtweg, in einem gewaltigen Unisono, den Grundton. Nach einem solchen Beginn kann die Grundtonart durchaus verlassen, können andere Klangwelten berührt werden, so daß dem Übergang zum schnellen Hauptteil (wiederum in der Grundtonart) später der Charakter von etwas Befreiendem anhaftet. In diesem Kontext steht etwa auch die Introduktion der *Pathétique.* Doch in der 1. Sinfonie verläßt Beethoven die Grundtonart nicht erst im weiteren Verlauf der Introduktion, sondern er »sucht« zunächst deren allerersten Einsatz; er spielt folglich mit dem, was eine Introduktion bewirken kann, präsentierte dies im Konzertprogramm an einer Stelle, an der er damit nicht allzu viel Verwirrung stiftete (in einer Introduktion nur eines Werks, die aber nicht als Introduktion eines

Konzerts figuriert). So war Beethovens Erste grundsätzlich ein Erfolg; und als 1819 ein Kritiker der Achten klagte, daß Beethoven leider nicht mehr im Stil seiner früheren Werke schreibe, bezog er in dieses Idealbild neben der Zweiten und Fünften ausdrücklich auch die Erste mit ein*.

Eines aber wurde auch schon nach der Uraufführung negativ angemerkt: »Nur waren die Blasinstrumente gar zu viel angewendet, so daß sie [die Sinfonie] mehr Harmonie, als ganze Orchestermusik war.« Damit, daß Beethoven den Bläsern (die die »Harmoniemusik« der Zeit bildeten) besondere Aufgaben zugewiesen hat, liegt er einerseits im Trend seiner Zeit: In Mozarts späten Werken zeichnet sich dasselbe ab, intensiv vor allem in seiner Opernmusik. Andererseits schlägt hier ein Prinzip durch, das auch die Quartette op. 18 als etwas Neues auszeichnet: Beethoven kann aus der Instrumentation auch unerwartete, höchst wirkungsvolle Effekte erzielen. Instrumentation ist dabei nicht nur die Verteilung eines melodischen Grundmaterials auf ein größeres Ensemble, sondern auch das Zusammenstellen von Mixturklängen, durch die sich das Material einfärben oder schattieren läßt. Und daher drückt sich jener Rezensent der Berliner Aufführung nur ungenau aus, wenn er zu Werkbeginn eine »Zusammenstimmung eines grossen zahlreichen Orchesters« vermißte (wenn diese zugegebenermaßen auch nicht gerade »kräftig« ist): Nur die Trompeter und der Pauker schweigen – alle anderen spielen tatsächlich. Die übrigen Bläser und die Streicher vereinigen sich im Vortrag derselben Sache; die Bläser tragen das melodische Material, so langsam es im Adagio molto auch ist, von einer Halben zur nächsten fortlaufend vor, doch die Streicher bieten auf jedem Halbe-Schlag jeweils nur einen gezupften Akkord. Beethoven kombiniert also das Impulsartige des Zupf-Akkords mit dem Nachschweben des Bläserklangs. Der Zupf-Akkord könnte nie so lang nachklingen, wie er es nun mit Hilfe der Bläser tut; und andererseits gibt das Zupfen der Streicher auch dem Anblasgeräusch der Blasinstrumente (das stets eine Klangkategorie für sich ist) eine Akzentuierung, die die Bläser aus eigener Kraft nicht erreichen könnten. Übrigens: Dieses Nachklingen läßt sich nur dann wirklich würdigen, wenn man den ersten Akkord nicht als leichten Auftakt spielt (wie das wohl in jener Berliner Aufführung der Fall war), sondern als betonte Note, als die Beethoven den Akkord ausdrücklich hervorgehoben hat.

Dieses Instrumentieren erscheint also als einer der besonders interessanten Aspekte in Beethovens »neuem« Komponieren schon vor 1800. In einer sinfonischen Orchesterbesetzung treten zwar manche Details weniger deutlich in Erscheinung: In der größeren Stimmenzahl einer Sinfonie und in der chorischen Besetzung des Orchesters kann das Eindrucksvolle der unerwarteten Stimmkoppelungen stets auch durch reine Begleitfunktionen einzelner Parts abgeschwächt werden; doch die Stimmenzahl und die größere Verschiedenartigkeit der Instrumente untereinander erweitert auch die Möglichkeiten der Koppelungen. Und es sind auch Spezialeffekte ungewohnter Art denkbar – etwa mehrere längere, wichtige Paukensoli im zweiten Satz.

Daß Beethovens Erste auch auf anderen Ebenen Ähnlichkeiten mit den Quartetten op. 18 hat, kann somit kaum verwundern. So setzt sich das Menuett aus acht Takten erster »Hälfte« und 72 Takten Fortsetzung zusammen; und jene acht Takte selbst, denen lediglich eine Tonleiter über anderthalb Oktaven als Melodie zugrunde liegt, ähneln etwa der Thematik des Scherzo-Trios im G-Dur-Quartett op. 18 Nr. 2 (dort handelt es sich um eine einfache Leiterbewegung eine Quinte aufwärts). Im zweiten Teil des Sinfonie-Menuetts entfernt sich Beethoven dann auffallend weit von der Grundtonart, bis hin zu einem Des-Dur, das über eine chromatische Passage nach C-Dur zurückgeführt werden muß – hinter dem schroffen Abbrechen im Menuett des A-Dur-Quartetts (dort, wo cis-Moll erreicht ist) läßt sich das gleiche Prinzip erkennen.

Andererseits kann Beethoven nicht verbergen, daß er Sinfonien Haydns und Mozarts gekannt hat, bevor er die Erste schrieb. Schroffe Hell-Dunkel-Wirkungen wie in der Mitte des ersten Satzes (Schlußgruppe der Exposition) oder im letzten Satz am Ende der Durchführung findet man auch bei Mozart in den Ecksätzen der *Prager* und in der *Jupiter*-Sinfonie[*]. Zu dieser Sinfonie gibt es zudem konkrete motivische Ähnlichkeiten (etwa im 4. Satz zu Beginn der Durchführung: T. 116ff.) – die aber auch auf weitere Mozart-Musik ausgreifen, etwa auf die Kadenz-Formulierung in der Mitte des 2. Satzes, die direkt aus Belmontes erster Arie in *Die Entführung aus dem Serail* entnommen sein könnte (dort zum Text »... und bringe mich ans Ziel«). Haydns Muster hingegen könnte in der Knappheit der Introduktion zum ersten Satz durchschlagen (Mozarts Sinfonie- und Ouvertüren-Introduktionen sind breiter angelegt), aber ebenso im Andante- oder Allegretto-Duktus des 2. Satzes, der sich auch in zahlreichen Sinfonien Haydns findet.

Somit läßt sich die Situation, in der Beethovens Erste entstand, schaffensbiographisch knapp umschreiben: Im Groben ebenso wie im Detail (in den musikalischen Formen und in der Motivik) knüpft Beethoven bisweilen an Vorbildern an; in allen gewissermaßen dazwischenliegenden

Aspekten einer musikalischen Verarbeitung geht er prononciert eigene Wege. Dies wirkt sich zum einen Teil in der Instrumentation aus; zum anderen ist dies die Ebene, auf der Beethoven von einem extrem einfachen Menuettbeginn aus seine weitreichenden tonartlichen »Ausflüge« unternimmt und damit auch den Stimmungsgehalt, den ein Satz haben kann, anders faßt als seine »Vorgänger«.

»Mein Gehör ist schwächer geworden«

Die Schaffensaspekte, die sich in den »neuen« ebenso wie in den »alten« Gattungen Beethovens in jener Zeit zeigen, spiegeln also, in welcher Weise Beethovens »Lage«, von der er 1801 seinem Freund Wegeler berichtet, über die reine Verhandlungsfreiheit gegenüber Verlegern hinausgehen und auch ein reiches, vielschichtiges Experimentieren einschließen konnte. Vielleicht geschah dies aber nicht ohne eine äußere (und außermusikalische) Veranlassung. Im weiteren Verlauf jenes Briefs an Wegeler schreibt Beethoven über die Kehrseite seiner damals so glanzvollen Lebensbedingungen*: »Nur hat der neidische Dämon, meine schlimme Gesundheit, mir einen schlechten Stein ins Brett geworfen, nämlich: mein Gehör ist seit drei Jahren immer schwächer geworden und zu diesem Gebrechen soll mein Unterleib, der schon damals, wie Du weißt, elend war, hier aber sich verschlimmert hat, indem ich beständig mit einem Durchfall behaftet war, und mit einer außerordentlichen Schwäche, die erste Veranlassung gegeben haben.« Daraus entwickelt man in der Beschreibung von Beethovens Biographie in der Regel einen »Widerspruch in Beethovens Existenz – nach außen hin ein Bild von Leistung, Produktivität und Zufriedenheit mit sich selbst, aber durchdrungen von einem Gespür drohender persönlicher Tragik und Verzweiflung«*. Aus Sicht der Psychologie braucht dies aber kein »Widerspruch« zu sein; viel näher liegt der Gedanke eines Zusammenhangs: Ein zweites Mal lassen sich elementare Schaffensverhältnisse Beethovens als innere Abfolge von Trauma und Kreativität charakterisieren. »Seit drei Jahren« sei sein Gehör zunehmend in Mitleidenschaft gezogen; eigenartigerweise käme man damit in den Sommer 1798, also in eine Zeit, in der die Arbeit an der 1. Sinfonie und den Streichquartetten op. 18 gerade begann – sein weiteres Trauma hätte demnach eine völlig neu konstituierte Kreativität zur Folge gehabt. William G. Niederland, der sich auch intensiv mit den Wechselwirkungen von Handikap und Kreativität auseinandergesetzt hat, weist unter anderem auf das Lebenswerk Thomas Alva Edisons hin*: »Edison [...] war seit seinen Jugendjahren gehörgestört und wurde später, um sein zwanzigstes Jahr, stocktaub. Er erfand als erstes den Phonographen und brachte den Klang der menschlichen Stimme, die er selber durch sein Handicap immer mühsamer hören konnte, in alle Ecken und Enden der Welt.« Und er weist auf jene Bemerkung Henri Toulouse-Lautrecs hin, der infolge eines Knochengewebe-Leidens und zweier schlecht verheilter Beinbrüche verkrüppelt war: »Wären meine Beine etwas länger gewesen, dann wäre ich nie Maler geworden.« Daß das Handicap in jedem Fall tragisch ist, braucht man nicht zu betonen; doch man müßte auch einrechnen, daß für Beethoven der Versuch, sein Handicap zu kompensieren, einen besonderen Ertrag haben konnte. Beethovens erste »neue Wege« um 1798, letztlich vielleicht auch der »neue Weg« um 1802, könnten somit in Zusammenhang mit seiner einsetzenden Ertaubung stehen; und das gleiche gälte für weitere Leistungen aus späterer Zeit.

Insofern ergäbe sich eine innere Abfolge aus dem »Gespür drohender persönlicher Tragik und Verzweiflung« und dem »Bild von Leistung, Produktivität und Zufriedenheit«: Das zweite wäre – in der konkreten Tiefe und Bedeutung von Beethovens Schaffen nach 1798 – vom ersten ausgelöst. Beethoven bestätigt dies selbst; zwei Tage nach dem Wegeler-Brief zieht er in einem Brief an seinen Freund Karl Amenda folgendes Resümee aus seiner Situation*: »Traurige Resignation, zu der ich meine Zuflucht nehmen muß; ich habe mir freilich vorgenommen, mich über alles das hinauszusetzen; aber wie wird es möglich sein?« Somit gibt es sogar drei Ebenen: das Handicap, die davon ausgelöste Kreativität, aber auch die Unsicherheit und Sorge vor der Resignation. Dieser letzte Aspekt ist aber derjenige, der für die Zeit um 1800 von der Nachwelt am intensivsten wahrgenommen worden ist: über das »Heiligenstädter Testament« vom 6. Oktober 1802.

Es ist ein Symbol-Dokument der Beethoven-Rezeption und liest sich wie der Abschiedsbrief eines Menschen, der, nachdem er die Feder weggelegt haben wird, Selbstmord begeht. Beethoven schreibt es »Für meine Brüder Carl und [Lücke gelassen] Beethoven«. Zunächst: Warum fehlt der Name Nikolaus Johanns? Man hat dies mit innerfamiliären Spannungen zu erklären versucht; unbeachtet ist dabei geblieben, daß beide Brüder Beethovens in Wien ihren Rufnamen wechselten. Noch 1796, von Prag aus, schreibt Beethoven an »Caspar« und »Nikolaus«*; ersterer erscheint nun im »Heiligenstädter Testament« bereits als »Carl«, letzterer späterhin stets als »Johann«. Es ist zwar nicht auszuschließen, daß Beethoven den Vornamen Johann, der auch der Name seines Vaters gewesen war, nur aus Abneigung mied. Doch es kann auch einen viel konkreteren Grund geben: Im Zuge der Namensumstellung müßte sichergestellt gewesen sein, daß all diejenigen über den Zeitpunkt und die Rechtsgültigkeit des Akts informiert waren, für die dies wichtig war – einerseits Beethoven, andererseits aber auch die Justiz, die über die Ausführung eines Testaments zu wachen hatte. Die plausibelste Erklärung für die »Lücke« wäre also, daß Beethoven zu einem späteren Zeitpunkt den Namen auch des zweiten Adressaten in rechtsverbindlicher Form eintragen wollte. Zu einem späteren Zeitpunkt: An Selbstmord hätte Beethoven folglich nicht einmal gedacht.

Beethoven beschreibt sein Leiden (etwa die Probleme, die es ihm bereite, wenn man ihn auf fernes Flötespiel oder das Singen eines Hirten hinweise, er aber nichts davon wahrnehmen könne); er trifft Verfügungen für den Fall seines Todes (zum Beispiel, daß seine Brüder doch seine

Joh. Neidl nach G. Stainhauser, Beethoven (um 1802)

Instrumente zu sich nehmen sollten) und fügt unter dem Datum des 10. Oktober ein Postskriptum an: »So nehme ich den Abschied von dir – und zwar traurig – ja die geliebte Hofnung – die ich mit hieher nahm, wenigstens bis zu einem gewissen Punckte geheilet zu sejn – sie muß mich nun gänzlich verlassen, wie die Blätter des Herbstes herabfallen, gewelckt sind; so ist – auch sie für mich dürr geworden, fast wie ich hieher kam – gehe ich fort [...]«

Beethovens Selbstmordabsichten (wenn es denn welche waren) treten lediglich als eigenartiges Abwägen von Gütern in Erscheinung. Angesichts der Unfähigkeit, jenes Flötespiel oder jenen Hirtengesang wahrzunehmen, habe wenig gefehlt, »und ich endigte selbst mein Leben – nur sie die Kunst, sie hielt mich zuruck«. Dabei sollte man auch bedenken, daß ein Mensch, der seit mindestens zehn Jahren mit dem Vorbild Mozarts großgezogen wurde, dazu einen besonderen Anlaß haben konnte: 1802 wurde Beethoven 32 Jahre alt – Mozart war im Alter von 35 Jahren gestorben.

Obendrein fällt die literarische Qualität einzelner Passagen auf; Claus Canisius etwa hat darauf aufmerksam gemacht, wie ähnlich Beethovens Formulierungen denjenigen von Goethes *Werther* seien (auch die noch jüngeren Briefformulierungen an die »unsterbliche Geliebte« gelten als von Goethes *Werther* beeinflußt)*. Zumindest auf dieser Ebene kann man das »Heiligenstädter Testament« durchaus auch als Seelenregung ernstnehmen; selbst der Abschiedsbrief eines »echten« Selbstmörders der Werther-Zeit könnte ja unterschwellig und intensiv von Goethes Techniken, die Gefühlswelt seiner literarischen Figur zu treffen, geprägt sein.

Doch Beethoven nimmt keinen Abschied; er trifft nur Vorkehrungen für den Fall seines Todes (dem er sich in einer Krankheitsphase vielleicht noch näher fühlte – als ein Mensch zu Zeiten anderer medizinischer Verhältnisse als der heutigen). Für diesmal hält ihn jedenfalls die Kunst zurück, und der Abschied, den er am 10. Oktober »von dir« nimmt, bezieht sich nicht auf die – ja ohnehin ungenannte – Welt oder gar auf seine physische Existenz, sondern auf die »Hofnung«, »wenigstens bis zu einem gewissen Punckte geheilet zu sejn«. Und so erweist sich die Resignation denn doch nicht als die stärkere Reaktion auf sein Leiden; die »Kompensation des Handicaps« setzt sich neuerlich durch.

Beethoven hatte nicht zuletzt dabei offenkundig gelernt, über die Mittel seiner Kunst so weitgehend zu reflektieren, daß er auch deren Elementares hinterfragen konnte. Dies könnte wie eine Beschreibung des Prinzips »neuer Weg« wirken; doch dieses brach für ihn nicht erst als rund

32jährigen hervor, sondern läßt sich in seinen Wurzeln zurückführen auf die »romantischen« Transformationen der Liedkomposition, auf den Übergang zur »Grande Sonate« sowie auf die Arbeiten am attacca-Übergang der Sätze, an neuen Tonartverbindungen von Einzelsätzen untereinander und am Übergang zu Gattungen, die er zuvor anscheinend bewußt ausgespart hatte. 1792 war er zum Unterricht nach Wien gegangen; 1794 erwies sich, daß die »Wiener Zeit« ein Zustand längerer Dauer für ihn werden würde. 1795/96 entstand das erste Werk, in dem sich einer der »neuen Wege« äußert – für deren Tendenz sich das Fundament im nachfolgenden Jahrzehnt freilich stetig verbreiterte. Es wäre unbillig zu erwarten, daß die Intensivierung der »Neuerungen« in allen Gattungen synchron verlief: Kunst-Grundlagen in Gattungen zu hinterfragen, die sich Beethoven erst eben neu eroberte, dürfte ihm schwerer gefallen sein, als an Aspekten zu arbeiten, in denen er auf reiche eigene Erfahrungen zurückgreifen konnte.

Beethovens Entwicklung lief, wie der Liszt-Schüler Wilhelm von Lenz 1852 in seinem Buch *Beethoven et ses trois styles* darstellte, darauf hinaus, daß nun eine neue Schaffensperiode erreicht wurde: die »mittlere«. Als musikalisches Schlüsselereignis gilt dabei die Entstehung der *Eroica* 1803. Indem sich dieser »Übergang« mit Sinfonien verknüpfen läßt, wird allerdings der Gedanke vernachlässigt, daß Beethovens Fähigkeit, Grundlagen der Musik zu hinterfragen, auf dem Gebiet der Sinfonie eben mehr Zeit beansprucht haben dürfte als etwa auf dem für ihn eingespielteren der Klaviersonate. Damit aber wird die Annahme eines Übergangs an sich fragwürdig: Handelte es sich nicht vielmehr um eine allmähliche Entwicklung, daß Beethoven die Bonner Grundlagen seiner Arbeitstechniken um das in Wien neu Hinzugewonnene erweiterte und den Kunstideen dabei zunehmend freien Lauf lassen konnte? Für Mozart hat man es mit gleichen Problemen zu tun: Ein ähnliches Hinterfragen der Kunst in deren elementaren Aspekten läßt sich von etwa 1784/85 feststellen; dessen Ziel wird als »Mozarts Spätstil« bezeichnet. Für ihn vielleicht noch mehr als für Beethoven stellt man somit eine fast lebensfern wirkende Kategorisierung in den Vordergrund, die sich für statische »Phasen« interessiert – anstatt den menschlichen Entwicklungsgedanken in den Vordergrund zu stellen, Mozart kurz vor seinem Tod rundweg als Mittdreißiger zu behandeln und die individuelle Entwicklung eher nach ihren Grundlagen zu befragen. Diese Entwicklung gewann für Beethoven von 1796 zunehmend an Dynamik; rein biographisch gesprochen, erreichte er damit eine ähnliche Position wie Mozart in jenem »Spätwerk«.

5. Kapitel

Vom »Dritten« zur »Vierten«

Orchesterwerke 1800–1806

Beethovens Konzert im Burgtheater am 2. April 1800 erschloß ihm ein neues Wirkungsfeld: Es war das erste Mal, daß er in Wien ein Konzert zu seinem Benefiz veranstaltete – bis dahin war er lediglich in Konzerten anderer aufgetreten. Es fällt schwer, das Konzertprogramm nicht auch »programmatisch« zu verstehen: Abgesehen von eigenen Kompositionen (Sinfonie, Klavierkonzert, Oktett) und eigener Improvisation wurden zwei Sätze aus Haydns *Schöpfung* und eine Sinfonie Mozarts aufgeführt – Beethoven präsentierte sich nun gewissermaßen in einer Wiener-Klassiker-Kombination. Ein weiteres derartiges Konzert fand am 5. April 1803 statt; von Zeit zu Zeit eröffnete sich nun also für Beethoven die Möglichkeit, mit einer Gruppe neuer Werke an das Wiener Publikum heranzutreten.

Vielleicht hatte es eines inneren Impulses bedurft, daß Beethoven überhaupt eine erste Sinfonie schrieb (gewissermaßen in Haydns Reich). Nach dem Konzert, in dem sie uraufgeführt worden war, wurde aber Beethovens Weiterarbeit an dieser Gattung schlichtweg notwendig; somit übernimmt die Erste für Beethovens Schaffensentwicklung eine Schlüsselfunktion. Alles weitere ist somit nicht mehr primär »neuer Weg«, sondern die weitere Individualisierung der in der Ersten angelegten Sinfonie-Konzepte.

Wie im vorigen Kapitel angesprochen, dürften für Beethoven diese Individualisierungs-Tendenzen auf dem Gebiet des Solokonzerts einen gewissen Vorsprung vor dem der Sinfonie gehabt haben. Dies wirkte sich nochmals in einem Werk aus: im 3. Klavierkonzert c-Moll. In der Folge entstanden die Sinfonien Nr. 2 bis 4, die die vorherige Differenz ohne jeden Zweifel ausgleichen – womit aber nicht gesagt ist, daß die 1.

Sinfonie »schlechter« sei als etwa das 3. Klavierkonzert. Doch für dieses konnte er auf einem weiter gefaßten, eigenen Erfahrungshorizont aufbauen. Wie stark sein Bewußtsein für diesen war (und welche Vorteile sich aus ihm ergeben konnten), zeigt sich, wenn man die Umstände im Vorfeld des Konzerts beleuchtet: Ursprünglich hatte Beethoven wohl geplant, das c-Moll-Konzert bereits für jene Burgtheater-Akademie fertig zu schreiben; statt dessen setzte er aber das C-Dur-Konzert (Nr. 1) auf das Programm, das er dafür nochmals umarbeitete (diese Endfassung gelangte dann Ende 1800 in Druck). Es gibt also keinen »Bruch« zum Vorhergehenden, sondern ein intensives Ineinandergreifen der kompositorischen Arbeiten – und diesen Vorteil bot Beethoven die Gattung Konzert eher als die Gattung Sinfonie.

Das c-Moll-Konzert

1799 soll Beethoven gemeinsam mit dem Londoner Komponisten, Pianisten, Musikverleger und Konzertorganisator Johann Baptist Cramer eines der typischen »goldenen Worte« gesagt haben, die weit nach Beethovens Tod von Persönlichkeiten, die ihn gekannt hatten, zu Papier gebracht wurden (oder, noch komplizierter: von Menschen, die solchen nahestanden, die Beethoven gekannt hatten). So liest man in der Beethoven-Biographie von Alexander Wheelock Thayer*: »Eine hübsche Anekdote teilte uns Cramers Witwe mit. In einem Augartenkonzert gingen die beiden Künstler umher und hörten eine Aufführung von Mozarts Klavierkonzert in C-Moll (Köchel 491). Beethoven stand plötzlich still, und indem er die Aufmerksamkeit seines Begleiters auf das außerordentlich einfache, doch eben so schöne Motiv hinlenkte, welches erst gegen das Ende des Stückes eintritt, rief er aus: ›Cramer! Cramer! Wir werden niemals im Stande sein, etwas Ähnliches zu machen.‹ Und wo das Motiv sich wiederholt und zu einer Steigerung bearbeitet wird, bezeichnete Beethoven, indem er seinen Körper hin und her bewegte, den Takt und gab in jeder möglichen Weise eine bis zum Enthusiasmus sich steigernde Freude zu erkennen.«

Das c-Moll-Konzert gehörte zu den wenigen Klavierkonzerten Mozarts, die einen Platz auch auf Programmen des 19. Jahrhunderts behaupten konnten, ehe das 20. Jahrhundert sie wiederbelebte; daß Beethoven das Konzert gekannt hat, ist also durchaus denkbar. Fraglich ist eher, ob sich alles so zugetragen hat, wie Cramers Witwe es berichtet – ob sie etwa die Stelle in der Komposition, die Beethoven tatsächlich faszinierte, mit der Angabe jenes Motivs aus dem Variationen-Schlußsatz richtig bezeichnete. Schließlich muß man auch bedenken, wie groß die Zeitspanne war, die sie mit der Mitteilung überbrückte: Cramer starb 1858; vorher kann »Cramers Witwe« die Geschichte kaum erzählt haben.

Wenn die Datierung stimmt, trug sich diese Begebenheit zu, kurz bevor Beethoven an seinem eigenen c-Moll-Klavierkonzert (op. 37) zu komponieren begann. Ein c-Moll-Konzert zu schreiben – in dieser für Beethoven offenbar so wichtigen Tonart – ist für ihn wohl schon an sich nichts Abwegiges gewesen; nachdem Beethoven aber Mozarts Konzert in gleicher Tonart begegnet war, mag ein solches Vorhaben für ihn eine besondere Note erhalten gehabt haben. Doch anders, als es seine Einstellung gegenüber Sinfonie und Streichquartett in den 1790er Jahren erwarten läßt, fühlte er sich durch die Begegnung wohl eher inspiriert als gehemmt; der Effekt, Entfaltungsmöglichkeiten durch vorausgegangene Leistungen anderer eingeschränkt zu sehen, ergibt sich in dieser für Beethoven eingespielten Gattung nicht einmal mehr von einem konkreten Werk ausgehend – und dies sogar, obgleich ein gewisses bewunderndes Unterlegenheitsgefühl durch jene Anekdote zumindest kolportiert wird. Daß dieses Unterlegenheitsgefühl konkrete eigene Aktivität freisetzen kann, erscheint also schaffensbiographisch als etwas Neues.

Beethoven reagiert auf die Begegnung (die angesichts der Popularität von Mozarts Komposition auch bei einer anderen Gelegenheit stattgefunden haben könnte) auf eine außerordentlich typische Weise: Er schreibt ein Werk, das sich so total anders verhält als das »Vorbild« wie nur möglich. Das ist nicht unbedingt »typisch Beethoven« und auch nicht unbedingt ein Generationenproblem; vielmehr ist sein c-Moll-Konzert nur ein Beispiel unter vielen dafür, wie ein »reifer Komponist« die Auseinandersetzung mit dem bewunderten Werk eines anderen Komponisten meistert (es sei denn, er bearbeitete die jeweilige Komposition nur). Im Verhältnis zu Mozarts Konzert informiert also dasjenige Beethovens darüber, wie er einer Ähnlichkeit der Werke aus dem Wege ging – und welche immensen Schwierigkeiten bestehen, klare Einflüsse eines bestimmten Komponisten im Werk eines anderen (reifen) Komponisten nachzuweisen. Die schönste Äußerung hierzu stammt von Mozart selbst; über seine Arbeit an einer Arie 1778 in Mannheim schrieb er an seinen Vater[*]: »Ich habe auch zu einer übung, die aria, non sò d'onde viene etc: die so schön vom [Johann Christian] Bach componirt ist, gemacht, aus der ursach, weil ich die vom Bach so gut kenne, weil sie mir

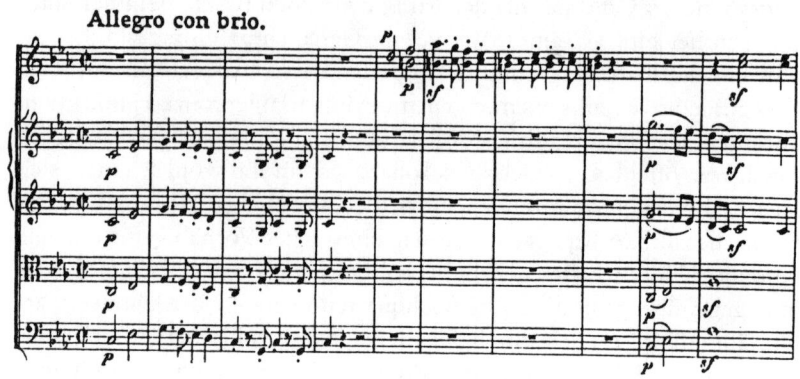

b) Mozart, Klavierkonzert c-Moll KV 491,
1. Satz, Beginn: Streicher

so gefällt, und immer in ohren ist; denn ich hab versuchen wollen, ob ich nicht ungeacht diesen allen im stande bin, eine Aria zu machen, die derselben vom Bach gar nicht gleicht? – – sie sieht ihr auch gar nicht, gar nicht gleich.« Beethovens c-Moll-Konzert sieht demjenigen Mozarts praktisch ebenso »gar nicht, gar nicht gleich«.

Die Unterschiede beginnen bereits beim Eröffnungsthema des ersten Satzes. Tatsächlich gleich ist nur, daß beide Werke mit einem piano-Unisono der Streicher beginnen; daß hingegen die Werkanfänge auf der Tonfolge c-es aufbauen (von Mozart zunächst zur Sexte as weitergeführt, von Beethoven zur Quinte g), ist wohl eher Folge aus der Tonart-

Gleichheit beider Werke. Alle Konsequenzen, die aus dem Thema gezogen werden, sind aber unterschiedlich: Mozart schreibt einen Satz im Dreiviertel-, Beethoven einen im Vierviertakt. Beethovens Thema ist periodisch klar gebaut, und im Vortrag von dessen Bestandteilen erhalten die Bläser neben den Streichern eine gleichrangige Bedeutung; das Thema Mozarts bleibt hingegen im Periodenbau dadurch offen, daß er dessen Einzelteile hin- und herwendet, ehe er zur Themen-Schlußkadenz gelangt (Notenbeispiel 8; die Bläser übernehmen lediglich begleitende Funktionen). Oder: Mozarts Einleitungs-Tutti verharrt (wie in den meisten seiner Konzerte) fast durchgängig in der Grundtonart; in Beethovens Konzert gibt es hingegen ein ausgeprägtes Dur-Thema. Oder: In Mozarts Konzert setzt der Pianist mit einer thematisch frei gehaltenen Eröffnung ein, und erst später klingt das Anfangsthema wieder an; Beethoven hingegen, der in seinem ersten und zweiten Klavierkonzert gerade dieser Praxis gefolgt ist, läßt es bei drei knappen c-Moll-Tonleiter-Aufschwüngen bewenden, mit denen er das Anfangsthema direkt wieder erreicht – hier löst er sich also nicht nur von dem Vorbild, das ihm in Mozarts Komposition vor Augen stand, sondern auch von der Praxis seiner bisherigen Kompositionen.

Die Reihe ließe sich fortführen; die offensten Unterschiede aber liegen bereits in äußeren Details der dreisätzigen Konzert-Gestaltung. Der zweite Satz bei Mozart steht – wie in einem Moll-Konzert zu erwarten – in der Durparallele (Es-Dur), außerdem in geradem Takt; Beethovens Satz steht einen Halbton höher, in E-Dur, und die Taktart lautet »drei Achtel«. Mozarts Schlußsatz ist eine Variationenfolge, die vom Orchester eröffnet wird; Beethoven wählt hinsichtlich der Form die typische Alternative, die Rondoform – die im Konzert nicht selten gerade vom Solisten allein eröffnet wird. Bis zum Schluß des Satzes behält Mozart die Moll-Tonart grundsätzlich bei und verläßt sie nur für die typischen Dur-Einlagen des Variationenzyklus; Beethoven hingegen läßt den Satz nach C-Dur umschlagen. Und nur in diesem Satz bestimmt Beethoven das Taktverhältnis ähnlich wie Mozart: Er läßt einen Zweiviertektakt (bei Mozart: Vierviertel- als Allabreve-Takt) ebenso in eine 6/8-Stretta münden. Das aber verändert den Gesamteindruck nicht: daß nämlich beide Konzerte weithin wie komplementäre Lösungen für das gleiche »Problem« wirken – wobei der zweite »Lösende« deutlich macht, daß er die Lösung des ersten gekannt hat.

Anderes im c-Moll-Konzert stellt sich hingegen als direkte Fortsetzung der Ideen dar, mit denen Beethoven in den Werken der unmittelbar vorausgegangenen Zeit gearbeitet hat. Die gegenüber Mozarts Konzert geschärfte Tonartfolge, in der zwei c-Moll-Sätze einen Mittelsatz im fernen E-Dur einrahmen, gibt ihm dennoch die Möglichkeit, die Sätze 2 und 3 nach dem »quasi-fantasia«-Prinzip überraschend eng miteinander zu verklammern. Der zweite Satz endet nach einem dahingehauchten pianissimo-Unisono von Flöten und Hörnern (nebenbei: keine gewöhnliche Instrumentenkombination!) mit einem gewaltigen E-Dur-Akkord des gesamten Orchesters – im Fortissimo. Wichtig an diesem Akkord ist, daß die Terz der Streicher-Spitzenton ist: Über dem Grundton E und noch über der Quinte H liegt also die Durterz Gis. Der dritte Satz beginnt daraufhin zwar mit einem G des Klaviers allein; nach diesem Auftakt aber stürzt der Solopart über das Intervall As-H ab. Dieses As-H beansprucht ja doch dieselben Klaviertasten, die im Schlußakkord des zweiten Satzes

Notenbeispiel 9:
Klavierkonzert Nr. 3 c-Moll op. 37,
2. Satz (Schluß: Flöten, Fagotte, Hörner, Klavier, Streicher),
3. Satz (Beginn: Klavier)

so wichtig waren: über dem Grundton E die Sexte Gis/H (Notenbeispiel 9). Beethoven versetzt also lediglich die Töne, die mit dem fortissimo-Akkord am Schluß des zweiten Satzes erklingen, für den dritten in einen anderen Kontext – ein Brückenschlag über die Satzgrenzen hinweg, der demjenigen in der *Mondschein-Sonate* eng verwandt ist.

Auch in den instrumentatorischen Fragen setzen sich Beethovens Überlegungen der vorausgegangenen Zeit fort. Daß schon die Orchestereröffnung des ersten Satzes intensiv von dem Gedanken geprägt ist, die Bläser als gleichberechtigten Part neben dem Streicherapparat zu behandeln, ist im Umkreis der 1. Sinfonie kaum verwunderlich (in der für den Rezensenten ja »die Blasinstrumente gar zu viel angewendet« waren). Auf unerwarteter Ebene ergibt sich aber auch noch ein weiterer Brückenschlag zur 1. Sinfonie: In deren zweitem Satz erhält der Pauker dreimal die herausragende Aufgabe, als Satzfundament einen scharf punktierten Rhythmus (Sechzehntel/Zweiunddreißigstel) zu spielen; die Pauke ist nun auch für das c-Moll-Klavierkonzert ein eminent wichtiges Instrument. Nach der Solokadenz am Schluß des ersten Satzes überträgt Beethoven ihr das Quartenmotiv, das die Teilphrasen des Anfangsthemas beendet (vgl. Notenbeispiel 8, S. 120). Der Pauker der Zeit um 1800 hat lediglich zwei Paukenkessel vor sich stehen, die im Quartabstand gestimmt sind – hier in C und dem darunterliegenden G. Mehr melodische Entfaltungsmöglichkeiten hat eine Pauke nicht (später stellte man bisweilen noch ein paar Kessel dazu oder ermöglichte ein kurzfristiges Umstimmen mit Hilfe eines Pedals); somit ist bereits der Themenschluß für das Instrument buchstäblich »wie geschaffen«.

Beethoven kommt zudem (in dieser für ihn so lange erprobten Gattung) zu einer anderen Bewertung des Soloparts: Für die Begleitung dieser Pauken-Passage führt er die Parts für die linke und rechte Hand des Pianisten in Oktaven; er behandelt damit das Klavier also streckenweise wie ein Melodieinstrument, das – anders als in einer Sonate – sich nicht zugleich noch selbst begleitet, sondern der Begleitung durch andere bedarf. In der Durchführung des ersten Satzes wird dies überhaupt zum prägenden Aspekt des Klaviersatzes: Mit Ausnahme von zweimal zwei knappen Takten (T. 269/270, 307/308) ist der Klavierpart durchweg in Oktaven angelegt, und nur zur Vorbereitung des Repriseneinsatzes legt Beethoven die Oktavbindung beider Hände des Pianisten auseinander, indem jeweils auf den ersten beiden von vier Sechzehnteln die rechte Hand spielt, was die linke in höherer Lage auf dem dritten und vierten Sechzehntel wiederholt.

Auch diese Behandlung des Klaviers beleuchtet Beethovens »Stand« als Komponist eindrucksvoll: Wenn er ein Konzert schreibt, entsteht keine Klaviersonate mit Orchesterbegleitung; vielmehr wäre es klanglich höchst unbefriedigend, wenn man den Klavierpart ohne die musikalischen Anteile des Orchesters spielte. Noch 1777 hatte Georg Joseph (»Abbé«) Vogler empfohlen*: »Wer ein Conzert sezen will, thut wohl, wenn er sich zuerst eine gewöhnliche Sonate macht.« Auf diese Weise hatte Mozart als etwa 11jähriger Konzerte geschrieben (als Bearbeitungen von Sonaten anderer). Aus einer »gewöhnlichen Sonate«, zu der man lediglich Orchesterabschnitte und eine Orchesterbegleitung hinzuzusetzen hätte, läßt sich Beethovens c-moll-Konzert aber schlichtweg nicht ableiten; und im 2. Klavierkonzert begegnet man einer solchen Klavierbehandlung nur in ersten Ansätzen. Somit war es wohl eine neue künstlerische Idee Beethovens, die melodischen Qualitäten des solistischen Klavierparts streckenweise aufzuwerten und – aus der Klangfülle der Oktavierung heraus – hervorzuheben. Dies reduziert zwar die Eigenständigkeit, die das Klavier im Klavierkonzert traditionell hat; doch parallel zu dieser melodischen Stärkung des Klaviers ergibt sich auch eine größere Bedeutung des Orchesters, das nun dadurch, daß die Hände des Pianisten in den Oktavierungen gebunden sind, in die Begleitstrukturen mehr thematische Substanz einbringen kann – ebensoviel wie in einem Konzert für ein Melodieinstrument und Orchester. Aus der Sicht des späteren 19. Jahrhunderts hatte die Aufwertung der Orchesterfunktionen ohne gleichzeitige Abwertung der Solofunktionen eine »Sinfonie mit Klavier« zur Folge. So pauschal sollte man Beethovens Technik hier allerdings nicht sehen: Es geht ihm wohl eher um ein reines Ausbauen der Solokonzert-Gegebenheiten und um das Ausnutzen bestehender Freiräume. Diese ermöglichen weiterhin die Anwendung »traditioneller« Klavierkonzerttechniken; eine Steigerung der Klangfülle wie in den Mehrfach-Oktavierungen ist aber auf einem Melodieinstrument nicht denkbar. Und obendrein ist bemerkenswert, wie Beethoven diese Klavier-Klangfülle dem Orchester entgegenstellt: Für den Pianisten schreibt er »piano« vor – und auch das Wesentliche, was das Orchester zu sagen hat, sind piano-Elemente (wie eben der Pauken-Abschnitt nach der Solokadenz). Es geht ihm folglich um eine spezifische Differenziertheit des Klangs, nicht um eine neue Massivität, die er sich mit den Klavieroktaven und den erweiterten Orchesterfunktionen ebenso hätte erschließen können. Eine Musik für Kenner – das Besondere erlebt nur, wer aktiv zuhört.

Das c-Moll-Klavierkonzert op. 37 wurde in jenem zweiten Benefizkonzert Beethovens, am 5. April 1803, im Wiener Burgtheater uraufgeführt; Partnerwerk als Sinfonie war die »Zweite« op. 36, die in der Folge der Druckveröffentlichung zu dessen Vorgängerwerk wurde. Stammt also das Klavierkonzert in seinen Wurzeln aus der Zeit der 1800er-Veranstaltung mit der »Ersten«, so schlägt es selbst zu deren sinfonischem Nachfolger die Brücke. Und so neuartig Details in jeder einzelnen Komposition scheinen, wird diese Entwicklung zunächst von Kontinuitätsprinzipien getragen: Manchem Aspekt, der aus der Ersten bekannt ist, begegnet man somit wieder – etwa den schroffen Moll-Dur-Wechseln in den schnellen Sätzen, dem ruhigen Dreiertakt-Fließen des Mittelsatzes oder der betont einfachen Tonleiter-Thematik, aus der heraus sich ein Scherzo entwickeln kann. Anderes aus der Ersten ist hingegen praktisch unwiederholbar: So ist es nicht erstaunlich, daß die Zweite nicht wiederum mit einer gleichartig gewagten langsamen Einleitung beginnt. Wenn man aber danach fragt, in welchem grundsätzlichen Aspekt sich Beethoven in den sinfonischen Möglichkeiten Neues erarbeitete, stößt man auf ein häufig stiefmütterlich behandeltes, in Beethovens Kompositionen zudem oftmals rätselhaft erscheinendes Detail: die Coda eines schnellen Satzes.

Die Coda (im Italienischen »Schwanz«) ist zunächst einmal für den Gesamtsatz das, was für kleinere Satzeinheiten ein Epilog ist, und für beide Satzeinheiten stellt sich prinzipiell das gleiche Problem. Sonatenhauptsätze werden an zwei Stellen ihres Verlaufs in ihrem Fluß nachhaltig abgebremst oder kommen dort sogar zum Stillstand: nach der Exposition in der Satzmitte (dort, wo häufig ein Doppelstrich mit Wiederholungszeichen steht) und natürlich am Satzende, das sich – im Zuge der Reprisenbildung – aus einer zum Expositionsschluß analogen Situation heraus ergibt. An beiden Stellen gelangt eine Entwicklung zu ihrem Abschluß, sei es mit Blick auf die Zieltonart des Expositions-Prozesses, sei es mit Blick auf die Grundtonart als Ziel der Reprise. Harmonisch genügte es, diese Zielstation lediglich angemessen vorzubereiten und dann im engsten Wortsinn »zu schließen«; doch um dort den musikalischen Fluß nicht mit der eigentlichen Schlußkadenz, gewissermaßen auf dem Höhepunkt, einfach abrupt abbrechen zu lassen, sondern ihn noch näher und eleganter zu umschreiben, kann der musikalische Prozeß noch ein Stück weit »ausrollen« – im Epilog. Dieser ist nicht Zusatz zur Exposition, sondern deren Teil; somit kann der Epilog der Exposition am Schluß der Reprise in gleicher oder ähnlicher Form wiederkehren. Der musikalische Fluß braucht aber auch mit dem Epilog noch nicht zum Stillstand zu kommen, sondern er kann sich fortsetzen – am Schluß der Exposition folglich direkt in die Durchführung (oder zuvor: in die Wiederholung der Exposition) hinein. Dies aber birgt für die Reprisengestaltung eine entscheidende Komplikation: Wenn ein Epilog zum letzten Satzglied wird, das der Komponist in Anlehnung an die Exposition in die Reprise übernehmen kann, und dem Epilog dieser Überleitungscharakter anhaftet, ist auch hier, eigentlich am Satzschluß, eine Fortsetzung unumgänglich*. Aus der Formenlehre heraus (in ihrer engsten Auslegung) ist diese Fortsetzung prinzipiell nicht definiert, weil der energetische Gegensatz zwischen Hauptthema (»These«) und Seitenthema (»Antithese«) in der Reprise ja dadurch ausgeglichen ist, daß beide Themen zueinander in die Ruhestellung der Grundtonart bewegt worden sind; so theoretisch gesprochen kann ein Satz also am Reprisenschluß keine Schwungkraft mehr haben, die eine Fortsetzung unbedingt erforderlich machte. Doch ein derart »offener« Epilog nutzt gerade den dramatischen Schwung aus, den jener harmonisch-thematische Zielpunkt des Satzes freisetzt: Analog zur Satzmitte-Situation kann sich entweder eine Wiederaufnahme des Hauptthemas anschließen (also ebenso, wie in der Satzmitte die Wiederholung des gesamten ersten Teils folgen kann) oder aber die Motivik, mit der in der Satzmitte die Durchführung begonnen hat. Beide haben letztlich die gleiche Signalwirkung: Mit ihnen werden neue musikalische Räume geöffnet, nun aber solche, in denen der Komponist frei schalten und walten kann – diejenigen der Coda. Mag zunächst noch der Gedanke vorgeherrscht haben, daß man in ihr die Grundtonart – nachdem sie so schön und thematisch abgerundet erreicht ist – nicht mehr verlassen dürfe, steht sogar diese letzte Bestimmung schließlich für Beethoven zur Disposition.

Im ersten Satz der Zweiten bereitet Beethoven aus der Satzmitte heraus den Epilog und dessen besondere Konsequenzen in klar gefaßten Etappen vor. Den eigentlich zu erwartenden Expositionsschluß zögert er hinaus: Das Fortissimo des vollen Orchesters, das zu einer Schlußwirkung führen müßte, läßt er plötzlich ins Leere laufen (T. 102); die Streicher versammeln sich in tiefer Lage in einem pianissimo-Unisono, zu dem dann sehr schnell das volle Orchester wieder hinzutritt – mit der Zielkadenz. Deren Wirkung wird nun im Epilog bestätigt, und zwar indem aus der Hauptthemen-Motivik heraus (mit ihrem typischen Sechzehntel-Schlenker) eine neue große Schlußwirkung entwickelt wird. Sie wird von einem unisono-Absturz aller Orchesterstimmen noch bestätigt; daraufhin treten Streicher und Bläser mit nur drei Akkorden in einen knappen dialogischen Wechsel, den die Bläser in einer Tonleiterfigur fortsetzen. Diese hat nun die typische ambivalente Stellung: Entweder kann auf sie die Wiederholung folgen; oder es folgen nochmals drei Akkorde jener Machart und nochmals jene Tonleiterfigur – und damit hat dann die Durchführung begonnen.

Es ist klar, daß späterhin auch die Reprise mit diesem Epilog schlichtweg nicht enden kann; eine Fortsetzung auch am Satzschluß ist also tatsächlich unumgänglich. Beethoven lehnt sich zunächst an die Durchführungs-Eröffnung an und bewegt sich damit fast gezwungenermaßen von der Grundtonart weg; folglich muß er sie anschließend neuerlich erreichen – sein Weg führt ihn über eine rein harmonisch bestimmte, motivisch völlig unprofilierte Tutti-Strecke mit repetierten Akkorden, die über einer chromatisch ansteigenden Baßleiter steht. Mit der ersten Coda-Kadenz in der Zieltonart (T. 340) ist der Satzschluß dann aber ebensowenig erreicht, wie dies in Exposition und Reprise der Fall ist, und Beethoven schreibt nun gewissermaßen einen »Epilog für die Coda«, in dem er das beständige Wieder-Erreichen der Zieltonart zum Thema macht und dabei die Abstände, in denen er zu diesem Zielpunkt gelangt, immer weiter verkürzt – so weit, bis endlich nur noch der Grundton D vom gesamten Orchester repetiert wird. Die Coda wird damit zu einem Satzglied, das beinahe an die Länge von Exposition (97 Takte), Durchführung (85 Takte) und Reprise (88 Takte) heranreicht: Sie umfaßt mit 57 Takten rund ein Fünftel des Allegros.

Anregungen zu dieser breiten Coda-Konzeption könnte Beethoven aus einer anderen musikalischen Form bezogen haben: aus dem Rondo. In seiner Urform ist es darauf angelegt, daß ein in jeder Hinsicht gleichbleibendes musikalisches Element (der Refrain) mit unterschiedlichen Einlagen (Couplets) abwechselt, die sich gegensätzlich zum Refrain verhalten – darin, daß sie die Tonart verlassen können (freilich nur so weit, daß anschließend der konstante Refrain wieder in der Grundtonart folgen kann), ebenso darin, daß die Couplets sich voneinander unterscheiden (der Refrain hingegen tritt eben stets auf gleiche Weise ein) und somit auch die Stimmung von Couplet zu Couplet wechselt. Mit dieser Anlage waren Refrain und Couplets einst scharf voneinander abgegrenzt; zunehmend setzte sich dann der Gedanke durch, daß der Refrain nur einen scharf profilierten Beginn haben müsse, aber an seinem Ende auch offen sein könne – so daß er also unbemerkt irgendwo in ein Couplet übergeht. Und der Charakter von Couplets wurde im späteren 18. Jahrhundert zunehmend normiert: Das erste von ihnen wurde einer Exposition angenähert, das letzte einer auf diese bezogenen Reprise, und in der Satzmitte konnten durchführungsartige Züge entwickelt werden. Daraus konnte der »sonatenhafte« Gedanke entstehen, daß der erste Refraineintritt und das erste Couplet zusammengenommen etwas Expositionsähnliches ergäben, entsprechend der zweite Refraineintritt und das zweite Couplet etwas dem Durchführungscharakter Angenähertes, schließlich der dritte Refrain und das dritte Couplet ein zusammenhängendes Reprisen-Analogon. Erhalten blieb aber die Signalfunktion des Refrains, an dessen Beginn jeweils die Grundtonart angesprochen wird; daß er am Satzende, nach dem dritten (dem »reprisenhaften«) Couplet, nochmals eintritt, stand zudem außer Frage. Doch wenn sich der Refrain stets zu etwas Folgendem öffnete, konnte der Satz unter keinen Umständen allein mit ihm enden.

Genau diesem »Problem« begegnet man im Schlußsatz von Beethovens 2. Sinfonie, tatsächlich einem Rondo. Dort ist nun das letzte Couplet nicht schlußkräftig; der letzte Refraineintritt müßte folgen. Doch im Sinne der Rondo-Wandlungen ist auch die Refrainmotivik an ihrem Schluß nicht mehr abgegrenzt; und so entsteht in Beethovens Sinfoniefinale (ebenso schon in Rondosätzen etwa Mozarts) breiter Raum für eine freie Rondo-Coda, deren Funktion noch mehr als in der Coda eines Sonatenhauptsatzes als künstlerisch unumgänglich erscheint. Im Schlußsatz der 2. Sinfonie löst Beethoven diese Spannung nun ausgehend vom Hauptthema, aber mit prinzipiell ähnlichen Mitteln wie in der Coda des ersten Satzes – allerdings in deutlich breiterer Anlage, denn dieser »letzte Refraineintritt« umfaßt nun 160 von 442 Takten des Satzes, also weit mehr als ein Drittel.

Beethovens 2. Sinfonie erscheint daher aus diesen beiden Sätzen heraus als Lehrstück über das Problem der Schlußbildung: Epiloge eines Satzes in klassischer Sonatenform und das letzte Couplet eines »Sonatenrondos« können gleichermaßen offen sein; doch in einem Rondo-Satz ermöglicht die Notwendigkeit eines abschließenden Refraineintritts (also eines noch »regelgemäßen« Formglieds) eine größere Schluß-Ausdehnung, als sie sich mit einer Sonatenform-Coda verbinden läßt. Das Musterhafte strahlt aus auf das Verhältnis beider Coda-Konstruktionen zueinander: Im ersten Satz (in Sonatenform) nimmt jener Schluß-Freiraum ein rundes Fünftel des Allegro-Teils ein, im letzten (Rondo) mehr als ein Drittel der Gesamtabläufe.

Beethoven staffelt also die Schlußwirkung – die Coda des ersten Satzes hat weniger Gewicht als jene Refrain-Coda des letzten. Und: In beiden Fällen wird deutlich, daß Beethovens Interesse nicht nur der formalen Konstruktion der normalen Sonatensatz-Glieder galt; gerade den Freiräumen, die sich neben ihnen erschließen ließen, wandte er sich zu. Daß er damit bei seinen Zuhörern nicht auf ungeteilte Zustimmung stieß, belegen wiederum die ersten Äußerungen über die 2. Sinfonie: Abgesehen von der neuerlichen Kritik an zu großen Bläseranteilen waren sich die Rezensenten darin einig, daß das Werk »durch Abkürzung einiger Stellen, so wie durch Aufopferung so mancher, denn doch gar zu seltsamer Modulationen, gewinnen würde«*.

Die Hauptarbeit Beethovens an der Zweiten lag im Sommer 1802 im Wiener Vorort Heiligenstadt, wohin Beethoven im April gezogen war, um sein Gehörleiden zu kurieren (oder zumindest: zu lindern). Seine Rückkehr ins Stadtzentrum fand wohl Mitte Oktober statt; kurz vor oder kurz nach der Rückübersiedlung war die Zweite fertig. Unter den Daten vom 6. und 10. Oktober, also genau um die gleiche Zeit, schreibt Beethoven das »Heiligenstädter Testament« – in einer Zeit, in der an der Fertigstellung der Zweiten kaum mehr als reine Routinearbeit gefehlt haben kann. Daraus kann man drei Konsequenzen ziehen. Die erste: Es ist denkbar, daß Beethoven sein Leiden mit dem Komponieren tatsächlich kompensierte, daß er sich über der Arbeit an der Sinfonie verausgabt hatte und daß er sich dessen erst jetzt, da die Belastung von ihm abfiel, richtig bewußt wurde (zugleich freilich auch wieder seines Leidens); in diesem Fall könnte man das »Heiligenstädter Testament« mit der Sinfonie zumindest mittelbar in Zusammenhang bringen. Die zweite Konsequenz könnte lauten: Beethovens Komponieren ist nicht der leiseste Detailhinweis darauf zu entnehmen, wie es um sein gesundheitliches Befinden stand (oder nur insoweit, als er sich offenbar zu konzentrierter Arbeit in der Lage fühlte); in diesem Fall böte die 2. Sinfonie ein klassisches Beispiel dafür, daß man aus Grundstimmungen von Werken nicht auf die physisch-psychische Gesamtlage eines Künstlers schließen kann. Und die dritte: In der Euphorie über die unmittelbar bevorstehende Vollendung eines Werks packte Beethoven der Übermut, und er schrieb, wie um sich abzureagieren und so gut es ging, einen literarischen *Werther*-Essay. Welche der drei Konsequenzen die richtige (oder die am ehesten richtige) ist, läßt sich aus der Perspektive der Nachwelt heraus nicht entscheiden. Selbst wenn man aber einen Widerspruch zwischen Beethovens musikalischer und seiner verbalen Produktion in Heiligenstadt konstatiert, sollte man dem nicht allzu viel Gewicht beimessen – es ist eben möglich, daß der Widerspruch biographisch nichts zur Sache tut, und zwar nicht nur deshalb, weil Beethoven selbst übertrieben hätte, sondern auch deshalb, weil er eben für das Schaffen an sich irrelevant blieb.

Die »Eroica« – kompositorisch

Beethovens Dritter Sinfonie, die im wesentlichen während des Jahres 1803 entstand, kann man sich aus drei gleichermaßen ergiebigen Blickwinkeln nähern. Besonderes Interesse gilt zunächst dem Titel: Dieser wandelte sich von einem ursprünglichen »Bonaparte« zu dem heute üblichen, *Eroica*. Da die Napoleon-Problematik sich aber für Beethoven nicht nur auf die Dritte beschränken läßt, sei sie für ein späteres Kapitel aufgespart. Den zweiten Zugang ermöglicht die musikalische Thematik: Sie ermöglicht Querverbindungen zu dem Variationenzyklus op. 35 (dem die Nachwelt Beethovens deshalb den Titel *Eroica-Variationen* gegeben hat) ebenso wie zur Ballettmusik *Die Geschöpfe des Prometheus*. Auch dieser Aspekt soll zunächst unberücksichtigt bleiben. Somit geht es hier um die dritte Frage: Wie entwickelt sich Beethovens sinfonisches Oeuvre im Detail weiter? Um die Antwort vorwegzunehmen: Beethoven befindet sich in einer besonders produktiven Sinfonien-Phase, und spätestens der Abschluß der Arbeiten an einem Werk dieser Gattung scheint fast zwangsläufig den Beginn eines neuen freizusetzen. Somit ist vieles in diesem symbolhaften Werk nicht »neu«; vieles läßt vielmehr Beethovens Traditionsbezüge erkennen – die der Gattung ebenso wie die seiner persönlichen Entwicklung.

Die Beziehungen greifen freilich auch über den Sinfonien-Rahmen aus. Im ersten Satz entwickelt Beethoven einen synkopischen Abschnitt: Vier Takten (im zugrunde liegenden Dreivierteltakt) blendet er eine Zweier-Bewegung über. Dies ist ein schon früher praktiziertes Stilmittel: Das Scherzo-Trio des F-Dur-Quartetts op. 18 Nr. 1 beginnt auf gleiche Weise. Ferner: Der erste Satz hat eine Coda, die 140 Takte lang ist und damit ziemlich genau ein Fünftel der 691 Takte einnimmt. Zwei Bemerkungen von George Grove, noch aus Beethovens Jahrhundert stammend, mögen genügen, um den Stellenwert der Coda zu beschreiben und die Brücke zur Zweiten zu schlagen: Dies sei keine Coda, die man ebensogut auch weglassen könne, sondern eher etwas, das alles Vorausgegangene in den Schatten stelle; und über diese Coda könne man stundenlang etwas Gehaltvolles sagen*. Schließlich: Im Scherzo bleibt es zwar bei den gleichen Längenverhältnissen zwischen erster und zweiter »Hälfte«, mit denen Beethoven etwa in den Quartetten op. 18 gearbeitet hatte, doch die Grund-Einheit sind längst nicht mehr lediglich acht Takte. Zweimal 15 Takte ergeben die erste Hälfte, ähnlich wie die zweimal 12 Takte im A-Dur-Quartett op. 18 Nr. 5; doch hier ist der Einsatz des Binnen-Trios nicht schon nach 81 Takten, sondern erst nach 166 Takten erreicht, und der gesamte Scherzo-Komplex läuft zu 442 Takten auf.

Damit wäre bereits eine erste Relativierung des Bisherigen erwähnt: die weitere Verbreiterung des Scherzos. Der wohl fundamentalste Unterschied zu den früheren Sinfonien begegnet dem Hörer hingegen schon in den ersten Takten der Komposition, denn die Dritte ist Beethovens erste Sinfonie, die nicht mit einer langsamen Einleitung beginnt. Doch sie beginnt auch nicht – wie etwa Mozarts *Jupiter-Sinfonie* KV 551 – sogleich mit dem Hauptthema des ersten Satzes, sondern mit zwei schlichten Tutti-Akkorden, von denen eine immense Wirkung ausgeht (man stelle sich vor, sie fehlten...). Dieser »Verzicht« Beethovens geht aber an der Sinfonie nicht spurlos vorbei; gewissermaßen erhalten die beiden Akkorde eine Funktion, die er in den beiden vorigen Werken in der Introduktion angelegt hatte, denn sowohl nach einer solchen als auch nach jenen nur zwei Akkorden kann der Eintritt des eigentlichen Hauptthemas sich zu etwas besonders Ereignishaftem entwickeln. Wie ernst es Beethoven damit war, erweist sich am Ende der Durchführung: Vier Takte vor dem Repriseneinsatz setzt das zweite Horn mit dem Hauptthema ein – unzweifelhaft in eine »falsche« harmonische Umgebung, so daß schon der Beethoven-Schüler Ferdinand Ries den Eindruck hatte, der Hornist habe sich verzählt und sei mit seinem Einsatz zu früh gekommen*. Der »falsche« Horneinsatz ist bereits etwas Aufrüttelndes; er gibt dem nachfolgenden »richtigen« Themeneinsatz dann etwas besonders Entspanntes. Noch klarer als in den beiden vorangegangenen Werken begegnet man also einer offenkundigen Grund-Frage Beethovens: Wie beginnt man eine Sinfonie? Wie kann es dort gelingen, das Normale (den Einsatz des Hauptthemas) zu etwas Ereignishaftem zu machen?

Bemerkenswert anders als Früheres ist auch der langsame Satz. Bereits in der ersten umfassenden Würdigung der Sinfonie wird gerade er besonders herausgestellt*: »Es lässt sich vielleicht denken, dass Komponisten von Talent, vielem Studium und unermüdlichem Fleiss, etwas hervorbrächten, das Arbeiten, wie jener erste Satz, an die Seite gesetzt werden könnte: Stücke, wie dies zweyte aber, empfängt, gebiert, und erziehet kein Mensch in solcher Vollkommenheit, ohne wahres Genie, und jede, selbst die geschickteste Nachahmung, woran es nicht fehlen wird, wird sicher nicht gehört werden können, ohne an dieses Original und dessen Superiorität zu erinnern.« Dennoch: Manches »Neue« in diesem Satz liegt überraschend klar auf Beethovens Linie in jener Zeit.

Der erste bemerkenswerte Aspekt steht in der Satzüberschrift: Ähnlich wie Beethoven bisweilen den dritten Satz einer Sinfonie als Scherzo (zuvor: Menuetto) und einen Schlußsatz als Finale bezeichnet, fügt er auch hier zu einer Standard-Tempobezeichnung (Adagio assai) einen Titel hinzu: Marcia funebre. An sich ist schon dieser Marsch-Charakter nicht unproblematisch – nicht erst in der inhaltlichen Überhöhung des gesamten Werks, sondern auch schon in der Satz-Faktur. Zwar liegt es gewissermaßen auf Beethovens Linie, im zweiten Satz einer Sinfonie das Tempo in irgendeiner Weise an Fortbewegungsformen zu orientieren (der zweite Satz der Ersten ist ausdrücklich »Andante« überschrieben: »gehend«). Doch ein Marsch steht in einer klar definierten, an dieser Stelle nicht unproblematischen Taktart: im Vierertakt. Dies bewirkt nachhaltige Unterschiede gegenüber den früheren Grundkonzeptionen Beethovenscher Sinfonien.

Die Satzfolge eines mehrsätzigen Werks ist stets darauf angelegt, daß die Satztypen und die Bewegungscharaktere nicht allzu einheitlich sind; sie sollen einander zwar nicht widersprechen, aber eben einen gedanklichen Aspekt aus unterschiedlichen Richtungen einkreisen. Die Grundvorgabe, an der man im viersätzigen Sinfonie-Zyklus nicht vorbeikommt, ist, daß ein Menuett oder Scherzo im Dreiertakt steht; diese Satzposition ist in ihrer Taktart aus den Traditionen des Menuetts als eines klar definierten Tanzes unumstößlich festgelegt. In den ersten beiden Sinfonien zieht Beethoven aus dieser Vorgabe eine einheitliche Konsequenz: Der Schlußsatz steht – nach dem Dreivierteltakt-Scherzo – in einem geraden Takt (Zweivierteltakt bzw. Vierviertel-Allabreve-Takt). Auch der schnelle Hauptteil des Anfangssatzes steht im geraden Takt; folglich bleibt für den langsamen Satz eine ungerade Taktart übrig (in beiden Werken: Dreiachteltakt), der sich damit nur äußerlich den Grundstrukturen des nachfolgenden Dreiertakt-Scherzos anzunähern scheint, aber aus Tempo, Tonart und Diktion heraus klar von diesem abgesetzt ist. Mehr Freiheit hatte Beethoven theoretisch in einem Solokonzert, in dem er es nur mit drei Sätzen zu tun hat und keine Rücksicht auf ein

Menuett nehmen mußte; aber auch dort wählte er für den Mittelsatz häufiger einen ungeraden Takt als einen geraden (bis hin zum Tripelkonzert nur im 1. Klavierkonzert). Daß es also das Stimmungskonzept, mit dem Beethoven in seiner Orchestermusik offenkundig vorrangig arbeitete, nachhaltig veränderte, wenn er einen geradtaktigen Mittelsatz schrieb, läßt sich kaum hoch genug veranschlagen: Allein schon daraus läßt sich erklären, weshalb der erste Satz seine unverwechselbare Dreiviertel-Taktordnung erhalten hat.

Beethoven war nicht der erste, der diese Anlage wählte. Schon Mozarts Es-Dur-Sinfonie KV 543 (ähnlich wie dessen c-Moll-Klavierkonzert ein Repertoirestück der Zeit) baut auf ihr auf: Auch in ihr folgt auf einen Kopfsatz im Dreivierteltakt ein langsamer Satz im Zweivierteltakt. Hat Beethoven sich also in der Anlage der Sätze an diesem Werk orientiert? Ähnlich wie für das c-Moll-Klavierkonzert und das A-Dur-Streichquartett wäre eine entsprechende Vermutung nicht abwegig. Doch ebenso wie diese beiden Werke zeigte auch der Brückenschlag von der *Eroica* zurück zu Mozarts Es-Dur-Sinfonie, daß sich für Beethoven die Orientierung am Werk eines anderen auch mit völlig andersartigen kompositorischen Zielsetzungen verbinden konnte – etwa mit dem c-Moll-Marsch in der *Eroica*, denn in Mozarts Sinfonie steht der zweite Satz in As-Dur.

Beethovens Tonartwahl ist allerdings weniger singulär, als man vielleicht glauben möchte; hier teilen sich seine Wege von denen Mozarts gewissermaßen nur an einer Abzweigung zweier Hauptverkehrsadern, denn beide Stimmungswelten sind Standard-Nachbarkomponenten für ein Es-Dur als Werk-Grundtonart. Daß ein Mittelsatz in einem Quintverhältnis zur Grundtonart steht (in der Dominante oder Subdominante), ist nicht weiter tonarttypisch; das kann in jeder Werk-Grundtonart »passieren«. In einem Es-Dur-Werk liegt aber für das Stimmungs-Bewußtsein der Zeit die Mollparallele näher als in anderen Tonarten; Ursache dafür ist, daß man Es-Dur in der zweiten Hälfte des 18. Jahrhunderts zunehmend als etwas Unheimliches empfand. Opernszenen, die sich in schattigen Winkeln zutragen, werden nicht selten in Es-Dur gesetzt (zum Beispiel die Gartenszene vor dem Fest-Finale am Schluß des ersten Akts von Mozarts *Don Giovanni*); die Szenen können sogar als »ombra«-Szenen bezeichnet werden (»ombra« heißt »Schatten«). Daraus ergibt sich fast von selbst eine gewisse Instabilität der »ombra«-Stimmung: Diese kann nur allzuleicht ins wirklich Unheimliche umschlagen – und dann ist c-Moll schon erreicht. Damit aber ist Es-Dur auch für etwas

Heroisches (wie eben in der *Eroica*) geeignet; die Tonart ist keine traditionelle Trompetentonart und daher auch nicht so »sieghaft« wie D-Dur oder auch C-Dur, freilich auch eine Blechbläsertonart (eine Standard-Stimmung der Hörner), aber gefährdeter – eben so, wie es einem »Helden« angepaßt ist. Jenes schauerlich-»schattige« Es-Dur steht also in seinem Ausdrucksgehalt zwischen eindeutig »sieghaften« und eindeutig schrecklichen Tonarten (etwa das »dämonische« d-Moll); es repräsentiert eine ambivalente Stimmungswelt. Diese Ambivalenz kannte Mozart schon als Kind: Seine erste erhaltene Sinfonie (KV 16, komponiert 1764/65) enthält ebenso wie vierzig Jahre später die *Eroica* einen c-Moll-Mittelsatz; auch die Satzfolge der *Sinfonia concertante* für Violine, Viola und Orchester KV 364 ist von dieser Tonartfolge geprägt.

So liegt der Marsch-Charakter für Beethoven individuell nahe, und mit der c-Moll-Entscheidung hat er lediglich einen der beiden Standard-Wege gewählt, der von Es-Dur wegführt. Beethovens Trauermarsch ist somit zunächst einmal ein ganz normaler Mittelsatz; eine inhaltliche Überhöhung, die dann auch die drei übrigen Sätze erfaßte, bräuchte von ihm nicht auszugehen. Dennoch hat Beethovens Nachwelt gerade an einer solchen »inhaltlichen« Interpretation ein besonderes Interesse entwickelt. »Inhalt« läßt an eine »Geschichte« denken, die Beethoven erzählen müßte. Wie allerdings sollte sie aussehen? Eine Sinfonie »per festeggiare il sovvenire di un grand Uomo«, wie der Untertitel lautet (um das Andenken eines großartigen Menschen zu feiern), kann dies mit einem Trauermarsch, dem noch zwei weitere Sätze folgen, kaum leisten; es bliebe nur der Gedanke, daß anschließend an den Tod des Helden, der spätestens zwischen erstem und zweitem Satz anzusetzen wäre, und nach dem darauffolgenden Trauermarsch zwei unterschiedliche, aber in ihrem inhaltlichen Anliegen gleichermaßen apotheotische Sätze folgten. Noch weiter ging ein Dichter mit den Initialen »S. v. W.«, der 1825 Sonette über die Musik von Beethovens Dritter, Fünfter und Siebter veröffentlichte. Das über die Dritte lautet*:

(Allegro.)
Fels wider Fels steh'n kämpfend die Heroen!
Schild gegen Schild, Knie gegen Knie anstemmend,
Und Helm an Helm, und Busch mit Busche dämmend,
Ringt Kraft mit Gegenkraft in Todesdrohen.

(Marcia funebre.)
Graunvoller Untergang des irdisch-hohen!
Hier naht ein Zug, ihn zögert Schmerz, beklemmend,
Und Wehmuth wahrt noch, kaum die Thräne hemmend,
Das Heldenwort, mit dem der Geist entflohen!

(Scherzo.)
Erblüht nun, ihr, des grossen Namens Erben,
Im Knabenspiel bei der Schallmei Gesängen
Und bei des Hifthorns fröhlichen Fanfaren!

(Finale.)
Dann stürmt hinaus, gleich flugbar jungen Aaren,
Euch in Turnier und ernstes Spiel zu drängen,
Der Schönsten Dank, – oft keinen zu erwerben!

Das Vorgehen des Dichters ist klar zu fassen: Da das Werk »Eroica«
heißt, kommt im ersten Satz der »Heroe« vor; weil der zweite ein
Trauermarsch ist, muß sein Thema der Untergang sein und mit dem
Entfliehen des Geistes zu tun haben. Doch das, was der Dichter als Inhalt
der beiden verbleibenden Sätze beschreibt, hat mit Beethovens Intentionen sicherlich nichts zu tun; Beethoven spricht nie davon, daß es sich
etwa um die Geschichte eines Heroen und der ihm nachfolgenden Generation handele: Auch der Ansatz »festeggiare il sovvenire di un [!] grand
Uomo« verharrt unverrückbar im Singular.
    Den Gedanken, daß sich mit diesem »eroico«-Prinzip eine Geschichte
verbinde, hat dann erst Richard Strauss aufgegriffen: in seiner Tondichtung *Ein Heldenleben* (op. 40, 1898). Sein Werk gliedert sich in sechs Teile.
Nach dem Start-Porträt »Der Held« geht es zunächst um den Widersa-
cher, dann um die Gefährtin der Titelfigur; die vierte Satzposition nimmt
»Des Helden Walstatt« ein. Daraufhin widmet sich Strauss »Des Helden
Friedenswerken«, und dann folgt als Abschluß des Werks – gegenüber
Beethoven in dramatisch »richtigerer« Position – »Des Helden Welt-
flucht und Vollendung«. Strauss' Komposition steht nicht zufällig im
gleichen Es-Dur wie Beethovens Sinfonie; die Unterschiede der Werkkonzeptionen (hie Sinfonie, dort freie Tondichtung) zeigen aber Beethovens Anliegen deutlich: Das »Heroische« äußert sich eher in der Folge
von vier Sätzen, die auf ein einheitliches Prinzip zentriert sind. Doch auch
dies ist kein spezielles *Eroica*-Prinzip, sondern das Normale, das man von
der wechselseitigen Abstimmung der Sätze in einem Werk erwartet.

Der *Eroica*-Trauermarsch wurde aber auch im weiteren Rahmen zu einem besonderen Symbolwerk: Daß Bruckners 4. Sinfonie (*Romantische*) als Es-Dur-Werk einen langsamen c-Moll-Satz mit Trauermarsch-Charakter erhält, dürfte nach Beethovens *Eroica* kaum noch nur mit der Satzfolge-Tradition zu erklären sein, sondern eher mit der Schlüsselstellung des älteren Werks; die Schlüsselstellung gilt ebenso für den c-Moll-Trauermarsch für Siegfried in Wagners *Ring des Nibelungen*. Auch mit Blick auf den Trauermarsch als Einzelsatz erreicht Richard Strauss eine weitere Etappe der kompositorischen *Eroica*-Rezeption: Beethovens Thema greift er (neben Anklängen an Wagners *Tristan und Isolde*) in seinen *Metamorphosen für 23 Solostreicher* aus dem Jahr 1945 auf – als Trauermarsch angesichts der menschlich-kulturellen Zerstörung, die der Zweite Weltkrieg bewirkt hatte.

Tripelkonzert und Violinkonzert

Aus der Vollendung der *Eroica* heraus setzte sich die Sinfonien-Phase Beethovens in gesteigerter Intensität fort. Aus dem Es-Dur-Geist der *Eroica* heraus (mit all seinen Facetten) scheint nun für Beethoven auch die Planung einer Moll-Sinfonie nahegelegen zu haben: Aus der *Eroica*-Zeit sind die ersten Entwürfe für die nachmalige Fünfte überliefert. Doch deren Grundtonart c-Moll ist nicht nur aus der *Eroica*-Welt heraus verständlich; vielmehr handelt es sich eben auch um jene Standard-Molltonart Beethovens schon aus seiner frühesten Schaffenszeit. Der Vollendung der Fünften (1808) aber geht die Vierte op. 60 noch um zwei Jahre voraus; ihre Entstehungszeit hingegen wird eher noch von Werken für Soloinstrument und Orchester eingerahmt als von »rein sinfonischen« Werken. 1803/04 entstand das Tripelkonzert op. 56 für Violine, Violoncello, Klavier und Orchester, 1805/06 folgte das 4. Klavierkonzert op. 58; 1806 entstand schließlich auch das Violinkonzert op. 61. Das Tripelkonzert wurde vermutlich erst im Mai 1808 uraufgeführt; die 4. Sinfonie und das 4. Klavierkonzert erklangen erstmals im März 1807 – doch da lag die Premiere des Violinkonzerts, des Werks, das unter den genannten die höchste Opus-Nummer trägt, schon um ein Vierteljahr zurück (sie hatte am 23. Dezember 1806 stattgefunden). Neben die Sinfonien-Kette legt Beethoven nun folglich auch eine besondere Konzerte-Kette. Und ebenso wie die Fünfte bereits aus dieser Zeit heraus in eine spätere ausgreift, bleibt auch die Betrachtung des 4. Klavierkonzerts einem

Willibrord Joseph Mähler: Beethoven.
Ölbild (1804/05)

späteren Kapitel vorbehalten; beide Werke standen auf dem Programm eines bedeutsamen Beethoven-Konzerts, mit dessen Betrachtung sich auch diejenige der weiteren Entwicklung Beethovens als Orchesterkomponist von neuem aufgreifen läßt.

Nach dem Beobachtungen über die neue Stellung des Klaviers im c-Moll-Konzert erscheint es als gleichermaßen folgerichtig, daß Beethoven nun Konzerte schrieb, in denen entweder neuerlich nur ein Melodieinstrument oder aber neben dem Klavier auch andere Melodieinstrumente solistisch behandelt werden. Oder anders: Wenn Beethoven das Konzert-Prinzip dadurch gestärkt hatte, daß er die Orchesterfunktionen aufwertete (und dabei zugleich im Bereich des Melodischen auch die Klavier-Rolle), dann lag es nahe, die neuen Orchesterfunktionen auch in Konzerten für »echte« Melodieinstrumente umzusetzen. Tripelkonzert und Violinkonzert zeigen diesen Ansatz aus zwei unterschiedlichen Perspektiven – doch daß es in beiden Werken letztlich um die Verwirklichung des gleichen Gedankens geht, ist nicht zu übersehen.

Aus diesen Überlegungen heraus mußte das Tripelkonzert eine Komposition werden, in der nicht lediglich ein Klaviertrio und Orchester besetzt sind. Tatsächlich handelt es sich eher um ein Werk für drei Solisten, deren Musizieren »unerfüllt« bliebe, wenn es das Orchester nicht gäbe. Vorgängerwerke mit ähnlicher Besetzung können verdeutlichen, wo die Besonderheit dieses Satzprinzips liegt: In Bachs 5. Brandenburgischen Konzert etwa musizieren die Soloinstrumente Flöte, Violine und Cembalo über weite Strecken so selbständig, daß das Orchester lediglich eine knappe harmonische Stützfunktion zu übernehmen hat – gewissermaßen als Verlängerung des Continuoparts, der aber ebenfalls hauptsächlich vom Cembalisten gespielt wird (im Mittelsatz des Werks musizieren die drei Solisten folgerichtig ohne jede Orchestermitwirkung). Beethovens andersartige Konzeption zeigt sich bereits beim ersten Einsatz der Solisten: Zunächst steigt der Cellist in die Thematik ein, aus der heraus das Orchester zuvor den Satz eröffnet hat, dann folgt der Geiger; nach kurzem beginnt schließlich der Pianist – doch auch er spielt nur die Melodie des Themas, und zwar in drei Oktaven zugleich (in der rechten Hand in Oktavgriffen, in der linken nochmals eine weitere Oktave tiefer). Die Aufgabe, die dem Orchester zufällt, steht außer Frage: Ebenso wie es den Begleitsatz für die Themenmelodie beisteuert, wenn diese von »echten« Melodieinstrumenten gespielt wird, hat es mit ihm nun fortzufahren, wenn das Klavier mit dem Thema ebenfalls als »Melodieinstrument« hervortritt.

Diese Funktion des Klaviers wird nur punktuell relativiert. Beethoven führt die beiden Hände des Pianisten bisweilen nicht nur in Oktaven, sondern in Terzen; doch im weiteren Verlauf gibt es auch Stellen, an denen die Klaviertrio-Struktur zustandekommt und der Solistenverbund tatsächlich auf eine Orchestermitwirkung verzichten könnte. Schließlich aber kann der Pianist seine Melodiefunktionen auch noch potenzieren: Er kann die Solobesetzung von einer Tripel- zur Quadrupelstruktur erweitern, indem er nicht nur einen Melodieinstrumentenpart übernimmt, sondern je einen in seinen beiden Händen. Auf diese Weise können die beiden Solostreicher und der Pianist untereinander »paarweise« im Wechsel musizieren – beispielsweise im Kernbereich der Durchführung des ersten Satzes: Der Pianist antwortet auf den Violine-Violoncello-Verbund, indem er die Violinstimme in die linke Hand übernimmt (also als tieferen Part), die Cellofiguration aber zur Oberstimme – in der rechten Hand liegend – macht (T. 277 ff.).

Auf diese Weise läßt sich das konzerttypische Wechselspiel stets verdichten, wenn ein Komponist mehr als ein Soloinstrument vorsieht: Wechselspiel ist dann nicht nur zwischen Solo und Orchester möglich, sondern auch zwischen den einzelnen Solostimmen. Wenn diese allerdings gleichgewichtig behandelt werden sollen, laufen die musikalischen Prozesse deutlich gemächlicher und zeitaufwendiger ab als in einem Solokonzert: Nach 76 Takten Orchestereinleitung benötigt Beethoven noch einmal halb so viel Raum, um überhaupt die Tripel-Solobesetzung zu etablieren (T. 77-114). Daß dies die Farbigkeit eines Werkes nur erhöhen kann, ist keine Frage – obgleich Beethovens frühe Kritiker dies als Längen kritisierten. Doch gerade von den Möglichkeiten dieser Farbgebung war Beethoven offenkundig fasziniert, wie die Solo-Schlüsse vor den Neueinsätzen größerer Orchesterabschnitte im ersten Satz zeigen. Ein (einzelner) Solist spielt an einer solchen Stelle üblicherweise einen ausgedehnten Triller, der sich »irgendwann« in einer kadenzierenden Auflösung entlädt und dabei zugleich den Eintritt des Orchesters freisetzt. Die erweiterten Dialogmöglichkeiten einer Tripel-Solobesetzung und der Gedanke, diese wirklich ausgewogen anzulegen, erschließen nun eine faszinierende Potenzierung des Verfahrens: Die drei Solisten setzen auf unterschiedlichen Trillertönen nacheinander ein, sie steigen aus dem Trillern umschichtig wieder aus, und sie setzen auf neuer Tonhöhe wieder ein – vor dem Orchestereinsatz wird also weitaus mehr Gewicht aufgehäuft. Dieser aber steigert die Wirkung noch aus sich selbst heraus: Die übliche Kadenz verfehlt ihr Ziel, indem Beethoven sie zu einer

Trugschlußwendung umlenkt (sie setzt nicht auf der Tonstufe ein, die eigentlich Ziel des Kadenzierens sein müßte). Beethoven nutzt also zugleich drei Chancen, die sich ihm in einem Konzert dieser Besetzung eröffnen: Er kann die Trillerwirkung aus dem Abwechseln der drei Solisten potenzieren, das Ereignishafte des an sich »normalen« Orchester-Neueinsatzes betonen und damit schließlich auch die besondere Orchester-Rolle, ein Gegengewicht zum Soloapparat zu sein, ausbauen.

Beethovens Versuche, in den Klaviertrios op. 1 Klavier und Melodieinstrumente als gleichwertige Musizierpartner zu behandeln, hatten aus der neuen Klavierbehandlung im c-Moll-Konzert eine neue Dimension erhalten. Daß Beethoven auch in anderen Details schon Dagewesenes, Bewährtes wiederaufgreift, verwundert folglich nicht – etwa die As-Dur-Sanglichkeit eines Mittelsatzes, die, wie erwähnt, bereits aus dem Mittelsatz des Es-Dur-Klaviertrios op. 1 Nr. 1 hervorschimmert, oder die Stretto-Steigerung eines Konzert-Schlußsatzes, die hier aber – anders als im c-Moll-Konzert – für den tatsächlichen Werkschluß wieder zurückgenommen wird. In einem Punkt allerdings ist das Tripelkonzert ein besonderes Pionierwerk für die Konzert-Nachfolger in Beethovens Werk: Erstmals verknüpft Beethoven den zweiten und dritten Konzertsatz direkt miteinander. Diese »quasi-fantasia«-Praxis prägt jedes seiner späteren Konzerte.

Einen solchen Brückenschlag findet man folglich auch im D-Dur-Violinkonzert, in dem Beethoven sich dem absolut unspektakulären Satzprinzip widmet, einem Melodieinstrument ein Orchester gegenüberzustellen. Er verfügte über gute eigene Erfahrungen mit diesem Prinzip; schon aus seiner Bonner Zeit sind Fragmente eines Violinkonzerts und eines Oboenkonzerts überliefert, und mit den 1803 und 1805 veröffentlichten Romanzen für Violine und Orchester op. 40 und 50 hatte er weitere konzertante Werke dieser Machart geschaffen. Diese mögen äußerlich nur als Einzelsätze erscheinen; doch sie stehen im Rahmen dessen, daß im Laufe des 19. Jahrhunderts zunehmend auch einsätzige Konzert-Konzeptionen entstanden – und zwar in Ausdehnungen, die diejenigen entsprechender Satztypen im Rahmen eines mehrsätzigen Werks übersteigen (man denke etwa an entsprechende Variationenzyklen und Konzertfantasien Chopins, Mendelssohns oder Schumanns). Schließlich aber war Beethoven in Bonn auch als Geiger ausgebildet worden; seinem Freund und damaligen Mit-Geigenschüler Stephan von Breuning widmete er das Konzert (das aber für einen Wiener Auftritt des Geigers Franz Klement entstand).

Abgesehen von dem Brückenschlag des Geigers über die Satzgrenze vom Larghetto zum Schlußrondo nimmt auch das Violinkonzert eine Schlüsselstellung in den so einprägsamen Querverstrebungen ein, die sich in Beethovens Stil der Zeit ergeben. Sie lassen sich besonders deutlich im ersten Satz des Werks beschreiben – und beginnen dort im ersten Takt: Das Instrument, das als erstes einsetzt, ist – nach entsprechend herausgehobenen Funktionen in den Sinfonien und im 3. Klavierkonzert kaum verwunderlich – die Pauke; sie spielt viermal den Ton D. Dieses instrumentatorische Detail bleibt nicht ohne Folgen: Auch die Reprise kann ohne diese vier Töne nicht beginnen. Dort überträgt Beethoven die vier Paukentöne dem gesamten Orchester; eine fortissimo-Repriseneröffnung ist allerdings in Beethovens Orchesterwerken der Zeit nichts Ungewöhnliches (einem schönen Beispiel hierfür begegnet man bereits in der 1. Sinfonie), doch ähnlich wie mit dem Zwei-Ton-Paukenmotiv des c-Moll-Klavierkonzerts werden nun auch im Violinkonzert gewissermaßen die melodischen Möglichkeiten der Pauke in einen orchestralen Rahmen gestellt. Nebenbei: Die Geschichte dieser Paukentechnik setzt sich fort; ebenfalls nur auf einem einzigen Ton ergibt sich später ein 50taktiges Pauken-Solo im Scherzo der 5. Sinfonie.

Eine Frucht der Tripelkonzert-Überlegungen schlägt sich an den Übergängen von Solo- zu Tuttiabschnitten des ersten Satzes nieder: Beethoven spielt mit dem dramatischen Potential des Trillers, hier nun nur aus der Violinstimme heraus. Sowohl in der Exposition wie in der Reprise nimmt dieser zwölf Takte ein – ohne aber zum Ziel zu führen, denn die Violinstimme läßt den Triller fahren und gelangt jeweils erst mit einem weitausladenden Sechzehntel-Ab- und -Aufschwung zum Ziel; dieses aber erweist sich wie im Tripelkonzert jeweils als Trugschluß.

Außergewöhnlich ist aber, was am Beginn des Mittelsatzes geschieht: Das Orchester stellt das Thema vor, der Solist schweigt zunächst; nach dem Abschluß des Themas übernimmt der Solist dessen Melodie aber nicht, sondern sie geht auf die Bläser über, und der Einsatz des Solisten erfolgt lediglich mit knappen, blumigen Floskeln, die dieser zwischen die Themen-Teilchen der Bläser einstreut. Man könnte folglich den Eindruck gewinnen, Beethoven entwickelte den Satz völlig am Solisten vorbei – wie nie zuvor in einem seiner Konzerte. Doch insgesamt gesehen, entwickelt er den Satz auf den Solisten hin: Dieser wird lediglich ganz allmählich in das Stimmengeflecht einbezogen, bis dahin, daß er die Thematik dann schließlich doch übernimmt (auch dieses Prinzip hat Beethoven später noch einmal aufgegriffen, wenn auch weniger radikal:

im 5. Klavierkonzert). Mit diesem Aspekt gewinnt das Orchester neben der Solovioline dem Prinzip nach ähnlich an Gewicht wie im c-Moll-Klavierkonzert und im Tripelkonzert.

Damit schließt sich ein Kreis: Die Funktionen des Orchesters hatte Beethoven aufgewertet, indem er dieses im Klavierkonzert so behandelte, als stünde ihm ein Melodieinstrument gegenüber; das offenkundig Fesselnde, das für Beethoven im Klavierkonzert von diesen Satzstrukturen ausging, befruchtete nun auch sein Komponieren in Konzerten für ein »echtes« Melodieinstrument und Orchester. Damit aber schlug Beethoven einen Weg ein, der den Praktiken seiner Zeit widerspricht; eher entsteht der Eindruck, daß sich die umfassende Gattung »Instrumentalkonzert« zunehmend in Untergattungen verästelt habe – nach Instrumenten geordnet, so daß also »Violinkonzert« eine andere Gattung sei als »Klavierkonzert«. Doch eine instrumentenspezifische Konzert-Schreibart braucht sich erst in den Spielfiguren und deren Verteilung auf das Ensemble auszuwirken; die formalen Rahmenbedingungen eines Solokonzerts bleiben auch im 19. Jahrhundert vom gewählten Soloinstrument unabhängig. Im 18. Jahrhundert hingegen konnte man ohne größere Mühe auch die Spielfiguren der Solostimme so anlegen, daß sie von unterschiedlichen Instrumenten gespielt werden konnten: Flötenkonzerte waren etwa auch als Violinkonzerte spielbar, aber auch Klavierkonzerte als Konzerte für ein Melodieinstrument (dann nämlich, wenn ohnehin das Soloklavier in der linken Hand nur einen Baßpart spielt, der bei der Umarbeitung entweder einem Continuocembalo oder einer freien Baßstimme übertragen werden kann); der umgekehrte Weg, von einem Violinkonzert zu einem Klavierkonzert zu gelangen, bot hingegen noch weniger Probleme (dann brauchte man nur die Baß- und die Melodiestimme in einen Tasteninstrumente-Part zusammenzulegen). Schon für Mozart gab es diese Transfer-Möglichkeit nicht mehr, und sowohl die zunehmend spezielle Instrumenten-Spieltechnik als auch die allmähliche Abkehr vom Generalbaßprinzip machen dies verständlich. Beethoven jedoch ging nun auf den Wunsch des Londoner Pianisten und Musikverlegers Muzio Clementi ein, das Violinkonzert zu einem Klavierkonzert umzuwandeln. Man kann mit der eingeführten Sehweise, daß die Klavierbearbeitung nicht an die originale Violinfassung heranreiche, durchaus einig sein; doch allein die Tatsache, daß Beethoven den Transkriptionswunsch überhaupt annahm, zeigt, welchen exzeptionellen Weg er in der Konzerttechnik seit dem c-Moll-Klavierkonzert eingeschlagen hatte: Wenn er bereit war, die spezialisierte Spieltechnik des Klaviers dahinge-hend zu nutzen, daß er das Instrument auch wie ein Melodieinstrument behandeln könne, fiel die Barriere, mit der an sich Klavier- und Violinkonzerte voneinander getrennt waren, plötzlich wieder weg, freilich an einer anderen Stelle als der, an der eine Grenzüberschreitung im 18. Jahrhundert möglich gewesen war.

Die »Vierte«

Widmungsempfänger der 4. Sinfonie ist Graf Franz von Oppersdorff, Adliger mit Familiensitz Oberglogau in jenem Teil Schlesiens, der nach dem Siebenjährigen Krieg bei Österreich verblieben war. Mit diesem Werk setzt sich das »Schneeballprinzip«, nach dem sich Beethovens Sinfoniearbeiten jener Zeit entwickelten, sogar im Bereich des Äußerlichen fort: Als Beethoven den Sommer und Herbst 1806 bei Lichnowsky auf dessen schlesischem Stammsitz Grätz (Hradec) verbrachte und beide von dort einen Abstecher zu Oppersdorff machten, führte dessen Hofkapelle Beethovens Zweite auf – ein Werk, das Lichnowsky gewidmet ist. Beethoven wird schon deutlich vor diesem Besuch an der Vierten gearbeitet haben; es ist aber nicht auszuschließen, daß der endgültige Entschluß, das Werk Oppersdorff zu widmen, mit diesem Besuch zusammenhängt. »Widmung« bedeutete in diesem Fall, daß Beethoven 500 Gulden erhielt und daß er Oppersdorff für ein halbes Jahr das ausschließliche Aufführungsrecht zubilligte.

Noch gewissermaßen innerhalb dieser Verschränkung der Werke begegnet man wiederum Erprobtem. Beethoven gestaltet den Übergang fließend, der im ersten Satz zwischen der Introduktion und dem schnellen Hauptteil entsteht: Noch eindeutig im Adagio-Zeitmaß entwickelt Beethoven den charakteristischen Schlenker, der schließlich zur Auftaktfigur des Allegro-vivace-Hauptthemas kristallisiert – dem gleichen Prinzip begegnet man als Finale-Beginn in der Ersten, den Beethoven aus einer eigens dafür entwickelten Adagio-Einleitung in einfachsten Schritten herleitet (daß dann die eigentliche Auftaktfigur für den Verbund der Orchestergeigen absolut nicht einfach zu spielen ist, steht auf einem anderen Blatt). Mit der instrumentatorischen Schlüsselfunktion der Pauke, die im zweiten Satz allmählich aufgebaut wird, gelangt man zu etwas Ähnlichem wie im 3. Klavierkonzert: Das Quartenmotiv, das im Anfangstakt in den zweiten Geigen liegt, erweitert sich schließlich bis zum drittletzten Takt des Satzes zu einem veritablen Paukensolo.

Fragt man aber auch für dieses Werk nach entscheidend neuen Stilelementen, so fallen vor allem zwei Satzglieder auf. Zum einen das Scherzo: Gemessen an den Techniken, mit denen Beethoven die entsprechenden Satzpositionen der Quartette op. 18 oder auch der 1. Sinfonie ausfüllte, hat er schon in der *Eroica* ein monumentales Scherzo entwickelt. Dasjenige der Vierten ist kürzer (397 Takte gegenüber 442 in der *Eroica*), aber formal ausladender: Es erklingt nicht mehr die Grund-Folge Scherzo-Trio-Scherzo, sondern daraufhin die Trio-Musik ein weiteres Mal, und sie löst somit noch ein weiteres Scherzo-Glied aus, das lediglich den Schluß des entsprechenden Scherzo-Grundmaterials enthält. Schon im *Eroica*-Scherzo hat Beethoven das Trio nicht mehr »enden«, sondern direkt in die Scherzo-Wiederaufnahme münden lassen; ähnlich wie in der Coda-Frage nutzte er also die Schwungkraft des Trios aus. In der Vierten bleibt die Konstruktion nicht mehr nur aufs Punktuelle beschränkt; er durchbricht damit sogar die traditionelle Bauform Scherzo-Trio-Scherzo. Wie wenig er dabei dem Zufall überließ, zeigt sich in der Gewichts-Anordnung: Trotz dieser Sprengung traditioneller Formen benötigt Beethoven nicht mehr Raum, um das Ergebnis darzustellen, als in dem unmittelbar vorausgegangenen Werk.

Bemerkenswert ist schließlich auch die Einleitung: Ähnlich wie in der Ersten beginnen die Streicher im Pizzicato, und ihr Akkord schwingt in den Bläser-Anteilen nach; doch so unbestimmt der dissonante Akkord ist, aus dem heraus Beethoven die Erste entwickelt, um soviel unklarer ist das, was er in der Vierten mit dem einen, von allen Instrumenten gleichermaßen in den Raum gesetzten B anfangen wird. Zwar mag man sich mit einem kurzen Blick auf ein Konzertprogramm daran erinnern, daß die Sinfonie in B-Dur steht; doch die Klangwelt, die Beethoven vermittelt, deutet eigentlich in eine andere Richtung. Die Streicher setzen nach ihrem gezupften Anfangston zu dem Bläser-B als nächstes ein Ges hinzu, dann ein Es; somit wäre der Tonartcharakter von es-Moll vorgezeichnet. Aus ihm heraus nähert sich Beethoven nochmals jenem hohlen B-Anfangsklang; jegliche aufkeimende Gewißheit, daß dieser doch etwas mit der Grundtonart des Werks zu tun habe, wird schon wenig später zunichte gemacht: Beethoven erreicht h-Moll. Dort bleibt er eine Zeitlang; in wenigen Schritten wird dann ein A-Dur-Klang erreicht (als Dominante von d-Moll), scheinbar noch immer weit weg von dem, was ein Programmzettel als Tonart referieren kann. Doch das A wird zum Leitton für das Grundton-B umgedeutet, das erst mit dem Einsatz des Allegro vivace, nach den überleitenden Auftakt-Schlenkern, erreicht ist.

Beethoven schreibt also eine Introduktion, in der er die Desorientierung, die in der Ersten vom ersten Takt ausgeht, zum Prinzip des gesamten Eröffnungsteils macht: Es ist, als diene die Introduktion dazu, die Tonart erst noch zu suchen, in der die Sinfonie anschließend stehen soll. Das konnte man zwar auch schon früher in einer Introduktion tun, allerdings nur, wenn man zuvor klargestellt hatte, was im Bereich des Tonartlichen Sache sein solle. Diesen Weg nun hatte Beethoven zuvor in der Zweiten beschritten: Elf klaren D-Dur-Takten folgt ein zwölftaktiger, weit in Moll-Bereiche ausgreifender chromatischer Ausflug, an dessen Ende ein Orgelpunkt auf A erreicht ist, der Dominant-Stufe der Grundtonart D-Dur. Im Grunde genommen verzichtet Beethoven in der Vierten also auf jene einleitende Klarstellung – ein allein schon technisch-hörpsychologisch naheliegender Gedanke, denn weshalb sollte man sich in einer Introduktion vom Ziel, das man schon zu Beginn erreicht hat, erst noch eigens entfernen?

Eine solche Überlegung spiegelt aber das, was das Arbeiten Beethovens schon als rund 30jährigen ausgezeichnet hat, vielleicht freilich mehr in anderen musikalischen Gattungen als der damals erst gerade neu eroberten der Sinfonie: Beethoven hinterfragt Grundlagen seiner Kunst. Die traditionelle Dreigliedrigkeit des Menuett-Satzes (mit dem Trio in der Mitte) wird abgelöst von einer Fünfgliedrigkeit, die die besondere Schwungkraft des Trios ausnutzt; die technisch-tonartliche Funktion der langsamen Sinfonie-Einleitung wird auf eine neue Stufe gehoben. Die musikalische Individualisierung, die um 1800 Beethovens Umgang mit der Gattung Konzert bereits nachhaltig prägt und die für die Gattung Sinfonie aus der Zweiten heraus (mit der Öffnung der Codastrukturen) eingesetzt hatte, hatte nun, Werk für Werk, nacheinander praktisch alle Glieder des sinfonischen Satzzyklus erfaßt; Varianten am Prinzip der »Sonatenhauptsatzform« sind dabei noch nicht einmal berücksichtigt (sie sollen an den Klaviersonaten jener Zeit betrachtet werden). Dieses Vorgehen, das letztlich nicht nur zur Entwicklung eines Individualstils führte, sondern auch unverwechselbar »einmalige« Werke entstehen ließ, müßte Teil jenes »neuen Weges« gewesen sein, den Beethoven um 1803 zu beschreiten begann. Die Grundlinien hierzu sollen aber von anderen Gattungsgesetzen ausgegangen sein: von denen der Klaviermusik.

6. Kapitel

Klavierwerke

Von den Eroica-Variationen zur Appassionata

Wie erwähnt, soll Beethoven um 1802/03 zu seinem Freund Wenzel Krumpholz gesagt haben, er wolle »von heute an« einen neuen Weg einschlagen; dies hänge mit den drei Klaviersonaten op. 31 zusammen. Und wie im vierten Kapitel dargelegt, ist es nicht leicht, dieses Neue wirklich erst mit Ereignissen jener Zeit, nicht schon auch der vorausgegangenen, zu beschreiben. Erschwerend kommt hinzu, daß Beethoven gerade 1802 berichtet, (angeblich) nie genau selbst zu wissen, wann er etwas Neues tue. An Breitkopf & Härtel schrieb er: »Ich höre es sonst nur von andern sagen, wenn ich neue Ideen habe, indem ich es selbst niemals weiß.« Um so schwerer wiegt daher die Verbindung, die Carl Dahlhaus zwischen dem Krumpholz-Bericht und einem anderen Werk gezogen hat: Mit jenem Brief übersandte Beethoven seine Variationszyklen op. 34 und 35 an Breitkopf & Härtel. Von ihnen schreibt er im Anschluß an den zitierten Ausschnitt*: »Aber diesmal muß ich sie selbst versichern, daß die Manier in beiden Werken ganz neu von mir ist.« Die Variationen op. 34 verändern das Thema auf sechsfach verschiedene Weise. Die Variationen op. 35 sind mit vier Annäherungen an das Thema, 15 Variationsgliedern und einer Fuge deutlich umfangreicher; weil Beethoven das Thema auch im Schlußsatz der *Eroica* verarbeitet hat, wurden diese Variationen unter dem Titel *Eroica-Variationen* bekannt – obgleich eher das Thema des Variationenzyklus erst später in die *Eroica* eindrang (zuvor, 1800/01, hatte Beethoven es bereits im siebten der 12 Contretänze für Orchester WoO 14 verwendet, daraufhin nochmals im letzten Stück seiner Ballettmusik *Die Geschöpfe des Prometheus* op. 43 – und allem Anschein nach geht es auf ein Klavierwerk Carl Philipp Emanuel Bachs zurück). Worin also besteht die »neue Manier«?

Das Variieren eines Themas

Beethoven hatte zwanzig Jahre zuvor seinen ersten Variationenzyklus in Druck gegeben; und da das Komponieren von Variationen für ihn auch etwas Zentrales war, als er in Wien Fuß zu fassen versuchte, kann man feststellen, daß er auf keinem anderen musikalischen Sektor eine so lange und ungebrochene schöpferische Erfahrung hatte. Eine solche, über lange Zeit hinweg gewachsene Kenntnis reicht dann freilich weit über das Elementare der Gattung hinaus; Variationen kann man auch improvisieren, und – auch das sollte man bedenken – eine allzu häufige Anwendung von Standardverfahren kann für denjenigen, der mit ihnen umgeht, langweilig werden, vor allem dann, wenn man an sich selbst Ansprüche stellt. Man weiß dann aus eigener Erfahrung heraus vielleicht schon auf den ersten Blick, wozu die Anwendung von Standardprozeduren mit einem bestimmten Thema führen wird, man läßt sich Neues einfallen und lotet überhaupt aus, wie weit man gehen kann. Das Kernproblem dabei ist etwas außerordentlich Schwieriges: Die Einzelglieder eines Variationenzyklus sollen das Thema variieren, möglichst auch in fortschreitender Intensität; doch wenn man auch derart an Grenzen gehen will, hat man sich zu fragen, bis zu welchem Grad sich ein Thema eigentlich verformen läßt, um dennoch als »das Thema« wiedererkennbar zu sein. Welche Verarbeitungstechniken sind also im Extremfall denkbar – und welche musikalischen Anforderungen stellt man an das Thema selbst?

Auf dieses Elementar-Problem haben Komponisten zu unterschiedlichen Zeiten entsprechend unterschiedlich reagiert. In barocker Musik etwa kennt man das Verfahren, über einem vorgegebenen Baß Unterschiedliches zu spielen; der Baß reguliert das Thema und definiert zugleich den Spielraum, den man beim Variieren hat. So kommen etwa die berühmten *Greensleves to a Ground* eines englischen Anonymus zustande: Über einem »ground«, einem Baßthema, kann sich auf unterschiedliche Weise Melodie entfalten. Auf dieser Grundlage kann man einen Variationenzyklus auch relativ leicht improvisieren – nicht nur als Solist, sondern auch als ein Tanzmusikensemble mit mehreren Mitgliedern: Man einigt sich auf ein Thema (ebenso später in der Jazzimprovisation) und kann daraufhin ziemlich sicher sein, daß die Improvisation der mehreren Spieler klanglich zusammenpaßt.

Einen Schritt weiter geht man, wenn man auch die Melodie der Oberstimme als Thema auffaßt; damit wird der Freiraum, den man über der bloßen Folge der Baßtöne hätte, eingegrenzt. Dann sollen zwei Aspekte beim Variieren wiedererkennbar bleiben: sowohl das aus dem Baß abgeleitete Gerüst der Klänge als auch das – an sich auch selbständig denkbare – »zweite« Gerüst jener Oberstimmenmelodie. Diese Technik der »Doppelgerüstvariation« bestimmt etwa das Vorgehen Mozarts.

Die »Eroica-Variationen«

Wie also steht es um Beethovens Thema in den *Eroica-Variationen?* Üblicherweise wird in einem Variationenzyklus das Thema vor der ersten Variation vorgespielt, so daß man weiß, worum es in dem Zyklus gehen soll; Beethoven hingegen führt seine Hörer erst allmählich, schrittweise, auf das Thema hin. Das erste, was erklingt, ist mit »Introduzione. Basso del tema« überschrieben, bringt also als Einleitung nicht bereits das Thema selbst, sondern – nur dies kann die italienische Formulierung besagen – allein dessen Baßlinie: einstimmig, aber in drei Oktaven gleichzeitig gegriffen (vgl. Notenbeispiel 10a). Dieser Basisinformation zufolge steht der Zyklus in Es-Dur, und das Thema umfaßt zweimal acht Takte, die jeweils für sich wiederholt werden; der zweite »Achttakter« beginnt mit einer Ganztaktpause, nach der drei eigenartige fortissimo-Schläge erklingen – und dann ist eine weitere Ganztaktpause erreicht.

Nachdem der Baß derart klargestellt ist, könnte man mit einer ersten Variation rechnen; doch für Beethoven ist auch der Fortgang noch nicht »Variation«, sondern weiterhin »Introduktion«. Er setzt gewissermaßen

Notenbeispiel 10a:
»Eroica-Variationen« op. 35
»Basso del tema«

probeweise eine zweite Stimme zum »Basso« hinzu; in dieser zweiten Phase erklingt also nur »Basso plus x« – weder Variation des »Basso« noch »das Thema«. Und Beethoven fährt auf dem eingeschlagenen Weg fort: Er kreist den »Basso« regelrecht ein, indem er eine dritte Stimme in seinen Klavierpart aufnimmt. Dabei bleibt der Satz zunächst an sich noch zweistimmig: Zum »Basso«, der nun von der rechten Hand in mittlerer Lage gespielt wird, setzt die linke bald einen höheren, bald einen tieferen Part hinzu, und nur für kürzeste Zeitabschnitte wird der Satz tatsächlich dreistimmig. Klarer sind die Verhältnisse dann beim vierten Durchgang, der folgerichtig auf Vierstimmigkeit angelegt ist; allerdings muß man die Groteske in Kauf nehmen, den »Basso« permanent in der höchsten Stimme gespielt zu hören.

Wer diese zwei-, drei- und vierstimmigen Sätze, die aus dem Baßthema entwickelt werden, bereits als Variationen beschreibt, denkt an Beethovens Intentionen vorbei – wenn es auch an sich naheliegt, aus der Kenntnis der barocken Musik heraus sich bereits mit der Variation eines Baßthemas zufrieden zu geben. Doch der »Basso del tema« bleibt eben nicht »Baß«: Ehe er in der vierstimmigen Version eine Sopranfunktion übernimmt, liegt er in der dreistimmigen in mittlerer Lage, aber unter einer anderen Stimme (folglich in Altlage) und läßt sich in der zweistimmigen als ein Tenor bezeichnen, weil die Musik um die Oktavierungen »gekürzt« ist, die beim ersten »Basso«-Vortrag in die tiefe Oktave reichen. Damit aber, daß das Thema in allen nur denkbaren Lagen erklingt, eliminiert Beethoven den barocken Gedanken, einen »ground« zu variieren. Er erschließt vielmehr die Klanglichkeit des »Basso«; er testet (und demonstriert) dessen universelle Verwendbarkeit, ehe er das Doppelgerüst etabliert, das es anschließend zu variieren gilt.

Tatsächlich steht über dem, was nach dem vierstimmigen Abschnitt erklingt, der Begriff, auf den man nun schon seit Beginn der Komposition wartet: das italienische »tema«. Spätestens aus ihm heraus wird deutlich, weshalb alles Vorige noch nicht »Thema« gewesen ist, denn hier nun erklingen nicht mehr nur bloße Harmonik oder schlichte Tonleiterbewegungen und Akkordbrechungen, sondern etwas, das klar als »Melodie« zu fassen ist. Beethoven zwingt seinen Hörer folglich zu einer erhöhten Aufmerksamkeit; und nachdem sich der Hörer bei dem vierstimmigen Introduzione-Teil vielleicht tatsächlich bereits mitten im Variations-Erlebnis glaubte, kann er nun begreifen, daß der eigentliche Variationszyklus erst mit diesem »tema« beginnt: Mit dessen Erklingen, mit dessen ausgeprägter Melodik, verbindet sich ein »Aha-Erlebnis«.

Im folgenden hält Beethoven zunächst an dem Prinzip »Doppelgerüst-variation« fest: Grundharmonien und melodischer Verlauf bleiben erkennbar, wenn er sie auch bisweilen tief im musikalischen Satz versteckt. Das geht »gut« bis zur fünften Variation: Bis hierhin hat Beethoven sich vom melodischen Teil des Doppelgerüsts zunächst fortbewegt (dabei geraten auch die harmonischen Rahmenbedingungen punktuell aus den Fugen, vor allem in Variation 3) und ihn anschließend reetabliert (Variation 5). In Variation 6 setzt er dann der Harmonik intensiv zu: Er schreibt eine Moll-Variation. Doch er erreicht damit noch nicht die es-Moll-Minore-Form des Es-Dur-Themas, sondern er behält die Thementöne bei (so gut es geht) und harmonisiert sie einfach nach c-Moll um. Das ursprüngliche Thema streift in seiner Mitte B-Dur; Beethoven läßt den Satz nun aber in f-Moll kadenzieren. Damit sind die Bezugsgrößen des Themas zumindest auf dem Sektor der Harmonik in Frage gestellt, punktuell freilich auch in der Melodik; die Doppelgerüst-technik ist an ihren Grenzen angelangt.

Das ist nicht Beethovens Erfindung: Schon Mozart hat in seinen späten Variationszyklen (zum Beispiel im Schlußsatz des Klarinettenquintetts A-Dur KV 581) auch das Doppelgerüst im Verlauf der Komposition relativiert. Dieser Technik war Beethoven auch schon im langsamen Satz des Streichquartetts op. 18 Nr. 5 gefolgt; hier nun aber geht Beethoven

Notenbeispiel 10 b:
»Eroica-Variationen« op. 35
Variation 7 (Kanon)

noch weiter – die Lockerung von Harmonik und Melodik war erst der Anfang dessen, wohin Beethoven die Variationentechnik zu führen gedachte. Ihre Verformung eskaliert; alles Bisherige war dafür nur Vorbereitung (in dieser Funktion allerdings schon Teil der »neuen Manier«).

Die nachfolgende siebte Variation setzt erste neue Maßstäbe: Sie ist ein komplexer zweistimmiger Kanon; im Grunde erinnern lediglich die typischen drei fortissimo-Schläge (im zweiten Takt des zweiten Achttakters) an das vormalige Doppelgerüst, und die Melodie, die Beethoven kanonisch behandelt, hat mit dem Thema kaum mehr etwas zu tun (Notenbeispiel 10b). Zudem: Die Kanonmelodie läßt sich streng genommen gar nicht im Kanon führen. Beethoven aber geht über die beiden Probleme mühelos hinweg, und zwar aus zweierlei Gründen.

Zunächst: Ebenso wie Beethoven sich seit den Bonner Anfängen seiner Ausbildung fortwährend mit dem Variieren von Themen (und mit Sonatenform-Überlegungen) beschäftigt hatte, hatte für ihn die Arbeit mit kontrapunktisch-fugischen Techniken eine besondere Rolle gespielt; er war einer der ersten Komponisten, die an deren norddeutschen und deren süddeutsch-österreichischen Traditionen umfassend ausgebildet wurden, und zwar nicht mehr als essentiellen Techniken einer lebendigen Praxis, sondern durchaus als historischen Modellen (vgl. S. 75). Später wurde ein solches Lernen zum normalen Konservatoriumsstoff (wenn es vielleicht auch nicht immer auf gleichem Niveau vonstatten ging wie für Beethoven); so berichtet Richard Wagner von seinem Kompositionsunterricht folgendes*: »Nachdem mein Lehrer mich die schwierigsten kontrapunktischen Künste gelehrt hatte, sagte er zu mir: ›Wahrscheinlich werden Sie nie in den Fall kommen, eine Fuge zu schreiben; allein daß Sie sie schreiben können, wird Ihnen technische Selbständigkeit geben und alles übrige Ihnen leicht machen.‹« Anders als der Lehrer Wagners es für diesen vermutete, gehörten Fugen und die Anwendung jener »schwierigsten kontrapunktischen Künste« für Beethoven tatsächlich zum normalen Arbeitsprogramm – selbst wenn dabei zwangsläufig etwas stilistisch Andersartiges als Musik von Johann Joseph Fux oder Johann Sebastian Bach herauskam. Beethoven aber konnte mit der Vielfalt dieser Techniken frei experimentieren. Wie sehr sie ihm in Fleisch und Blut übergegangen sein müssen, zeigt sich später in Beethovens Scherzkanons: Hinter ihnen steckt nicht nur eine Scherz-Bereitschaft an sich, auch nicht nur ein Überschuß an freier Zeit, derartige Kompositionen auszukalkulieren, sondern eine Leichtigkeit im Umgang mit den strengen Kanontechniken (wenn auch nur jeweils in der Weise »streng«, in der Beethoven sie auffaßte). Diese Kombinationsbereitschaft, die sich vielleicht am ehesten mit der Fähigkeit vergleichen läßt, ad hoc in Schüttelreimen zu sprechen, dürfte ein ähnlicher »schöpferischer Wesenszug« für Beethoven geworden sein wie das Auskalkulieren von Variationen; in der »Kanon-Variation« verbinden sich nun beide Aspekte.

Und außerdem: Beethoven zeigt in ihr, wieviel Disparates man sich zurechthören kann. Dies ermöglicht ihm die praktisch völlige Preisgabe der thematischen Grundsubstanz: Man kennt das Thema als Hörer mittlerweile so gut, daß man praktisch alles, was einem in dieser zweimal achttaktigen Gestalt und in Es-Dur (oder einer verwandten Tonart) geliefert wird, als »vom Thema abhängig« begreift. Typisch für Beethoven (wie überhaupt für »große« Komponisten des Alters, das er um 1802 erreicht hatte): In seiner Kunst kann er praktisch machen, was immer er will; Grenzen werden – wo sie nicht als unbedingt wichtig begriffen werden – überschritten.

Wie zur Versöhnung folgt als achte Variation ein legato-Zwischenglied, das punktuell die Erinnerung an das Thema wiederherstellt; dann fährt Beethoven auf dem Weg fort, den er mit dem Kanon eingeschlagen hat. In Variation 9 ist auf drei Vierteln der motivischen »Strecke« die Baß-Hauptnote permanent ein B; ein melodischer Bezug zum »Basso del tema« ergibt sich nur daraus, daß Beethoven dieses B jeweils mit den

Notenbeispiel 10 c:
»Eroica-Variationen« op. 35
Variation IX

entsprechenden Tönen als knappen Vorschlagsnoten vorbereitet (Notenbeispiel 10c). Wenn man sich aber nur auf jene gleichbleibende Haupt-
note konzentriert, hört man auf weite Strecken, geringfügig variiert,
lediglich die Rhythmik des »Basso del tema« – ohne dessen melodische
Qualitäten. An sich ist die Rhythmik nicht weiter prägnant; doch auch
hier gilt: Der psychologische Effekt des Themas lastet mittlerweile derart
auf dem Geist des Hörers, daß ihm diese Minimalinformation genügt,
um den Rückbezug zum Thema herzustellen.

In Variation 10 sind dann auch jene Vorschlags-Anklänge beseitigt:
Die linke Hand spielt »B« in allen Tonlagen – doch dort, wo das B seine
charakteristische Funktion im »Basso del tema« übernahm, setzt es nun
aus – auf den drei fortissimo-Schlägen wählt Beethoven nun statt des B
das benachbarte Ces. Daraufhin ist dann auch das B nicht mehr zu halten
– und Beethoven läßt nun in allen Tonlagen den Grundton Es spielen
(somit beschreibt diese Variation also einen einzigen kadenzierenden
Baßschritt von B als Dominante nach Es als Tonika). Die Doppelgerüst-
technik hat sich gewissermaßen endgültig zu einer psychologisierenden
Studie über musikalische Wiedererkennbarkeit gewandelt.

Für die beiden folgenden Glieder greift Beethoven wieder zu einfacheren Verfahren – die aber dennoch mit Doppelgerüst-Technik nichts mehr
zu tun haben: Hier nun schimmert tatsächlich die barocke Technik durch,
einen Variationszyklus nur unter Rückbeziehung auf ein Baßmodell zu
entwickeln, denn der einstige melodische Anteil steht völlig zur Disposition. Ein weiterer Ausbruch ereignet sich noch für die dreizehnte Variation: Das Verfahren der zehnten, permanent (aber im richtigen Rhythmus) einen einzigen Ton anzuschlagen, wird nun aus dem Baß in die
Oberstimme verlagert – wo der Effekt freilich gleichermaßen durchdrin-
gend ist.

Daraufhin könnte Variation 14 als ein Standard-Minore erscheinen (in
es-Moll); doch Beethoven läßt sie organisch aus dem voausgegangenen
Glied herauswachsen, indem der »Basso del tema« zunächst in der Oberstimme liegt. Nach den ersten Takten des Minore ereignet sich zudem
etwas Signalhaftes: Die erste Hälfte des variierten Themas wird nicht
(wie bisher stets) wörtlich wiederholt, sondern die Stimm-Aufgaben
ändern sich – der »Basso« kehrt tatsächlich in den Baß zurück. Die
Einfachheit des Themas, dessen »Zweimal-Zwei-Struktur«, wird also in
eine durchkomponierte Schreibart transformiert. Nun rückt Beethoven
also nicht mehr Melodie und Baß zuleibe, sondern den Grundstrukturen
des Themas selbst. Und wenn in diesem Minore die Gestaltung dessen,

was zuvor wiederholt wurde, immerhin noch als »zweimal ähnlich«
erscheinen kann, dann wird im anschließenden Largo-Maggiore auch
dieses noch ausgehebelt: Zwar ist der Themenbezug unverkennbar, aber
nur aus ihm heraus (nicht also aus der eigentlichen Figuration) läßt sich
die vormalige »Zweimal-Zwei-Struktur« noch wahrnehmen.

Diese essentielle Aufhebung des Wiederholungsprinzips könnte unbemerkt bleiben, wenn Beethoven nicht gerade hierzu einen Konflikt mit
seinem Verleger ausgefochten hätte. Auch noch in modernen Ausgaben
bezeichnet man das Minore als Variation 14, das Maggiore als Variation
15, und nach einer Coda folgt ein »Finale alla fuga«. Doch Beethoven
wollte von der Zahl 15 nichts wissen; er behauptete, sein Zyklus bestehe
aus 30 Variationen. Tatsächlich läßt sich seine Rechnung nachvollziehen:
Das Minore, in dem die Musik der beiden Hälften nicht mehr je zweimal
gleich eintritt, sondern je zweimal auf unterschiedliche Weise, enthält
somit faktisch zwei Variationen, obgleich es nur ein Satz ist; folglich ist in
dieser Variation sogar die Einheitlichkeit des Teilsatzes aufgehoben.
Rechnet man das Minore als Doppelvariation 14/15, erweist sich auch das
Maggiore als Doppelvariation – und auf diese Nummer 16/17 folgt dann
die Coda des Maggiore als Variation 18. Auf die gleiche Weise lassen sich
dann in der Fuge tatsächlich 12 verschiedene Arten, das Thema oder den
»Basso« zu behandeln, voneinander unterscheiden. Nach barocker
Fugenkunst gedacht, wird in ihr zwar konstantes thematisches Material
verarbeitet; doch Beethoven schreibt eben nicht nur eine barocke Fuge,
sondern eine Fuge als Schluß für einen Variationenzyklus, und daher
nimmt er sich die Freiheit, jede neue Gestalt des Themas als prägend für
einen Variations-Abschnitt anzunehmen. Die erste »Variation des Themas« geht von der Motivik des »Basso« aus und dient Beethoven dazu,
den dreistimmigen Satz sukzessive zu etablieren; auf sie kommt er nach
einer zweiten Variierung des Themas zurück und verändert dieses
anschließend (»Variation 3«) in den harmonischen Rahmenbedingungen.
Für die vierte Variation werden Bestandteile der einstigen Themenmelodie zum »Basso« hinzugesetzt; die fünfte Variation bringt die Thementöne in der Verkleinerung, und die sechste bedient sich nur der ersten
beiden »Basso«-Töne, ehe die siebte das typische Vier-Ton-Material in
der Umkehrung bringt. Variation 8 schließt die Fuge ab: Ihr Charakteristikum ist, daß ihr ein Dominantorgelpunkt (auf B) buchstäblich
zugrunde liegt*. Und im abschließenden Andante con moto werden die
übrigen »vier Variationen« entwickelt – in scheinbar zwei Durchgängen
durch die thematische Gesamtsubstanz, die allerdings ähnlich angelegt

sind wie Maggiore und Minore: Die Musik wird nicht »formgemäß« wiederholt, sondern je zweimal verschieden vorgetragen, wobei jeweils die ersten Durchgänge vor dem imaginären Doppelstrich mit den ersten Durchgängen nach diesem eine Einheit bilden, ebenso die zweiten.

Beethoven hat also aus der Introduktion heraus gezeigt, als wie erlösend man den Eintritt eines Themas empfinden kann, und er hat sich daraufhin extrem weit vom Thema enfernt. Jede von dessen Grundkomponenten hat er praktisch nicht nur variiert, sondern letztlich bis zur Unkenntlichkeit entstellt. Dadurch aber, daß der Themeneindruck immer wieder neu aufgefrischt wird, läßt Beethoven seinen Hörer nie aus den Netzen des Variationsprinzips entkommen. Mit der Übereinanderschichtung zweier Variationsprinzipien in einem Satzglied bereitet er den Hörer auf die Fuge vor, deren Beginn auch eine späte Rechtfertigung dafür ist, den Variationenzyklus nicht sofort mit dem »tema«, sondern nur mit dessen »Basso« zu beginnen; für die Variationen und für die Fuge erweist sich dieser einstimmige Melodiebestand somit gleichermaßen als Ausgangspunkt. So außergewöhnlich die Fuge im Variationenzyklus zu sein scheint, läßt sich diese doppelte Projektion eines Themas auf Beethovens Ausbildung zurückführen: In diesem Thema können sich für ihn die Erfahrungen aus Variationen- und Fugentechnik überschneiden. Für Mozart wäre eine solche Verbindung wohl undenkbar gewesen.

Eine neue Manier: Beethoven hat sie hier tatsächlich angewandt. Dennoch hat er im wesentlichen die Grundsätze des Variierens hinterfragt, und mit einem stupenden psychologischen Einfühlungsvermögen hat er das Thema (als er es dann erreicht hat) auch noch in solchen Variationen erkennbar bleiben lassen, die in einem Variationenzyklus bis dahin unerreichbar waren. Hierzu diente ihm dennoch das alte Verfahren der Doppelgerüstvariation als Sprungbrett, denn ohne das Bohrende der zunächst ausgiebig dargelegten und späterhin immer wieder wahrnehmbaren Themenumrisse wären die extremen Verformungen gar nicht denkbar. Wer also Beethoven auf dem eingeschlagenen Weg nachfolgen wollte, benötigte zweierlei: die gleiche souveräne Beherrschung der Standardprozeduren und die gleiche Weitsicht bei deren Aufhebung.

Der kürzere Zyklus op. 34 fügt zu dem Besonderen, das Beethoven mit den *Eroica-Variationen* erreichte, noch zwei Aspekte hinzu: In jeder Variation schlägt Beethoven eine neue Tonart an, in fast jeder eine neue Taktart und ein neues Zeitmaß.

	Tonart	*Taktart*	*Zeitmaß*
Thema	F-Dur	2/4	Adagio
Variation 1	D-Dur	2/4	(Adagio)
Variation 2	B-Dur	6/8	Allegro ma non troppo
Variation 3	G-Dur	4/4	Allegretto
Variation 4	Es-Dur	3/4	Tempo di Menuetto
Variation 5	c-Moll	2/4	Marcia. Allegretto
Variation 6	F-Dur	6/8	Allegretto (+ Coda)
(Schluß)	F-Dur	2/4	Adagio molto

Daß dieser Variationenzyklus in F-Dur stehe, geht also nur aus den Eck-Gliedern hervor; ansonsten aber ist die Grundtonart jedes Teils um eine Terz tiefer als im vorausgegangenen. Von Variation 5 an wechselt dann das Gestaltungsprinzip: Die Vermittlung zwischen Es-Dur und F-Dur wird mit c-Moll als Paralleltonart zu Es-Dur erschlossen, das nach C-Dur umschlagen und damit Dominante der »Grundtonart« F-Dur werden kann. Dies läßt die einzelnen Variationen in eine noch stärker durchorganisierte logische Folge eingebettet erscheinen als in einem »normalen« Zyklus, denn trotz all des tonartlichen Überraschungspotentials sind die Schritte in ihrer Abfolge klanglich aufeinander bezogen.

Noch wichtiger als diese tonartlichen Aspekte ist aber, in welchem Ausmaß Beethoven durch die Taktart- und Zeitmaß-Variation das zugrunde liegende Thema variiert: Das Thema mit seinen ursprünglich sanglichen Zügen (»cantabile«) kann auch zu einem Menuett oder einem Trauermarsch verfremdet werden und in Variation 2 den Sechsachtel-takt-Charakter annehmen, der einem später auch in Schuberts *Die Post* aus dem Liederzyklus *Die Winterreise* begegnet. Das also ist eine weitere (und weiter ausgreifende) Studie darüber, wie weit man ein Thema strapazieren kann, ohne daß dessen Wiedererkennbarkeit beeinträchtigt wird. Vielleicht verbindet sich eine entsprechende Schlüsselwirkung nicht gerade mit diesem Variationenzyklus; dennoch zeigt sich in diesem

Ansatz etwas, das den frühen französischen Beethoven-Bewunderer Berlioz und schließlich Liszt besonders faszinierte: An die Stelle eines sinfonischen Themas trat für sie die Arbeit mit einer »idée fixe« – mit einem thematischen Rohmaterial, das sich an unterschiedlichen Stellen einer Komposition unter den jeweils aktuellen Bedingungen verfestigen kann. Berlioz' 1830 uraufgeführte *Symphonie fantastique* ist ein frühes Schlüsselwerk dieser Technik, Liszts 2. Klavierkonzert (A-Dur, 1848/57) hingegen ein in diesem Zusammenhang besonders illustratives, denn in diesem wird (ebenso wie in Beethovens Variationszyklus) ein sangliches, mit »dolce soave« bezeichnetes piano-Thema im Satzverlauf zu einem fff-Marschthema umgewandelt.

Exkurs: Variationsprinzip und »Eroica«-Finale

Prinzipien, die Beethoven in den Variationen op. 34 und 35 (*Eroica-Variationen*) noch voneinander getrennt entwickelt hat, verbindet er im Finale der *Eroica* miteinander; dort erreicht zudem seine Arbeit mit diesem Thema ihren Schlußpunkt. Beethoven war in diesem Sinfonie-Finale nicht daran gebunden, einen strengen Variationensatz zu schreiben; er konnte das Variationenprinzip vielmehr frei uminterpretieren. Manchem von dem, was sich in den *Eroica-Variationen* findet, begegnet man hier ganz konkret wieder: der schrittweisen Annäherung an das Thema etwa, die allerdings vom Einstimmigen sofort zur Dreistimmigkeit übergeht, oder – kurz vor Satzschluß – einer Themenversion, in der über weite Strecken ein konstanter Ton (Es) den Klangeindruck prägt. Manches ist aber von vornherein auch nach anderen Überlegungen gelöst: Das Wiederholungszeichen, das aus dem Thema heraus die Klaviervariationen über weite Strecken reguliert, existiert hier schon für den Themenvortrag nicht mehr. Die fugischen Prinzipien aus dem Schlußabschnitt der *Eroica-Variationen* werden mit den tonartlichen Verfremdungen aus den Variationen op. 34 verbunden: Nachdem das Es-Dur-Thema etabliert ist, schlägt der Satz mit einer knappen Überleitung nach c-Moll um; in c-Moll wird dann der Themenkopf fugisch durchgeführt (T. 117). Mitten in diesem »Durchführungs«-Teil ist dann eine h-Moll-/D-Dur-Version des Themas erreicht (T. 175). Auf diese Weise werden Themen-Variation und tonartliche Versetzung in einen sinfonischen Satzablauf integriert – eine Konstruktion, auf der die »idée-fixe«-Techniken Berlioz' und Liszts direkt aufbauen konnten. Und das Wiedererreichen der Grundtonart Es-

Dur (T. 277) ermöglicht dann die Arbeit mit einem weiteren Fugen-Aspekt: Das Thema erscheint in der Umkehrung – die ursprünglichen Intervall-Beträge werden also in umgekehrter Richtung vorgetragen. Folglich ist das, was Beethoven im *Eroica*-Finale tut, ohne die Rückkoppelung auf die beiden Variationenzyklen (freilich besonders auf op. 35) kaum angemessen zu würdigen.

Die Sonaten op. 31

Der Frage, was »Wiedererkennbarkeit eines Themas« und »Wechselspiel zwischen Thema und Harmonik« in der musikalischen Praxis bedeutet, stellt sich Beethoven auch in weiteren Werken jener Zeit, besonders deutlich in den drei Klaviersonaten op. 31, mit denen sich das Prinzip des »neuen Weges« ja ursprünglich verbunden habe. Erstaunlicherweise strahlt auf diese Sonaten zudem auch Beethovens neues Klavierkonzert-Prinzip aus, das Klavier »einstimmig« spielen zu lassen.

Die erste der drei Sonaten (G-Dur) verbindet dieses Element im ersten Satz mit grundsätzlichen Diskussionen darüber, was »Thema« sei, wie »Thema« in Erscheinung tritt und welche Signalwirkung letztlich von welchem »thematischen« Bestandteil ausgeht. Nachdem man – von der Grundtonart G-Dur ausgehend – mit einem wesentlichen motivischen Prinzip des Satzes Bekanntschaft geschlossen hat (nämlich daß Akkorde von linker und rechter Hand nicht nur gleichzeitig, sondern auch zeitlich versetzt angeschlagen werden können) und Beethoven die Musik kurzzeitig von der Grundtonart weg und wieder zu ihr zurück geführt hat, spielt der Pianist mit beiden Händen in Oktaven eine Passage, die bereits in ihren Ausmaßen beeindruckend ist: Sie reicht von Takt 30 bis Takt 45, nimmt also ein Drittel der kompositorischen Eröffnung ein, und zwar ohne irgendwelches motivisches Profil zu entwickeln – diese virtuose Figuration, scheinbar Selbstzweck, ist eben nur »einfach da«. Daraufhin greift Beethoven die Anfangs-Motivik wieder auf und gelangt mit ihr in knappen zwanzig Takten zu einem einprägsam synkopischen H-Dur-Thema; dieses wird unmittelbar anschließend in tiefer Lage neuerlich aufgegriffen, allerdings in h-Moll – und diese Tonart wird bis zum Doppelstrich mit Wiederholungszeichen in der Satzmitte beibehalten.

In Begriffen der Sonatenhauptsatzform gesprochen, nimmt das H-Dur-/h-Moll-Thema den Rang des Seitenthemas ein; ein solches müßte der Schul-Sonatenform zufolge in der Dominante D-Dur stehen. Der

Themen-Neueinsatz zuvor (nach der ausgedehnten Oktaven-Passage) markierte dann den Beginn einer Überleitungsgruppe, und die Oktaven-Passage selbst bliebe ohne eigenständige Bedeutung. Was Beethoven bezweckt, wird also noch nicht klar; das Prinzip, das für ihn hinter dieser Konstruktion steckt, gewinnt aber Konturen, wenn man den Satz weiterverfolgt.

Mit den zeitversetzt angeschlagenen Akkorden der Hauptthemen-Motivik öffnet Beethoven nach der Wiederholung des ersten Teils den Raum für die Durchführung; er braucht dafür eine gewisse Zeit, denn auch in der Durchführung kann das Thema nach jenem h-Moll-Schluß nur wieder in der Grundtonart einsetzen (nicht also etwa in der Dominante wie sonst üblich) – daß es daraufhin gewissermaßen eines Mehraufwands an musikalischer Energie bedarf, um ein solches Perpetuum mobile zu durchbrechen, ist verständlich. Dann läßt sich Beethoven von der Oktavkoppelung beider Hände fortreißen – jeweils in tiefe Klavierlagen hinab, in der sich die rechte Hand des Pianisten jeweils aus der Koppelung ausklinkt, um in hoher Lage einen neuen Absturz vorzubereiten. Der Wiedereinsatz des zeitversetzten Akkordspiels (also der Reprisenbeginn) wird ausgedehnt vorbereitet und mündet dann selbst relativ bald in das synkopische Seitenthema; wo also bleiben die »rauschenden Oktaven«?

Als handele es sich um einen Satz in Standard-Sonatenform, liegt dieses Seitenthema in der Reprise eine Quinte tiefer als in der Exposition (es ist also von H-Dur nach E-Dur transponiert) – doch damit steht es prinzipiell immer noch in der gleichen tonartlichen Spannung zur Grundtonart G-Dur wie in der Exposition. So also kann der Satz nicht enden; und selbst daß Beethoven das E-Dur über e-Moll nach G-Dur umschlagen läßt, so daß das Seitenthema selbst moduliert, verändert den Gesamteindruck noch nicht in der offenkundig beabsichtigten Weise. Denn hier nun entfaltet die Oktavkoppelung ihre »thematische« Wirkung, die aus der Sonatenform heraus eben nicht erklärt werden kann: Sie tritt nun erst nach dem Seitenthemen-Material ein, und erst kurz vor ihrem Einsatz ist das G-Dur reetabliert. Die Sechzehntel-Oktaven übernehmen also die tonartliche Signalwirkung, die ansonsten beim Seitenthema zu liegen pflegt; mit ihnen kann Beethoven unterstreichen, daß er wieder in der Grundtonart angelangt ist. Offenbar auf dieses Ereignis hin hat Beethoven sie also zunächst aus der Reprise ausgespart gehabt. Was erreicht er folglich – und welche Rückschlüsse läßt dieser Satz auf sein Sonatenverständnis zu?

Das Elementare ist demnach, daß ein Satz eine tonartliche Entwicklung in seine zweiteilige Anlage aufnimmt; doch es ist an sich gleichgültig, welche das genau ist. Als Beethovens Schüler Carl Czerny in den 1840er Jahren die Kompositionslehre Antonin Reichas ins Deutsche übertrug, sprach er davon, daß es einen »gewöhnlichen Gang« für die Modulation in einer Sonate gebe*; dies wäre hier eine Modulation zur Dominante D-Dur gewesen. Czernys Formulierung läßt Raum für andere Modulationsgänge, und Beethoven wählt hier das Terzen-Spiel, das sich auch in der Variationenfolge op. 34 auswirkt. Unverzichtbar scheint für ihn nur zu sein, daß die Reprise in der Grundtonart beginnt, daß das Seitenthema in ihr eine Quinte tiefer steht als in der Exposition (unabhängig davon, wo es dort steht) und daß der Satz in der Grundtonart wieder schließt.

Diese harmonische Struktur wird nun aus der Motivik heraus gestützt: Jede neu erreichte Station wird auf einprägsame Art hervorgehoben. Beethoven läßt den Satz aus jener auffälligen Akkord-Anschlagstechnik heraus beginnen, deren motivische Grundgestalt sich auf unterschiedliche Weise in größeren Phrasen entfalten kann; sie öffnet den musikalischen Fluß auf eine prinzipiell ähnliche Weise, wie dies für die Klaviersonate op. 2 Nr. 1 erwähnt worden ist (vgl. S. 45), und sie kann auf entsprechende Weise auch den musikalischen Fluß der Durchführung freisetzen. Signalhaft, wenn auch in seiner Relevanz zunächst rätselhaft, ist der Oktaven-Gang; »themenhaft« ist er nicht, eindrucksvoll und memorabel aber durchaus. Zu einem echten Thema baut Beethoven nur den synkopischen H-Dur-Abschnitt aus.

Im Grunde genommen ist es also nur ein kleiner Schritt, den Beethoven von seiner früheren Sonatentechnik weg zu tun hat: Nur ein Bewußtsein für die stärkere Variabilität des Modulationsgangs war nötig. Schon in früheren Sonaten tritt das Seitenthema zwar in der Dominante ein, aber in Moll; darin läßt sich diese Variabilität bereits erahnen. Beethoven mag gewußt haben, daß es in früheren Zeiten der Musikgeschichte jene klare Festlegung auf einen Modulationsgang (von der Tonika eine Quinte aufwärts zur Dominante) noch nicht gegeben hatte; denkbar ist, daß sich dies für ihn aus der Begegnung mit barocker Musik herleitete. Die letztlich entscheidende Antwort, die Beethoven auf die kompositorische Problemstellung zu finden hatte, war also, wie er in der Reprise mit der Grundtonart schließen kann, wenn er diese mit dem Seitenthemeneintritt noch nicht wieder erreicht hat; den Ausweg hierfür bot ihm zunächst jene Oktavkoppelung beider Hände des Pianisten, die an die Melodiestimmen-Funktion des Klaviers in den Klavierkonzerten erinnert.

Für die d-Moll-Sonate op. 31 Nr. 2 geht Beethoven in der Thematik-Frage noch einen Schritt weiter: Streng genommen verzichtet er auf ein Hauptthema; den banalen Umstand, daß eine Komposition irgendwie anfangen muß, nutzt er so weit aus, daß er den Hörer lange im Unklaren darüber läßt, wie das, was als Werkbeginn erklingt, zu verstehen ist. Im Largo-Zeitmaß stellt er einen pianissimo-Dreiklang in den Raum: reines A-Dur. Doch es ist keine A-Dur-Sonate, die folgen soll, und kein Largo-Satz; vielmehr werden diese beiden Stimmungselemente von einer flüchtigen d-Moll-Bewegung abgelöst, und somit erklärt Beethoven jenes A-Dur zu einer schlichten Dominante. Doch er kommt noch ein weiteres Mal auf das Largo zurück, durchmißt anschließend weite Teile seines Tastatur-Spielraums mit jener »flüchtigen« Motivik und erreicht dann erst im 21. Takt ein themenähnliches Gebilde, dessen Bestandteile in tiefer und mittlerer Klavierlage dialogisch abwechselnd vorgetragen werden. Ein Hauptthema ist dies längst nicht mehr, sondern viel eher eine Überleitung, an deren modulatorischem Ziel (20 Takte später) eine Art auf a-Moll bezogenes Seitenthema erreicht ist. Jene unbestimmte Motivik zu Beginn erschließt also die musikalischen Räume, und sie stiftet damit nicht einmal eine Thematik, aus der heraus der Satz entwickelt werden kann. Nur diese »Öffnung« ist also essentiell; ein »Thema« ist verzichtbar.

Die »Öffnung« wird auch im weiteren Satzverlauf von den Largo-Dreiklängen übernommen: Auf diese Weise (sogar ausgedehnter als zu Satzbeginn) findet Beethoven auch den Weg in die Durchführung; in dieser spielt daraufhin das Thema der vormaligen »Überleitung« eine wichtige Rolle. Dann beginnt die Reprise mit einer Abwandlung der piano-Largo-Dreiklänge: Diese werden noch stärker erweitert und erhalten den Charakter eines Rezitativs. Und als ob es noch etwas in der Themenstruktur klarzustellen gäbe, verzichtet Beethoven in der Reprise auf jegliche Anklänge der »Überleitungs«-Thematik; nicht diese Motivik, mit der in der Exposition die kontinuierliche Allegro-Entwicklung erreicht ist, ist ein »Thema«, sondern sie ist (als Überleitungsglied) in der Reprise verzichtbar – da in dieser der Beginn und das Seitenthema gleichermaßen in der Grundtonart stehen und eine modulierende »Überleitung« nicht nötig ist. Diese modulatorische Aufgabe ist hingegen auch in der Durchführung gefragt, in der jene Motivik somit ebenfalls eine wichtige Funktion übernimmt. Enger können motivische Komplexe aus ihren Funktionen heraus kaum gefaßt sein: die Öffnung der Räume, die Modulation, das Erreichen der Zieltonart.

Modulation als Hauptzweck der Durchführung: Dieser Aspekt tritt schließlich im dritten Satz noch deutlicher in Erscheinung, wird dort aber auch Teil eines noch weiter ausgreifenden Konzepts. Der Satz (3/8-Takt) ist fast durchgängig von einer ruhelosen Sechzehntelbewegung durchzogen – in einer ähnlichen Atmosphäre wie zwölf Jahre später Schuberts *Gretchen am Spinnrade*. Der Eindruck der Ruhelosigkeit gründet sich allerdings nicht nur auf die Motorik, sondern auch auf die Gestaltung der musikalischen Phrasen: Nie entsteht der Eindruck, daß mit einer von ihnen ein Abschluß erreicht werde; statt dessen hat es stets den Anschein, daß eine »vorige« Phrase noch etwas offengelassen habe, das eine nachfolgende zu füllen hat – oder eher: daß jene der nachfolgenden eine Starthilfe gibt. Somit entstehen weder Einschnitte noch ausgesprochene Überleitungen; und somit realisiert Beethoven hier das, was Richard Wagner in seiner Schrift *Zukunftsmusik* als so exemplarisch an Beethovens Sinfonien bezeichnet hat (und das sich vor allem im ersten Satz der *Eroica* verfolgen läßt): »die Ausdehnung der Melodie durch reichste Entwickelung aller in ihr liegenden Motive zu einem großen, andauernden Musikstücke, welches nichts anderes als eine einzige, genau zusammenhängende Melodie ist«, folglich »unendliche Melodie«*. In dieser geht nun auch die Durchführung auf: Einem bereits bekannten »Thema« begegnet man hier nicht, sondern vielmehr nur jener legato-Figuration, die ohnehin weite Teile des Satzes durchzieht. Und jene »unendliche Melodie« läßt hier noch ein weiteres Problem entstehen: Weil die Bewegung, die in Phrasenstruktur und Motorik liegt, in sich keine Zäsur und keinen Übergang zuläßt, läßt sie sich auch für einen Satzschluß stoppen; wie folglich kann der Satz enden? Für Beethoven bietet sich nur der – zu Genüge erprobte – Ausweg, eine Coda zu schreiben. Sie beginnt ähnlich wie die Durchführung, und Beethoven nutzt sie, um in ihr den Phrasen-Schwung abzubauen – so lange, bis nur noch ein Pendeln zwischen Dominante und Tonika (und schließlich nur noch die Tonika) übrig ist. Gewissermaßen verhallt der Satz also, ohne eigentlich zu enden; und doch benötigt Beethoven dafür rund ein Fünftel von den 399 Takten des Satzes (77 Takte). Welche Sensibilität für eine Schlußbildung erforderlich ist und welch existentielle Notwendigkeiten sich für eine Coda ergeben, wird an einem solchen Satz vielleicht noch deutlicher als in einer Sinfonie.

Die dritte der Sonaten schlägt eigene Wege ein. Zunächst wird dies aus der Entstehungsgeschichte heraus deutlich: Obgleich alle drei Werke durch die gleiche Opus-Nummer miteinander verbunden sind und eine solche Dreier-Bündelung im Veröffentlichen von Klaviersonaten etwas Normales war, erschienen zunächst »Deux Sonates pour le pianoforte« (April 1803); zwar hatte der Verleger Nägeli drei Sonaten bei Beethoven bestellt, doch dieser hatte zunächst nur zwei geliefert. Vielleicht hielt Beethoven das Konzept, das er sich vorgenommen hatte, mit den beiden Werken für erfüllt; jedenfalls mußte ein Klaviermusik-Kunde das Werk-paar als in sich abgeschlossen empfinden. Tatsächlich berichten Beet-hovens Skizzenbücher davon, daß die Sonate op. 31 Nr. 3 erst in einigem Abstand zu den beiden Partnerwerken entstand: Die Entwürfe zu den ersten beiden Sonaten stehen in einem anderen, älteren Skizzenbuch, diejenigen zur dritten erst in einem jüngeren.

Zu den Fragen, die sich in den beiden ersten Werken der »Gruppe« um Themen und Modulation ergeben, hat diese dritte Sonate keine entschei-dend neuen Aspekte mehr beizutragen; doch es wäre zu blaß, nur festzu-stellen, daß sie fortführte, was die beiden vorigen Sonaten entwickelt haben. Zwar sind Rahmenbedingungen, in denen sich der musikalische Bau ergibt, bisweilen auch schlichter formuliert als in den beiden voraus-gegangenen Werken (etwa die grobe Anlage des gesamten ersten Satzes); die Ausfüllung dieses Rahmens straft den Eindruck des Schlichten aller-dings Lügen – eher wirkt dieses scheinbar Einfache wie ein Freibrief dazu, das, was es letztlich konstituieren könnte, in der Detailgestaltung wieder zur Disposition zu stellen.

Beethoven schreibt somit eine »Sonate über die Sonate«*: Das, was eine Sonate üblicherweise ausmacht, wird mit einer äußerst individuellen Detailkonstruktion neu überformt. Dies setzt sich in einem besonderen Faszinosum des Werks fort: auf der Ebene der Satzfolge. Wie zuletzt die Sonaten op. 2 ist sie viersätzig, doch nach einem zumindest äußerlich »typischen« ersten Allegro folgt ein Allegretto vivace mit dem Zusatz »Scherzo«. Die Erwartung, daß ein langsamer Satz an dritter Stelle stehe, erfüllt sich nicht: Der dritte Satz ist ein Menuett. Wie also können Scherzo und Menuett, die im viergliedrigen Satzzyklus nur als unvereinbare Alternativen gelten, in einem Werk dennoch nebeneinanderstehen? Die Lösung ergibt sich aus dem Konzept »Sonate über die Sonate«: Im zweiten Satz verbindet Beethoven die typische Anlage eines langsamen Satzes mit jenem Scherzo-Charakter, im dritten hingegen spart er diesen Charakter aus und beschränkt sich darauf, den Satz in traditionellen Menuettstrukturen (deren Tempo zudem ein gemächlicheres ist) zu entwickeln. Die Lösung erinnert somit an die Satzfolge im c-Moll-Streich-quartett op. 18 Nr. 4, in dem dem Satz an dritter Position (»Menuetto«) ein »Andante scherzoso quasi allegretto« vorausgeht; doch in der Kla-viersonate op. 31 Nr. 3 vermag Beethoven den Kontrast zwischen der Normal-Form des langsamen Satzes und dem Scherzo-Charakter noch straffer zu formulieren.

Den Abschluß bildet ein »Presto con fuoco«; somit besteht die Sonate aus vier relativ schnellen Sätzen, die nur aus ihrem Charakter heraus verschieden sind. Doch das Hinterfragen einer Standard-Satzfolge steht ebenso wie das Abwägen der Möglichkeiten, die eine thematische Struk-tur haben kann (im Ausdruck, als Träger des harmonischen Fortgangs, für die Werkkonstruktion und deren Wahrnehmbarkeit) im gleichen Kontext wie dem der beiden Variationenzyklen op. 34 und 35: Thema, Harmonik und Form werden auf neuartige Weise gegeneinander ausba-lanciert[*]. Wohl letztlich deshalb, weil die neue Balance nur schwer nachvollziehbar war, wurde das Ergebnis in der ersten und dritten Sonate noch bis ins 20. Jahrhundert hinein kritisiert. Anscheinend war man eher bereit, sich dem Rätselhaften in der zweiten Sonate zu stellen – dahinge-hend, daß man sich über die Hintergründe des Werks Gedanken machte. Dies brachte dieser Sonate sogar einen Titel ein.

Auf die Frage seines späteren Privatsekretärs Anton Schindler, was er sich bei deren eigenartiger Anlage gedacht habe, soll Beethoven geant-wortet haben: »Lesen Sie Shakespeares Sturm!« Freilich: Damit war Schindler so schlau wie zuvor, denn diese orakelhafte Antwort sagt nichts darüber aus, wie sie gemeint ist. Tatsächlich ist eine inhaltliche Kompo-nente nicht undenkbar: Die Shakespeare-Renaissance war weit genug fortgeschritten, daß Beethoven mit den Drameninhalten derart frei hätte operieren können. Sein Freund Karl Amenda berichtet entsprechend, daß Beethoven ihn gefragt habe, welche Assoziationen er beim Anhören des Streichquartetts op. 18 Nr. 1 gehabt habe – am Schluß des langsamen Satzes. Er, Amenda, habe darauf geantwortet[*]: »Es hat mir [...] den Abschied zweier Liebenden geschildert. Wohl, entgegnete Beethoven, ich habe mir dabei die Szene aus dem Grabgewölbe aus Romeo und Julia gedacht.« In diesem Fall wird diese inhaltliche Anknüpfung durch eine Bemerkung in den Kompositionsskizzen bestätigt. Andererseits braucht das Bonmot Beethovens über den *Sturm* beileibe keine inhaltliche Kom-ponente zu haben, sondern kann einfach auf das Spielen mit Unerwarte-tem bezogen sein – eben in einer Stimmung, die Beethoven für diese Antwort punktuell mit der Zauberinsel in Shakespeares Drama gleichsetzte. Diese Interpretation wird deshalb besonders wahrscheinlich, weil Schindler auch die zwei Jahre jüngere *Appassionata* in seine Frage einbezogen hatte; auch auf diese soll Beethovens Äußerung gemünzt gewesen sein – die *Appassionata* wäre folglich ebenfalls eine »Sturm-Sonate« gewesen. Auch in dieser mögen Strukturen als rätselhaft erscheinen; daß Beethoven aber innerhalb zweier Jahre zwei verschiedene Sonaten über den gleichen literarischen Stoff geschrieben habe, ist wenig glaubhaft.

Beethovens Sonaten-Experimente finden statt in einer Dreiergruppe von Werken, die auf eine Bestellung von außen zurückgehen: Der Züricher Musikverleger Hans Georg Nägeli hatte sie bei Beethoven in Auftrag gegeben. Dies wirft Licht auf einen Aspekt, der in einer allzu romantisierenden Künstler-Sicht zu kurz kommt: Ein experimentell erscheinendes Werk schreibt ein Komponist nicht primär aus einem inneren Drang heraus, gewissermaßen aus einem »Form-Wollen« als Urtrieb; Experimente sind ebenso denkbar in Werken, zu denen eine Anregung von außen entsteht. Ob Beethoven also ohne Nägeli-Auftrag in jener Zeit überhaupt Klaviersonaten geschrieben hätte, ist mindestens zweifelhaft; doch es ist denkbar, daß Klaviersonaten schon wenig später ähnliche Züge angenommen hätten, daß also eine entsprechende Entscheidung für Beethoven gewissermaßen in der Luft lag.

»Waldstein-Sonate«

So verwundert es nicht, daß die *Waldstein-Sonate* C-Dur op. 53, die nächste größere Klaviersonate Beethovens, in ähnlichem Rahmen konzipiert ist; er widmete sie seinem so wichtigen Protektor aus Bonner Zeiten, der sich mittlerweile ebenfalls in Wien befand, dort aber in keinem auffälligeren Kontakt zu Beethoven stand. Auch für diese Sonate nun stellt sich die Frage danach, was ein Hauptthema sei: Nach einem einzelnen Baß-C wird 13 Mal der gleiche Akkord repetiert. Anschließend wird dieser zwar aufgerissen (er »öffnet« sich also zum Folgenden), doch mit dieser Akkordrepetition ist vieles noch in der Schwebe gelassen; ein Anfang ist freilich durchaus gemacht. Oder das Seitenthema, das wesentlich ruhiger ist als jene Achtel-Akkordrepetition: Es steht in E-Dur, nicht also in der Dominante G-Dur; folglich stellt sich ein ähnliches Problem für die Reprise wie in der Sonate op. 31 Nr. 1. Beethoven löst es zunächst auf gleiche Weise: In der Reprise tritt das Seitenthema in A-Dur ein, nicht in der Grundtonart des Werks, sondern eine Quinte tiefer als in der

Exposition. Diesmal entwickelt er allerdings kein weiteres motivisches Element, das am Satzende die C-Dur-Signalwirkung übernehmen könnte; vielmehr überträgt er diese dem Seitenthema selbst, indem er es ganz am Ende der Coda nochmals eintreten und den Satz dann mit einer knappen Reminiszenz an das Hauptthema schließen läßt. Oder auch im Schlußsatz: Beethoven schreibt ein Rondo; in klassischen Rondosätzen können die »konstanten« Refrains sich zu den variablen Couplets hin öffnen (vgl. S. 128), doch der Satz hat mit einem Refraineintritt zu enden. Beethoven entwickelt hier nun eine Refrain-Motivik, die an Offenheit kaum zu überbieten ist. Fast gewaltsam muß Beethoven daher den Satz zum Stillstand bringen – folglich unter der Wirkung nach ähnlichen Bedingungen wie im Schlußsatz der *Sturm*-Sonate op. 31 Nr. 2.

Dennoch stellen sich manche Aspekte grundsätzlich anders dar: Beethoven konnte eine Klaviersonate mittlerweile in anderen instrumentalen Dimensionen konzipieren. Am 18. Thermidor des Jahres 11 in der Rechnung des französischen Revolutionskalenders (bzw. am 6. August 1803) protokolliert die Pariser Klavierbauerfirma Erard, Beethoven ein Klavier geschenkt zu haben. Dieses Klavier unterscheidet sich grundlegend von den Instrumenten, die Beethoven bis dahin zur Verfügung gestanden hatten – etwa Flügel des Wiener Klavierbauers Anton Walter.

Der Klavierbau in Wien hatte eine andere Tradition als in London und Paris; die Hauptunterschiede lagen darin, wie der Anschlag-Impuls des Spielers an das Klavier-Hämmerchen weitergegeben wird und wie das Hämmerchen die betreffende Saite zum Erklingen bringt. Wiener Klavierbauer arbeiteten mit der sogenannten Prellmechanik: Ihr Grundprinzip ist, daß die Hämmerchen in einer gabelartigen Kapsel gelagert sind, die auf der Taste selbst befestigt ist. Das Prinzip gleicht also dem einer Schere, die man mit einer Hand nicht öffnen kann; folglich gibt es im Innern solcher Klaviere eine Leiste (»Prelleiste«), die gewissermaßen dem Finger des Spielers entgegensteuert. Schlägt dieser also eine Taste an, werden an deren anderem Ende die Kapsel und das Hämmerchen in die Höhe bewegt; doch die Prelleiste hemmt den Aufstieg des Hammerstiels, und somit wird der Hammerkopf gegen die Saite geschleudert. Dem anderen Grundprinzip zufolge sind Taste und Hämmerchen als Bauteile nicht miteinander verbunden; der Hammerstiel ist nun seinerseits in einer Leiste gelagert (in ihrer Lage etwa der Prelleiste vergleichbar), und das Hämmerchen liegt auf der Taste auf. Wenn der Spieler diese nun am einen Ende anschlägt, trifft sie an ihrem anderen Ende auf das Hämmerchen, das damit direkt gegen die Saite gestoßen wird.

Beide Bauprinzipien wurden im Lauf der Zeit verfeinert; zu beachten war stets etwa, daß ein Anschlag für pianissimo-Werte genügend leichtgängig und dennoch auch für fortissimo-Werte immer noch kontrolliert und genügend robust ist. Beide Grundprinzipien verlangten aber vom Spieler, daß er die Taste nach dem Anschlagen umgehend losließ; andernfalls konnte auch das Hämmerchen nicht in seine Ausgangsposition zurückfallen und stand dann nicht für ein neuerliches Anschlagen bereit. Es war also extrem schwierig, schnelle Tonrepetitionen gleichbleibend und zuverlässig zu spielen. Nur die »englische« Mechanik bot langfristig den entscheidenden Ausweg: 1821 wurde ein »Stoßzungen«-Mechanismus patentiert, mit dem die Kraftübertragung von der Taste auf das Hämmerchen über die Stoßzunge als federndes Zwischenglied erfolgte. Der Federungsmechanismus erlaubte dann bereits nach der leichtesten Entlastung der Taste das neuerliche Anschlagen.

Nicht zuletzt deshalb, weil diese Technik 1803 noch nicht ausgereift war, ließe sich die Wirkung dessen, daß Beethoven nun plötzlich über einen Flügel in »englischer« Mechanik verfügte, überschätzen. Berücksichtigen sollte man eher, daß Beethoven das neue Instrument zwangsläufig aus seinen eigenen bisherigen Klavier-Erfahrungen mit dem »Wiener« Instrumententyp heraus nutzte: Es erschloß ihm zunächst nur ein anderes Anschlag-Verhalten, das also nicht von selbst »besser« oder »schlechter« war als das bisherige. Und da Beethovens Klavierwerke nicht nur für ihn, sondern auch für den Druck und damit für eine größere Verbreitung entstanden, war eine Balance erforderlich. Bisheriges durfte nicht in dem Maß preisgegeben werden, daß jeder Interessent der neuen Musik, die Beethoven in seiner Auseinandersetzung mit diesem privatneuen Instrument schuf, über die exakt gleiche Maschine verfügen mußte wie Beethoven. In einem fundamentalen Aspekt nahm Beethoven darauf erstaunlich wenig Rücksicht: in dem des Tastaturumfangs. Mit diesem Erard-Instrument konnte Beethoven seinen bisherigen Tonraum (F_1-g^3) um zwei Halbtöne überschreiten (a^3) – eine zwar nur geringfügige Erweiterung, aber dennoch eine schwerwiegende, wenn einem anderen nur ein traditionelleres Instrument zur Verfügung steht, auf dem die beiden entsprechenden Tasten nicht vorhanden sind (daher stößt ein entsprechend schlechter versorgter Spieler etwa im ersten Satz in Takt 231/233 an eine unüberwindliche Grenze).

Ansonsten setzt die *Waldstein-Sonate* aber auch die Reihe derjenigen Klaviersonaten Beethovens fort, in denen die Satzfolge auf unorthodoxe Weise gelöst erscheint: Nach dem einleitenden Allegro con brio in C-Dur folgt ein Adagio molto in F-Dur, das bruchlos in das C-Dur-Schluß-rondo (Allegretto moderato) übergeht; so weit scheint alles geordnet zu sein. Doch das Adagio molto hat Beethoven nicht als eigenständigen Satz behandelt; er bezeichnet es als »Introduzione«. Andererseits entsteht viel eher der Eindruck, daß das Adagio molto zwar alleine stehen könne, nicht aber das Finale, dessen Perpetuum-mobile-Thematik auf eine Vor-bereitung durch das Adagio angewiesen zu sein scheint. Diese Struktur ist aber nicht von vornherein geplant gewesen: Beethoven hatte zunächst durchaus einen abgegrenzten langsamen Satz vorgesehen, ein Andante, das er aber später aus dem Werk ausschied und dann unabhängig von diesem veröffentlichte; der Titel des Erstdrucks spiegelt wider, wie beliebt der Satz schon vor der Veröffentlichung gewesen sein muß (*Andante favori*). Es fiel Beethoven schwer, den Satz aus der Sonate herauszutrennen; dies und zugleich jene früheste Beliebtheit beim Publi-kum geht aus einem Bericht hervor, den Beethovens Klavierschüler Ferdinand Ries später gab. Er schreibt*:

»Ein Freund Beethoven's äußerte ihm, die Sonate sei zu lang, worauf dieser von ihm fürchterlich hergenommen wurde. Allein ruhigere Ueberlegung überzeugte meinen Lehrer bald von der Richtigkeit der Bemerkung. Er gab nun das große Andante in F dur, 3/8 Tact, allein heraus und componirte die interessante Introduction zum Rondo, die sich jetzt darin findet, später hinzu.

Dieses Andante hat aber eine traurige Rückerinnerung in mir zurück-gelassen. Als Beethoven es unserm Freunde Krumpholz und mir zum erstenmale vorspielte, gefiel es uns auf's höchste und wir quälten ihn lange, bis er es wiederholte. Beim Rückwege, am Hause des Fürsten Lichnowsky vorbeikommend, ging ich hinein, um ihm von der neuen herrlichen Composition Beethovens zu erzählen und wurde nun gezwungen, das Stück, so gut ich mich dessen erinnern konnte, vorzu-spielen. Da mir immer mehr einfiel, nöthigte mich der Fürst, es nochmals zu wiederholen. So geschah es, daß auch dieser einen Theil desselben lernte.

Um Beethoven nun eine Ueberraschung zu machen, ging der Fürst des anderen Tages zu ihm und sagte, auch er habe etwas componirt, welches gar nicht schlecht sei. Der bestimmten Erklärung Beethovens, er wolle es nicht hören, ungeachtet, setzte sich der Fürst hin und spielte zu des Componisten Erstaunen einen guten Theil des Andante. Beethoven wurde hierüber sehr aufgebracht und diese Veranlassung war Schuld, daß ich Beethoven nie mehr spielen hörte.«

Bisweilen enthalten derartige Berichte Informationen, die fundamentale Zweifel an ihrer Aussage zulassen. Diese erklären sich aus der Entstehungsgeschichte bereits der übernächsten Sonate: der *Appassionata* (ihr ist nur noch die knappe F-Dur-Sonate op. 54 vorausgegangen, in der ein »In tempo d'un Menuetto« bezeichneter Teilsatz bruchlos in ein Allegretto mündet).

»*Appassionata*«

Das *Andante favori* ist 1803 entstanden, 1804/05 folgte die *Appassionata*; und an das Entstehen von deren letztem Satz knüpft Ries nun bereits eine Rückerinnerung an ein weiteres Spiel Beethovens*: »Bei einem [...] Spaziergange, auf dem wir uns so verirrten, daß wir erst um acht Uhr nach Döbling, wo Beethoven wohnte, zurückkamen, hatte er den ganzen Weg über für sich gebrummt oder theilweise geheult, immer herauf und herunter, ohne bestimmte Noten zu singen. Auf meine Frage, was es sei, sagte er, ›da ist mir ein Thema zum letzten Allegro der Sonate eingefallen‹ (in F moll Opus 57). Als wir in's Zimmer traten, lief er, ohne den Hut abzunehmen, an's Clavier. Ich setzte mich in eine Ecke, und er hatte mich bald vergessen. Nun tobte er wenigstens eine Stunde lang über das neue, so schön dastehende Finale in dieser Sonate. Endlich stand er auf, war erstaunt, mich noch zu sehen, und sagte: ›Heute kann ich Ihnen keine Lection geben, ich muß noch arbeiten.‹«

Folglich hat Ries Beethoven durchaus nochmals spielen gehört; daß zwischen den beiden Berichten (von denen der zweite in Ries' Aufzeichnungen wohl eher zufällig vor dem ersten abgedruckt ist) eine Kluft liegt, ist klar. Doch das ist nicht allein Ries' Problem; vielmehr kann diese Berichte-Konstellation auch zeigen, daß Beethovens Um- und Nachwelt dazu neigte, Urteile zu verabsolutieren. Daß Beethoven zornig darüber war, daß Ries mit seinem Andante so leichtfertig umgegangen war, ist verständlich; daß Beethoven darauf besonders scharf reagierte, ist – letztlich auch nach den Plagiats-Sorgen aus den 1790er Jahren – konsequent. Ein »ich hörte ihn nie mehr spielen« erhöht aber natürlich die Drastik des Berichteten und auch den Anspruch des Berichtenden, zuvor zu Beethoven in einer besonders engen Beziehung gestanden zu haben. Der Nachwelt fällt es dann natürlich schwer, die Substanz eingehender zu prüfen; doch wenn Zeitgenossen an dem Mythos, der sich um Beethovens Person ergab, Korrekturen vornahmen, sollte dies insgesamt zu denken geben. So gibt es einen Bericht über eine Begegnung zwischen

Beethoven und dem französischen Geiger Pierre Baillot; dieser kam auf einer Konzerttournee nach Wien, und schon damals konnte er ein offenkundig klares (freilich ähnlich kolportiertes) Bild von den Persönlichkeitsstrukturen Beethovens dorthin mitbringen, das er aber nun anscheinend nicht mit seinen Eindrücken aus dem direkten Erleben zur Deckung bringen konnte*: »Das erste, was dem Franzosen auffiel, war, daß Beethoven gar nicht den bärbeißigen und finsteren Ausdruck hatte, wie er es nach den meisten Portraits erwartet hatte; ja er wollte sogar den Ausdruck von Gutmüthigkeit im Gesichte des Tonkünstlers wahrnehmen«. Der Bericht ist angezweifelt worden; doch er bewegt sich so weit aus der Standard-Sicht des 19. Jahrhunderts heraus, daß man sich kaum vorstellen kann, wie und weshalb jemand diesen Bericht erfunden haben sollte.

Eine andere Anekdote, die sich um die Entstehung der *Appassionata* rankt, ist ebenfalls problematisch. Während des Sommeraufenthalts 1806 bei Lichnowsky in Schlesien soll dieser etwas zu intensiv Beethoven zum Klavierspielen vor französischen Soldaten gedrängt haben. Beethoven habe das Schloß verlassen, sei schnurstracks in die nächste Stadt gezogen und von dort nach Wien gereist. Kurz nach seinem Aufbruch von Schloß Grätz aber habe ihn ein Unwetter heimgesucht; Folge daraus war, daß das Manuskript der noch nicht gedruckten *Appassionata* naß wurde*. Tatsächlich zeigt das Autograph der Sonate unübersehbare Wasserflecken; doch das braucht nicht zu bedeuten, daß Beethoven das Werk erst damals geschrieben hatte, sondern nur daß er das Manuskript eben mit sich führte.

Die *Waldstein-Sonate* schlägt einen Bogen zurück zu den elementaren Voraussetzungen für Beethovens Wiener Aufenthalt als solchem, und mit der Widmung weiterer Werke sichert Beethoven in jener Zeit seinen Stand ähnlich ab (die drei Klaviermärsche op. 45 dediziert er Waldsteins Cousine, der Fürstin Esterházy, die Ballettmusik *Die Geschöpfe des Prometheus* der Fürstin Lichnowsky, das G-Dur-Klavierrondo op. 51 Nr. 2 der Lichnowsky-Schwester Henriette). Auch die *Appassionata* kann zu einem Brückenschlag in Beethovens früheres Schaffen herausfordern: Sie ist nach der f-Moll-Sonate, die das Haydn gewidmete Opus 2 eröffnet, die zweite Sonate Beethovens in dieser Tonart. Dies fordert zu einem besonderen Vergleich heraus: In welcher Hinsicht hatten sich Beethovens Schaffens-Konstituenten seither grundsätzlich verschoben?

Daß die Themenanlage gegenüber der knappen in der frühen Sonate wesentlich breiter gelagert ist, braucht nicht zu verwundern; eigenartig ist aber, daß beide Anfangsthemen einander in ihrer Stellung ähnlich sind:

Allegro assai.

Beide enden auf einem Halbschluß, keines von ihnen kadenziert so, wie
man es von einem abgerundeten »Thema« erwartete; anschließend an
diesen Halbschluß setzt dann das Thema wieder neu ein (in beiden
Werken gleichermaßen in abgewandelter Form). Das Thema der *Appassionata* enthält dabei aber nicht nur längere oder mehr Glieder als das der
frühen f-Moll-Sonate; es ist auch im Rhythmischen sehr viel differenzier-
ter. Es fällt nicht schwer, die Anfangstakte als einen fast marschartigen
Vierertakt zu hören; doch Beethoven notiert einen Zwölf-Achtel-Takt –
also so, daß auf jeden der scheinbar vier Schläge drei Achtelwerte kommen. Damit erreicht er nicht nur auf weiten Strecken ein lebendigeres,
triolisches Pulsieren, sondern auch das Drängende, das im variierten
zweiten Einsatz des Themas (fortissimo) liegt: Linke und rechte Hand
schlagen Akkorde ähnlich zeitversetzt an wie zu Beginn der Sonate op. 31
Nr. 1; aber das Grundzeitmaß scheint außer Kraft gesetzt, weil Beethoven nicht etwa die vier Grund-Schläge im Takt (punktierte Viertel)
zeitversetzt eintreten läßt, sondern normale Viertelwerte zu je zwei Achteln (Notenbeispiel 11). Doch es ist allenfalls auf die Trägheit des Ohres
zurückzuführen, daß einem bis dahin das differenzierte Metrum des

171

Satzes entgangen ist. Ähnliches ergibt sich später daraus, daß Beethoven Sechzehntelbewegungen »abbremst«: Anstatt die Drei-Achtel-Gruppen arithmetisch »richtig« mit jeweils sechs Sechzehnteln zu belegen, schreibt er Quintolen (also nur fünf Noten pro »Schlag«; T. 81-90). Beethoven gibt folglich außerordentlich präzise Anweisungen; die metrischen Grundlagen und deren Anwendung auf den Rhythmus der Motivik wird von ihm homöopathisch fein dosiert. Demgegenüber wirkt selbst die frühe f-Moll-Sonate noch viel eher wie ein Standardwerk der Sonatentechnik.

Aus der Variationentechnik heraus – viel eher als aus der Sonatenhauptsatzform – läßt sich die Konzeption des Dur-Seitenthemas verstehen: Die Formenlehre postuliert für ein Seitenthema, daß sich aus ihm heraus ein Kontrast zum Hauptthema ergebe (der dann in der Durchführung ausgetragen wird und in der Reprise aufgehoben erscheint); doch hier liegt der Kontrast lediglich im Tonartlichen – im rhythmischen Profil erscheint dieses Thema fast eher als Variante der Satzeröffnung. Somit scheint es Beethoven hier darum gegangen zu sein, die Signalwirkung beider Themen aus deren Charakter heraus einander anzunähern. Die Signalwirkung auch des Seitenthemas ist damit deutlich stärker als in der frühen f-Moll-Sonate, in der das Seitenthema viel eher als eine momentane Zwischenstation in einem weiter ausgreifenden Modulationsprozeß wirken kann.

Dieser Modulationsprozeß folgt aber in der *Appassionata* eigenen Wegen – fast hat es den Anschein, daß Beethoven ihn in seinen sachlichtechnischen Grundlagen verschleiert. Auf das, was Beethoven zwischen der f-Moll-Anfangssphäre und der As-Dur-Seitenthemenposition schreibt, will der Begriff »Überleitung« nicht recht passen. Die Vermittlung zwischen beiden Bereichen übernimmt ein triolisch pochendes »Es« im Part der linken Hand des Pianisten; es wird überraschend früh eingeführt – zunächst pendelt die Stimmung noch zwischen der Grundtonart f-Moll und deren Dominante C-Dur, deren Durterz E dann unvermittelt von dem Es abgelöst und verdunkelt wird. Dieses Es seinerseits ist der Dominantton der Zieltonart As-Dur. Beethoven moduliert also an sich gar nicht; vielmehr wartet er wohl nur ab, bis sich das Ohr des Hörers an dieses Es gewöhnt hat, bis man also dessen logische Konsequenz gewissermaßen kritiklos hinnimmt. Zudem scheint über diesen Triolen die Tonalität aufgehoben zu sein; die abgerissenen, aus dem Zwölfachteltakt heraus so scharf profilierten Figuren scheinen kaum in einer Beziehung zu dem pulsierenden Basis-Es zu stehen. Man fühlt sich vielleicht an eine ähnliche Stimmung in Schuberts Heine-Lied *Die Stadt* erinnert (»Am fernen Horizonte / erscheint wie ein Nebelbild«; *Schwanengesang*, Nr. 11); die Klangwelt beider Werke, die man bei Haydn oder Mozart vergeblich sucht (ebenso in der »eigentlichen« musikalischen Romantik Mendelssohns, Schumanns oder Brahms'), führt den Hörer somit an Aspekte heran, die sich den musikgeschichtlichen Kategorisierungen entziehen – gewissermaßen in eine eigentümliche Wiener Frühromantik. Diese Klangwelt weist in Beethovens Schaffen eigenartig weit voraus: auf sein Spätwerk. Auch in diesem scheint die Tonalität streckenweise aufgehoben zu sein. Zudem operiert Beethoven auch in seinem Spätwerk mit so differenzierten Taktarten wie jener erst so allmählich wahrnehmbaren Zwölfachtel-Struktur. Die *Appassionata* zeigt darin schlaglichtartig, wie tief die Wurzeln dieses »Spätwerks« gründen – und wie wenig sich dies von den »mittleren« Werken abgrenzen läßt.

Anders als in früheren Sonaten verzichtet Beethoven in der *Appassionata* darauf, Teile des ersten Satzes zu wiederholen. Diese besondere Entscheidung läßt nun den Eindruck einer klareren tonartlichen Entwicklung auch aus den »Themen« heraus entstehen. In der Exposition stehen beide im normalen tonartlichen Verhältnis (f-Moll und zugehörige Durparallele As-Dur); doch in der Durchführung setzen sich Beethovens tonartliche Experimente aus den Sonaten op. 31 fort. In deren Reprisen setzte er ohne Rücksicht auf das tonartliche Ergebnis das Seitenthema um eine Quinte tiefer als in der Exposition, also auch dann, wenn damit die Grundtonart noch lange nicht erreichbar war; für die *Appassionata* wollte Beethoven aber offenkundig auf diese Quinttransposition des Seitenthemas nicht verzichten, obgleich in einer Moll-Sonate lediglich eine Terztransposition erforderlich ist (aus der Durparallele As-Dur in die Grundtonart f-Moll). Er verlagert den entsprechenden Des-Dur-Eintritt in die Durchführung; diesem ist dort allerdings ein Hauptthemen-Eintritt in e-Moll vorausgegangen. Die Tonart-Frage führt also zu einer besonderen Schärfung der klanglichen Verhältnisse.

Völlig »ausgeglichen« im Sinne der Sonatenform wird das tonartliche Spannungsverhältnis dann aber auch in der Reprise nicht: Das Seitenthema ist anders als in einer Dur-Stimmung für Beethoven nicht zu denken. Und so leitet nun jener Abschnitt über dem triolisch pochenden, konstanten Ton vom f-Moll-Hauptthema zu einem F-Dur-Eintritt des Seitenthemas über; hier stehen beide einander folglich gegenüber wie Minore und Maggiore eines Variationenzyklus. Doch damit ist der Schlußpunkt nicht erreicht: Über eine Des-Dur-Variante im weiteren

Verlauf und eine weitere As-Dur-Form in der »Più-Allegro«-Stretta gerät das Seitenthema in weitere signalhafte Positionen – und es ist damit zu Satzende wieder in der tonartlichen Stellung angelangt, in der es in der Exposition eingeführt worden ist. Auch dies zeigt, wie wenig sinnvoll für Beethoven der starre Gedanke an eine philosophisch-inhaltliche Überhöhung sonatenhafter Prinzipien (These-Antithese-Synthese) gewesen sein kann.

Variationenprinzipien begegnet man daraufhin auch im Mittelsatz, der unvermittelt in einen dissonanten Schluß mündet; aus ihm heraus wächst dann fast bruchlos der Schlußsatz heraus, von dessen Entstehung auf jenem Döblinger Spaziergang Ferdinand Ries ein früher Zeuge gewesen sein will. Der Aspekt, daß der Satz keinen »eigentlichen Anfang« hat, erinnert an entsprechende Formexperimente in den Sonaten op. 31; hier mag er zudem dazu geführt haben, daß die erste Hälfte des Satzes (entgegen der zeitüblichen Praxis) nicht wiederholt werden kann – wo sollte die Wiederholung ansetzen? Beide Sätze zugleich führen schließlich zu einem eigenartigen tonartlichen Ergebnis: Sie stehen in As-Dur und f-Moll (ebenso wie die »normal« positionierten Themen des Anfangssatzes); trotz aller gewagter harmonischer Konstruktionen hat Beethoven die Sonate tonartlich auffällig geschlossen angelegt.

So nimmt die *Appassionata* Tendenzen in sich auf, die in den vorausgegangenen Werken ähnlich anzutreffen sind; andererseits werden aus ihnen heraus plötzlich auch Gestaltungsmuster erkennbar, nach denen die stilistische Fortentwicklung bis hin zum »Spätwerk« offenzustehen scheint. Vom Standpunkt menschlicher Entwicklung her betrachtet, ist dies nicht besonders erstaunlich; nur die allzu schroffe Kategorisierung von Beethovens Schaffen stünde in Widerspruch zu diesem Gedanken einer »folgerichtigen« Entwicklung des »Spätwerks« aus Vorausgegangenem. Bemerkenswert ist aber, wie kurz der Zeitabstand zwischen Beethovens kolportierter Absicht, einen »neuen Weg« einschlagen zu wollen (um 1802/03), und dem Erreichen jener scheinbar »späten« Stilebene ist: Schon im Sommer 1804 scheint die Sonate in ihren Grundzügen fertiggewesen zu sein (am 26. August bot Beethoven sie dem Verlag Breitkopf & Härtel an – vielleicht, wie öfters, ohne daß das Werk wirklich völlig vollendet war), gerade ein oder zwei Jahre nach jenem »Entschluß«.

7. Kapitel

Leonore – Fidelio

Dramatische Musik

Der historische Kontext

Die Ballettmusik *Die Geschöpfe des Prometheus* op. 43, die am 28. März 1801 im Burgtheater uraufgeführt worden war, hatte Beethoven zu einem vielversprechenden Bühnenkomponisten gemacht. Zwar hatte man der Ballettmusik vorgeworfen, daß die Dimensionen alle ein bißchen zu groß geraten seien – aber von einer entsprechend gearteten Oper konnte man demnach anscheinend ein rundum befriedigendes Ergebnis erwarten*. Zudem hatte das Ballett Erfolg: 1801/02 wurde es insgesamt 23 Male aufgeführt. Am 23. November 1802 schrieb dann Carl van Beethoven (in seiner Funktion als Sekretär des Bruders) an den Musikverleger Johann André, sein Bruder könne eine Sinfonie und ein Klavierkonzert zum Druck anbieten (»die Zweite« und »das Dritte«); ferner teilte er André mit, sein Bruder komponiere derzeit nur »Oratorien, Opern etc.« Beide Gattungen standen in aufführungspraktischem Zusammenhang zueinander: Oratorien konnten Opern in opernloser Zeit ersetzen, insbesondere in der Fastenzeit. Und tatsächlich stand am Ziel dieser Arbeit das Oratorium *Christus am Ölberge*, das am 5. April 1803 uraufgeführt wurde – in einem Beethoven-Konzert im Theater an der Wien.

Diese Institution war in mancher Hinsicht revolutionär: Sie trat von vornherein mit dem Anspruch einer Konkurrenz zum Hoftheater auf. Die Bühne hatte Emanuel Schikaneder 1799 am namengebenden Fluß der Kaiserstadt gegründet. Er, der zunächst Mitglied einer reisenden Schauspielergesellschaft gewesen war (als solcher hatte Mozart ihn 1780/81 in Salzburg kennengelernt), hatte konkrete Erfahrungen mit dem Innenleben des Wiener Theaterbetriebs zunächst als Leiter des Theaters im »Starhembergschen Freihaus auf der Wieden« gesammelt (ohne jenen

Konkurrenzanspruch), das Bestandteil eines steuerbegünstigten Wohnblocks mit 225 Wohneinheiten war und für diese Trabantenstadt gewissermaßen als Sozialeinrichtung figurierte. Jeder Besucher wußte, daß ihn dort eine Kost erwartete, die zumindest leicht verdaulich sein konnte (daß sie dennoch auch Tiefgang haben konnte, zeigt etwa Mozarts *Zauberflöte*). Mit dem Theater an der Wien rückte Schikaneder dann direkt an den Südrand der Inneren Stadt; offenkundig ungewollt leistete er dort nun einen wesentlichen Beitrag dafür, daß das Wiener Publikum eine Neigung für die zeitgenössische französische Oper entwickelte (mit Luigi Cherubinis *Der Wasserträger* 1802 als Schlüsselereignis).

Im Januar 1803 war Beethoven zum Theaterkomponisten dieser Institution ernannt worden, bezog in ihr (gemeinsam mit seinem Bruder Carl) eine Dienstwohnung, und daß er nun für ein Benefizkonzert in diesem Theater jenes Oratorium schrieb, ist nur folgerichtig. Vom Sommer an zielen dann die Pläne Schikaneders und Beethovens auf eine Oper *Vestas Feuer* ab; gegen Jahresende trat Beethoven von diesem Plan zurück, und fortan wurde ein Ersatz-Projekt ventiliert: *Leonore* (später: *Fidelio*). Damit war der Grund für eine rund zehnjährige, schicksalhafte Beschäftigung Beethovens mit diesem Stoff gelegt.

In knappen Daten läßt sich die Entwicklung folgendermaßen zusammenfassen: Anfang 1804 wird Joseph Sonnleithner, der die zu vertonende Textfassung erarbeitet, ans Hoftheater abgeworben; außerdem endet Beethovens Vertrag, ohne daß die Oper abgeschlossen ist, und Schikaneder wird eine Zeitlang aus dem Theaterbetrieb ausgebootet. Das Projekt wird im August dann wieder aufgegriffen; ein Jahr später ist die Oper fertig, doch die Uraufführung scheitert zunächst am Einspruch der Zensur. Sonnleithner gelingt es, die Zensurbehörde zur Rücknahme ihrer Entscheidung zu bewegen, und am 20. November 1805 geht die Oper erstmals über die Bühne, eingeleitet von der 2. Leonoren-Ouvertüre (die erste hatte Beethoven bereits im Vorfeld – auf Rat eines Freundeskreises, den er deshalb befragt hatte – zurückgezogen). Doch Wien wird in jener Zeit von anderen Sorgen bewegt: Seit einer Woche ist die Stadt von Franzosen besetzt. Und so hat die Oper keinen Erfolg; schon nach der dritten Aufführung (am 22. November 1805) verschwindet sie vom Spielplan. Damit ist die erste Etappe abgeschlossen; manch anderes Werk hätte darüber hinaus keine Chance gehabt.

Doch Stephan von Breuning, Beethovens Freund schon aus Bonner Zeit, versuchte daraufhin die Handlung zu straffen; und nach vier Monaten, am 29. März 1806, ging auch diese Version (eingeleitet von der

Ouvertüre »Leonore III«) über die Bühne des Theaters an der Wien. Der Erfolg war kaum größer als vorher; und nun schien *Leonore* tatsächlich zunehmend aus dem Gesichtskreis ihres Komponisten zu geraten, bis Anfang 1814 – auf einer neuen Erfolgswelle Beethovens – die dritte und letzte Fassung des Werks entstand: für die Wiederaufnahme am 23. Mai 1814 im Kärntnertortheater (etwa an der Stelle der heutigen Staatsoper gelegen). Drei Tage später erklang dort auch die »definitive« Ouvertüre (»Fidelio«) zum ersten Mal.

Beethovens Gesamtsituation der Zeit um 1804/05 zeigt, daß er keineswegs alle seine Kraft auf das Opernprojekt verwendet hat: Er fand vielmehr auch Zeit, Werke wie die *Eroica* oder die *Waldstein-Sonate* zu komponieren. Zudem: Schon bald nach dem Fehlschlag auch mit der zweiten Version wandte sich Beethoven auch anderen dramatischen Projekten zu (von ihnen soll im 11. Kapitel die Rede sein); besonders ernüchternd scheint das Mißlingen langfristig nicht gewirkt zu haben. Und

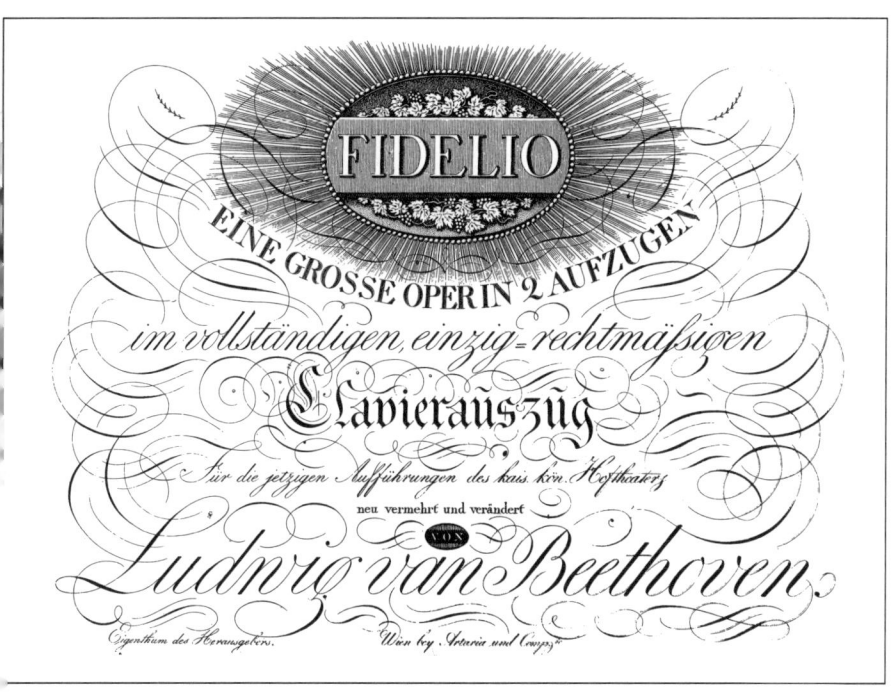

»Fidelio«, Erstdruck des Klavierauszugs, Titelblatt

dennoch: Die Rettungsversuche für das Werk werden (so sehr sich Beethoven aufgrund seiner künstlerischen Erwägungen ihnen zunächst jeweils widersetzt) mit aller Kraft ausgeführt; im Grunde genommen setzt sich damit ein Vorgehen fort, wie es sich in der frühen Wiener Zeit Beethovens äußert – der Versuch, neue Erfahrungen in einen »alten« Werkkontext einzubringen.

Abgesehen von den tagespolitischen Problemen, die sich *Fidelio* in den Weg stellten (Einspruch der Zensur, französische Besatzung), lagen Probleme auch auf anderen Ebenen: in der Gattung allgemein, ebenso allgemein in Beethovens Behandlung dramatischer Konzeptionen, schließlich – spezieller – in der literarischen Vorlage. Jene drei allgemeineren Aspekte seien im folgenden einzeln beleuchtet; erst auf dieser Grundlage sei eine Würdigung des Gesamtwerks versucht.

Probleme des Singspiels

Leonore und *Fidelio* sind gleichermaßen aus den Sprachformen des deutschen Singspiels heraus entwickelt: aus einem Abwechseln von gesprochenem Dialog und Gesangsnummern. Schon an dieser Stelle beginnen die Probleme der Gattung: Wenn für ein Stück die gesprochenen Dialoge zwangsläufig das dramatische Rückgrat sind, muß jede einzelne musikalische Einlage eigens legitimiert werden. Hierfür gibt es prinzipiell zwei Lösungen. Erstens: Man läßt nur dann einen gesungenen Satz eintreten, wenn der Handlungsinhalt dies erfordert – etwa dann, wenn eine der Bühnenfiguren aus dramatischen Gründen ein Lied zu singen hat. Dies ist sogar im Schauspiel denkbar; so läßt Goethe in *Faust* Gretchen das Lied »Es war ein König in Thule« singen, während sie sich zur Nachtruhe vorbereitet. Eine zweite solche Möglichkeit ergibt sich, wenn mehrere Akteure gleichzeitig als Gruppe sprechen sollen; man kann sie dann einen Chor singen lassen. Schon etwas weiter geht eine dritte Möglichkeit: Musik kann auch dann in ein Schauspiel eindringen, wenn auf der Bühne eine Zeitlang nicht gesprochen werden, sondern einfach in einer bestimmten Stimmung Zeit verstreichen soll; so sieht man in *Faust* Gretchen eine Szene lang allein auf der Bühne am Spinnrad sitzen, und sie singt lediglich ein Lied vor sich hin, das freilich ihre aktuelle Situation treffend spiegelt (»Meine Ruh ist hin, mein Herz ist schwer«). Diesen Effekt hat Mozart etwa in der *Entführung aus dem Serail* umgesetzt, indem er Osmin für die Zeit, die dieser wohl mit dem Feigenpflücken zubringen wird, ein Lied (aber eben ein Lied) anstimmen läßt. Diese Orientierung an den musikalischen Bedürfnissen eines Schauspiels ist der eine Traditionszweig, aus dem heraus die Singspieltechnik ihre musikalischen Nummern legitimieren konnte. Der zweite hat eher formale als inhaltliche Hintergründe: In Opern des 18. Jahrhunderts steht eine Arie in der Regel am Szenenschluß, oftmals unmittelbar vor dem Abgang der Figur, die sie singt; das vorausgegangene Rezitativ hat dann dazu gedient, eine Handlungssituation zu etablieren, die anschließend in der Arie musikalisch noch ausführlicher beleuchtet werden soll.

Ein Singspiel wird in der Regel nicht als literarische Gattung verstanden, sondern als musikalische; entsprechend hatte sich die Gattung auch davon gelöst, lediglich eine besonders große Dichte von dramatischen Situationen zu schaffen, in denen das Singen (eines Liedes, eines mehrstimmigen Satzes) dramatisch notwendig ist, sondern man war vielmehr dazu übergegangen, das Singspiel aus den bestehenden Operngattungen heraus zu interpretieren. Einen wesentlichen Aufschwung nahm diese Bewegung nun aus der traditionellen Opera seria, in der die formbezogene Regel »Arie am Szenenschluß« galt – und diese Konzeption wurde daraufhin aus der italienischen Opera seria in die deutsche Dramatik transformiert. Deren Texte waren in ihrer Funktion, nicht nur Libretti zu sein, sondern auch Literatur, allgemein anerkannt; ihr wichtigster Schöpfer um die Mitte des 18. Jahrhunderts, Pietro Metastasio, war auch im engeren Sinne als Dichter international hochgeachtet. Seine Dramen basieren darauf, daß die Handlung selbst in den (teilweise beträchtlich langen) Rezitativen liegt und während der Arien stillzustehen scheint – diese geben damit dem Komponisten die Möglichkeit, den an der jeweiligen Stelle erreichten Grundaffekt (Erregung, Zorn, Rachegelüste, Liebe) musikalisch auszubreiten, und dem Sänger, seine stimmlichen Fähigkeiten darzustellen. Damit wandelte sich die Opernbühne für die Dauer der Arie zu einem Pendant eines Konzertpodiums: Der Sänger konnte sich ebenso ungestört der Musik hingeben wie ein Instrumentalist in einem Solokonzert.

Deutsche Dramatik der Zeit um 1800 verlief aber in anderen Bahnen; der literarische Anspruch zielte an den musikalischen Formen der Arie vorbei und ließ eben allenfalls das (dramatisch begründete) Lied zu. Zwar zeigt die Geschichte, daß es möglich ist, auch aus Schillers *Don Carlos* (1787) ein Opernlibretto zu gewinnen (für Giuseppe Verdi); doch in Dramen wie Lessings *Nathan der Weise* (1779), Goethes *Torquato Tasso* (1790), Schillers *Wallenstein* (1798/99) und Kleists *Amphitryon* (1807) ist die Kategorie »Arie« nicht vorgesehen, geschweige denn ein Normalbestandteil. Im Singspiel stellte sich daher einerseits die musikbezogene Grundhaltung ein, daß man nach dem Ende eines Satzes auf den nächsten wartete; andererseits aber konnte es nicht ausbleiben, daß man den dramatischen Ertrag letztlich auch am deutschen Sprechtheater maß. Daß dabei das deutsche Singspiel langfristig schlechter wegkam (auch schlechter als die in sich gewachsene Konzeption des italienischen »Opern-Dramas«), ist kein Wunder.

Zudem: Im zu Ende gehenden 18. Jahrhundert verstärkte sich die Kritik an den traditionellen Konzepten der Opera seria; allzusehr fiel ins Gewicht, daß die musikalischen Bestandteile den Handlungsfortgang auch in dramatisch widersinniger Weise aufhalten können. Dieses Phänomen konnte sich aber im deutschen Singspiel in gleicher Weise ergeben; wie man die Probleme in beiden Gattungen umgehen kann, zeigt Mozart in der *Zauberflöte* und in *La clemenza di Tito* praktisch gleichzeitig – durch Verzicht auf allzu weiträumige, formgebundene Textwiederholungen oder dadurch, daß die musikalischen Sätze wenigstens in einem einzigen Aspekt über das hinausgehen, was zuvor in Rezitativ oder Dialog erreicht worden ist. Dies erforderte eine sensible Transformationsbereitschaft; Mozart als erfahrener Opernkomponist verfügte über sie – doch er hatte sie anderen auch voraus. Musikalische »Längen« im deutschen Singspiel wären somit in der Zeit vor 1800 wohl nicht allzu sehr ins Gewicht gefallen, weil sie auch aus der italienischen Oper heraus verstanden werden konnten; die zunehmende Verbreitung der Tradition des »klassischen« deutschen Schauspiels vergrößerte aber für das deutsche Singspiel die Kluft, die man auch in der italienischen Oper zwischen Handlungs- und Musikanspruch sah. Doch eine andere Gattung, in der man irgendetwas Opernhaftes hätte schaffen können, stand im deutschen Sprachraum – unter dem national aufgeheizten Klima der Zeit – nicht zur Verfügung. Wer also eine Oper schreiben und dies nicht im italienischen (oder französischen) Stil tun wollte, dem blieb keine andere Wahl, als sich den Singspiel-Problemen zu stellen. Letztlich kam es folglich auf die Detailrealisierung an.

Welche Erfahrungen brachte Beethoven für das Schreiben der dramatischen Musik des *Fidelio* mit – aus eigenem Umgang mit dieser, aber auch aus dem Umgang mit orchesterbegleiteter Vokalmusik? Beides ist gleichermaßen wichtig: Auf der einen Seite steht also das, was Beethoven an rudimentär Bühnenwirksamem in den *Geschöpfen des Prometheus* oder im Bonner *Ritterballett* für den Grafen Waldstein kennengelernt hatte; doch in beiden Fällen handelt es sich um Musik zu einer Bühnenhandlung, die ohne vokale Anteile auskommt. Daher muß man auch den Wurzeln der entsprechenden Vokalmusik-Aspekte nachgehen. Andererseits hatte Beethoven 1790 in seiner Kantate auf den Tod Josephs II. eine zwar spannungsreiche Musik geschrieben, aber keine »dramatische« im engeren Sinne. Sie ist aus den Grundstrukturen der Textauffassung heraus mit Bühnenverhältnissen nur schwer vereinbar; dieser Anforderung brauchte sie sich ohnehin ja nicht zu stellen. Auf beiden Feldern reichen die Erfahrungen Beethovens bis in seine Bonner Zeit zurück.

In der unmittelbar darauffolgenden Zeit hatte er reiche Gelegenheit, sich mit dramatischer Musik zu beschäftigen, sei es zunächst in Bonn, wo ja erst 1789 ein Musiktheater-Betrieb institutionalisiert wurde, sei es in den späteren 1790er Jahren in Wien – dort einerseits im Miterleben des Opernbetriebs, andererseits im Unterricht bei Antonio Salieri. Daß Beethoven von Salieris anerkannten Fähigkeiten als Komponist dramatischer Musik profitieren wollte, bezeugen die Studien-Notate, die sich aus dem Unterricht erhalten haben. Aus ihnen wird zunächst deutlich, wie schwierig für Beethoven (der in seinem Leben nie nach Italien kam) der Einblick in die Sprachstrukturen des Italienischen war: Wortbetonungen und Sinnzusammenhänge setzt er nicht korrekt, und Salieri korrigiert seine Lösungen. Besonders unbeholfen geht Beethoven mit dem Rezitativ-Regelwerk um: Dessen Phrasen richtet man in der Regel so ein, daß sie auf dem ersten oder dritten Schlag eines Taktes auslaufen können; den Beginn einer Phrase muß man folglich so setzen, daß dieses Ziel angemessen erreicht wird. Salieris Korrekturen zeigen dabei jeweils, um wieviel souveräner man mit dieser knappen Regel umgehen kann, als Beethoven es tut.

Salieri selbst stammte aus der Welt der typischen italienischen Opernformen des 18. Jahrhunderts. Er war kein typischer Komponist der Opera seria, sondern profilierte sich wesentlich auch auf dem heiteren Gegen-Gebiet der Opera buffa (sogar unter Verwendung Goldonischer

Komödientexte), und er hat sich von vornherein mit den Reformversuchen der italienischen Oper auseinandergesetzt: Schon seiner ersten Oper, *Le donne letterate* (1770), liegt ein Libretto von Raniero de' Calzabigi zugrunde, der in den 1760er Jahren gemeinsam mit Christoph Willibald Gluck die berühmten »Gluckschen Opernreformen« durchgeführt hatte. Auch den neuen Impulsen, die aus dem zeitgenössischen Frankreich auf die italienische Oper kamen, stand Salieri aufgeschlossen gegenüber; sein wirkungsvollster eigener Beitrag hierzu war *Tarare*, eine Beaumarchais-Vertonung, die er 1787 in Paris uraufführte und die 1788 für Wien als *Axur, Re d'Ormus* gewissermaßen teil-italianisiert wurde. Schließlich leistete er 1799 mit einem *Falstaff* einen frühen Beitrag zum Themenkreis »Shakespeare und die Oper«.

Dennoch: Auch eine Literaturoper wie jener *Falstaff* ließ sich nur dann auf die Bühne bringen, wenn aus der ursprünglichen literarischen Dramenkonzeption heraus eine Opernkonzeption geworden war, in der eine Anordnung der Handlungselemente als Rezitativ und Arie gewährleistet war. Auf diese Weise ergab sich keine Konkurrenz zum Sprechtheater; vielmehr wurde einer der Ansprüche auch der traditionelleren italienischen Oper erfüllt, nämlich Bildungsinhalte an ein breiteres Publikum zu vermitteln (im Grunde genommen ist das ein ähnlicher Ansatz wie die Literaturverfilmung des 20. Jahrhunderts). Salieris Unterricht für Beethoven müßte also eine gute Vorbereitung dafür gewesen sein, italienische Opern im Stil der Zeit zu schreiben; eine Vorbereitung für Singspielkomposition (die von Salieri nicht zu erwarten war) hätte auf einer anderen Ebene liegen müssen.

Beethoven ist den Anregungen, die Salieri ihm bot, durchaus gefolgt: Traditionell ordnet man dem weiteren Umkreis des Unterrichts bei diesem einen Großteil von Beethovens italienischsprachigen Kompositionen zu, in deren Mittelpunkt die zwölf mehrstimmigen italienischen Gesänge (ohne Begleitung) WoO 99 stehen. Zehn der zwölf Texte stammen aus Dichtungen Metastasios; deutlich wird also, daß Salieri (der für die Textwahl zumindest indirekt verantwortlich sein dürfte) von einer Vorbildfunktion der metastasianischen Dichtung ausging, wenn er einen Schüler an italienische Operntechniken heranführen wollte (aus dem gleichen Grund schrieb auch noch 1833 Nicolo Vaccai seine bis heute gebrauchten Gesangsübungen *Metodo pratico* allesamt auf Dichtungen Metastasios). Ohne Salieris Unterricht wären aber auch die italienischen »Szenen« kaum denkbar, die Beethoven schrieb und von denen diejenige für Sopran *Ah, perfido! – Per pietà non dirmi addio* die bekannteste ist (nicht zuletzt deshalb, weil sie als einzige schon zu Beethovens Lebzeiten gedruckt wurde: 1805 als Opus 65).

Komponiert wurde das Stück bereits 1796 in Prag, auf der Nord-Reise mit Lichnowsky, und in deren Verlauf wurde sie am 21. November 1796 in Leipzig uraufgeführt. Der Text stammt aus zweierlei Quellen: Das Rezitativ ist Metastasios Drama *Achille in Sciro* entnommen, das 1736 anläßlich der Hochzeit zwischen der nachmaligen Kaiserin Maria Theresia und Franz I. Stephan von Lothringen erstmals aufgeführt worden war (in Wien in Vertonung von Antonio Caldara); der Arientext ist die Dichtung eines Unbekannten. Daß hier Beethoven intensiv auf Textsuche gegangen war, ist kaum denkbar, sondern viel eher, daß in irgendeiner der bis dahin dreißig nachweisbaren Vertonungen des Dramas irgendwann einmal die Arie, die Metastasio auf das Rezitativ folgen läßt, gegen eine andere ausgetauscht wurde und Beethoven ein Libretto dieser Aufführung benutzte.

Beethoven wird nie geplant haben, die Arie zu einer Oper *Achille in Sciro* zu komplettieren; sie wird für ihn von vornherein eine Konzertarie gewesen sein. Da in der metastasianischen Oper die Handlung während der Arien stillstehen konnte, um in ihrer aktuellen Situation eingehender beleuchtet zu werden, ergab sich prinzipiell die Möglichkeit einer konzertanten Aufführung; Anforderungen, die eine Arie zu erfüllen hatte, beschränken sich dann allenfalls noch darauf, daß in ihr nicht allzu viele Handlungselemente unterschwellig angelegt sind – daß der Sänger also nicht allzu offensichtlich einen Statisten auf der Bühne bräuchte, den er ansprechen könnte oder auf dessen Gefühlsregungen er in Rezitativ oder Arie reagiert.

Vor diesem Hintergrund betrachtet, führte Beethovens Entwicklung als Komponist dramatischer Musik nicht zwingend darauf hin, daß er ein deutschsprachiges Werk wie *Fidelio* schrieb. Mit seinen Erfahrungen im Komponieren konzertanter Arien, mit seiner Ausbildung an metastasianischer Oper und mit seinem Herangehen an den Text der Josephs-Kantate erscheint Beethoven vielmehr mindestens ebensosehr als ein geradezu idealer Komponist für die nachmetastasianische italienische Oper; mit »epischen« Vertonungspraktiken hätte er deren Textverhältnissen ungehindert nachgehen können. Die Komposition *Ah, perfido! – Per pietà non dirmi addio* zeigt dies in geradezu exemplarischer Weise.

Das Werk ist dreisätzig: Eröffnet wird es von einem ausgedehnten Rezitativ, in dem Beethoven die dramatischen Potentiale zwar deutlich besser beherrscht als in dem Rezitativ aus der Josephs-Kantate, das im ersten Kapitel eingehender beschrieben worden ist, in dem aber immer noch eher eine Orchester-Lastigkeit als eine Handlungsbezogenheit zu konstatieren ist. Auch hier noch entsteht der Eindruck, daß die Gesangsanteile eher dort eingeschoben werden, wo der Orchestersatz dazu Freiräume läßt, als daß dieser als möglichst stimmungsbezogene Überbrükkung zwischen den einzelnen Wort-Ton-Beiträgen des Sängers diente. Dann wird die eigentliche Arie mit einem ausgedehnten Adagioteil eröffnet (»Per pietà non dirmi addio«); sie mündet in einen Schlußteil, in dem aufgewühlte Allegro-assai-Anteile mit lyrischeren Più-lento-Teilen abwechseln. Die Tempo- und Stimmungskategorien sind aus dem Text abgeleitet; im Allegro vertont Beethoven folgenden Text:

> *Ah crudel! tu vuoi ch'io mora!*
> *Tu non hai pietà di me?*
> *Perché rendi a chi t'adora*
> *Così barbara mercè?*

Auf deutsch: Ach, Grausamer, du willst, daß ich sterbe! Hast du denn kein Mitleid mit mir? Warum hast du für die, die dich verehrt, nur einen so grausamen Lohn?

Darauf folgt nun jener lyrischere Teil:

> *Dite voi, se in tanto affanno*
> *non son degna di pietà?*

Auf deutsch: Sagt, verdiente ich nicht in einem solchen Kummer eher Mitleid?

Problem einer solchen Anlage ist, daß der lyrischere Teil nach dem aufgewühlteren kaum einen wirkungsvollen Schluß ergeben kann; dennoch konnte Beethoven nicht umgehen, die Arie mit dem Text jenes lyrischeren Teils zu beenden. Er geht mit dieser Vorgabe souverän um: Zunächst schreibt er eine zweiteilige Arie, geht also zweimal von »Ah crudel« aus und steigert beim zweiten Durchgang den affektiven Gehalt (so genügt ihm nun nicht mehr nur ein Hinweis auf die »barbara mercè«, sondern er wiederholt das Adjektiv »barbara« zweimal und hebt es damit besonders hervor); an den lyrischen Teil fügt er dann eine schnelle Coda an, in der er die Musik mit virtuosen Mitteln verbreitert – obgleich ihr ebenfalls jener »lyrischere« Text zugrundeliegt. Diese Coda führt zu einem wirkungsvollen, applaus-trächtigen Höhepunkt – doch auf dem Ton, der den Schluß des Vokalteils bedeuten könnte, gibt er dem Orchestersatz mit einer überraschenden harmonischen Wendung eine neue

Richtung. Nochmals folgt ein Rückblick auf die lyrische Welt, die ja eigentlich mit jenem Schluß-Text verbunden ist, und fast überraschend knapp gelangt Beethoven dann mit ein paar Allegro-Takten zum endgültigen Schluß. Beethoven geht den konzertanten Möglichkeiten dieser Arientechnik also tatsächlich nach; er widmet sich den gegensätzlichen Grundstimmungen in aller Deutlichkeit. Doch bleibt – ähnlich wie in der Josephskantate – die Bühnenwirksamkeit auf der Strecke. Das ist in einer Konzertarie kein Mangel; damit betont Beethoven eben auch in diesem opernbezogenen Text eher die konzertanten als die dramatischen Elemente.

Handlungskonzeption

Was aber geschieht, wenn man diese konzertante Arientechnik ins deutsche Singspiel überträgt? Man darf auf dieser Grundlage von Beethoven durchaus erwarten, daß er besonders eindrucksvolle Situationsporträts schreibt; doch die Gefahr, daß seine Musik den dramatischen Fortgang der Dialoge aufzuhalten scheint, oder die, daß die gesprochenen Dialoge den Genuß musikalisch-konzertanter Einzelsätze stören könnten, liegt auf der Hand. Abstrakt gesprochen, forderte das Drama von einem Komponisten regelrecht derartige Situationsporträts; im Kontext der dramatischen Prinzipien der Zeit mag aber gerade dies als nicht ideal gegolten haben.

Die Geschichte des *Fidelio* ist schnell erzählt: Unter diesem Namen und als Mann verkleidet, tritt Leonore, die Frau des aus obrigkeitlicher Willkür in schwerster Kerkerhaft gehaltenen Florestan, in den Dienst des Gefängnisses, in dem dieser dem Tod entgegen schmachtet. Sie wird somit Zeuge, als Pizarro, der für Florestans Zustand verantwortlich ist, den Gefangenen aus dem Wege zu räumen versucht, noch ehe der Minister (als Pizarros Vorgesetzter) an den Ort der Handlung gelangt, um der Willkür ein Ende zu setzen. Leonore demaskiert sich und wirft sich zwischen Täter und Opfer, als Pizarro zum Todesstoß ausholt. In dem Moment ertönt das Signal, das die Ankunft des Ministers verkündet; Pizarros Regiment ist am Ende, die Gefangenen werden befreit.

In dramatischer Hinsicht ist der Stoff problematisch: Er hat in sich selbst zunächst keine Handlung, sondern rankt sich um ein nur knappes Ereignis, das sich in Florestans Kerker abspielt. Ebenso momenthaft war auch der Anlaß, der überhaupt erst zu der dramatischen Vorlage führte: Der Dichter, Jean-Nicolas Bouilly, verschmolz, wie David Galliver gezeigt hat*, mehrere Revolutions-Erlebnisse, die er 1793 im Raum Tours gehabt hatte, miteinander zu einer umfassenderen Geschichte. Die Handlung entsteht also praktisch erst aus dem Beiwerk, das die Voraussetzungen und Folgen des einen Ereignisses darstellt. Somit hat man in Beethovens Oper zunächst zu begreifen, daß Leonore als Mann verkleidet ist (also daß sie nur für einen Teil der Oper eine Hosenrolle ist). Die Probleme, die einem solchen Rollentypus anhaften, werden an einer weiteren weiblichen Figur entwickelt (Marzelline): darin, daß sich Marzelline in den Verkleideten verliebt, weil sie nicht weiß, daß Fidelio eine verkleidete Frau ist. Marzelline als Opernfigur hat also eine Funktion, die direkt aus derjenigen Leonores abgeleitet ist; man soll erleben können, daß Leonores Verkleidung gut genug ist, und außerdem ergeben sich aus der Liebe Marzellines »zu Fidelio« bühnenwirksame Konflikte für Leonore. Damit nicht genug: Marzelline wird fest in das Handlungsgefüge integriert. Da Leonore sich bei dem Kerkermeister Rocco verdingen muß, um überhaupt in Florestans Kerker gelangen zu können, war es naheliegend, jene Marzelline ebenfalls auf diesen Handlungsraum zu beziehen – sie entfaltet ihre Funktion für das Leonoren-Drama als Roccos Tochter. An sich ist Marzelline als Nebenrolle damit genügend definiert, doch mit ihr verbindet sich noch ein weiteres Detail: Sie hat auch einen »eigentlichen« Liebhaber, den Pförtner Jaquino, mit dem das Drama den Vorgang des Sich-Verliebens dem Publikum besonders deutlich zu machen versucht.

All diese Aspekte, die sich um Marzellines Rollenprofil ergeben, bilden den Start des Dramas; sie werden außerordentlich breit abgehandelt – in den ersten fünf Nummern der Oper. Ähnlich breit wird daraufhin die Spannung Pizarro-Florestan dargelegt: Pizarro tritt auf und sieht die eingegangene Post durch; ein Schreiben kündigt ihm – als Indiskretion – die Ankunft des Ministers an, der von den Machenschaften Pizarros gehört hat und diesen daher mit einem Kontrollbesuch überraschen will. Pizarro sieht in Sachen Florestans daher Handlungsbedarf: Ehe der Minister eintrifft, muß jener noch aus dem Wege geräumt werden. Sein Versuch hierzu wird aber verzögert: Zunächst gelingt es Leonore, Rocco die Erlaubnis abzuringen, daß die Gefangenen aus den Verliesen, die über den Erdboden gelegen sind, einen Spaziergang am Tageslicht unternehmen dürfen. Unter den Gefangenen kann sie ihren Florestan nicht entdecken; die Gewißheit, daß es sich bei Pizarros Gegenspieler um ihren Mann handele, wächst also. Unter dramatischen Aspekten betrachtet, werden in diesen beiden Teilabschnitten (mit denen der erste Akt der

Endfassung schließt) also nur die unmittelbaren Startbedingungen für die eigentliche Handlung etabliert – konkreter als darin, daß man die Verkleidung Leonores von mehreren Seiten beleuchtet, aber immer noch nicht so konkret, daß die Handlung wirklich anliefe.

In dieser befindet man sich erst daraufhin: Leonore und Rocco steigen in das tiefste Gefängnis hinab und heben in der Zisterne das Loch aus, in dem Florestan nach der Tötung durch Pizarro verscharrt werden soll. Zwischen Florestan und den beiden Kerkerbediensteten kommt es zum Dialog, der zu einer Erkennungsszene führt (einseitig: Florestan kann Leonore – in ihrer Fidelio-Verkleidung – nicht restlos identifizieren, diese aber jenen durchaus). Pizarro kommt hinzu, Leonore vereitelt die geplante Tat, das Signal kündigt die Ankunft des Ministers an; ein Liebesduett zwischen Leonore und Florestan wird freigesetzt, der Minister tritt auf, und sein Spruch, der auch der Befreiung der übrigen Häftlinge gilt, bewirkt ein allgemeines Jubel-Finale.

Problematisch für die Oper wirkt also an sich nur, daß ihre Handlungskonzeption sich auf etwas so Punktuelles gründet; dennoch sollte man nicht verkennen, daß schon Bouilly jenes eine Ereignis geschickt zu einem Drama ausgebaut hat. Einen Höhepunkt braucht es erst an dessen Ende zu geben; zwar wird kein Aspekt, der zur Vorbereitung jenes Ereignisses dienlich sein könnte, ausgespart, doch in ihnen steckt letztlich eine vernünftige Struktur. Im übrigen sollte man auch nicht übersehen, daß das Drama Bouillys *Léonore* heißt, daß sich auch Beethovens Operntitel lediglich im Bereich von *Leonore* und *Fidelio* bewegt und nirgends von einer Oper »Florestan« die Rede ist; Leonores Situation als Fidelio in Roccos Vorhölle des Kerkers ist ein integraler Bestandteil ihres persönlichen Dramas. Und schließlich: Der Stoff hatte seine Bewährungsprobe auf der Opernbühne auch schon hinter sich, als Beethovens Version für die Uraufführung bereit war: Schon 1797 hatte Bouilly selbst den Sänger und Komponisten Pierre Gaveaux für eine Vertonung gewonnen, die 1798 in Paris uraufgeführt wurde; Ferdinando Paër, Hofkapellmeister am noch kurfürstlichen, wenig später königlichen Hof zu Dresden, hatte mit seiner *Leonora, ossia l'amore conjugale* den Stoff in einen anderen Sprach-Kontext transformiert. Paërs Oper wurde am 3. Oktober 1804 uraufgeführt, etwa zur gleichen Zeit, in der die Arbeit Beethovens in ihre entscheidende Phase trat*; es handelt sich um eine zweiaktige »opera semiseria«, die die italienischen Stilelemente in zeitüblicher Weise mit französischen verschmolz. Daß eine solche Oper damals auch ins Deutsche übersetzt wurde und damit praktisch (weil die Rezitative unübersetzbar waren) bereits in die Welt des deutschen Singspiels gelangte, war eher eine Facette normalen Opern-Verbrauchs; daß sich diese Verbreitung schon in den ersten Monaten nach der Uraufführung ergab, zeigt die Brauchbarkeit und Durchschlagskraft, die dem Stoff und Paërs Oper anhafteten.

Beethovens *Leonore* wurde hingegen von vornherein als Singspiel konzipiert; die musikalische Gewichtung (zugunsten breiter Darlegung aller »musikalisierbarer« Handlungsstationen) konnte deshalb andere Dimensionen erreichen als eine Anlage in Rezitativen und Arien. Die Konzeption war sogar so breit angelegt, daß nicht nur eine zweiaktige Oper (wie diejenige Paërs), sondern eine dreiaktige am Ziel der Überlegungen stand. Diese drei Akte waren ziemlich schematisch angelegt: Nach Ende der ohnehin einzeln stehenden Ouvertüre enthielt jeder Akt sechs musikalische Sätze. Der erste enthielt nichts anderes als die Darlegung der Fidelio-Leonore-Problematik, zudem in einer besonderen Betonung von Marzellines Funktion: Die Oper wurde nicht von dem Duett Marzelline-Jaquino eröffnet (»Jetzt, Schätzchen, jetzt sind wird allein«), sondern von der nachmaligen Arie Nr. 2 (Marzelline: »O wär ich schon mit dir vereint«). Auf diese Weise ließ sich eine stufenweise Zunahme der Besetzung erreichen – erst war Marzelline allein, dann mit Jaquino zusammen, darauf folgte ein Terzett (»Ein Mann ist bald genommen«), in dem auch Rocco zum Ensemble stieß, und erst daraufhin erweiterte Leonore als Fidelio das Ensemble zum Quartett (in »Mir ist so wunderbar«). Nach der »Gold«-Arie des Rocco endete der Akt dann mit dem Terzett Marzelline-Leonore-Rocco (»Gut, Söhnchen, gut, hab immer Mut«). Nachteil dieses schematischen Anwachsens der Besetzung ist, daß nach der Marzelline-Arie das Duett mit Jaquino, in dem das buchstäblich gestörte Verhältnis zwischen Pförtner und Kerkermeistertochter zutagetritt, nur noch mäßig interessant ist; daß Jaquino nicht derjenige ist, auf den Marzelline ihre Hoffnungen setzt, erweist sich schon in ihrer ersten Reaktion auf Jaquinos Erklärungen. Vorteil der späteren Umstellung beider Sätze ist also, daß man von einer Trübung des Verhältnisses zwischen Marzelline und Jaquino ausgehen kann, daß man anschließend von jener neuen Beziehung Marzellines erfährt und erst nach und nach auch jenen Fidelio dramatisch einordnen kann.

Der zweite Akt der Urfassung führte daraufhin ebenfalls in sechs Sätzen zur Begegnung mit Pizarro und mit den minder schweren Gefangenen; außer den fünf Sätzen, die in der endgültigen Fassung den Rest des ersten Akts ausmachen, umfaßte die Oper nach Pizarros und Roccos

Duett »Jetzt, Alter, jetzt hat es Eile« noch ein – von Leonore freilich fingiertes – Liebesduett mit Marzelline (»Um in der Ehe froh zu leben«). Und die Arie, die Leonore vor dem Finale mit dem Gefangenenchor singt, wurde noch nicht von dem Rezitativ »Abscheulicher, wo eilst du hin!« eingeleitet, mit dem sie sich fiktiv an Pizarro wendet, sondern mit »Ach brich noch nicht, du mattes Herz«, mit dem sie sich in Gedanken an Florestan wendet. Die Satzfolge Rezitativ-Arie unmittelbar vor dem Aktschluß erscheint dabei als Übernahme aus der Welt der italienischen Opera seria.

Im dritten Akt war dann die Kerkerszene und der eigentliche Handlungs-Kern erreicht. Auch hier ging dem vorletzten Satz, dem Duett Leonore-Florestan (»O namenlose Freude«) ein Rezitativ voraus (»Ich kann mich noch nicht fassen«) – die Anlehnung an die vorgeprägten Formmuster der Opera seria ist also noch stärker als in der Endfassung. Dies gilt auch für den Aktbeginn, an dem Florestan eine »Scena« des Bautyps singt, der auch *Ah, perfido* prägt: ein Rezitativ (»Gott, welch Dunkel hier«), einen langsamen Arien-Teilsatz (»In des Lebens Frühlingstagen«) und einen mäßig schnellen Schlußteil. Dieser ist in der Endfassung Florestans Vision eines Engels in Leonores Gestalt, ein F-Dur-Satz, der die f-Moll-Stimmung des Aktbeginns zu etwas Nachfolgendem hin öffnet; die wohl früheste Version kehrte mit zwei Teilsätzen in die f-Moll-Welt zurück, ohne aber die Rückerinnerung des vorausgegangenen Dur-Teilsatzes zu verlassen (Moderato: »Ach, es waren schöne Tage, als mein Blick an deinem hing«, F-Dur; »Mildre, Liebe, deine Klage«, f-Moll; für die Produktion von 1806 setzten an dieser Stelle massive Kürzungen an)*. Einer weiteren gewichtigen Änderung (unter mehreren anderen im Verlauf des Schlußakts) begegnet man wenig später: Leonore und Rocco eröffneten ihr Duett »Nur hurtig fort, nur frisch gegraben« zunächst nicht aus einem Melodram heraus (»Wie kalt ist es in diesem unterirdischen Gewölbe«), sondern direkt aus dem gesprochenen Dialog.

Pragmatismus trat folglich an die Stelle von Schematismus, als zwischen Herbst 1805 und Frühjahr 1806 die Oper erstmals umgearbeitet wurde; bemerkenswert ist dabei die Verkürzung der Anlage auf zwei Akte – so, daß der erste Akt nun beide Präliminar-Sphären umfaßte. Diese formale Verkürzung mußte freilich im Innern der musikalischen Substanz eine Fortsetzung finden, und kaum ein Satz blieb davon unberührt; die Finali der nunmehr zwei Akte wurden jeweils um rund ein Viertel zusammengestrichen, Roccos »Gold«-Arie entfiel sogar komplett. Gemessen an der acht Jahre jüngeren Endfassung von 1814 muß man allerdings feststellen, daß trotzdem nur gekleckert wurde, nicht aber geklotzt: Die übrigen Streichungen, Ersetzungen und Umstellungen von Sätzen gehören erst dieser letzten Arbeitsschicht an. Neuerlich kam es zu Kürzungen; das Duett Marzelline-Jaquino zum Beispiel, nun am Beginn der Oper, büßte zehn Takte ein, nachdem es schon zuvor um 14 Takte kürzer geworden war – übrig blieben 210 Takte. Solche Zahlenverhältnisse machen eines deutlich: Beethoven feilte – ohne die Grundsubstanz seiner Musik preiszugeben.

Die Musik

Den Chancen und Problemen des Werks kommt man besonders nahe, wenn man sich die Besonderheiten dieser musikalischen Substanz noch detaillierter widmet. Beethoven hat offenkundig in allen Bereichen die Musik über das Drama gesetzt – freilich so, daß seine Musik die dramatischen Grundstimmungen angemessen ausdrückt. Den ursprünglich liedhaften Elementen, die aus der Welt des Singspiels stammen, geht er offen nach; Roccos »Gold«-Arie besteht daher ebenso aus zwei Strophen, die in einen gleichbleibenden Refrain münden, wie Marzellines »O wär ich schon mit ihm vereint«. Roccos Arie balanciert dabei die Strophe-Refrain-Folge weithin aus; anders Marzellines Satz. Beide Strophen umfassen jeweils sieben Verse, der Refrain (»Die Hoffnung schon erfüllt die Brust«) nimmt dagegen nur drei Verse ein. Doch in der Musik sind die Gewichtsverhältnisse gerade umgekehrt: Beiden Strophen werden jeweils 18 Takte Musik zugewiesen; auf die erste Strophe folgt dann der Refrain zwar nur mit 16 Takten Länge, doch nach der zweiten wird er auf den doppelten Betrag (32 Takte) ausgedehnt. Aus zweimal sieben Versen der beiden Strophen gewinnt Beethoven also zweimal 18 Takte Musik; die zweimal drei Verse Refrain hingegen, rein rechnerisch ein Drittel des Textes, nehmen aber mit 48 Takten deutlich mehr als die Hälfte des Satzes ein, so daß ein eher »epischer« Zug in die Komposition eindringt. Man hört also mehr als die Hälfte des Satzes hinweg Marzelline singen: »Die Hoffnung schon erfüllt die Brust / mit unaussprechlich süßer Lust, / Wie glücklich will ich werden!« Die Dehnung erreicht Beethoven dabei nicht nur mit Wiederholungen einzelner Verszeilen, sondern auch einzelner Wörter – also nach einem ähnlichen Verfahren wie schon in der Josephs-Kantate von 1790; so wird aus dem letzten Vers etwa »Wie glücklich, glücklich, ja wie glücklich will ich werden«, aber auch »Wie will ich glücklich, wie will ich glücklich werden«.

Daß Beethoven die Textierung den musikalischen Bedürfnissen anpaßt (und gerade in dieser epischen Breite nicht auf das Dramatische sieht), ist erstaunlich »konzertant«. Die Wiederholungs-Tendenzen steigern sich im Finale der Oper, das aus dem Chor »Heil sei dem Tag, Heil sei der Stunde« heraus im Schlußabschnitt die Worte »Wer ein holdes Weib errungen, stimm in unsern Jubel ein« in mannigfaltigen Abwandlungen zu einer musikalischen Apotheose steigert. Selbst noch in dieser Steigerung aber bleibt Beethovens Musik statisch: als dramatisches Element aus der Finale-Handlung hergeleitet, als Apotheose aber (mehr als die moralischen Zusammenfassungen auch anderer Opern) nicht mehr eo ipso ein dramatisches Element. Wie wenig eine solche Feststellung ein Qualitätsurteil sein kann, zeigt sich an einem anderen Werk, das auf dem hiermit eingeschlagenen Weg letztlich nachfolgt: am Chor-Finale der 9. Sinfonie.

Bei alledem entsteht folglich der Eindruck, daß Beethoven das Libretto als eine »Musik mit Bühnenhandlung« komponiert habe. Im Grunde genommen schließt sich dabei ein Kreis, den er einerseits mit den älteren Ballettkompositionen, andererseits mit der Josephs-Kantate oder schließlich dem Oratorium *Christus am Ölberge* angelegt hatte. Daß dies eine untaugliche Kombination sei, läßt sich aber dennoch nur energisch bestreiten; denn es ist gerade die Musik, die es Beethoven ermöglicht, dem Beginn des ersten Akts jene Oberflächlichkeit zu geben, die in den Begleit-Räumen des Staatsgefängnisses nicht anders zu erwarten ist (aber eben ohne daß die Musik oberflächlich wäre); sie ermöglicht es ihm, über die Wiederholung »Ha – ha – ha, welch ein Augenblick« die Eröffnung von Pizarros Arie zu einem Ausbruch zu formen, diese also nicht »einfach beginnen« zu lassen. Die Arie mündet dabei in besondere Überraschungseffekte: Nachdem der Text zweimal vorgetragen ist, schlägt die finstere d-Moll-Stimmung in die Herrscher-Tonart D-Dur um; hierfür hat Beethoven sich einen eigenen Vierzeiler aufgespart:

> »... in seiner letzten Stunde,
> den Stahl in seiner Wunde,
> ihm noch ins Ohr zu schrein:
> Triumph! der Sieg ist mein!«

Man hätte vielleicht schon glauben können, die Arie endete, ohne derart nach Dur umzuschlagen; doch auch mit diesem Abschnitt ist sie noch

nicht zuende, und ähnlich wie in *Ah perfido! – Per pietà non dirmi addio* führt
Beethoven die Schlußwirkung noch zwei Stufen weiter. Völlig ohne daß
es zu erwarten wäre, erhält der Solosatz einen Chor-Anteil: Die Wächter
greifen ein – nicht agierend, sondern kommentierend: »Er spricht von
Tod und Wunde, nun fort auf unsre Runde, wie wichtig muß es sein!«
Und Beethoven: Er läßt gegen diesen Kommentar Pizarro nochmals
einen Auszug des gesamten Arientexts vortragen – in dem Herrscher-D-
Dur. Sicher: Pizarro hat einen (dramatischen) Wandel durchgemacht in
dieser Arie. Doch der Wandel ergab sich nicht aus der Bühnenhandlung
im engeren Sinne, sondern während des Singens, während des Abwägens
der Worte in der Musik. Eine Stützung dieses psychischen Prozesses aus
der dramatischen Aktion im engeren Sinn heraus ist letztlich verzichtbar
– es genügte, den Sänger in seiner Bühnenumgebung als Pizarro zu
begreifen, während jener die Arie singt.

Ähnlich ist dann auch die Eröffnung des ersten Finales, als die Gefangenen zum ersten Mal nach langer Zeit ins Freie treten: Dort ermöglicht die
Musik, daß Beethoven den Text zweimal ablaufen lassen und dabei auch
zu einem allmählichen Anschwellen der sichtbaren »Chorbesetzung« auf
der Bühne gelangen kann. Wiederum ist die Szene an sich statisch; die
Fortentwicklung der Musik ist das einzige, das die Bewegung wirklich
bewirken kann. In einem Schauspiel kann Musik erklingen, um schlichtweg eine bestimmte Zeitdauer zu »belegen«, und ein Dichter kann die
entsprechenden Vorgaben setzen, indem er beispielsweise die Anzahl der
Strophen festlegt, die eine Figur auf der Bühne zu singen hat (für Gret-
chens Szene am Spinnrade sieht Goethe beispielsweise zehn Liedstrophen
vor). Doch Beethoven agiert hier frei: Nur durch seine Wiederholungstechnik ist gewährleistet, daß die Gefangenen nicht schon wesentlich
schneller ihren Auftritt abgeschlossen haben, daß also auch Leonore
länger braucht, um zu der Gewißheit zu gelangen, daß ihr Florestan kein
minder schwerer »Fall« für Pizarro ist. An sich »passiert« folglich aus der
Musik heraus nicht mehr, als wenn Beethoven sich rein an die Textvor-
gabe gehalten hätte; dadurch aber, daß er sie weiterdenkt, erfährt man
etwas über sein außerordentlich weitgehendes Gespür für Bühnenwirksamkeit.

Wieviel Beethoven mit der Musik an Stimmungsgemälde erreichen
konnte, zeigt sich dann nirgends deutlicher als zu Beginn des zweiten
Akts. Beethoven stellt der Florestan-Arie nicht nur ein Rezitativ voraus,
sondern auch eine Introduktion, die in der Urfassung noch als abgegrenz-
ter Orchestersatz figuriert; in der Endfassung handelt es sich sozusagen

um einen orchestralen Satz, der im vokalen Bereich rezitativisch eskaliert und dann lediglich irgendwann, fast zufällig, zur Arie geworden zu sein scheint. Beethoven bedient sich aller nur erdenklichen Mittel, um die Kerker-Stimmung (in der das Publikum vielleicht erst allmählich den Gefangenen erkennen kann) auch musikalisch erlebbar zu machen. Er schreibt einen furchterregenden, zudem kontrastreichen f-Moll-Satz, den er mit subtilen Mitteln schärft – etwa mit der Behandlung der Pauke, deren beide Kessel nicht (wie üblich) im Quartabstand gestimmt sind, sondern um einen Halbton mehr im Abstand eines Tritonus. Kaum zu glauben, daß diese wuchtige Musik auch als Vorbereitung für den Text »O grauenvolle Stille« in Florestans Rezitativ tauglich sein kann.

Für Florestans Eröffnung »Gott, welch Dunkel hier« wird der orchestrale f-Moll-Strom unvermittelt unterbrochen; das Orchester löst sich daraufhin erst allmählich von den klanglichen Bahnen, auf denen sich der Satz vor dem Einsatz des Sängers bewegt hat. Ausgehend von jenem »O grauenvolle Stille! Öd ist es um mich her: Nichts lebet außer mir« wird der Satz schrittweise ausgedünnt, bis sogar auch die Zweiunddreißigstel-Tremoli der Streicher abreißen. Dann kommt neue Bewegung in den Satz, der Klangcharakter der Introduktion liegt längst in weiter Ferne; mit jeder Bemerkung Florestans wechselt nun die musikalische Grundstimmung – Tonart, Tempo, Begleitmuster. Florestans anschließende Rückerinnerung an »des Lebens Frühlingstage« erscheint somit eingebunden in die rezitativische Struktur; daß dies der langsame Teil der »Scena« sei, wird man erst allmählich bemerken. Ohnehin verschleiert Beethoven diesen Zugang: Arienhaft wäre, daß sich (anders als im sprech-ähnlichen Rezitativ) Textwiederholungen ergäben; auf dieses Mittel greift Beethoven aber erst für den Schluß des Teilsatzes zurück (»süßer Trost in meinem Herzen, meine Pflicht hab ich getan«). Dann wechselt neuerlich die Stimmung; Florestan hat die Vision des Engels, der »Leonoren, der Gattin, so gleich« sieht und ihn »zur Freiheit ins himmlische Reich« führe. Nun sind die Arientechniken voll entfaltet, der Text wird zweimal vorgetragen und mündet in eine großangelegte Coda. Doch fast unbalanciert dazu bricht nach Ende des Vokalteils auch der Orchestersatz in sich zusammen, und die Schlußwirkung kommt nur noch unterhalb einer piano-Stufe zustande – so, wie es den Charakter der Vision in dieser Kerkeratmosphäre nur unterstreichen kann.

Versucht man zu bewerten, was hier geschieht, können sich drei Zugänge ergeben. Der erste: Dramatisch nicht sehr geschickt, wird das Publikum zunächst mit einer Situation konfrontiert, in der sich der

Gefangene Florestan schon unzählige Male und unendlich lange befunden haben muß; Feststellungen wie »Gott, welch Dunkel hier« gelten viel eher der Vermittlung dessen, was auf der Bühne zu sehen ist, an das Publikum (so schon in der französischen Urfassung Bouillys*!). Fast zu rasch für die Gefängnis-Einsamkeit Florestans wechselt die Stimmung zur »Rückerinnerung«, die wiederum viel eher als Information an das Publikum zu gelten hat: »Wahrheit wagt ich kühn zu sagen, und die Ketten sind mein Lohn«, berichtet Florestan, und die Wortwahl scheint auf die aktuelle Situation, in der er sich seit so langer Zeit schon befindet, kaum zu passen. Ebenso: Die Vision des Engels scheint allzu stark auf das gute Ende der Handlung, das Florestan ja kaum erahnen kann, vorauszuweisen. Alle drei Aspekte stehen also dem Erlebnis dramatischer Realität im Wege. Doch dann gibt es den zweiten Zugang: Beethovens Stimmungsporträt. Ganz anders als es die Kurzatmigkeit des Textes vorgibt, entwickelt er jene schwer lastende Einleitung, die den Eindruck, daß sich Florestan in einer kaum beschreibbar quälenden Isolation befindet, für den Satz vorgibt – eine psychologisch nicht besser denkbare Einstimmung auf die gesamte Szene. Deren Textabschnitte wachsen allmählich aus der Introduktion heraus; eine idealere Erfüllung könnte die schon traditionell »orchesterlastige« Rezitativtechnik Beethovens kaum finden. Daraufhin stellt er sich der Kurzatmigkeit des Textes und komponiert Stimmungskontraste in einer extrem raschen Folge; während sich aber beim reinen Lesen des Textes nur ein Gedanke an den anderen reiht, komponiert Beethoven aus jenen radikalen Kontrasten heraus ein geradezu wildes Denken. Und so erreicht man die dritte Ebene: Beethoven hebt die formal bedingten Zusammenhänge der dabei entstehenden Stimmungsfelder auf: Daß es sich um eine Arie handelt, die in einer f-Moll-Introduktion beginnt, einen langsamen As-Dur-Teil und einen schnellen F-Dur-Schluß hat (also eine völlig »normale« tonartliche Folge), kann aus diesen Stimmungswechseln heraus unbemerkt bleiben. Doch ansonsten greift dieser Satz genau die formalen Konstituenten auf, die sich auch in der Scena *Ah, perfido!* finden. Der Stimmungs-Gedanke hebt sie jedoch über deren lediglich konzertantes Prinzip hinaus – bei einem eben im engeren Sinne dramatisch nur wenig dankbaren Text.

Aus der Rezitativtechnik heraus ist auch das unmittelbar anschließende Melodram der *Fidelio*-Endfassung zu verstehen, das Leonore und Rocco beim Erreichen des Kerkers beginnen: Beethoven konfrontiert den gesprochenen Dialog mit Orchesterphrasen. Diese beginnen mit dem gleichen Ton F, mit dem zuvor Florestans Arie geendet hatte, und zwar

ähnlich leise wie zuvor (nun pianissimo statt zuvor »ppp«); die Kontinuität der Atmosphäre wird also über die Satzgrenze hinweg garantiert –
gewissermaßen endet die Florestan-Szene gar nicht, sondern sie wird
bruchlos fortgeführt. Der Textgehalt ist nun viel glaubhafter als der, aus
dem sich zuvor Florestans Rezitativ ergeben hat; Leonore begegnet der
Kerkeratmosphäre zum ersten Mal in ihrem Leben, ihre Kommentare
können also viel spontaner wirken: »Wie kalt ist es in diesem unterirdischen Gewölbe!« Und Rocco antwortet: »Das ist natürlich, es ist ja tief.«
Beide sprechen daraufhin kurz von dem Gefangenen; Rocco gibt Anweisungen für das Ausheben des Grabes, in dem Florestan verscharrt werden
soll, und beginnt dann – resümierend – das Duett »Nur hurtig fort, nur
frisch gegraben«. Nur geringfügige Handlungselemente liegen in dem
Duett; Rocco und Leonore wälzen einen Stein weg, auf den sie beim
Graben stoßen, Leonore legt daraufhin eine Verschnaufpause ein und
beschließt, den Gefangenen zu retten, wer auch immer es sei – und Rocco
kommt immer wieder auf den Satz als Refrain zurück, mit dem er das
Duett eröffnet hat.

Von seiner dramatischen Funktion her betrachtet, dient das Duett
dazu, dem Publikum die Zeitdauer des Grabens plausibel zu machen: So
lange, wie dieses natürlicherweise dauert, kann auf der Bühne nicht
geschwiegen oder gesprochen werden – folglich tritt hier ein derart
auskomponierter Satz ein. Neue Handlung entsteht erst wieder nachher:
im gesprochenen Dialog, in den Florestan einbezogen wird (Leonore
erkennt in ihm ihren Mann und reicht ihm unter Aufbietung der größt-
möglichen Selbstbeherrschung einen Krug, aus dem er einen Schluck
trinken darf). Handlung liegt aber andererseits auch vorher im Melodram
– ebenso, wie sie sich aus einem Rezitativ ergeben könnte. Somit treffen
hier, zu Beginn des zweiten Aktes, die drei handlungstragenden Elemente des Singspiels nebeneinander: das Rezitativ, das Florestan singt,
als er als einzige Person auf der Bühne anwesend ist, das Melodram, das
den Dialog Rocco-Leonore musikalisch stützt, und der tatsächlich
gesprochene Dialog zwischen Leonore, Rocco und Florestan. Das an
sich spannungsreichste Element der Akt-Eröffnung steht auf der einfachsten Stufe, dem reinen Sprechen – allerdings wohl nur deshalb, weil
diese Dialog-Szene bereits aus sich heraus extrem spannungsreich ist
und einer unterschwelligen Steigerung ihres Spannungsgehalts, wie
Beethoven sie insbesondere im Melodram ansetzen läßt, nicht bedarf.
Auch dies ist folglich eine Information über Beethovens subtiles dramatisches Gespür.

Die dramatischere Melodram-Technik hingegen ist eine ähnlich ideale Kombination aus vokalen »Rezitativ«-Anteilen und Orchestersatz wie Florestans Akt-Eröffnung, die so sehr auf Beethovens Linie zu liegen scheint. Wie im Rezitativ gibt es auch hier Wortbeiträge, die zwischen zwei musikalischen Phrasen stehen (etwa in den Eröffnungstakten), andererseits auch solche, die gesprochen werden, während das Orchester spielt. Anders aber als in traditioneller Rezitativtechnik üblich, konzentriert sich Beethoven viel eher auf die Stimmungslage als auf die Dramatik. Leonore hat in der Finsternis den Gefangenen (in dem sie ihren Florestan noch nicht erkannt hat) entdeckt; er scheint reglos zu sein. Rocco meint (zu Leonores Entsetzen): »Vielleicht ist er tot.« Bis hierhin wechseln Wortbeiträge und Orchesterabschnitte miteinander ab. Dann regt sich Florestan; die Oboe läßt dies mit einer Achtel-Girlande hörbar werden. Hier nun, an einem Punkt, an dem die Spannung wieder absacken könnte, weil Leonores schlimmste Befürchtungen fürs erste widerlegt sind, sorgt Rocco für eine Intensivierung: Seine Reaktion »Nein, nein, er schläft« kommt früher als erwartet, noch während die Oboe spielt – in dem Moment eben, in dem ein Sprechen konsequent wirkt. Das Wechselspiel zwischen der Eigenständigkeit des Orchestersatzes und dem Schauspiel hat folglich System. Das Melodram ist erst Teil der Fassung von 1814. Beethoven als Dramatiker hatte seither eine Entwicklung genommen, die auch außerhalb des bloßen *Leonore-/Fidelio*-Feldes angesiedelt ist; das Melodram gehört viel eher ins Sprechtheater. Beethoven hatte gerade auf diesem Sektor neue Erfahrungen gesammelt, seitdem das *Leonoren*-Projekt sich 1806 abgekühlt hatte. Diese Strukturen seien aber in einem eigenen Kapitel betrachtet.

Wo also liegen die Probleme des *Fidelio*? Sie allein dem Libretto zuzuschreiben ist nicht gerechtfertigt; vielmehr war das Libretto ebensowenig wie andere in der Lage, die Dramatik-Probleme des deutschen Singspiels zu lösen. Unüberwindlich waren sie freilich nicht – wie die Rezeptionsgeschichte der *Entführung aus dem Serail* und der *Zauberflöte* ebenso wie noch Webers *Freischütz* von 1821 zeigen. Beethoven hingegen war aus einer Ausbildung an Formen spät- oder nachmetastasianischer Opera seria für das Schreiben eines Singspiels zwar mittelbar gut vorbereitet, aber gerade deshalb auch nicht in der Lage, die grundsätzlichen Begrenzungen zu durchbrechen. Wie hätte ein solches Durchbrechen aussehen sollen: Italienische Opern des 18. Jahrhunderts hatten sich aus dem Abwechseln von Rezitativen und Arien ergeben, und diesem Wechsel entspricht die

Dialog-Arie-Struktur des Singspiels; um die Arien voneinander abzugrenzen, ist man folglich auf ein anders geartetes zweites Formglied angewiesen, aus dem heraus die Überbrückung von einem Satz zum nächsten möglich wird. Wenn man die eine der Komponenten aus dem System entfernt hätte, hätte man zugleich auf deren abgrenzende Wirkung verzichtet. Die Konsequenz, die daraus Richard Wagner in seinen Musikdramen gezogen hat, indem er in seinen durchkomponierten Opern auf eine Unterscheidung von Rezitativ und Arie verzichtete und (in den Dimensionen des 18. Jahrhunderts gedacht) permanent in unterschiedlichen Arioso-Facetten komponierte, sollte man schlichtweg vor seiner Zeit noch nicht erwarten.

Wagner hat diese Erwartungshaltung mit Blick auf Beethoven dennoch formuliert. Beethovens Komponieren sei bestimmt gewesen von einem »Gewirr kleiner, unentwickelter Formen, auf welchen eine ihm unbegreifliche, alle Freiheit der Entwickelung beeinträchtigende Konvention haftete«; Wagner konkretisierte dies so*: »Um recht zu fassen, was ich meine, vergleichen Sie die breit und reich entwickelten Formen einer Symphonie Beethovens mit Musikstücken seiner Oper ›Fidelio‹; Sie fühlen sogleich, wie der Meister sich hier beengt und behindert fühlte, und zu der eigentlichen Entfaltung seiner Macht fast gar nie gelangen konnte, weshalb er, wie um sich doch einmal in seiner ganzen Fülle zu ergehen, mit gleichsam verzweiflungsvoller Wucht sich auf die Ouvertüre warf, in ihr ein Musikstück von bis dahin unbekannter Breite und Bedeutung entwerfend.« Wagner sieht die Bedeutung also auf instrumentalem Sektor, freilich nur in jenem einen Detail; wenn man aber von Beethoven keine dramatische »Wahrheit« erwartet (die in einer Oper ohnehin zur Disposition steht), sondern »epische« Stimmungskomponenten, die freilich aus der Kontinuität des orchestralen Musizierens heraus getragen werden können, kann das Urteil weitaus günstiger ausfallen.

Erstaunlicherweise sieht man hingegen die Hauptbedeutung dennoch mit dem Stoff – und damit erst mittelbar mit Beethovens Musik – verknüpft: *Fidelio* gilt als Schulbeispiel einer »Rettungsoper« der Revolutionszeit. Kernelement darin ist das waghalsige, auf der individuellen Aktivität beruhende Eintreten einer Frau zur Rettung eines Mannes; mit dieser Aktivität erhält die Oper ihre entscheidende Wendung. Kritik an diesem Bild ist aus drei Richtungen angebracht; zunächst: Opern in dem Standard, den *Fidelio* als Rettungsoper bieten kann, gibt es schon deutlich früher – beispielsweise 1781 in Mozarts *Idomeneo* (dort rettet die Trojane-

Julius Schnorr von Carolsfeld:
Florestan (Ludwig Schnorr von Carolsfeld)
wird von Leonore befreit (1861)

rin Ilia ihren Geliebten Idamante vor der vom Gott Neptun geforderten Opferung, indem sie sich dem entscheidenden Streich in den Weg stellt). So »revolutionsartig«, wie man annimmt, kann dieser Operntypus also nicht gewesen sein. Zweitens: Man meint oftmals, das »Rettungsoper«-Schema sei daraus entstanden, daß man keine Lust mehr auf Opern gehabt habe, für deren zunehmend unentwirrbare Geschichte nur ein »Deus ex machina« eine Lösung bereithalten könne. Doch ohne einen solchen wäre auch Leonores Tat wirkungslos: Nur weil sie sich dem mordlüsternen Pizarro in den Weg stellt und sich enttarnt, hätte dieser sich in seinen Aktionen nicht bremsen lassen – nicht einmal auf der Theaterbühne. Doch praktisch im gleichen Augenblick ertönt das Signal, das die Ankunft des Ministers verkündet; eine solche »Ankunft« einer Person, die bis dahin noch nicht in Erscheinung getreten ist, entspricht exakt dem dramaturgischen Prinzip eines »Deus ex machina«. Und drittens: Sinnvoller ist es, sich der *Fidelio*-Geschichte aus einer besonderen Richtung der Rollentypologie heraus zu nähern. Frauenrollen auf der Opernbühne erfüllen eine Funktion nicht nur in mehr oder minder stereotypen Liebessituationen; auch solchen Figuren, die »widerrechtlich« erniedrigt oder Angstzuständen ausgesetzt werden, hat man sich nicht ungern gewidmet. Konstanze und Blonde in Bassa Selims und Osmins Serail gehören ebenso in dieser Rubrik wie in der *Zauberflöte* die weiße Königstochter Pamina, der sich der Mohr Monostatos nähert. Die Frau nun, die zwar mutig, aber gewissermaßen wehrlos einem Mann entgegentritt, der die blanke Waffe in der Hand hält, und die dieses Ziel eine ganze Oper lang unbeirrbar verfolgt, gehört vom psychologischen Effekt her in die gleiche Kategorie (daß Leonore letztlich doch eine Pistole mit sich führt, kann man zu diesem Zeitpunkt noch nicht wissen). Zwar wird das hehre Gut »l'amour conjugale«, die eheliche Liebe, als Untertitel schon in Bouillys Drama angesprochen, und dieser Gedanke scheint das Prinzip der Rettungsoper schon fast völlig zu umschreiben; die für die Normen der Zeit eher geschlechts-unspezifische Zuordnung der Kategorien Mut und Die-Oberhand-Gewinnen zu einer weiblichen Rolle mag aber für das Publikum mindestens ebenso attraktiv gewesen sein.

8. Kapitel

Russische Themen

Rasumowsky-Quartette

England, Frankreich – und Rußland

Wien war in der Zeit um 1790/1810 eine Drehscheibe internationaler Verhandlungen: War es in ihnen zunächst um die Frage gegangen, wie man den von der Französischen Revolution Bedrohten zu Hilfe kommen könne (die Schwester der Kaiser Joseph II. und Leopold II., Marie Antoinette, war mit Ludwig XVI. von Frankreich verheiratet und starb wie dieser schließlich auf der Guillotine), stellte sich in der Folge die Frage, wie man der Expansionspolitik Napoleons Einhalt gebieten könne. Man bildete Bündnissysteme; die Zeit der Koalitionskriege brach an. Die Gesamtsituation brachte es mit sich, daß verstärkt internationales Publikum in Wien zugegen war; die in Wien ohnehin reichen Möglichkeiten, zu auswärtigen Gästen in Kontakt zu kommen, vergrößerten sich dementsprechend. Und Beethoven nahm im kulturellen Umfeld dieses diplomatischen Verkehrs eine wichtige Funktion ein – bis in die Zeit des Wiener Kongresses hinein.

Doch nicht nur mit den internationalen Gästen kann es zusammengehangen haben, daß Beethoven in den ersten Jahren des neuen Jahrhunderts einen Sinn auch für internationale Kontakte entwickelte; vielmehr sah er auch Anlaß für konkrete Reisepläne. Auf der einen Seite war für ihn der Gedanke einer Englandreise reizvoll; er hätte auf den Spuren des kaum noch reisefähigen, über 70jährigen Haydn dorthin ziehen können und hatte zudem von Wien aus Kontakt zu einflußreichen Persönlichkeiten des englischen Musiklebens, etwa zu Johann Baptist Cramer und Muzio Clementi. Auf der anderen Seite übte Paris eine Sogwirkung aus: Nachdem auf die unmittelbar postrevolutionäre Ära die napoleonische gefolgt war, hatten die diplomatischen Beziehungen dorthin an Attraktivität zugelegt – beispielsweise zur Klärung der Frage, wer sich für welche mehr oder minder schweren Gebietsverluste auf dem linken Rheinufer in welchem Ausmaß an vormals geistlichen oder ritterschaftlichen Territorien des alten Reichsverbunds schadlos halten könne. Zudem blühte in Paris ein neues Kulturleben auf. So war auch der zweite Gedanke Beethovens, irgendwann eine Frankreich-Reise zu unternehmen, durchaus naheliegend. Von Plänen gar für eine Übersiedlung nach Paris ist von Sommer 1803 an die Rede; Beethoven hätte sie wohl um den Jahreswechsel 1804/05 realisieren wollen, doch schon im Sommer 1804 waren sie zur schlichten Reiseabsicht geschrumpft*.

Weder nach England noch nach Frankreich ist Beethoven schließlich gekommen; überhaupt konstatierte Ferdinand Ries nicht ohne Grund*: »Beethoven hatte fast gar nicht gereiset.« Doch seine Musik hat in beiden Ländern eine besondere Bedeutung erlangt. Die französische Beethoven-Begeisterung gründete sich vor allem auf das Wirken Hector Berlioz' und des Musikhistorikers François-Joseph Fétis in den 1820er und 1830er Jahren; daraufhin war Beethoven unbestreitbar zum Klassiker geworden. Und daß Grundlagen-Werke der Beethoven-Forschung gerade von Engländern erarbeitet wurden (wie die frühe Standardbiographie von Alexander Wheelock Thayer oder auch im 20. Jahrhundert Emily Andersons Edition Beethovenscher Briefe), ist kein Zufall, sondern Teil einer gewachsenen Tradition. Somit sind »Beethoven und England« sowie »Beethoven und Frankreich« Themen, deren Bedeutung außer Frage steht; sie reichen in die Zeit der entsprechenden Reisepläne Beethovens zurück. Zudem erschienen sowohl in England als auch in Frankreich bedeutende Beethoven-Frühdrucke – in der Regel Nachdrucke von Werken, deren Erstdruck von österreichischen oder deutschen Verlegern veranstaltet worden war.

Nicht so eindeutig sieht man hingegen Beethovens Beziehungen zur dritten nichtdeutschsprachigen Großmacht der napoleonischen Zeit: zu Rußland. Das ist in mehrfacher Hinsicht erstaunlich. Zunächst war Rußland in den Jahrzehnten seit Ende des Siebenjährigen Krieges sicherlich einer der nächstliegenden politischen und kulturellen Partner für Österreich gewesen. Daß es in jener Zeit ein *Geographisch- und topographisches Reisebuch durch alle Staaten der österreichischen Monarchie. Nebst der Reiseroute nach Petersburg durch Pohlen* gab (Wien 1789), läßt sich nur als Ausdruck einer aktuellen Marktlage verstehen; daß 1788 Mozarts Opernkompositions-Kollege Vicente Martín y Soler wegen seiner Erfolge aus Wien nach Petersburg berufen wurde, daß die Opern des Petersburger Hofkapellmeisters Giovanni Paisiello auch nach Wien gelangten, zeigt den intensiven kulturellen Austausch. Dieser mag obendrein auch normaler gewesen sein als derjenige mit Frankreich und England: Dies könnte der Hintergrund dafür sein, daß russische Beethoven-Drucke schlichtweg nicht notwendig waren. Beethoven hat von den Rußland-Beziehungen immer wieder profitiert, zwar auf anderen Sektoren als denen, auf denen die französischen und englischen Beziehungen lagen, aber nicht minder bedeutungsvoll. Und von nur punktuellen, momentanen Ereignissen ohne einen eigenständig-inneren Zusammenhang sollte man unter keinen Umständen sprechen; man sollte sich vielmehr um neue Einblicke bemühen – neu auch gegenüber den Blickwinkeln, die man über weite Strecken des 20. Jahrhunderts gewählt hat.

Was genau das erste »russische« Ereignis für Beethoven war, ist nicht eindeutig zu bestimmen, da zwei Ebenen, auf denen für ihn schon in der ersten Wiener Zeit Kontakte prinzipiell möglich waren, einander konkurrierend gegenüberstehen. Die erste Ebene erschließt sich über Karl von Lichnowsky – dadurch, daß seine Frau und diejenige des russischen Gesandten Andreas Kyrillowitsch Rasumowsky Schwestern waren. Eine zweite Ebene zeigt sich darin, daß zu den frühesten Wiener Widmungsempfängern Beethovens auch das Ehepaar Browne gehört: Reichsgraf Johann Georg, Sohn des livländischen und estnischen Generalstatthalters und selbst kaiserlich russischer Oberst (»Brigadier au Service de S. M. J. [sa majesté imperiale] de touttes les Russies«), und seine Frau Anna Margarethe. Neben den Schlüsselwerken Beethovens, die Lichnowsky gewidmet bekam, ragen in jener Zeit diejenigen, die an die Brownes gingen, besonders hervor: zunächst die Streichtrios op. 9 als Markstein der frühen Wiener Kammermusik-Entwicklung Beethovens (dem Grafen gewidmet), ferner die drei Klaviersonaten op. 10 (der Gräfin gewidmet) als wichtiges Zwischenglied zwischen den drei »ersten« Sonaten op. 2 und der Lichnowsky dedizierten *Pathétique* op. 13, später auch die Gellert-Lieder op. 48, mit deren Widmung (1803) Beethoven anscheinend auf den unerwartet frühen Tod der Gräfin reagierte. Weniger spektakulär, aber breit gestreut sind die Variationenzyklen, die Beethoven dem Paar widmete – unter anderem die über »Bei Männern, welche Liebe fühlen« aus Mozarts *Zauberflöte* für Violoncello und Klavier und die über ein Thema aus Franz Xaver Süßmayrs Oper *Soliman II.* für Klavier allein (WoO 46 und 76).

Ein besonders interessantes Phänomen erschließt sich dabei aus den Variationen über ein Thema aus Paul Wranitzkys Ballett *Das Waldmädchen* WoO 71: über den »russischen Tanz« aus dieser Oper. Das mag in einem Variationenzyklus, der der Frau eines russischen Militärs gewidmet ist, als beziehungsreich erscheinen; allerdings ist fraglich, wie russisch das Thema für Beethoven wirklich war. Der Klavierauszug des Balletts bezeichnet den Tanz als »Russe par Jarnovich« und weist die Melodie damit zunächst dem italienisch-kroatischen Geiger Giovanni Jarnowick (oder Jarnović, Giornovichi) zu; dieser könnte sie bei einem Aufenthalt am Zarenhof (1783-86) aufgesammelt und 1786, unmittelbar daran anschließend, nach Wien gebracht haben. Andererseits ist die Melodie schon 1772 von Haydn in einem Flötenuhrstück benutzt worden; sie hat also in jedem Fall eine Vorgeschichte, die bis vor die Komposition Wranitzkys zurückreicht. Wichtig für diesen (und ebenso für Beethoven im Kontext der Komposition und Dedikation) dürfte aber gewesen sein, daß man mit der Melodie in Wien russisches Nationalkolorit assoziieren konnte, ohne daß die Melodie zwangsläufig auch »russisch« hätte sein müssen. Ein ähnliches Problem stellt sich später für Georges Bizets *Carmen*: Auch dieses Werk brauchte keine spanische Musik zu sein, sondern nur eine solche, die dem Pariser Publikum »spanisch« vorkam. Russische Themen, die nur für den engeren Zirkel Wien gedacht gewesen sind, brauchten sich also nur in einem bestimmten Erwartungshorizont des Publikums bewegen; weitergehende Originalitätsansprüche wurden nicht erhoben.

Der nächste Russe, über den Beethoven mit einer Widmung in Kontakt trat, war der Zar selbst: Alexander I. erhielt 1803 den Erstdruck der drei Violinsonaten op. 30 dediziert. Dies hatte erst langfristig Folgen für Beethoven: Erst 1815, im Rahmen des Wiener Kongresses, erhielt er für diese Widmung einen »Ehrensold« in Höhe von 100 Dukaten ausgezahlt. Um so diffuser bleiben aber deren Voraussetzungen: Wer die Dedikation diplomatisch eingeleitet hat (Rasumowsky vielleicht?), ist unklar; die Dedikation muß andererseits ihren Empfänger erreicht haben, denn ansonsten wäre die spätere Zahlung kaum verständlich. Alexander I., der 1801 den russischen Zarenthron bestiegen hatte, ist damit aber auch der erste ausländische Monarch gewesen, dem Beethoven ein Werk widmete; zuvor war Beethoven damit nicht über die Grenzen des Heiligen Römischen Reiches Deutscher Nation hinausgegangen (also weder mit der Widmung der Cellosonaten op. 5 an Friedrich Wilhelm II. von Preußen noch natürlich mit derjenigen des Septetts op. 20 an Maria Theresia, die Frau des »letzten Kaisers« Franz II.). Und Beethovens Verhalten ändert sich auch mit der Auflösung des Reichsverbunds und der Etablierung Österreichs als eines eigenen Staates nicht (in der Folge der Gründung des Rheinbunds 1806): Nur das preußische Königshaus bleibt in gedanklicher Reichweite Beethovens (1804: 3. Klavierkonzert an Prinz Louis Ferdinand; 1826: *Missa solemnis* an Friedrich Wilhelm III.); für die Widmung der *Chorfantasie* op. 80 an Maximilian I. Joseph von Bayern, einen »neuen« König der napoleonischen Ära, war nicht Beethoven verantwortlich, sondern der Verlag Breitkopf & Härtel, der den Erstdruck veranstaltete. Doch die im internationalen Rahmen so einzigartigen Beziehungen zur russischen Zarenfamilie setzten sich fort: Zarin Elisabeth Alexiewna, eine gebürtige badische Prinzessin, blieb sogar im Umkreis des Wiener Kongresses die einzige Herrscherpersönlichkeit, der Beethoven Werke widmete – neben der eher beiläufigen Klavierpolonaise op. 89 immerhin den Klavierauszug der 7. Sinfonie, den Carl Czerny anfertigte und Beethoven ausdrücklich billigte. Die Neunte schließlich sollte ursprünglich Alexander I. gewidmet werden, der aber kurz vor Erscheinen des Werks starb. So spektakulär folglich Beethovens Auseinandersetzung mit sich selbst um eine Widmung der *Eroica* an Napoleon gewesen sein mag, wird sie doch von seinen Rußland-Beziehungen der Sache nach an den Rand abgedrängt.

Kreutzersonate: Ein Exkurs

Eher zufällig läßt sich aus dem Kontext der Violinsonaten op. 30 heraus ein Bogen zu einer völlig anderen Facette russischer Beethoven-Rezeption schlagen: Beethoven hatte noch während der Arbeit an den Sonaten aus der ersten (A-Dur) den schon fertig geschriebenen Schlußsatz ausgeschieden und durch einen neuen ersetzt. Der ausgeschiedene fand später in einem anderen Werk seinen Platz: in der Violinsonate op. 47, die anders als die drei Sonaten op. 30 als Einzelwerk publiziert wurde und darin an Kompositionen wie der a-Moll-Sonate op. 23 oder der F-Dur-Sonate op. 24 (*Frühlings-Sonate*) anknüpft. Die Druckausgabe der Sonate op. 47 widmete Beethoven dem Geiger Rodolphe Kreutzer. Für ihn war diese Sonate aber nicht entstanden (und er hat sie angeblich auch nie gespielt); und ihre Entstehungsgeschichte im engeren Sinne kann sich kaum über mehr als ein paar Tage erstreckt haben. Beethoven komponierte das Werk für den englischen Geiger George Augustus Polgreen Bridgetower, einen Mulatten, der 1803 für kurze Zeit in Wien gastierte (aufsehenerregend im Wien der Zeit, in dem noch 1796 ein hochangesehener Bürger, der als Negersklave in die Stadt gekommen war, nach seinem

Tod ausgestopft und in den kaiserlichen Sammlungen zur Schau gestellt wurde)*. Beethoven lernte Bridgetower bei Lichnowsky kennen; im Mai 1803 traten sie gemeinsam im Konzert auf und spielten die nachmalige *Kreutzer-Sonate*. Deren Komponenten mußten rasch zusammengetragen werden. Der dritte Satz war als Restbestand der Sonate op. 30 Nr. 1 schnell greifbar und war, wie Ferdinand Ries berichtet*, aus dieser nur deshalb ausgeschieden worden, weil er zu brillant gewesen sei; für einen reisenden Violinvirtuosen und für Beethoven als Pianisten war dies aber ideal. Doch der erste Satz, auf den Beethoven viel Arbeitszeit verwendete, wurde für den Konzerttag nur notdürftig fertiggestellt, ebenso der Mittelsatz mit den F-Dur-Variationen eines »wunderschönen« Themas, wie Ries hervorhebt. Dieser neue Werkzusammenhang sollte, wie aus einem der Skizzenbücher hervorgeht, mit »Sonata scritta in un stilo molto concertante quasi come d'un Concerto« überschrieben werden (Sonate, die in einem äußerst konzertanten Stil geschrieben ist, sozusagen dem eines Konzerts), wobei Beethoven anstelle von »molto concertante« zunächst »brillante« geschrieben hatte; die Stilkategorien, die den Schlußsatz schon zuvor prägten, ließen sich also für Bridgetower und Beethoven zu einem neuen, individuellen Werkzusammenhang ausbauen. Das Brillante und Konzertante prägte aber nicht nur die Parts für sich, sondern auch deren Beziehung zueinander: Beethoven trägt auch den in seinen Klavierkonzerten so auffälligen Aspekt in das Werk hinein, das Klavier (in Oktaven) wie ein Melodieinstrument zu behandeln, und er erschließt damit eine reiche Stimmenkombinatorik; so lassen sich in Takt 159-167 des ersten Satzes etwa auch die Violinstimme und der Klavierbaß ähnlich koppeln wie sonst eher die Parts beider Hände des Pianisten.

Die *Kreutzer-Sonate* ging über die gleichnamige Erzählung Leo Tolstois 1889 in die Literatur ein: Auf einer Bahnreise erzählt ein Herr davon, wie er aus Eifersucht seine Frau, die ihn mit einem Musiklehrer betrogen habe, ermordete. Das Schlüsselereignis in der Eskalation der Umstände war, daß diese beiden gemeinsam Beethovens Sonate spielten; mehr Bedeutung hat die Sonate für Tolstois Werk nicht. Tolstoi läßt den Erzähler die Hauptbedeutung dem ersten Satz beimessen. »Kennen Sie das erste Presto? Sie kennen es?!« läßt er ihn fragen. Dann fährt dieser fort: »Huhuhu! Ein furchtbares Werk ist diese Sonate! Und gerade dieser Teil.« Die Musik habe ihn in die gleiche Seelenverfassung versetzt wie die, die Beethoven beim Komponieren gehabt habe; doch anders als für Beethoven, bei dem diese Seelenverfassung eben die Musik ausgelöst habe, habe sie ihn nur aufgestachelt. »Auf mich wirkte dieses Werk entsetzlich; es taten sich vor mir scheinbar ganz neue Empfindungen auf«, äußert der Erzähler später; und: »Alle anwesenden Personen, darunter auch meine Frau und er [der Musiklehrer], erschienen mir in anderem Lichte.« Dann fährt er fort: »Nach diesem Presto spielten sie das schöne, aber gewöhnliche, nicht neue Andante mit den banalen Variationen und das ganz schwache Finale.« Das einst noch als zu brillant kritisierte Finale und die noch von Ries als wunderschön charakterisierten Variationen hatten folglich in der fortschreitenden Salonvirtuosität des 19. Jahrhunderts ihren Reiz eingebüßt, nicht aber der erste Satz; das konzertante Stimmengeflecht von Violine und Klavier und die Realisierung der Idee, die langsame A-Dur-Einleitung einer Sonate in einem schnellen a-Moll-Satz fortzusetzen, dürften dafür gleichermaßen Ursache gewesen sein. Allgemein aber ist es bemerkenswert, daß gerade ein Werk Beethovens (und gerade dieses Werk) diese Schlüsselposition für Tolstois Erzählung einnahm.

Tolstoi nutzt also die besonderen Stimmungs-Strukturen des ersten Satzes, um aus ihnen ein allgemeineres literarisches Motiv zu entwickeln; damit löst er sich von Beethovens Grundidee, ein möglichst glanzvolles Werk für das gemeinsame Musizieren mit Bridgetower zu schreiben. Auf einer dritten Ebene schließlich liegen dann Folgen von Tolstois Erzählung: Leoš Janáček wählte diese 1923 zum gedanklichen Ausgangspunkt seines 1. Streichquartetts. Fast mit einer leichten Enttäuschung wird stets konstatiert, daß sich Janáčeks Quartett »nur« mit den Gewissenskonflikten auseinandersetzt, die in der Erzählung angelegt sind, nicht aber musikalische Anspielungen auf Beethovens Sonate enthalte; doch ein derartiges Zitieren wäre der Sachlage, die zwischen Beethovens und Tolstois Werk entstanden war, kaum angemessen. Wichtiger ist, daß die Kette Beethoven-Tolstoi-Janáček zum Eindruck eines zwar begrenzten, aber in seinen Details vollausgeprägten neuen Mythos führt: Beethoven schreibt eine außergewöhnliche Sonate; Tolstoi benutzt sie als »Requisit« seiner Erzählung, entwickelt damit aber zugleich aus ihr eine symbolische Aussage. Janáček schließlich lotet diese symbolhaft gewordenen, psychologischen Wirkungen, die sich für Tolstoi mit dieser Musik verbunden hatten, neuerlich musikalisch aus. Janáčeks Quartett erhält somit eine Art interdisziplinären Charakter – zwischen der Musik Beethovens, der Dichtung Tolstois und dem psychologisierenden Zeitempfinden. Daß für die Entstehung des »Mythos« die russische Kunstszene zum Dreh- und Angelpunkt wurde, dürfte im Beziehungsfeld der allgemeinen Beethoven-Rezeption aber geradezu bezeichnend sein.

Die wichtigste Persönlichkeit, über die Beethoven Beziehungen zu Rußland hatte, war hingegen der Diplomat Graf (seit 1814 Fürst) Rasumowsky. Allerdings wäre es übertrieben, alle Beziehungen zwischen Rasumowsky und Beethoven nur unter dem Blickwinkel des Russischen zu interpretieren, denn sie wirkten sich auch im engsten Kulturleben Wiens aus. Wer also war Rasumowsky?

Sein Vater Kyrill und sein Onkel Alexius, aus der Ukraine stammend, hatten ihre Laufbahn als Sänger in der kaiserlichen Hofkapelle begonnen und waren von dort in hohe Regierungsposten aufgestiegen; auf dem Weg dorthin waren sie geadelt worden (zuvor hießen sie schlicht »Rasum«), und zudem wurden sie mit Mitgliedern der Zarenfamilie verheiratet. Andreas Kyrillowitsch selbst* war 1752 geboren und wurde zunächst bei der Flotte ausgebildet, bei der er es bis zum Kapitän brachte; weil er eine zu intensive Beziehung zur Gemahlin des Zaren Paul unterhielt (mit dem er selbst von Jugend an eng vertraut gewesen war), wurde er 1776 in die Verbannung geschickt, nicht aber, wie eigentlich beabsichtigt, nach Sibirien, sondern in den diplomatischen Dienst – als außerordentlicher Gesandter nach Venedig. Dort, im Zentrum der inzwischen minder bedeutenden Mittelmeermacht, legte er dennoch den Grundstein für eine steile, wenn auch nicht unproblematische Karriere. Schon nach kurzer Zeit stieg er von Venedig in die Residenz des Königs Ferdinand IV. von Neapel-Sizilien auf, der mit einer Schwester des Kaisers Joseph II. verheiratet war (bei dieser stand Rasumowsky bald in besonderer Gunst). Von dort aus wechselte er in das für Rußland bedeutsamere Meeressystem der Ostsee über, vertrat die Interessen zunächst »nur« in Kopenhagen, dann (von 1786 an, nach einer Zwischen-Periode in Petersburg) in Stockholm. Die Aufgabe mag brenzlig gewesen sein: Rußland und Schweden, die alten Konkurrenten aus dem Nordischen Krieg von 1700-21, standen in den 1780er Jahren erneut an der Schwelle eines Krieges; Rasumowsky nahm dort so massiv Einfluß auf die prorussischen Kräfte, daß der schwedische König sich bei Zarin Katharina beschwerte und die Bestrafung Rasumowskys forderte. Stockholm war in jener Zeit zudem eine Kulturmetropole: in der Regierungszeit Gustavs III., der (abgesehen von seiner Opernbegeisterung) auch Literatur, Bildende Kunst und Wissenschaften nachhaltig förderte. Welche Anregungen Rasumowsky auch auf diesem Sektor sammelte, ist unklar.

Schon vor seinem Dienstantritt in Wien (1794) hatte er dorthin Bezie-

hungen unterhalten – seine Heirat mit der Schwägerin Karl von Lichnowskys hatte 1788 stattgefunden. Sowohl politisch als auch kulturell
bedeutete der Wiener Posten für Rasumowsky wohl die Krönung seiner
Laufbahn, die sich dort in mancher Hinsicht auch verselbständigte: Als er
1799 bei seinem Dienstherrn Paul I. in Ungnade fiel, blieb er dennoch in
der Donaumetropole; er hatte den Atem, auf eine Neuinstallation durch
Pauls Nachfolger (Alexander, 1801) zu warten. Doch bereits 1809 wurde
er auch von diesem abgelöst; Rasumowskys Reaktion darauf war, daß er
neuerlich seine Bindungen an Wien intensivierte – nun baute er sich ein
Haus nach der Art der typischen Wiener Adelspaläste (im Bezirk Land-
straße am Donaukanal, über den er sogar eine Brücke baute, um den
Prater leichter erreichen zu können). Die Diskontinuität der Wiener
Tätigkeit lag keineswegs an mangelnder oder gar skandalöser Dienstaus-
übung; vielmehr ist sie ein Gradmesser für die russische Frankreich-
Politik der Zeit, denn Rasumowsky war ein entschiedener Gegner Napo-
leons. Aus der Koalitions-Front schied Rußland erstmals am 1. Oktober
1799 aus (der Österreich weiterhin angehörte); am gleichen Tag endete
Rasumowskys erste Wiener Mission. Nach den Kriegsereignissen des
Jahres 1807 (endend mit dem Frieden von Tilsit) kam es zu einer Annäherung zwischen Napoleon und Rußland, die dazu führte, daß in den
Kriegsereignissen des Jahres 1809 Rußland ausdrücklich auf der Seite
Frankreichs stand – zugleich gegen Österreich. Wiederum verlor Rasumowsky seinen Posten. Einerseits ist einleuchtend, daß sich der jeweilige
Zar, wenn er im Bündnis mit Napoleon stand, diesen Botschafter nicht
leisten konnte; andererseits ist es bezeichnend, daß dieser Diplomat nach
wie vor in Wien bleiben konnte und gehalten wurde – Rasumowsky
scheint mit und ohne Akkreditierung eine immens wichtige Mittlerfunk-
tion zwischen Wien und Petersburg innegehabt zu haben.

Rasumowsky kannte Beethoven wohl spätestens seit 1796; erst 1808
hingegen kam es zur Widmung eines ersten Beethoven-Werks an ihn, der
Quartette op. 59, die seinen Namen in alle Welt trugen. Ein nächstes
Schlüsseldatum war dann 1809 die Widmung der 5. und 6. Sinfonie
gemeinsam an ihn und Franz Joseph von Lobkowitz, der wie Lichnowsky mit Rasumowsky verschwägert war. Rasumowsky stand ferner
in guten Beziehungen zu führenden österreichischen Politikern der Zeit,
etwa Friedrich von Gentz und Clemens von Metternich; somit mag er
dazu beigetragen haben, daß Beethoven Kontakt zu internationalen
Gästen hatte, die in Wien verkehrten – bis hin zum Wiener Kongreß.
Dieser wurde Rasumowsky aber letztlich zum Schicksal, denn am Silve-

Ferdinand Waldmüller: Andreas Kyrillowitsch Rasumowsky.
Ölbild, 1835

stertag des Jahres 1814, während eines für Zar Alexander veranstalteten Balls, brannte sein Palast aus; dem Unfall fielen auch seine Kunstsammlungen zum Opfer, und er mußte daraufhin seine mäzenatischen Aktivitäten einschränken – auch seine Musikpolitik, in deren Zentrum seit 1808 das Streichquartett gestanden hatte, das bis dahin von seinem Schwager Lichnowsky unterstützt worden war.

Anscheinend hatte Rasumowsky dieses Quartett als Hausquartett übernommen – ohne zeitliche Befristung, praktisch als eine Art Palastkapelle in lebenslänglichem Dienst. Der Primarius dieses Quartetts war Ignaz Schuppanzigh (1776-1830), selbst Sohn eines Lehrers und Geigers (bei dem auch Beethoven nach seiner Ankunft in Wien Geigenunterricht gehabt hatte). Schuppanzighs Quartettaktivitäten lassen sich bis 1792 zurückverfolgen, als er bei dem gerade 30jährigen Lichnowsky wöchentliche Konzerte zu geben begann; neben dem 16jährigen Primarius wirkten dort, noch 14jährig, der Bratscher Franz Weiß und der gleichaltrige Cellist Anton Kraft mit (über den zweiten Geiger, Louis Sina, sind keine exakten Altersangaben möglich* – Beethoven mit seinen knapp 22 Jahren war also wohl der älteste in diesem Zirkel). Die Besetzung des Quartetts wechselte im Lauf der Jahre; als Rasumowsky das Quartett 1808 übernahm, war aus dem ursprünglichen Ensemble nur noch der namengebende Primarius übriggeblieben. Feste Engagements galten neben diesem nun dem Bratscher Franz Weiß und dem Cellisten Joseph Linke. Für den Part der zweiten Violine stand stets Joseph Mayseder zur Verfügung – falls nämlich Rasumowsky, selbst Geiger, den Part nicht selbst übernahm (wiederum typisch für ein derartiges Adelsensemble). Nach dem Schloßbrand wurden die zunächst so fest geknüpften Beziehungen zu diesem Quartett gelockert, und nach Ende des Wiener Kongresses wurde es zunächst völlig aufgelöst. Der Geiger begleitete aber seinen Wiener Mäzen 1816 nach Rußland, unternahm von dort weite Konzerttourneen; erst 1823 war er wieder in Wien, wo er sich erneut mit seinen alten Kollegen zusammenschloß. So wirkten Weiß und Linke auch 1825 an der Uraufführung von Beethovens Streichquartetten op. 127 und 132 mit. Auch Rasumowsky kehrte nach Wien zurück; er starb dort 1836.

Schuppanzigh gilt als einer der wichtigsten frühen Interpreten der Musik Beethovens: Beide standen schon wegen der Bindung an Lichnowsky zueinander in Kontakt, und sie traten mehrfach in Konzerten gemeinsam auf*. Dies hilft auch zu verstehen, weshalb man für frühe Aufführungen Beethovenscher Streichquartette durch Schuppanzigh auf Mutmaßungen angewiesen ist: Der Kontakt mag – zumal wenn er sich im privaten Zirkel Lichnowskys abspielte – so eng gewesen sein, daß er schlichtweg nicht schriftlich dokumentiert wurde. Daß etwa auch die Lobkowitz gewidmeten Streichquartette op. 18 durch Schuppanzighs Quartett erstmals aufgeführt wurden, ist angesichts der Stellung, die das Ensemble selbst und Beethoven im Lichnowsky-Rasumowsky-Lobko-witz-Clan einnahmen, nicht auszuschließen.

Gerade dies erhellt aber, wie wenig eng das Ensemble an eine jener Adelspersonen gebunden war; damit ergeben sich wichtige Informationen auch über die Frühgeschichte der *Rasumowsky-Quartette*. Pläne, überhaupt neue Quartette zu schreiben, hat Beethoven anscheinend schon seit 1804 verfolgt, aber offenkundig zunächst nicht weiter realisiert. Erst 1806 intensivierten sich seine Bemühungen; am 26. Mai begann er mit der Partiturniederschrift für das erste der Werke (F-Dur). Doch damals bestand die Bindung des Schuppanzigh-Quartetts an Rasumowsky noch nicht; eine Widmung der geplanten Werke an diesen hätte zumindest nach Beethovens üblichen Praktiken bedeutet, daß die Werke dem Wid-mungsempfänger für eine gewisse Zeit zum eigenen Gebrauch zur Verfü-gung standen – folglich: mit welchem Quartett? Daß aber die Werke von vornherein direkt für Rasumowsky entstanden, steht aus anderen Grün-den außer Zweifel: Beethoven hat wohl auf dessen ausdrücklichen Wunsch in den Quartetten russische Themen verarbeitet; je klarer deren Musiksprache die Werke bestimmte, desto klarer muß im Arbeitsprozeß die Zielrichtung auf Rasumowsky gewesen sein (daß Beethoven wohl im Sommer 1807 mit dem Gedanken spielte, die Werke Lichnowsky zu widmen*, blieb eine Episode und hat für die Werkgenese nur wenig Bedeutung). Und: Schon für den 9. April 1807 berichtet der Maler Joseph Stieler in seinem Tagebuch*: »Im quartete des Schupanzigs […] habe ich ein neues quartette von Bethoven aus E-mol gehört, welches von außer-ordentlicher Schönheit ist.« Damit kann nur eine Aufführung des zwei-ten der Werke gemeint sein – freilich eine sehr frühe, da Beethoven im Herbst des Vorjahrs noch intensiv an ihnen gearbeitet hatte. Aber es muß auch eine öffentliche gemeint sein, vielleicht im Rahmen eines der Streichquartett-Konzerte, wie Schuppanzigh sie seit 1804/05 auf Sub-skription veranstaltete. Folglich hatte dieses Quartett, ohne bereits das Ensemble Rasumowskys zu sein, schon damals derart Zugriff zu Wer-ken, die diesem »gehörten«, daß man sie öffentlich musizieren konnte. Somit muß man sich die Stellung des Ensembles im Wiener Adels-Musikleben (zumal in jenem Familienzirkel) lockerer und freier vorstel-len, nicht also als eine scharf umrissene Planstellen-Kapelle, auf die irgendjemand dauernde Besitzansprüche geltend machte. Die Umstrukturierung in den Wiener Quartettaktivitäten 1808 bleibt in der Entstehungsgeschichte der Quartette op. 59 somit ohne größere Bedeutung.

Stielers Tagebuchnotiz legt die Annahme nahe, daß das Schuppanzigh-Quartett die Quartette op. 59 auch uraufgeführt habe. Genaue Angaben hierzu fehlen allerdings, ebenso wie schon für die Lobkowitz-Quartette op. 18. Ähnlich mag es dann um das Quartett op. 74 gestanden haben, das neuerlich Lobkowitz gewidmet ist. Die Serie der dokumentarischen Nachweise für Quartett-Uraufführungen durch Schuppanzighs Ensemble beginnt dann erst mit dem Quartett op. 95* (das erste Quartett Beethovens, das mit dem »Clan« nichts mehr zu tun hat) und setzt sich in den späten Quartetten fort.

Eine solche Übersicht ermöglicht einen erstaunlichen Einblick in das Quartettschaffen Beethovens; zwangsläufig ergeben sich Fragen: Warum hat Beethoven nicht häufiger Streichquartette komponiert, wo ihm doch ein so hervorragendes Ensemble, das für die damalige Zeit als das beste seiner Art gilt, praktisch dauernd derart zur Verfügung stand? Die Quartette op. 18 und 59 wurden im Abstand von sechs Jahren vollendet, die Einzelwerke op. 74 und 95 folgten dann nach drei bis vier Jahren (1809/10); die Werkfolge ist – in einer der Schlüssel-Gattungen Beethovens im Blickwinkel der Nachwelt – beachtlich lückenhaft, und zwischen der Vollendung von op. 18 und von op. 59 liegt beispielsweise auch die Arbeit an mindestens vier Sinfonien und zehn Klaviersonaten. Man kann sich der eigenartigen Vorstellung kaum entziehen, daß Beethoven, der das Ensemble sicherlich schätzte, für dessen Besetzung zunächst nur dann Werke schrieb, wenn einer der Lichnowsky-Schwäger Lobkowitz und Rasumowsky ihn dazu anregte. Das f-Moll-Quartett op. 95 bewegt sich als erstes aus diesem Zirkel, ist aber durch eine Schuppanzigh-Uraufführung letztlich ebenfalls an ihn angebunden. Die beiden letzten Quartette (op. 131, 135) entstanden hingegen direkt für den Druck, letztlich auch als Resultat langjähriger Verlegerkontakte; die drei ihnen vorausgehenden (op. 127, 130, 132) schlagen den gleichen Bogen zu Schuppanzigh wie op. 95, sind aber zudem als Frucht eines Auftrags entstanden, den der russische Fürst Galitzin Beethoven 1822 erteilte (also eben noch in der Zeit, ehe Schuppanzigh nach Wien zurückkehrte). Der Lichnowsky-Familienzirkel und – über Rasumowsky – Rußland scheinen also Beethovens Quartettproduktion extern regelrecht beherrscht zu haben; Schuppanzigh erweist sich in diesem Geflecht als das entscheidende Bindeglied beider Felder.

Wie erwähnt, hat Beethoven in die drei Quartette op. 59 russische Melodien eingeflochten. Für sie gilt primär das gleiche wie für das Thema der Browne-Variationen WoO 71: Auch sie können umgestaltet werden; auch sie brauchen letztlich nur russisch zu klingen, nicht also dezidiert russisch zu sein. Beethoven entnahm sie einer Sammlung russischer Volkslieder, die der schlesisch-tschechische Musiker Iwan Pratsch als Klavierlehrer am Petersburger Hoftheater gesammelt und 1790 in Druck gegeben haben dürfte. Ausdrücklich als »thèmes russes« bezeichnet werden in den Quartetten zunächst das vom Cello intonierte Thema zum Schlußsatz des ersten Quartetts, dessen melodische Wurzeln in einem melancholischen Lied liegen (in ihm ist von der aufreibenden Wirkung des Heimwehs die Rede), außerdem im zweiten Quartett das Thema im Mittelteil des dritten Satzes, das auf ein dem Weihnachtsfestkreis zugehöriges Lied zurückgeht (Modest Mussorgsky hat es schließlich zur Zarenhymne in der Krönungsszene des *Boris Godunow* gemacht).

Beide Themen entstammen also an sich zwei verschiedenen gedanklichen Sphären; Beethoven stellte sie aber gedanklich auf die gleiche Stufe eines Allegro- bzw. Allegretto-Zeitmaßes, und so ging er besonders über die ursprüngliche Bedeutung des ersten Themas hinweg. Folglich haben ihn an diesem nicht die traurigen Züge interessiert, sondern rein das musikalische Material und das, was man daraus machen könne. Das aber ist grundsätzlich bei der Benutzung von Volksmusikthemen ein Problem: Weder Taktart noch Tonart sind »automatisch« mit den Kategorien vereinbar, die sich in der abendländischen Kunstmusik entwickelt haben. Dieses Problem wird am ersten der beiden Themen besonders deutlich (Notenbeispiel 12a): Anfangston und Schlußkadenz weisen es als ein d-Moll-Thema aus; doch vom zweiten Ton an scheint es für mindestens vier Takte in F-Dur zu stehen. Der Ton aber, den man damit als Grundton verstehen würde (F), liegt in der Mitte des Klangraums, den das Thema durchmißt, und er wird nicht schon in der unmittelbaren Anfangsphase des Themas angesprochen (ähnlich also wie etwa ein Gregorianischer Choral, der in einer »plagalen« Kirchentonart steht). Für Beethoven steht das F als Grundton der Melodie nicht in Frage (er integriert sie ja in ein F-Dur-Quartett); dennoch geht er auch der melodischen Ambivalenz zwischen C und D außerordentlich weit nach. In den Schlußtakten des dritten Satzes, also unmittelbar vor dem Themeneinsatz, läßt er die ersten Geige einen Triller auf C spielen – so daß auch dessen Nachbarton D in die Klangwelt einbezogen wird. Über diesem Trillerton steht eine Fermate, mit der der Triller scheinbar bis ins Unendliche hinein gedehnt werden kann. In diesen tonal und metrisch offenen Raum hinein läßt er das Cello bezeichnenderweise mit dem so »fragwürdigen« D einsetzen, das freilich melodisch unverzichtbar ist und das man eben aus der ambivalenten Triller-Klanglichkeit heraus akzeptieren kann. Schon nach wenigen weiteren Tönen hat man zudem den Charakter des »Fragwürdigen« verdrängt (man hat sich die Musik ebenso »zurechtgehört«, wie Beethoven dies offenkundig auch für viele andere Konstruktionen im voraus einkalkuliert hat). Beethoven läßt also die Musik zwischen dem C und dem D changieren und interpretiert die harmonischen Rahmenbedingungen so, daß der F-Dur-Bezug schließlich außer Frage steht.

Beethoven hat diesen Aspekt im ersten Quartett schon auffallend früh angelegt – schon im Anfang des ersten Satzes. Die zweite Geige und die Bratsche repetieren taktelang C und A in Achteln, die beiden oberen Dreiklangstöne von F-Dur; damit kommt eine ähnliche Klangkonstante zustande wie mit dem Triller-C der ersten Violine im Übergang zum Schlußsatz. Dazu setzt das Cello mit dem F-Dur-Thema ein; es beginnt auf einem C und erreicht von dort aus über eine Tonleiter den Grundton F ähnlich, wie sich dies für das »russische« Thema des Schlußsatzes zeigen läßt (Notenbeispiel 12b). Und: Nach vier Takten spielt der Cellist eine Variante dieser Melodie; sie setzt einen Ton höher ein, also auf D. An sich ist eine solche Stufenversetzung nichts Außergewöhnliches; dennoch kommt mit ihr hier ein ähnliches C-/D-Changieren zustande wie am Beginn des vierten Satzes. Diese Querverstrebung zwischen den Sätzen ist aber in doppelter Hinsicht bedeutungsvoll: Die Melodie für den vierten Satz müßte Beethoven somit schon vor Mai 1806 ausgewählt gehabt haben, als er die Partitur des ersten Satzes zu schreiben begann; schon damals müßte der »russische« Charakter der Werke also klar gewesen sein. Und außerdem: Wenn sich Beethoven an russischen Melodien auch nur derart orientierte, ohne die entsprechenden Stellen als Zitate zu markieren, ist nicht auszuschließen, daß er in weitere Sätze an verborgeneren Stellen »russische« Züge eingebracht hat. Dies ist vor allem für die Betrachtung des dritten Quartetts von Bedeutung.

Mit dem anderen russischen Thema, dem des Maggiore im dritten Satz des zweiten Quartetts, gibt es hingegen keine tonartlichen Probleme; es läßt sich eindeutig in eine Durtonart transformieren. Schwierig ist hier eher die Längen-Anlage des Themas: Es umfaßt sechs Takte, paßt also

Streichquartette op. 59 (»Rasumowsky-Quartette«)
a) Nr. 1 F-Dur, Beginn des 4. Satzes (»thème russe«)
b) Nr. 1 F-Dur, Beginn des 1. Satzes
c) Nr. 2 e-Moll, 3. Satz, »Maggiore« (Trio; »thème russe«)
d) Nr. 3 C-Dur, Beginn des 2. Satzes

nicht in die Schematismen klassischer Musik, die sich auf vier- und achttaktige Perioden gründen (Notenbeispiel 12c). Auch dies nimmt Beethoven hin; so ist es eben hier die Periodenstruktur des Satzes, die dessen exotischen Charakter garantieren. Dieser läßt sich noch steigern, indem Beethoven in der zweiten Hälfte des Satzes das Thema in Engführungen eintreten läßt (also geringfügig zeitversetzt in jeweils zwei Stimmen gleichzeitig).

Ein russisches Thema im dritten Quartett scheint es nicht zu geben; dennoch verstummte die Diskussion um ein solches auch dann noch nicht, als der russische Liszt-Schüler Wilhelm von Lenz dessen Existenz eindeutig in Abrede stellte. Hier richtete sich das Interesse der Volksmelodie-Suchenden stets auf den zweiten Satz – von dem Carl Czerny sagte*: »Ist noch nicht ausgemittelt, ob das Thema zur Romanze im dritten Rasumowskyschen Quartett op. 59 a-Moll ein echt russisches oder von Beethovens eigener Erfindung.« Auffällig ist, daß auch dieses Thema einen sechstaktigen Zuschnitt hat (Notenbeispiel 12d); insofern ähnelt das Thema demjenigen des Maggiore im e-Moll-Quartett. Als charakteristisch für »Russisches« kann man auch den Orgelpunkt auf E empfinden, der im Cello steht; wie im Thema des Finalsatzes in Nr. 1 handelt es sich dabei nicht um den Grundton dieses a-Moll-Satzes. Dies beides wirkt verdächtig: Sollte Beethoven hier eine Melodie frei erfunden haben, für deren Gestaltung er sich an den beiden »original« russischen Melodien orientierte*? Als Gegensatz zu diesen hätte er zudem eine Moll-Stimmung gewählt und ihr noch besonders exotische Züge gegeben (im zweiten Takt, in dem die erste Violine die übermäßige Sekund Gis-F zu spielen hat). Es ist also denkbar, daß Beethoven hier lediglich seiner Phantasie freien Lauf ließ – auf Bahnen, die ihm die beiden anderen Volksmusikthemen eröffnet hatten.

Ebenso wie Rasumowsky offenkundig den seit längerem gehegten Plänen Beethovens, sich wieder einmal mit der Gattung Streichquartett zu beschäftigen, den letztlich entscheidenden Anstoß gegeben haben dürfte, kann auch die Anregung, in die kompositorische Arbeit Volksmusikelemente einzubeziehen, für Beethoven also nicht nur die lästige Vorgabe eines Außenstehenden gewesen sein. Beethoven hat sich in jener Zeit zudem intensiv mit derart externen Vorgaben auseinandergesetzt – nicht nur mit Volksmusik, sondern mit Aspekten, die sich unter dem um 1800/10 in der Luft liegenden Stichwort »Nationalcharakter« zusammenfassen lassen. Und so gehört für Beethoven in den gleichen Rahmen, daß er 1803 Variationen über *God save the King* und *Rule Britannia* schrieb

(WoO 78, 79), daß er sich seit 1803 mit dem Gedanken trug, Bearbeitungen schottischer, irischer und walisischer Volkslieder zu schreiben (und einen umfangreichen Bestand schuf, vor allem mit Begleitung durch ein Klaviertrio, aber auch nur mit Klavier: WoO 152-157), daß sich 1811 in seiner Schauspielmusik zu August Wilhelm von Kotzebues Drama *König Stephan oder Ungarns erster Wohltäter* op. 117 ein *Andante con moto all'Ongarese* findet und daß Beethoven von 1815 eine Sammlung von Liedern aus ganz Europa begann (WoO 158). Auf einer eher unterschwelligen Ebene drangen außerdem möglicherweise Anklänge an Russisches auch in andere Werke ein, etwa in die Finali der Sinfonien Nr. 7 und 8*. Man sollte folglich Beethovens Arbeit mit diesen Themen nicht als reine Gefälligkeitsleistungen einem potenten Gönner gegenüber herunterspielen; eine solche Arbeit lag auf Beethovens Linie – und vielleicht nicht nur aus Neigung, sondern auch aus Interesse an einer Arbeit mit diesem eigengesetzlich gearteten Material.

Kontext für »Russisches«

Dennoch prägen die Themen nur Teile dieser Quartettkonzeptionen, und somit mußte Beethoven die Volksmusik-Anspielungen eher noch in einen angemessenen Kontext integrieren, als daß er sie als das Wichtige an den drei Werken (oder den ersten beiden) hätte darstellen können. Dieser Kontext ergibt sich im ersten der Quartette bereits aus der geschilderten Binnenverstrebung der Ecksätze; im F-Dur-Quartett tritt ein folkloristi-

Notenbeispiel 13:
Streichquartett op. 59 Nr. 1 F-Dur (»Rasumowsky«),
Beginn des 2. Satzes

217

scher Anklang ferner auch im zweiten Satz zutage, der im Wechsel von einem der tiefen und einem der hohen Streichinstrumente eröffnet wird – das Cello beginnt mit straff rhythmisierten Tonrepetitionen, die zweite Violine antwortet mit einem melodischen Nachsatz; daraufhin ergibt sich der gleiche Wechsel zwischen Viola und erster Violine (Notenbeispiel 13). Doch dieser »folkloristische« Anstrich dient nur als Ausgangspunkt zu einem sehr viel komplexeren Satzgebilde. Dies zeigt sich bereits in dem klanglichen Kontrast, in dem – nach der ersten Cellophrase und der ersten Violinantwort – die Bratsche einsetzt (auf As, nachdem die Musik zuvor sich zwischen B und F bewegt hatte); dies setzt sich nach dem ersten Beitrag der ersten Violine fort, als Beethoven die Tonrepetitionen zu Akkordrepetitionen des Gesamtensembles ausbaut. Der Satz löst beides im weiteren Satzverlauf ein, so daß in beiden Aspekten eine programmatische Wirkung zu liegen scheint: Der harmonischen Bewegungsfreiheit Beethovens sind praktisch keine Grenzen gesetzt; und nicht nur die Tonrepetitionen lassen sich aufs Gesamtensemble übertragen, sondern auch die »Antwort-Phrase« des Satzbeginns – sie kann in kleinste Bruchstücke aufgespalten und unter den vier Instrumenten praktisch frei verteilt werden, so daß sich der Zusammenhang der Linie erst aus dem Zusammenhören des Ensembleklangs ergibt. Beides hebt die Quartett-Technik und in ihr die Gleichberechtigung der vier Instrumente auf eine neue Stufe: Ihr Klang muß so erzeugt werden, als würden die vier Parts von einem einzigen Spieler vorgetragen.

So sehr sich für das erste Quartett die Frage nach dem satztechnisch-melodischen Kontext stellt, in den Beethoven das russische Thema stellt, wiegt sie doch für das russische Thema im zweiten Quartett noch schwerer: Es prägt keinen Satz von dessen Anfang an, sondern tritt erst im Mittelteil eines Satzes ein – als Dur-Teil (Maggiore) zum e-Moll-Allegretto. Ein solcher Tonartwechsel zwischen Scherzo (bzw. Menuett) und Trio ist nicht ungewöhnlich (er findet sich beispielsweise auch in Mozarts »großer« g-Moll-Sinfonie KV 550); beide Satzglieder verhalten sich aber auch darüber hinaus zueinander so gegensätzlich wie nur möglich – in der Tonart ohnehin, ferner auch in der Phrasenstruktur (in der das russische Thema, wie erwähnt, die besondere Vorgabe der Sechstaktigkeit in das Werk hineinträgt). Doch die Gegensätzlichkeit wirkt sich auch im Satzcharakter aus: Dem Fließenden, das im Maggiore zunächst über weite Strecken hinweg von einer Triolen-Begleitbewegung garantiert wird, steht im Allegretto-Hauptteil ein rhythmisch außerordentlich vertrackter Satzbau gegenüber (Notenbeispiel 14). Nach dem gemeinsamen Start-

Akkord wird der Dreivierteltakt zunächst so ausgefüllt, daß das Cello jeweils allein auf »Eins« eine Viertelnote zu spielen hat; ein Achtel später setzt die erste Violine ein und betont daraufhin die »Zwei«, indem sie dort (bzw. von ihr ausgehend) eine punktierte Viertelnote spielt. Die zweite Violine und die Bratsche hingegen betonen die »Drei«: Die Beiträge beider Instrumente zum Satz beschränken sich auf auftaktige, nur aus zwei Achteln bestehende Figuren, die auf diese »Drei« hinführen. Wo also liegt die Hauptstimme des Satzes? Daß sich von diesen drei Satz-schichten am ehesten die Melodie der ersten Violine in den Vordergrund drängt, ist unvermeidlich – nur läuft deren Betonung eben gegen den Takt. Einzig das Cello garantiert die »taktgemäße« Bewegung; doch als Hauptstimme läßt sich dieser Part natürlich nicht in Anspruch nehmen. Noch weniger gilt dies für die beiden Mittelstimmen; doch ohne deren Musizieren verlöre der Satz sein Rückgrat. Wenn nämlich alle vier Stimmen zusammengeblendet werden, entsteht eine durchgehende Achtelbewegung, und diese scheint für Beethovens Schlußbildung von Takt 6 an von maßgeblicher Bedeutung zu sein. Mit der Überbindung der Violine 1 (von Takt 6 in Takt 7 hinein) gerät das System dort aus den Fugen; die Mittelstimmen spielen in Takt 7 ihre beiden Achtel einen Schlag zu früh, so daß die durchgehende Achtelbewegung aussetzt. Nur das Cello spielt seine Viertel unbeirrt weiter – während die erste Violine die Drei-Viertel-

Notenbeispiel 14:
Streichquartett op. 59 Nr. 2 e-Moll (»Rasumowsky«),
Beginn des 3. Satzes

Grundbewegung des Satzes auf eine Drei-Achtel-Bewegung komprimiert (von Takt 6 an spielt sie fortwährend in derart knappen Konstruktionen). Damit man das Problem, dem Beethoven sich hier widmet, aber überhaupt bemerkt, ist das Gleichmaß der vorigen Takte notwendig – und in deren pulsierender Achtelbewegung übernehmen alle Stimmen eine gleichermaßen wichtige Funktion. Keiner der vier Spieler übernimmt also eine klare Hauptstimme; doch im Maggiore ist die Hauptstimmenfunktion jeweils an das »thème russe« gebunden.

Es zeigt sich also, daß die beiden »thèmes russes« erstaunlich weitreichende Konsequenzen hatten: Sie wurden nicht als etwas »neben« der übrigen Komposition Stehendes in diese aufgenommen, sondern bestimmen diese außerordentlich weitgehend. Allerdings war auf Beethovens Seite auch eine Bereitschaft für die Behandlung jener Kontext-Fragen gegeben; die rhythmische Vertracktheit des Allegretto-Rahmenteils im e-Moll-Quartett wäre auch unabhängig von einem »thème russe« denkbar gewesen. Und vieles in den Werken ist tatsächlich nur als etwas Eigengesetzliches zu verstehen – beispielsweise die Tonartenfolge. Die beiden Ecksätze des F-Dur-Quartetts stehen in der Grundtonart, der zweite Satz – an sich nicht untypisch – in der Subdominante B-Dur; doch da es sich bei diesem Satz um ein »Allegretto scherzando quasi vivace« handelt und der »langsame Satz« erst an dritter Stelle folgt, öffnet sich für ihn zwischen diesem B-Dur und der F-Dur-Grundtonart ein beträchtlicher Spielraum. Beethoven wählt für diesen besonders ausdrucksvollen, »klagenden« Satz die Tonart f-Moll. Ähnliches gilt für das zweite Quartett: Die Grundtonart e-Moll beherrscht den ersten Satz und hat freilich auch Zieltonart des Finales zu sein; dieses schließt an das e-Moll-Allegretto an (dessen Mittelteil das Thème-russe-Maggiore ist). Beethoven eröffnet den Schlußsatz jedoch in C-Dur – ohne freilich das Ziel e-Moll aus dem Auge zu verlieren. Damit wählt er die gleiche Verknüpfung wie im G-Dur-Klavierkonzert (Nr. 4, op. 58): Der Mittelsatz steht dort in e-Moll, der Schlußsatz muß in G-Dur enden, doch Beethoven beginnt von C-Dur aus (freilich auf dem Weg zu einem anderen Ziel).

Diese tonartlich differenzierte Farbigkeit prägt schließlich das dritte der Quartette in allen seinen Teilen (wenn auch gerade nicht in der Abfolge der Sätze, aus denen heraus Beethoven jeweils auf komplexe Weise Komplementäres zu den beiden Partnerwerken bildet*): Beethoven beschreitet geradezu abenteuerliche Wege der tonartlichen Verknüpfung von Phrasen, die jeweils erst im nachhinein nachvollziehbar werden. Die Wurzel des Verfahrens liegt bereits in der langsamen Einleitung des ersten Satzes; für das Verständnis von deren Anlage und die Konsequenzen, die sich für die Harmonik des gesamten nachfolgenden Werkes ergeben, ist es zu schwach, auf die langsame Einleitung von Mozarts *Dissonanzenquartett* KV 465 als »Vorbild« zu verweisen. Zwar hat Beethoven sie gekannt; doch die Introduktion der 4. Sinfonie läuft nach ähnlichen Prinzipien ab, so daß es jenes konkreten Brückenschlags für Beethoven wohl nicht bedurfte – eher erweist sich das allmähliche Herantasten an eine (dabei eher verschleierte als allmählich geklärte) Grundtonart zunehmend als Grundprinzip Beethovenscher Introduktionen, folglich als etwas, das sich eigengesetzlich fortentwickelte. Ohnehin geht Beethoven darin über Mozarts Introduktion hinaus, daß das harmonisch Offene nicht mit dem Übergang zum Allegro-vivace-Hauptteil überwunden ist, sondern das weitere Werk insgesamt prägt.

Dennoch drang wohl eine weitere »externe Vorgabe« – neben den »thèmes russes« – in eines der *Rasumowsky-Quartette* ein: in den langsamen Satz des e-Moll-Quartetts. Er wird von der ersten Violine mit dem getragenen Vier-Ton-Motiv E-Dis-Fis-E eröffnet. Diese Vier-Ton-Folge läßt sich manipulieren: Man kann das zweite Sekundenintervall, von Fis nach E, durch eine kleine Sekunde ersetzen (Fis-Eis). Wenn man diese neue Viertonfolge transponiert, gelangt man zu B-A-C-H. Tatsächlich gelangt Beethoven zu dieser Variante: Genau diese vier Töne eröffnen eine längere Cello-Phrase, die mit jenen Halbtonkombinationen allmählich in die Höhe geschraubt wird (ausgehend von T. 63/64). Absicht oder Zufall? Beethoven verzichtet auf den Bindebogen, den er bis dahin stets über das Vier-Ton-Motiv spannte; er bindet nur noch Tonpaare zusammen, so daß die Folge nicht unbedingt als »B-A-C-H« gelesen werden muß, sondern auch als »B/A, C/H, D/Cis, …«. Somit scheint Beethoven gerade den Bach-Zusammenhang zu negieren. Andererseits ist aber in jener historischen Situation kaum denkbar, daß Beethoven nicht wußte, was er tat. Abgesehen davon, daß er mit dem Namen Bach seit Bonner Kindertagen einiges verbinden konnte, dürfte ihm auch die musikalische Potenz des Namens bekannt gewesen sein – sein Lehrer Albrechtsberger hatte sich 1781 bereits unter die Fugenkomponisten eingereiht, die aus jenem Vier-Ton-Motiv eine Fuge entwickelten. Somit läßt sich nicht ausschließen, daß Beethoven die schlichte Thematik des Satzes direkt auf diese Verformung hin geschaffen hatte. Dann freilich stellt sich eine weitere Frage: Warum spielt Beethoven gerade in diesem Werk mit dem Thema? Es ist offenkundig das erste, in dem er es anwendet – erst später folgten auf dieser Bahn der Kanon »Kühl, nicht lau«

WoO 191, mit dem Beethoven 1825 auf einen B-A-C-H-Kanon von Friedrich Kuhlau reagierte, und Skizzen zu einer Ouvertüre über dieses Thema*. Bedeutete dieses Thema irgendetwas im Zusammenhang mit Rasumowsky? Nur ein positiver Nachweis über die Hintergründe könnte folglich die Frage nach Absicht oder Zufall restlos klären.

Um die Absichten, die Beethoven mit der Komposition verbunden gehabt hatte, ergaben sich aber von allem Anfang an Fragen – und die Rätsel stellten sich auch seiner nächsten Umwelt. Schuppanzighs erster Eindruck vom ersten der Quartette soll gewesen sein, Beethoven habe ihm und seinem Quartett einen Streich gespielt; wie Wilhelm von Lenz berichtet, soll der Cellist Bernhard Romberg Anfang 1812 bei einer Aufführung des Quartetts in Moskau die Noten zertrampelt haben, und bei einer anderen Aufführung in Rußland wenig später habe der Beginn des zweiten Satzes (mit den Repetitionen eines einzigen Tons durch den Cellisten) nur Gelächter hervorgerufen*. Andererseits: Schon um 1820 wurde der zweite Satz des C-Dur-Quartetts in einer Bearbeitung für zwei Gitarren als »Andante favori tiré d'un Quatuor« angeboten – nicht gerade ein Beleg dafür, daß man der Musik grundsätzlich und langfristig ratlos gegenüberstand. Im übrigen ist diese Spannung zwischen Ablehnung und Beliebtheit auch kein Einzelfall: Frühe Aufführungen des Tripelkonzerts op. 56 etwa führten zu dem Eindruck, dies sei »keine der besten Compositionen des Meisters«; doch noch aus dem Uraufführungsjahr 1808 stammt eine Bearbeitung des Schlußsatzes für zwei Klaviere, die bereits an sich auf eine gewisse Beliebtheit hindeutet und über die es in einer Rezension heißt: »... Es würde überflüssig seyn, zur Empfehlung dieser schönsten Werke dieses Genies Etwas zu sagen« – vielmehr wird lediglich angemerkt, man benötige zur Ausführung des Werks »Spieler, die mit Beethovens Manier vertraut sind«*. Die schwankende Rezeption spiegelt aber auch einen allmählichen Wandel in Beethovens Verhältnis zu seiner Umwelt: Aus seinen Wiener Anfängen heraus hatte er bald (wie schon in Bonn) einen Platz im Herzen seiner Zuhörer errungen; zunehmend tritt dann die Kritik an »Bizarrerien« in den Vordergrund (etwa schon für das 1. Klavierkonzert, ähnlich für die Eroica-Variationen). Doch auch in diese hörte man sich hinein; man konnte sich an diesen Stil gewöhnen. Dies erleichterte schließlich bereits Zeitgenossen den Umgang mit Beethovens Spätwerk.

9. Kapitel

Konzertprogramme

März 1807 – Dezember 1808

Konzerte, die Beethoven in Wien ausschließlich mit eigenen Werken veranstaltete, dürften von Anfang an selbst im vielfältigen Wiener Kulturleben Aufsehen erregt haben; völlig singuläre Ereignisse waren es aber nicht, einerseits weil auch andere Musiker Konzerte veranstalteten, andererseits weil Beethoven nicht unbedingt zurückhaltend mit solchen Konzerten war – es ist fast sinnvoller, die Zwischenräume zwischen jeweils zweien in Monaten als in Jahren zu zählen (es sei denn, zwei solcher Veranstaltungen fanden innerhalb weniger Tage statt, die dann eher als Gruppe erscheinen denn als Einzelveranstaltungen).

In gewisser Weise neigte Beethoven bei der Disposition dieser Veranstaltungen zu Gigantomanie. Im März 1807, also in der typischen Konzerte-Saison während der Fastenzeit, veranstaltete er zwei Konzerte im Palais Lobkowitz (anscheinend nachdem eine entsprechende Veranstaltung im Theater an der Wien nicht zustandegekommen war*); aufgeführt wurden seine ersten vier Sinfonien (die letzte davon erstmals), das 4. Klavierkonzert, die Ouvertüre *Coriolan* und einige Sätze aus *Leonore* – rund ein Jahr nachdem die vorerst letzte Version gescheitert war, standen die Sätze folglich dennoch für eine publikumswirksame konzertante Aufführung zur Verfügung. Noch klarer wird der Anspruch, den Beethoven mit solchen Konzerten verband, aus dem Programm für den 22. Dezember 1808: Eingeleitet von der 6. Sinfonie, folgten als vokale Bestandteile die Arie *Ah! perfido* und das Gloria der C-Dur-Messe; dann wurde das G-Dur-Klavierkonzert, im März 1807 uraufgeführt, wiederholt. Den zweiten Teil des Konzerts eröffnete die 5. Sinfonie; ihr folgten das Sanctus und das Benedictus der C-Dur-Messe, danach eine freie Improvisation Beethovens und schließlich die *Chorfantasie*. Johann Friedrich Reichardt schrieb über das Konzert*: »Da haben wir denn auch in der bittersten Kälte von halb sieben bis halb eilf ausgehalten und die Erfahrung bewährt gefunden, daß man auch des Guten – und mehr noch, des Starken, leicht zu viel haben kann.« Dieses Konzert nun fand tatsächlich im Theater an der Wien statt und schlägt damit einen Bogen zurück zu demjenigen vom April 1803, bei dem *Christus am Ölberge* aufgeführt worden war; Beethovens Bindungen an das Theater, an dem *Leonore* uraufgeführt wurde, wirkten also zumindest längerfristig in seiner Konzertpraxis fort – ebenso wie sein eigener Umgang mit der Musik dieser Oper.

März 1807 und Dezember 1808: Trotz einer gleichartigen Zusammensetzung aus rein sinfonischen und konzertanten Kompositionen sowie orchesterbegleiteten Vokalwerken, deren Grund-Bezugspunkt bei der Oper zu liegen scheint, unterscheiden sich die Programme im Detail doch wesentlich. Im sinfonischen Bereich präsentiert Beethoven 1807 seine neue 4. Sinfonie, stellt sie aber zugleich in den Kontext seiner persönlichen Tradition; 1808 präsentiert er ausschließlich neue Werke, von denen zumindest eines ein inhaltliches Programm hat (die Sechste, daneben die Fünfte). Im Bereich der Vokalmusik knüpft er einmal an *Leonore* an; im späteren der Konzerte führt er – in einem Theaterraum – zwei Messensätze auf, läßt daneben seine schon über zwölf Jahre alte Sopran-Konzertarie erklingen und schließt die Veranstaltung in einer ungewöhnlichen Verbindung aus Instrumentalsolo, Orchesterbegleitung und Chormusik. Fast eigenartig nimmt sich vor diesem Hintergrund aus, daß ein Werk in beiden Konzerten erklingt: das Klavierkonzert Nr. 4 in G-Dur. Den so bemerkenswert neuen Zügen, mit denen Beethoven somit im Dezember 1808 vor das Publikum getreten ist, sollte man folglich im Detail nachgehen: den Hintergründen programmatischer Aspekte in seiner Sinfonik, der Integration sakraler Musik in das Theater-Konzertprogramm und der Verschmelzung von Chormusik und Instrumentalkonzert in der *Chorfantasie* – und ihr auch vor dem Hintergrund des Neuen, das Beethoven im 4. Klavierkonzert erreicht hat.

Die »Pastorale«

Komponisten des späteren 19. Jahrhunderts sahen einen programmatischen Inhalt und die sinfonische Schreibart vorwiegend in einer neuen Werkgattung ideal kombiniert: in der Symphonischen Dichtung. Ideen zu ihr, die Franz Liszt sowohl eigenschöpferisch-musikalisch als auch in einer theoretischen Schrift entwickelte, basieren auf Werken Hector Berlioz': auf der »Geschichte«, die er in seiner *Symphonie fantastique* (1830) erzählt, oder in der Kombination von eigenen Reiseeindrücken und einem literarischen Vorwurf in *Harold en Italie* (1833). Berlioz war ein glühender Beethoven-Verehrer; er fühlte sich in seinem sinfonischen Schaffen zweifellos von Beethoven inspiriert – ebenso Liszt, der sich obendrein als Erbe Beethovens fühlte und behauptete, als Kind 1823 von diesem einen entsprechenden Weihekuß erhalten zu haben. Beethovens ausdrücklich programmatische Sinfonie, die Sechste (mit dem Titelzusatz »Pastorale«), grenzt man hingegen üblicherweise von dem Gedankengut der Sinfonischen Dichtung ab; eher sieht man sie in der Tradition barocker Naturschilderungen, von denen stets zuerst Antonio Vivaldis Violinkonzerte op. 8 Nr. 1-4 (*Le quattro stagioni*) genannt werden. Der Vergleich ist allerdings nicht unproblematisch.

Zunächst: Beethoven wird das Werk Vivaldis kaum gekannt haben; viel eher wird er, wenn er tatsächlich eine solche »Naturschilderung« hätte schaffen wollen, auf Vorbilder seiner näheren Umgebung zurückgegriffen haben, etwa den Natur-Begriff, der sich in Haydns Oratorien *Die Schöpfung* und *Die Jahreszeiten* zeigt. Vivaldis vier Konzerte sind intensiv auf ein Stück Literatur bezogen: Zu jedem der Konzerte gibt der Erstdruck ein »Sonetto Dimostrativo« wieder, in dem mit Kennbuchstaben auf die entsprechenden musikalischen Konstellationen verwiesen wird, die dem jeweiligen poetischen Inhalt entsprechen (fraglich ist allenfalls, ob die Gedichte vor den Konzerten entstanden oder umgekehrt). Doch in Beethovens Sinfonie gibt es nur Satzüberschriften:

1. *Erwachen heiterer Empfindungen bei der Ankunft auf dem Lande*
2. *Szene am Bach*
3. *Lustiges Zusammensein der Landleute*
4. *Gewitter, Sturm*
5. *Hirtengesang. Frohe und dankbare Gefühle nach dem Sturm*

Daß Beethoven außer diesen allgemein gehaltenen inhaltlichen Aspekten auch noch weitere, detailliertere gemeint hätte, ist kaum denkbar: Im Programm der Wiener Dezember-Aufführung von 1808 findet sich der Zusatz »mehr Ausdruck der Empfindung, als Mahlerey«. Deshalb sollte man fragen, ob Beethoven überhaupt jene Form der Naturschilderung im Sinn gehabt hat; hat er nicht eher seine besonderen Fähigkeiten, Stimmungsporträts zu entwerfen (auch dramatische wie in *Leonore*), auf ein rein orchestrales Werk übertragen? Dann wären die Sätze als etwas gedanklich viel Geschlosseneres zu interpretieren, als daß sie in sich eine Geschichte erzählten, ebenso wie die instrumentale Introduktion des zweiten *Fidelio*-Akts trotz der Unterschiedlichkeit ihrer Facetten nur dem einen Zweck dient, die Kerkeratmosphäre erlebbar zu machen. Eine »Symphonie pastorale« dieses Zuschnitts wäre also an den beiden Aspekten zu messen, die in diesem Titel stehen: Wie gelingt es Beethoven, jene fünf inhaltlichen Komponenten in einem sinfonischen Satzzyklus (und: in den einzelnen Sätzen selbst) zu berücksichtigen? Was ist an der Sinfonie »pastoral«?

Beethoven schreibt an sich einen normalen viergliedrigen Satzzyklus. Das Erwachen der heiteren Empfindungen ereignet sich in einem Allegro ma non troppo in der Grundtonart F-Dur; die Szene am Bach wird daraufhin zu einem typischen langsamen Satz in der Subdominante (B-Dur; Andante molto mosso), ehe das »lustige Zusammensein der Landleute« Scherzo-Charakter annimmt und wieder in der Grundtonart steht. Der Schlußsatz des Werks repräsentiert – in derselben Tonart als Allegretto – ebenfalls einen normalen Satztypus. Die einzige fundamentale Erweiterung ist also die Gewittermusik des vierten Satzes: eine f-Moll-Szenerie im Allegro. Gewitter und Stürme zu komponieren ist eine dankbare und in der Geschichte vielgeübte Aufgabe; sie ergab sich nicht nur für die jahreszeitlich bedingten Unwetter im Rahmen von weiter ausgreifenden Sommermusiken (Vivaldi, *Vier Jahreszeiten*; Haydn, *Jahreszeiten*), sondern auch in Opern – und dort von kleineren »Auftritten« der Bühnentechnik für Donner und Blitz (wie in Mozarts *Zauberflöte*, als die Königin der Nacht mit ihrem Gefolge vom Bühnenboden verschluckt wird) bis hin zu so wichtigen Gewitterszenen wie im Schlußakt von Verdis *Rigoletto*. Einerseits hätte eine solche Gewittermusik keinen der normalen vier Sätze einer Dur-Sinfonie beherrschen können (weder die Dur-Ecksätze sind dafür geeignet noch ein langsamer Satz oder ein Scherzo); andererseits ist eine Gewittermusik ein erprobter Topos. Beides zeigt, wie naheliegend es ist, gerade mit einer Gewittermusik das Viersätzigkeits-Prinzip zu sprengen. Naheliegend ist auch, daß dieser Satz an vorletzter Stelle eingeschoben wird: Beethoven kann so das Werk in der Grundtonart beenden (mit der Nach-Gewitter-Stimmung) und ein kontrastierendes Glied zwischen Scherzo und Finale einbauen, die beide normalerweise in der gleichen Tonart stehen und in der Grundstimmung deshalb einander ähnlich sein können.

Für alle übrigen Sätze des Werks braucht Beethoven seine Musik nur in einem »pastoralen« Tonfall zu schreiben; ansonsten können sich seine formalen Standards »normal« entfalten. »Pastorale« hätte für Barockmusik klare Folgen gehabt: Bläsersatz, wiegender Dreierrhythmus, Einzelpassagen über dudelsackartigen Orgelpunkten. Dies alles findet man schon in der Sinfonia, die den zweiten Teil von Bachs *Weihnachtsoratorium* einleitet und deren Titel von der Nachwelt deshalb zu »Hirtensinfonie« erweitert wurde. Derartigem begegnet man bei Beethoven besonders im Finale: Der Sechsachteltakt-Satz wird eröffnet von einer Klarinette und einem Fagott; als Begleitung dienen lang ausgehaltene leere Quinten der Bratschen und Celli. Ähnliche thematische Verhältnisse eröffnen auch den Anfangssatz. Doch für diesen hat man zunächst ein Problem zu lösen, das vom Titel ausgeht: Beethoven komponiert nicht (oder: nicht nur) die »Ankunft auf dem Lande«, auch nicht nur die »heiteren Empfindungen« dabei, sondern sogar noch deren Erwachen; sie können aber nur bei demjenigen erwachen, den Beethoven (und speziell er) auf dem Lande ankommen läßt – also beim Publikum. Wie ist das zu verstehen?

Beethoven beginnt mit etwas fast fragmentarisch Anmutendem, das er die Streicher spielen läßt; am ehesten definierbar ist die leere Bordun-Quinte der Bratschen und Celli, die wie im fünften Satz an einen Dudelsack erinnert – nur liegt weder die Quinte noch die zugehörige Melodie bei Blasinstrumenten. Umrißhaft wird also eine Land-Szenerie entwickelt; doch man kann sich seiner Sache anscheinend noch nicht sicher sein, weil Beethoven die Szenerie ausschließlich mit Streicherstimmen gestaltet. Die Instrumente, die als nächste in den Satz eintreten (Hörner), klären die Land-Verhältnisse nicht, informieren aber über etwas anderes: Sie spielen nur zwei verschiedene Töne, den Quintton C und den darüberliegenden Grund- oder Oktavton F; darin spiegelt sich die melodische Unbeweglichkeit der kleinen Signalhörner der Zeit. Folglich trägt der Hörnerklang dazu bei, daß man sich »in Bewegung« fühlen kann, auf Reisen. Wenig später werden dann auch die Land-Konturen schärfer: Klarinetten und Oboen übernehmen die Anfangsmotivik der Streicher, und aus ihrem Musizieren heraus ergibt sich schließlich ein erstes Tutti-Forte des Orchesters.

Beethoven komponiert also in zweifacher Hinsicht eine Annäherung. Die Bedeutung der Motivik wird erst allmählich geklärt; daher zeigt sich auch erst ebenso allmählich, daß die Erwartung richtig ist, es könne sich aus der Anfangs-Instrumentation eine ländliche Emblematik entwickeln. Und Beethoven unterlegt diese Entwicklung mit einer Reisebewegung, die durch die Emblematik der Hornklänge bestimmt wird. Doch auch mit diesen Elementen ist erst die »Ankunft auf dem Lande« komponiert, nicht auch das »Erwachen heiterer Empfindungen« dabei.

Wer dies tatsächlich komponieren will, muß wissen, was der zeitgenössisch-städtische Wiener Hörer auf dem Lande erwartet: am ehesten also Unbeschwertheit, ländlichen Frieden, schönes Sommerwetter (sonst fährt man nicht aufs Land), flötespielende Hirten. Dieses Landleben hat fast zwangsläufig den Anstrich des Heiteren, jedenfalls wenn man nicht tiefer in es eindringt. Für die Annäherung an dieses Land-Tableau, die Beethoven dem Hörer durch die besondere instrumentatorische Projektion vermittelt, wählt er aber zudem eine psychologische Komponente: Es ist durchaus denkbar, daß dem Hörer zunächst nicht klar wird, womit er es tatsächlich zu tun hat; man hat nur eine erste Ahnung davon. Beethovens Technik ist, daß er das Publikum gewissermaßen häppchenweise auf die Land-Szenerie vorbereitet, so daß sich für den Hörer immer deutlicher abzeichnet, daß diese komponierte Welt eine ländliche ist; und die Empfindungen werden desto heiterer, je klarer das Bild wird. Daß es Beethoven tatsächlich um diese allmähliche psychologische Annäherung gegangen ist, ergibt sich aus dem Notentext (Notenbeispiel 15; leider hört man es fast nie): Vom Einsatz der »Signalhörner« an schreibt Beethoven ein Crescendo, auf dessen Höhepunkt für einen einzigen Takt die beiden Fagotte in den Satz eintreten und den Part der ersten Violine mitspielen; danach schweigen sie wieder, und die Lautstärke wird bis hin zum Einsatz von Oboen und Klarinetten bis ins Pianissimo zurückgenommen. Jener Fagott-Einsatz führt zwingend zu einer plötzlichen Verfärbung der Klangstruktur (sofern man nicht als Dirigent oder Tontechniker an Beethovens Partituranweisungen vorbei operiert); dies ist eines der typischen »Häppchen«, mit denen Beethoven sein Publikum auf die Land-Stimmung hinführt. In einem Moment, in dem eine geordnete Streicher-Welt etabliert zu sein scheint (mit den Signalhörnern an ihrer Seite), sorgt Beethoven für eine instrumentatorische Schockwirkung; er setzt ein Signal, das auf eine intensivere Einbindung der Holzbläser – und damit auf die Perfektionierung der Land-Stimmung – vorausweist, doch der eine Takt, in dem die Fagotte zunächst mitspielen, ist so kurz, daß man sich über die Hintergründe dieses freudigen Erschreckens nicht recht ins Klare kommen kann. Der Fagott-Takt ist somit eines der Elemente, mit denen man Beethovens Absichten am leichtesten verstehen kann: nicht nur als Reise, sondern als allmähliches »Erwachen der heiteren Empfindungen«. Er hätte keinen Platz, wenn Beethoven die Geschichte von der Ankunft auf dem Lande erzählte. Übrigens bleiben die »Empfindungen« auch im weiteren Verlauf überaus heiter, denn Beethoven schreibt eine Durchführung von stolzen 140 Takten Länge, für die er praktisch ohne Moll-Einschläge auskommt: Zwar moduliert er in einer dem Formglied angemessenen Intensität, doch die Moll-Sphäre ist nur für vier Takte (T. 257-260) eine für ihn kompositionstechnisch unvermeidbare Zwischenstation.

Die Stimmung »sitzt« perfekt; man muß sich aber fragen, ob Beethoven sein Publikum tatsächlich »auf dem Lande« ankommen läßt oder nicht vielleicht doch eher in Arkadien. Daß dieses Land ein ideales, glückseliges ist, nah der Natur, die nur aus sich selbst heraus ernsthaft bedroht werden kann (mit dem Gewitter), ist nicht so naheliegend und zeittypisch, wie es scheinen mag; gemessen an den Konfliktsituationen zwischen der Bevölkerung von Stadt/Hof und Land, die Schiller 1802/04 in *Wilhelm Tell* thematisiert, oder den differenzierten Einblicken in unterschiedlichste ländliche Lebensverhältnisse, die sich mit den seit 1806 von den Brüdern Grimm aufgezeichneten Märchen ergeben, nimmt sich Beethovens Schäferwelt als fast anachronistisch aus – als ein Natürlichkeits-Ideal aus der Mitte des 18. Jahrhunderts, das die Illusion des Städters (der das Land nur besuchshalber bereist, ohne wirklich einzutauchen)

Notenbeispiel 15:
Sinfonie Nr. 6 F-Dur op. 68 (»Pastorale«),
1. Satz, T. 14-22: Fagotte, Hörner, Streicher

Johann Peter Lyser:
Beethoven beim Komponieren der »Szene am Bach«
in der 6. Sinfonie (»Pastorale«), in »Cäcilia«, Hamburg 1833.
Auch dies eine mißverständliche
(oder mißverstandene) Darstellung

auch aus dem Betrachtungswinkel seiner Wiener Hörer aber dennoch sicherlich trifft. Insofern wurde Beethoven den Ansprüchen, die von Publikumsseite an ihn gestellt werden konnten, restlos gerecht: Ebenso wie russische Themen in den *Rasumowsky-Quartetten* nicht grundsätzlich die Norm, russisch zu sein, erfüllen mußten, sondern nur einem entsprechend eingefärbten österreichischen Blickwinkel genügen mußten, ist auch seine Anregung zu einem besonderen Natur-Empfinden nur tragfähig, wenn sie sich an orts- und gesellschaftstypischen Normen orientiert.

Claude Debussy ging noch weiter; er spottete*: »In dieser Symphonie ist Beethoven übrigens ganz das Kind seiner Zeit, die die Natur nur aus den Büchern kannte.« So sehr es denkbar ist, daß auch für Beethoven »Landleben« eher arkadisch als realistisch war, ist Debussys Kritik an den Natur-Empfindungen Beethovens kaum gerechtfertigt. Erstens kannte dieser die freie Natur durchaus auch aus eigener Anschauung; zweitens aber hat man sich intensiver den Intentionen Beethovens im Umgang mit menschenleerer Land-Szenerie zuzuwenden. Auch diese »malt« oder »erzählt« er viel weniger, als man vielleicht zu glauben geneigt ist; es geht ihm auch hier eher darum, nur Assoziationen zu wecken. Schon in der Zeit um Beethovens Tod ergaben sich aber derartige Mißverständnisse; so schrieb der thüringische Literat Friedrich Mosengeil 1828 über den zweiten Satz, die »Szene am Bach«*: »Der Dichter ruht am Bache, – leicht auf seine von selbst tönende Lyra gestützt, – den begeisterten Blick bald an Blumen weidend, die die leichten Winde neigen, bald in die reine, blaue Tiefe des Himmels versenkend. – Des Baches leise Wellen murmeln und plätschern, und die umschattenden Erlen flüstern durch die ganze Scene hin.« Es ist wohl noch denkbar, den Bach wahrzunehmen; doch wo stehen die Erlen? Wo in der Musik ist »die reine, blaue Tiefe des Himmels«? Doch nur in Mosengeils Phantasie; allenfalls er sitzt also am Bach, und demnach hätte Beethoven bei ihm sein Ziel erreicht, er hätte bei Mosengeil die richtigen Empfindungen geweckt (so »falsch« das ist, was dieser über die Musik schreibt). Wie das zu verstehen ist, erklärt etwas früher (und deshalb mit vielleicht mehr Verständnis) der Erfurter Organist Michael Gotthard Fischer (1810): »No. 2 soll, nach des Künstlers Absicht, eine Scene am Bache darstellen. Wirklich [!] empfinden wir alles, wozu ein solcher entlegener, zur Zufriedenheit und ruhigen Beschauung stimmender Ort in der Natur uns einladet, und diese ganze Nummer spricht das Gemüth durch Erweckung sanfter Gefühle vorzüglich an.« Es gab also durchaus Personen, die den vielleicht abstrakter erscheinenden Weg zu gehen bereit waren, Beethoven nicht als Maler zu verstehen und die Musik als Szenenfolge an sich vorüberziehen zu lassen, sondern zu begreifen, daß er mit der Musik im Hörer etwas anreißt – eine Empfindung, die auch durch etwas ganz anderes geweckt werden könnte, etwa durch visuelle Eindrücke in freier Natur.

Dieses Analogie-Prinzip beherrscht sogar auch den Abschnitt des zweiten Satzes, in dem die bildlichen Qualitäten zu kulminieren scheinen. Beethoven ahmt am Schluß Vogelrufe nach: einen trillernden Nachtigallengesang (Flöte), den auf einem einzigen Ton verharrenden Wachtelschlag (Oboe) und den Kuckucksruf (in Großterz-Version; Klarinette). An sich sind Vogelrufe in Kompositionen nichts Einzigartiges; entscheidend ist aber, auf welcher Grundlage Beethoven sie anwendet. Wie Rudolf Bockholdt dargestellt hat, nimmt die Vogelruf-Passage die Position ein, an der in einem Konzertsatz eine Solokadenz stehen könnte; Beethoven läßt sie nicht improvisieren (weil mehrere »Solisten« beteiligt sind und deren Solokadenz-Spiel aufeinander abgestimmt sein muß), und indem er als »Soloinstrumente« nur Holzbläser verwendet, kommt zudem ein Brückenschlag zur französischen »Symphonie concertante« zustande, in der man besonders gerne mit solistischen Bläserbesetzungen arbeitete. Die Nachtigall setzt als erste ein – gegen den Takt, und ohne Rücksicht auf diesen verdichtet sich ihr Triller; ähnlich behandelt Beethoven die Wachtel- und Kuckucks-Beiträge. Alle drei Vogelrufe bezieht Beethoven auf die B-Dur-Grundtonart dieses Satzes, zu dem die Flöte das F, die Wachtel das D und der Kuckuck die Terz D-B beisteuern. Doch dieser Eindruck wird verschleiert: Weil der Nachtigallentriller erst allmählich aus einem Abwechseln von F und G heraus beschleunigt wird, changiert die Klangwelt zwischen B-Dur (B-D-F) und g-Moll (B-D-G). Beethoven komponiert folglich so artifiziell Unvereinbares, wie es in der Natur eben vorkommt; doch er bedient sich der Solokadenz als eines musikalisch-formalen Standard-Aspekts, um die scheinbar so konkrete Vogelruf-Passage zu komponieren. Die Empfindung, die eine (häufig virtuose) Solokadenz beim Hörer auslösen kann, wird also von Empfindungen überformt, die sich allein auf das wahrgenommene musikalische Material beziehen; dieser somit nur scheinbar bukolische Charakter wirkt stärker als der reale, der abstrakt-formale.

So kombiniert Beethoven eine besondere Tonsprache mit traditionellen Satzformen und ergänzt sie lediglich um den Gewitter-Satz. Dieser aber übernimmt im Grunde genommen nicht einmal eine völlig eigenständige Funktion im Satzzyklus; vielmehr läßt Beethoven ihn direkt aus dem Scherzo hervorbrechen (so, als handele es sich um eine zusätzliche

Trio-Konstellation eines typischen Scherzos) und direkt in den Schlußsatz münden (zwischen der Beruhigung des Wetters und dem Dankgesang entsteht also keine nur formal legitimierbare Pause, sondern eine
Stimmungs-Kontinuität). Diesen Aspekt einer Kontinuität hat Beethoven allerdings auch schon in der 5. Sinfonie realisiert – bei ganz anderen
Stimmungsverhältnissen: Auch hier mündet der dritte Satz bruchlos in
das Finale, das aber viel eher explosionsartig beginnt.

Die Fünfte

In der 5. Sinfonie liegt das Programmatik-Problem auf einer anderen
Ebene. Beethoven hat keinerlei Äußerungen über den Inhalt des Gesamtwerks hinterlassen; gewissermaßen umgekehrt proportional dazu ist hier
aber das programmatische Empfinden vor allem von Beethovens Nachwelt noch größer. Es setzt bereits beim Eröffnungsmotiv des ersten
Satzes ein, dem wohl berühmtesten Motiv der Musikgeschichte überhaupt – dessen Grundkonstituenten aus drei schnellen Noten (G) und
dem länger ausgehaltenen Unterterz-Ton Es zu bestehen scheinen. Die

Kopfleiste des Titelblattes für das Beethoven-Buch
von Ferdinand Pfohl (1926):
eine idealisierte Beethoven-Vignette und das Anfangsmotiv der 5. Sinfonie
(ohne die Achtelpause zu Beginn)

Motivik wirkt wie ein Auftakt; doch als solchen hat Beethoven sie nicht notiert, denn in seiner Partitur steht im ersten Takt zunächst eine Pause. Damit wird der Drei-Ton-Anfang zu einem vollgültigen Takt erweitert, und so marginal es zu sein scheint, ob ein Werk mit einer Pause beginnt oder nicht, liegt in ihr doch eine fundamentale Impuls-Wirkung für alles Nachfolgende.

»So klopft das Schicksal an die Pforte«, soll Beethoven gesagt haben. Wenn man das Motiv aber auf seine Grundlagen befragt, klopft nicht nur einfach so das Schicksal an die Pforte (weder hier noch in einem anderen Werk), sondern es handelt sich schlichtweg um eine neue Variante Beethovens, eine vom Werkbeginn weg fesselnde Sinfonie-Eröffnung zu schreiben. Beethoven hatte zuvor unterschiedliche Typen langsamer Einleitungen vor den »eigentlichen« schnellen Sätzen erprobt und in der *Eroica* erstmals sogleich mit dem schnellen Satz begonnen, aber dessen Eröffnungsthema zwei einzelne Akkordschläge vorangestellt. In keinem Werk hatte Beethoven zuvor einen Weg gefunden, eine Sinfonie unmittelbar mit der Motivik zu beginnen, die das Hauptthema prägt; stets ist etwas Andersartiges vorausgegangen (auch in der benachbarten Sechsten nähert sich Beethoven ausdrücklich erst allmählich einem Ziel – den Empfindungen, die man bei der Ankunft auf dem Lande haben solle).

Welche anderen Möglichkeiten hatte Beethoven, diesen Satz zu beginnen? Er hätte vielleicht aus dem Zweivierteltakt heraus, in dem der Satz notiert ist, ein Vier-Achtel-Motiv entwickeln können, das also einen gesamten Takt ausfüllte – oder er hätte die erste Hälfte des Taktes mit einer Viertel-Pause und die andere mit lediglich zwei Achteln besetzen können. Beides aber wäre bei weitem nicht ebenso spannkräftig und nähme auch der langen Note die Wirkung (die einmal als Halbe unter einer Fermate notiert ist, das andere Mal in zwei Halben, von denen die zweite eine Fermate trägt). Somit ist diese Auftakt-Konstruktion auch schon rein musikalisch eine phantastische Idee; daß Beethoven im Dezember 1808 mit diesem Werk nicht das ganze Konzert eröffnete, sondern nur dessen zweiten Teil, zeigt nebenbei (ähnlich wie für die Programmposition der 1. Sinfonie in deren Uraufführung), wie sehr sich Beethoven des Überraschenden bewußt war. Und einer »inhaltlichen« Überhöhung bedarf es gar nicht, um diese Stelle zu »verstehen«; eher nähme diese der kompositorischen Kunst Beethovens sogar einen ihrer wesentlichsten, individuellsten Züge (die Fähigkeit einer geradezu extremen rhythmischen Feindosierung), als daß sie zum Verständnis des Werks etwas Konstruktives beitrüge. Und ist es nicht gerade diese Prägnanz des Motivs (ohne dessen »programmatischen« Unterton), die zu dessen unvergleichlicher Popularität geführt hat? Die Geschichte vom »Schicksal« spinnt sich dennoch weiter. Beethovens früher Biograph Adolph Bernhard Marx bewunderte 1859 das Prinzip »per aspera ad astra« in diesem Werk, das er als »Durch Nacht zum Licht! Durch Kampf zum Sieg!« übersetzte*. Allgemeinere Interpretationen sehen das Heroische: den Helden, der sich durch alle Schwierigkeiten hindurchwindet und sich endlich sieghaft durchsetzt. Was aber steckt hinter diesem »programmatischen« Gedanken an musikalischer Substanz?

Hauptursache für diese Idee dürfte die Tonart-Ordnung sein; und es ist eine grundsätzliche Frage, wie man sie in einem Moll-Werk einrichtet. Beethovens Fünfte steht in c-Moll; dies ist die Tonart des ersten Satzes und des in der Scherzo-Position stehenden dritten. Der langsame zweite hingegen wird nicht in die parallele Durtonart (Es-Dur) gesetzt, sondern in deren Subdominante (As-Dur) – ein nur wenig weiterer Weg von der Grundtonart weg, der aber nicht in jene As-Dur-Mittelsatz-Idylle des Klaviertrios op. 1 Nr. 1 oder des Tripelkonzerts führt, sondern in eine den Moll-Facetten nahe und in ihrem Fluß unruhig-variantenreiche Stimmung. Entscheidend wird die Tonartfrage für den Schlußsatz: Beethoven wählt C-Dur und erweitert das Instrumentarium ins Monumentale, sowohl mit der durchdringenden Klangschärfe der Piccoloflöte als auch mit dem extrem tiefen Kontrafagott. Doch: Treten diese Instrumente nicht eher hinzu, um eine C-Dur-Welt von der c-Moll-Welt des dritten Satzes möglichst schroff abzugrenzen, aus der der Satz direkt hervorbricht? Ebenso als Mittel zur Klangschärfung erweitert Beethoven auch in der Sechsten (für die Gewittermusik) das Instrumentarium um eine Piccoloflöte. Ist die Interpretation als etwas Sieghaftes wirklich erforderlich? Dur-Schlüsse gibt es auch für andere Moll-Werke; im Solokonzert des frühen 19. Jahrhunderts scheint der Wechsel des Tongeschlechts sogar eine besondere Attraktivität auf Komponisten ausgeübt zu haben, ohne daß irgendjemand auf die Idee käme, hierin ebenfalls die Umsetzung eines Sieges über das Schicksal zu sehen – von Mozarts d-Moll-Klavierkonzert KV 466 über die Klavierkonzerte Chopins, Mendelssohns (auch: Violinkonzert) bis hin zum Klavierkonzert Schumanns. Verbindet man hier nicht die Anekdote über das exzeptionelle Anfangsmotiv mit einer Standard-Tonartfolge zu einer überzogen wirkenden Interpretation?

Erstaunlicherweise ist die Schicksals-Interpretation erst relativ spät aufgekommen. Viel aussagekräftiger ist hingegen das, was Ernst Theodor Amadeus Hoffmann bereits 1810 in der in Leipzig erscheinenden Allgemeinen musikalischen Zeitung über das Werk schrieb. Er nicht nur als Dichter, sondern auch als anerkannter Komponist wußte wohl besser als manch anderer, wovon er sprach; zudem stand er, Anfang 1776 geboren und damit gerade fünf Jahre jünger als Beethoven, der geistigen Welt, aus der heraus dieser seine Werke schuf, selbst sehr viel näher als etwa der Biograph Adolph Bernhard Marx (geboren 1795), den bereits die Beethoven-Idealisierung eines Generationenschritts von jenen kompositorischen Praktiken trennte. Hoffmann* scheint der Gedanke fremd gewesen zu sein, das Werk aus einem Programm heraus zu beurteilen; und so ist schon seine Beurteilung des Anfangsmotivs im ersten Satz höchst bezeichnend: »Es giebt keinen einfacheren Gedanken, als den, welchen der Meister dem ersten Allegro zum Grunde legte[,] und mit Bewunderung wird man gewahr, wie er alle Nebengedanken, alle Zwischensätze, durch rhythmischen Verhalt [= Festhalten an dieser rhythmischen Formel] jenem einfachen Thema so anzureihen wusste, dass sie nur dazu dienten, den Charakter des Ganzen, den jenes Thema nur andeuten konnte, immer mehr und mehr zu entfalten.«

Hoffmann interpretiert die Fünfte aus einem ähnlichen Blickwinkel heraus, aus dem die Sechste schon nach dem Programm-Zusatz zu beurteilen ist (»mehr Ausdruck der Empfindung als Mahlerey«) und der ebenso die Einschätzungen der »Szene am Bach« durch zwei aufeinanderfolgende Generationen trennt: Es geht Hoffmann darum, was diese Musik im Hörer anrichtet, nicht darum, was Beethoven sich hinter dieser Musik an Inhalt gedacht haben kann. Er schreibt seine Rezension in dem Bewußtsein, »eins der wichtigsten Werke des Meisters, dem als Instrumental-Componisten jetzt wol keiner den ersten Rang bestreiten wird, vor sich« zu haben, und sieht ihn in der direkten Nachfolge Haydns und Mozarts; »die Instrumental-Compositionen aller drey Meister athmen einen gleichen romantischen Geist, welches eben in dem gleichen innigen Ergreifen des eigenthümlichen Wesens der Kunst liegt; der Charakter ihrer Compositionen unterscheidet sich jedoch merklich.« Für Beethoven sieht Hoffmann dieses Romantische folgendermaßen: »So öffnet uns [...] Beethovens Instrumental-Musik das Reich des Ungeheuren und Unermesslichen. Glühende Strahlen schiessen durch dieses Reiches tiefe Nacht, und wir werden Riesenschatten gewahr, die auf- und abwogen, enger und enger uns einschliessen, und alles in uns vernichten, nur nicht den Schmerz..., der, Liebe, Hoffnung, Freude in sich verzehrend, aber nicht zerstörend, unsre Brust mit einem vollstimmigen Zusammenklange aller Leidenschaften zersprengen will, leben wir fort und sind entzückte Geisterseher.« Und, bezogen auf die Fünfte direkt: »Tief im Gemüthe trägt Beethoven die Romantik der Musik, die er mit hoher Genialität und Besonnenheit in seinen Werken ausspricht. Lebhafter hat Rec. dies nie gefühlt, als bey der vorliegenden Symphonie, die in einem [!] bis zum Ende fortsteigenden Climax jene Romantik Beethovens mehr, als irgend ein anderes seiner Werke entfaltet, und den Zuhörer unwiderstehlich fortreisst in das wundervolle Geisterreich des Unendlichen.«

Zweifellos selbst eine romantische Sehweise – doch zugleich in einer beeindruckenden Sachkenntnis, die das »Romantische« im Werk auch plausibel zu machen vermag. Hoffmann sieht sich von der musikalischen Stimmung fortgerissen, die er als romantisch ansieht, nicht von einem romantisierenden Programm; er weiß zudem, daß Beethoven hierzu nur aufgrund seiner »Genialität und Besonnenheit« fähig ist, nicht nur aus einer (nicht näher faßlichen) Inspiration. Die »Geisterreichs«-Stimmung sieht Hoffmann dabei schon im ersten Satz allein – nicht also erst mit Blick auf das Gesamtwerk und unter Einbeziehung des Finales; dieses sei »wie ein stahlendes, blendendes Sonnenlicht, das plötzlich die tiefe Nacht erleuchtet«. Freilich interpretiert auch Hoffmann nur die Tonartfolge und den attacca-Übergang von einem Satz in den derart massiver besetzten Schlußsatz; doch seine Interpretation weist nur auf etwas annähernd Analoges hin, ohne Beethoven also zu unterstellen, von einem primär außermusikalischen Gedanken ausgegangen zu sein. Somit sind seine Ausführungen auch substanzreicher als der vielleicht dem allgemeineren 19. Jahrhundert nähere Gedanke eines Sieges – der in diesem unvermittelten Eintreten ja doch kaum denkbar erscheint.

Hält man sich an Hoffmann, kann man sich auch von dem Gedanken lösen, die Fünfte sei Ausdruck eines »heroischen Stils« in Beethovens Werk. Viel näher lag für ihn der dämonische Charakter einer Geisterwelt, die Abstraktion des Hörers von sich selbst (weil man so sehr »fortgerissen« wird) und – damit verbunden – die Öffnung der musikalischen Räume ins Unendliche. Diese Rückkoppelung auf den Hörer verbindet die Fünfte zudem mit ihrem Schwesterwerk, der Sechsten; wie eng diese Beziehung ist, wird bereits äußerlich deutlich: Beide Werke wurden den gleichen Personen gewidmet (Lobkowitz und Rasumowsky gemeinsam), sind einander in den Opus-Nummern benachbart (67/68), und sogar ihre Numerierung war nicht von Anfang an klar (im Konzertprogramm vom Dezember 1808 rangierte die *Pastorale* noch als »No. 5«). Da Beethoven sich nur über ein inhaltliches Programm der *Pastorale* geäußert hat, dafür aber sogar noch besondere Vorsichtsmaßnahmen traf (»mehr Ausdruck der Empfindung, als Mahlerey«), wird die Vermutung einer tiefergehenden Programmatik der Fünften um so fraglicher. Nebenbei gesagt: Selbst wenn die Sechste in ihren arkadischen Elementen anachronistisch zu sein scheint und man eine »romantische« Fünfte von dem »Klassiker« Beethoven nur ungern akzeptiert, sollte man bedenken, daß die Zeitalter von Aufklärung und Romantik gute Nachbarn waren – nur die Klassiken von Wien und Weimar, in lokalem Bezug formulierte Ereignisse (einmal auf musikalischem, einmal auf literarischem Sektor definiert), scheinen sich partiell zwischen beide geschoben zu haben.

Ist also der Programm-Gedanke, den man der Fünften beimißt, nicht eher ein Kernelement der Rezeptionsgeschichte, als daß er Teil von Beethovens kompositorischem Vorgehen war? Tatsächlich nimmt die Fünfte aus ihrer Rezeption heraus eine permanente Symbolik als Staatsmusik in sich auf. Das Spektrum ist weitgespannt, und die Facetten, die es enthält, lösen sich auch davon, bloß auf einen »Helden« bezogen werden zu können: In Frankreich erscheint das Finale der Fünften 1863 als Siegesmarsch (nach dem »Trauermarsch« aus der 7. Sinfonie, von a-Moll nach c-Moll transponiert) in einem Satz für Männerchor und Orgel, in dem eine Situation der französischen Religionskriege von 1588 in Trauer über einen vom König Ermordeten und in Rachegelüsten wiedergegeben wird*; eine Aufnahme der Fünften wurde im deutschen Rundfunk gesendet, nachdem 1938 der Hitler-Stalin-Pakt geschlossen worden war, und Reiner Kunze läßt in seinem Gedicht »die bringer beethovens« von 1962 die DDR-Organe mit der Fünften operieren: Sie treiben einen Menschen, dem sie zu laut ist, damit in den Tod. Die Fünfte als Ausdruck von Offiziellem: Diese Geschichte hat sich schon früh und weit weg von dem bloß Heroischen verselbständigt.

C-Dur-Messe

Neben diese beiden sinfonischen Werke erklangen in jenem Theaterkonzert am 22. Dezember 1808 Auszüge aus der C-Dur-Messe op. 86 als chorische Bestandteile. Diese Aufführung von Beethovens erster liturgischer Komposition (zumindest: der ersten erhaltenen) wird somit zu einem eigenartig säkularen Ereignis; der Entstehungs-Kontext wahrt ansonsten den sakralen Rahmen. Begonnen im Frühjahr 1807, handelte es sich um ein Auftragswerk für den Fürsten Nikolaus II. von Esterházy, der jeweils am Sonntag nach dem Namenstag seiner Frau Maria, einer geborenen Prinzessin von Liechtenstein, in seiner Residenz Eisenstadt eine Messe aufführte – als Namenstag galt Mariä Geburt, der 8. September, so daß die Meß-Aufführung 1807 auf den 13. September fiel. Beethoven kam mit seinen Arbeiten geringfügig in Verzug; am 26. Juli bat er um Aufschub bis zum 20. August. Danach können lediglich dreieinhalb Wochen Zeit für alle noch ausstehenden Vorbereitungen bestanden haben, für das Ausschreiben der Aufführungsmaterialien ebenso wie für das Einstudieren. Damit lag er aber trotzdem noch gut in der Zeit: Allem Anschein nach hat auch Haydn, dessen Dienstherr Nikolaus seit 1794 war, seine späten Messen für diese Anlässe geschrieben, und ein Blick auf deren Vollendungs-Daten enthüllt, welche Probleme sich den Eisenstädter Ausführenden stellten: Die *Nelsonmesse* entstand 1798 zwischen dem 10. Juli und dem 31. August in nur 58 Tagen (wenn das Werk von Haydn als »Missa in angustiis«, als »Messe in Bedrängnis«, bezeichnet wurde, braucht dies folglich nicht nur politisch gemeint zu sein, sondern kann auch eine sehr individuelle Note haben), und die Messe für 1801 (*Schöpfungsmesse*) war gar erst drei Tage post festum und zwei vor dem Aufführungstermin fertig: am 11. September, diesmal nach sogar nur 45tägiger Arbeitszeit. Die Uraufführung von Beethovens Messe war ein Mißerfolg; den Druck des Werks widmete er 1812 dem Fürsten Ferdinand Kinsky, nicht also dem Auftraggeber.

Der Mißerfolg scheint sich aber nur auf die spezifischen Eisenstädter Verhältnisse bezogen zu haben; nach den späteren Aufführungen des Gesamtwerks (unter anderem 1811 in Grätz bei Lichnowsky, 1825 in der Wiener Karlskirche*) fiel das Urteil weitaus günstiger aus. »Auch in diesem Gebiete glänzt Beethoven als ein Stern erster Grösse«, schreibt 1815 ein Rezensent der Leipziger Allgemeinen musikalischen Zeitung, und zwei Jahre später liest man dort: »Giebt man auf, was Jahrhunderte hindurch als Kirchenstyl anerkannt wurde: so muss man mehrere Sätze dieses Werks, besonders vom Credo an, hoch preisen.«

Dies freilich ist keine Einschränkung, sondern eine zeittypische Äußerung über das Verhältnis zwischen Sakralem und dem Säkularem: Seit der Mitte des 18. Jahrhunderts (mit der päpstlichen Enzyklika »Annus qui« von 1749 als frühem Schwerpunkt) manifestierte sich eine Spaltung zwischen Meßkomposition in der Musiksprache der Zeit und Kirchenmusik, die man auf Kompositionstechniken der Gegenreformationszeit zurückzuführen versuchte – kurz zusammenzufassen als »Palestrinastil«. Im Wiener-Klassik-Bild hat dieser keinen Platz errungen: Mozart hat sich einer Verknappung des musikalischen Raums im Gottesdienst (oder gar des »Palestrinastils«) zu entziehen gewußt; Haydn stand als Bediensteter eines ungarischen Magnaten auch in der Kirchenmusik unter einem weltlichen Regiment. Es gibt durchaus Komponisten, die zeigen, daß »alte« Kirchenmusik und »neue andere« Musik keinen Widerspruch bedeuten mußten, etwa Niccolò Jommelli, außerhalb der Kirche ein führender Opernkomponist des 18. Jahrhunderts. Insofern war eine Vorab-Bestimmung dessen, was Beethoven in seiner Messe biete, schlichtweg nötig; daß Beethoven diese klare Position bezog, mag auch durch die Traditionen des Eisenstädter Hofs bedingt gewesen sein.

Diese Messentechnik entwickelte sich fort – einerseits etwa 1819 und 1828 mit Schuberts Messen in As-Dur und Es-Dur, andererseits auch durch Beethovens eigene *Missa solemnis*. Auch diese Werke sind ausdrücklich Kirchenmusik; ihre Grundstrukturen ergeben sich (ebenso wie für die C-Dur-Messe) aus den Traditionen, die sich aus der »freien« Meßkomposition des 18. Jahrhunderts herleiten (hierzu gehört es, Schlußfugen für Gloria und Credo zu schreiben oder das »Et incarnatus est« und die »Benedictus«-Eröffnung als Solo-Teilsätze anzulegen), versetzen diese aber in eine besondere Tonsprache. Ernst Theodor Amadeus Hoffmann, der 1813 auch die C-Dur-Messe ausführlich besprach*, hebt etwa die eigentümliche Modulatorik des Kyrie hervor, die nur von C-Dur abweiche, um das entfernte E-Dur zu erreichen; diese Oberterz-Verwandtschaft ist auch ein Stilmittel Schuberts. Hoffmann hebt ferner hervor, daß das Sanctus »sanft und rührend« geschrieben sei – ein A-Dur-Satz, dessen Eröffnung ähnlich von den Klarinetten bestimmt wird wie die Kyrie-Eröffnung von Schuberts As-Dur-Messe und dessen Choreinsatz ohne Orchesterbegleitung erfolgt wie die des Gloria in Schuberts Es-Dur-Messe. Und Beethovens Credo nimmt eine crescendo-Steigerung in sich auf, die auf Schuberts harmonisch geschärfte Sanctus-Crescendi in jenen beiden Messen vorauszuweisen scheint.

Aus jenem Satz-Repertoire entnahm Beethoven für sein Konzert im Theater an der Wien das textreiche C-Dur-Gloria und das A-Dur-Satzpaar Sanctus/Benedictus. Der tonartliche Kontrast, der in der Messe beim Übergang vom Credo zu diesem besonderen Sanctus entsteht, wurde dabei freilich nicht erlebbar; beide Sätze waren zudem im Programm weit voneinander getrennt. Ähnlich wie später für die Wiener Aufführung der *Missa solemnis* 1824 im Wiener Kärntnertor-Theater* dürfte auch hier für die Aufführung eines geistlichen Werks auf dem Konzertpodium eine Sondergenehmigung der Zensurbehörden erforderlich gewesen sein, obgleich Beethoven die Sätze »tarnte« (er bezeichnete das Gloria als »Hymne mit latein. Texte, im Kirchenstyle geschrieben«). Grundsätzlich-klanglich bedeutete es aber kein Problem, die beiden Sätze in diesem Rahmen aufzuführen: Es handelt sich um »normale« Chormusik Beethovens – um Textpräsentation in seiner spezifischen Wiederholungstechnik (etwa »et in terra pax, pax hominibus« im Gloria), ebenso um seine spezielle Technik, einer Ensemblemusik durch Zusammenfassung mehrerer Stimmen in Oktaven eine besondere Detailwirkung zu geben. Insofern ist für den beteiligten Chor der Brückenschlag zum Schlußwerk des Programms wohl kaum allzu weit gewesen: zur *Chorfantasie* op. 80, die die Praktiken der Chormusik, des Konzerts und der Klavierimprovisation auf eine neue Stufe hebt.

Das G-Dur-Klavierkonzert

Da die *Chorfantasie* derart auch von Techniken des Solokonzerts erfaßt wird, ist es es zunächst sinnvoll zu überlegen, wie Beethoven im Solokonzert als solchem Neues erreicht – im G-Dur-Klavierkonzert (Nr. 4) op. 58, dessen Uraufführung bereits im März 1807 stattgefunden hatte. Auffällig sind vor allem drei Aspekte – je einer pro Satz: Der erste Satz wird vom Klavier allein eröffnet, der eigenartig kurze zweite Satz besteht lediglich aus einem mehrfachen, schroffen Abwechseln von Phrasen, die das Klavier und das auf die Streicher reduzierte Orchester vortragen, und der dritte beginnt in C-Dur, obgleich das Konzert in G-Dur steht.

Die besondere Eröffnung des Schlußsatzes ergibt sich aus den Tonart-Verhältnissen: Ähnlich wie schon zwischen zweitem und drittem Satz im c-Moll-Klavierkonzert gibt es auch hier einen klanglichen Brückenschlag, und Beethoven erreicht ihn mit ähnlichen Mitteln wie im zweiten der *Rasumowsky-Quartette* (vgl. S. 220): Der Mittelsatz des Klavierkonzerts steht in e-Moll, der parallelen Molltonart zu G-Dur; während diese beiden Tonarten zwar ähnliche Töne in ihren Grunddreiklängen haben (E-G-H bzw. G-H-D), liegen e-Moll und C-Dur einander noch näher – von E-G-H braucht man den obersten Ton nur um einen Halbton hinaufzusetzen (auf C), und man hat den C-Dur-Dreiklang erreicht. Diese Minimal-Verschiebung trennt somit den Mittelsatz vom Schlußsatz; und da C-Dur die Subdominante von G-Dur ist (und damit Bestandteil der G-

Dur-Kadenz), läßt sich die letzte Phase des zu beschreitenden Weges leicht zurücklegen. Ein weiteres bemerkenswertes Detail liegt allerdings in der Motivik dieses Satzanfangs: Beethoven verlangt vom Pianisten nie die schnellen Akkordrepetitionen, mit denen die Streicher den Schlußsatz eröffnen: Anscheinend schreckte er vor Problemen der unausgereiften Repetitionsmechanik zeitgenössischer Klaviere zurück (vgl. S. 167) und setzte anstelle dessen in den Solopart eine »pianistischere« Umspielung ein.

Der Mittelsatz weist den Klangkörpern noch fundamentaler unterschiedliche Musik zu: Nicht nur, daß von den Orchesterstimmen nur die Streicher an ihm mitwirken; obendrein spielen sie ihre scharf punktierte Linie durchweg unisono, und erst zu Satzende, für die letzten neun der 72 Takte, überlassen die höheren Streicher diese Linie allein den Bässen und setzen zu dieser langausgehaltene Akkorde hinzu. Der Pianist spielt hingegen einen choralartig wirkenden, in der Melodiestimme geringfügig verzierten Satz; Streicher-Unisono und Klavier-»Choral« wechseln miteinander ab, und aufs ganze gesehen verkürzen sich die Beiträge beider Klanggruppen bis hin zum einzelnen Klavierakkord und zum einzelnen pizzicato-Ton der Streicher (T. 45/47). Daraufhin lockert Beethoven den Klaviersatz auf; doch anstatt zu einem Schluß herbeizuführen, läßt er die Musik in eine Art Solokadenz münden: Über sechs Takte lang erklingt ein Klaviertriller auf der Note C, der der Pianist (bei ähnlich aufgehobener Tonalität wie in der Überleitungspassage der *Appassionata*) abgerissene Melodiefetzen entgegenstellt. Anschließend finden die Streicher dann nicht mehr zu ihrem Unisono zurück, sondern nur noch zu jener »Arbeitsteilung« zwischen Akkorden und der Baß-Linie.

Anders als so viele andere Konzert-Mittelsätze der Zeit ist der Mittelsatz somit weder »liedhaft« oder »im Kleinen sonatenartig« noch ein Variationszyklus; aus der Bandbreite gängiger Satztypen fällt er heraus. In seiner Form wirkt er vielleicht rhapsodisch; in dem klaren Abwechseln der Klangblöcke (hie Streicher, da Pianist) realisiert Beethoven allerdings urkonzertante Prinzipien, die sich etwa schon im Concerto-Begriff des 16. Jahrhunderts ergeben können (etwa im Abwechseln zweier Chöre). Letztlich aber läßt sich der Satz auch aus seiner Tonart und seiner kompositorischen Knappheit heraus begreifen: Das e-Moll ergibt sich offenkundig in enger Abstimmung nicht nur auf die G-Dur-Grundtonart des Konzerts, sondern auch auf die besondere Fortführungs-Möglichkeit im Finale; dies erinnert an die Satzfolge in der *Waldstein-Sonate*, in der dem Finale lediglich eine langsame Introduktion vorausgeht – deren wahren

Charakter man erst bemerken kann, wenn der eigentliche Schlußsatz begonnen hat, weil diese »langsame Introduktion« sich ansonsten von den Charakteristika eines »langsamen Satzes« in der Werkmitte nicht unterscheiden läßt. Beethoven mag also die Idee gehabt haben, dieses Prinzip auch auf die Gattung Konzert zu übertragen.

Die dritte Frage gilt dem besonderen Werkbeginn; es mag scheinen, daß sie nur beiläufige Bedeutung habe, doch ihre Folgen sind außerordentlich weitreichend. Der Solist spielt zunächst für fünf Takte eine Art Themenkopf ganz allein in der Grundtonart G-Dur; daraufhin setzten die Streicher mit einer ähnlichen Thematik ein, aber vom weit entfernten H-Dur aus, und führen den Satz binnen weniger Takte dennoch mühelos zur Grundtonart G-Dur zurück. Damit hat dann begonnen, was im Konzert normal wäre: die Eröffnung des Werks mit einem ausgedehnten Orchesterabschnitt. Indem Beethoven sich dieses Standards zunächst entzieht, greift er in die Grundlagen traditioneller Formdisposition ein: Wenn der Solist in einem Klavierkonzert nicht mehr vom Instrument aus selbst das Orchester leitet bzw. wenn er auf jenem nicht mehr eine Generalbaßaufgabe auszuführen hat, sitzt er während der Orchestereröffnung ohne jede musikalische Funktion auf der Bühne – er scheint nichts anderes tun zu können als zu warten. Und je weniger ein Komponist auf Materialreichtum in der Orchestereröffnung bedacht ist, auf die er auch in den späteren Soloteilen zurückgreifen könnte, je mehr er also Tutti- und Solomaterial als voneinander unabhängige Satzglieder anlegt, desto weniger kann man einem Publikum eine ausgedehnte, derart isolierte Orchestereröffnung plausibel machen. Beethoven verlagert das Problem: Das Konzert wird zwar allein vom Solisten eröffnet; dennoch folgt das Äquivalent der traditionellen Orchestereröffnung nach, die »Wartezeit« an sich bleibt – an anderer Stelle – bestehen. Aber der Impuls für den Werkanfang ist nun vom Solisten ausgegangen, und die Lösung, die Beethoven trifft, ist kaum zu übertreffen: Ebenso wie jener fünftaktige Solobeginn auf eine Fortführung angewiesen ist, die das Orchester ja erbringt, ist dieses auf die Solo-Vorbereitung angewiesen, denn jener H-Dur-Beginn ohne die vorausgegangene Klavierphrase wäre in dem G-Dur-Kontext nicht zu vertreten. Möglich ist, daß Beethoven die Anregung hierzu aus Mozarts Es-Dur-Klavierkonzert KV 271 bezog, in dessen sieben Eröffnungstakten das Klavier gleichfalls beteiligt ist, ehe das Orchester seinen gewohnten Eröffnungsabschnitt allein fortsetzt; doch zumindest die Idee, den Anfang dem Solisten zuzuweisen, stammt nicht schon von Mozart – in jenem Konzert beginnt dennoch das Orchester.

Beethovens Überlegungen zur Frage des allerersten Einsatzes mögen darauf hindeuten, daß er in seinen Klavierkonzerten durchweg habe singuläre Werke schreiben wollen. Doch anscheinend hängt dies einerseits damit zusammen, daß Beethovens Arbeitsvorstellungen sich ohnehin in einem permanenten Wandel befanden; andererseits könnte auch die numerische Begrenztheit des Beethovenschen Konzert-Oeuvres Ursache für eine solche Einschätzung sein. Unterschiede in den Konzerten Nr. 1 und 2 beruhen wesentlich darauf, daß das zweite auf Bonner Grundstrukturen beruht und das erste, daraufhin durchweg in Wien entstanden, typischere »Mozart-Gedanken« umsetzt; daß das dritte, gewissermaßen als komplementäre Konstruktion neben Mozarts c-Moll-Konzert, nicht wieder Mozartsche Strukturen direkt spiegelt, aber auch nicht auf die Bonner Grundlagen von Beethovens Konzertkomposition zurückgeht, ist folglich ein spezifisches Problem dieses einzelnen Werks. Im 4. Klavierkonzert schlägt Beethoven nun noch klarer eigene Wege ein – allerdings in jeder Hinsicht, auch im Verhältnis zur übrigen Konzertpraxis der Zeit. Am nächsten steht dem G-Dur-Konzert dann die Konstruktion, die Beethoven im Es-Dur-Konzert op. 73 findet: Zwischen vier Orchesterakkorden, die dem Gang der Kadenz folgen, stehen ausgedehnte, quasi-improvisatorische Passagen des Solisten; der vierte Akkord, das Kadenz-Ziel, setzt dann die »Orchestereröffnung« frei. Doch damit ergibt sich zugleich eine andere Balance zwischen Solo-Prämissen und Orchester-Konsequenzen als zwischen G- und H-Dur im 4. Klavierkonzert.

Chorfantasie

Diese Konzerttechniken drangen nun aber auch in die Arbeit mit Soloklavier plus Orchester (plus Chor) in die c-Moll-Fantasie op. 80 ein, die nur wegen ihres Schlußabschnitts die fast irreführende Bezeichnung »Chorfantasie« erhalten hat. Vor den Augen der Nachwelt hat das Werk nur wenig Gnade gefunden – und die Gründe dafür sind nicht recht ersichtlich. Sicher: Der Terminus »Gelegenheitswerk«, den man für die Komposition ins Spiel bringt, ist nicht unbegründet; Beethoven komponierte das Werk in erstaunlich kurzer Zeit (in noch kürzerer als die C-Dur-Messe), zudem wohl allein mit Blick auf die erste Aufführung in jenem Dezember-Konzert- »kurz vorher« sei Beethoven die Idee zu diesem Werk gekommen, berichtet Carl Czerny*. Diese ist aber insofern konse-

quent, als Beethoven so die Kräfte des Ensembles, die in der »Akademie«
für und mit ihm musizierten, im Schlußstück des Abends nochmals
zusammenfassen konnte: Eine Kombinationsmöglichkeit für Soloklavier
und Orchester bestand nur im Konzert, für Chor und Orchester (auch:
für Chor und Klavier) nur in kantatenartigen Werken; doch die Dreier-
kombination aus Instrumentalsolist, Chor und Orchester war im Musikleben nicht vorgesehen. Und: Am Ende einer »Akademie«, die einem
einzelnen Komponisten gewidmet war, stand in jener Zeit häufig dessen
freie »Fantasie«; diese enthielt Beethoven dem Publikum nicht vor, sondern improvisierte »auf dem Klavier allein« und hatte damit sicherlich
allen Publikumserwartungen Genüge getan. Doch ausgehend von der
Solo-Improvisation rollte er daraufhin die *Chorfantasie* auf: Er begann
ganz allein; Vokalsolisten, Chor und Orchester waren allesamt anwesend
und »startklar«, so daß es schlichtweg spannend gewesen sein muß, wozu
jenes allumfassende Musizieren führe.

Dieses Werk ist folglich noch stärker von seiner Stellung in einem
Konzertprogramm bestimmt worden als andere (etwa die 1. Sinfonie, die
anscheinend einst kein Konzertprogramm eröffnen sollte); die Position
als das Schlußstück des Programms prägt dessen Werkstrukturen bis ins
Innerste. Zudem: Eine solche Komposition war nur für eine Konzertver-
anstaltung denkbar, in der die beteiligten Kräfte ohnehin verfügbar
waren; für ein Konzert ohne Chorbeteiligung hätte Beethoven dieses
Schlußstück nicht komponieren können. Insofern ist der Charakter des
Gelegenheitswerks (also: des speziell für diese Gelegenheit geschriebenen
Werks) unverkennbar; Aufführungsstandards der Zeit und ein spezieller
Programmzuschnitt haben das Werk mitdefiniert.

Der gedruckten Version zufolge umfaßt die Einleitung, die der Pianist
ganz allein spielt, nur 26 Takte (es ist das einzige Satzglied, das tatsächlich
in c-Moll steht); ob diese Musik Züge der Improvisationspraxis Beethovens wiedergibt, muß offenbleiben. Daraufhin folgt als »Finale« ein
Satzkomplex von 576 Takten; zwei Drittel davon (382 Takte) sind rein
instrumental, ehe zunächst die Vokalsolisten und dann der Chor hinzutreten. Dieses Finale ist in sich nochmals gegliedert, und zwar ähnlich wie
eine kleine Sinfonie (also anders als ein kleines Konzert): Zunächst läßt
Beethoven in einem Allegro-Teil Solo und Orchester allmählich neben-
einandertreten; beide Klangkörper musizieren daraufhin gemeinsam
einen langsamen Teilsatz (Adagio ma non troppo) und eine »Marcia«, die
gewissermaßen in Scherzo-Position steht. Die Mitwirkung der Singstimmen prägt schließlich das »Finale dieses Finales«. Somit ist dieses

großräumige »Finale« auch insofern fantasieartig, als in ihm die Teilsätze unmittelbar aufeinander folgen, ähnlich also wie im »quasi-fantasia«-Prinzip der Klaviersonate op. 27 Nr. 1.

Der Terminus »Fantasie« läßt aber ebensosehr daran denken, daß die Gesetzmäßigkeiten, an denen sich Beethoven in »normalen« Gattungen orientiert hätte, aufgehoben sein können. Wenn Soloklavier und Orchester miteinander einen Allegro-Satz musizieren sollen, ergäbe sich unter derart normalen Bedingungen zunächst jener ausgedehnte Orchesterteil, mit dessen Gewichtung Beethoven sich im G-Dur-Konzert auseinandersetzte; hier nun – nach dem rein solistischen Spiel des Pianisten – kann der Satz damit beginnen, daß Orchester und Klavier sich allmählich in ihrer Koexistenz arrangieren, denn nach der einleitenden »Improvisation« läßt sich die Existenz des Klaviers nicht mehr für längere Zeit »wegdiskutieren« wie im G-Dur-Konzert. Oder: Ein dritter Sinfoniesatz etwa steht üblicherweise in der Grundtonart des Werks – nicht aber die Marcia, die dem c-Moll-/C-Dur-Kontext als F-Dur-Satz entgegentritt und damit die Grundtonart des Adagios (A-Dur) in Terzen fortsetzt (C-A-F-...). Und die Einbeziehung der Singstimmen verläßt die Basis des Traditionellen ohnehin. Insofern kann Beethoven in dieser Fantasie sinfonische und konzertante Normen so weit überschreiten, wie es ihm in deren engerem Gattungskontext unmöglich wäre. Fraglicher ist schon, ob er das Werk zudem noch in Sprachformen der Kantate entwickelt hat, so daß in ihm der Choreinsatz »das Eigentliche« sei und die rein instrumentalen Abschnitte nur dessen Vorbereitung; der Gedanke, eine derart anlaßbezogene Apotheose zu schreiben, spricht eher dagegen.

Die Botschaft, die Beethoven mit der *Chorfantasie* auf den Weg brachte, wurde offenkundig verstanden, und zwar zunächst auf dem Sektor des Solokonzerts. 1821 sieht Carl Maria von Weber in seinem f-Moll-Konzertstück für Klavier und Orchester, ebenfalls also einer »Fantasie«, einen Marsch-Abschnitt vor, der an dritter »Satz«-Position in einem einsätzigen Werk erklingt – daß dies ohne Rückbezug auf Beethovens Überlegungen geschehen sei, ist kaum glaublich. Die Idee, ein Solokonzert aus einem längeren Soloabschnitt heraus zu eröffnen (freilich unter Beteiligung des Orchesters als Begleitapparat), lag in jener Zeit auch anderweitig auf der Hand – etwa bei Klaviervirtuosen wie Henri Herz, dessen A-Dur-Klavierkonzert Schumann in seinem frühen Schaffen als Kompositionsmuster diente*. Daß Ferruccio Busoni 1903/04 ein Klavierkonzert in einen Satz mit Chorbeteiligung ausufern läßt, könnte zwar auch in eine Beziehung zu Beethovens 9. Sinfonie mit ihrem Chorfinale gesetzt werden, steht aber zunächst ebenfalls in der Entwicklungslinie der *Chorfantasie*.

Gerade daran wird aber deutlich, daß die *Chorfantasie* auch in Beethovens eigenem Werk einen Ertrag hatte, indem sie praktisch auf die 9. Sinfonie vorausweist – dies um so mehr, als das Muster, nach dem die Texte beider Werke gebaut sind, einander gleichen. Daß sich Beethoven tatsächlich für den Text der *Chorfantasie* direkt an Schillers *An die Freude* orientiert haben könnte, ist erstens deshalb nicht ausgeschlossen, weil Beethoven den Text schon in Bonn kannte, und zweitens deshalb besonders wahrscheinlich, weil Beethoven die Musik bereits komponierte, ehe der Text fertig war (eine entsprechende Mitteilung Carl Czernys läßt sich aus den Skizzen heraus bestätigen). Warum aber wählte Beethoven nicht von vornherein den Schiller-Text? Eine Erklärung ist schwierig; Ansätze zu ihr resultieren erst aus dem Ergebnis, zu dem Beethovens Arbeit mit Schillers Gedicht in der Neunten führt.

10. Kapitel

Rudolph und Napoleon

Herrscher und Heroen, 1809

Beethovens Einstellung zur »herrschenden Klasse«, so sagt man, sei nicht unbeschwert gewesen; dem Bonner Hofdienst entzog er sich, Hauspianist Lichnowskys wollte er nicht sein, er blieb sein Leben lang ohne Hofstellung, interessierte sich für den Stoff von Bouillys *Léonore* (der sich als Aufbegehren gegen Herrschaft verstehen läßt), bedachte mit seinen Widmungen in der Regel keine Monarchen und stellte sich in der Restaurationszeit nach dem Wiener Kongreß offen gegen die restriktiven Gesetze. Andererseits: Die Kantate auf den Tod Kaiser Josephs II. kann als Schlüsselwerk zu Beethovens Frühwerk gelten; ohne die Adelspatronage in Wien wäre Beethovens Aufstieg dort undenkbar gewesen (also hat er den Adel mindestens »benutzt«). Bouillys *Léonore* wendet sich zwar gegen die staatliche Willkür, die sich im Verhalten Pizarros manifestiert, idealisiert aber nicht nur Leonore, sondern auch den Minister Don Ferrando und ist damit eher Ausdruck einer Sehnsucht nach Recht und Ordnung als eine Verherrlichung der Revolution und ihrer Wirren.

Das Revolutionäre scheint sich ferner in der Begeisterung für Napoleon zu äußern. Doch die Daten der Biographie Napoleons und der Reaktionen Beethovens erfordern eine sorgfältige Diskussion ihrer Hintergründe; da Beethovens Frankreich-Sympathien schließlich in eine Zeit fielen, in der zumindest für seine Mitbürger Napoleon auch militärischer Gegner war, tritt zudem ein dritter Part in das Ensemble ein: Österreich. Und so läßt sich das Verhältnis Beethoven-Napoleon nicht trennen von dem Beziehungen zwischen Beethoven und dem offiziellen Österreich, ebenso zwischen diesem und Napoleon. Daß Beethoven andererseits so lebendige Beziehungen zu Repräsentanten Rußlands unterhielt, ergibt ein willkommenes Korrektiv für die Einschätzung dieser Beziehungen.

Man sollte zunächst davon ausgehen, daß Beethoven als gebürtiger Kur-
kölner eine Beziehung zur Bedrohung und Vertreibung zumindest seiner
Bekannten aus der Heimat hatte; verantwortlich hierfür waren die Truppen der Revolution. Daneben nahm er Anteil an den patriotischen Gefühlen der Wiener Gesellschaft in den 1790er Jahren: So marginal der
Abschiedsgesang an Wiens Bürger WoO 121 und das *Kriegslied der Österreicher* WoO 122 sein mögen, hat Beethoven eben doch auch sie geschrieben
(1796/97, kurz darauf jeweils gedruckt); darin nur Opportunismus zu
sehen bedeutete, daß man auch alle übrigen politischen Stellungnahmen
Beethovens in seinem Werk nur mit Vorsicht behandeln könnte. Der
historische Kontext der beiden Kriegslieder ist die Endphase des ersten
Koalitionskriegs: 1796/97 führte Napoleon einen Feldzug in Oberitalien,
wo die französischen Interessen mit traditionellen österreichischen (Flo-
renz, Mailand) kollidierten. Mit dem Frieden von Campo Formio endete
dieser Krieg, in den eine Reihe von Konflikten der Zeit seit 1792 (unter
eher wechselnden Koalitionen) üblicherweise zusammengefaßt werden.
Österreich verzichtete damals auf linksrheinische Besitzungen und auf
Mailand, übernahm statt dessen aber Venedig. Wie sensibilisiert man die
kriegerischen Ereignisse verfolgte, spiegelt sich auch in Bemerkungen
Joseph Haydns, die sich mit dessen Messen verbinden: Die 1796 entstandene *Paukenmesse* bezeichnete er mit Blick auf die Bedrohung Österreichs
während des Oberitalien-Feldzugs als »Missa in tempore belli« (Messe in
der Kriegszeit); seine *Missa in angustiis* (Messe in Bedrängnis) von 1798
trägt den Beinamen *Nelson-Messe*, weil Haydn während der Arbeit an ihr
die Nachricht von Nelsons Seesieg über Napoleon bei Abukir erhielt.
Daß es für die noch späteren Messen Haydns keine vergleichbaren Assoziationen gibt, ist vielleicht kein Zufall: Stellte sich allmählich eine
»Gewöhnung« an die Kriegssituation ein? Zweifellos empfand man die
Anfangsphase bereits als massiv schockierend, und man konnte nicht
absehen, was noch folgen würde.

Am 9. November 1799 kam es in Frankreich zum Staatsstreich; Napoleon, der über dem Oberitalien-Feldzug zu Ruhm gekommene General,
führte die Konsularverfassung ein, gewissermaßen eine demokratisch
verbrämte Grundlage für eine Militärdiktatur, die ihn auf zehn Jahre zum
Ersten Konsul machte. Zugleich entflammte ein zweiter Krieg, der bis
1802 währte; er bewirkte in Norditalien prinzipiell den gleichen militärischen Druck auf Österreich (Schlacht von Marengo, 1801), ließ aber eine

zweite Angriffslinie nördlich der Alpen entstehen: Nach der Schlacht von Hohenlinden (östlich München gelegen) zeigte sich erstmals, daß Österreich auch in seinen Kernlanden verwundbar sei. Doch Österreich mußte lediglich die Friedensregelungen von 1797 bestätigen. Für einen unpolitischen Beobachter mag damit der Eindruck entstanden sein, daß nun mit den Friedensschlüssen von Lunéville (1801) und Amiens (1802) auf militärischem Sektor Ruhe eingekehrt sei; Napoleon befand sich ansonsten auf einem ersten großen Gipfel seiner Macht, weil der Friede von Amiens die Stellung Englands gegenüber Frankreich abwertete – etwa in Fragen des Kolonialbesitzes.

Beethovens Verhalten in der Zeit des zweiten Koalitionskriegs legt den Gedanke nahe, daß er ein solcher unpolitischer Beobachter war; Reaktionen ergeben sich erst in der Folgezeit. Der ruhmreiche Napoleon erzielt auch innenpolitisch Erfolge: Er konsolidiert die Wirtschaft, den vor der Revolution Geflohenen werden Rückkehrmöglichkeiten und Rechtssicherheit eingeräumt, und 1804 wird das Revolutionsrecht im »Code civil« festgehalten; damit können die wesentlichsten Wirrnisse der Revolution selbst als aufgehoben gelten. Daß Beethoven diesen Erfolgen aufgeschlossen gegenüberstand, hat mit politischem Interesse allenfalls sekundär etwas zu tun; seine positive Reaktion mag auch damit zusammengehangen haben, daß seine rheinische Heimat damit zur Ruhe zu kommen schien. Und in dieser Zeit erwägt Beethoven sowohl eine Übersiedlung (oder zumindest eine Reise) nach Paris als auch eine Widmung der *Eroica* an Napoleon. Reisepläne und Kompositionsarbeit fallen zu wesentlichen Teilen in die Zeit zwischen Sommer 1803 und Sommer 1804.

Über die Verbindung zwischen Napoleon und der *Eroica* berichtet Ferdinand Ries*: »Bei dieser Symphonie hatte Beethoven sich Buonaparte gedacht, aber diesen, als er noch erster Consul war. Beethoven schätzte ihn damals außerordentlich hoch, und verglich ihn den größten römischen Consuln. Sowohl ich, als Mehrere seiner näheren Freunde haben diese Symphonie schon in Partitur abgeschrieben, auf seinem Tische liegen gesehen, wo ganz oben auf dem Titelblatte das Wort ›Buonaparte‹, und ganz unten ›Luigi van Beethoven‹ stand, aber kein Wort mehr. Ob und womit die Lücke hat ausgefüllt werden sollen, weiß ich nicht. Ich war der erste, der ihm die Nachricht brachte, Buonaparte habe sich zum Kaiser erklärt, worauf er in Wuth gerieth und ausrief: ›Jst der auch nichts anders, wie ein gewöhnlicher Mensch! Nun wird er auch alle Menschenrechte mit Füßen treten, nur seinem Ehrgeize fröhnen; er wird sich nun höher, wie alle Andern stellen, ein Tyrann werden!‹ Beethoven ging an den Tisch, faßte das Titelblatt oben an, riß es ganz durch und warf es auf die Erde. Die erste Seite wurde neu geschrieben und nun erst erhielt die Symphonie den Titel: Sinfonia eroica. Späterhin kaufte der Fürst Lobkowitz diese Composition von Beethoven zum Gebrauche auf einige Jahre, wo sie dann in dessen Palais mehrmals gegeben wurde.«

Daß sich dies so abgespielt hat, ist nicht ausgeschlossen – das Partiturautograph, das letztlich den entscheidenden Beleg erbringen könnte, hat sich nicht erhalten. Was Lobkowitz und die *Eroica* betrifft, hatte Ries allerdings schon im Oktober 1803 an Simrock in Bonn geschrieben*: »Er hat viel Lust, selbe Bonaparte zu widmen, wenn nicht, weil Lobkowitz sie auf ein halb Jahr haben und 400 Gulden geben will, so wird sie Bonaparte genannt.« Die Formulierung wirkt vertrackt, enthält aber bemerkenswerte Details. Schon damals gab es eine klar formulierte Alternative: Entweder Lobkowitz kauft das Erstaufführungsrecht, und die Sinfonie, die ihm daher gewidmet wird, erhält den Namen »Bonaparte« (dies ist unverkennbar noch Teil der einen Möglichkeit, nach der das Werk Lobkowitz gewidmet werden könne); oder die Sinfonie wird ohne diesen Namen dirckt Napoleon gewidmet. Somit ist Lobkowitz von vornherein an der Napoleon-*Eroica*-Geschichte beteiligt gewesen, nicht erst nach dem angeblichen Zerreißen des Titelblatts; und Lobkowitz dürfte mit dem Rechte-Erwerb Ernst gemacht haben, denn tatsächlich wurde die Druckausgabe ihm gewidmet. Folglich war fortan nur noch zu klären, ob Beethoven das Werk »Bonaparte« nennen konnte – ob also Lobkowitz bereit war, diesen Namen für »seine« Sinfonie zu akzeptieren.

Üblicherweise liest man den Ries-Bericht als Zeugnis für die hohe politische Gesinnung Beethovens; es läßt sich aber auch als Zeugnis für seine politische Naivität nehmen. Beethoven hatte Hoffnungen an Napoleon als idealen Herrscher geknüpft; Napoleons Konsularverfassung hatte somit zumindest bei ihm ihr propagandistisches Ziel erreicht (daß man damals noch keinen Begriff davon hatte, was ein Militärputsch ist, »entschuldigt« Beethovens Naivität). Vielleicht wirft die Gesamtsituation auch ein Licht darauf, daß man in breiteren österreichischen Kreisen bereit war, die Phase, in der man sich befand, als Konsolidierung des Kräfteverhältnisses zu interpretieren. Läßt sich aber Ries' Bericht trotzdem mit historischen Daten dieser so schnellebigen Zeit verbinden?

Hinweise darauf ergeben sich aus zwei Richtungen. Am 26. August

1804 bot Beethoven dem Verlag Breitkopf & Härtel die Sinfonie an und schrieb*: »Die Symphonie ist eigentlich betitelt Bonaparte.« Die Frage ist nun, ob man »eigentlich« als Irrealis interpretiert (». . . wäre eigentlich betitelt Bonaparte, wenn nicht. . .«) oder ob man den Begriff in seinem engsten Bedeutungs-Rahmen liest (». . . ist ureigentlich betitelt Bonaparte« – so daß man den Namen keinesfalls weglassen kann). Nur diese zweite Bedeutung entspricht zeitüblicher Praxis; also hieß auch im August 1804 die Sinfonie für Beethoven noch »Bonaparte«*. Dies geht auch aus einer weiteren, von Beethoven durchgesehenen Partiturabschrift des Werks hervor, die sich im Gegensatz zum Autograph erhalten hat und deren Titel ursprünglich lautete: »Sinfonia grande / intitulata Bonaparte / 804 im August / Del Sigr. / Louis van Beethoven« (auch hier hat Beethoven die zweite Zeile, »intitulata Bonaparte«, getilgt; die entsprechenden Spuren eines Radierversuchs von Tintenschrift auf Papier sind unübersehbar). Die so vage Zeitangabe »804 im August« ist von fremder Hand geschrieben, aber angesichts jenes Briefs glaubwürdig. Auch diese Zeitangabe stützt die Vermutung, daß noch nach der Kaiserproklamation (18. Mai 1804) der Ur-Titel in Kraft war; entweder erfuhr Beethoven erst mit mehr als vierteljähriger Verzögerung davon, oder Ries' Geschichte bezieht sich erst auf den Krönungsakt vom 2. Dezember. Bis den Sommer 1804 hinein scheint Beethovens Absicht also noch klar gewesen zu sein, und auch später mochte sich Beethoven nicht von dem Gedanken lösen, die Sinfonie auf Napoleon geschrieben zu haben (es wäre eher erstaunlich, wenn ein Künstler derart mit den Ausgangs-Ideen seiner Werke brechen könnte). Die Bestätigung bietet jene Partiturabschrift, auf deren Titelblatt ein heute kaum mehr lesbarer Bleistiftnachtrag von Beethovens Hand steht, der die Rasuren nachträglich wieder entkräftet: »Geschrieben auf Bonaparte«.

Unerwartet deutlich reagierte Beethoven – schon vor der Kaiserproklamation und folglich in einer Zeit, in der die *Eroica* noch »Bonaparte« heißen sollte – auf Napoleons neue kriegerische Pläne; sie richteten sich seit Sommer 1803 zunächst gegen England und führten binnen kurzem zur Bildung einer neuen Koalition der französischen Nachbarn. In genau derselben Zeit nun schrieb Beethoven Variationszyklen über *God save the King* und *Rule Britannia* (WoO 78 und 79), bot sie schon im August dem Bonner Verleger Nikolaus Simrock an und ließ sie schließlich 1804 in Wien drucken. Obendrein erschienen aber in exakt derselben Zeit, in der die Variationen entstanden, die Violinsonaten op. 30 mit Beethovens Widmung an Zar Alexander. Und wenig später ergaben sich auch besondere Preußen-Kontakte für Beethoven: Im Sommer 1804, etwa in der Zeit, in der die Variationen über *Rule Britannia* erschienen, lernte Prinz Louis Ferdinand von Preußen in Wien während eines Manövers die *Eroica* kennen (damals muß ihr Titel noch eindeutig »Bonaparte« gelautet haben!); ihm widmete Beethoven daraufhin den Druck des 3. Klavierkonzerts. Als unbestreitbar erscheint also, daß Beethoven die *Eroica* auf Napoleon geschrieben hat; doch mit der Bewertung dieses Umstands sollte man vorsichtig sein. Wenn sich mit jenem Kompositionsakt eine allzu bewundernde Parteinahme verbunden gehabt hätte, wäre unverständlich, weshalb Beethoven in derselben Zeit an Variationszyklen über Staatsmusik von Napoleons einzigem aktuellem Gegner arbeitete und

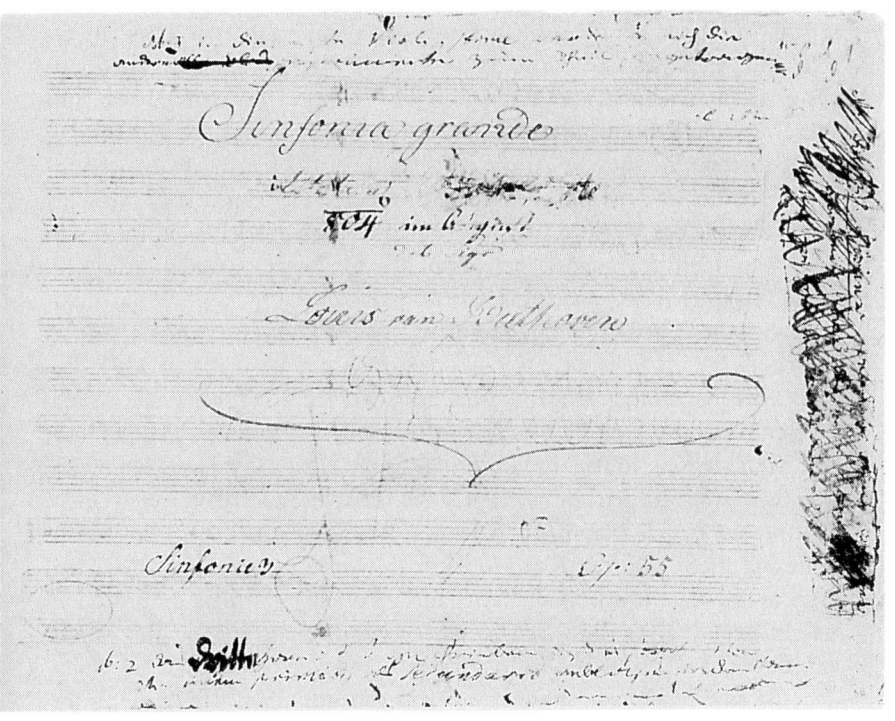

Sinfonie Nr. 3 (»Eroica«), Titelblatt einer Kopistenpartitur.
Unter dem Titel der Zusatz »Intitulata Bonaparte« (ausradiert),
unter dem Namenszug die Reste von
Beethovens Bleistift-Zusatz »Geschrieben auf Bonaparte«

weshalb damals unter seinen Großmacht-Widmungen nicht nur Rußland die Schlüsselposition auf diesem Sektor erringen konnte, sondern zudem auch noch Preußen eine Rolle spielte. Wenn man also lediglich von einer pro-napoleonischen Funktion der *Eroica* ausgeht, ließe sich Beethovens politisches Handeln in jener Zeit nur entweder als unausgegoren oder opportunistisch bezeichnen. Ohne daß man dies beides völlig ausschließen könnte, ist aber auch eine dritte Facette denkbar: Anscheinend schöpfte Beethoven die Möglichkeiten einer Friedensperiode aus, in der er wohl auf eine Normalisierung der Lebensverhältnisse hoffte.

Im Verlauf des dritten Koalitionskriegs (1805) dürften alle Illusionen unpolitischer Beobachter auch im Raum Wien beseitigt worden sein, denn man kam erstmals in direkten Kontakt mit den kriegerischen Ereignissen: Nach einer Niederlage der österreichischen Truppen bei Ulm stand Napoleon der Weg nach Wien offen; und nach der Dreikaiserschlacht bei Austerlitz stutzte Napoleon die Territorien Preußens und Österreichs nach seinen Vorstellungen zurecht (Friedenschlüsse im Dezember: in Schönbrunn und Preßburg). Auch Beethoven bekam die Folgen direkt zu spüren: Am 13. November rückten die Franzosen in Wien ein, am 20. November fand die Premiere von *Leonore* statt. So sehr die Probleme des Werks auch in diesem selbst gelegen haben können, ist doch klar, daß die französischen Besucher des Theaters weder das deutsche Singspiel (als Gegenstück zur französischen Oper) noch das dem Französischen entstammende Drama in seinem deutschen »Neuaufguß« goutierten.

Die drei nachfolgenden Jahre über herrschte Ruhe in Österreich; an der vierten Koalition (Preußen, Sachsen, Rußland), die Preußen an den Rand der Zerschlagung führte und im Frieden von Tilsit 1807 dann eben noch bestehen ließ, war es nicht beteiligt. 1809 versuchte auch Österreich einen Alleingang gegen Napoleon (einziger Bündnispartner war England); während dieses fünften Koalitionskriegs wurde Napoleon im Mai bei Aspern (heute ein nordöstlicher Stadtteil Wiens) erstmals empfindlich geschlagen, konnte diese Scharte aber zwei Monate später, nur wenig nördlich bei Deutsch-Wagram, wieder auswetzen. Neuerlich lag Wien also im direkten Einzugsbereich der Kriegshandlungen – härterer als im Jahr 1805. Und in einem neuerlichen Friedensschluß in Schönbrunn (Oktober 1809) verlor Österreich erstmals den Mittelmeerzugang und Südtirol; seine Militärmacht wurde begrenzt. Beethoven erlebte diese Kriegshandlungen in Wien mit (auch die Beschießung, unter der die Stadt lag), und zwar im Keller des Hauses, in dem sein Bruder Carl wohnte.

Wie gefährlich das Leben in der Stadt war, zeigt ein Blick auf die Biographie Schuberts: Er war damals Schüler des Stadtkonvikts, dessen Gebäude von einer Granate vom Dach bis ins Erdgeschoß durchschlagen wurde.

Auch während dieser Zeit ist offenkundig, auf welcher Seite Beethoven steht: Ebenso wie im ersten Koalitionskrieg schreibt er 1809/10 österreichisch-patriotische Musik, nämlich die drei Märsche für Militärmusik WoO 18-20. Naheliegend war dennoch, daß er im Oktober 1810 erwog, Napoleon die C-Dur-Messe zu dedizieren*. Doch gerade diese Idee braucht mit Napoleon nur indirekt zu tun zu haben – denn am 2. April 1810 heiratete dieser Marie-Louise, eine Tochter des österreichischen Kaisers Franz I. So konnte Napoleon seine eigene Stellung aufwerten und die Bindung Österreichs an Frankreich verstärken; andererseits aber konnte auch Österreich versuchen, auf uralten Landestraditionen aufbauend Heiratspolitik als friedenstiftende Maßnahme einzusetzen (»Bella gerant alii; tu, felix Austria, nube!«: Andere mögen Kriege führen; du, glückliches Österreich, heirate!). Daß im Zuge einer solchen »Normalisierung« Beethovens Widmungs-Idee aufkommen konnte, ist verständlich; doch es dürfte schwer sein, präzise abzugrenzen, ob Beethovens Idee eher mit Napoleon oder eher mit einer Parteinahme für die kaiserlich-österreichische Politik zusammenhängt.

Beethoven spielte damals offenbar in den Berechnungen Napoleons auch selbst eine Rolle. Dieser hatte im Zuge seiner Familienpolitik 1807 seinen jüngsten Bruder, Jérôme, als König von Westfalen (mit Residenz in Kassel) eingesetzt; im Herbst 1808, also im Vorfeld des fünften Koalitionskriegs, bot Jérôme Beethoven die Stellung eines Hofkapellmeisters an, aus der zuvor Johann Friedrich Reichardt entlassen worden war. Daß Jérôme Beethoven derart auf der Rechnung hatte, braucht nicht zu bedeuten, daß dieser den Zielen napoleonischer Politik besonders nahestand; dies gilt bereits für Reichardt nicht, der zwar 1794 am preußischen Hof wegen seiner Sympathie für die Revolution in Ungnade gefallen war, aber seit 1802 offen gegen Napoleon agitierte. Nicht vergessen sollte man daher auch, daß Beethoven gerade zu Jahresbeginn dem Grafen Rasumowsky, jenem notorischen Napoleon-Gegner, die Quartette op. 59 gewidmet hatte. Jene Berufung hätte Beethoven in ein Territorium geführt, das seine Bonner Heimat einschloß; dennoch scheint er alles gerne getan zu haben, was die Berufung vereiteln konnte. Das Gehaltsangebot aus Kassel belief sich auf 600 Dukaten plus 150 Dukaten Reisegelder (umgerechnet knapp 3400 Gulden); Beethoven brauchte das

Angebot schließlich nicht anzunehmen, weil ihm am 26. Februar 1809 in Wien eine jährliche Pension angeboten wurde, die sich auf 4000 Gulden belief und so lange Gültigkeit haben sollte, bis Beethoven ein noch günstigeres Angebot dagegen eintauschen wollte. Beethoven ging am 1. März 1809 auf diese Konstruktion ein.

Die Pension ist in ihrer Zusammensetzung (und wohl auch als Konstruktion als solche) direkt abhängig von der Adels-Situation, in der Beethoven in Wien verkehrte. Sie setzte ein Modell fort, das der Fürst Lichnowsky – in sehr viel bescheideneren Dimensionen – entwickelt hatte: Dieser hatte Beethoven bis 1806 eine Jahresrente in Höhe von 600 Gulden gezahlt. Diesen Betrag überbot nun allein schon Fürst Lobkowitz, der Vetter von Lichnowskys Schwiegermutter; er steuerte 700 Gulden zu der Pension bei. Mehr als das Doppelte wollte Erzherzog Rudolph zahlen, der dem »Clan« nicht durch direkte Verwandtschaftsbeziehungen angehörte, aber sehr persönliche Interessen in die Waagschale werfen konnte: Beethoven war seit 1803/04 sein Klavierlehrer, und ihn wollte er offenkundig nicht verlieren. Rudolphs Pensionsanteil wurde auf 1500 Gulden festgesetzt. Noch höher als dieser sollte der des Fürsten Ferdinand Kinsky liegen: 1800 Gulden. Kinsky erweist sich als eine Persönlichkeit, die eigenartig weit außerhalb der »gängigen« Verwandtschaftsbeziehungen steht – nicht zuletzt deshalb, weil er nicht der zentralen gräflichen Linie seiner Familie angehört, sondern einer fürstlichen Nebenlinie – die aber in der Lichnowsky-Familiengeschichte eine wichtige Rolle spielt (ihr entstammt Lichnowskys Großmutter). Folglich ging es in der Pension nicht nur einfach darum, Beethoven in Wien zu halten; vielmehr erweckt die Konstruktion den Anschein, daß dessen traditionelle Wiener Adelskreise »ihren« Beethoven nicht aus den Händen geben wollten. Doch davon abgesehen: Lobkowitz war einer der einflußreichsten Adligen im Wiener Stadtleben; Rudolph war ein Angehöriger der Kaiserfamilie. Daß Beethoven deren Angebot annahm und das des napoleonischen Umkreises ausschlug, sollte man in seiner politischen Bedeutung nicht unterschätzen.

Die Jahresrente blieb nicht von Problemen verschont; die Kriegshandlungen führten dazu, daß Beethoven von Kinsky, der den Löwenanteil beisteuern wollte, auch nach einem Jahr »noch keinen Heller erhalten« hatte, wie er am 4. Februar 1810 an Breitkopf & Härtel schrieb*, und die Inflation in Österreich ließ den Wert der Rente langfristig stark absacken. 1812 starb Kinsky dann an den Folgen eines Sturzes vom Pferd, erst 31jährig; der Gönnerkreis konnte daher aus sich selbst heraus nicht die Stabilität bieten, die ursprünglich angestrebt worden war.

Die Pension war also geregelt, kurz bevor Wien in die Kriegshandlungen des Jahres 1809 einbezogen wurde, und nicht nur die Ablehnung des Rufes nach Kassel, sondern auch die Annahme der Alternative ist nicht unbedingt als napoleon-freundlicher Akt Beethovens zu verstehen. Somit erscheint sein gesamtes Verhalten eher als schwankend – nicht als opportunistisch, aber auch nicht als weitblickend. Schaffensmöglichkeiten, die sich ihm boten, hat er rasch wahrzunehmen versucht; andererseits hat er sich Napoleon nie physisch genähert, obgleich dieser wohl tatsächlich den Kompositionsanlaß für die *Eroica* abgegeben hatte. Beethoven wußte, daß diese Annäherung für eine Widmung unabdingbar war; als der Verlag Breitkopf & Härtel 1811 die Druckausgabe der *Chorfantasie* dem bayerischen König Max Joseph zu Füßen legte, ohne dies mit Beethoven abzustimmen, schrieb er an den Verlag*: »Wie komme aber um Himmelswillen zu der Dedikation meiner Fantasie mit Orchester an den König von Bayern? [...] Ungefragt darf man Königen nicht einmal etwas widmen.« Und als die *Eroica* dann 1806 im Druck erschien, lautete der Untertitel nur noch: »composta per festeggiare il sovvenire di un grand Uomo« – komponiert als Gedächtnisfeier für einen großartigen Menschen.

Damit berührt man einen anderen Themenbereich: das »Heroische« in Beethovens Werk. Man sollte sich aber davor hüten, gerade auf diesem Sektor Ursache und Wirkung zu verwechseln. Eine »heroische Sinfonie« (»Sinfonia eroica«), die Musik zum *Leonore*-Drama ebenso wie zu Goethes *Egmont* und zu August von Kotzebues *König Stephan oder Ungarns erster Wohltäter* sowie die Komposition von Militärmärschen und Variationenzyklen über patriotische Gesänge sollte man zunächst als rein zeittypisch interpretieren (vgl. S. 270); daß sich in den Realisierungen der Werke ein ebenso individueller Stil zeigt wie in den Liedvertonungen aus Goethes *Wilhelm Meister*, im Mittelsatz des Tripelkonzerts oder in der *Pastorale*, in denen das Ergebnis sich wohl kaum als »heroisch« interpretieren läßt, deutet an, wie wenig aussagekräftig derartige Etikettierungen für Beethoven sein können. Entschieden zu weit geht es deshalb, wenn man Beethovens »mittleres« Schaffen grundsätzlich unter den Begriff des Heroischen stellt (wie es in jüngerer Vergangenheit etwa Maynard Solomon getan hat); das nivelliert die anderen Schaffensfacetten Beethovens ebenso, wie es den tatsächlich heroischen ihren Zeitbezug nimmt.

Mit der Ratifizierung des Pensionsvertrags am 1. März 1809 erneuerte Beethoven einerseits seine intensiven Beziehungen zur Wiener Aristokratie; andererseits war seine Entscheidung auch eine politische, indem er eine Zahlung, an der ein Mitglied der österreichischen Kaiserfamilie beteiligt war (Erzherzog Rudolph), dem Stellenangebot eines der Napoleoniden (Jérôme) vorzog. Rudolph war der jüngste Sohn Leopold II., somit Bruder des ersten österreichischen Kaisers (Franz I., zuvor als Franz II. letzter römisch-deutscher Kaiser) und Bruder auch des wichtigsten Heerführers der Österreicher gegen Napoleon, Erzherzog Karl; dieser hatte bereits 1796 Angriffe französischer Truppen auf Süddeutschland abgewehrt und führte die Österreicher in der Schlacht von Aspern zum Sieg (allerdings daraufhin auch bei Wagram in die Niederlage, weshalb er damals von seinem Posten zurücktrat). Diese klare Entscheidung Beethovens für die kaiserliche Familie bedeutete aber für ihn keinen Wendepunkt: Zwischen ihm und Erzherzog Rudolph bestand bereits seit 1803/04 eine enge Verbindung.

Rudolph, 1788 geboren, hatte damals selbst Beethoven als Klavierlehrer gewählt. Zuvor hatte ihn Anton Teyber in die Anfangsgründe des Klavierspiels eingewiesen; Teyber war seit 1793 Hofkompositeur mit der Verpflichtung gewesen, den Klavierunterricht des kaiserlichen Nachwuchses zu übernehmen. Musikalische Neigungen prägten Rudolphs Leben auch in späterer Zeit; so gehörte er zu den Mitgründern der Wiener Gesellschaft der Musikfreunde, deren Bibliothek er unter anderem seine hochbedeutende Sammlung von Beethoveniana vermachte. Die Verbindung zu Beethoven hingegen entwickelte sich anfangs zumindest nach außen hin nur schleppend, dann aber sprunghaft: Als erstes Werk widmete Beethoven Rudolph erst das 4. Klavierkonzert (erschienen 1808); von da an stellte Rudolph als Widmungsempfänger Beethovens aber alle anderen Personen, mit denen dieser sein Werk verknüpfte, bei weitem in den Schatten. Ob schon der Klavierpart des Tripelkonzerts 1803/04 (also zur Zeit des denkbaren Unterrichtsbeginns) für Rudolph geschrieben worden war, wie Schindler behauptet*, kann man auch anzweifeln; erstaunlich ist, daß sich die Solokadenzen, die Beethoven für seine Klavierkonzerte (und allem Anschein nach eben für Rudolph) schrieb, erst in die Zeit um 1809 datieren lassen – möglicherweise hatte der Erzherzog erst zu diesem Zeitpunkt die pianistischen Fähigkeiten erlangt, die zum Spiel der Werke aus Beethovens Sicht erforderlich waren. Im Laufe des

Jahres 1809 wurde das Unterrichtsprogramm auch auf das Fach Kompo-sition ausgeweitet; Rudolph wurde damit Beethovens einziger längerfri-stiger Kompositionsschüler.

Direkte Verbindungen zwischen der Jahresrente und der Unterrichts-Intensivierung werden üblicherweise ausgeschlossen (so daß jene nicht als Bezahlung für den Unterricht anzusehen ist); ein mittelbarer Zusam-menhang, demzufolge die intensivierten Beziehungen zu einer Auswei-tung des Unterrichts führten, ist angesichts des nun einsetzenden Kom-positionsunterrichts aber unübersehbar. Eine erste Frucht der Kennt-nisse, die Rudolph durch Beethovens Lehre erlangte, erschien 1819 im Druck: 40 Variationen über ein Thema, das Beethoven ihm gestellt hatte. Das Sujet und die Vorgaben sind gleichermaßen bezeichnend: Die Varia-tionenpraxis spiegelt nicht nur eine Mode der Zeit, sondern es hat den Anschein, daß Beethoven als Lehrer auf seine eigenen Erfahrungen als Schüler zurückgriff – auch er selbst war zunächst mit einem Variationen-zyklus an die Öffentlichkeit getreten.

»Les Adieux« und 5. Klavierkonzert

Zwei Werke aus dem Jahr 1809, das Beethoven die Jahresrente und Wien die zweite Besatzungszeit brachte, unterstreichen auch aus den Widmun-gen heraus die intensivierte Verbindung Beethovens zum Erzherzog: neben dem Es-Dur-Klavierkonzert op. 73 (Nr. 5) die Klaviersonate op. 81a, die direkt auf ein Ereignis des Kriegsjahrs Bezug nimmt. Der erste Satz des Werks, das insgesamt unter dem Titel »Les Adieux« bekannt geworden ist, bezieht sich auf den Auszug der kaiserlichen Familie aus Wien, als die Franzosen heranrückten (jeder, der es sich leisten konnte, verließ damals die Stadt); sie zog sich nach Ofen zurück, in den Burg-Stadtteil des späteren Budapest. Der Titel gilt allerdings nur dem ersten Satz; im Autograph, das diesen Satz überliefert (und nicht mehr als ihn enthalten haben kann, da von den 16 Seiten die letzte unbeschrieben blieb)*, lautet die Angabe folgendermaßen: »Das Lebe Wohl / Wien am 4ten May 1809 / bej der Abreise S Kaiserl. Hoheit / des Verehrten Erzherzogs / Rudolf«. Vom Autograph der beiden verbleibenden Sätze (das schon in den 1860er Jahren verschollen war) gibt es nur Nachrichten, die aber den Entstehungsanlaß ähnlich präzise angeben; angeblich hieß es dort: »Die Ankunft S. kais. Hoheit des verehrten Erzh. Rudolph den 30. Januar 1810.« Dieser Satzkomplex ist in sich nochmals gegliedert – beide

Teilsätze verbindet also ein attacca-Übergang; der Druckausgabe zufolge thematisieren sie »Abwesenheit« und »Das Wiedersehn«, Begriffe, die man bei der Titel-Beschränkung auf »Les Adieux« unterschlägt. Auch für den ersten Satz zog Beethoven übrigens das deutsche »Das Lebewohl« dem französischen »Les adieux« vor – »das erstere sagt man nur einem herzlich allein, das andere einer ganzen Versammlung, ganzen Städten«, schrieb er an Breitkopf & Härtel, als diese die französischen Bezeichnungen in den Druck hineingetragen hatten*. Die so präzise Erläuterung und ohnehin der Kompositionsanlaß zeigen also, wie »herzlich« das Verhältnis 1809 tatsächlich war.

Die Werkgliederung mit den drei Satzüberschriften täuscht darüber hinweg, daß auch der erste Satz in sich gegliedert ist: Er beginnt (wie etwa in der *Pathétique*) mit einer langsamen Einleitung. In ihr ist ein melodisches Element enthalten, das sich auf den Satztitel unmittelbar zu beziehen scheint: Es beginnt mit einer abwärtsführenden Drei-Ton-Bewegung (G-F-Es), die sich mit »Le-be-wohl« textieren ließe und der in einer ganz schlichten Weise eine zweite Stimme entgegentritt, als spielten zwei Hörner (Posthörner?) diese Drei-Ton-Linie. Der Effekt entsteht freilich noch nicht auf dem ersten Klang für sich genommen (der Terz G/Es); zusammen mit dem zweiten Klang (der hohlen Quinte F/B) ist er dann aber etabliert, und er scheint zwingend nach einer horn-gemäßen Fortführung zu verlangen (der Sexte Es/G). Diese erklingt auch; doch plötzlich setzt der Klavierbaß ein C dazu, das der Eröffnung den friedlichen

Notenbeispiel 16:
Klaviersonate Es-Dur op. 81a (»Les Adieux«),
1. Satz, Beginn

Anstrich romantischer Hornklänge nimmt und die Es-Dur-Welt unvermittelt nach c-Moll umkippen läßt (Notenbeispiel 16). Nach knappen sechs Takten ist die gleiche Melodie neuerlich erreicht; doch von jenem Hörner-Frieden ist nichts mehr vorhanden, und die Trugschluß-Wirkung ist sogar noch verstärkt (nun steht am Anfang ein verminderter Akkord, der in einem Septakkord auf B fortgeführt wird; dieser müßte nach Es-Dur aufgelöst werden, mündet aber in einen entlegenen, nur im pianissimo hingehauchten Ces-Dur-Klang). Da es kaum möglich ist, diese Stelle ohne den »Lebewohl«-Bezug zu hören, ist eine weitere Interpretation – auch aus dem weiteren Satzverlauf heraus – naheliegend: Offenbar wollte Beethoven es für den Werkanfang nicht bei der Emblematik des einfachen Hörnerrufs belassen und hat ihn mit einer »herzzerreißenden« Wirkung belastet. Am Satzschluß, ehe die Musik im pianissimo und in hohen Klavierlagen gewissermaßen »in der Ferne« verklingt (abgesehen von zwei forte-Schlußakkorden), ist dann nur das Lebewohl-Motiv übriggeblieben, und zwar in seiner einfachsten Harmonisierung (tatsächlich als »Hörnerruf«). »Inhaltlich« gedacht, setzt sich der Hörnerruf also immer deutlicher durch, bis das Lebewohl unausweichlich ist; musikalisch werden aber lediglich die Grundstrukturen des Themas geklärt – eine satztechnische Freiheit (wie es die Trugschlußwirkungen am Satzbeginn sind) ist auszugleichen, praktisch »wiedergutzumachen«. Dies also zeigt das Dilemma, in das man sich mit inhaltlicher Interpretation begeben kann: Nur dieses musikalische Regelwerk ermöglicht es dem Hörer (und letztlich auch Beethoven), die Abreise-Assoziationen als einen Prozeß, als eine Intensivierung, zu verstehen; daß die Priorität aber bei den kompositionstechnischen Aspekten liegt, steht außer Zweifel. In jedem Fall bleibt bemerkenswert, daß Beethoven die Motivik der Introduktion in den »Hauptteil« des Anfangssatzes einbezieht; modellhaft gedacht, endet eine Einleitung üblicherweise damit, daß das Hauptthema den schnellen Teil eröffnet. Doch auch dafür bräuchte man noch keine »inhaltliche« Erklärung: Auch in der *Pathétique* kommt Beethoven auf die Introduktionsmotivik noch während des schnellen Hauptteils zurück.

Die Grundstimmung dieses Hauptteils wird auch dadurch geprägt, daß Beethoven gewissermaßen en passant Klangstrukturen streift, die man als unorganisch empfinden kann, weil sie dem Hörer nicht erlauben, sich nur einfach dem Genuß einer Klangschönheit hinzugeben; sie stören die Harmonie (und die Harmonik), rütteln auf und scheinen somit den Gedanken nicht nur eines Abschieds, sondern den eines äußerst schmerzvollen nahezulegen. Doch Beethoven arbeitet mit einfachen, für ihn lange erprobten Mitteln: Er läßt Achtel-Tonleiterbewegungen scheinbar rücksichtslos gegeneinanderlaufen, ähnlich wie schon in den Streichquartetten op. 18 (hier nun etwa T. 29 ff.); er legt einen Ton als konstante Klangachse an, um die herum sich die Musik von traditionellen Klang-Bezügen außerordentlich weit entfernen kann – in der »Überleitungspassage« (T. 35 ff.), die damit ganz ähnliche Züge annimmt wie der entsprechende Abschnitt der *Appassionata*. Weil sich nun diese beiden Beziehungen herstellen lassen, kann also keine Rede davon sein, daß diese »offene« Tonalität grundsätzlich die Beklemmung ausdrückte, die der Gedanke der bevorstehenden Abreise bei den Zurückbleibenden auslöst. Vielmehr sollte man konstatieren, daß Beethoven diese Aspekte in den Lebewohl-Satz hineinzieht, weil sie auch jenen Ausdrucksgehalt annehmen können – gewissermaßen widerspricht es der Satzatmosphäre nicht, wenn diese Konstellationen vorkommen, sondern es unterstützt sie.

Derart »Atmosphärisches« dringt auch in den zweiten Satz ein; zu dem Bild, das man sich von der Situation in Wien im Sommer und Herbst 1809 zu machen hat, scheint diese Klangwelt ideal zu passen – Beethoven schildert die Verhältnisse in Briefen an Breitkopf & Härtel. »Welch zerstörendes, wüstes Leben um mich her, nichts als Trommeln, Kanonen, Menschenelend in aller Art«, klagt er am 26. Juli; »wir sind hier in Geldesnot, denn wir brauchen zweimal soviel als sonst«, kommentiert er am 19. Oktober die Kontributionsfolgen, und im Dezember entwickelt er seine Hoffnungen aus folgendem Resümee*: »Ich wünsche nur den Winter mit seinem schweren Druck überstanden zu haben, damit ich wieder auflebe, der fatal durchlebte Sommer, und ein gewisser trauriger Nachhall des gesunkenen noch einzigen deutschen Landes zwar nicht ohne Schuld verfolgt mich immer.« Ein patriotisches, wenn auch kritisches Resümee übrigens, in dem freilich keine Begeisterung für Napoleon mehr übriggeblieben ist – dies ist somit der Kontext, in dem dann 1810 die Widmungsabsichten mit Blick auf die C-Dur-Messe stehen.

Ein weiterer Aspekt der Klaviersonate schlägt eine Brücke zu der anderen Komposition jenes Jahres 1809, die Beethoven dem Erzherzog widmete: zum Es-Dur-Klavierkonzert op. 73. In der Klaviersonate geht der »Abwesenheit«-Satz (Andante espressivo) in all seiner tonartlichen Offenheit völlig unvermittelt in die klare Es-Dur-Welt des mit »Vivacissimamente« bezeichneten Satzes »Das Wiedersehn« über; im Konzert bricht ähnlich plötzlich der Es-Dur-Schlußsatz aus der H-Dur-Stimmung des Mittelsatzes hervor. Dieses unvermittelte »Losbrechen« des Finales liegt nicht »automatisch« in der Idee des attacca-Übergangs begründet, sondern ist nur eine der Möglichkeiten, die sich dem Komponisten an dieser Stelle eröffnen; andere Konzeptionen zeigen sich etwa an den eher fließenden Übergängen, die im Violinkonzert zwischen Mittel- und Schlußsatz oder in der *Waldstein-Sonate* zwischen »Introduzione« und dem eigentlichen Finale entstehen. Für die Sonate op. 81a gesprochen, steht der Satzübergang für ein unerwartet plötzliches, lange im Alleingelassensein herbeigesehntes Wiedersehen (oder für die überraschende Nachricht, daß dieses bevorstehe); im Es-Dur-Klavierkonzert zeigt der ganz andersartige Kontrast, in den sich das geradezu phantastische H-Dur zur Grundtonart der Außensätze stellt, daß dieser überraschende Satzübergang auch ohne Beziehung zu einem »Erlösungsgedanken« wie in jener Sonate denkbar ist – schlichtweg als Zuspitzung der Experimente mit den Techniken der Satzverknüpfung, die in Beethovens Oeuvre zu diesem Zeitpunkt bereits eine längere Tradition hatten.

Das Klavierkonzert war dann bereits das zweite, das Beethoven dem Erzherzog widmete; zugleich war es aber das letzte, das er vollendete. Gründe dafür, weshalb er diese Gattung nicht weiter verfolgte, sind nicht ersichtlich – um so weniger, als Beethoven 1814/15 ein D-Dur-Klavierkonzert zu schreiben begann. Skizziert ist nur der erste Satz (und den Quellen ist nicht eindeutig zu entnehmen, daß die Skizzen auch langfristig in ein Konzert münden sollten*); die Skizzen reichen aber weit genug, um zu bestimmen, daß Grundlinien der Gattung Konzert sich für Beethoven geklärt hatten. Somit findet man hier für die Beteiligung des Solisten an den Anfangstakten des Satzes eine weitere Variante, die die Grundprinzipien der beiden vorausgegangenen Konzerte bestätigt. Im G-Dur-Konzert beginnt der Pianist ganz allein, ehe – davon abhängig – das Orchester eintritt, und im Es-Dur-Konzert wechseln Tutti-Akkorde und quasi-improvisatorische Floskeln des Pianisten ab, ehe die Orchester-»Einleitung« erreicht ist; hier nun stellt das Orchester das Hauptthema des Satzes vor, das das Klavier anschließend aufgreift und nach Art einer Solokadenz verarbeitet, ehe das Orchester mit seinem traditionellen Formteil fortfährt. Weshalb Beethoven dieses Werk nicht ausführte, ist kaum zu entscheiden. Zwar liegt der Gedanke nahe, daß er mit der Gattung Probleme gehabt habe; Konzerte schon aus Bonner Zeit blieben Fragment. Doch die Zeitdifferenz ist zu groß, als daß man darauf eine vernünftige Argumentation aufbauen könnte. Oder geriet ihm das Werk zu ähnlich wie das Es-Dur-Konzert? Das hieße, die logische Reihenfolge der Argumentationsschritte umzukehren, denn Beethovens Komponieren ist ja anscheinend in den späteren Konzerten gerade eher auf eine

Normierung von Fragestellungen (Werkeröffnung, Satzübergänge) als auf eine Individualisierung hinausgelaufen – und daß man bisweilen den Gedanken einer prinzipiellen Unterschiedlichkeit der Klavierkonzerte ins Spiel brachte, ist die Frucht einer Zeit, in der die Skizze zum D-Dur-Konzert noch kaum zur Kenntnis genommen worden war. Klar ist aber, daß die Gattung für ihn nicht etwa daran scheiterte, daß seine Schwerhörigkeit unaufhaltsam zunahm und ihm das Selbst-Konzertieren nicht mehr erlaubte; in diesem Fall wäre allein die dokumentierte Absicht Beethovens rätselhaft, um 1814 noch ein Konzert zu skizzieren. Auch an Erzherzog Rudolph kann es nicht gelegen haben, denn die Verbindung setzte sich in anderen Bereichen durchaus fort: Zunächst widmete Beethoven ihm 1812 den Klavierauszug des *Fidelio*; weitere Beziehungen zwischen beiden ergaben sich auf kammermusikalischem Sektor, mit der Violinsonate op. 96, die Rudolph gemeinsam mit dem Violinvirtuosen Pierre Rode uraufführte, ebenso mit dem Klaviertrio op. 97, das sogar unter Rudolphs Staatstitel berühmt geworden ist (als »Erzherzog-Trio«; beide Werke wurden ihm auch gewidmet). Mit der *Missa solemnis* konnte die Beziehung später auf neuer Stufe kulminieren, und in den letzten Klaviersonaten und Streichquartetten zeigt sich, wie tief Rudolphs Verbindungen zu Beethovens Spätwerk waren – in den Widmungen der *Hammerklaviersonate* op. 106, der c-Moll-Sonate op. 111 und der *Großen Fuge* für Streichquartett op. 133.

11. Kapitel

Goethe und Collin, Schiller und Wagner

Zu »Egmont« und »Coriolan«

Die Beschwernisse der Besatzungszeit des Winters 1809/10, jener Zustand eines »toten Friedens«, wie Beethoven die Situation nach den Oktober-Vereinbarungen von Schönbrunn beschrieb*, bremsten das Nationalgefühl keineswegs; in diesem Kontext wird verständlich, weshalb das Wiener Hofburgtheater damals gerade zwei Schauspiel-Neuproduktionen ins Auge faßte, die sich mit Fragen von Fremdherrschaft auseinandersetzen: Schillers *Wilhelm Tell* und Goethes *Egmont*. Man hätte beide Stücke theoretisch als reine Sprechdramen aufführen können; aber man war offenbar entschlossen, in die Produktion einiges zu investieren, und so gehörten dazu nicht nur Kostüme, Kulissen und Regiekonzept, sondern auch Musik, und zwar für beide Werke eine neukomponierte. Für Schillers Drama schuf der Hofkompositeur Adalbert Gyrowetz ein »Ballett«; für Goethes Drama erhielt Beethoven den Auftrag, eine Schauspielmusik zu schreiben. Wohlgemerkt: den Auftrag; es war nicht Beethoven, der den »heroischen« Stoff wählte, aber er hat ihn komponiert und sich somit wohl mit den Zeitströmungen identifiziert.

Schauspielmusik

Was eine Schauspielmusik ist, welchen Zweck sie hat und welcher Gewinn sich aus ihr für die Regie und die Rezeption eines Dramas ziehen läßt, hat man im 20. Jahrhundert zu begreifen verlernt. Die Ursachen hierfür sind vielfältig: Zum einen verstand man Dramen zunehmend als Bildungsgüter, die ihren wahren Gehalt nur als »absolute Literatur« entfalten können; zwar sind auch Opern zu einem Träger klassischen

Bildungsguts geworden, aber weniger wegen ihres Texts, sondern eher wegen der Musik und einer übergeordneten Handlungs-Botschaft. Zudem: In einem Sprechtheater, in dem die Musik keine Funktion übernimmt, kann sich eine »absolute« und experimentierfreudige Regie freier entfalten. Wenn hingegen Musik vorhanden ist, wird mindestens die dramatische Grundstimmung von ihr mitbestimmt; erklingt sie als »Begleitung« des Textvortrags (wenn der Text gesungen oder – im Rahmen eines Melodrams – zur Musik gesprochen wird), wird aus ihr heraus sogar das Tempo des Textvortrags definiert – Akteure und Regisseur sind in der Binnengestaltung des Textvortrags, in der Setzung von Sprechpausen (und deren Länge) nicht mehr frei. Schließlich stellt sich auch ein ökonomisches Problem: Weil die Musik in einem Schauspiel höchstens gelegentlich eine Funktion übernimmt, müßte man die entsprechenden Musiker für vergleichsweise viel Zeit engagieren, in der sie nichts anderes tun können als zu warten; wenn man im Theaterbetrieb ohnehin Geld sparen muß, fällt es also besonders leicht, eine Schauspielmusik wegzurationalisieren – zumal dann, wenn ihre Bedeutung ohnehin zweifelhaft geworden ist. Aber noch für einen Dichter wie E. T. A. Hoffmann lagen die Dinge anders; seiner Meinung nach »sollte jedes wahrhaft bedeutende Schauspiel eine Ouvertüre haben, die das Gemüth gerade so, wie es der Charakter des Stücks erfordert, stimmte«[*].

Freilich ist es nicht schwer, mit Blick auf Schauspiele eine andere Position zu beziehen als Hoffmann; sie scheinen der Schauspielmusik nicht zu bedürfen. Doch die Musik, die ursprünglich für jene Theater-Funktion geschrieben wurde, läßt sich heute nicht mehr so erleben, wie es sich eigentlich gehörte; Mozarts *Thamos*, Beethovens *Egmont* und Mendelssohns *Sommernachtstraum* können im Konzertsaal ihren eigentlichen Zweck, der eng und lebendig auf ein Bühnengeschehen abgestimmt ist, nicht erfüllen. Wenn man sich gar damit zufriedengibt, nur die Ouvertüren aufzuführen, läuft man obendrein Gefahr, diese so wahrzunehmen, als handele es sich um Werke der Gattung »Symphonische Dichtung« – um irgendwie inhaltsbezogene Werke, in denen sich der jeweilige Komponist mit dem betreffenden Stoff in dessen Gesamtheit auseinandergesetzt hätte.

Schließlich sind aber auch zahllose Dramen an sich von vornherein darauf eingerichtet gewesen, daß die Musik in ihnen jene Funktion übernimmt; dies gilt wohl für kaum ein Drama mehr als für Goethes *Faust*, zu dem schon 1790 Johann Friedrich Reichardt entsprechende musikalische Beiträge leistete, aber auch für so scheinbar »unmusikalische« Werke wie

Schillers *Die Räuber*, zu deren Urfassung sein Schulfreund Johann Rudolf Zumsteeg eine Reihe »Räuberlieder« und zu dem Franz Danzi Zwischenaktmusiken schrieb. Begriffe historischer Aufführungspraxis haben bislang kaum im Theaterleben Einzug gehalten (Stücke werden praktisch nie unbearbeitet aufgeführt, und eine historische Bühnentechnik wird eher als Produktionshindernis denn als Chance angesehen). So verwundert es nicht, daß man auch von einer angemessenen Rezeption der Musik im Schauspiel weit entfernt ist, und zwar sowohl mit Blick auf die Kompositionen als auch auf die Dramen selbst; denn die Schauspielmusiken sind aus ihren Entstehungsbedingungen heraus integrale Teile der originalen (oder zeittypischen) Regiekonzepte.

Auch Goethes *Egmont* ist von vornherein darauf angelegt, daß eine Schauspielmusik den dramatischen Fortgang begleitet; die erste stammte offenbar von Philipp Christoph Kayser, mit dem Goethe von 1781 an für einige Jahre intensiv zusammenarbeitete. Goethes Wertschätzung für diese Musik (die leider nicht erhalten geblieben ist) und seine Anerkennung der Wirkung, die sie für sein Drama hatte, ging so weit, daß er zeitweilig ihren Einschluß in den *Egmont*-Erstdruck (im 5. Band seiner Schriften) beabsichtigte, um ihre Greifbarkeit für die Theater zu garantieren – damit die Inszenierungen die stilistischen Ziele des Dramas nicht verfehlten*. Selbst aus dem Munde des Dichters kann man sich also darüber informieren lassen, als wie wünschenswert man die Wirkung der Musik begreifen konnte, selbst wenn diese den Regie-Spielraum einengte.

Grundsätzlich verlangt ein Schauspiel an all den Stellen nach Musik, an denen diese auch im Singspiel besonders sinnvoll sein kann (vgl. S. 178): wenn sich eine einzelne Figur damit die Zeit vertreibt, daß sie ein Lied singt, wenn sich eine Gruppe von Akteuren gemeinsam und geschlossen artikuliert, schließlich wenn einfach Zeit überbrückt werden soll, ohne daß Text vorgetragen wird. Das letztere ereignet sich primär in einer Standardsituation jeden Dramas: zwischen den Akten. Die Position von Liedern und Gruppen-Äußerungen ist dramatisch freier, aber in kaum einem Schauspiel der Zeit sind keine derartigen Bestandteile vorgesehen. Und schließlich gibt es eine Situation, in der das Drama der Zeit gezielt Anleihen bei der Opernkultur macht: In der Oper ist es möglich, einen Mono- oder Dialog, der in dramatisch angeheizter Situation steht, mit musikalisch besonderen Mitteln zu untermalen – im 18. Jahrhundert ließ man hierzu ein Seccorezitativ in ein Accompagnato übergehen (so daß an die Stelle von Continuo-Akkorden mindestens solche des Orchesters treten, wenn nicht auch bewegte Figuren). Eine vergleichbare Hervorhebung ist mit den Mitteln des reinen Sprechtheaters nicht möglich; das Sprechen hat keinen Secco-Hintergrund, der als unterschwellige Stimmungs-Folie wirken könnte (man kann lediglich erregter sprechen – aber das erregtere Singen ist noch erst eine dramatische Zwischenstufe auf dem Weg zum Accompagnato). Diese Folien-Funktion der Musik entfaltet sich im Melodram; der Schauspieler spricht, eine »background music« (wie in vergleichbarer Situation im Film) garantiert, daß man sich des textlich beabsichtigten Erregungszustands nicht entzieht.

Beethoven beherrschte, wie heute am ehesten aus der Schlußfassung der *Leonore* (als *Fidelio*, 1814) zu entnehmen ist, die Techniken des Melodrams meisterlich – in der Szene, in der Leonore (als Fidelio) und Rocco in den Kerker hinabsteigen. Beethoven weckt dort, aus den orchestralen Mitteln heraus kontrollierbar, Stimmungs-Assoziationen beim Publikum; ebenso wie in der 6. Sinfonie könnte »mehr Ausdruck der Empfindung als Mahlerey« sein Ziel gewesen sein. Liedstrukturen hatten ihn seit seiner Bonner Zeit beschäftigt, Chor-Möglichkeiten ebenso – vielleicht nicht unbedingt im Sinne dramatischer Entwicklungen, aber als massive Stimmungsträger. Wenn man folglich von Schwächen Beethovens als Komponist dramatischer Musik (als einer theatralischen) spricht, verkennt man eine Facette, zu der man aus dem Kulturbetrieb des 20. Jahrhunderts heraus lediglich einen schlechten Zugang hat, mit der Beethoven aber phänomenal umgehen konnte: all das, was eine gute Schauspielmusik ausmacht.

Egmont

In *Egmont* begegnete Beethoven einem Stoff, der demjenigen von *Léonore ou L'amour conjugal* nicht ganz unähnlich ist. »In diesem Trauerspiel«, schreibt Schiller in einer seiner berühmtesten Rezensionen, »wird ein Charakter aufgeführt, der in einem bedenklichen Zeitlauf, umgeben von den Schlingen einer arglistigen Politik, in nichts als sein Verdienst eingehüllt, voll übertriebenen Vertrauens zu einer gerechten Sache, die es aber nur für ihn allein ist, gefährlich wie ein Nachtwanderer auf jäher Dachspitze wandelt.« Für Florestan könnte die Grund-Charakteristik ähnlich lauten, und nur in zwei Grundaspekten unterscheidet sich die Präsentation der einen Rolle von der anderen: Daß Florestan »in des Lebens Frühlingstagen« getan habe, was er für seine Pflicht hielt, erfährt man nur aus dessen Rückerinnerung; für Egmont hingegen erlebt man mit, wie er seine Freiheit einbüßt – als Verfechter der Idee freier, nicht spanisch besetzter Niederlande. Und anders als für Florestan endet Egmonts Drama nicht mit seiner Befreiung, sondern – als Trauerspiel – mit seiner Hinrichtung. »In der Geschichte«, fährt Schiller fort, »ist Egmont kein großer Charakter, er ist es auch in dem Trauerspiele nicht. Hier ist er ein wohlwollender, heiterer und offener Mensch, Freund mit der ganzen Welt, voll leichtsinnigen Vertrauens zu sich selbst und zu andern, frei und kühn, als ob die Welt ihm gehörte, brav und unerschrocken, wo es gilt, dabei großmütig, liebenswürdig und sanft, im Charakter der schöneren Ritterzeit, prächtig und etwas Prahler, sinnlich und verliebt, ein fröhliches Weltkind – alle diese Eigenschaften in eine lebendige, menschliche, durchaus wahre und individuelle Schilderung verschmolzen, die der verschönernden Kunst nichts, auch gar nichts zu danken hat. Egmont ist ein Held, aber auch ganz nur ein flämischer Held, ein Held des sechzehnten Jahrhunderts; Patriot, jedoch ohne sich durch das allgemeine Elend in seinen Freuden stören zu lassen; Liebhaber, ohne darum weniger Essen und Trinken zu lieben. Er hat Ehrgeiz, er strebt nach einem großen Ziele, aber das hält ihn nicht ab, jede Blume aufzulesen, die er auf seinem Wege findet, hindert ihn nicht, des Nachts zu seinem Liebchen zu schleichen, das kostet ihm keine schlaflosen Nächte. Tolldreist wagt er bei St. Quentin und Gravelingen sein Leben, aber er möchte weinen, wenn er von dieser freundlichen süßen Gewohnheit des Daseins und Wirkens scheiden soll.« Schiller hat mit seiner Kritik am »Helden Egmont« vielleicht recht. Doch genau damit war Egmont eine Gestalt, mit der man den Heldenbegriff dem Wiener Theaterpublikum des Jahres 1810 ideal nahebringen konnte: tollkühn und lebensbejahend. Demgegenüber bleibt Florestan, von dem man – kraß gesagt – nicht mehr erlebt als sein Leiden im Kerker, eine konturenlose Persönlichkeit, die »nur« Mitleid erregt, aber keine Basis bietet, um sich mit ihr aus einer aktuellen Lebenslage heraus zu identifizieren.

Neben Egmont gibt es Klärchen (ähnlich wie Leonore neben Florestan). Sie versucht, mit einer Volkserhebung Egmont aus dem Gefängnis freizupressen, findet aber den erwünschten Zuspruch nicht; Leonores Erfolg bleibt ihr versagt. Schiller über sie: »Klärchen selbst ist unnachahmlich schön und wahr gezeichnet. Auch im höchsten Adel ihrer Unschuld noch das gemeine Bürgermädchen, und ein niederländisches Mädchen – durch nichts veredelt als durch ihre Liebe, reizend im Zustand der Ruhe, hinreißend und herrlich im Zustand des Affekts.« Eine

Heroine ist sie also nicht – eher »vorbildlich« im rückhaltlosen, visionären und dennoch erfolglosen Einsatz zur Durchsetzung ihrer Ziele, der Liebe zu dem Mann, von dem sie sagt: »Diese Stube, dieses kleine Haus ist ein Himmel, seit Egmonts Liebe drin wohnt.«

Vorbildlich: Schillers Tell, der sich aus den Fesseln, die ihm der Unterdrücker angelegt hat, selbst befreit, Bouillys Léonore, die ihren gefangenen Florestan mit bloßen Händen aus dem Gefängnis rettet, und Goethes Klärchen, die ihren gefangenen Egmont nicht vor der Todesstrafe zu bewahren vermag, so sehr sie es auch versucht – diese fünf Personen boten ein beklemmend ideales Ermutigungs-Spektrum für das Wiener Theaterpublikum der Zeit zwischen der Schlacht von Wagram und dem Wiener Kongreß. Jede der dramatisierten Einzelaktionen führte zu einer Befreiung: Léonore befreit ein Gefängnis, Tell sein Schweizervolk, und Egmont erlebt die Befreiung Flanderns immerhin noch als Vision. So revolutionsnah jede der Dramatisierungen in ihrem Geist zu sein scheint, so patriotisch (und eigentlich unrevolutionär) mußte ihr Zusammenspiel auf den Wiener Bühnen wirken – schlichtweg als Herausforderung zur Auflehnung gegen eine Besatzung, gleichviel, welche es war. Das Heroische als Zeitphänomen, dem sich Beethoven nicht entziehen konnte: In keinem Moment dürfte sich diese Konstellation deutlicher zeigen.

Beethovens Musik umfaßt zunächst einmal das, was normalerweise zu erwarten ist: eine Ouvertüre sowie vier Zwischenaktmusiken. Die Regieanweisungen der Partitur geben genau an, in welchem Verhältnis zum Einsatz und Schluß der Zwischenaktmusik der Vorhang zu fallen hat oder aufzuziehen ist; die Musik knüpft somit unmittelbar an Bühnenhandlung an oder bereitet ebenso direkt Nachfolgendes vor. Zunächst ist die Rolle der Musik noch ebenso neutral wie deren Stimmungsgehalt: Nach dem ersten Akt, in dem nur die verschiedenen Parteien von Egmont gesprochen haben (flämische Bürger, die Besatzungsmacht, seine Geliebte Klärchen mit ihrer Mutter), er aber noch nicht selbst zu sehen war, erklingt eine A-Dur-Idylle; dieser Andante-Satz schlägt zwar in ein erregteres Allegro con brio um, das in der Dichte seiner harmonischen Wechsel und in seinen kontrapunktischen Konstruktionen durchführungsartig wirken kann (obgleich keine Exposition dagewesen ist, auf die es sich beziehen könnte). Vor dem zweiten Akt ist dann lediglich vorgeschrieben, daß die Schlußtakte bei bereits geöffnetem Vorhang auslaufen – womit die Musik sich also zum dramatischen Fortgang hin öffnet.

Nach dem zweiten Akt, in dessen Verlauf Egmonts Charisma klargestellt worden ist (er hat eine Handgreiflichkeit beschwichtigt) und der zur Flucht vor den Besatzern entschlossene Wilhelm von Oranien Egmont vergeblich aufgefordert hat, sich ihm anzuschließen, erklingt als Akt-Nachspiel ein langsamer Es-Dur-Satz; erst nach dessen Ende öffnet sich der Vorhang, und man sieht in das Innere des Palasts, in dem die Regentin Margarete von Parma residiert. Noch eben in die Schlußszene dieses Akts hinein, einen Dialog zwischen Egmont und Klärchen, setzt die nächste Zwischenaktmusik ein; sie schlägt nach einiger Zeit in einen Marsch um – eine solistische Oboenlinie reißt unmittelbar vor deren Schlußton ab. Der Marsch wird plötzlich eingetrübt, das Orchester auf die Streicher reduziert; und noch in dieser Schlußphase der Musik treten nun bereits die Schauspieler auf (der Schneider Jetter und der Zimmermann, beide Brüsseler Bürger), und sie sollen ihre Anfangsworte, mit denen sie sich der politischen Bedrückung widmen, daraufhin »sehr langsam und furchtsam« aussprechen – in Anknüpfung an den »ppp«-Schluß der Streicher.

Noch einen Schritt weiter geht dieses pantomimische Element in der letzten Zwischenaktmusik: Drei dissonante fortissimo-Takte fallen in Egmonts Schlußworte ein, mit denen er seine Gefangennahme hinnimmt; an sie schließt sich ein piano-Larghetto an, das dann von einem erregten Andante agitato abgelöst wird. Wiederum sind in den letzten Takten der Musik (Klarinetten, Fagott) schon die Schauspieler der nächsten Szene auf der Bühne zu sehen – Klärchen, wild entschlossen, Egmont zu befreien, und ihr Begleiter Brackenburg, der sie besorgt zurückzuhalten versucht.

Diese vier Zwischenaktmusiken ermöglichen grundsätzlich eine lückenlose Aufführung des Fünfakters – ohne daß das Publikum auch nur ein einziges Mal zum Flanieren ins Foyer entlassen würde. Nur nach der zweiten Zwischenaktmusik ist nicht vorgeschrieben, in welchem Verhältnis zur Musik der Vorhang geöffnet werden solle; allenfalls hier wäre eine Pause denkbar (dann aber hätte der nachfolgende Akt keine musikalische Einstimmung). Und: Fast alle Zwischenaktmusiken sind zweiteilig angelegt; doch stets legt Beethoven die Zäsur so an, daß an ihr keine Pause entstehen könnte, stets wird sie in irgendeiner Form musikalisch überspannt (nur in der vierten wäre eine Unterbrechung musikalisch möglich; keine Zäsur gibt es wiederum in der zweiten).

Aus der Zweiteiligkeit heraus stellt Beethoven also klar, daß er in der Regel ein Nachspiel zum vorausgegangenen Akt schreibt, das in ein Vorspiel für den nachfolgenden mündet. Tatsächlich geht es ihm also fundamental darum, die dramatische Grundstimmung zu determinieren.

Andererseits vergrößern sich auch die modernen Rezeptionsprobleme dieser Musik, wenn man sie gezwungenermaßen als zusammenhängende Stimmungsgemälde wahrnimmt, die aus zwei Facetten zu bestehen scheinen; daß diese Zweiteiligkeit nur aus den Aufführungsbedingungen im Theater abgeleitet ist, bleibt unbemerkt. Beethoven nahm also primär die Überleitungs-Funktion in seine Zwischenaktmusiken auf; aus seinen Erfahrungen mit einem »quasi-fantasia«-Anschluß zweier Sätze dürfte er dafür prädestiniert gewesen sein wie kaum ein anderer.

Wenn aber eine Zwischenaktmusik derart bruchlos von einem Akt zum nächsten überleitet, muß sie so eingerichtet sein, daß während ihres Erklingens die Umbauarbeiten von Akt zu Akt abgeschlossen werden konnten. Szenenwechsel (auch solche innerhalb der Akte) ließen sich aber vergleichsweise problemlos bewerkstelligen: Vom Zuschauerraum aus gesehen, wurde eine zeitgenössische Theaterbühne seitlich von hintereinander gestaffelten Kulissentafeln begrenzt (zwischen zwei derartigen Staffel-Positionen war Raum, um abgehen und auftreten zu können); die Staffelung war so eingerichtet, daß sich für das Publikum die Illusion geschlossener Räume ergab. In jeder dieser Staffel-Positionen stand aber nicht nur einzelne Kulissentafel, sondern stets (pro Position) mindestens zwei oder drei, von denen freilich jeweils nur eine zu sehen war; mit einem zentralen Flaschenzug-Mechanismus konnten die Tafeln an jeder Position gleichzeitig gegeneinander verschoben und so das aktuell benötigte Bühnenbild zum Vorschein gebracht werden. Beispielsweise am Übergang vom dritten Akt, der in Klärchens Zimmer endet, zum vierten, der mit einer Straßenszene beginnt, mußte man nur den Schiebemechanismus so bedienen, daß an jeder Kulissenposition das Zimmer-Bühnenbild gegen dasjenige ausgetauscht wurde, das eine offene Straße zeigt.

Beethovens musikalische Beiträge zur *Egmont*-Produktion bleiben nicht auf diese orchestralen Rahmensätze beschränkt. Zweimal singt Klärchen ein Lied, einmal im ersten Akt, einmal im dritten. Im ersten musikalisiert sie ihren Wunsch, sich als Soldat Egmont anschließen zu können (»Die Trommel gerühret! Das Pfeifchen gespielt!«). Das Lied ist zunächst getragen von einer reinen Militärmusik aus Pauke und Piccoloflöte, also wie der Text es beschreibt (mit Begleitung von Klarinetten, Fagotten und Hörnern); die Stimmung des Liedes ist damit getroffen, aber freilich nicht die Atmosphäre bei Klärchen und ihrer Mutter zu Hause – ein typisches Beispiel dafür, daß Beethoven seine dramatische Musik eher auf die Publikums-Empfindungen als auf die Bühnenwirklichkeit hin ausrichtete. Klärchens zweites Lied (»Freudvoll und leidvoll«) erhält seinen Platz in einem Moment, in dem sie auf Egmont wartet; folglich sieht schon Goethe vor, daß eine typische Warte-»Zeit« musikalisch überbrückt wird. Die Motivik des Liedes übernimmt Beethoven dann in die Zwischenaktmusik, die aus der Klärchen-Egmont-Szene heraus den Übergang zum vierten Akt herstellt.

Viel weiter greifen die musikalischen Bestandteile im Schlußakt aus. Klärchen nimmt Gift und verläßt die Bühne, Brackenburg geht ihr nach; ein getragener d-Moll-Satz definiert, wieviel Zeit das Sterben Klärchens in Anspruch nehmen soll – das Publikum hat währenddessen nur die leere Bühne vor sich. Im Gefängnis wird Egmont daraufhin das Todesurteil verkündet, und anschließend tritt ihm der Herzog von Alba zu einem längeren Dialog entgegen. Danach bleibt Egmont allein zurück; bis hin zum Schluß, an dem er zum Schafott geführt wird, spricht nur noch er. Die Eröffnung dieses Monologs (»Süßer Schlaf! Du kommst wie ein reines Glück ungebeten, unerfleht am willigsten«) macht Beethoven zum Melodram. Egmont hat daraufhin eine Vision: »Die Freiheit in himmlischem Gewande, von einer Klarheit umflossen, ruht auf einer Wolke«, lautet Goethes Regieanweisung; »sie hat die Züge von Klärchen und neigt sich gegen den schlafenden Helden.« Beethoven nimmt die Vision in einen ausgedehnten musikalischen Abschnitt auf und geht den Bewegungen, die Goethe von jener Klärchen-Vision fordert, intensiv nach. Eine einleitende Marschmusik mündet in abgerissene Unisono-Figuren der Streicher, zu denen »Egmonts Tod andeutend« in der Partitur steht (wobei die »Andeutungen« eine Regung der Klärchen-Vision sind). Die Streicherfiguren geben einem Trompetensignal Raum, und die Partitur erklärt: »Der Eintritt der Trompete deutet auf die für das Vaterland gewonnene Freiheit.« Neuerlich erklingen die Streicherfiguren, neuerlich setzt die Trompete diese fort: »Hier nähert sich die Freiheit mit dem Kranze dem Haupte Egmonts« – also ist der Vorhang noch immer nicht gefallen, und die Wiener Produktion operiert weiterhin mit der auf der Bühne anwesenden Person, die die »Vision« Egmonts verkörpert. Erst zu den Schlußtakten des Satzes heißt es: »Hier verschwindet die Erscheinung.« Egmont erwacht; es gibt daraufhin mehrere monologische Abschnitte, für deren Abgrenzung Goethe Trommelwirbel vorschreibt. Und nach den letzten Worten Egmonts lautet Goethes Regieanweisung: »Trommeln. Wie er auf die Wache los und auf die Hintertür zu geht, fällt der Vorhang: die Musik fällt ein und schließt mit einer Siegessymphonie das Stück.« Mit einer solchen beendet Beethoven in aller Knappheit das Drama.

Schiller lehnte diesen Dramenschluß bereits in der Goetheschen Rumpfform ab; er schrieb: »Je höher die Illusion in dem Stück getrieben ist, desto unbegreiflicher wird man es finden, daß der Verf. selbst sie mutwillig zerstört. Egmont hat alle seine Angelegenheiten berichtigt und schlummert endlich, von Müdigkeit überwältigt, ein. Eine Musik läßt sich hören, und hinter seinem Lager scheint sich die Mauer aufzutun, eine glänzende Erscheinung, die Freiheit in Klärchens Gestalt, zeigt sich in einer Wolke. – Kurz, mitten aus der wahrsten und rührendsten Situation werden wir durch einen Salto mortale in die Opernwelt versetzt, um einen Traum – zu sehen. Lächerlich würde es sein, dem Verf. dartun zu wollen, wie sehr er sich dadurch an Natur und Wahrheit versündigt habe; das hat er so gut und besser gewußt als wir, aber ihm schien die Idee, Klärchen und die Freiheit, Egmonts beide herrschende Gefühle, in Egmonts Kopf allegorisch zu verbinden, sinnreich genug, um diese Freiheit allenfalls zu entschuldigen. Gefalle dieser Gedanke, wem er will – Rez. gesteht, daß er gern einen witzigen Einfall entbehrt hätte, um eine Empfindung ungestört zu genießen.«

Beethoven (und ebenso der Wiener Regisseur) hat sich dem von Goethe Vorgesehenen gestellt; er hat eine Musik geschrieben, die die geforderten Stimmungs-Facetten in sich aufnimmt. Vielleicht war man aber im Wien der Zeit gerade an diesem Dramenschluß interessiert – nicht nur deshalb, weil Wien etwa eine reiche Operntradition hatte. Man nahm dankbar zur Kenntnis, daß Goethe den Kreis der Wahrheit verlassen und das Drama zum Parabelhaften, zum Ausdruck einer ethischen Idee, geöffnet hatte. So schwer es fällt, Schiller in seinem berechtigten Verdikt zu widersprechen, ist doch nicht zu übersehen, daß für das Wiener Publikum Goethes Dramenschluß nicht »witziger Einfall« war, sondern den Anlaß bot, sich einer besonderen Empfindung hinzugeben; für diese aber war man nicht so sehr an dramatischer Wahrheit, sondern eher an einem auf der Bühne realisierten Erlösungsgedanken interessiert. Egmonts letzte Worte sind der Partitur zufolge: »Sucht eure Güter und euer Liebstes zu retten, fallt freudig, wie ich euch ein Beispiel gebe« (Goethes Original beginnt: »Schützt eure Güter! Und euer Liebstes zu erretten ...«). Das Vorbildhafte, das damit von Egmont ausgehen konnte, war letzlich aber nur möglich, weil die Vision ihm die Sicherheit darin gegeben hatte – und genau dieses auszudrücken ist Aufgabe der Beethovenschen Musik, die die »Vision« unterstützt.

Die Musik der Siegessinfonie erklingt erstmals bereits als Schluß der Ouvertüre, die dafür von Moll nach Dur umschlägt; diese erhält dadurch einen unmißverständlich programmatischen Zug. Der Moll-Teil der Ouvertüre gliedert sich selbst nochmals in eine relativ langsame Einleitung (Sostenuto ma non troppo) und einen schnellen Hauptteil. Beide stehen in f-Moll; beide erfassen aber unterschiedliche Facetten der Tonart. Die Einleitung evoziert eine ähnliche Stimmung wie die Introduktion des zweiten *Fidelio*-Akts, mit der (in gleicher Tonart) die Atmosphäre in Florestans Kerker vermittelt wird; der Hauptteil hingegen, an dem E. T. A. Hoffmann besonders gefiel, daß Beethoven keine »kriegerische, stolz daher schreitende Ouverture« geschrieben habe (eher habe er »Clärchens schwärmerische Liebe« komponiert)*, ist vor allem ein Meisterwerk der Instrumentationskunst. Der Übergang von »langsam« zu »schnell« ist kaum klar zu bestimmen; Celli und erste Violinen überbrücken die Grenze im Unisono mit einer mehrfach wiederholten Figur, die Beethoven gewissermaßen unter der Hand beschleunigt. Beethoven hatte seit seinen frühesten Quartetten mit derartigen punktuellen Instrumentenkoppelungen reiche Erfahrungen gesammelt; besonders beeindruckend ist nun aber die Rück-Entflechtung dieses Unisonos von Violinen und Celli (Notenbeispiel 17). Die gemeinsame Linie führt auf ein C

Notenbeispiel 17:
Schauspielmusik zu Goethes »Egmont« op. 84, Ouvertüre,
Beginn des schnellen Hauptteils (T. 25-32)

275

hin, die Quinte der f-Moll-Grundtonart; doch die Celli nehmen dieses nur flüchtig an und umkreisen es eher, indem sie sofort mit einem knappen Halbtonbetrag nach Des ausweichen und von dort eine über zwei Oktaven abstürzende Linie eröffnen. Somit wirkt jenes vorherige »Umkreisen« des Zieltons als Eröffnung der themenbildenden Motivik. Die Violinen hingegen halten jenes C für fast drei Takte aus; dieses konstante Element wird von den zweiten Violinen und Bratschen mit einer pulsierenden Bewegung untermischt – Beethoven überträgt auch ihnen nur je einen Ton, aber sie garantieren dessen permanente Wahrnehmbarkeit, indem sie ihn in Achteln repetieren. So programmatisch die Ouvertüre aus Tonartsprache und Siegessinfonie heraus werden mag, liegt dennoch auch ein ganz anderes Stimmungselement in dieser Ouvertüre: Unruhe, Spannung auf das Bevorstehende.

Mit der gesamten *Egmont*-Musik hatte Beethoven einen weitausgreifenden musikalischen Beitrag zu einem dramatischen Werk geliefert, das seine Nachwelt nach wenigen Jahrzehnten nur noch als »reines« Sprechtheater akzeptieren wollte. Seine kompositorischen Maßnahmen spiegeln prinzipiell dramaturgische Standards der Zeit; im Ausschöpfen der dramatischen Möglichkeiten vor allem des 5. Akts gehen sie zumindest über das hinaus, was man als musikalisches Grundprogramm bezeichnen könnte: Ouvertüre, Zwischenaktmusiken, Lieder, Chöre, vielleicht ein herausgehobenes Melodram. Beethoven war sich des Wertes seiner Komposition durchaus bewußt; er veranlaßte 1811 die Übersendung der Partitur, die bei Breitkopf & Härtel lag, an Goethe. Nur dessen Reaktion auf die Übersendung* (nicht also auch auf die Musik) ist überliefert – doch da beide Künstler einander im folgenden Jahr trafen, wird Goethe Beethovens Werk kaum negativ beurteilt haben. Das Treffen fand in Karlsbad statt, wohin Beethoven von Teplitz aus reiste – doch das ist eine »Geschichte für sich«.

Coriolan

Beethovens Annäherung an die Ausdrucksformen der Schauspielmusik vollzog sich nach *Fidelio* und noch vor *Egmont* über eine weitere Stufe: über die Ouvertüre zum Drama *Coriolan* des Wiener Theaterdichters Heinrich Joseph von Collin op. 62. Allerdings wurde sie nicht »neben« einer Theaterbühne uraufgeführt, sondern in einem von Beethovens März-Konzerten im Palais Lobkowitz 1807; nur wer Collins Schauspiel kannte, konnte verstehen, weshalb dies eine »Ouvertüre« war. Schon damals war also vorgezeichnet, daß es um den Stellenwert dieser Komposition Diskussionen geben könne: Ist es ein rein sinfonisches Orchesterwerk mit einem »Inhalt«? Oder ist es im engsten Sinne eine »Ouvertüre«?

Daß dieses letztere der ursprüngliche Zweck der Musik gewesen ist, bezeugt das Titelblatt des Partiturautographs, auf dem zunächst »overtura Zum Trauerspiel...« gestanden hatte, die beiden letzten Worte aber späterhin getilgt wurden. Tatsächlich kann Beethoven daran gedacht haben, die Ouvertüre auch für jene Standard-Theaterfunktion zu schreiben: Collins Drama, 1802 uraufgeführt, wurde am 24. April 1807 neuerlich ins Wiener Repertoire aufgenommen, also kurz nach der Uraufführung der Musik. Und Collin gehörte offenbar ähnlichen Wiener Kreisen an wie auch Beethoven. Somit könnte die Entstehung der Musik damit zusammenhängen, daß Collin Beethoven direkt wegen einer passenden Ouvertüre angesprochen hatte. Zudem lassen auch die ersten nachweisbaren Briefe Beethovens an Collin (Anfang 1808) erkennen, daß beide schon seit längerem in künstlerischem Austausch standen – 1805 war Collin Teilnehmer an den Beratungen über das Vorgehen nach der fehlgeschlagenen Erstproduktion der *Leonore**.

Coriolan läßt an Shakespeare denken. Doch ob Collin sich in seinem Drama auf dessen Vorbild bezogen hat, ist fraglich: Die Übersetzungen August Wilhelm Schlegels und Ludwig Tiecks, mit denen eine maßgebliche deutsche Textfassung der Shakespeare-Dramen etabliert wurde, ist jünger (die *Coriolan*-Übersetzung stammt übrigens von Tiecks Tochter Dorothea); daß die vorausgegangenen Übersetzungen zumindest für Wien keine Normierung des Shakespeare-Umgangs bewirkt hatten, zeigt sich daran, daß noch der Schubert-Freund Eduard von Bauernfeld (1802–1890) in Wien als Shakespeare-Übersetzer hervortrat. Und Collin selbst legt aus seinem Drama heraus die Vermutung nahe, daß er die Shakespeare-Fassung entweder nicht selbst kannte oder aber bewußt ignorierte. Diese Feststellung ist die wohl entscheidende Voraussetzung für das Verständnis von Beethovens Komposition.

Coriolan ist eine Gestalt der frühen römischen Geschichte: Er führte im 5. Jahrhundert vor Christus den Feldzug der Römer gegen die Volsker an, einen Stamm, dessen Herrschaftszentrum die wenig südlich von Rom gelegene Küstenstadt Antium (heute Anzio) war. Coriolan hieß eigentlich Gaius Marcius; den Beinamen »Coriolanus« erhielt er, nachdem die Römer unter seiner Führung die Stadt Corioli von den Volskern erobert hatten. Coriolan sollte daraufhin zum Konsul gewählt werden, doch die

Wahl scheiterte. Die Coriolan-Dramen behandeln in der Regel die nun folgenden Ereignisse im Leben der Titelfigur – allerdings auf unterschiedliche Weise. Will man sie so erzählen, daß sie sowohl auf Shakespeares als auch auf Collins Stück zutreffen, hat man sich auf folgendes zu beschränken: Zwischen Coriolan und dem römischen Volk gibt es Konflikte. Die Situation eskaliert; Coriolan wird in die Verbannung geschickt, läuft daraufhin zu den Volskern über und wird in deren Heerlager freundlich aufgenommen. Er führt sie daraufhin sogar in ihrem nächsten Kampf gegen die Römer an. Seinen Angriff auf Rom bricht er aber ab, als seine Mutter und seine Frau sich an ihn wenden; daraufhin kommt er zu Tode.

Shakespeare stellt die Schlüsselereignisse in Coriolans Schicksal komplett dar; sein Drama beginnt mit den Ereignissen im Umfeld der »namengebenden« Schlacht um Corioli, und er läßt die weiteren Entwicklungen auf offener Bühne ablaufen – Coriolan tritt als designierter Konsul tatsächlich auf, und das Publikum erfährt direkt, daß die Ursache von Coriolans Problemen in seinem ungeschickten, aufbrausenden Verhalten gegenüber dem Volk liegt. Shakespeare konzentriert sich im folgenden auf die Ereignisse im Vorfeld der Schlacht um Rom; am Schluß seines Dramas steht die Hinrichtung (oder: Ermordung) des Titelhelden durch die Volsker. Collin hingegen läßt sein Drama erst mit dem Verbannungsspruch einsetzen, über den zudem nur von außen berichtet wird – so, daß Coriolan als durchaus sympathische Figur erscheinen kann. Collins Held wechselt die Front daraufhin nicht freiwillig, sondern unter dem Druck der Römer; im volskischen Heerlager legt er, zu deren neuem Anführer gewählt, gemeinsam mit seinem früheren Rivalen einen wechselseitigen Treueschwur (bis in den Tod) ab. Schon jetzt regen sich bei ihm erste Bedenken: Er ist kein Volsker, seine Familie lebt in Rom; kann er das Prinzip »der Feind meines Feindes ist mein Freund« wirklich lebenslang durchhalten? Doch zunächst gibt es keine Probleme; Coriolan und die Volsker sind militärisch erfolgreich. Vom Ende des dritten Akts an, nach einem Gespräch mit einem Vertrauten, weiß Coriolan aber, daß er den persönlichen Konflikt zwischen Familientradition und Volsker-Eid nur durch seinen eigenen Tod lösen kann. Er klammert sich zunächst an die Vision eines friedlichen Miteinanders von Römern und Volskern; das Ziel, gewissermaßen eine diplomatische Lösung des Konflikts, scheint greifbar nahe, doch es wird von einem Teil der Volsker nicht mitgetragen. Das Heer spaltet sich; Coriolans Gegner in jenem trachten ihm daraufhin nach dem Leben. Als sie nahen, um ihn zu ermorden, erklärt Coriolan, daß er glücklich sei, den Eid, der ihn band, nicht selbst gebrochen zu haben, sondern daß dieser durch die, die ihn nun töten wollten, verletzt worden sei. Er stürzt sich ins Schwert; seinen zeitweiligen volskischen Weggefährten werden erst daraufhin die Augen geöffnet, daß Coriolans Weg zum Frieden richtiger gewesen wäre als der in den Krieg.

Shakespeares Held und Collins Held sind somit zwei verschiedene Charaktere: Shakespeare geht der Schroffheit Coriolans schonungslos nach; Collin hingegen zeichnet einen durch und durch tragischen Coriolan, der selbst auf den extremen Wegen, die er einschlägt, einer höheren Moral treu bleibt – eher gerät er gerade deswegen in das Räderwerk der Geschichte. Collins Coriolan ist also viel eher ein »Held« als derjenige Shakespeares; sein Schauspiel kann daher für Wien 1802/07 ein Lehrstück sein, daß man einen siegreichen Feldherrn nicht verstößt, daß man so mutig sein soll wie Coriolans weibliche Familienangehörige und daß man so konsequent handeln solle wie Coriolan. Das »typische« Wiener Rollenspektrum wurde somit zunächst mit Volumnia und Virgilia, der Mutter und der Frau Coriolans, fortgesetzt: Sie retten ihr Volk. Anders als Florestan, der befreit werden kann, und Egmont, der durch seinen Tod sein Volk befreit, stirbt Coriolan aber in Entzweiung mit den Römern auf der Seite der Feinde. Shakespeares Titelfigur hätte dem offenkundigen Rollenideal eines Helden wohl kaum entsprochen; Collins Coriolan hingegen, dem die Verbannung als ein Unrecht widerfährt und der dennoch weder Rom noch die Volsker verrät, kommt jenem Ideal näher.

Beethovens Ouvertüre beginnt mit einem C der Streicher, das, nachdem es zwei Takte lang ausgehalten worden ist, einen abgerissenen fortissimo-Akkord des gesamten Orchesters freisetzt; vom fünften und neunten Takt der Komposition ausgehend wiederholt sich dieser Wechsel, wobei jeweils ein anderer Akkord das Tutti-Ziel ist. Als Hörer kann man diesem Werkbeginn durchaus ratlos gegenüberstehen: Man kann diese Musik, deren Tempo praktisch nicht zu erfassen ist, auch für eine langsame Introduktion halten, denn das so lang ausgehaltene »C« sagt nichts darüber aus, daß man es mit einem Allegro con brio zu tun hat (auch ein Adagio wäre an sich denkbar, in dem die Notenwerte entsprechend kürzer gefaßt wären*). Der Prägnanz dieser Akkordschläge kann man sich freilich kaum entziehen; doch deren Reihung läßt allzu vieles offen, als daß man sie für ein »Thema« halten könnte. Ein solches könnte man folglich in der Streichermotivik erwarten, die anschließend erklingt (jeweils mit Bläserbeteiligung gegen Ende); doch auch diese reißt unerwartet ab, und deren Fortsetzung folgt ohne jede harmonische Vermittlung. Beethoven komponiert somit eine Musik von beispielloser Schroffheit und Offenheit; musikalische Brüche werden rücksichtslos überspielt, und keine einzige Phrase erhält einen kadenzierenden Abschluß – somit entstehen nirgendwo abgerundete Themen. Dies gilt auch für das melodiöse Dur-»Seitenthema«; einer gliedernden Kadenz begegnet man erstmals in Takt 102, als Schluß der gesamten Exposition.

Daß Beethoven harmonische Räume derart öffnet, erlebt man bereits in der f-Moll-Klaviersonate op. 2 Nr. 1, und daß er harmonische Prozesse eigenartig anlegen kann, prägt auch jene Dur-Durchführung der *Pastorale*. Für den Hörer der *Coriolan*-Ouvertüre erhält diese Offenheit dennoch eine besondere Note: aus dem personifizierenden Titelzusatz heraus. Schon für Beethovens direkte Nachwelt gilt dieses Konnotat-Bewußtsein nicht nur als Gewinn beim Hören der Komposition, sondern gewissermaßen als dessen Hauptsache – oder, wie Adolph Bernhard Marx es 1859 in seiner Beethoven-Biographie ausdrückte*: »Allerdings ... muss die Musik hier, wie so oft und wie jede andre Kunst ebenfalls, die Bekanntschaft mit dem Gegenstande voraussetzen; dann aber erfüllt sie die allgemeine Vorstellung mit ihrem Leben, und bestimmt sie zu plastischer Erscheinung.«

Damit ist die Frage erreicht, wie (und wo) die frühe Beethoven-Rezeption Berührungspunkte zwischen dem literarischen Stoff und der Musik konstatierte – und welche Konsequenzen man daraus zog. Adolph Bernhard Marx etwa sieht in den einleitenden Akkordschlägen »den starrsinnigen, zum Jähzorn erzognen Aristokraten, der seinem Volke widersteht, ganz für sich allein der allgemeinen Empörung Trotz zu bieten kräftig entschlossen«; und deren Streicher-Fortsetzung spiegelt für Marx »dies finstre Grollen, das sich in der Brust des Helden erhebt und in gewitterartigen Schlägen entladet«. Somit ist klar: Marx spielt auf das Wesen an, das Coriolan in Shakespeares Drama hat. Jähzorn und Trotz sind Begriffe, die auf Collins Coriolan nicht passen.

Nur scheinbar näher an Collins Drama steht er in seiner Beschreibung des Dur-Seitenthemas; mit diesem trete »die andre Gestalt des ganzen Vorgangs, die Versöhnerin hervor [...], sei es die milde Valeria [bei Shakespeare: Coriolans Frau], oder die Mutter, oder die flehende, warnende Stimme des Vaterlandes [...], was Beethoven natürlich der Phantasie des Hörers überlassen muss«. Doch erstens heißt bei Collin die Frau Coriolans nicht Valeria, sondern Volumnia, und zweitens ist bei ihm die

»warnende Stimme des Vaterlandes« nicht existent. Obgleich Marx also den inhaltlichen Bezug als Voraussetzung für das richtige Verständnis des Werks bezeichnet, hat er Collins Drama wohl nicht gekannt oder zumindest nicht als eigenständig neben Shakespeare stehend wahrgenommen. Er stand damit aber nicht allein; schon in den 1820er Jahren ist erkennbar, daß man Beethovens Ouvertüre ausschließlich von Shakespeares Drama her interpretiert*. Und dieses Schicksal hat Richard Wagner mit Adolph Bernhard Marx geteilt: Wagner widmete sich dem Werk 1852 in einem Essay, der gemeinsam mit Franz Liszts wenig jüngerer Abhandlung über Hector Berlioz' *Harold en Italie* die Möglichkeiten der Gattung »Symphonische Dichtung« programmatisch ausleuchtet.

Wagner schrieb folglich keine musikhistorische Studie wie Marx, sondern eine programmatische; er faßt diese daher von vornherein subjektiver und schreibt: »Ich erlaube mir [...] diesen Gegenstand so zu bezeichnen, wie ich ihn in der Darstellung des Tondichters selbst ausgedrückt gefunden habe, um den mir gleich Fühlenden denselben erhabenen Genuß zu bereiten, den ich aus diesem Werke gewann.« Auch er schreibt: »Coriolan, den unbändig kräftigen, zur Heuchelei der Demut unfähigen, aus seiner Vaterstadt darob verbannten, und im Bunde mit ihren Feinden diese Stadt bis zur Vernichtung bekämpfenden, wie er, von Mutter, Weib und Kind gerührt, endlich der Rache entsagt, und von seinen Verbündeten für den hierdurch begangenen Verrat an ihnen mit dem Tode bestraft wird, – diesen Coriolan darf ich als allgemein bekannt voraussetzen.«

Klar ist auch hier: Der Coriolan Collins, der weder Roms »Vernichtung« anstrebt noch »mit dem Tode bestraft wird«, steht auch Wagner völlig fern. Daher versteht auch Wagner die c-Moll-Motive zu Beginn als Symbole für den Helden, dem er »ungeheure Kraft, unbändiges Selbstgefühl und leidenschaftliche[n] Trotz« unterstellt. Die Es-Dur-Motivik repräsentiere demgegenüber »Anmut, Milde und sanfte Würde« von »Mutter, Frau und Kind«. Diese letztgenannten Eigenschaften setzen sich in der Komposition langfristig nicht durch; allein der formalen Erwartung zufolge ist ein Werkschluß in c-Moll unausweichlich. Diesen Schluß sieht Wagner so: »Nochmals zeigt [Coriolan] sich hier in der ganzen Erhabenheit seines zermalmenden Grimmes. Und hier gewinnt das Weib wieder die Macht der Bitte: Milde! Versöhnung! Friede! – fleht es ihn an. Ach, es versteht ihn nicht, es begreift nicht, daß Friede mit Rom – sein Untergang heißt!« Und schließlich, als Reaktion auf dieses Bitten: »Die ganze Kraft, die der Held bisher auf die Vernichtung des Vaterlandes richtete, die tausend Schwerter und Pfeile seines Hasses und Rachegrimmes, sie faßt er mit furchtbar gewaltiger Hand zu einer Spitze zusammen, und diese – stößt er sich in das eigene Herz. Getroffen vom eigenen Todesstoße bricht der Koloß zusammen: zu den Füßen des Weibes, das ihn um Frieden flehte, hauchte er sterbend den letzten Atemzug aus.« Man kann die Aspekte übergehen, in denen Wagner sich auch dabei nur an Shakespeare anlehnt. Woher aber bezieht er die Information, Coriolan sinke auch nur irgendeiner Frau zu Füßen? Dieses Motiv ist weder Shakespeare noch Collin entnommen. Und: Woher nimmt Wagner in seinem von Shakespeare dominierten Bild die Information, daß Coriolan Selbstmord begeht, obgleich er zu Anfang seines Textes davon ausgeht, Coriolan werde hingerichtet? Nur scheinbar bezieht er sich hier auf Collin; denn Collin leitet die Motive von Coriolans Selbstmord bereits aus dem dritten Akt seines Dramas her, nicht erst aus der Begegnung mit den Frauen – der Konflikt, in dem Coriolan für Collin steht, ist gewissermaßen schon älter. Deutlich wird also, daß Wagner mit seinen Darlegungen etwas Besonderes bezweckt; fast scheint es, als ob es ihm gleichgültig sei, ob Beethoven sich überhaupt an irgendeinem literarischen Coriolan-Prinzip orientiert habe.

Klärend wirkt hier der Schlußsatz von Wagners Essay: »So dichtete Beethoven in Tönen den Coriolan.« Tat Beethoven dies aber wirklich? Das Kompositionsverfahren, das Wagner Beethoven bei diesem »Dichten in Tönen« unterstellt, prägt in der Folgezeit die junge Gattung Symphonische Dichtung außerordentlich stark: Aus Coriolans Geschichte habe Beethoven »nur eine einzige, allerdings die entscheidendste Szene heraus[gegriffen], um an ihr den wahren, rein menschlichen Gefühlsgehalt des ganzen, weitausgedehnten Stoffes, wie in seinen Brennpunkt zu fassen und zur ergreifendsten Mitteilung an das wiederum rein menschliche Gefühl zu bringen. Dies ist die Szene zwischen Coriolan, seiner Mutter und seinem Weibe im Kriegslager vor den Toren der Vaterstadt.« Freilich läßt sich dies sowohl in Shakespeares als auch in Collins Drama als der entscheidende Wendepunkt bezeichnen; ansonsten erweist sich Wagners Ansatz aber als eine vergleichsweise blasse Interpretation des Gegensatzes, der sich grundsätzlich in einem sinfonischen Moll-Werk ergeben kann: zwischen einem »männlichen« Moll-Hauptthema und einem »weiblichen« Dur-Seitenthema (wie Wagner hat auch Marx genau diese beiden Prinzipien in den Themen verwirklicht gesehen). Wagners Interpretation ist in dieser Brennpunkt-Hypothese richtungweisend gewesen. Und so weit er in dem, was er inhaltlich in der Komposition verwirklicht sieht, an Collins Drama vorbeizielt, ist dennoch zu fragen:

Inwieweit trifft sich jene Hypothese mit Beethovens kompositorischen Intentionen?

Zwar hat Beethoven die *Coriolan*-Ouvertüre im Konzert uraufgeführt; doch da in jener Zeit das Wesen einer »Ouvertüre« (zumal mit einem derartigen Titelzusatz) klar und originär auf den Theatergebrauch hindeutet und diese Zweckbestimmung zumindest für Beethovens Kompositionsarbeit so wahrscheinlich ist, müßte man sich überlegen, wie dieses Werk der Funktion gerecht geworden wäre, die man in einem Theaterraum von ihm erwartet hätte – im Rahmen der Stimmungs-Vorbereitung, die Beethoven in *Egmont* erreicht hat. Einer Antwort kann man sich annähern, wenn man den Schluß der Ouvertüre betrachtet – zumal Wagner diesen (entgegen seiner anfänglichen Ankündigung) anders beschreibt, als er sogar in Shakespeares Drama angelegt ist.

Beethoven schreibt eine nur knappe Reprise, ausgehend von der Subdominante f-Moll: Die einleitenden Akkordschläge der Komposition werden von vornherein mit der fortsetzenden Streicher-Motivik verbunden. Nach nur 26 Takten ist somit das Seitenthema erreicht (in der Exposition verstreichen bis dahin 52 Takte, also genau doppelt so viel); von dort an folgt die Reprise weitgehend dem Vorbild der Exposition. Zunächst am Durchführungsbeginn orientiert, mündet die Musik anschließend in eine Coda; neuerlich erklingt dann das melodische Seitenthema (hierin sah Wagner die letzte Bitte der Mutter und der Frau Coriolans musikalisch umgesetzt). Nach Wagner kommt daraufhin nochmals der Held zu Wort; tatsächlich begegnet man wenig später den so schroffen Akkorden wieder, mit denen die Komposition begonnen hat – und zwar in c-Moll, in der Grundtonart. Wie zu Werkbeginn folgt die typische Streicher-Fortsetzung; doch in deren Motivik reduziert Beethoven schnellstmöglich das Tempo und die Dynamik, und zwar mit allen ihm zu Gebote stehenden Mitteln, so daß die Komposition in einer weitgespannten, ruhigen Bewegung im Pianissimo ausläuft.

Tatsächlich läßt sich nicht völlig ausschließen, daß Beethoven hier auf das Sterben des Helden anspielt. Andererseits bremst Beethoven die Musik nur radikal ab, ohne ihr Spannungspotential »ersterben« zu lassen; darin läge folglich die ideale Lösung dafür, die Ouvertüre mit einer ihrer Grundmotive schließen zu lassen, obwohl keines von diesen eigentlich einen Schluß hat. Wahrscheinlicher ist also, daß Beethoven etwas anderes im Sinn hatte: Die Reprise beginnt nicht in der Tonika; folglich spart sich Beethoven die tonartliche Signalwirkung, die auf den Werkanfang zurückweist, für ein späteres Satzglied auf, und er setzt sie erst im letzten

Moment ein. Zudem nimmt er dort die Elemente, mit denen er die Schroffheit und Massivität evoziert hat, schnellstmöglich zurück. Das läßt sich als Anfangsreim verstehen: Die Schroffheit und Massivität des Ouvertürenbeginns könnte hier einem unmittelbar nachfolgenden Schauspielbeginn gegolten haben.

Der Schauplatz für Collins ersten Aufzug ist: »Wohnung des Coriolan in Rom. Atrium. Im Hintergrunde ein Opferherd, und in einer Vertiefung der Wand hinter demselben die Hausgötter (Laren).« Und die Regieanweisung für den ersten Akt lautet: »Veturia [Mutter des Coriolan] zündet das Opferfeuer an. Ein Knabe hält die Opferschale und das Behältniß mit dem Rauchwerke.« Es handelt sich um die Szene, in der Veturia und Coriolans Frau versuchen, durch ihr Gebet die Verbannung Coriolans abzuwenden. Nichts könnte ein Schauspielpublikum besser auf die Notwendigkeit der Gebetsszene vorbereiten als der späte, nochmalige Schock, der von den Anfangsakkorden ausgeht, und das rasche Verebben der Musik, die sich an jene Akkorde anschließt; der Schluß kann damit direkt auf die kultische Szene hinführen, mit der Collins Drama beginnt. Ein vergleichbarer Übergang mit dieser Musik in Shakespeares Drama hinein wäre unmöglich: Dieses beginnt mit einem aufgeregten Gespräch von Römern, die dem nachmaligen Coriolan nach dem Leben trachten, und nur mit Mühe beruhigt werden können. Somit wird Beethovens Komposition der Ouvertüren-Funktion ideal gerecht; die Sicht Wagners und seiner Zeitgenossen hängt also bis ins Formal-Funktionelle des Dramas hinein damit zusammen, daß er und seine Zeit in Coriolan unverrückbar Shakespeares Bühnenfigur sahen und in deren Geschichte ebenso unverrückbar Shakespeares Drama. Was aber verbirgt sich hinter der Gestaltung der Ouvertüre, wenn Beethoven in ihr nicht Coriolans Geschichte erzählt? Eine Antwort ist erstaunlich leicht zu finden: Beethovens Ouvertüre mußte nur die von E. T. A. Hoffmann geforderte Einstimmung in das Drama besorgen; eine solche Einstimmung ist ja nicht daran gebunden, die Geschichte zu erzählen. Man kennt etwas derartiges nur aus der Oper: Mozarts Ouvertüre zu *Don Giovanni* geht direkt in die erste Szene über. In den Schlußtakten öffnet sich der Vorhang, und man sieht Leporello allein auf der Bühne – vor dem Haus des Komturs. Damit ist das gleiche gewährleistet wie in den *Egmont*-Zwischenaktmusiken. Andererseits beginnt Mozarts Ouvertüre mit der Musik, mit der am Schluß der Oper Don Giovannis Begegnung mit dem Steinernen Gast entwickelt wird; doch für Beethoven gibt es keine Musik, auf die er sich so beziehen könnte (Beethoven schreibt ja nur die

Ouvertüre, nicht auch eine ganze Oper). Somit braucht keine der Motivgestalten etwas Konkretes zu bedeuten; wesentlich ist nur die Wirkung,
die von der Offenheit ausgeht: Diese verbindet sich sowohl mit dem
Schroffen wie mit dem Melodiösen – ein Gegensatz, der in der Sonatenform mit ihren unterschiedlichen Klang-Ebenen auch grundsätzlich
angelegt ist. Einem Beobachter wie E. T. A. Hoffmann übrigens war viel
mehr daran gelegen, daß Beethovens Musik keine konkret-emblemati-
sche Funktion übernehme; er sah es als Beethovens Schicksal an, daß er
den »Charakter des unbestimmten Sehnens«, ein für Hoffmann typisch
romantischer Aspekt, in Vokalmusik so schwer umsetzen könne und daß
dieser Aspekt in Beethovens Orchestermusik vom Publikum so schwer
verstanden werde*. Schon Hoffmann zeichnet also einen Gegensatz zwischen den Intentionen Beethovens in dessen Orchestermusik und den
Interpretationen des Publikums.

Wagners Vermutung, Beethoven habe im engeren Sinne eine Tondichtung geschrieben, beruht somit zunächst darauf, daß er das Drama
nicht kannte, dem die Ouvertüre gilt. Das Mißverständnis lag aber
gewissermaßen in der Luft: Es ist nicht ausgeschlossen, daß Beethovens
Coriolan-Ouvertüre (seit 1808 mehrfach ebenso einzeln stehend
gedruckt, wie Beethoven sie 1807 erstmals einem Publikum präsentiert
hatte) auch schon die frühe Entwicklung einer eigenständigen Konzert-
ouvertüre wesentlich mitbestimmt hat; daß das Werk daraufhin die Fun-
damente der Symphonischen Dichtung abzusichern geholfen hat, belegt
Wagners Essay. Zumindest mittelfristig wurde *Coriolan* somit zu einem
Schlüsselwerk jener Gattung reiner Konzertmusik, die einen außermusikalischen Inhalt »in Tönen zu dichten« versucht – obgleich die Schlüsselstellung als solche auf historischem Irrtum beruht. Denn: Als Konzertou-
vertüre komponiert hat Beethoven letztlich kein einziges Werk – und es
fällt nicht schwer, auch *Coriolan* dabei einzubeziehen, ein Werk, für das
sich die enge Abstimmung auf die Bedürfnisse des Theaters freilich nur
dann enthüllt, wenn man weiß, auf welches Drama es bezogen ist.

12. Kapitel

Veränderte Dimensionen

Kammermusik um 1810

Das Umfeld

Kammermusik Beethovens um 1810: Wer davon spräche, daß es sich bei dieser um ein vernachlässigtes Feld der Beethoven-Rezeption handelte, läge sicherlich nicht richtig. Doch im größeren Kontext der Schaffens-biographie Beethovens finden sie keinen angemessenen Platz – keinen, der ihrer Eigenständigkeit Rechnung trägt. Einerseits: Sie sind nicht »heroisch«, und sie setzen sich in ihrer Musiksprache von den Kammer-musikwerken der präsumtiv »mittleren« Epoche ab. Andererseits: Sie sind auch noch nicht »Spätwerk«. Und man kann beide Aspekte auch zusammenfassen: Weder zeigen die Werke in ihrer Substanz einen Bezug zu den politischen Umwälzungen ihrer Zeit, noch lassen sie sich mit den (wenigen) rein biographischen Fakten in Verbindung bringen, die sich über Beethoven ermitteln lassen – in der Zeit zwischen der Vereinbarung der Jahresrente und der »Affäre« um die unsterbliche Geliebte. Was also geschieht in Werken, die in der Beethoven-Sicht so scheinbar unvermittelt, scheinbar als erratische Blöcke, neben den als so »heroisch« etikettierten Sinfonien Nr. 5 und 7 stehen, in der Zeit, in der die *Leonoren*-Arbeit ihre *Fidelio*-Zielstufe erreicht, ebenso in der Zeit der *Egmont*-Musik und des 5. Klavierkonzerts, dem im englischsprachigen Raum der Beiname »Emperor« anhaftet? Welche Andersartigkeit prägt jene Werke: die A-Dur-Cellosonate op. 69, die beiden Klaviertrios op. 70, die Streich-quartette op. 74 und 95, die Violinsonate op. 96, das *Erzherzog-Trio* op. 97? Keinesfalls lassen sie sich als eine »affirmative« Kunst bezeichnen – weder darin, daß sie den Rang von Gelegenheitswerken oder gar Nebensächlichkeiten hätten, noch darin, daß sie an den jeweils früheren Werken der jeweiligen Gattung so anknüpften, als sei nichts geschehen: an der Welt der *Kreutzer-Sonate*, der Klaviertrios op. 1, der Cellosonaten op. 5 und der *Rasumowsky-Quartette* op. 59. So weit diese Einschätzung Beethovenscher Lebensabschnitte verbreitet ist, kommt man doch nicht um die Feststellung herum, daß gerade in der Charakterisierung der »heroischen Phase« elementare Schwachpunkte liegen – einerseits bedingt dadurch, daß es vielleicht nicht die heroische Phase Beethovens war, sondern die seiner gesamten Umwelt, andererseits dadurch, daß es Werke gibt, die sich dieser Strömung dezidiert entziehen.

Beiden Grundströmungen hat man folglich gerecht zu werden. Beethoven selbst läßt ein Bewußtsein dafür erkennen, daß er in den Kammermusikwerken zu etwas Neuartigem gelangt sei, zu etwas aber, das in keinem Widerspruch zu anderen Werkkonzeptionen größerer Ausmaße steht, selbst wenn er diese auf einem anderen Fundament entwickelte. Es gibt sogar Anzeichen dafür, daß er dem in der Kammermusik erzielten Ergebnis anfänglich skeptisch gegenüberstand – nicht in künstlerischer Hinsicht, aber mit Blick auf die Nachvollziehbarkeit seiner Ideen durch ein Publikum. Man kann sich deshalb an das Spezifische dieser Kammermusik auch nur schrittweise annähern; erst allmählich lassen sich die Intentionen und Ergebnisse von Beethovens Vorgehen erkennen. Einen Anfang zu machen ist auch deshalb schwierig, weil es zunächst noch Kammermusikwerke gibt, die von jenen neuen Details unberührt bleiben – etwa die A-Dur-Cellosonate, die damit aber unbestritten den Rang einer exzeptionellen Beethoven-Solosonate innehat, gewissermaßen als apotheotische, brennpunktartige Bündelung dessen, wozu sein Gesamt-Stil in der Zeit der Fünften (1807/08) auch auf kammermusikalischem Sektor führen konnte.

Mit jenen Werken bewegt man sich auch auf eigenartige Weise aus dem gesellschaftlichen Kontext heraus, in dem Beethovens Widmungen bis dahin gesehen werden können. Die Cellosonate op. 69 widmete er Ignaz Freiherr von Gleichenstein, der, aus einer breisgauisch-vorderösterreichischen Adelsfamilie stammend, mit Beethoven wohl mindestens seit 1797 bekannt war und zu ihm daraufhin bei unterschiedlichen Gelegenheiten in engem Kontakt stand. Gleichenstein war ein Cello-Amateur; daß Beethoven ihm erst nach rund zehnjähriger Bekanntschaft (aber gerade in jener Zeit) die Cellosonate widmete, ist eigenartig. An sich könnte man dies auch auf andere, werkspezifische Weise erklären: Beethoven hatte ursprünglich beabsichtigt gehabt, Gleichenstein das 4. Klavierkonzert zu widmen, das schließlich die eindrucksvolle Reihe der Erzherzog-Rudolph-Dedikationen eröffnete; gewissermaßen als »Ausgleich« dafür überreichte Beethoven nun dem Cellisten Gleichenstein eine Cellosonate*. Beethoven hat Widmungsabsichten zwar immer wieder einmal umgestürzt (so daß zeitweilig die *Rasumowsky-Quartette* eine Lichnowsky-Widmung erhalten sollten); doch die Gleichenstein-Problematik setzte sich fort – darin, daß Beethoven nun Werke solchen Personen widmete, die er zuvor gut gekannt, aber nicht mit Widmungen bedacht hatte. Auch Marie Gräfin Erdödy tritt somit gerade auf dem Kammermusik-Sektor und ebenfalls erst jetzt als Widmungsempfängerin in Erscheinung (Trios op. 70); Beethoven war mit ihr seit etwa 1803 befreundet – eine Bekanntschaft zu der Familie, der sie seit ihrer Heirat 1796 angehörte, könnte auch über Haydn zustandegekommen sein, der dem Grafen László (Ladislaus) Erdödy seine Quartette op. 76 gewidmet hatte. Und das Streichquartett op. 95 widmete Beethoven dem Grafen Nikolaus Zmeskall von Domanovecz, Hofkonzipist in der ungarischen Hofkanzlei, der ebenfalls ein kundiger Cellist war und ebenfalls in Kontakt zu Haydns Kammermusikschaffen gesehen werden kann (durch die Widmung der 1800/01 erschienenen Wiener Ausgabe der schon älteren Streichquartette op. 32); bereits vor der Jahrhundertwende war dieser für Beethoven in Briefanreden ein »bester Z.!«, »mein wohlfeilster Baron« und der »Musikgraf«*. 1802 adressiert Beethoven an ihn eine seiner Scherzkompositionen (»Graf, Graf, liebster Graf« WoO 101), doch wiederum: erst mit der Dedikation jenes Streichquartetts aus dem Sommer 1810 wird Zmeskall in den Kreis Beethovenscher Widmungsempfänger einbezogen.

Kammermusik-Widmungen haben für Beethoven aber auch eigene Traditionen; somit ist aus einer ganz anderen Richtung erklärlich, daß sich auch Franz Joseph von Lobkowitz in jenem engeren Kammermusik-Kreis findet (Streichquartett op. 74). Und eine besondere Rolle spielte seit 1808/09 Erzherzog Rudolph; daß unter den Schlüsselwerken, die Beethoven gerade ihm widmete, auch Kammermusikalisches ist (sowohl mit der Violinsonate op. 96 als auch mit dem langfristig nach ihm benannten *Erzherzog-Trio*), ist somit nichts weniger als erstaunlich. Somit ergibt sich aus den Widmungen an diese beiden Persönlichkeiten nur scheinbar eine Unschärfe für jenen eigenartigen Kammermusik-Kontext – denn Beethoven dedizierte Rudolph und Lobkowitz auch Werke ganz anderer Dimensionen. Mit ihnen hingegen erfaßt man zunächst das Triumvirat, das Beethovens Jahresrente zu garantieren versuchte: Vom 5. Klavierkonzert ausgehend (Erzherzog Rudolph) läßt sich ein Bogen über die Sinfonien Nr. 5 und 6 (Lobkowitz, gemeinsam mit Rasumowsky) bis hin zur C-Dur-Messe op. 86 schlagen (Ferdinand Kinsky).

Sicher: Die Widmungen sind nur ein minimaler Aspekt in der

Geschichte jener Werke, und gerade diejenige der Messe zeigt, wie wechselvoll auch deren Vorgeschichten sein konnten – entstanden für Nikolaus von Esterházy, plante Beethoven zunächst eine Widmung an Zmeskall und bezog schließlich auch noch Napoleon in seine Überlegungen ein. Dennoch zeigen sie eine besondere Verankerung Beethovens in seiner Umwelt: Einerseits war Beethoven intensiv an dem Gedanken gelegen, etwa seinem langjährigen Vertrauten Zmeskall ein Werk zu widmen; andererseits zieht er letztlich Kinsky für die Messe vor und bringt dann Zmeskalls Namen mit dem Streichquartett in Verbindung. Der Prozeß sieht für Gleichenstein nicht viel anders aus.

Doch im Ertrag zeigt sich ein Außen und ein Innen. Beethoven versuchte, monumentalere Werke wirkungsvoll zu plazieren: bei seinen drei wichtigsten Förderern oder bei herausragenden Personen des öffentlichen Lebens (in diesem Fall jeweils gescheitert: Esterházy, Napoleon, dieser vielleicht als Schwiegersohn des Kaisers). Aus diesem Kreis hat Beethoven Personen wie Zmeskall und Gleichenstein ganz direkt ausgespart; somit zeigt sich neben dieser offizielleren Seite eine Tendenz, langjährigen Freunden mit intimeren Werken entgegenzukommen. Sowohl dem »offizielleren« als auch dem »intimeren« Bereich lassen sich schließlich die Widmungen an Lobkowitz und Rudolph zuordnen, ebenso die an Rasumowsky.

Die Frage, ob sich Persönliches auch noch im Musikalischen zeigt, sollte man angesichts dieser Situation nicht stellen; dafür scheinen die Kompositionsarbeiten allzu wenig mit der Person, die später das jeweilige Werk dediziert bekam, verknüpft zu sein. Ob Zmeskall also deshalb als Widmungsempfänger des f-Moll-Streichquartetts op. 95 in Frage kam, weil er von »Hintergründen« dieses Werks gewußt habe (man spekuliert über einen Zusammenhang mit gescheiterten Heiratsabsichten der Wiener Arzttochter Therese Malfatti und Beethovens), ist daher doppelt zweifelhaft – sowohl in der Zuordnung an Zmeskall als auch ohnehin in derjenigen an Malfatti. Intuitive Beweisführungen der Nachwelt können auf diesem Sektor die Notwendigkeit einer dokumentengestützten nicht ersetzen. Vielmehr zeigt sich, daß jener intimere Zug, das Arbeiten mit kleinen Besetzungen und das Auskalkulieren von Werken für virtuose Spieler, die in einen bis ins kleinste Detail obligat durchgearbeiteten Dialog treten, für Beethoven mindestens ebenso wichtig war wie die »heroische« Seite, der man in Werken größerer Besetzung begegnet. Somit scheint an jenen Werken nicht die Planung für bestimmte Personen das Entscheidende gewesen zu sein; allenfalls zeigen die Widmungen, daß es in jener Phase zweierlei Interessen Beethovens und zweierlei Interessen an Beethoven gab, von denen die massiveren Folgen (also die in den »heroischen« Werken) die »intimeren« überdecken – das liegt gewissermaßen in der Natur der Sache. Spricht man also davon, daß für die »Drei-Phasen-Lehre« der Beethovenschen Biographie im Anfangsbereich eine Korrektur unumgänglich ist, weil die Bonner Zeit und die Wiener Anfänge nicht über einen Kamm geschoren werden können, so zeigt die Kammermusik der Zeit um 1810, daß auch hier in den kompositorischen Intentionen Beethovens eine »Phase« für sich angenommen werden müßte (keinesfalls aber eine Bruchzone) – wenn man dies nicht zum Anlaß nimmt, sich vom Phasen-Modell überhaupt zu lösen und die Entwicklung viel eher als eine kontinuierliche zu akzeptieren, die auch auf den Ebenen der unterschiedlichen Gattungen unterschiedlichen Gesetzen der Fortbewegung folgt. Die »intimen«, »privaten« Züge bilden folglich ein Kontinuum für die Betrachtung der Werke aus den folgenden Jahren.

Das Geistertrio

Das Exzeptionelle der Beethovenschen Kammermusik jener Zeit ist schon früh konstatiert worden. 1813 widmete sich Ernst Theodor Amadeus Hoffmann in einer besonders ausführlichen Rezension den beiden Klaviertrios op. 70, und er knüpfte an seine Beobachtungen über das Romantische in der 5. Sinfonie an, indem er nun konstatierte*: »Diese beyden herrlichen Trios beweisen aufs Neue, wie B[eethoven] den romantischen Geist der Musik tief im Gemüthe trägt und mit welcher hohen Genialität, mit welcher Besonnenheit, er damit seine Werke belebt.« Und er rekurriert auf seine Feststellung, daß Beethoven »Vocal-Musik, die den Charakter des unbestimmten Sehnens nicht zulasse, sondern nur durch Worte bestimmte Affecte [...] darstelle, weniger gelänge, und seine Instrumental-Musik von der Menge nicht begriffen würde«. Für die Kammermusikwerke jener Zeit insgesamt ist dieser Bruch zwischen dem ideal romantischen, unbestimmten Sehnen und den Rezeptionsproblemen vielleicht längerfristig noch stärker wirksam gewesen als für die Orchesterwerke der Zeit, die man immerhin als heroisch empfinden konnte. Daß Hoffmann nochmals auch die Besonnenheit hervorhebt, mit der Beethoven jene romantischen Mittel einsetze, zeigt (ebenso wie für die Fünfte), daß auch in jenen Kammermusikwerken »Romantik« nicht allein aus dem Gefühl des Kompositions-Augenblicks zustandekommen könne, sondern letztlich nur aufgrund einer überlegten kompositorischen Disposition.

Die Nachwelt akzeptierte den Terminus »romantisch« vielleicht am ehesten für das erste der Trios, das *Geistertrio*. Als Ursache für diesen Titel gelten die Verhältnisse, die im Musizieren der drei Instrumente in den ersten Takten des langsamen Satzes entstehen – ein eigenartig hohler Klang. Doch die Gründe mögen auch noch tiefer liegen. Der Tradition folgend, wählt Beethoven für ihn eine andere Tonart als für den vorausgegangenen ersten Satz, der in D-Dur steht; doch zunächst ist offen, auf welche Tonart Beethovens Überlegungen abzielen. Das Tempo des Satzes ist sehr langsam (»Largo assai ed espressivo«) und gibt Beethoven die Möglichkeit, die Unbestimmtheit noch besonders auszubreiten. Violine und Cello beginnen; Beethoven läßt sie in Oktaven beide die gleiche Musik spielen und zwingt den Spielern in diesem langsamen Tempo auch eine spezifisch langsame Bogenführung auf: Ihre erste, nur drei Töne umfassende Phrase haben sie auf einen Bogenstrich zu spielen (Notenbeispiel 18). Von diesen drei Tönen sagen die ersten beiden noch nichts Genaues über die Satz-Grundtonart aus: D und A spiegeln noch den Grundton und die Quinte des D-Dur wider, das man im vorausgehenden Satz erlebt hat. Dann erst gelangen die beiden Streicher zu einem klärenden F, das aus der Melodieführung heraus jene d-Moll-Klanglichkeit klarstellt, die in ihrem »dämonischen« Gehalt etwa auch die Schlüsselszenen von Mozarts *Don Giovanni* prägt und damit den »Geister«-Charakter bereits per se heraufbeschwören kann. Doch so einfach läßt Beethoven seine Hörer nicht davonkommen; zwar sind der nun anschließende erste Klaviertakt und die nachfolgende zweite Streicherphrase eindeutig in jenem d-Moll gehalten, doch dann schon gibt Beethoven diese Klangwelt anscheinend auf. Die zweite Streicher-Linie läuft im vierten Takt in einem As aus, und diese frühe Entfernung vom tonartlichen Zentrum des Satzes kündigt sich zuvor durch nichts an; das Erstaunen bewirkt folglich eine besondere Spannung: Worauf wird die Arbeit mit jenen so unglaublich langsamen Streicher-Impulsen hinauslaufen?

Am erstaunlichsten mag dabei sein, wohin Beethoven mit der vierten Streicher-Linie gelangt: zurück in die Satz-Grundtonart d-Moll. Von hinten her betrachtet, ist die Konstruktion konsequent, denn diese vierte Phrase löst eine einfache Moll-Kadenz aus. Dem d-Moll-Ziel geht dabei ein A-Dur-Dominantklang voraus; und vor diesen setzen die Streicher mit jener vierten Phrase ein Es und ein B, die sich als Es-Dur-Repräsen-

tanten interpretieren lassen. Es-Dur an dieser Stelle ist etwas Traditionelles: Auf dieselbe Weise konnten schon Komponisten der neapolitanischen Oper einen Dur-Klang, der einen Halbton über dem Moll-Grundton (D) steht, in eine Kadenzwendung einbringen und dieser damit eine charakteristische Färbung geben (somit baut Beethoven auf den Traditionen des »neapolitanischen Sextakkords« auf). So klärt Beethoven im Nachhinein, was er mit jenen Es-Dur-Tönen der Streicher meint. Doch man hört nicht rückwärts; und somit ist entscheidender, daß dieser Es-Klang in seiner spezifischen Wirkung durch nichts vorbereitet wird, denn Beethoven hatte zuvor im Klavier F-Dur erreicht, und die Moll-Welt schien überwunden zu sein. Der gesamte Satzbeginn läßt sich somit an sich als eine weitgespannte d-Moll-Kadenz interpretieren: Beethoven geht von d-Moll aus und kehrt dorthin zurück. Doch den konkreten »Kadenz«-Verlauf gestaltet er nach eigenen harmonischen Gesetzen aus. Arbeitet Beethoven in diesen Moll-Strukturen also eine Art »neue Harmonielehre« heraus?

Vor diesem Hintergrund könnte es scheinen, daß die Stimmen lediglich »irgendetwas« spielen, um jenen harmonischen Verlauf zum Erklingen zu bringen. Doch Beethoven stellt klar, daß die motivischen Fragmente tatsächlich für ihn noch den signalhaften Rang von »thematischem Material« haben können. Nach einer gleichlangen Fortsetzung (also nach nochmals dem gleichen Zeitraum, den diese einleitenden acht Takte einnehmen), kommt er auf die Anfangsmotivik zurück; nun liegt das vormalige Streicherthema allein im Cello, und die Violine setzt die Zwischen-Floskeln hinzu, die zuvor vom Klavier gespielt worden sind. Für dieses aber schärft Beethoven die Akkordrepetitionen aus dem Baßpart der Eröffnungstakte: Der Pianist spielt in beiden Händen eine Flimmerbewegung in 64tel-Sextolen, für die schon E. T. A. Hoffmann klare spieltechnische Vorstellungen entwickelte: »Werden nämlich diese Sextolen, mit aufgehobenen Dämpfern und dem Pianozug, mit geschickter, leichter Hand gespielt, so entsteht ein Säuseln, das an Aeolsharfe und Harmonica erinnert, und, mit den Bogentönen [= den gestrichenen Tönen] der übrigen Instrumente vereinigt, von ganz wunderbarer Wirkung ist.« Hoffmann sah darin also die Intention verwirklicht, den Klavierklang nach dem Anschlagen permanent weiterschweben zu lassen, also das instrumententypische Verklingen der Saiten zu überwinden; dieses zeigte also, daß Beethoven auf breiterem Fundament an einer neuen Klangstruktur arbeitete: nicht nur im Bereich der Klangfolgen, sondern auch der Klang-Präsenz. Die »Urgründe« des Verfahrens bleiben jedoch noch verborgen – gewissermaßen kann man nur Symptome diagnostizieren, ohne ihr Zustandekommen zu erklären.

Auch die beiden übrigen Sätze bewirken keine grundsätzliche Klärung, bestätigen aber aus ihrer Klangwelt heraus immer wieder, daß irgendetwas Besonders geschehen sei. In der D-Dur-Eröffnung des ersten Satzes spielen beide Streichinstrumente und das Klavier ein fortissimo-Motiv in vier verschiedenen Oktavlagen (der Pianist schließt zwischen die Parts, die er mit seinen beiden Händen spielt, die beiden Parts der Streicher ein); unerwartet bricht die D-Dur-Linie dann auf einem gemeinsamen F ab. Dieses F wird vom Geiger und vom Pianisten nur kurz angerissen, vom Cellisten allerdings lange ausgehalten – so lange, bis sich ihm der Pianist mit einem B anschließt, so daß die Klangwelt als B-Dur geklärt zu sein scheint. Doch schon mit dem nächsten Ton schließt der Cellist – als sei kein F und kein B dagewesen – ein fortströmendes D-Dur-Thema an. Der kritische Punkt in diesem Prozeß ist das Cello-F, das aus dem vorausgegangenen Unisono gewissermaßen nachschwingt, auf »mißratenem« Tonartfundament eine Art Restklang der vorigen Gemeinsamkeit der Instrumente bietet und damit neue klangliche Prämissen setzt (damit hätte man also neuerlich die Frage einer eigenen »Beethovenschen« Harmonielehre erreicht). Und setzt man den Beginn des dritten Satzes noch hinzu, der im vierten Takt, gleichermaßen von D-Dur ausgehend, nicht in F-Dur zu einem überraschenden Stillstand kommt, sondern in Fis-Dur, erweist sich Beethovens Vorgehen sogar als diskursiv: Im einen D-Dur-Satz geht er eine kleine Terz aufwärts, im anderen eine große Terz; und dazwischen steht jener eigenartige, »geisterhafte« d-Moll-Satz.

Gibt es für Beethoven also tatsächlich eine neue, aus den spezifischen Klang-Gegebenheiten abgeleitete Behandlung der Instrumente, in deren Zentrum eine eigene »Harmonielehre« zu stehen scheint? Die etwas jüngeren Kammermusikwerke geben auf diese Frage, die vom *Geistertrio* ausgeht, erste Antworten.

Harfen-Quartett

Drei bis vier Jahre kompositorischer Entwicklung in Beethovens Leben sind in keinem Fall eine »quantité négligeable« – drei bis vier Jahre etwa trennen die 1. und die 3. Sinfonie voneinander. Vielleicht vor dem Hintergrund dessen, daß man 3. und 5. Sinfonie (1803; 1807/08) in einem engen Zusammenhang sieht, ebenso das 4. und 5. Klavierkonzert (1805/06; 1809), liegt die innere Geschlossenheit jener »mittleren Periode« in Beethovens Leben nahe. Doch zwischen den *Rasumowsky-Quartetten* und dem nächsten Streichquartett, dem *Harfenquartett* op. 74, liegt (wenn überhaupt meßbar) ein größerer Unterschied als zwischen den beiden etwa zeitgleich entstandenen Klavierkonzerten – letztlich auch auf den Ebenen, die sich im *Geistertrio* als neuartig feststellen lassen.

Den Namen »Harfen«-Quartett verdankt das Werk den auffälligen pizzicato-Abschnitten. Man begegnet ihnen im ersten Satz, kurz nachdem die langsame Einleitung den Allegro-Hauptteil freigesetzt und das Hauptthema in diesem erstmals kadenziert hat. Die beiden Violinen tragen Achtelrepetitionen zum Satz bei; sie garantieren damit dessen harmonischen Fortgang. Unter deren Klang-Haube entfaltet sich eine Thematik, zu der die Viola und das Violoncello abwechselnd jeweils zwei gezupfte Töne beisteuern; Zweifel sind berechtigt, ob man einen Unterschied zwischen den Bratschen- und den Cellotönen hören kann – und soll. Vielmehr verschmelzen die Beiträge beider Instrumente zu einer einzigen Linie. Diese Verschmelzung ist noch eher nach Ende jener kurzen Bratsche-Cello-Passage garantiert, denn dann wechseln die Aufgaben: Die Achtelrepetitionen werden nun – als Satzfundament – von den beiden tieferen Stimmen übernommen, und das Abwechseln der beiden Violinen kann, da es sich um baugleiche Instrumente handelt, noch einheitlicher wirken. Einen Schritt weiter geht Beethoven dann kurz vor dem Einsatz der Reprise: Nun entwickelt er eine »zusammenhängende« pizzicato-Linie aus dem Klang dreier Instrumente, denn diese geht jeweils vom Cello aus und führt über die Bratsche bis in den Part der zweiten Violine; die erste Violine hält dagegen taktelang Doppelgriff-Klänge aus. Und die dritte Steigerungsstufe erreicht man in der Coda: Für die erste Violine schreibt Beethoven eine virtuose Sechzehntelbewegung, die an Bachsche Violinsoli oder Vivaldische Violinkonzerte zu erinnern scheint; zunächst entsteht der Eindruck jener durchgehenden pizzicato-Linie wieder synthetisch aus Beiträgen von Violoncello, Viola und zweiter Violine, dann löst Beethoven allmählich die beiden letzteren aus ihr heraus und entwickelt mit ihnen eine Art Fugato, während das Cello an der Zupf-Linie nun allein festhält (und die erste Violine ihre »barocke« Sechzehntelkette fortspinnt).

Grundlage dieser Verhältnisse, die offenkundig nach einem Steigerungsprinzip angelegt sind, ist zunächst neuerlich das Reflektieren über besondere instrumentale Möglichkeiten: Der Eindruck eines dichten, »obligaten« Satzes, in den Beethoven die vier einzelnen Instrumente des Streichquartetts schon in den sechs Werken op. 18 zusammengeführt hat (vgl. S. 103), erhöht sich, je weniger man deren klangliche Unterschiede wahrnehmen kann; und tatsächlich nivelliert die typische Dumpfheit des Klangs, die beim Zupfen eines Streichinstruments entsteht, deren bautechnisch bedingte Klangunterschiede. Das Maximum ist folglich ein Nebeneinander von einer Violine, einer Viola und einem Violoncello; über die erste Geige kann Beethoven dann noch frei verfügen. Er behandelt sie als Klangkonstante – einerseits darin, daß sie mit ihrem Musizieren die letzten noch verbliebenen Klangunterschiede der gezupften Instrumente vergessen macht und so die Illusion einer ungebrochenen pizzicato-Linie noch psychologisch unterstützt, andererseits darin, daß sie für die gezupften Einzeltöne einen harmonischen Kontext beisteuert. Damit tut Beethoven zunächst einmal einen wesentlichen neuen Schritt auf dem Gebiet dessen, den Instrumentenklang kompositorisch auszuschöpfen – ohnehin nicht als Selbstzweck und auch nicht nur als Grundlage kompositorischer Ablauf-Planungen wie in früheren Werken (etwa auch in den *Rasumowsky-Quartetten*, wie dies im Scherzo des e-Moll-Quartetts zu beobachten ist; vgl. S. 219).

Diese »Harfen«-Klänge fügt Beethoven in eigenartige, exotisch wirkende Harmoniefolgen ein, die darin letztlich auch an jene »d-Moll-Kadenz« zu Beginn des *Geistertrios* erinnern und in dieser Form in den *Rasumowsky-Quartetten* noch nicht denkbar wären. Dennoch können sie hier viel eher auf momentane Akkord-Einfärbungen zurückgeführt werden, als daß sie den Eindruck einer »neuen Harmonielehre« stützten. Liegt es folglich an der Moll-Stimmung im Mittelsatz des *Geistertrio*, daß dieser Eindruck sich überhaupt derart massiv ergibt? Auch in den Ecksätzen des Trios bewirken die F-Dur- und Fis-Dur-Schlüsse nur Punktuelles; erhalten Moll-Welten in jenen »neuen« Kammermusikwerken für Beethoven eine besondere Dimension?

Nur wenig klarer werden Beethovens harmonische Absichten in der langsamen Einleitung zum ersten Satz des *Harfenquartetts*. Eine langsame Einleitung hat auch das dritte der *Rasumowsky-Quartette*, die man in einer gewissen Beziehung zur langsamen Einleitung von Mozarts *Dissonanzen-Quartett* (KV 465) sieht. Dissonanzenreich sind die Introduktionen beider Quartette Beethovens tatsächlich; der entscheidende Unterschied liegt aber letztlich darin, daß Beethoven im dritten *Rasumowsky-Quartett* die Dissonanzen zumindest irgendwann und irgendwie auflöst: Er verzögert sie, verschleiert sie auch und führt sie nach Gesetzen herbei, die satztechnisch als unkonventionell erscheinen (also im Kompositionsunterricht nur als »Fehler« gelten könnten). Doch in der Einleitung des *Harfen-Quartetts* geht Beethoven so weit, daß er dem Hörer bisweilen auch die Auflösung schuldig bleibt. Er erschwert ihm bereits den Einstieg in das Werk: Die erste Linie der vier Instrumente, an sich völlig unbelastet von derartigen Problemen, endet auf einem schlichten Es-Dur-Septakkord, der nach As-Dur aufgelöst werden müßte; doch Beethoven läßt die Instrumente mit einer getreuen Wiederholung jener Eröffnung einsetzen, also neuerlich in der Grundtonart Es-Dur – man könnte den Eindruck gewinnen, den Spielern sei der erste Anfang nicht gelungen und sie begönnen schlichtweg ein zweites Mal. Oder, im weiteren Verlauf der Introduktion: Nach einem ersten markanten, knappen forte-Akkord aller Instrumente setzen, fast zögerlich, Bratsche und erste Violine neu ein; die beiden anderen Instrumente treten dann scheinbar ohne Rücksicht darauf hinzu, was die beiden ersteren gespielt haben.

Dies ist nichts wesentlich anderes als das, was schon seine frühesten Quartette kennzeichnet: Der Hörer interpretiert sich auch »regelwidrige«

Konstruktionen Beethovens zurecht. Hier aber tritt ein neuer Aspekt hinzu: Beethoven scheint ohne Rücksicht auf den melodischen Gehalt zu operieren; melodische Aspekte laufen dezidiert ins Leere. Er stellt die Harmonik in den Vordergrund und löst sie – über dieses im Großen »Anti-Melodische« hinaus – noch auf unkonventionelle Weise, indem er Prämissen in die Komposition einbringt, die zunächst undurchschaubar wirken, die er aber auf eine im nachhinein plausible Weise klärt.

Damit freilich berührt man einen eigenartigen Punkt der Beethovenschen Biographie: Dieser hochdifferenzierte Umgang mit dem Klang der Instrumente und mit harmonischen Fortschreitungen gewinnt in einer Zeit besondere Dynamik, in der Beethovens äußeres Hörvermögen bereits außerordentlich weitgehend geschädigt gewesen sein muß; 1814 etwa vermißte Ignaz Moscheles in Beethovens Spiel Reinheit und Präzision[*]. Das Ausbalancieren extremer, nur psychologisch faßbarer Nuancen der Klangwelt (wieviel läßt sich ein Hörer gefallen, was übersteigt sein Interpretationsvermögen?) war nicht von Beethovens physischem Hörvermögen abhängig. Und ist es nicht verständlich, daß er dies gerade in kammermusikalischen Werken ausbalanciert? In sinfonischen Besetzungen wäre stets noch vorab zu klären, ob die erforderliche Klarheit des Klangs überhaupt erzielt werden kann. Somit erweist sich das so andersartige kompositorische Operieren Beethovens in der Kammermusik jener Zeit (gegenüber der Orchester- und auch Vokalmusik) als etwas primär Gattungsbedingtes, selbst wenn die Ursachen und Grundstrukturen zunächst weiterhin verschwommen bleiben. Überhöhungen, daß sich dahinter eine »persönlichere« Aussage verberge als hinter den übrigen Werken, wären also kaum sachgerecht.

Quartetto serioso

Nur unwesentlich über Prinzipien der Trios op. 70 (und des *Harfen-Quartetts*) geht das *Erzherzog-Trio* op. 97 hinaus. Grundelemente dessen, was in jenen Werken neu zu sein scheint, findet man hier wieder: in den Anfangstakten des ersten Satzes etwa das Nachschwingen des Cellos aus einem Tutti-Akkord heraus oder wenig später (nachdem die Streicher die Anfangsthematik des Klaviers übernommen haben) einen Abschnitt in besonders geschärfter Harmonik, der ohne melodische Qualitäten auszukommen scheint. Demgegenüber aber sprengt das etwa gleichaltrige[*] *Quartetto serioso* f-Moll op. 95 den zuvor gesteckten Rahmen nachhaltig;

vielleicht ermöglichten die homogeneren Satzverhältnisse des Streichquartetts es Beethoven eher, seine klanglichen Experimente fortzuführen
(zumal in einem Moll-Werk), als wenn sie sich in einer Kombination von
Streichinstrumenten und einem Klavier ergeben sollten.

Das Quartett beginnt mit einer unisono-Umspielung des Grundtons,
und etwas ähnlich Einfaches setzt dies fort (nach einer Pause, die fast
ebenso lang ist wie die unisono-Umspielung): Die erste Violine spielt in
drei verschiedenen Oktaven den Ton C; aus dem Musizieren der übrigen
Instrumente heraus ergibt sich damit ein mehrfacher Wechsel zwischen
der Tonika f-Moll und der Dominante C-Dur, auf der dieses Teilglied
abbricht. Dieses C bietet somit eine klare Information an den Hörer:
Beethoven wird nach F zurückkehren; auf diesen Vordersatz, der von der
Tonika zur Dominante führt, hat ein Nachsatz zu folgen, der die Tonika
reetabliert. Doch Beethoven läßt den Hörer außerordentlich lange warten, bis er die Tonika wieder erreicht (mit einer Variierung des unisono-
Themas vom Werkanfang). Bis dahin operiert Beethoven mit seiner
eigenartig freien Harmonik und verzichtet neuerlich weitgehend auf
motivische Konturierung. Aus den harmonischen Verhältnissen entsteht
dabei ein besonderer Eindruck von Labilität; Beethoven bildet damit
einen Kontrast zu der Schroffheit und Profiliertheit des Anfangs.

Damit, daß dieser Eindruck des Labilen von vornherein klargestellt ist,
lernt man auch Problematischeres zu akzeptieren, das den Hörer im
weiteren Werkverlauf erwartet. Auf jenen Wiedereinsatz der Anfangsmotivik folgt zunächst noch (wenn auch nach außerordentlich kurzer
Zeit) der in ruhigen Triolen gehaltene Des-Dur-Seitensatz, von der Bratsche eingeführt; doch in diesem Des-Dur-Kontext bricht dann, ausgehend von einem unter der Hand zustandegekommenen unisono-As,
plötzlich eine A-Dur-Tonleiter los, die nach D-Dur zu münden scheint,
aber über eine Halbtonrückung ein »rettendes« Es wiederfindet, von dem
aus Beethoven über As- nach Des-Dur zurückgelangen kann. Zwei
schroffe, elementar die Klangwelt verletzende Sekundrückungen also,
die eine von As zur A-Dur-Leiter, die andere von deren D-Fortführung
nach Es; Beethovens Quartett aber geht über beide so leichtfüßig hinweg,
daß man jene A-Dur-/D-Dur-Welt als ebenso essentielle Bestandteile
seines f-Moll-Satzes ansehen kann wie das Des-Dur des Seitenthemas,
das mit f-Moll tatsächlich klangverwandt ist.

Manches davon erinnert an den Mittelsatz des *Geistertrios*: Auch dort
wirkt sich die »neue« Harmonik in einem in sich geschlossenen Abschnitt
aus (der also in der gleichen Tonart endet, in der er auch begonnen hat);

ebenso scheinen die A-Dur-/D-Dur-Einsprengsel des *Quartetto serioso* keinen Einfluß darauf zu haben, ob Beethoven im gleichen Des-Dur schließen kann, von dem er mit dem Seitenthema ausgegangen ist, oder nicht. Und ebenso wie im *Geistertrio* sich erst im nachhinein ergibt, wie plausibel Beethovens Konstruktion ist, wirkt auch im *Quartetto serioso* der A-Dur-/D-Dur-Schock nicht lange, sondern kann am Schluß sogar als ein organischer Bestandteil dieser Klangwelt erscheinen. Beiden Fällen ist also gemeinsam, daß man, wie erwähnt, nicht rückwärts hört, Beethoven die musikalischen Prozesse aber auf ein Ziel hin, das er vor Augen hat, »rückwärts« anlegen kann; beide Fälle gleichen einander darin, daß »schockartig« eingesetzte Dur-Klänge aus Halbton-Beziehungen hergeleitet werden und daß sich diese Konstellationen in Moll-Sätzen ergeben (wenn auch unter unterschiedlichen Detailbedingungen).

So sonderbar Beethovens neue Harmonik also in ihrer Konstruktion zu sein scheint, so plausibel wirkt sie beim Hören. Sie hat weitreichende Folgen, aus denen auch die innere Syntax von Beethovens Musik neu geregelt wird; so erhält das Quartett seine atemberaubende Knappheit. Das e-Moll-*Rasumowsky-Quartett* etwa hat einen ersten Satz mit 255 Takten Länge (die Wiederholungen von erster und zweiter Satzhälfte noch nicht eingerechnet); das f-Moll-Quartett bringt es im ersten Satz (der zudem in keinem Abschnitt zu wiederholen ist) gerade auf 151 Takte. Die Schärfung der Harmonik bewirkt also auch eine Verkürzung der musikalischen Prozesse, und zwar vor allem in traditionellen Überleitungsabschnitten. Daß man auf diese verzichten könne, weil sich deren tonartlich-formale Funktion ebensogut aus einem schlichten Uminterpretieren der Klangverhältnisse ergeben kann, deutet sich schon in der *Appassionata* an (vgl. S. 172; ebenfalls in f-Moll!).

Besondere tonartliche Konstruktionen prägen auch die weiteren Sätze, die aber einen anderen harmonischen Zug betonen: In ihnen geht Beethoven eher besonderen Terzverhältnissen nach. Der zweite Satz tritt der f-Moll-Grundtonart in D-Dur gegenüber; der dritte Satz, wieder in f-Moll, enthält als Mittelteil (in der Position eines Scherzo-Trios) neuerlich einen D-Dur-Satz. Zwischen der Grundtonart f-Moll und D-Dur (das ja auch die Tonsprache des ersten Satzes erfaßt) scheinen somit für dieses Werk Grundprinzipien der neuen harmonischen Sprache Beethovens festzumachen zu sein; daß sie im letzten Satz fehlen und dieser eine F-Dur-Coda erhält, mag weniger mit der formalen Ungeübtheit Beethovens mit derart tiefgehenden Moll-Stimmungen zusammenhängen[*] als damit, daß das f-Moll-Werk nicht in D-Dur enden kann, sondern (wenn schon in Dur) allenfalls in F. Auch dieses besondere Terzverhältnis ergibt sich in Beethovens Komponieren aber nicht urplötzlich, sondern es hat eine Vorgeschichte. In der *Waldstein-Sonate* etwa stehen Haupt- und Seitenthema in C-Dur und E-Dur; bis Beethoven mit jenem Großterz-Verhältnis f-Moll/D-Dur wie im *Quartetto serioso* arbeiten konnte, mußte er folglich nur noch die Bereitschaft entwickeln, in diesem Großterz-Schritt auch das Tongeschlecht zu wechseln. Doch gegenüber der Konstruktion der *Waldstein-Sonate* ergeben sich damit wesentliche hörpsychologische Konsequenzen.

Dies läßt sich daran verdeutlichen, wie man den Übergang des ersten Satzes in den zweiten erleben kann: den plötzlichen Übergang von einem f-Moll-Schluß zu einem D-Dur-Beginn. D-Dur und f-Moll haben in ihren Tonleitern lediglich einen gemeinsamen Ton: G. Ferner berühren sie sich in einem weiteren: In f-Moll klingt Des ähnlich wie Cis in D-Dur. Die beiden Tonarten in einem Verwandtschaftsverhältnis zu sehen ist also vorderhand zumindest fragwürdig. Eher entsteht ein spezifisches Spannungsverhältnis; in diesem büßt das D-Dur in f-Moll seinen Glanz ein, andererseits auch das f-Moll aus jenem D-Dur heraus seine Finsternis. All diesen Spannungs-Aspekten geht Beethoven aber in den Anfangstakten der Komposition nach: Nachdem der erste Satz »formgemäß« in f-Moll geendet hat, eröffnet das Cello den zweiten Satz allein – beginnend mit einem einzelnen D. Man wird Schwierigkeiten haben, diesen ersten Ton einzuordnen; klarer erscheinen die Verhältnisse dann für den nächsten Ton, Cis – doch man wird es aus dem Kontext des Vorigen heraus als Des interpretieren, als Ton der f-Moll-Tonleiter. Das Cello führt die beiden Töne aber unbeirrt in einer abwärtsgerichteten Tonleiter fort: über H, A und G zum Fis. Allmählich hat man sich in D-Dur eingehört; dann folgt mit einem Gis eine geringfügige Irritation, und deren Gewicht wird dadurch noch vergrößert, daß Beethoven mit dem Eintreten der übrigen Instrumente ein klares g-Moll erreicht (T. 7). Damit übernehmen die zwei Töne, die in beiden Tonleitern zumindest gleich klingen, eine Schlüsselfunktion für die Satzverknüpfung.

Somit ist der zweite Satz auch beileibe kein glanzvoller D-Dur-Satz, sondern ein melancholisch-chromatisch ausschweifender – der noch eine besondere tonartliche Facette ermöglicht: Nach einem Drittel des Satzes kehrt die Anfangsmotivik des Cellos wieder, allerdings in As-Dur. Das ist die Durparallele der Werk-Grundtonart f-Moll, womit zu dieser ein konkreter Bezug hergestellt ist; doch von der Satz-Grundtonart D-Dur ist As-Dur über ein akustisch allenfalls fiktives Verwandtschafts-Intervall entfernt: um eine verminderte Quinte, die mathematische Hälfte einer

Oktave. Um den Weg dorthin zurückzulegen, kann Beethoven auf jene Chromatik nicht verzichten; deren melancholische Wirkung ergibt sich also erst mittelbar aus der Vorentscheidung, diese gegensätzlichen Tonartbereiche einander in einem einzigen Satz gegenüberzustellen. Ebenso wie die Satzverknüpfung und wie das Errichten der Halbtonverhältnisse erfordert dies ein Auskalkulieren musikalischer Möglichkeiten an der Grenze des Machbaren – eben die »Besonnenheit« Beethovens, die Hoffmann für die Trios op. 70 erwähnt. Daß jene Chromatik zugleich Ausdruck einer eher vordergründigen biographischen Situation sei (des abgewiesenen Malfatti-Heiratsantrags), ist somit höchst unwahrscheinlich.

Beethoven versieht das Quartett mit dem Titelzusatz »serioso«. Es ist damit nicht einfach nur ein ernstes Werk (»quartetto serio«), ein Terminus, der für ein f-Moll-Werk fast einer Tautologie gleichkäme; vielmehr ist es obendrein ein ernstgemeintes, gewichtiges und verschlossenes Werk – Bedeutungsfacetten, die das mittellateinische »seriosus« ebenso wie das französische »sérieux« einschließen. Beethoven kommt im Werkverlauf auf den Begriff zurück: Der dritte Satz ist »Allegro assai vivace ma serioso« überschrieben, womit er der Vorschrift »Allegro« zwei zusätzliche Adjektive beigibt und gegeneinander gewichtet: »Ziemlich lebendig« (»assai vivace«) soll der Satz schon sein, aber den »serioso«-Charakter wahren. Die erste Vorschrift bliebe unklar, wenn man sich allzusehr auf den Terminus »ernst« festlegte (neben diesem hätte »vivace« keinen Platz); die zweite Vorschrift allerdings vernachlässigte man, wenn man das Werk lediglich als ein normales Moll-Stück hinnähme und den dritten Satz als dessen Scherzo verstünde: Die D-Dur-Einfärbung des f-Moll, die auch diesen Satz erfaßt (im Verhältnis von Haupt- und Mittelteil), ist nicht Pointe im Scherzo-Sinn, sondern originärer Bestandteil der Grammatik. Anders etwa das e-Moll-Quartett op. 59 Nr. 2: Sein dritter Satz, wieder in der Grundtonart stehend, erhält einen E-Dur-Mittelteil – mit dem »Thème russe«; das Quartett ist ein typischer Moll-Bestandteil einer umfassenderen Gruppe von Werken, und die Dur-Facette wird mit dem russischen Thema zur Pointe überhöht. Somit erscheint auch das »serioso« des Werktitels als Vorsichtsmaßnahme Beethovens: Die sonderbaren tonartlichen Konstruktionen ziehen kein »Quartetto scherzando« nach sich.

War Beethoven sich mit diesen Neu-Erschließungen des musikalisch Machbaren selbst zu schnell gewesen? Beethovens nächstjüngere Kammermusikwerke, die nach 1810 (Streichquartett op. 95) und 1811 (Klaviertrio op. 97) entstanden, sind die Violinsonate op. 96 und ein schlichter

Klaviertriosatz (WoO 39, 1812/13), daraufhin die beiden Cellosonaten op. 102 (1815), eine Streichquintett-Fuge und die Streichquintett-Version des Klaviertrios op. 1 Nr. 3 (beide 1817), bis Beethoven dann erst 1823/24 die Arbeit am Streichquartett op. 127 aufnimmt, des ersten der »späten«. Als so brüchig erschien die Fortentwicklung Beethovens auf dem kammermusikalischen Gesamtsektor bis dahin noch nie. Auch in anderen Gattungen bewegt sich Beethoven binnen kurzem in eine wenig schöpferische Phase: etwa nach den Sinfonien Nr. 7 und 8 aus dem Jahr 1812, denen erst zehn Jahre später die Arbeit an der Neunten folgt. Man muß sich aber fragen, auf welcher Ebene etwas wie das f-Moll-Streichquartett als wiederholbar erschiene; hätte nicht jedes Werk, das in dieser komplexen, ausdrucksgeladenen Harmonik konzipiert worden wäre, zu einer Musiksprache und zu einer formalen Konzeption führen müssen, die diesem so ähnlich gewesen wäre, daß es als zweite Version eines Geniestreichs hätte verblassen müssen? Andererseits waren diese Konzeptionen offenbar nicht auf größere (also sinfonische) Besetzungen übertragbar. Dieses könnte eine erste »innere« Erklärung für den Eindruck einer partiellen Krisensituation in Beethovens Oeuvre sein, die sich in der Folgezeit anscheinend ergab – und die sich dann offenbar am ehesten aus der kleinsten Besetzung heraus überwinden ließ: aus der Klaviersonate.

Somit übernehmen die Kammermusikwerke der Zeit um 1810 eine Schlüsselfunktion für Beethovens Schaffensbiographie: In ihnen lotet er fundamental Neues aus, ohne daß er die damit erreichte Musiksprache auch als eine verallgemeinerbare »Grammatik« hätte formulieren können; und eben darin sind sie weder Teil der mutmaßlichen »mittleren« noch Teil der mutmaßlichen »späten« Periode in Beethovens Schaffen, sondern Etappe eines wesentlich differenzierteren Entwicklungsgangs, der um 1810 zudem durchaus auch andere Stränge einschloß. Daß Beethoven aber vielleicht selbst noch nicht recht wußte, worauf diese in seiner Kammermusik losgetretene Entwicklung hinauslaufen könnte, zeigt sich an einer Bemerkung Beethovens über das f-Moll-Quartett, die in einem Brief an Sir George Smart enthalten ist[*]: »This quartet is written for a small circle of connoisseurs and is never to be performed in public.« Damit, daß Beethoven es so direkt aus der allgemeinen Konzertpraxis herausgehalten wissen wollte (selbst wenn er in Wien eine Schuppanzigh-Aufführung ermöglichte), werden auch seine Widmungsintentionen klarer: Derart durch und durch »private« Werke hat er zunächst lange Zeit zurückgehalten (zwischen Entstehung und Druck des *Quartetto serioso* liegen sechs Jahre) und dann nur engen Vertrauten gewidmet.

13. Kapitel

Teplitz 1812

Goethe, Brentano und zwei Sinfonien

Am 6. Juni 1810 schrieb Goethe an die 25jährige Bettina Brentano*:
»Sage Beethoven das Herzlichste von mir, und daß ich gern Opfer
bringen würde, um seine persönliche Bekanntschaft zu haben, wo denn
ein Austausch von Gedanken und Empfindungen gewiß den schönsten
Vorteil brächte, vielleicht vermagst Du so viel über ihn, daß er sich zu
einer Reise nach Karlsbad bestimmen läßt, wo ich doch beinah jedes Jahr
hinkomme und die beste Muße haben würde, von ihm zu hören und zu
lernen; ihn belehren zu wollen, wäre wohl selbst von Einsichtigern als ich
Frevel, da ihm sein Genie vorleuchtet und ihm oft wie durch einen Blitz
Hellung gibt, wo wir im Dunkel sitzen und kaum ahnen, von welcher
Seite der Tag anbrechen würde.«

Der Brief wurde erstmals 1835 in *Goethes Briefwechsel mit einem Kinde*
gedruckt; Bettina war weit davon entfernt, ihren Briefwechsel mit Goethe in einer wissenschaftlichen Edition vorzulegen, und sie hat den Brief-
bestand dementsprechend verändert – dadurch, daß sie Briefe neu zusam-
mensetzte (oder mindestens redigierte) und neue Briefe dazuerfand.
Auch jener Brief gehört zu denen, für die man mindestens mit einer
Überarbeitung rechnen muß; dennoch ist denkbar, daß die Begegnung
zwischen Beethoven und Goethe auf Initiative Goethes und durch Vermittlung Bettinas zustandekam. Bettina war kurz zuvor nach Wien
gereist und hatte Beethoven dort kennengelernt.

Das Kapitel »Beethoven-Brentano« im weiteren Sinne ist jedoch
bereits von dem Moment an stoffreich und vielfarbig, in dem Beethoven
– noch in Bonn – das Gedicht *Feuerfarb* von Sophie Mereau vertont hat.
Diese wurde 1803 durch ihre Heirat mit Clemens Brentano Bettinas
Schwägerin; man gelangt damit an einen ersten wichtigen Berührungs-

punkt zwischen Beethoven und der Romantik (zumindest: der literarischen). Außerdem spielt die Geschichte der Familie Brentano streckenweise auch in Wien: Halbbruder von Clemens und Bettina (aus erster Ehe des Vaters) war Franz Brentano, der Erbe des Frankfurter Kaufmannsbetriebs; er war seit 1798 mit Antonie Birkenstock aus Wien verheiratet, und als deren Vater 1809 im Sterben lag, reiste diese Familie vom Main an die Donau. Bis 1812 blieb sie dort, und zu ihnen stieß dort auch Bettina; das Vaterhaus ihrer Schwägerin beschreibt sie so*: »Zu Wien wohnten wir im Hause des verstorbenen Birkenstocks, mitten zwischen 20000 Kupferstichen, 27000 Handzeichnungen, so viel hundert Aschenkrügen und hetrurischen Lampen, marmornen Vasen, antiken Händen und sonstigen Gliedern, vielen Bildern, unter andern ein Raphael, an: Del Sarto, Dürer pp – alten chinesischen Kleidern; Münzen, Steinsammlung Meerinsekte Ferngläser, unzählbare Landkarten, Plane alter längst versunkner Städte, Stöcke sehr künstlich ausgeschnitzt, und endlich das Schwert vom Kaiser Carolus, welches ihm die Stadt Augsburg zum Präsent gemacht, dies alles lag bunt um uns her, wurde grad in Ordnung gebracht [...].« Auch Beethoven kannte dieses Ambiente; die engen Beziehungen, die sich zwischen Franz Brentanos Familie und Beethoven ergaben, spiegeln sich zunächst darin, daß er 1812 der erst zehnjährigen Tochter Maximiliane einen einfachen Klaviertrio-Satz (WoO 39) widmete – »zu ihrer Aufmunterung im Klavierspielen«, wie die Dedikation auf dem Autograph lautet.

Tatsächlich kam es (somit wohl auf Bettinas Vermittlung hin) zu einer Begegnung zwischen Goethe und Beethoven, die seit jeher als Gipfeltreffen deutschen Geistes dargestellt wird – 1812, zwar nicht in Karlsbad, aber im nahen Teplitz. Und: Beethoven ging in Teplitz nicht nur dem gesellschaftlichen Leben nach, sondern er komponierte dort (sowie in den benachbarten Zeitabschnitten) unter anderem die 7. und 8. Sinfonie.

In den böhmischen Bädern

Üblicherweise nahm Beethoven teil an der Wanderungsbewegung, die sich im Sommer von Wien aus aufs Land ergab. Manchmal war das Ziel nicht weit entfernt; ein Ort wie Heiligenstadt (sein Aufenthaltsort auch im Sommer 1802) gehört heute zum Wiener Stadtgebiet. Manchmal war das Reiseziel auch ein entlegenerer Winkel des habsburgischen Kaiserreichs – 1806 etwa der Lichnowsky-Stammsitz Grätz in Oberschlesien.

1811 und 1812 sind die böhmischen Bäder das Reiseziel – schwerpunkt-
haft Teplitz, aber 1812 ebenso (gewissermaßen außerhalb des Kurbe-
triebs, auf Kurzreisen von dort) Karlsbad und Franzensbad, jene drei
berühmten Heilbäder auf der tschechischen Südseite des Erzgebirges
(heute Teplice im Osten, südlich Dresden, Karlovy Vary südlich Chemnitz und Zwickau sowie Františkovy Lázně bei Eger, im Nordwestzipfel
der Tschechischen Republik). Die Urlaubsvorstellungen höherer Gesell-
schaftsschichten wurden an jenen Orten bestens erfüllt, sei es auf dem
Gebiet der gesundheitlichen Vorsorge (oder der Heilung), sei es in gesell-
schaftlicher Hinsicht. Die Attraktivität wirkte sich nach den beiden Seiten des Gebirges in gleicher Weise auch auf größere Entfernungen aus; die
böhmischen Bäder waren somit Ziel von Thüringern, Sachsen und Preußen ebenso wie für Wiener und Prager.

Im Jahr 1811 war Beethoven dort nur relativ kurz: Erst Anfang August
brach er aus Wien auf, schon am 18. September trat er die Rückreise an. In
Teplitz traf er damals unter anderem den Fürsten Kinsky, ebenso den
Dichter Christoph August von Tiedge, aus dessen Gedicht *Urania* er
bereits 1805 einen Ausschnitt vertont hatte (»Die du so gern in heilgen
Nächten feierst« op. 32); um 1813 skizzierte Beethoven aus dem gleichen
Gedicht »Ob ein Gott sei« (veröffentlicht als op. 94, wie op. 32 unter dem
Titel *An die Hoffnung*). Ferner begegnete er Karl Varnhagen von Ense und
stand in engem Kontakt zu der Berliner Sängerin Amalie Sebald. Sein
Aufenthalt 1812 währte länger: Diesmal verließ er Wien schon Ende Juni,
machte ein paar Tage Station in Prag und erreichte Teplitz am 5. Juli.
Wohl erst Ende September verließ Beethoven Böhmen; in den ersten
Oktobertagen hielt er sich dann in Linz bei seinem Bruder auf. Doch er
verbrachte nicht die gesamte Zeit in Teplitz; fast den ganzen August hielt
er sich in Franzensbad auf und machte auf Hin- und Rückreise jeweils eine
Woche Station in Karlsbad.

Die Gesamtsituation in den böhmischen Bädern stand 1812 unter
einem anderen Stern als 1811: Da man sich dort ohnehin aus allen Richtungen traf, lag es nahe, auch die politische Situation intensiv zu diskutie-
ren. Napoleon begann am 24. Juni mit dem Übergang über den Njemen,
den russischen Memel-Oberlauf, seinen schicksalhaften Rußlandfeldzug.
In jenem Sommer nun war die kaiserliche Familie in Teplitz, ebenso der
sächsische König und der Großherzog von Sachsen-Weimar; aus Beethovens traditionellem Bekanntenkreis weilte dort etwa auch Karl von
Lichnowsky, und Begegnungen waren mit Achim von Arnim, seit 1811
mit Bettina Brentano verheiratet, und deren Bruder Clemens Brentano,

Karl von Savigny oder neuerlich Karl Varnhagen von Ense möglich. Neben diesen zentralen Gestalten deutscher Romantik war aber auch Goethe anwesend*.

Die unsterbliche Geliebte

Beethovens Reise nach Teplitz stand von vornherein im Zusammenhang mit der Reise der Familie Franz Brentanos von Wien nach Karlsbad. In Prag versuchte Beethoven erfolglos, die Familie zu treffen; dort trennten sich beider Wege. Am Tag nach seiner Ankunft in Teplitz muß es gewesen sein, daß Beethoven seinen berühmten Brief schrieb, der mit den Worten »Mein Engel, mein alles, mein Ich« beginnt, der »mit Blejstift (mit deinem)« geschrieben wird und dessen Adressatin – in Anlehnung an eine punktuelle Anrede Beethovens – üblicherweise als »Die unsterbliche Geliebte« bezeichnet wird. Um diesen Brief* (und dementsprechend um die Adressatin) gab es lange Zeit erhebliche Rätsel, die durch die Forschungen Maynard Solomons als fürs erste gelöst gelten dürfen. Als Absendeort steht Teplitz fest: Alle kalendarisch-geographischen Angaben, die Beethoven in dem Brief leistet, lassen sich schlüssig auf sein Eintreffen in Teplitz beziehen (von den Problemen auf dem Reiseweg dorthin über die Umstände der Ankunft selbst bis hin zur Angabe der Posttage, an denen Beethoven Briefe absenden wollte). Als Zielort des Briefes steht Karlsbad praktisch fest: Beethoven kürzt den Ortsnamen ab (»K.«), und der Ort muß für damalige Begriffe zwei Tagereisen von Teplitz entfernt sein; hierfür kommt praktisch kein anderer Ort in Frage, der ja zudem eine entsprechende touristische Bedeutung gehabt haben müßte, damit Beethoven dort überhaupt jemanden kannte. Schließlich ist denkbar, daß der Vorname der Frau mit A oder T begann; mit beiden Initialen hat Beethoven in jener Zeit (oder etwas später) offenbar eine (oder zwei) Geliebte bezeichnet. Beide Initialen passen aber auf Antonie (»Toni«) Brentano – die zudem gerade in jener Zeit von Prag nach »K.« gereist war. Die Wahrscheinlichkeit, daß irgendein Faktor in diesem Gebäude nicht stimmt, ist gering; allenfalls die Zuordnung der Initialen könnte eine minimale Fehlerquote bergen.

Die eigentliche Frage ist nun, welche Schlüsse man aus dem Ergebnis zu ziehen hat. Daß Beethoven seinen Brief ernst meinte, wird man annehmen dürfen – daß er, wie für das »Heiligenstädter Testament« erwähnt, in eine *Werther*-Sprache zu verfallen scheint, mag situations- und zeitbedingt sein. Daß er der Adressatin auch Lappalien mitteilt wie

Antonie Brentano.
Ölbild von Joseph Stieler

die Posttage (von denen sich dann im Laufe des Briefes herausstellt, daß Beethoven auf dem Post-Anschlagszettel die Sonderregelungen für den sommerlichen Kurbetrieb nicht gelesen hat, mit denen ihm ein täglicher Postabgang sicher war), scheint zu unterstreichen, daß es sich um etwas ernsthaft Briefartiges (nicht also um etwas Literarisches) handelt. Beethoven stellt fest: »Kann unsre Liebe anders bestehn als durch Aufopferungen, durch nicht alles verlangen, Kannst du es ändern, daß du nicht ganz mein, ich nicht ganz dein bin – Ach Gott blick in die schöne Natur und beruhige dein Gemüth über das müßende [...]« Die Berechtigung dieser Sätze ergibt sich daraus, daß Antonie Brentano (wenn sie denn tatsächlich die Adressatin war) verheiratet war; doch es ist praktisch ausgeschlossen, daß Beethovens Formulierungen nur von ebenso unsterblicher wie unglücklicher Liebe geprägt sind.

Nicht vergessen darf man, daß auch allgemeine Rahmenbedingungen bedrückend auf ihn gewirkt haben können. Eine Beziehung im vollen Bewußtsein, daß »du nicht ganz mein, ich nicht ganz dein bin«, könnte zuvor in Wien durchaus zwischen beiden gepflegt worden sein; auch traf Beethoven die Brentanos um den Monatswechsel Juli/August in Karlsbad. Doch weitere Begegnungen sind nicht dokumentiert – sondern viel eher, daß der Wien-Aufenthalt der Brentanos 1812 unwiderruflich endete. Somit ist »das müßende«, von dem Beethoven spricht, wohl kaum eine gesellschaftliche Konvention gewesen, an die beide sich gebunden fühlen mußten, sondern viel eher etwas außerordentlich Konkretes: ein bevorstehender Abschied, mit dem sich wohl kaum Hoffnung auf ein Wiedersehen verband.

Die Kontakte bestanden immerhin auch aus der Entfernung weiter. Dies ergibt sich daraus, daß Beethoven mit Antonie und Franz Brentano weiterhin in Briefwechsel stand (er schrieb an die »Verehrteste Freundin«, und Franz ist »Mein verehrter Freund«); welche Herzlichkeit das Verhältnis zur ganzen Familie prägte, zeigt sich aus folgender Formulierung (an Antonie, 1816)*: »Ich wünsche Ihnen und Franz alles innigste Erdenglück mit den Seelen verbunden und umarme alle Ihre lieben Kinder in Gedanken und wünsche, daß sie dies wissen mögen.« 1821 widmete er der mittlerweile knapp 20jährigen Maximiliane die Klaviersonate op. 109, 1823 dann Antonie selbst die *Diabelli-Variationen* – die 33 Variationen über einen Walzer des Musikverlegers Antonio Diabelli, den dieser einer Reihe von Komponisten sandte (von Johann Nepomuk Hummel über Schubert bis hin zum jungen Liszt), damit diese je eine Variation als Beiträge zu einem *Vaterländischen Künstlerverein* schrieben.

Nebenbei: Daß Beethoven sich von einem solchen Thema nicht nur zu einer Variation, sondern zu einem ganzen Zyklus anregen ließ, setzt die im Umgang mit dem *Eroica*-Thema erkennbaren Tendenzen direkt fort. Es mag zwar verständlich sein, daß das Interesse an Beethoven alle Bereiche seines Lebens erfaßt, so schlecht sie auch dokumentiert sein mögen. Dennoch, nüchtern betrachtet: Nur Beethovens musikhistorische Stellung macht die Geschichte der »unsterblichen Geliebten« interessant; ohne Beethovens Wirken als Komponist wäre die Affäre längst vergessen. Die Folgen, die die Beethoven-Biographik aus ihr ziehen kann (falls die Identitätsklärung stimmt), ergeben sich primär im Zusammenhang mit den Widmungen an die Brentanos: Eigenartigerweise ist die Verbindung der Familie zu Beethoven auf dieser Ebene erst 1812 mit jenem Klaviertriosatz dokumentiert; außerdem konnten die Kontakte anschließend auch über große Distanz aufrechterhalten werden. Doch üblicherweise bleiben Konsequenzen, die man ziehen möchte, nicht auf diesen Rahmen beschränkt; man versucht, aus solchen Dokumenten ein Persönlichkeitsbild gewissermaßen neben dem künstlerischen Schaffen zu entwickeln.

Erstaunlicherweise erfolgt die Annäherung an einen Künstler dabei zunächst über Wunschvorstellungen an eine bürgerlich geregelte Existenz; man erwartet ein »normales« Leben, in dem sich ebenso mutmaßlich Vorbildhaftes ergebe wie im Werk. Passen Einzelfacetten nicht in das Wunschbild, stellt man prompt Differenzen zwischen der Vorbildhaftigkeit des Werks und den Lebensumständen fest, und dieses Spannungsverhältnis konstituiert dann einen spezifischen Diskussionsbedarf. Doch, genauer betrachtet: Dieses Spannungsverhältnis wirkt sich nicht nur (oder: nicht primär) in jener historischen Gestalt aus, sondern zunächst (und vielleicht noch stärker) im Verhältnis der Nachwelt zu ihr. Insofern sagt die Diskussion um die »unsterbliche Geliebte« eher auch etwas über die Nachwelt aus: über die Gedanken, die man sich darum macht, weshalb Beethoven unverheiratet blieb. In Beethovens Biographie ist die Affäre nur ein kleines Mosaiksteinchen. Es ist freilich bedauerlich, daß Beethovens Biographie der Nachwelt eher zugeknöpft entgegentrit, und es ist verständlich, daß man die wenigen Fakten, die man in Händen hält, so weitgehend wie möglich ausschöpft. Die Bedeutung dieser Fakten wird dadurch aber nicht größer – weder angesichts dessen, daß sie überhaupt dokumentiert sind, noch eben durch das Ausmaß ihrer Diskussion.

Etwas anders stehen die Dinge um einen weiteren Aspekt, der Beethovens Lebensumstände wenig später zu prägen begann: anscheinend maßgeblicher und zudem für deutlich längere Zeit. Am 15. November 1815 starb Beethovens Bruder (Caspar) Carl; er hinterließ Frau und Kind, Johanna und den neunjährigen Karl. In einem Zeitalter ohne juristische Gleichstellung von Mann und Frau konnte zweifelhaft erscheinen, ob Johanna van Beethoven mit der weiteren Erziehung ihres Sohnes betraut werden könne (immerhin war die Lage aber so unklar, daß eine juristische Stellungnahme herbeigeführt werden mußte – die Rechtsverhältnisse ließen nicht von vornherein die Interessen der Mutter außer acht). Somit war für die Frage auch von Belang, welche Regelung der sterbende Vater in seinem Testament vorgesehen hatte. Am Tag vor seinem Tode setzte dieser fest, daß seine Frau und sein Bruder Ludwig die Vormundschaft gemeinsam ausüben sollten; doch der Bruder wollte die Aufgabe nicht mit seiner Schwägerin (und schon gar nicht mit dieser) teilen. Die Vormundschaft wurde daraufhin zunächst Johanna zugesprochen, in zweiter Linie auch ihrem Schwager; dieser focht die Entscheidung an und erreichte, daß er am 9. Januar 1816 zum alleinigen Vormund bestellt wurde. Beethoven überwies Karl daraufhin in ein Wiener Internat, das dieser bis 1818 besuchte – bis Beethoven ihn zu sich nach Hause nahm. Im Herbst des gleichen Jahres versuchte nun Johanna van Beethoven, die Vormundschaft über ihren Sohn wiederzugewinnen; auch diesmal scheiterte sie damit, sah sich in ihrer Position aber dadurch bestärkt (und zu einem neuerlichen Vorgehen veranlaßt), daß der mittlerweile zwölfjährige Karl Anfang Dezember bei Beethoven ausriß und zu seiner Mutter floh. Neuerlich befaßte sich das »Landrecht«, ein Gericht für die Angelegenheiten des Adels, mit der Angelegenheit; im Verlauf der Verhandlungen stellte sich zunächst heraus, daß das Gericht für Beethoven gar nicht zuständig war, weil er kein Adelspatent vorweisen konnte (das niederländische »van Beethoven« ist rechtlich ja nicht mit »von Beethoven« identisch), und daher wurden die Verhandlungen an den Wiener Magistrat überwiesen. Dieser urteilte am 11. Januar 1819; Beethoven wurde die Vormundschaft aberkannt, und Johanna van Beethoven hatte sich auf die Suche nach einem Dritten als Vormund zu machen. Dies wiederum akzeptierte Beethoven nicht; zunächst griff er im Laufe des Sommers in die Vormundschaftsverhältnisse ein, und nach zunächst erfolglosen Versuchen kam es um den Jahreswechsel 1819/20 zu einem neuerlichen

Gerichtsverfahren, das diesmal zu Beethovens Gunsten entschieden wurde. Auch Johannas Versuche, beim Kaiser eine Aufhebung der Entscheidung zu erwirken, blieben erfolglos. Daraufhin trat eine Phase relativer Stabilität ein: Karl besuchte das Erziehungsinstitut des Wiener Pädagogen Karl Blöchlinger, später die Universität und das Polytechnikum; wie labil die Situation war, zeigt sich darin, daß Karl van Beethoven schließlich im Sommer 1826 einen Selbstmordversuch unternahm, den er allerdings überlebte. Am 2. Januar 1827, knapp ein Vierteljahr vor Beethovens Tod, trennten sich endlich die Wege von Onkel und Neffe: Karl ging zum Militär.

Auch dies ist eine Episode in Beethovens Leben, deren Bewertung von den Wunschvorstellungen an die geregelt-vorbildliche bürgerliche Existenz eines Künstlers nicht unerfaßt bleibt. Hier nun sollte man sich intensiv in die Verhältnisse der Zeit hineindenken, ehe man beispielsweise Rückschlüsse auf das Ausmaß von Beethovens Hartnäckigkeit zieht. Was also steckt dahinter, wenn der unverheiratete Beethoven nicht nur sich eine Vaterrolle für Karl aneignen wollte, sondern diese auch noch (mit nur mäßigem Erfolg) auszufüllen versuchte?

Beethoven hielt sich nach dem Tod seines Bruders für Karls rechtmäßigen Vater. Er operierte mit Überlegungen zur Blutsverwandtschaft und stellte fest, daß er der nächste Verwandte seines Bruders sei; der genetisch nächstliegende Gedanke, daß eine engere Verwandtschaft zwischen seinem Neffen und dessen Mutter bestehe, lag ihm völlig fern. Doch das war nicht allein Beethovens Problem; immerhin gab es ja Gerichte, die ihn in seinem Verhalten bestätigten. Und immerhin hatte die erste Prozeß-Etappe ja ihm rechtgegeben – zwar in der Berufungsinstanz, die Beethoven wohl nur aus Abneigung gegen seine Schwägerin angerufen hatte, aber daraufhin war eine eindeutige Klärung erreicht. Beethovens Idee muß also in der Rechtsauffassung der Zeit verankert gewesen sein. So verständlich es ist, daß die Mutter fortan um ihr Kind kämpfte, so konsequent an dieser Rechtsauffassung orientiert ist Beethovens Verhalten: Was ihm einmal von Gerichts wegen zugesprochen worden war, wollte er sich nicht wieder nehmen lassen. Somit wirft die Angelegenheit als solche nur Licht auf ein Zeitphänomen: Ein Waisenrecht, das Gedanken der Kinderpsychologie noch weitestgehend außer acht ließ, mußte an den Interessen eines Kindes vorbeigehen. Und Beethovens Beharrungsvermögen gilt nicht einer bloßen Idee (so verschroben sie seiner Nachwelt erscheinen mag), sondern äußert sich etwas sehr Konkretem gegenüber: seinem Anfang 1816 verbrieften Recht.

Daß es um Beethovens pädagogische Fähigkeiten nicht zum besten stand, braucht nicht zu verwundern: Von Kindererziehung mag er kaum mehr Ahnung gehabt haben als von dem, was er an sich selbst erfahren hatte, und schon der Wunsch, es besser zu machen, hätte nur fatale Folgen haben können. Und daß Karls Beziehung zu seiner Mutter enger war als zu seinem Onkel (1818 floh er zu ihr), ist nicht weiter erstaunlich. Doch wiederum: Erst eine Sensibilität für kindliche Psyche kann zu diesen Feststellungen führen. Die Gesellschaft der Zeit aber hat die fatalen Folgen zumindest billigend in Kauf genommen. Es ist also nicht einmal eine Verteidigung Beethovens, wenn man sagt, daß er an diesen Folgen nur eine Teilschuld getragen hat; viel eher zeigt sich, daß eine Schuld-Suche auf dieser Ebene an den Denkweisen der Zeit völlig vorbeizielt.

Wiederum hat man also zu fragen, welchen Stellenwert die Affäre tatsächlich für die Biographie Beethovens haben kann. Besonders schwer wiegt somit, daß sein Anspruch, das gesetzte Programm erfüllen zu wollen (und die Probleme damit, es nicht erfüllen zu können), Zeit und Kräfte gekostet haben muß. Folgen für die Persönlichkeits-Einschätzung Beethovens bleiben weithin aus; allenfalls ist ein Beharrungsvermögen auf dem ihm zugesprochenen Recht erkennbar, ansonsten aber nur, daß die Denkstrukturen, denen dieses Recht folgte, so schwer nachzuvollziehen sind. Im Prinzip liegen die Probleme der Nachwelt also darin, daß sie in ihren Betrachtungen Beethoven aus seiner Zeit herauslöst; ein Bewußtsein für Begleitumstände relativiert hingegen vieles. Auf dieser Ebene treffen sich folglich die »Affäre um den Neffen Karl« und die Geschichte der »unsterblichen Geliebten« – die im Sommer 1812 eben nicht zufällig eskalierte.

Goethe

Goethes Name erscheint 1812 in der Teplitzer Gästeliste am 15. Juli; vier Tage später trafen sich Beethoven und er erstmals und von da an für rund eine Woche täglich. Äußerer Anlaß der Begegnung zwischen beiden war Beethovens Komposition der *Egmont*-Musik; diese hatte Beethoven dem Dichter im Frühjahr 1811 übersandt, und sie steht auch im Kern dessen, weshalb Bettina von Arnim (seit jenem Frühjahr verheiratet) Goethe eine Begegnung mit Beethoven längerfristig schmackhaft zu machen versucht. »Ich weiß: es drängt sich alles an Dich, jeder will Dir nah gewesen seyn, jeder sucht sich zu beweisen durch die Ehrfurcht, die er vor Dir hegt, mit leerer Brust gehen sie umher und schallen Deinen Nahmen – ich will keinen verderben, den Du Freund nennst, aber Beethoven ist keiner von diesen! er ist unbefangen, und reichen Seegen hat er durch Dich, mit allen Kräften einer freien Natur hat er Dich aufgefaßt, er ist ein lebendiger Zeuge deiner Herrlichkeit«, schrieb sie am 11. Mai 1811 an ihn*.

Die Begegnungen gelten nicht nur als Gipfeltreffen deutschen Geistes; auch in deren Zusammenhang wird man anscheinend fündig, wenn man Charakterzügen Beethovens nachzuspüren versucht. Hauptquelle hierbei ist ein Brief, den Beethoven angeblich im August 1812 an Bettina von Arnim schrieb*: »Wir begegneten gestern auf dem Heimwege der ganzen kaiserlichen Familie. Wir sahen sie von weitem kommen, und der Goethe machte sich von meiner Seite los, um sich an die Seite zu stellen; ich mochte sagen was ich wollte, ich konnte ihn keinen Schritt weiter bringen; ich drückte meinen Hut auf den Kopf, knöpfte meinen Oberrock zu, und ging mit untergeschlagenen Armen mitten durch den dicksten Haufen. – Fürsten und Schranzen haben Spalier gemacht, der Erzherzog Rudolph hat den Hut abgezogen, die Frau Kaiserin hat gegrüßt zuerst. – Die Herrschaften kennen mich. – Ich sah zu meinem wahren Spaß die Procession an Goethe vorbei defiliren. Er stand mit abgezogenem Hute tief gebückt an der Seite.«

Beethoven und Goethe, die beiden Klassiker, verhalten sich diesem Brieftext zufolge (dessen Echtheit allerdings nicht verbürgt ist) diametral gegensätzlich: sie, für die eine einheitliche Epochenbezeichnung gewählt wird. Goethe, eingebunden in eine Hofhierarchie, bricht aus dieser nicht aus; Beethoven hingegen wird – in der Gegenposition, die er bezieht – häufig als Revolutionär oder Demokrat, als »klassisch« (oder eher: »romantisch«) frei schaffender Künstler gesehen. Nimmt man einmal an, die Begebenheit habe sich tatsächlich so zugetragen und sei tatsächlich von Beethoven festgehalten worden, so bliebe dennoch erstaunlich wenig Substantielles übrig. Selbst wenn die Verhaltensmuster beider Persönlichkeiten wirklich radikal unterschiedlich gewesen seien und beide durchaus unterschiedliche Auffassungen vom Status des Künstlers gehabt hätten, hätte Beethoven in der speziellen Situation, von der der Brief berichtet, auch auf anderer Ebene völlig anders dagestanden als Goethe: Mit dieser kaiserlichen Familie, mit diesem Erzherzog Rudolph als seinem Schüler, hatte er einen viel persönlicheren Umgang als andere; der Geheimrat Goethe wird nicht einmal mit seinem Weimarer Großherzog einen vergleichbar persönlichen Umgang gepflegt haben. Zudem: Die Hintergründe (wenn man das Geschehen denn verallgemeinern will) liegen bei Beethoven vermutlich auf einer anderen, unpolitischen Ebene – derjenigen eines individuellen Sendungsbewußtseins. Dieses absolut Undemokratische, freilich ebenso Unmonarchistische, letztlich also ausschließlich Egozentrische tritt in den Formulierungen dieses Briefes klar zutage (immer unter der Einschränkung, daß man Briefen an Bettina von Arnim so lange skeptisch begegnen muß, wie keiner sie im Original gesehen hat): »Könige und Fürsten können wohl Professoren machen und Geheimeräthe etc. und Titel und Ordensbänder umhängen, aber große Menschen können sie nicht machen, Geister, die über das Weltgeschmeiß hervorragen, das müssen sie wohl bleiben lassen zu machen, und damit muß man sie in Respect halten; wenn so zwei zusammen kommen, wie ich und der Goethe, da müssen auch große Herren merken, was bei unser Einem als groß gelten kann.«

Doch in diese Richtung zielte auch die Reaktion Goethes auf die Begegnung. An Carl Friedrich Zelter schrieb er am 2. September 1812 aus Karlsbad*: »Beethoven habe ich in Töplitz kennen gelernt. Sein Talent hat mich in Erstaunen gesetzt; allein er ist leider eine ganz ungebändigte Persönlichkeit, die zwar gar nicht unrecht hat, wenn sie die Welt detestabel findet, aber sie freilich dadurch weder für sich noch für andere genußreicher macht. Sehr zu entschuldigen ist er hingegen und sehr zu bedauern, da ihn sein Gehör verläßt, das vielleicht dem musikalischen Teil seines Wesens weniger als dem geselligen schadet. Er, der ohnehin lakonischer Natur ist, wird es nun doppelt durch diesen Mangel.« Misanthropie, gesteigert durch Schwerhörigkeit: Vielleicht erweist sich hier Goethe (zudem aus so knapper Distanz des Berichtens heraus) als der klarste, verläßlichste Beobachter Beethovens im nichtmusikalischen Bereich.

Siebte und Achte

Im Bereich des Kompositorischen hingegen brachte der Sommer 1812 die Vollendung der 7. Sinfonie; darauf folgte im Herbst in Linz der Abschluß der Achten. Auf den ersten Blick betrachtet, können die beiden Werke als etwas grundlegend weniger »Belastetes« erscheinen als die »schicksalgeladene« Fünfte und die programmatisch überhöhte Sechste; George Grove hat deshalb bemerkt, daß sich in der Siebten gegenüber den vorigen Sinfonien formal nichts grundlegend Neues ereigne und man in der Achten Beethoven in seinem Alltag erleben könne*. Und doch bieten die Sinfonien Aspekte, die zuvor nicht dagewesen sind – nicht in der Radikalität, in der Beethoven seiner komplex-kompakten Musiksprache in den Kammermusikwerken freien Lauf läßt (dies wäre, wie erwähnt, in einer so publikumsorientierten Gattung, zu deren Aufführung zudem ein stark besetztes Orchester vonnöten ist, kaum denkbar gewesen), aber in Details, die über die chronologische Stellung der Werke kaum Zweifel zulassen.

Derartige Aspekte findet man bereits in der Tonartordnung. Die Siebte steht in A-Dur; Beethovens Grund-Entscheidung scheint gewesen zu sein, aus jedem der Sätze besonders weitgehend einen anderen Stimmungsaspekt zu erschließen und jeden daher in eine andere Tonart zu stellen. Daher mußte sich Beethoven mit dem zweiten Satz möglichst nahe an der Grundtonart halten, letztlich um diese noch nicht mit dem dritten wieder erreichen zu müssen; zudem mußte das Verwandtschaftsverhältnis der Tonarten auch einen organischen Übergang vom dritten zum vierten Satz ermöglichen. Anscheinend stand für Beethoven aber fest, daß der dritte Satz, in der Menuett-/Scherzo-Position stehend, wieder im Dur-Bereich angesiedelt werden solle (diese Bestimmung setzte dann vier Jahre später Franz Schubert für seine B-Dur-Sinfonie Nr. 5 außer Kraft, in der der langsame zweite Satz in Es-Dur steht und von einem g-Moll-Menuett gefolgt wird). Die Tonart-Balance der Siebten stellt sich daher zunächst so dar, daß zwischen den A-Dur-Eckpfeilern ein langsamer Satz in a-Moll und ein Dreivierteltakt-Presto in F-Dur steht: Beethoven wechselt also vom ersten zum zweiten Satz lediglich nach Moll, wählt daraufhin die Durtonart auf der Unterterz F und legt den gleichen Weg in umgekehrter Richtung neuerlich zurück, um die Tonart des Schlußsatzes zu erreichen. Doch das ist erst der Anfang dessen, was auszubalancieren ist.

Im Inneren der Sätze denkt Beethoven das Terzen-Spiel fort, das er mit jenen groben Vorab-Bestimmungen angelegt hat. Das F-Dur-Presto erhält aus der Menuett-/Scherzo-Tradition heraus einen Trio-Mittelteil; ihn stellt Beethoven nach D-Dur und legt dieses Terzen-Verhältnis auch unüberhörbar offen: Am Schluß des F-Dur-Außenteils pendelt sich der Satz zwischen dem Grundton F und der Terz A allmählich auf letzterer ein; sie wird in den Streichern lang ausgehalten und schlägt die Brücke zum »Trio« – das A ist der gemeinsame Dreiklangston von F-Dur (Terz) und D-Dur (Quint). Und im Schlußsatz: Von der A-Dur-Grundtonart rückt das Seitenthema nach cis-Moll ab. Das Ausnutzen von Terzverwandtschaften kann zwar schon als Prinzip frühester Beethovenscher Musik gelten; doch derart umfassend legt Beethoven die Möglichkeiten, die er hat, in kaum einem anderen Werk dar. Ähnlich diskursiv behandelt er diese allerdings in den – ja nur mäßig experimentellen – Außensätzen des *Geistertrios*, womit nochmals klargestellt ist, daß das Terzen-Spiel ein viel universelleres Kunstmittel Beethovens gewesen ist als die Halbton-Beziehungen im Mittelsatz des Trios. Tonartliche Balance, zudem auf der Grundlage eines einzigen Intervallverhältnisses (Terz): Dies erscheint als ein neues, aber allgemein nutzbares Bindeglied eines Satzzyklus.

Traditionell besonderes Interesse beansprucht dabei der zweite Satz, der zudem aus Techniken entwickelt ist, die Beethoven offenbar besonders fesselten: aus denen der Variation. Eine Art Trauermarsch-Konstellation (als solcher im Frankreich des 19. Jahrhunderts sogar textiert, vgl. S. 238) wird zunächst in einfachster, fast nur auf Rhythmisches eingeengter Gestalt von den tiefen Streichern vorgestellt; erst beim zweiten Durchgang tritt in Bratschen und Celli ein »Thema« hinzu – also ähnlich wie in den *Eroica-Variationen*, in denen ein Introduktions-Weg vom Basso bis hin zum eigentlichen Thema beschritten wird. Der dritte Durchgang bewirkt eine Verdichtung des Streichersatzes, und erst für den vierten treten die Bläser ein. Dann läßt Beethoven das Thema fahren und schiebt eine Dur-Episode ein – die plötzlich in einer abwärtsgerichteten Triolen-Linie des Orchesters abbricht und der Wiederaufnahme des Anfangsthemas Raum gibt, nun allerdings in fugischer Verarbeitung. Noch einmal kommt Beethoven auf das Grundthema zurück, führt dieses aber nicht aus, sondern läßt nochmals die Episode eintreten; den Satzschluß bewirken dann die Schlußglieder des Themas – über die gesamte Partitur hinweg den verschiedensten Instrumentengruppen zugeteilt. Somit verschmelzen hier Instrumentierung und Variationenprinzip zu einer ähnlich »diskursiven« Verbindung, wie sich dies für die Tonartendisposition des gesamten Werks feststellen läßt; daß Beethoven dabei auch das Fugenprinzip in die Variationentechnik einbezieht, wird kaum verwundern.

Variationenzyklen brauchen ein Thema nicht restlos auszuschöpfen – jedenfalls kann sich dieser Eindruck für die Nachwelt ergeben. Und so war die Geschichte dieser »Variationen« mit Beethovens Satz noch nicht abgeschlossen: Robert Schumann griff das Thema auf, führte mit diesem in der Sprache seiner Zeit das Variationenprinzip fort und komponierte so um 1831/32, im Laufe seines Kompositionsunterrichts beim Leipziger Opernkapellmeister Heinrich Dorn, *Etuden in Form freier Variationen über ein Beethoven'sches Thema* – über das Thema aus dem zweiten Satz der Siebten. Es hielt ihn daraufhin ähnlich im Griff, wie Beethoven (wohl unbewußter) sich über Jahre hinweg mit dem *Eroica*-Thema auseinandersetzte, das auf ein Werk Carl Philipp Emanuel Bachs zurückgeht: 1833 wurden die *Etuden* für Clara Wiecks Kompositionsunterricht umgestaltet und erweitert, 1835 dann als *Exercices* abgeschlossen (und erst 1976 veröffentlicht). In der Wirkungsgeschichte dieses Satzes ist Schumanns Ansatz allerdings bereits an sich erstaunlich: Daß die Komposition Beethovens dem Variationenprinzip huldige, wird schon von seinen Zeitgenossen nicht angemerkt; viel eher läßt man es bei Hinweisen darauf bewenden, wie phänomenal Beethoven die Besetzung an- und abschwellen läßt*: »So wie diese im Anfange so einfachen Massen zum Kolosse sich aufgethürmt haben, und, man darf wirklich sagen, furchtbar hervorgetreten sind: eben so lösen sie sich allmählig wieder auf, eben so verhallen sie auch wieder nach und nach [...].« War Beethovens Variationstechnik für seine Umwelt immer weniger wahrnehmbar? Auch die Neunte leistet einen Beitrag zu dieser Einschätzung (vgl. S. 390).

Und die traditionelle Sonatensatzform wird von Beethovens Instrumentationskunst ebenso erfaßt; dies läßt sich an einem Detail aus dem ersten Satz beleuchten. Nach der außerordentlich weitgespannten langsamen Einleitung führen die Holzbläser das Hauptthema ein. Für die traditionelle Sinfonietechnik ergeben sich daraus keine weitergehenden Konsequenzen, wohl aber für Beethoven – und sie ergeben sich in anderer Form als in seinen früheren Orchesterwerken. In seiner 1. Sinfonie etwa hatte er es für den Beginn der Reprise (also für den Wiedereintritt des Hauptthemas) auf eine machtvolle unisono-Wirkung abgesehen gehabt; hier hingegen ist seine subtilere Konsequenz, daß er jenes Thema, das zu Satzanfang in den Holzbläsern gelegt hat, nun den Streichern überträgt, die zu Expositionsbeginn nur marginale Satzanteile haben. Beethoven löst sich dabei noch weiter als in jenen älteren Konstruktionen von der traditionellen Signalfunktion eines Themas ab, die beim Tonartlichen und Formbestimmenden gelegen hatte (ein Hauptthema, das nach der Mitte des Satzes in der Grundtonart eintritt, deutet an, daß, weil die Grundtonart wieder erreicht ist, mit ihm die Reprise beginnt). Indem er aber die Besetzung variiert, gibt er dem Satz einen neuen, nochmals »öffnenden« Impuls; keine der beiden Themen-Präsentationen ist »besser«, »kompletter« oder »zielhafter« als der jeweils andere, sondern beide können auf eigenständige Weise die nachfolgenden Entwicklungen auslösen und mitbestimmen.

Einige dieser Aspekte findet man auch in der zeitlich so eng benachbarten Achten. Auch in ihr fängt Beethoven den Reprisenbeginn des ersten

Satzes instrumentatorisch auf – und zwar indem er die formale Abgrenzung zwischen Durchführung und Reprise verwischt. Das Orchester, noch mitten in einer fortissimo-Konstruktion mit ausladenden Streicher-Tremoli, wird anscheinend vom Themeneintritt der Bässe (Streicher, Fagotte) »überrascht«. Wiederum liegt die melodische Hauptlast damit aber bei einem Ensembleteil, das an der ersten Präsentation des Themas nur marginal-begleitend beteiligt ist.

In ihrem ersten Satz begegnet man zudem einer besonders fesselnden Variante des Beethovenschen Terzen-Spiels. In einem F-Dur-Satz wäre nach einem F-Dur-Hauptthema mit einem Seitenthema auf der Dominante zu rechnen, folglich in C-Dur; doch mit einigen knappen Schritten erreicht Beethoven zunächst A-Dur, läßt daraufhin das Thema aber als D-Dur-Version erklingen (Streicher) und versetzt es unmittelbar anschließend in die »richtige« Tonart C-Dur (Holzbläser). Die D-Dur-Stufe täuscht dabei folglich über die Konstruktionsverhältnisse hinweg, in denen tatsächlich die A-Dur-Stufe wichtiger ist. F-A-C: Statt auf dem direkten Weg eine Quinte aufwärts zu modulieren, zergliedert Beethoven diesen Schritt in zwei Etappen, also in zwei Terzen. Die Folgen dieser Maßnahme bleiben aber nicht auf den ersten Satz beschränkt, sondern erfassen auch – nicht verwunderlich nach den Verhältnissen der Siebten – die Strukturen des Gesamtwerks: Auch im Schlußsatz wird das C-Dur-Seitenthema nicht direkt angesteuert, allerdings auch nicht über eine von A-Dur abgeleitete Version erreicht, sondern über eine in As-Dur. Das Prinzip, im Verlauf eines mehrsätzigen Werkes große Terz und kleine Terz derart gegeneinander auszubalancieren, spiegelt exakt das Verfahren, das Beethoven im *Geistertrio* entwickelt; auch in der Achten sind also die Ecksätze mit einer komplementären tonartlichen Konstruktion aufeinander bezogen.

Mit einer solchen Feststellung erschiene es als denkbar, diesen Finalsatz mit dem eröffnenden formal auf eine Stufe zu stellen; doch er wird üblicherweise als Rondo beschrieben. Bei genauerer Betrachtung zeigt sich, daß Beethoven hier (ähnlich wie für die Zweite beschrieben) Sonatenhauptsatz- und Rondoform in eine besondere Nähe zueinander bringt. Die Satz-Eröffnung läßt sich als normale sinfonische Exposition hören; auf ihren Schluß hin setzt das Hauptthema neuerlich in der Grundtonart ein – man könnte meinen, die Exposition würde wiederholt. Doch nach kurzem ist klar, daß man sich in einer Durchführung befindet; daß diese mit einem Tonika-Eintritt des Hauptthemas ausgelöst wird, ist Anlaß dazu, den Satz formal als Rondo zu beschreiben (denn ein Refraineintritt, der hier auf ein erstes Couplet folgte, begönne eben wieder in der Tonika). Doch auch die Erwartung auf eine veritable Reprise wird befriedigt; allerdings ergibt sich nach dieser ein außerordentlich weiträumiges Satzglied, das nur marginal auf die »thematischen« Bestandteile der »Exposition« rekurriert. Einerseits kann man die Musik als coda-artig empfinden; andererseits scheint sie in ihrer so breiten Anlage den Rahmen einer Coda zu sprengen (sie nimmt rund die Hälfte des Satzes ein) – so daß wiederum die rondohaften Aspekte an Gewicht gewinnen.

Doch der Gedanke, die Verschmelzung der Satzcharaktere weise zehn Jahre zurück auf die Zweite, verliert an Gewicht in der musikalischen Substanz, die sich hinter der formalen Disposition verbirgt – intrikate Rhythmik, komplexe kontrapunktische Konstruktionen und eine aufs feinste dosierte Instrumentation, allein schon in dem Beginn des Schlußsatzes, dessen abrupter Übergang von pianissimo- zu fortissimo-Werten aus ihr heraus abgefedert wird. Ähnliches gilt auch für die Satzfolge: Indem der zweite Satz »Allegretto scherzando« überschrieben ist, ist eigentlich keiner der vier wirklich ein »langsamer« Satz (nach »Allegro vivace con brio« und vor den noch folgenden »Tempo di Minuetto« und »Allegro vivace«). Diese Struktur nehmen an sich schon das c-Moll-Streichquartett op. 18 Nr. 4 und die Klaviersonate op. 31 Nr. 3 vorweg, allerdings mit anderen motivischen Techniken, den scherzando-Charakter herauszustellen; in der Klaviersonate ebenso wie in der Achten entsteht damit der Eindruck, Beethoven habe »Musik über Musik« geschrieben – Kompositionen, die ihre elementaren Grundlagen paraphrasieren*.

Die Tempi der Sätze verhalten sich dabei aber auf eine erstaunliche Weise ähnlich wie in der Siebten (obgleich Ähnlichkeiten aufgrund der zeitlichen Nähe, in der beide Werke entstanden, gerade nicht erstaunlich sind): Auch in der Siebten ist der zweite Satz ein Allegretto, folglich nicht langsamer als der zweite Satz der Achten (wenn auch eben nicht mit einem scherzando-Charakter). Dieser Satz wird aber als Trauermarsch interpretiert – schwer lastend und wesentlich langsamer als »Allegretto«. Traditionell ist man der Ansicht, Beethoven selbst habe späterhin aber eine Tempo-Korrektur gewünscht – der Satz werde schneller gespielt, als es ihm lieb sei. Daß er dies aber im Sommer 1812 nicht hätte absehen können, ist kaum glaublich; eher ist denkbar, daß der Satz im Lauf der Zeit eine eigene Geschichte durchmache. Berichtet wird jener Wunsch nach einem langsameren Tempo von dem einst als unbestechlich geachteten, mittlerweile als unzuverlässig geltenden Beethoven-Sekretär Anton Schindler – der sich zudem in dem Bericht über die Tempo-Frage selbst widersprach. Somit muß man annehmen, daß nicht Beethoven, sondern Schindler den Trauermarsch-Charakter betont wissen wollte*.

Beethoven verließ Teplitz Ende September, verbrachte einen Monat in Linz bei seinem Bruder, wo er die Partiturniederschrift der Achten datierte, und kam im November wieder nach Wien. Die Brentanos waren wohl bereits im September nach Wien gereist und kehrten im November endgültig nach Frankfurt zurück. Innerhalb weniger Monate hatte Beethoven zwei Sinfonien vollendet; bis zur Uraufführung der Siebten verstrich ein Jahr – ein Jahr voller politisch schwerwiegender Ereignisse. Von Napoleons »Grande Armée« kehrte nur ein verschwindend geringer Teil nach Mitteleuropa zurück; Napoleon selbst wurde 1813 in Spanien geschlagen. Die Siebte wurde dann gemeinsam mit einer Komposition uraufgeführt, die direkt an dieses Ereignis anknüpft, und geriet damit auf eigentümliche Weise in einem Sog der aktuellen militärischen Entwicklungen, die in die »Befreiungskriege« mündeten. Möglich also, daß die Siebte (und in ihr besonders der »langsame« Satz) viel weniger aus »heroischen« Überlegungen heraus entwickelt wurde, als es die frühesten, richtungweisenden Aufführungen nahelegten; möglich auch, daß die Ereignisse sogar Beethovens Einstellung zur Frage einer durchweg »schnellen« Sinfonie, eine Konstante jener Zeit um 1811/12, relativierten. Am 8. Februar 1814 kam es dann bereits zur vierten Aufführung der Siebten – und erst damals zur Uraufführung der Achten, die aber zu den Erfolgen, die Beethovens sinfonische Musik gerade hatte, nichts beisteuerte. Immerhin ist als Ursache dafür nicht auszuschließen, daß diese »Musik über Musik« einer so »heroisch« empfindenden Zeit noch weniger entgegenkam als die Siebte, deren langsamer Satz immerhin als Trauermarsch idealisiert werden konnte.

14. Kapitel

Die Einheit von »Außen« und »Innen«
Im Umkreis des Wiener Kongresses

Die »Schlachtsinfonie«

Gegen Jahresende 1812, nachdem von Napoleons ursprünglich 610000 Mann nur rund 5000 auf ihrem Rückzug den Njemen wieder erreicht hatten, begann sich eine neue Koalition gegen ihn zu formieren – ausgehend von Rußland, das den Verbündeten Frankreichs auch durch das neutrale Preußen nachsetzen wollte, seit dem Frühjahr 1813 unter dessen aktiver Unterstützung. Daneben erlitt Napoleon auch an der anderen Front, in Spanien, schwere Niederlagen, und zwar gegen die Briten: 1812 verloren seine Truppen Madrid, und der Sieg Wellingtons am 21. Juni 1813 bei Vitoria, am nordspanischen Pyrenäenfuß, öffnete den britischen Truppen den Weg bis nach Toulouse. Im August trat Österreich auf der Seite Preußens und Rußlands in die antinapoleonische Koalition ein; die durch Napoleon emporgekommenen Rheinbundstaaten schlossen sich der Bewegung erst zögerlich an, vor allem nach der Völkerschlacht bei Leipzig im Oktober. An Neujahr 1814 begann die Rückeroberung des linken Rheinufers, als Gebhard Leberecht von Blücher bei Kaub den Rhein überschritt.

Diese Daten ergeben den Kontext, in dem die Entstehung und Uraufführung von Beethovens nächstjüngerem Orchesterwerk nach der 8. Sinfonie zu sehen ist: *Wellingtons Sieg oder Die Schlacht bei Vittoria* op. 91 (schon auf der Ankündigung der Uraufführung mit einem zweiten »t« im Ortsnamen »Vitoria«). Der Beginn der Kompositionsarbeiten kann kaum vor Anfang August gelegen haben, vielleicht in zeitlichem Zusammenhang mit dem Eintritt Österreichs in die Koalition; die Uraufführung lag dann bereits in einer Zeit, die nach den militärischen Vorgängen des Herbstes 1813 auf breiter Front von nationalen Gefühlen getragen war. Es wäre folglich auch fatal anzunehmen, daß ein nationaler Erfolg der Beethovenschen Komposition – gewissermaßen »nur« über einen britischen Sieg im fernen Spanien – von vornherein in dem Ausmaß kalkuliert worden wäre, in dem er eintrat.

Die Entstehungsgeschichte der Komposition liegt auf zwei Ebenen, die Beethoven selbst 1814 in einem Brief klar voneinander trennt und die sich mit der Zweisätzigkeit der Komposition beschreiben lassen*: Einerseits gibt es eine Siegessinfonie, andererseits (zuvor) eine Schlachtszene. Beethoven erhielt den Auftrag zur Komposition der Siegessinfonie von Johann Nepomuk Mälzel, der als Erfinder des Metronoms in der nichtöffentlichen Musikpraxis einen unsterblichen Ehrenplatz eingenommen hat (die Urheberschaft Beethovens an dem Kanon, in dem diese Erfindung vorkommt, ist umstritten: »Ta ta ta...« WoO 162). Beethoven verdankte Mälzel im übrigen einige Gerätschaften zur Linderung der Schwerhörigkeit (Hörrohre etc.). Mälzel unterhielt seit Winter 1812/13 in Wien ein »Kunstkabinett«, in dem er unter anderem ein »Panharmonicon« genanntes Instrument aufbaute, eine Art Musikautomat, der, über Zylinder ausgelöst, den Klang eines Orchesters nachahmen konnte. Nachdem er mit dieser Maschine einige nicht primär programmbezogene sinfonische Werke zu Gehör gebracht hatte, griff er mit Beethovens Siegessinfonie direkt in die Rezeption des tagespolitischen Geschehens ein.

Mälzels Vorgehen steht in einer längeren Wiener Tradition*. Auch Mozart schon hatte politisch Motiviertes für mechanische Orgeln komponiert, unter anderem zum Gedächtnis des 1790 verstorbenen Feldmarschalls Laudon das Adagio und Allegro f-Moll KV 594, das daraufhin im »Müllerschen Kunstkabinett« auf einer entsprechenden Musikmaschine abgespielt wurde und große Anerkennung fand. Besitzer dieses Kabinetts war Graf Joseph Deym, in dessen Auftrag Beethoven schon 1799 die *Stücke für eine Flötenuhr* geschrieben hatte (WoO 33). Beethoven kannte also das Verfahren, für solche Maschinen zu komponieren, aus eigener Kompositionpraxis; und es war seit längerem üblich, entsprechende Musik aus Anlaß von Ereignissen des öffentlichen Interesses zu produzieren. Beethoven berichtet 1814, daß er außer dieser Siegessinfonie auch eine Schlachtmusik zu komponieren beabsichtigt hatte und daß diese die Möglichkeiten des Panharmonicon gesprengt hätte. Schlachten zu komponieren war nicht außergewöhnlich: Das Spektrum dieser martialischmusikalischen Wiedergaben erfaßte auch alle bemerkenswerteren Militäraktionen der napoleonischen Epoche; auch Seeschlachten waren bereits komponiert worden. Somit gewinnt der Traditionsraum von Mälzels Vorgehen und Beethovens Komposition vollends Konturen. Und wenn die Komposition üblicherweise als *Wellingtons Sieg oder Die Schlacht bei Vittoria* bezeichnet wird, dann erfaßt man damit streng genommen auch die beiden kompositorischen Etappen: »Wellingtons Sieg« wäre eine typische, politische Musik für einen jener Musikautomaten gewesen; »Die Schlacht bei Vittoria« hingegen, die für den Eindruck der Nachwelt »Wellingtons Sieg« erst bedingt hat, hat Beethoven, wie er schreibt, erst »dazu komponiert«. Mälzel schließlich veranlaßte Beethoven, eine Orchesterversion auch der Siegessinfonie zu schreiben; anscheinend hatte er also die Möglichkeiten erkannt, die in Beethovens Partitur auch bei deren »echt sinfonischer« Aufführung lägen. Beethovens Orchesterversion wurde uraufgeführt in Beethovens Wiener Konzert am 8. Dezember 1813, das zum Wohle verwundeter bayerischer und österreichischer Soldaten stattfand und mit dem Beethoven nun selbst direkt in die Politikrezeption eingriff; das Werk figurierte als Schlußstück des Programms, das von der Siebten eingeleitet wurde, und teilt – auf inhaltlich freilich eigener Ebene – das Schicksal der *Chorfantasie* op. 80, die in gleicher Schluß-Funktion für Beethovens Wiener Konzert 1808 entstanden war und mit der sich die Nachwelt gleichfalls nicht anfreunden konnte.

Bedenken gegenüber *Wellingtons Sieg oder Die Schlacht bei Vittoria* sind freilich nicht nur damit zu begründen, daß man sich offenbar in Beethovens absichtsvolles Operieren mit Programm-Schlußstücken nur so schwer hineindenken kann, sondern auch mit der so direkten Wiedergabe des nichtmusikalischen Geschehens. Dennoch: In der Anlage und Ausführung begegnet man einigen Details, die für Beethovens Komponieren in jener Zeit besonders charakteristisch sind; ohne sie wäre letztlich auch die Komposition kaum denkbar. So sollte man nicht nur fragen, ob es berechtigt ist, eine Schlacht zu komponieren und welche Konsequenzen für die Einschätzung Beethovens sich daraus ziehen lassen, sondern auch umgekehrt (eher aus der Perspektive des Historikers heraus), welche Mittel Beethoven anwendet, um dem Werk Überzeugungskraft und Stringenz zu geben.

Die Besetzung des Werks ist größer als in einer normalen Sinfonie. Außer Streichern sowie dem Normalprogramm an Holz- und Blechbläsern gibt es eine doppelte Besetzung an Trompeten und Schlagzeug, von denen je eine Gruppe ausdrücklich einer der beiden kriegführenden Seiten zugeordnet wird und daher auch an zwei verschiedenen, gegenüberliegenden Stellen des Podiums zu postieren ist: auf der einen Seite die »englische« Musik, auf der anderen die »französische«. Das Werk erfordert also gewissermaßen eine doppelchörige Aufführung. Beide »Heere« werden in zwei voneinander getrennten Abschnitten vorgestellt, beginnend jeweils mit einem anschwellenden Trommelwirbel, der in ein Trompetensignal mündet; anschließend stellen sie sich dem Hörer mit einer für die jeweilige Nationalität charakteristischen Hymne vor (England mit *Rule Britannia*, Frankreich mit *Marlborough s'en va-t-en guerre*). Nach einem nochmaligen, knappen Austausch der Trompetensignale beginnt die Schlacht.

Das Bemerkenswerte an dieser Schlachtvorbereitung ist die tonartliche Anlage: Zunächst wird die englische Seite vorgestellt; das Musizieren dieser Orchester-Formation steht komplett in Es-Dur. Dann folgt das »französische« Orchester – in C-Dur. Damit sind zwei Tonartbereiche untrennbar mit der einen und der anderen Seite verbunden (gewissermaßen aus sich selbst heraus »leitmotivisch«); sie stehen im Terzverhältnis zueinander – in einer Beziehung also, mit der Beethoven in den Kompositionen der Zeit ohnehin zu bemerkenswerten Effekten gelangte. Schon für die Vorbereitung der Schlacht zieht Beethoven daraus in massiver Form Gewinn*. Das »englische« Es-Dur entfaltet zunächst einen typischen solennen Klangcharakter; demgegenüber kann das »französische« C-Dur nur als Schärfung wirken. Nach *Marlborough s'en va-t-en guerre* fahren die »französischen« Trompeten in C-Dur mit ihrem Angriffssignal fort; dasselbe Signal erklingt daraufhin auf »englischer« Seite, aber in Es-Dur – also eine Terz höher. Doch damit kehrt Beethoven nicht zum vorigen Eindruck einer Solennität zurück, sondern diese Terztransposition des Signals von C nach Es läßt sich nur als eine neuerliche Schärfung verstehen, sozusagen als eine weitere Eskalation. Wiederum begegnet man also einer psychologisch perfekt ausbalancierten Tonartordnung: Nach dem Eingangs-Es-Dur, dem man unvorbereitet-neutral entgegentritt, kommt man nicht umhin, aus dessen Kontext heraus das C-Dur zu interpretieren; durch die transponierende Wiederholung der Trompetenfanfare kann mit demselben Es-Dur, mit dem an sich eine Rückkehr in eine Grundstufe bewirkt werden könnte, der ganz andersartige Eindruck zustandekommen.

Dann beginnt die Schlacht; und für deren Darstellung geht die Terz-Gegenüberstellung der Kontrahenten nun in einer geradezu perfekten Inszenierung auf. Die Streicher, Holzbläser und der größte Teil der Blechbläser musizieren permanent; daneben wirkt sich der »doppelchörige« Aufbau des Orchesters zunächst im Musizieren des Schlagzeugs aus, denn sowohl auf englischer wie auf französischer Seite werden

»Kanonen« und »Gewehre« abgefeuert (Kanonenschläge werden mit einer großen Trommel erzeugt, Gewehrfeuer mit Ratschen). Musikalisch noch wichtiger sind aber die auf beiden Seiten erklingenden Trompetensignale: Englische werden von Es-Trompeten gespielt, französische von C-Trompeten. Trompeten sind in jener Zeit Instrumente mit einem nur begrenzten Tonvorrat: Nur die »Naturtöne«, die durch Überblasen des Grundtons erreichbar sind, können gespielt (und daher komponiert) werden, und dabei kommt erst in relativ hohen Spielbereichen eine normale (diatonische) Tonleiter zustande. Klar ist somit zunächst, daß »französische« Trompeten (denen vor allem ein Spiel in C-Dur möglich ist) und »englische« Trompeten (die primär in Es-Dur spielen) einander in den Nutzungsmöglichkeiten nicht gleichen; und Beethoven legt die Parts auch nur in einem möglichst primitiven Tonmaterial an, um sie klanglich entsprechend weit voneinander getrennt zu halten. Dennoch wollte er offenbar auch schnelle Wechsel erzielen können, ohne dazwischen lang modulieren zu müssen; er legt die Komposition daher zunächst über einer weithin chromatischen Tonleiter an (im Baß, abwärtsführend); dies ermöglicht ihm, relativ schnell aus dem Klangbereich der einen Trompeten in den der anderen überzuwechseln. Er beginnt auf H-Dur, folglich klangneutral mit Blick auf C- oder Es-Trompeten (aber wiederum in einem der charakteristischen Terz-Verhältnisse zwischen H und dem vorausgegangenen Angriffssignal auf Es/Dis). Je nachdem, welche der beiden Trompetenregionen Beethoven nun gerade durchstreift, läßt er die jeweilige »militärische« Seite mit deren Trompetensignalen hervortreten.

Eine erste Zielstufe ist erreicht, nachdem Beethoven den Oktavraum mit seiner abwärtsführenden Baß-Leiter zweimal durchmessen hat; er erreicht ein C und hält an ihm als einem Orgelpunkt fest. Fast unmerklich wechselt er dort die Tempostrukturen (vom Viervierte- zum Dreiachteltakt); fortan hört man eine Zeitlang nur noch die »französischen« C-Trompeten spielen. Doch dann gerät der Orgelpunkt aus den Fugen; anscheinend ergibt sich ein heilloses Durcheinander. Aus militärischer Sicht mag man der Ansicht sein, die Schlacht gehe ihrer Entscheidung entgegen; musikalisch ist Beethoven aber bei etwas Naheliegendem angelangt: Er schreibt einen Abschnitt in c-Moll, in dem er die Trompetensignale auf C (Akkord-Grundton) und diejenigen auf Es (Terzton) nebeneinander einsetzen kann – diese Wirkung hat er sich bis hierhin aufgespart. Nicht ohne Grund, wie das klangliche Ergebnis zeigt: Weil die englischen Signale eine Terz über den französischen liegen, stellt sich der Eindruck einer »Überlegenheit« sogar aus dem Tonmaterial heraus ein. Wenig später erklingt dann letztmals ein Trompetensignal auf französischer Seite, und der englische »Sturmmarsch« (so die Teilsatz-Überschrift in der Partitur) beginnt – indem die Musik nun unüberhörbar vom Dreiachteltakt zum Allabrevetakt umschlägt. In immer kürzer werdenden Einheiten (zunächst zwölftaktig, dann acht-, später viertaktig) führt Beethoven die Musik über eine neuerliche chromatische Baß-Linie aufwärts: von As über A und B nach H. Damit hat Beethoven wieder den musikalisch entscheidenden Punkt erreicht, der ihm schon den Einsatz in den Schlacht-Satz ermöglicht hatte: Neuerlich nutzt er die Terz-Affinität von H und Dis/Es aus, und so scheint nun definitiv die englische Seite im Vorteil zu sein; man hört nur noch deren »Kanonen«. Die Schlachtmusik endet daraufhin mit einer fis-Moll-Version von Bruchstücken aus *Marlborough s'en va-t-en guerre*.

Wie auch immer man zu einer komponierten Schlacht stehen mag, kommt man nicht umhin, die musikalischen Qualitäten der Konstruktion anzuerkennen. Zunächst: Man nähme sie vielleicht eher wahr, wenn sich nicht die Schlagzeug-Effekte derart in den Vordergrund drängten; doch auch diese sind Teil jenes musikalischen Konzepts – oftmals fallen die »Schüsse« gegen jeden Takt, und Beethoven hat diese komplexe Rhythmik exakt so komponiert. Ferner: Beethoven hat seine Fähigkeit, aus Terzverhältnissen besondere Wirkung herauszuholen, genutzt, um zwei widerstreitende tonartliche Konzepte zu Repräsentanten zweier feindlicher Heere zu machen. Doch auch dabei ist er nicht stehengeblieben; vielmehr hat er aus der tonartlichen Spannung heraus der Schlachtmusik eine Form, eine Richtung, einen inneren Verlauf gegeben.

Es folgt die Siegessinfonie – nicht so knapp wie in *Egmont*, sondern deutlich ausladender und unter Nutzung der Register, die einem Sieger der Zeit zur Verfügung standen. Nach einer kurzen Intrada erklingt ein D-Dur-Marsch; an dessen Ende bleibt ein einzelnes D von Hörnern und Trompeten im Raum stehen, und unter dieses fügt sich das B-Dur, in dem anschließend *God save the King* gespielt wird. Der Satzübergang greift somit direkt auf Überlegungen zurück, die in der Siebten das Verhältnis von Presto-Scherzo und dessen Trio prägen, ebenso die Cellofunktion in der Eröffnung des *Geistertrios*. Doch die Hymne wird nicht komplett vorgetragen; sie bricht im letzten Melodieglied ab, und statt dessen ist dann wieder der D-Dur-Marsch da. Neuerlich mündet dieser in *God save the King*: Nun fügt er sich unter ein liegenbleibendes A ein, und die Hymne steht in D-Dur. Sie wird eigentümlich instrumentiert:

Oboen, Fagotte und Hörner tragen sie vor, aber auf jedem zweiten Melodietakt tritt das gesamte übrige Orchester hinzu. Und auch diesmal »endet« die Hymne nicht, sondern sie öffnet sich zum Schluß-Fugato, in das Einsprengsel aus ihr übernommen werden – nur beiläufig streift Beethoven die originale Schlußzeile. Das bizarre Spiel mit ihr ist, strenggenommen, die Verletzung eines nationalen Symbols (allein schon Neuinstrumentierung der amerikanischen Nationalhymne brachte Strawinsky in ernste Konflikte mit den Staatsorganen). Doch der Coda-Künstler Beethoven eröffnet sich so die Möglichkeit, den Satz über eine längere Zeit hinweg in Schwung zu halten – er muß den Schwung dafür nicht nochmals künstlich aufbauen.

Widerstreitende tonartliche Konzepte in einer Komposition aufzurichten und gegeneinander formal auszubalancieren, Schlußwirkungen zu etablieren und Satzglieder miteinander zu verbinden: Eine derartige Schlacht zu komponieren lag – fast möchte man sagen: zufälligerweise – in Beethovens aktuellem kompositionstechnischem Horizont; es ist kaum vorstellbar, daß ein anderer dieses Konzept so schlüssig realisiert hätte. Und Beethovens Konzeption verfehlte ihre Wirkung nicht. Nach Napoleons Sieg in der Schlacht bei Jena 1806 hatte Beethoven zu seinem Freund Wenzel Krumpholz gesagt*: »Schade! daß ich die Kriegskunst nicht so verstehe wie die Tonkunst, ich würde ihn doch besiegen!« Man sollte die Äußerung nicht in allzu starke Beziehung zu der um fast acht Jahre jüngeren Komposition setzen; doch der »Sieg«, den Beethoven komponiert hatte, war eben überzeugend – und nicht deswegen, weil die Komposition so realistisch ausgefallen gewesen wäre, sondern weil Beethoven (im Prinzip ähnlich wie in der *Pastorale*) die »richtigen« Empfindungen getroffen hatte. Sein Kompositionsvorgang schloß somit eine Art psychologischer Studie über die Erwartungen des Publikums ein. *Wellingtons Sieg* stand daraufhin in Wien auf dem Programm von Konzerten am 2. Januar, am 27. Februar, am 25. März 1814, und die dichte Folge der Aufführungen spiegelt wider, wie groß die Begeisterung über das Werk war. Ein erster Begleiteffekt war, daß man sich zu einer Wiederaufnahme von *Fidelio* entschloß – die daraufhin erarbeitete Endfassung ging am 23. Mai erstmals über die Bretter. Doch diese Begeisterungswelle ist an sich erstaunlich: Von Wien 1814 aus gesehen, wäre ein entfernteres militärisches Ereignis als dasjenige von Vitoria kaum denkbar gewesen, und die Komposition sprach das österreichische Nationalgefühl ja eigentlich gerade nicht an, sondern eher dasjenige von Napoleons beständigstem Gegner, Großbritannien. Somit zeigt sich, wie international die

Anti-Napoleon-Welle in Wien war; die Anhängerschaft für diese war von nationalen Symbolen unabhängig. Andererseits war das offizielle England weniger begeistert als Publikum, das sich ähnlich wie das Wiener verhielt: Aufführungen in London (10./13. Februar 1815) waren zwar erfolgreich, doch der Prinzregent, der nachmalige George IV., reagierte außerordentlich zurückhaltend auf Beethovens Ersuchen, ihm die Komposition widmen zu dürfen.

So scheint es, daß Beethovens Popularität des Jahres 1814, mit einer an sich eher marginalen Komposition aus dem Abseits heraus kommend, sich bereits auf einem neuen Höhepunkt befand, bevor sich die Regierenden Europas im September zum »Wiener Kongreß« in der Donaumetropole einfanden. *Wellingtons Sieg* wurde zu einem Schlüsselwerk auch im Beiprogramm dieser Veranstaltung; *Fidelio* gelangte in deren Kontext zu einer neuen, nun internationalen Wirkung. Während beides nicht absehbar war, als die Werke entstanden, legte Beethoven in diesem Punkt noch ein weiteres Werk nach: Die Kantate *Der glorreiche Augenblick* thematisiert die politische Zusammenkunft ganz direkt, und zwar in der Tradition barocker Huldigungsmusiken. Beethoven und Politik: Nie war das Verhältnis enger als in dieser biographischen Situation. Doch sie ist fast zufällig zustandegekommen, zudem (mit *Wellingtons Sieg*) aus einer Richtung, deren Inhalt von der Nachwelt freilich nicht widerspruchslos akzeptiert wurde. Erst im Herbst 1814 gibt Beethoven seiner Musik also eine offen politische Funktion.

Die e-Moll-Klaviersonate

Beethoven um 1815 wäre aber ohne die andere Seite seines Schaffens nicht vorstellbar, die sich aus der Kammermusik um 1810 herzuleiten scheint: die intime, die der kleinen Form. Wie eng beides, dieses und die extrovertierte Seite von *Wellingtons Sieg*, beieinander zu sehen sind, zeigt die e-Moll-Klaviersonate op. 90 allein schon aus ihrer Entstehungsgeschichte: Das Werk wurde schließlich Moritz von Lichnowsky dediziert, dem Widmungsempfänger der so experimentellen Variationen op. 35 (Bruder von Beethovens altem, im April 1814 verstorbenem Gönner); Moritz von Lichnowsky hatte sich nachhaltig dafür eingesetzt, daß eine Widmung von *Wellingtons Sieg* an den englischen Prinzregenten zustandekommen konnte (insbesondere durch Kontakte zu Viscount Robert Stewart Castlereagh, den britischen Außenminister und Verhandlungsführer seines Staates auf dem Wiener Kongreß). So schlägt Moritz von Lichnowsky als Person eine Brücke zwischen dem Kongreß-Treiben und einer Musik, die sich auch für beschaulichere Anlässe eignet. Beethoven schrieb im September 1814 aus Baden an ihn*: »Da ich nicht möchte, daß Sie glauben sollen, daß ein Schritt, den ich gemacht, durch ein neues Interesse oder überhaupt etwas d. g. hervorgebracht worden sei, sage ich Ihnen, daß bald eine Sonate von mir erscheinen wird, die ich Ihnen gewidmet; ich wollte Sie überraschen, denn längst war diese Dedikation Ihnen bestimmt, aber Ihr gestriger Brief macht mich es Ihnen jetzt entdecken. Keines neuen Anlasses brauchte es, um ihnen meine Gefühle für Ihre Freundschaft und Wohlwollen öffentlich darzulegen, – aber mit irgend nur etwas, was einem Geschenke ähnlich sieht, würden Sie mir Weh verursachen, da Sie alsdann meine Absicht gänzlich mißkennen

Blasius Höfel nach Louis Letronne,
Beethoven (um 1814)

würden, und alles dergleichen kann ich nicht anders als ausschlagen.« Klar ist also, daß die Widmung dieser Sonate an Lichnowsky tatsächlich als Dank für Vorausgegangenes anzusehen ist.

Diese Klaviersonate ist allerdings Beethovens erste seit längerer Zeit: *Les Adieux* ist rund fünf Jahre älter. »Allen Kennern und Freunden der Tonkunst wird die Erscheinung dieser Sonate gewiß sehr willkommen sein, da nun seit mehreren Jahren von L. van Beethoven nichts für Pianoforte erschienen ist«, heißt es im Juni 1815 sogar schon in der *Wiener Zeitung* im Rahmen der Ankündigung der Druckausgabe. Ähnlich wie für die Streichquartett-Komposition, wenn auch zeitlich versetzt, gilt: Beethoven muß zeitweilig sogar eine seiner traditionellsten Standard-Gattungen aus dem Auge verloren haben; anscheinend war es direkt der Wunsch, Moritz von Lichnowsky Dank abzustatten, der Beethoven auf das Terrain der Klaviersonate zurückführte.

Weitergehende Interpretationen des Werks beziehen auch außermusikalische Details ein. Beethovens in den Details der Aussagen so schwankend zuverlässiger Sekretär Anton Schindler berichtet folgendes*: »Der feine Sinn des Grafen Lichnowsky [...] ließ ihn bei näherer Bekanntschaft mit dem Werke besondere Intentionen darin vermuten. Auf seine Anfrage erwiederte der Autor, er habe ihm seine Liebesgeschichte in Musik setzen wollen und wünsche er Ueberschriften, so möge er über den ersten Satz schreiben: Kampf zwischen Kopf und Herz, und über den zweiten: Conversation mit der Geliebten. – Graf Lichnowsky hatte sich nach dem Tode seiner ersten Gemahlin in eine sehr geschätzte Opernsängerin verliebt, seine Agnaten protestirten jedoch gegen eine eheliche Verbindung. Erst nach mehrjährigem Kampfe gelang es ihm 1816 alle Hindernisse zu besiegen.« Zweifellos: eine hübsche Geschichte. Doch sie paßte auf jede Moll-Sonate, die wie jene e-Moll-Sonate in der etwas knapperen zweisätzigen Form angelegt wäre. Im ersten Satz einer solchen Sonate ergäbe sich stets etwas, das als »Kampf zwischen Kopf und Herz« interpretierbar wäre (nämlich: Haupt- und Seitenthema), und der zweite Satz brächte etwas Entspannendes, das auch als »Conversation mit der Geliebten« verstanden werden könnte. Fraglich ist aber, ob Beethoven gerade diese Liebesgeschichte ausgereicht haben könnte, um seine langjährige Sprachlosigkeit auf dem Sektor der Klaviersonate zu überwinden; ist es nicht wahrscheinlicher, daß Beethoven seine Dankbarkeit gegenüber Lichnowsky in einer Klaviersonate angemessen ausgedrückt sah und daß dies für ihn die Aktualität der Gattung neu entstehen ließ? Jedenfalls eröffnete ihm die Anregung, wieder einmal eine Klaviersonate zu schreiben, die Möglichkeit, Aspekte seiner Kammermusik der Zeit auch auf die Klaviersonate anzuwenden. Vor diesem Hintergrund führte eine noch so tiefgehende Suche nach einem biographischen Kompositionsanlaß nur zu einem oberflächlichen Ergebnis, weil es die spezifisch musikalischen Fragen der Komposition außer acht ließe.

Tatsächlich wirkt das Werk streckenweise wie eine Übertragung der Techniken des *Quartetto serioso* in das Medium der Klaviersonate. Dieser Eindruck erschließt sich im einleitenden Moll-Satz leichter als im abschließenden Dur-Satz; die Brüchigkeit der Klangwelt, die in den akustischen Wirkungen jener Techniken essentiell zu sein scheint, liegt auch hier in Moll näher als in Dur. Zunächst ergibt sie sich dadurch, wie schnell Beethoven unterschiedliche Tonarten nebeneinanderstellt (Notenbeispiel 19): Mit seinem punktierten Drei-Viertel-Hauptthema durchmißt er den Raum dessen, was für ihn die Nachbarschaft zur Grundtonart zu konstituieren scheint – alle zwei Takte wird eine neue Tonstufe erreicht (von e-Moll ausgehend zunächst ein D-Dur, das nach G-Dur kadenziert, dann ein Fis-Dur, das nach h-Moll kadenziert: T. 8). Ein äußerlich schlichter, fließender Zwischensatz in G-Dur schließt sich

Notenbeispiel 19:
Klaviersonate e-Moll op. 90,
1. Satz, Beginn (T. 1-23;
zur Fortsetzung siehe Notenbeispiel 20)

an, der wie zufällig nach C-Dur übergeht (T. 14). Dieses C-Dur ist die Stufe, auf der man in e-Moll einen Trugschluß bildete. Einen Trugschluß hat man kompositorisch richtigzustellen, indem man die Musik anschließend in die »normale« Zielstufe münden läßt; und auf exakt diesem Weg erreicht Beethoven dieses e-Moll daraufhin in einem wuchtig abschließenden Themen-Glied (»in tempo«). Er sagt also klar, was die Grundtonart des Satzes sein solle, aber er stellt sie als so vagabundierend dar, daß die Einheit des Themas in Frage stehen könnte – ähnlich wie im Mittelsatz des *Geistertrios* in den Anfangstakten.

Thematische Gestalten: Freier Umgang mit ihnen prägt auch das, was man als Seitenthemenposition bezeichnen könnte – denn auf ihr, in h-Moll, stehen unmittelbar nacheinander zwei diametral verschiedene musikalische Gebilde, das eine über einem Fundament aus repetierenden Akkorden (T. 45), das andere über bewegter, gebrochener Baßlinie und mit dem Anschein einer melodischen Linie (T. 55). Dies als zwei h-Moll-Themen zu bezeichnen (oder gar sich festlegen zu wollen, welches von beiden »das richtige« Seitenthema sei) führte ebenso zu weit, wie wenn man die motivische Vielfalt des Einleitungsthemas nach der »Relevanz« der Themen-Bestandteile gewichten wollte. Und auch mit dem h-Moll-Hinweis für das Seitenthema kommt man an sich nicht weit: Zwar lassen sich beide »Themen« (die nichts »Themenhaftes« an sich haben, außer daß sie an der charakteristischen Seitenthemenposition eintreten) auf ein innewohnendes h-Moll beziehen; doch insbesondere im ersten der beiden Teilglieder wird h-Moll nur in den beiden ersten Takten überhaupt angesprochen.

Dennoch scheinen in jener e-Moll-/h-Moll-Spannung die klanglichen Rahmenbedingungen der Sonatenform auf schlichte Weise umgesetzt zu sein. Doch in ihnen entfaltet sich nun Beethovens spezifische Harmonik – eher als etwas Verdecktes, Subtileres. Das Prinzip, das der Musik ihr eigenartiges Klangbild gibt, läßt sich festmachen an der Verwendung von Dur-Aspekten in der Moll-Welt. Daß Dur in Moll vorkommt, ist freilich normal: Allein schon wenn man über den Stufen der Moll-Tonleiter Dreiklänge aus »leitereigenen« Tönen bildet (also nur unter Verwendung der tonartspezifischen Vorzeichen), erhält man ebenso viele Moll-Klänge (in e-Moll: über E, A und H) wie Dur-Klänge (über G, C und D; über Fis entsteht ein verminderter Akkord). Diese Dur-Praxis nähme man daher – als etwas Normales – im Moll-Kontext nicht als etwas Besonderes zur Kenntnis. Solche Dur-Bestandteile findet man etwa auch im e-Moll-Werk der *Rasumowsky-Quartette*, allerdings nicht ohne Vorbereitung (etwa im Scherzo, T. 17: Der F-Dur-Abschnitt im e-Moll-Kontext wird durch die vorausgehende Dominante C-Dur ermöglicht, vgl. Notenbeispiel 14 auf S. 219). Beethovens Operieren liegt nun aber auf einer anderen Ebene: derjenigen, daß Dur-Klänge in Moll eine überraschende Wirkung übernehmen können.

Dabei erweist sich die Verwendung der Trugschluß-Wirkung allein schon in ihrer Benennung als ein wesentliches Element; das andere hat Beethoven schon im Mittelsatz des *Geistertrios* in dieser »neuen« Form verwendet: den »neapolitanischen Sextakkord«, der bereits in der Opernwelt des 18. Jahrhunderts einen fruchtbaren, sentimentalisch verletzbar wirkenden Dur-Schock in eine Moll-Stimmung einbringen konnte (vgl. S. 292). Beide Aspekte sind also aus sich selbst heraus überraschend; diese Wirkung steigert Beethoven dadurch, wie er beide Aspekte einsetzt.

Wie sich unzweifelhaft aus der Bezeichnung Trug-»Schluß« ergibt, ist das Bemerkenswerte daran, daß etwas vorbereitet wird, das nachher nicht eintritt; das Spezifische der musikalischen Formel ergibt sich also nur aus dem Kontext heraus, in dem sie eingesetzt wird – konkret aus dem Spannungsverhältnis zum vorausgegangenen Akkord, der eben auf etwas anderes abzuzielen scheint als auf das, was erklingt. Dasselbe gilt auch für die Wirkung des »neapolitanischen Sextakkords«: Auch an ihm ist nicht primär die Auflösung interessant, sondern daß er überhaupt eintritt und wie er vorbereitet wird. Und beide Akkord-Situationen ähneln einander auch noch in einem baulichen Detail: Zwischen ihrem Grundton und dem des jeweils vorausgehenden Akkords entsteht klanglich ein Halbtonverhältnis: auf e-Moll bezogen, zwischen der Dominante H und dem Trugschluß-Ziel C beziehungsweise zwischen dem Grundton E und dem F-Dur-Klang des »Neapolitaners«.

Beethoven aber isoliert beides aus diesem Wirkungskontext. Ihm ist es gleichgültig, wie er zu der jeweiligen Dur-Stufe gekommen ist; prinzipiell jede Dur-Stufe eröffnet ihm die Chance, daß er sie so weiterbehandelt, als hätte er sie als »Neapolitaner« oder als Trugschluß eingeführt. Beethoven potenziert also das Überraschende; der Schock, daß etwas scheinbar gut Vorbereitetes »falsch« fortgeführt wird, interessiert ihn nicht, sondern nur der Schock, daß die Musik noch aus dieser Klangsituation heraus ein anderes Ziel erreichen kann. Er ist hierfür darauf angewiesen, musikalische Prozesse derart »gegen« ihren Verlauf zu konzipieren wie schon im Mittelsatz des *Geistertrios*. Doch um 1810 hatte er dieses Komponieren, wie erwähnt, offenbar noch nicht in einer »Grammatik« fassen können, die sich verallgemeinern ließ. Trugschluß und »Neapolitaner« erscheinen nun als Grundbausteine; im Kern operiert er aber auch dabei mit den charakteristischen Sekundrückungen des *Quartetto serioso*.

In der e-Moll-Sonate wirkt sich dies, wie erwähnt, einerseits im Anfangsthema aus – indem Beethoven ein organisch erreichtes C-Dur so behandelt, als habe er es über einen Trugschluß erreicht. Und die »Neapolitaner«-Wirkung setzt er in der Überleitung zu jener h-Moll-Seitenthemenposition ein: Zwei große Melodie-Abstürze eröffnen die Überleitung, und der zweite von ihnen führt zu einer a-Moll-Kadenz (T. 36); zur Fortführung setzt er um jenen typischen Halbtonbetrag höher ein, mit einem B (Notenbeispiel 20).

Eine solche Musik rüttelt ohne Zweifel aus ihrer Klanglichkeit heraus auf. Aber Beethoven wählt diese Klanglichkeit wohl kaum deshalb, weil er selbst aufgerüttelt ist. Er legt sich die Rahmenbedingungen für seine

Notenbeispiel 20:
Klaviersonate e-Moll op. 90,
1. Satz, T. 24-48
(anschließend an Notenbeispiel 19)

Operationen außerordentlich konventionell an – und hat sich damit den Freiraum für sein spezielles Komponieren erschlossen, indem er zwischen diesen Eckwerten frei vermitteln kann. Macht er sich also das Leben unnötig kompliziert? Wahrscheinlich ja doch nicht; kompliziert ist allenfalls, seinen Konstruktionen zu folgen – und dies machte diese Werke zu jenen »privaten« Kompositionen. Konstatieren sollte man also eher, daß diese Konstruktionen eben in geistiger Reichweite für Beethoven lagen; diese »musikalische Grammatik« konnte er also anwenden, und er machte sich damit das Komponieren interessanter – das Werk spricht daraufhin im wahrsten Sinne des Wortes »seine Sprache«.

Diese harmonischen Aspekte bleiben, so unüberhörbar sie sind, in der Sonate op. 90 dennoch überschaubar. Dies haben bereits zeitgenössische Kommentatoren bemerkt, denen man somit eine Beschreibung dessen verdankt, wie diese Klangwelt auf Beethovens Zeitgenossen wirkte. Ein Rezensent von 1816 erklärt*: »In Hinsicht auf Harmonie und Modulation ist vieles schärfer hinaufgetrieben, so dass sogar einige Stellen [...], auch bey delicater Behandlung, kaum zu ertragen sind, wenn man auch alles, was Regel heisst, gar nicht, und nur das Ohr befragt.« Gerade in dieser »Befragung« ein eigenes System zu entwickeln scheint etwas Typisches für Beethovens Arbeiten in jener Zeit zu sein – spätestens seit dem *Quartetto serioso*, vielleicht schon seit dem Mittelsatz des *Geistertrios*.

Daneben sind Tempo-Aspekte bemerkenswert – nicht zuletzt im Kontext der Sinfonien »ohne langsamen Satz«. Jürgen Uhde hat darauf hingewiesen, daß Beethoven die Tempoangaben außerordentlich klar faßt*: Nach dem ersten Satz, »mit Lebhaftigkeit und durchaus mit Empfindung und Ausdruck«, folgt der zweite »nicht zu geschwind und sehr singbar vorgetragen« – folglich wählt Beethoven für den ersten Satz eine positive Formulierung, um ein schnelles Tempo zu bezeichnen, bremst dieses aber durch die Betonung von »Empfindung und Ausdruck« ab; für den zweiten geht er ebenfalls von einem Schnell-Charakter aus, aber mit einer negativen Formulierung und der Betonung der Singbarkeit. So weiten die Überlegungen, die sich mit den Sinfonien des Jahres 1811/12 in Verbindung bringen lassen, auch den Kontext des Speziellen, den Beethoven im *Quartetto serioso* angelegt hat. Die Rückkehr zur Klaviersonate dürfte langwierige Vorüberlegungen erforderlich gemacht haben und sich in ihnen über den Tagesbezug einer Anspielung auf die Lebensverhältnisse Moritz von Lichnowskys weit hinausgehoben haben.

Seit den Kammermusikwerken der Zeit um 1810 ist somit ein Gegensatz in Beethovens Schaffen aufgebrochen. Auf der einen Seite stehen die bis heute publikumswirksamen Orchesterwerke jener Jahre, vor allem die Sinfonien Nr. 7 und 8 (zudem *Wellingtons Sieg*). Irgendetwas muß etwa in der gleichen Zeit dazu geführt haben, daß Beethoven daneben zunächst für die Gattung Streichquartett, dann auch für die Gattung Klaviersonate ein Schaffenshemmnis überwand – die Werke, die daraufhin entstanden, sprechen eine völlig andere Tonsprache als die älteren Werke der gleichen Gattung und auch als die gleichzeitigen Partnerwerke anderer Gattungen. Diese Tonsprache empfand Beethoven im *Quartetto serioso* anscheinend anfangs als nicht öffentlichkeitstauglich, folglich als bis ins Innerste privat; nach außen hin mußte dies zunächst unverständlich bleiben, und Beethoven wagte nur, damit enge Vertraute zu konfrontieren: Zmeskall bekam das Streichquartett gewidmet, Moritz von Lichnowsky die Klaviersonate. Erst später zeigen sich weitere Folgen (siehe S. 342); vorerst bleibt es bei einem eigenartigen Nebeneinander von »innen« und »außen«.

An die ferne Geliebte

Ein weiteres Werk, das dieses Nebeneinander von Unterschiedlichem in Beethovens Schaffen der Kongreß-Zeit unterstreicht, ist der Liederzyklus *An die ferne Geliebte* op. 98, den Beethoven im April 1816 abschloß. »Liederzyklus« ist in diesem Punkt ein fast irreführender Begriff, weil dieser eher für andere Konstruktionen vergeben ist – die aber deutlich weniger »zyklisch« sind. Unter diesem Begriff etwa erscheinen Werke, in denen Gedichte zu einer lockeren Geschichte zusammengefaßt sind wie in Schuberts *Schöner Müllerin* und *Winterreise* (auch wenn der Schluß beider »Geschichten« offen ist) oder auch Lieder-Folgen, in denen sich ein Komponist schlichtweg darauf beschränkt, Gedichte nur eines Dichters zu vertonen (Schumann, *Eichendorff-Liederkreis* oder *Dichterliebe* nach Gedichten von Heine). Noch lockerer ist der Zusammenhalt in Schuberts *Schwanengesang*: Die Vertonungen von Gedichten Ludwig Rellstabs und Heines sind jeweils bereits für sich genommen etwas ähnliches wie einer jener Schumann-Liederzyklen; daß sie posthum miteinander verbunden wurden und als Schluß *Die Taubenpost* (Text: Johann Gabriel Seidl) angefügt wurde, stört den Eindruck von etwas übergeordnet »Zyklischem« nicht. Derartiges wiederum hatte auch Beethoven komponiert, allerdings ohne daß man die betreffenden Lieder als »Zyklus« darstellte: Die ersten drei der sechs Lieder op. 75 (alle 1809 zumindest überarbeitet) basieren auf Gedichten Goethes – Mignons *Kennst du das Land*, ferner

Neue Liebe, neues Leben und die Floh-Ballade aus *Faust*; die Sechsergruppe
wird abgerundet von *Gretels Warnung* (Text: Gerhard Anton von Halem)
sowie *An den fernen Geliebten* und *Der Zufriedene* (Christian Ludwig
Reissig). Und nicht einmal die drei Gesänge op. 83 formieren im Kon-
zert-Bewußtsein einen »Zyklus«: die Goethe-Lieder *Wonne der Wehmut*,
Sehnsucht und *Mit einem gemalten Band* (beide Zyklen sind der Fürstin
Kinsky gewidmet, der Frau von Beethovens Förderer).

Der zyklische Charakter von *An die ferne Geliebte* übersteigt hingegen
die Konzeption aller anderer Zyklen: Hier handelt es sich nicht nur um
Gedichte eines einzelnen Dichters, die vom Komponisten zusammengefaßt werden, auch nicht nur um solche, die in einem (lockeren) inhaltlichen Sinn-Verhältnis zueinander stehen; vielmehr legt Beethoven auch
die Komposition so an, daß die Lieder direkt ineinander übergehen; seine
Überlegungen, attacca-Anschlüsse zu etablieren, erfassen hier also eine
Gattung, in der man Verbindendes auch akzeptierte, ohne daß es derart
fließende Übergänge gäbe. Er vertont einen Gedichtzyklus von Alois
Jeitteles, Medizinstudent an der Wiener Universität (eigentlich aus Brünn
stammend); wie Beethoven an die Texte gekommen ist (ob durch einen
Zufallsfund in einem Druck oder durch ein extra ihm zugegangenes
Manuskript), ist nicht restlos geklärt. Jeitteles' Zyklus umfaßt sechs
unterschiedlich gebaute Gedichte – unterschiedlich im Hinblick auf die
Zahl der Strophen (drei bis fünf pro Gedicht), die Zahl der Verse pro
Strophe (normalerweise vier, außer im fünften: sechs Verse) und den Bau
der einzelnen Verse (im zweiten und fünften Gedicht läuft der Text
anders als in den übrigen, wie die Übersicht der Textanfänge zeigt):

1. Auf dem Hügel sitz ich spähend
   in das blaue Nebelland   5 Strophen

2. Wo die Berge so blau
   aus dem nebligen Grau   3 Strophen

3. Leichte Segler in den Höhen
   und du, Bächlein, klein und schmal   5 Strophen

4. Diese Wolken in den Höhen,
   dieser Vöglein muntrer Zug   3 Strophen

5. Es kehret der Maien, es blühet die Au,
   die Lüfte, sie wehen so milde, so lau   3 Strophen

6. Nimm sie hin denn, diese Lieder,
   die ich dir, Geliebte, sang   4 Strophen

Beethoven greift in den Liedern zunächst das strophische Prinzip der Dichtungen auf; zwar schreibt er in keinem Fall ein echtes Strophenlied, variiert also stets die Musik von einer Strophe zur nächsten, doch der strophische Charakter der Dichtung wird unmißverständlich auch an den Hörer weitergegeben. Daneben aber negiert Beethoven die Ähnlichkeiten der Gedichte: Für jedes von ihnen komponiert er eine eigenständige Musik. Je zwei Lieder bezieht er in der Tonart aufeinander, doch er schreibt sie in unterschiedlichen Taktarten: Das erste und letzte Lied sind somit beide in Es-Dur komponiert (das erste im Dreiviertel-, das letzte im Zweivierteltakt), während die beiden Mittel-Lieder in As-Dur stehen (Nr. 3 im Viervierteltakt, Nr. 4 im Sechsachteltakt). Die beiden metrisch eigenständig gestalteten Lieder übernehmen Vermittlungsfunktionen: Nr. 2 (G-Dur) steht eine typische große Terz über dem Ausgangs-Es-Dur und eine mindestens ebenso typische kleine Sekund unter dem As-Dur von »Leichte Segler in den Höhen«, Nr. 5 hingegen auf C als der Terz zwischen As und Es (in den Taktarten ist die Konstruktion einfacher: Die Nummern 2/3 und 4/5 bilden Paare, so daß Nr. 2 ein Sechsachteltakt wird wie Nr. 4, Nr. 5 ein Viervierteltakt wie Nr. 3).

Bis hierhin scheint Beethoven seiner Tradition und seiner Praxis treu zu sein: Experimente mit einer attacca-Verschmelzung der Sätze reichen ebenso weit zurück wie ein eher noch unspektakuläres Ausbalancieren von Terzverwandtschaften (auch: als Variierung eines Werkzyklus – schon die Variationen op. 34 weisen in diese Richtung); strophische Prinzipien prägen seine Liedtechnik schon traditionell. Doch in diesem Kontext fast unerwartet, bricht die letzte Strophe des sechsten Liedes aus dem vorgezeichneten Rahmen aus, und Beethoven kommt für sie auf die Musik zurück, die er für die erste Strophe des ersten Liedes komponiert hat; er nimmt sie zum Anlaß einer Coda und weitet sie zu einer Apotheose des Zyklus aus. Ein idealer »Zyklus« in musikalischer, aber auch in textlicher Hinsicht: Es ist Jeitteles' Vorgabe, keine »Geschichte« zu erzählen (die von einem Anfang zu einem davon entfernten Ziel hätte fortschreiten müssen), sondern die Gedichte, die er »an die ferne Geliebte« richtet, nur als ein locker verbundenes Ganzes anzulegen; und das zyklische Prinzip so weitgehend umzusetzen war für Beethoven nur möglich, weil Jeitteles immer wieder auf die poetischen Strukturen seines Zyklus-Beginns zurückkommt. Daß die Ziele des Dichters (der das Bewußtsein für die Gleichheit der Textstrukturen wachhält) andere waren als die des Komponisten (der diese nur dazu benutzt, daß er den Zyklus-Gedanken vom Schluß her klarstellt), ist eher eine Randerscheinung.

15. Kapitel

»*Pour le Pianoforte*«

Die späten Klaviersonaten

Übergang zum Spätwerk?

Die »späten« Klaviersonaten Beethovens sind ein Werkkomplex, dessen Zusammensetzung sich in gewisser Hinsicht gegen deren Entstehungsgeschichte ergibt*: Im Kern steht eine Dreiergruppe von Werken, die auch in den Opus-Nummern einander benachbart sind (als op. 109-111) und in den Jahren 1820-22 entstanden. Doch man ist geneigt, auch noch die *Große Sonate für das Hammerklavier* op. 106 von 1817/18 hinzurechnen, die nur rund zwei Jahre vor der Sonate op. 109 anzusetzen ist. Schon schwerer tut man sich mit der A-Dur-Sonate op. 101, obgleich zwischen ihrer Vollendung (Ende 1816) und den Anfängen an der *Hammerklavier-Sonate* nur rund ein Jahr verstrich; und die Lage wird noch problematischer, weil der Abstand zwischen der Sonate op. 101 und der e-Moll-Sonate op. 90 (Reinschrift-Beginn oder -Abschluß datiert am 16. August 1814) demjenigen vergleichbar ist, der zwischen den nachfolgenden Werken entsteht. Bei dieser Sonate muß folglich in irgendeiner Hinsicht ein Startpunkt gelegen haben – in der Zeit des Wiener Kongresses.

Am Beispiel der »späten Klaviersonaten« wird aber zudem deutlich, welche Probleme es mit der traditionell üblichen Abgrenzung von Beethovens Spätwerk gibt: Nur wenn man sich mit jener Benennung auf die drei Sonaten op. 109-111 beschränkt, gibt es jene Probleme nicht, doch gerade diese Beschränkung ist aufgrund der Schaffensentwicklung fragwürdig. Die Abgrenzung eines Beethovenschen Spätwerks überhaupt scheint zudem von größer besetzten Werken auszugehen: primär von Werken wie den Sinfonien Nr. 7 und 8 sowie *Wellingtons Sieg* (auch dramatische und vokale Werke wie die Schauspielmusiken *Die Ruinen von Athen* und *König Stephan* von 1811 oder die Gelegenheitskantate *Der glorreiche Augenblick* zum Wiener Kongreß stützen dieses Bild). Den

»späten« Gegenpart zu diesem Werke-Block bilden die *Missa solemnis*, an der Beethoven seit 1818 arbeitete, daraufhin auch die Neunte. Diese Strukturierung des Schaffens stützt den Gedanken, daß es in jener Zeit eine fundamentale Grenze zwischen zwei Schaffensabschnitten gegeben habe. Die Klaviersonaten legen aber einen anderen Gedanken nahe: den einer Kontinuität. Zunächst läßt sich durchaus erkennen, daß gerade diese Werkgruppe die Jahre 1814-22 überspannt, die Zeit also, in der auf dem Sektor größer besetzter Musik jener »Bruch« liegt. Doch weil sich etwa die besondere Musiksprache der Klaviersonate op. 90 schon aus *Geistertrio* und *Quartetto serioso* herleiten läßt (in zunehmender Konkretheit), liegen die Wurzeln für diese kontinuierliche Entwicklung schon in deutlich früherer Zeit. Das Spätwerk abzugrenzen wird unter diesen Bedingungen zu einem fast aussichtslosen Unterfangen.

Wie bedeutsam ist es aber, wenn in der Entwicklung eines Komponisten in einem abgrenzbaren Teilbereich (auf dem Gebiet orchestraler oder größer besetzter vokaler Musik) eine Lücke entsteht? Läßt sich daraus wirklich eine Fundamental-Gliederung für Beethovens Schaffen ableiten? Vergleichbare Schaffenslücken hat es für Beethoven auch in anderen Gattungen gegeben, in derjenigen der Klaviersonate beispielsweise zwischen der Sonate op. 81a (*Les Adieux*, 1809/10) und der Sonate op. 90 (1814), so daß man theoretisch zwischen diesen beiden einen entsprechenden »Übergang vom mittleren zum späteren Werk« vermuten könnte. Hat sich dieser also in den Gattungen zeitversetzt ereignet? Doch dann geriete man zunächst mit den Streichquartetten in Schwierigkeiten; mehrjährige Schaffenspausen liegen sowohl vor als auch nach dem *Quartetto serioso*; einer der beiden Schaffenspausen käme somit einer stärker gliedernde Bedeutung zu als der anderen. Und bei genauerer Betrachtung erwiese sich diese Sehweise als Bumerang für die Einschätzung des Orchesterwerks – denn je weiter man die Schaffensgrenze-Überlegungen führte, um so größer wäre der Erklärungsbedarf dafür, daß Beethoven noch »mittlere« Orchesterwerke schrieb, als er schon dazu übergegangen war, »späte« Klaviersonaten zu komponieren. Damit leitete man aus der historischen Differenzierung Wertbegriffe auf Kosten der Siebten und Achten ab, ebenso wie man in der klassischen »Drei-Phasen-Lehre« an den Besonderheiten jener intimeren, privateren Musik vorbeiargumentiert; man diskreditierte schlichtweg den künstlerischen Rang auch dieser »öffentlicheren« Werke – beide Bereiche verlangen aber gleichermaßen nach ihrem Recht.

Folglich hätte es aus Beethovens Komponieren der Zeit um 1810/15 heraus zwei grundlegend unterschiedliche Ansätze nebeneinander gegeben: den kammermusikalischen und den orchestralen. Mehr bräuchte man nicht festzustellen, denn damit sagte man nur, daß Beethoven generell die spezifischen Möglichkeiten der Klangträger, für die er komponierte, radikal ausschöpfte; und diese liegen für jene beiden Ansätze auf unterschiedlichen Sektoren. Beethoven mag es zwar unmöglich erschienen sein, daß die komplexe Harmonik des *Quartetto serioso* von einer großen Orchesterbesetzung in gleicher Prägnanz dargelegt werden könne wie von einem Streichquartett; ebenso schwer fiele es aber, sich die Klangfarben- und Instrumentationstechniken von *Wellingtons Sieg* oder diejenigen des Allegretto scherzando aus der Achten auf ein Streichquartett reduziert zu denken. Letztlich sind zwar auch die Möglichkeiten eines Ensembles aus den drei verschiedenen Streichquartett-Instrumenten (Violine, Viola, Violoncello) anders als die eines einzigen Klaviers; dennoch hat Beethoven diese beiden Instrumentationsformen in einer engen Nachbarschaft gesehen, gerade in jener Zeit. 1817 arbeitete er das Klaviertrio op. 1 Nr. 3 zu einem Streichquintett um (op. 104); dies bedeutete im wesentlichen, den Klavierpart auf drei Streichinstrumente zu übertragen und aus der Summe der zwei originären und der drei neuen Parts des Werks einen sinnvollen Satz zusammenzustellen (umgekehrt schrieb er 1826 die *Große Fuge für Streichquartett* op. 133 für Klavier zu vier Händen um: op. 134). Und auf der gleichen Ebene liegt es, daß Beethoven um 1815 gerade in einer Klaviersonate (op. 90) einen Weg fand, eine spezielle, in Kammermusikwerken (op. 70/1, op. 95) entwickelte Musiksprache zu einer neuen »Grammatik« zu verallgemeinern; auf diesem Weg fuhr er mit jenen »späten« Klaviersonaten fort. Aus der Werkgruppe, die beim Beschreiten dieses Weges entstand, läßt sich daher keines der eingangs genannten Werke ausschließen – von der e-Moll-Sonate op. 90 bis zur c-Moll-Sonate op. 111. »Spät« bedeutet dabei ohnehin lediglich, daß es die letzten Klaviersonaten waren, die Beethoven schrieb; daß Beethoven diese Gruppe nach Anfang 1822 nicht weiter ausbaute, relativiert den Eindruck von etwas »Spätem« – mit Blick auf Beethovens weitere fünf Lebensjahre ebenso wie mit Blick darauf, daß er eben zuvor sein 51. Lebensjahr vollendet hatte.

Somit wird die »Lücke«, die auf dem Gebiet der Orchestermusik zwischen 1813/15 und 1818 klafft, von den Klaviersonaten überspannt, die seit 1814 entstanden. Vor diesem Hintergrund klärte sich auch ein anderes Detail: Beethoven hat nach gängiger Ansicht in den Jahren nach 1814/15 eine Schaffenskrise durchgemacht, die man in der Regel etwa mit dem Prozeß um die Vormundschaft für den Neffen Karl verbunden sieht; er habe in jener Zeit kaum ein größeres Werk vollendet. Eine solche Sehweise wertet Beethovens Schaffen allerdings rein quantitativ. Kann man aber das Wirken eines Künstlers »zählen«? Es ist durchaus richtig, daß in jener Zeit kein vergleichbarer Schaffensrausch festzustellen ist wie der, der etwa das Jahr 1806 prägt: Dieses wird etwa von der Fertigstellung der 4. Sinfonie, der *Rasumowsky-Quartette*, des 4. Klavierkonzerts und des Violinkonzerts ausgezeichnet. Man sollte aber auch qualitative Aspekte berücksichtigen – und fragen, unter welchen Bedingungen ein Arbeitsjahr fruchtbar sein kann, ohne eine große Zahl von Werk-Früchten zu zeitigen. Dies wäre etwa dann gegeben, wenn Beethoven aus irgendeinem Grund zunehmend Zeit zum Komponieren eines einzelnen Werks benötigte. Wann aber dauert das Komponieren besonders lange? Die Antwort ist verblüffend einfach: dann, wenn es sich gewissermaßen auf jeder Note zu einem diffizilen Entscheidungsprozeß auswächst – wenn man jede dieser Entscheidungen nicht frei einsetzt (auf der Basis von Eingebung oder auf der Grundlage einer klar vorformulierten Grammatik), sondern eben jede intensiv überdenkt. Schon Werke wie das *Quartetto serioso* und die Klaviersonate op. 90 folgen einer differenzierteren Musiksprache dieser Art; daß deren Anwendung (und: deren werkbezogene Formulierung) mehr Zeit beanspruchte als das Arbeiten an anderen Kompositionen, dürfte verständlich sein und die Ausdünnung der quantitativen Fruchtbarkeit restlos erklären.

Eine neue Dur-Grammatik: Opus 109

Die e-Moll-Klaviersonate op. 90 legt Grundaspekte der neuen musikalischen »Grammatik« offen, die sich etwa seit dem Mittelsatz des *Geistertrios* und dem *Quartetto serioso* anscheinend sukzessive konkretisierten. Gemeinsam ist allen drei Werkkonstellationen das Tongeschlecht: ein Moll, in dem den Dur-Eintritten eine Überraschungsfunktion zufallen kann (vgl. S. 333). Diese spezifische Dur-Funktion kann sich natürlicherweise nicht auch in solchen Stücken ergeben, die von vornherein in Dur stehen; es fehlte der Kontrast. Und dennoch gelangte Beethoven nun zu einer Konzeption, in der eine Dur-Version dieser »neuen Grammatik« möglich war; beispielhaft knapp legte er dieses im ersten Satz der E-Dur-Sonate op. 109 an. Somit eignet sich diese Sonate zwar besonders dafür, die Hintergründe des Kompositionsverfahrens in einer neuen Etappe zu beleuchten; eine entsprechende Sublimierung steigert freilich andererseits auch die Komplexität.

Ist aber der erste Satz der Sonate op. 109 überhaupt »ein Satz« im traditionellen Wortsinn? Nach acht Vivace-Takten im Zweivierteltakt folgen ebenfalls acht Adagio-Takte im Dreivierteltakt, ehe das »Tempo primo« wieder da ist; und dieser Wechsel ergibt sich im Verlauf des Satzes noch ein weiteres Mal. Was steckt hinter der Konstruktion? Besonders schnell ist Edwin Fischer in seinen berühmten Vorlesungen über Beethovens Klaviersonaten mit diesem Satz »fertig« gewesen; er meint*: »Der erste Satz ist in reiner [!] Sonatenform gehalten, das Adagio espressivo ist das zweite Thema.« Doch dies erforderte eine Erklärung; die Tempodifferenzierung könnte ja ebensogut auch eine Art Satzdifferenzierung sein.

Aus der Tempodifferenzierung läßt sich zunächst jene fünfgliedrige Anlage ableiten; ein weiterer Gliederungspunkt ergibt sich aus der Motivik: damit, daß mitten in der zweiten Vivace-Strecke neuerlich das Hauptthema in der Grundtonart einsetzt (T. 49). Hier einen Reprisenbeginn anzunehmen erschiene demnach als nicht abwegig. Somit wäre der vorausgehende Tempo-primo-Anteil als Durchführung zu werten, und das abschließende fünfte Satzglied (der dritte Vivace-Abschnitt) hätte eine Coda-Funktion. Exposition und Reprise hätten also jeweils einen Vivace-Beginn und einen Adagio-Schluß; Durchführung und Coda stehen durchweg im Vivace, wobei der Übergang von der Durchführung in die Reprise nicht aus dem Tempo-Kontrast erlebbar ist, sondern nur aus der Motivik heraus. Edwin Fischers Beschreibung ist von daher also plausibel.

Das Hauptthema bietet zudem, so knapp es ist, praktisch keine Probleme: Es umfaßt acht Takte (eigentümlicherweise wird in vielen Ausgaben der Auftakt bereits als »Takt 1« gezählt, obgleich dies jeglicher Musikpraxis widerspricht und somit zum Eindruck einer – komplexeren – neuntaktigen Eröffnung führte; Notenbeispiel 21). Diese acht Takte gliedern sich in vier Takte Vordersatz und in einen viertaktigen Nachsatz, der zunächst die Musik des Anfangstakts aufgreift und von dort zu einem andersartigen Ziel führt: Am Schluß von Takt 8 steht der Leitton Ais, der ein H nach sich ziehen müßte – im Rahmen einer Kadenz in der Dominante. Mit dieser wäre also bereits die Tonart erreicht, die das Seitenthema regieren könnte. Kürzer ist eine organische Entwicklung von der Tonika zur Dominante kaum denkbar.

Doch die Dominante tritt nicht ein; an ihrer Stelle erklingt ein Akkord, für den das Ais nach A zurückgestuft wird. Anscheinend verbaut sich Beethoven die tonartlichen Möglichkeiten, die er eigentlich schon geschaffen hat, hier noch vorsätzlich. Rein von diesem Standpunkt der Harmonik her betrachtet, könnte das Nachfolgende also noch nicht »Seitenthema« sein. Und dennoch kommt man nicht umhin, diese Interpretation zu akzeptieren. Was also geschieht in jenen Adagio-Takten – und was wird dort tatsächlich auf H-Dur bezogen?

In H-Dur steht zunächst der Beginn von Takt 11, mit dem Beethoven neuerlich eine H-Dur-Kadenz vorbereitet und neuerlich im letzten Moment vereitelt; auf der letzten Note von Takt 13 tritt H-Dur dann ebenso unerwartet ein wie zuvor all die Ausweich-Klänge, die jenes H-Dur verhinderten. Nun aber beherrscht es die verbleibenden Adagio-Takte, ist auch gewissermaßen deren harmonisches Ziel und wird daraufhin schon mit den ersten Takten des Vivace-Neueinsatzes wieder weggewischt.

Diese Beobachtung enthält einen Hinweis darauf, an welcher Stelle man am einfachsten in die Satzkonzeption eindringen kann: Man kann sich auf die Betrachtung dessen beschränken, wie Beethoven jenes H-Dur auf der letzten Note von Takt 13 erreicht – dort, wo ihn ein Überraschungseffekt zum »normalen« Ziel führt. Dieser letzte Klang des Taktes hat mit dem vorigen das Dis im Baß gemeinsam; aus diesem vorausgehenden Klang wird ansonsten im oberen Notensystem ein Fisis nach Fis versetzt, im unteren ein Ais nach H – oben also einen Halbton abwärts, unten einen Halbton aufwärts. Genau dies ist Beethovens Konstruktionsprinzip; denn er schöpft damit eine besondere Eigenschaft solcher Halbtonschritte aus: Wenn man etwa eine Tonleiter aufwärts singt oder spielt, zwingt deren vorletzter Ton einen, auch den letzten Schritt zu tun – den letzten Halbtonschritt zur Oktave. Beethoven operiert hier mit zwei derartigen »Leittönen« zugleich; einer von ihnen weist abwärts, der andere aufwärts. Er gewinnt sie aus einem (verminderten) Dreiklang, ohne daß man diese Zielrichtung von vornherein hätte erahnen können. Diesem Akkord hingegen hat man sich zuvor ausgiebig gewidmet; seine Töne haben zunächst den ganzen Takt beherrscht. Diesen Akkord wiederum hat er am Ende von Takt 12 über eine gleichartige Konstruktion vorbereitet: Auch dort wird ein verminderter Dreiklang erst auf dem letzten Ton aufgehoben – wesentlich bedingt durch den Halbtonschritt Gis-Fisis im oberen Notensystem, mit dem scheinbar ein Dis-Dur-Klang erreicht, dieser aber in jenen verminderten Akkord von Takt 13 umgewandelt wird. Und jener verminderte Akkord aus Takt 12

ist über ähnliche Halbton-Verschiebungen am Schluß von Takt 11
zustandegekommen – mit ihnen hat Beethoven dort aber gerade verhin-
dert, daß das H-Dur-Ziel erreicht würde. Man könnte nun freilich die
Dis-Dur-Andeutung und das H-Dur-Ziel (Takt 12/13) zueinander in
Beziehung setzen; damit erwiese sich Beethovens Vorgehen als die Arbeit

Notenbeispiel 21:
Klaviersonate E-Dur op. 109,
1. Satz, Beginn (T. 1, Vivace ma non troppo:
»Hauptthema«; T. 9, Adagio espressivo: »Seitenthema«)

mit einer jener Großterz-Verwandtschaften, die er so fruchtbar ausschöpfen konnte. Doch im Detail schafft erst der »Gang über die Leittöne« die eigentliche Vermittlung.

Nach dem gleichen »leittönigen« Prinzip werden etwa auch die ersten Adagio-Takte behandelt: Der verminderte Akkord, der anstelle des Kadenzziels eintritt, führt in Takt 10 zu einem klaren cis-Moll; hierfür benötigt Beethoven den Leitton His (also einen Halbton tiefer) – dieser aber ist von vornherein in jenem verminderten Akkord enthalten. Das nächste »Ziel« ist dann die scheinbare Wiederherstellung der Ordnung in Takt 11, dort, wo Beethoven zu einer H-Dur-Kadenz ausholt; um dieses von cis-Moll aus zu erreichen, braucht er die vorausgegangene Musik nur um einen Ganzton abwärts zu versetzen, und daß dabei der Leitton Ais wiederum eine Rolle spielt, ist selbstverständlich. Wichtig ist aber nicht nur diese eine Versetzung, sondern der Kontext, der sich für die Entwicklung seit Takt 8 ergibt – in Halbtönen und folglich in deren Leitton-Wirkung. Zunächst führt das Ais (Takt 8, Schluß) nicht aufwärts nach H, sondern abwärts nach A; zu diesem tritt ein His hinzu, das nach Cis aufgelöst wird, und die Wiederholung dieses Schritts (als Ais-H) ist dann nur noch reine Formsache.

Beethoven knüpft damit an zwei Grundkonstituenten an, die ihm auf dem Wege zur Sonate op. 90 als »neue Grammatik« zunächst nur in Moll-Tonarten zugänglich geworden waren. Erstens: In jenen Moll-Umgebungen hatte er eine besondere Dur-Wirkung daraus entwickelt, daß er unerwartet Dur-Klänge einsetzte, die von den benachbarten Moll-Klängen jeweils um einen Halbton entfernt sind: die Welt des »neapolitanischen Sextakkords« und den Trugschluß. In Dur hat er lediglich die Halbton-Konstruktion verallgemeinert: indem er die Leitton-Eigenschaften derartiger Halbtonschritte ausnutzte. Zweitens: Beethovens »Blick« geht beim Konstruieren harmonischer Verhältnisse weit voraus; auf ein Ziel hin, das er vor Augen hat, kann er musikalische Entwicklungen auch dann anlegen, wenn diese erst im nachhinein als plausibel erscheinen. Beides wird miteinander kombiniert; ohne die Überraschungs-Wirkung wären die Halbton-Konstruktionen ja nicht halb so viel wert.

Bei alledem bleiben aber die tonartlichen Grundkonstituenten eines Dur-Satzes gewahrt (ähnlich wie in der Sonate op. 90 in Moll): Der Tonika-Eindruck zu Beginn steht nicht zur Disposition; das bloße Erreichen der Dominante als zweiter tonartlicher Ebene wird zwar schon problematisiert, aber was Beethoven meint, bleibt dennoch klar erkenn-

bar. Nach einem weiteren Satzglied (»Durchführung«) tritt das Anfangsthema wieder ein und ebenso wenig später die Adagio-Musik, nun von
der Dominant- auf die Tonikaregion versetzt; auch dies entspricht dem
Sonatenform-Weltbild der nachfolgenden Generationen, weil man es als
Reprise interpretieren kann. Das eigentlich Besondere liegt also wiederum darin, wie Beethoven dieses Muster ausfüllt: Deutlicher als damit,
wie er sich im ersten Adagio-Abschnitt um die Dominantregion gleichsam herumdrückt, kann er seinem Hörer gar nicht sagen, daß diese
Dominantregion eigentlich das Normale wäre – das nämlich, was man
erwartete. Freilich muß man sehr gut zuhören und Beethoven in seiner so
»privaten« Konstruktion zu folgen bereit sein.

   Der E-Dur-Sonate gehen in Beethovens Schaffen zwei weitere Dur-
Sonaten voraus, die A-Dur-Sonate op. 101 und die B-Dur-Sonate
op. 106. In beide dringt dieses Prinzip weniger ein – am ehesten in die
langsamen Moll-Sätze (in denen Beethoven mit der Halbton-Konstruktion lediglich den so wirkungsvollen Standard-Kontrast Moll/Dur zu
benutzen braucht), sekundär auch in die fugischen Abschnitte, in denen
die Halbton-Beziehungen aber zum Eindruck einer umfassenden Chromatik geweitet erscheinen (das fugische Prinzip erhält damit eine Schärfung, der man sich eigens zuzuwenden hat). Somit kann die Suche nach
der Dur-Version jener »neuen Harmonik« aber auch nicht das einzige
gewesen sein, was Beethoven in jener Zeit interessierte; vor diesem
Hintergrund müßte man Werke wie die A-Dur-Sonate op. 101 und die
B-Dur-Sonate op. 106 schlichtweg als Fehlschläge bezeichnen, denn in
ihnen (bzw.: in ihren Dur-Teilen) wird dieses Konzept praktisch nicht
wirksam – und der Terminus »Fehlschlag« ginge an diesen Werken
radikal vorbei. Zudem: Die Knappheit der Konstruktion, der man im
Anfangssatz der Sonate op. 109 begegnet, ist an sich nicht das Übliche in
jenen Sonaten insgesamt; diesem Anfangssatz ist darin allenfalls derjenige
der Sonate op. 101 vergleichbar. Es sind also vorwiegend breiter gelagerte, monumentalere Konzeptionen, denen man in den übrigen Sonaten
(und: in den übrigen Sätzen auch dieser beiden Werke) begegnet. Knappheit und Monumentalität erfordern allerdings einen gleichartigen
Arbeitsansatz: ein extremes Ausbalancieren dessen, was man in der
Musik »sagen« will. Daß dies auch ein Zeitfaktor beim Komponieren ist,
dürfte folglich verständlich sein.

Anders als für das *Quartetto serioso* lag schon für die e-Moll-Sonate zwischen Entstehung und Druck ein eher »normaler« Zeitabstand von knapp einem Jahr. So »privat« die Tonsprache gewesen sein mag, in der auch dieses Werk konzipiert wurde, so wenig hing Beethoven weiterhin dem *Quartetto-serioso*-Gedanken nach, ein derartiges Werk sei nicht für die Öffentlichkeit geschrieben. Dennoch setzt sich auch für die späten Klaviersonaten der »privatere« Charakter in den Widmungen der (eben ja für eine breitere Öffentlichkeit bestimmten) Druckausgaben fort. Die

Klaviersonate e-Moll op. 90	
1 Mit Lebhaftigkeit und durchaus mit Empfindung und Ausdruck	e
2 Nicht zu geschwind und sehr singbar vorgetragen	E

A-Dur-Sonate op. 101 widmete er somit seiner langjährigen Klavierschülerin und Verehrerin Dorothea Ertmann; für die *Hammerklavier-Sonate* (B-Dur, op. 106) ist neuerlich Erzherzog Rudolph der Widmungsempfänger, der als so wichtiger Förderer von Beethoven also mit einem weiteren großen Werk in Verbindung gebracht wird (ebenso nochmals drei Jahre später mit der c-Moll-Sonate op. 111, Beethovens letzter Klaviersonate). Die E-Dur-Sonate op. 109 aus dem Jahr 1820 hingegen, das Werk in jener komplexen Dur-Sprache, hat auch in diesem Zusammenhang eine bemerkenswerte Funktion: Beethoven dedizierte sie 1821 der mittlerweile knapp zwanzigjährigen Maximiliane Brentano, womit auf seine fortdauernden Beziehungen zu jener Familie ein besonderes Licht fällt (es ist eben nicht »nur zufällig« eine Dedikation, sondern obendrein die einer besonderen Sonate). Wesentlich »öffentlicher« wirkt hingegen die As-Dur-Sonate op. 110, die ohne Widmung erschien.

Zugleich entwickelte Beethoven in der Satzfolge und Satzgestaltung die Rahmenbedingungen wesentlich fort. Zunächst bleibt dies dem von außen Betrachtenden noch verborgen: Die A-Dur-Sonate op. 101 mag als ein »normales« viersätziges Werk wirken – ausgehend von einem schnellen Satz, an den sich ein Scherzo anschließt und dem erst danach ein langsames Satzglied folgt; dieses erweist sich längerfristig als Einleitung des schnellen Schlußsatzes, steht damit also in einer Konstruktion, die an die Vorbereitung des *Waldstein-Sonaten*-Finales erinnert. Doch beim Übergang von »langsam« zu »schnell« klingt zunächst (als Beginn des Finales) die Musik an, die auch den ersten Satz eingeleitet hat. Somit wird die Satz-Verklammerung im Sonaten-Inneren nachhaltig intensiviert, und damit ist die Satzfolge einer solchen Sonate eben nicht mehr »normal«. Auf einer anderen Ebene liegt ein weiteres Detail, an dem man vielleicht fast achtlos vorübergeht, das aber für die späten Klaviersonaten eine Signalwirkung hat: Im Kernbereich des Finales schreibt Beethoven eine Fuge. Durchführungsabschnitte können freilich stets derart kontrapunktisch überhöht werden; doch ein Kontext hierfür ergibt sich schon aus der nächsten Sonate: In der *Hammerklavier-Sonate* wird der komplette Schlußsatz fugisch angelegt.

Auch in weiteren Aspekten scheint diese der Sonate op. 101 eng verwandt zu sein: Wiederum stellt Beethoven das Scherzo an die zweite Stelle im Werkverlauf; allerdings greift hier der Beginn des vierten Satzes nicht auf die Anfangsmusik zurück. Ebenso aber, wie Beethoven das Fugische auf den gesamten Schlußsatz ausweitet, legt er auch anderes deutlich breiter an. Diese Fuge etwa erhält eine eigene langsame Einleitung, nicht aber (wie in op. 101) so, daß diese Funktion zugleich im langsamen Satz aufginge, sondern abgesetzt von einem solchen. Diese Folge »langsam-langsam« ist freilich außergewöhnlich; und Beethoven ist sich dessen wohl durchaus bewußt gewesen, daß dies dem üblichen Kontrastprinzip zweier benachbarter Sätze widerspreche, denn er geht dieser so geringen Kontrastwirkung unverhüllt nach. So hat es den Anschein, als könne sich Beethoven in jener Introduktion kaum von der Welt des »eigentlichen« langsamen Satzes lösen: Dieser endet in Fis-Dur, der Schlußsatz hingegen hat wieder in der Grundtonart der gesamten Sonate zu stehen (B-Dur) – er beginnt mit einem breitgelagerten F-Klang, der folglich als Dominante jenes B-Dur vorbereiten könnte. Doch Beethoven denkt zunächst »leittönig«: F liegt einen typischen Halbton unter dem Fis des vorausgegangenen Satzes und wirkt neben diesem als Leitton (auf Ges bezogen). So bekommt man in der »langsamen Einleitung« des Schlußsatzes zunächst nur jenes F zu hören, und daraufhin scheint Beethoven mit dem Ges-Dur in der Welt des Satzes zuvor fortzufahren (der Unterschied zwischen Fis und Ges wird auf dem Klavier unter keinen Umständen hörbar). Ebenso »leittönig« eröffnet Beethoven aber zuvor auch den langsamen Satz selbst: Das Scherzo (zweiter Satz) endet in B-Dur; das Adagio sostenuto beginnt daraufhin lediglich mit einem A des Pianisten – einen Halbton tiefer, und über ein ebenso schlichtes Cis wird dann die fis-Moll-Welt vorbereitet (Notenbeispiel 22). Und das Scherzo selbst: In ihm wartet Beethoven mit einer besonderen Überraschung für den Hörer auf. Wie es die Regel ist, enthält es einen Mittelteil, der dem Menuett-Trio vergleichbar ist. Dessen Klangwelt glaubt man schon bald begriffen zu haben: Beethoven läßt die B-Dur-Welt nach b-Moll umschlagen. Doch das Scherzo hat noch eine zweite Pointe: Plötzlich ergibt sich in dieser b-Moll-Welt ein Presto-

Notenbeispiel 22:
Klaviersonate B-Dur op. 106 (»Hammerklavier«),
Übergang vom 2. Satz (B-Dur) zum 3. Satz (fis-Moll)

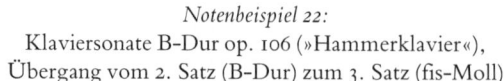

Abschnitt – obendrein nicht im Dreiertakt wie der übrige Satz, sondern geradtaktig. Die charakteristische Taktart des Satztypus »Scherzo« bleibt also von Beethovens Überlegungen nicht ausgespart.

Daß in der Sonate op. 101 ebenso wie in der *Hammerklavier-Sonate* das Scherzo gleich nach dem Anfangssatz folgt, entwickelt Beethoven in der Sonate op. 109 auf besondere Weise fort. Sie beginnt mit dem betrachteten Zweivierteltakt-Vivace in E-Dur; an sie schließt sich nicht mehr ausdrücklich ein Satz in Scherzo-Typik an, sondern ein gewissermaßen »freies« e-Moll-Prestissimo im Sechsachteltakt – jedenfalls also folgt auf den schnellen Anfangssatz kein langsamer Satz, sondern ein noch schnellerer. Die Sonate ist zudem nicht mehr viersätzig wie die vorausgegange-

Klaviersonate E-Dur op. 109	
1 Vivace, ma non troppo (+ Adagio espressivo)	E
2 Prestissimo	e
3 Andante molto cantabile ed espressivo	E
Gesangvoll, mit innigster Empfindung	

Klaviersonate As-Dur op. 110	
1 Moderato cantabile molto espressivo	As
2 Allegro molto	f
3 Adagio ma non troppo	b-as
»Recitativo« – »Arioso dolente«	
4 Fuga. Allegro ma non troppo	As
L'istesso tempo di Arioso	
L'istesso tempo della Fuga poi a poi di nuovo vivente	

nen, sondern nur dreisätzig, und der letzte Satz ist der langsamste von allen: »Andante molto cantabile ed espressivo«, ein Variationenzyklus. Schnell – am schnellsten – relativ langsam: Dies erscheint als eine ziemlich unausgewogene Satzfolge. Doch gewissermaßen entsteht sie durch Erweiterung der Zweisätzigkeit, in der auch die Sonate op. 90 angelegt ist: Die Klangwelt in den Schlußsätzen beider Sonaten wirkt ausgesprochen ähnlich (derjenige in der Sonate op. 90 soll »nicht zu geschwind und sehr singbar vorgetragen« werden).

Die Satzfolgen der Sonaten op. 109 und 106 scheint daraufhin die As-Dur-Sonate op. 110 miteinander zu verschmelzen: Lediglich in einem Moderato beginnend, führt Beethoven auch diese Sonate in einem zweiten (schnellen) Satz fort, der ebenso in Moll steht wie derjenige der Sonate op. 109. Der »langsame Satz« scheint zudem ähnlich breit gefaßt zu sein wie in der *Hammerklavier-Sonate*; besonderes Gewicht erhält er aus seinem intensiv »singenden«, »klagenden« Schlußabschnitt heraus, den Beethoven »Arioso dolente« betitelt hat. Dennoch bleibt es bei einer Introduktionswirkung dieses langsamen Teils – denn Beethoven läßt ihn in eine ausgedehnte Fuge münden, und diese wird in der Satzmitte nochmals von einem »Arioso-dolente«-Abschnitt unterbrochen. Noch ein Stückchen knapper scheint die Satzfolge-Frage in der c-Moll-Sonate op. 111 gefaßt zu sein: Aus einem Allegro con brio mit Maestoso-Einlei-

---

Klaviersonate c-Moll op. 111
1   Maestoso – Allegro con brio ed appassionato   c
2   Arietta. Adagio molto semplice e cantabile   C

---

tung entwickelt Beethoven einen in langsamem Tempo entwickelten Variationenzyklus.

Die Eckpunkte »relativ schneller Beginn« und »relativ langsamer Schluß« scheinen also für Beethoven seit der e-Moll-Sonate op. 90 zu einer besonders günstigen Klaviersonaten-Ausdrucksform geworden zu sein; in diese lagerte er vorzugsweise einen noch schnelleren Mittelsatz ein (hierzu gibt die besondere Viersätzigkeit der Sonate op. 101 einen Impuls). Satzgrenzen werden häufig buchstäblich »überspielt« – sei es daß mehrere Sätze miteinander musikalisch verflochten werden, sei es darin, daß Beethoven besondere Klangbeziehungen (vorwiegend: »leittönige«) zwischen den einzelnen Sätzen entstehen läßt. Als Schluß-Satzglied entsteht dabei in jedem der Werke entweder ein Variationenzyklus (op. 109, 111) oder – wiederum unter Fortentwicklung der in op. 101 angelegten Prinzipien – ein fugischer Satz (op. 106, 110). Ihnen hat besondere Aufmerksamkeit zu gelten – nicht nur mit Blick auf diese Klaviersonaten, sondern wegen der Bedeutung, die jene Formen für Beethovens »Spätwerk« insgesamt haben.

Variationen und Fugen

Es wäre geradezu unverständlich, wenn Beethoven in jener Zeit die Variationentechnik und die fugischen Prinzipien, jene alten, bis Bonner Zeit zurückreichenden Obsessionen, bei diesem Abwägen des Denkbaren außer acht gelassen hätte. Doch sein Experimentieren ist nicht Selbstzweck, sondern ein Hinterfragen der technischen Möglichkeiten, ein Diskurs mit dem Publikum über das Machbare und darin – bei näherer Betrachtung nur wenig erstaunlich – über das eigentlich Normale in der Musik.

Wie erwähnt, erschließt sich Beethoven in den Fugen gewissermaßen von selbst ein Aktionsfeld, auf dem er besonders gewagt chromatische Mittel einsetzen kann. Schon darin also zeigt sich, daß es Beethoven nicht um ein schulmäßige Ausloten des Fugischen gegangen sein kann. Besonders offen erklärt er das, was er tut, in der Schlußfuge der *Hammerklavier-Sonate*: »Fuga a tre voci con alcune licenze« schreibt er über die Noten – eine dreistimmige Fuge mit einigen Freiheiten solle es also werden. Die erste von ihnen ist schon, daß das daraufhin vorgestellte Thema in eine auffallend unkonkret wirkende Sechzehntelkette ausläuft; sich diesen Themenschluß so einzuprägen, daß man ihn durch den Verlauf der Komposition verfolgen könnte, ist praktisch ausgeschlossen – und wohl auch nicht erwünscht, denn in dieser Gestalt erklingt das Thema nie wieder. So aber garantiert sich Beethoven schon aus dem Umgang mit dem thematischen Grundmaterial, daß die Wege von einer Tonart zur nächsten sogar aus dem Thema heraus nicht allzu weit sind. Keine der denkbaren Standard-Prozeduren einer kunstvollen Fuge läßt Beethoven zudem aus: Engführung der Stimmeneinsätze, Umkehrung der Bewegungsrichtung, Vergrößerung der Notenwerte, Kombination des Themas mit einem zweiten, das gewissermaßen nachträglich in die Fuge eingespeist wird, Krebsgang (so also, als läse man das Thema rückwärts), das alles gibt dieser Fuge ihr eigentümliches Gepräge.

Über all dies hinaus ist Beethoven aber auch zu besonderen Verformungen des Materials bereit: Die Exposition des Themas bedeutet für ihn beispielsweise nicht, daß damit der Themenbeginn immer von der gleichen »Eins« des Dreiertakts aus einsetzte. Und die Intentionen Beethovens im Bereich des Chromatischen bewirken, daß er die Grund-Vorzeichnung für B-Dur nicht beibehalten kann – das Spektrum, das er für seine Musik schlichtweg benötigt, reicht in diesem Satz folglich von sechs »b« bis zu zwei Kreuzen.

Schon an den *Eroica-Variationen* läßt sich beobachten, wie eng für Beethoven Fuge und Variation beieinanderlagen; damals zeigte er, daß eine Fuge mehrere Variationen in sich aufnehmen könne, und berechnete damit die Glieder-Zahl seines Variationenzyklus. Die Art der Verformungen, die Beethoven dem Fugenthema der *Hammerklavier-Sonate* – und ebenso dem der Sonate op. 110 – angedeihen läßt, zeigt wiederum, wie dicht diese speziellen »Fugen«-Techniken und das Variieren eines Themas beieinander liegen können. Und da Beethoven auch einen Mehrzahl-Begriff zur Erklärung dessen verwendet, was er im Schlußsatz von op. 106 tut (»con alcune licenze«, mit einigen Freiheiten), wird der Eindruck, hier geschehe etwas Analoges zur Variationen-Vielfalt in der Fuge über den *Eroica*-Basso, noch besonders gestützt.

Auch in den »eigentlichen« Variationensätzen wurzelt manches Extreme auf dem, was Beethoven in den *Eroica-Variationen* angelegt hat. Damals argumentierte er offenbar damit, zwei Variationen in ein einziges Satzglied legen zu können, indem er die erste Präsentation der ersten Themenhälfte und deren Wiederholung auf zweierlei Art musizierte und auch den ersten und zweiten Durchgang durch die zweite Themenhälfte entsprechend anlegte. Im Schlußsatz der »Brentano«-Sonate op. 109 variiert Beethoven nun ein Thema, das (wie in den *Eroica-Variationen*) aus zweimal acht Takten besteht, die jeweils wiederholt werden und in sich

Notenbeispiel 23:
Klaviersonate E-Dur op. 109,
3. Satz, Variation II.
In der thematischen Substanz entsprechen einander
T. 1-4 und T. 9-12, ebenso T. 5-8 und T. 13-16

nochmals in »Vier plus Vier« gegliedert sind. Schon in der zweiten Variation schreibt Beethoven nun gewissermaßen vier Variationen gleichzeitig: Alle vier Takte wechselt das Satzprinzip – oder zumindest die Technik, nach der er die tatsächlich erklingenden Töne aus dem Thema ableitet (Notenbeispiel 23). Und nach dem vormaligen Doppelstrich in der Themenmitte kehren die vier Typen in gleicher Anordnung wieder. Deutlich über die Prinzipien der *Eroica-Variationen* hinaus geht er dann in der nachfolgenden dritten Variation: Die achttaktigen Themenperioden werden nicht mehr als ganze »wiederholt«, sondern deren viertaktige »Hälften« jeweils für sich. Damit ist der thematische Zusammenhang unverrückbar aufgelöst.

Das aber ist auch keine variierende Obsession mehr; kaum jemandem wird es gelingen, nach Abschluß der zweiten (oder gar der dritten) Variation die Grundlinien des Themas so wiederzugeben, wie man dies vielleicht noch mit dem (nachmaligen) *Eroica*-Thema der *Eroica-Variationen* könnte. Beethoven verzichtet auf Konventionelles und kommt schlichtweg schneller zur Sache; das Variieren hat alle Züge eines Parcours' verloren, und es scheint ihm nicht einmal mehr darum zu gehen, zu testen, wieviel aus einem Thema herauszuholen ist. Einerseits bleibt das Thema in seiner Integrität gewahrt, andererseits kann es aber auch völlig gesprengt werden. Man hat für diese Variationstechnik den Begriff »Charaktervariation« geprägt – der aber vielleicht den Gedanken des traditionellen Variierens zu stark betont. Viel eher scheint für Beethoven das Variieren zu einem Komponieren »neben dem Thema« geworden zu sein. Einstmals konnte es für ein solches Variieren zwei getrennte Arbeitsgänge geben: Eine Person komponiert ein Thema, eine andere führt es variativ durch. Variationen wie diejenigen der Sonate op. 109 setzen aber den eigentlichen Kompositionsprozeß, das Abwägen der angestrebten Lösungen und deren Ineinandergreifen, von der Entwicklung eines Themas bis hin zur letzten Variation fort.

Darüber gelangt Beethoven allerdings auch hier zu eigentümlichen Konstruktionen. Die Variationen etwa, in die die Sonate op. III ausläuft, sind von einem knapp formulierbaren Kern-Prinzip geprägt: Beibehaltung des Tempos, Relativierung der Taktart. So steht über fast jeder der einzelnen Variationen ein warnendes »l'istesso tempo« – das Tempo ist wie zuvor. Doch die Taktarten, auf die Beethoven das Prinzip anwendet, sind außergewöhnlich: Er beginnt im Neun-Sechzehntel-Takt, verkürzt ihn auf einen Sechs-Sechzehntel-Takt, fährt im Zwölf-Zweiunddreißigstel-Takt fort und kehrt daraufhin zum Ausgangs-Wert zurück. Man mag sich vielleicht fragen, ob dies nötig ist: Hätte Beethoven nicht also auch einen Dreiachteltakt anstelle seines Sechs-Sechzehntel-Takts schreiben können – und hat es überhaupt einen faßbaren Effekt, wenn man den Bruch »6/16« zu »12/32« erweitert?

Zunächst: Beethoven hätte vielleicht tatsächlich statt des anfänglichen Neun-Sechzehntel-Takts auch einen schlichten Dreiachteltakt schreiben können; dann aber hätte er auf jedem Achtel-Schlag Triolen notieren müssen. Das suggerierte eine Abweichung vom Normalen; dieses Normale soll aber offenbar jene Dreier-Bewegung sein – dreimal drei Sechzehntel pro Takt, also neun Sechzehntel. Ebenso löst Beethoven auch den 12/32-Takt triolisch auf (auf jedem der Zweiunddreißigstel können also drei Vierundsechzigstel stehen); damit ist das Grund-Zeitmaß klar definiert – und klar anders als im 6/16-Takt. Beethoven knüpft damit an Überlegungen an, die ihn schon im ersten Satz der *Appassionata* geleitet haben: Von Takt und Tempo hat er in jedem Einzelfall ebenso subtile Vorstellungen wie von harmonischen Verschiebungen. Sein Komponieren scheint darin die Ideen, die er entwickelte, mit einer kaum überbietbaren Prägnanz, sozusagen gestochen scharf, in Noten zu übertragen; in der Präzision, mit der Beethoven zu Werke geht, entgeht ihm nichts – jede noch so geringfügige Dosierung eines Klangaspekts schlägt sich in den Noten nieder. So ist auch das »Arioso dolente« in der Sonate op. 110 ein 12/16-Takt; Beethoven lotet jede Lautstärke-Nuance aus und baut in seine Melodieführung, wenn es sein muß, minimale synkopische Elemente ein, um das Notenbild so einrichten zu können, wie es seinem Empfinden vom Gang der Dinge entspricht.

Dies alles ist insbesondere für den späten Beethoven bemerkenswert – nicht nur also, weil das Notenbild derart homöopathisch feindosiert erscheint, sondern weil gerade Beethoven es war, der dafür verantwortlich ist: Er war vermutlich stocktaub, als er die späten Klaviersonaten komponierte. So grauenvoll dies Los gewesen sein muß, ist dennoch zu bedenken, wie – horribile dictu – ungestört Beethoven damit beim Komponieren gewesen sein muß. Zudem: Wie für andere Komponisten stellt sich schon für frühere Zeiten in Beethovens Entwicklung nicht so sehr die Frage, wann er komponierte, sondern eher die, wann er nicht komponierte – und seine Skizzenbücher (es gab solche, in denen er zu Hause am Tisch arbeitete, und solche, die er in der Tasche mit sich führen konnte) belegen, daß er praktisch nie nicht komponierte (oder eben: immer). Daß Beethoven dabei auf ein Instrument angewiesen war, ist also auszuschließen. Folglich hat Beethoven auch in seiner Taubheit mit traumwandlerischer Sicherheit das aufs Papier gebracht, was er in sich hörte. Wie empfindlich und differenzierend er dabei war, zeigen jene späten Werke: das Variieren eines Themas, ohne es zu zergliedern, die Arbeit mit »gestochen scharfen« Taktarten und mit differenziertesten Temposchwankungen, die Halbtonrückungen, die er aus einer Moll-Welt auch nach Dur brachte – Rückungen, die nicht nur punktuelle Erscheinungen sind, sondern auch zu einem Grundprinzip seines Komponierens werden konnten. »Punktuell« wären diese »Rückungen«, wenn er mit ihrer Hilfe zwei Passagen, die in einem Halbtonabstand zueinander stehen, lediglich unvermittelt nebeneinanderstellte. Das aber tut Beethoven nicht; vielmehr entwickelt er eine besondere Sensibilität dafür, wie man jene Leitton-Eigenschaften in einen größeren Kontext einbetten könne.

Hammerklavier und Pianoforte

Fraglich könnte nur sein, ob Beethoven in diesem Hören nicht vielleicht mit einem idealeren Instrument rechnete als dem, das seine Zeit zu bieten hatte. Abgesehen von der Trennschärfe, die solche Instrumente im Gegensatz zu modernen in ihrem Klang bis in tiefste Lagen hinein haben (Ursache dafür ist eine buchstäblich »zartere Besaitung«), mag der Klang in größerer Höhe eher dünn wirken, fast schrill. Doch es ist anzunehmen, daß Beethoven dies wußte; Beethoven hat die Klaviertastaturen stets so ausgenutzt, wie sie ihm zur Verfügung standen – so sehr, daß sich anhand seiner Klaviersonaten-Kompositionen die Daten überprüfen lassen, wann er jeweils ein neues, größeres Klavier ins Haus bekommen hatte. Aus den Zeiten her, in denen ihm ein völlig funktionstüchtiges Gehör zur Verfügung stand, muß ihm das Schrille, wenig Resonierende des Klangs hoher Töne klargewesen sein – gewissermaßen als etwas Essentielles, etwas anders nicht Denkbares. Auch in seiner späten Musik muß Beethoven also mit diesen Klangeigenschaften gerechnet haben.

Ein besonderes instrumentenkundliches Detail scheint schließlich mit der Sonate op. 106 verknüpft zu sein: Weshalb hat sie die Bezeichnung *Hammerklavier-Sonate* erhalten? Der Gedanke liegt nahe, daß Beethoven damit hervorheben wollte, daß diese Musik nicht mehr auf einem (immer noch in Gebrauch befindlichen) Cembalo gespielt werden könne, sondern eben nur auf einem modernen Hammerklavier – noch die Sonaten op. 2 sind als »Trois Sonates pour le Clavecin ou Piano-Forte« erschienen. Doch der Schein trügt, und die Gründe für jenen Werktitel liegen ausschließlich in der Publikationspraxis, haben also keine markanten Konsequenzen für die Musik des Stückes selbst. Schon im Druck der beiden Klaviersonaten op. 14 (1799) fehlt der Terminus »clavecin« im Titel; noch im Druck der *Pathétique* findet man ihn. Doch schon damals sind die differenzierten Klangvorstellungen Beethovens nur auf einem Hammerklavier spielbar. Die Sonaten waren fortan »pour le pianoforte« bestimmt; und dieses hat, wie sich aus den Verhandlungen Beethovens um die Titelblatt-Gestaltung der *Hammerklavier-Sonate* ergibt, als Äquivalent für den so hervorgehoben erscheinenden deutschen Begriff zu gelten. Beethoven wählte also für den Druck der Sonate op. 106 keine Bezeichnung, die in instrumentenkundlicher Hinsicht speziell ist, sondern nur in sprachlicher – vielleicht noch eher auch aus nationalem Denken heraus als in der Sonate op. 81a, nach deren Publikation er mit Breitkopf & Härtel um den Unterschied zwischen »Lebewohl« und »Les Adieux« debattierte. Schon für das Vorgängerwerk, die Sonate op. 101, wählte er allerdings dieselbe deutsche Bezeichnung; eigenartigerweise ist in ihr also nicht die gleiche »Symbolwirkung« erkannt worden wie in der Sonate op. 106.

Im Schlußsatz der Sonate op. 101 begegnet aber eine eigenartige Angabe dem Spieler: »tutto il cembalo ma piano«. Auch dieses ist aber keine Bezeichnung, die in Abgrenzung zu »Hammerklavier« zu verstehen ist. Es ist klar: Ein Cembalo kann nicht in diesem Sinne »piano« spielen. Man begegnet hier vielmehr einem weiteren »gestochen scharf« notierten Klangdetail Beethovenscher Klaviermusik. Ein Hammerflügel ermöglicht (bis in unsere Tage) die »Verschiebung« – so daß nicht jeweils das gesamte Saiten-Bündel angeschlagen wird, das einer einzigen Klaviertaste zugeordnet ist, sondern von drei Saiten nur zwei oder eine. Damit eröffnen sich besondere Möglichkeiten der Klangdifferenzierung: Es ist ein Unterschied, ob man in der Sonate op. 110 das »Arioso dolente« im piano-Wert »tutte le corde« (mit allen Saiten) spielt oder die anschließende Fuge »una corda« ebenfalls im piano eröffnet (nur auf einer Saite). In diesem Sinne umschreibt Beethoven mit »tutto il cembalo« lediglich den Begriff »tutte le corde«; offenbar versteht er hier unter »cembalo« also die Saitenbespannung – im gleichen Sinne, in dem das volkstümliche Hackbrett im Ungarischen »cimbalom« heißt. Abgesehen also davon, daß die begriffliche Symbolwirkung der *Hammerklavier-Sonate* eher der Sonate op. 101 als der Sonate op. 106 zukäme, steckt hinter ihr eigentlich sehr wenig – vielleicht am ehesten ein Stück Restaurations-Geist der nachnapoleonischen Ära.

16. Kapitel

Rudolph, Bischof von Olmütz

Die Missa solemnis

Olmütz und Bonn

Die napoleonische Ära wurde im jungen österreichischen Kaiserreich von einer Periode abgelöst, die als Tiefschlaf-Situation erscheinen kann: vom Zeitalter der Restauration. Anders als die verbliebenen Territorien des vormaligen Heiligen Römischen Reiches Deutscher Nation, deren Gebietsbestand sich seit 1800 nachhaltig verändert hatte (zu denken ist vorrangig an die neuen Königreiche Bayern und Württemberg), war Österreich ein Staatsgebilde, das bereits über lange Zeit hinweg gewachsen war. Während jene Neu-Reiche sich nun fundamentalen Problemen gegenübersahen (etwa Versorgungsproblemen in einem wackligen Staatsgebilde, dessen Infrastruktur noch kaum auf den regulären Betrieb eingerichtet ist), ergab sich für Österreich mit der Eingliederung des vormals erzbischöflich-salzburgischen Gebiets eher sogar eine Verbesserung der Ausgangsbedingungen – als Arrondierung der Kernlande zwischen Oberösterreich und Tirol. Und während andere Territorien im deutschsprachigen Raum in fundamentalen Fragen auch der Staatsverfassung erhebliche Selbstfindungs-Probleme zu bewältigen hatten, so daß sich das politische Leben fortan vielleicht noch stärker absolutistisch darstellen konnte als zuvor in einer Zeit mit immerhin landständischer Kontrolle, bestand in Wien an sich das kaiserliche Regiment fort, nur daß der römisch-deutsche Franz II. mittlerweile die Kaiserwürde des Alten Reiches mit der neuen österreichischen vertauscht hatte und nun als Franz I. weiterregierte; auch die internationale Erfahrung hatte dieses Staatsgebilde den neuen kleindeutschen Territorien voraus (abgesehen am ehesten noch von Preußen). Franz' Kanzler Clemens Fürst von Metternich prägte dieses Leben Österreichs wesentlich mit; gegen seine Restaurationspolitik entstand bei den Untertanen vielfach ein Rückzugsbewegung nach innen, die unter dem Schlagwort »Biedermeier« auch belächelt worden ist.

Zu der spezifisch österreichischen Situation gehörte auch der Fortbestand politischer Rahmenbedingungen, die bereits zu Zeiten des Heiligen Römischen Reiches Deutscher Nation funktioniert hatten – etwa mit Blick auf das Verhältnis zur Kirche. Österreichische Klöster wurden nicht in ähnlich radikaler Weise aufgelöst wie in anderen Teilen des früheren Reiches: Melk und Göttweig, Zwettl und St. Paul im Lavanttal blieben bestehen – anders als das neubayerische Ettal, das neuwürttembergische Weingarten oder das neupreußische Maria Laach. Hierfür konnte man schon die Klosterpolitik Josephs II., Franz' Vor-Vorgänger, zurückgreifen. Und auch an einem Stück kirchlicher Familienpolitik hielt Österreich fest: Ähnlich wie 1784 der jüngste Bruder Kaiser Josephs II., Maximilian Franz, zum Erzbischof von Köln bestellt worden war, gelangte 1820 Erzherzog Rudolph, der jüngste Bruder des Kaisers Franz I., auf den Erzbischofsstuhl im mährischen Olmütz (schon seit 1819 hatte er die Kardinalswürde inne). Diese Tradition in der österreichischen Familienpolitik brachte es letztlich mit sich, daß Beethoven in seinem Leben zum zweiten Mal direkt mit jenen speziellen Sekundogenitur-Techniken konfrontiert wurde, nun mit Blick auf einen seiner wichtigsten Förderer. Ob er dies als analoge Konstruktion zu den Bonner Verhältnissen von 1784 verstand, ist anscheinend nie diskutiert worden, aber gerade für einen Menschen zwingend anzunehmen, der direkt in diesen Verhältnissen großgeworden war und die Umwälzungen der Zeit am eigenen Leibe miterlebte.

Beethoven erkannte offenbar, daß aus Anlaß der Inthronisation des Schülers, Freundes und Gönners eine Messe aus seiner Feder »fällig« war, und er machte sich an die Arbeit – an der *Missa solemnis*. »Der Tag, wo ein Hochamt von mir zu den Feierlichkeiten für I. K. H. [Ihro Kaiserliche Hoheit] soll aufgeführt werden, wird für mich der schönste meines Lebens sein, und Gott wird mich erleuchten, daß meine schwachen Kräfte zur Verherrlichung dieses feierlichen Tages beitragen«, schrieb er im Sommer 1819* – wie ernstgemeint der unterwürfige Tonfall ist, ist übrigens schwer zu klären, denn eben zuvor hatte Beethoven ausgeführt: »Hofmann war ich nie, bin es auch nicht und werde es auch nie sein können, [...] ich wünsche, daß ich zu meinem gnädigsten Herrn kommen darf, wie ehemals.«

Ähnlich wie sich die stellenpolitischen Voraussetzungen in Olmütz aus Methoden des Alten Reiches herleiten lassen, hat man aber zu fragen, inwieweit auch das Werk, das entstand, aus den Traditionen des 18. Jahrhunderts herzuleiten ist. Somit ist eine Betrachtung der *Missa solemnis* unter verschiedenen Blickwinkeln nötig: Welche Stellung nimmt das Werk, das Beethoven konzipierte, gegenüber jenen Traditionen ein? Welche Stellung erhielt es in Beethovens weiterer Lebensgeschichte? Und welche Stellung hat es für die Nachwelt Beethovens?

»Missa solemnis« als Gattungsbegriff

Geistliche Musik ist primär Funktionsmusik: Sie ist auf einen gottesdienstlichen Rahmen angewiesen, dem sie ihrerseits eine besondere musikalische Ausgestaltung gibt, und sie ist ohne ihn zunächst nicht denkbar. Noch stärker also als für Opern stellt sich für geistliche Musik schon zum Zeitpunkt der Komposition auch die Frage der Aufführungsmöglichkeit: Man ist als Komponist auf einen konkreten Auftrag (der auch Teil eines Stellenzuschnitts sein kann) angewiesen, daraufhin obendrein an die aktuellen liturgischen Konzepte gebunden, in denen das Werk jene Funktion übernehmen soll. Das Zeitalter der Aufklärung hatte die Rolle der artifiziellen Musik im katholischen Gottesdienst zurückzudrängen versucht und auf Musik Wert gelegt, die entweder als volksnah erscheinen konnte (mit volkssprachigen Liedern anstelle lateinischer Meßgesänge) oder auf besonders »rein« erscheinende Traditionen der kirchlichen Tonkunst zu rekurrieren schien (etwa auf die Kompositionen Palestrinas); beides hatte seit Mitte des 18. Jahrhunderts Diskussionen um den Wert zeitgenössischer Kirchenmusik ausgelöst und deren freie Entfaltung begrenzt (vgl. S. 239 f.).

Dies spiegelt sich auch in Beethovens Schaffen: Seine einzige überlieferte Meßkomposition, die älter ist als die *Missa solemnis*, ist die Messe op. 86, geschrieben 1807 für Nikolaus II. Esterházy und dessen private Religionsausübung in Eisenstadt; für diese konnte Nikolaus Esterházy freilich auch die musikalischen Normen nach eigenem Gusto setzen. Daß Beethoven in Wien aus anderen als derart adelsbezogenen Gründen Vertonungen des Meßtexts geschaffen hätte, paßte kaum ins Profil eines Komponisten, der eher öffentliche Konzerte und Kammermusikzirkel »versorgt«. Auch Haydns Aktivitäten zielten in diese Richtung: Messen entstanden um 1800 nur für Esterházy. Jedes andersartige Verhalten wäre ebenso rätselhaft wie die kirchenmusikalischen Aktivitäten, die Mozart in seinen allerletzten Lebensjahren entwickelte – für diese bietet sich nur eine teilweise Erklärung darin, daß Mozart sich Hoffnungen auf eine Kirchenmusikerstelle machte (Domkapellmeister am Stephansdom); vielleicht hoffte er auch auf einen grundsätzlichen Wandel der Kirchenmusik-Ziele, nachdem 1790 der auch im kirchlichen Bereich so aufgeklärt-reformfreudige Kaiser Joseph II. gestorben war (die Entstehung des *Requiem* für den Grafen Walsegg-Stuppach liegt hingegen auf der gleichen »privaten« Ebene wie diejenige von Beethovens Esterházy-Messe). Beethovens Wirken als Komponist von Sakralmusik im weiteren Sinn gründet sich daher zunächst auf einen Beitrag zur Oratorientradition: mit *Christus am Ölberge* von 1803. Andererseits ist von Beethoven aus seiner Zeit als Bonner Hoforganist nichts erhalten, das darüber informierte, ob und in welchem Umfang er damals mit der Komposition von Messen betraut gewesen wäre. Angesichts der erkennbar großen Werkverluste aus jener Zeit, angesichts auch der Erfahrung im Umgang mit Chormusik, die Beethoven 1790 in den beiden Kaiser-Kantaten zeigt, läßt sich schlichtweg nicht ausschließen, daß es schon aus Bonner Zeit geistliche Vokalwerke Beethovens gegeben hatte. Doch seine Einstellung zur Meßkomposition um 1790 ist eben nicht zuverlässig bestimmbar. Natürlich aber wurden Messen musiziert (dies zeigen die erhaltenen Noteninventare); daß Beethoven die zeittypische Differenzierung der Formen nicht gekannt hätte, ist jedenfalls unwahrscheinlich.

Nach diesem Regelwerk entscheiden über den Charakter einer Messenkomposition primär deren Besetzung und deren Form, und man unterscheidet daher traditionell »Missa brevis« und »Missa solemnis« voneinander. Die beiden Adjektive, mit denen der Begriff »Missa« dabei präzisiert wird, etablieren aber keinen wirklichen Gegensatz: »Kurz« schließt »feierlich« an sich nicht aus. Dennoch ist eine »Missa brevis«, die mit einer kleineren Orchesterbesetzung aufführbar ist (mit einem Orchester-Grundbestand aus Holzbläsern, Violinen und Baß), kürzer als eine »Missa solemnis«: Die Kürze wird durch weitgehenden Verzicht auf Textwiederholungen, durch sparsamste Anwendung fugischer Prinzipien und bisweilen auch durch das Verfahren der »Polytextur« erreicht, mit dem es möglich wird, daß die normalerweise vier Singstimmen bis zu vier unterschiedliche Portionen des Meßtexts gleichzeitig singen – diese können damit als »erledigt« gelten, und der Zeitbedarf für den Vortrag des Texts ist rein rechnerisch auf ein Viertel des Normalen geschrumpft. In einer »Missa solemnis« hingegen, in der zum Orchester auch ein ausgeprägter Blechbläser-Apparat hinzutritt, wird dieses Verfahren vermieden; es geht nicht um das abstrakte Ziel, daß der Text überhaupt komplett vorgetragen wird, sondern darum, daß in ihm eine gewisse Feierlichkeit entwickelt wird – so viel, wie es die aktuelle Liturgievorstellung definiert. Diese hatte sich über den Diskussionen des späteren 18. Jahrhunderts verschoben: Zunächst war noch die höchste Stufe der Feierlichkeit gewesen, daß die fünf (oder sechs) Teile der Messe auch in sich klar gegliedert werden konnten: Die Meßteile Kyrie, Gloria, Credo, Sanctus (mit Benedictus) und Agnus Dei figurierten dann lediglich als übergeordnete Klammer für einen Verbund von mehreren Arien und Chören im Innern dieser Teile – ähnlich also wie in einer Kantate. Diesem Prinzip huldigt etwa Johann Adolf Hasse in seinen Messen; Bachs Messen (auch diejenigen, die nur aus Kyrie und Gloria bestehen) stehen im gleichen Rahmen, ebenso Mozarts Fragment gebliebene c-Moll-Messe.

Somit ist es verständlich, daß sich eine Zwischenstufe entwickelte – zwischen jener Minimal-Funktion und jener extremen musikalischen Entfaltung: die »Missa brevis et solemnis«, in der bei voller Orchesterbesetzung (»solemnis«) die Formentfaltung etwa dadurch mäßig eingeschränkt ist, daß im Innern der Meßteile keine in sich völlig abgeschlossenen Sätze gebildet werden. Diesem Prinzip begegnet man in Kompositionen wie Mozarts *Krönungsmesse* und der C-Dur-Messe KV 337, die – etwas irreführend – späterhin mit dem an sich weiter gefaßten Fachterminus »Missa solemnis« versehen wurde. Doch gerade die Benennung dieses speziellen Werks bietet den Schlüssel zu dem Sprachgebrauch, der sich hinter Beethovens Bezeichnung »Missa solemnis« verbirgt: Die »kantatenhafte« Satzfolge war unüblich geworden, das Bewußtsein für die Koppelung der Satzfolge an die Textform hatte sich völlig durchgesetzt, und diese Werkdisposition hatte den ansonsten obsolet gewordenen Begriff »Missa solemnis« erhalten. Darin liegt der Grund dafür, daß Beethovens Meß-Anlage im äußerlichen Vergleich mit Bachs h-Moll- oder Mozarts c-Moll-Messe fast als zurückhaltend erscheint; denn Beethoven läßt die fünf Meßteile in tatsächlich nur fünf Sätzen aufgehen.

Beethovens Umgang mit Traditionellem

Doch der äußere Eindruck, Beethovens *Missa solemnis* sei »nur« fünfsätzig, trügt; und damit stellt sich die Frage, wie in diesen begrenzten Formen letztlich die imposante Länge des Werks (je nach Aufführung zwischen eineinviertel und anderthalb Stunden) zustandekommt. Beethoven geht von einem Standardverfahren aus, das sogar in »Missae breves« üblich ist: Meßteile können mehrmals ihren musikalischen Charakter wechseln, ohne daß dabei Sätze entstehen, die in sich abgeschlossen sind. Dies ist vor allem ein Bauprinzip für die besonders textreichen Sätze Gloria und Credo. Diese Gliederung ist zumeist schon am Wechsel der Tempovorschriften abzulesen. So bremst Beethoven im Gloria das Anfangstempo Allegro vivace zu einem Meno allegro ab, als er die Textworte »Gratias agimus tibi« erreicht, und das »Qui tollis peccata mundi« ist ein Larghetto; für »Quoniam tu solus sanctus« kehrt er zum Allegro zurück – noch mit dem Zusatz »maestoso«, ehe es für die Schlußfuge »in gloria Dei patris, Amen« eine leichte Beschleunigung zum »Allegro ma non troppo e ben marcato« gibt. Damit folgt Beethoven Wegen, die zuvor in Dutzenden von Messen beschritten worden sind. Ähnlich im Credo: Temporeduktionen für »Et incarnatus est« und »Crucifixus« oder Temposteigerungen für »Et ascendit in coelum« sind gattungskonform, letztlich auch der Textzusatz »credo, credo« jeweils vor dem zweiten und dritten Glaubensartikel, mit dem die mehrgliedrige Satzgestaltung einen stärkeren inneren Zusammenhalt bekommt (spezieller allerdings ist Beethovens isolierte Behandlung des »et homo factus est«).

Die Sätze werden also gegliedert – und bleiben letztlich doch ein in sich geschlossenes Ganzes. In Standard-Meßvertonungen entsteht diese Einheit der Sätze primär aus dem Text heraus; ein Komponist kann voraussetzen, daß seine Hörer wissen, wann ein bestimmter Meßteil zu Ende ist (daß also das Glaubensbekenntnis nicht zufälligerweise einmal auf einem früheren Textbestandteil enden kann als sonst). Allerdings kann ein Komponist die kontrastierenden Satzglieder möglichst dicht aneinander anschließen. Auch Beethoven hat es bei diesem Kontrast belassen; doch aus seinen langjährigen Arbeiten mit einer »quasi-fantasia«-Verknüpfung unterschiedlicher Sätze wußte er, wie er derartige Übergänge von einem Teil zum nächsten auch längerfristig vorbereiten könne – so also, daß die Stringenz für den Wechsel eines Satzprinzips nicht allein beim Textfortgang liegt, sondern ebenso im musikalischen Ablauf.

Auch dies zeigt, wie sehr Beethoven in den Meß-Traditionen zu Hause war. Und so verwundert es nur wenig, daß Beethoven sogar mit dem Polytextur-Verfahren arbeitet: Er kennt es, wenn auch erstaunlich ist, daß er jenes anscheinend »musikhemmende« Charakteristikum der Missa brevis gerade in diesem breitgelagerten Werk einsetzt: im Credo. Für den dritten Glaubensartikel, den der Alt mit »credo, credo in spiritum sanctum« eröffnet, setzt der Sopran auf dem letzten Wort der Alt-

Missa solemnis op. 123, Credo in Spiritum Sanctum.
Der Textvortrag wird streckenweise zwischen
Sopran und Alt im Polytextur-Verfahren aufgeteilt.

Phrase ein, allerdings bereits mit der Fortsetzung »Dominum et vivi-
ficantem«, und ähnlich läßt Beethoven den Alt daran »qui ex patre
filioque procedit« anschließen. Der Textvortrag wird daraufhin sogar
noch weiter verdichtet: Zur Sopran-Fortführung »qui cum patre et filio
simul adoratur et conglorificatur« setzt der Alt sofort die nächsten Teilsatz »qui locutus est per Prophetas« hinzu (Notenbeispiel 24). Es mag
sein, daß Beethoven an dieser Stelle lediglich die Satzdichte erhöhen
wollte. Dennoch stellte sich selbst dann der typische Polytextur-Neben-
effekt ein: Beethoven »spart« damit, daß er den Textvortrag derart auf die
sich gegenseitig ablösenden Stimmen verteilt, Zeit wie jeder Komponist
einer Missa brevis.

Somit wirkt es konsequent, daß Beethoven zunächst auch in seiner
Konzeption keine wirklich exzeptionelle Länge erreicht: Bis zum Schluß
des Abschnitts »Et incarnatus est« im Credo (also: unmittelbar vor dem
Einsatz des »Crucifixus«) mag eine gute halbe Stunde Aufführungsdauer
verstrichen sein. Zum Vergleich: Ebenso weit reichen Mozarts zusammenhängend fertiggestellten Teile der unvollendet gebliebenen c-Moll-
Messe – doch bei der Aufführung von deren vielsätzig-»kantatenartiger«
Anlage ist beim »Crucifixus«-Beginn schon mindestens eine Dreiviertelstunde verstrichen. Nur wenig knapper als Beethoven in der *Missa solemnis* handelt Schubert die entsprechende Textportion ab: In seinen beiden
späten Messen (As-Dur, Es-Dur) verstreicht bis hin zum »Crucifixus«-
Einsatz jeweils eine knappe halbe Stunde – und die erste von ihnen, die
As-Dur-Messe D 678, entstand etwa gleichzeitig mit Beethovens Komposition (zwei Fassungen zwischen November 1819 und September
1822), so daß in keiner Richtung eine Befruchtung, sondern für beide nur

ein Widerspiegeln des Üblichen anzunehmen ist. Woher rührt also die beeindruckende Ausdehnung von Beethovens *Missa solemnis*, wenn jene nur in den musikalischen Formen einer »Missa brevis et solemnis« des 18. Jahrhunderts entwickelt wird? Verbirgt sich dahinter lediglich ein besonderer Zug von Beethovens kompositorischer Persönlichkeit, »himmlische Längen« produzieren zu können?

Die Messe – exzeptionell verbreitert

Tatsächlich steckt hinter Beethovens Verfahren nichts kompositorisch Unbestimmbares; an einigen Schwerpunkten läßt sich sogar besonders klar erkennen, wie er vorgeht. Eine nachhaltige Ausdehnung gegenüber jenen Vergleichswerken kommt in vier für ihn gleichermaßen charakteristischen Situationen zustande. Zunächst: Schon in Gloria und Credo erlangt die Komposition primär in den Schlußteilen eine besondere Breite. Die gattungstypischen Möglichkeiten (nämlich: eine ausgedehnte Fuge zu schreiben) nutzt Beethoven, doch sie sind nur Ausgangspunkt für eine noch weitere Verbreiterung.

Am Gloria-Schluß trägt der Chor als Vorbereitung jener »typischen« Fuge den noch verbliebenen Text zunächst in sechs knappen Takten akkordisch vor: »... in gloria Dei patris, Amen«. Daraufhin nimmt die Fuge ihren Gang; ihren Schlußteil reichert Beethoven aber mit zusätzlichem Text an, der in der Messe demjenigen dieser Fuge vorausgeht: »Quoniam tu solus sanctus, tu solus Dominus, tu solus altissimus, Jesu Christe; cum sancto spiritu ...« Schließlich ergibt sich ein zunächst in konventioneller Breite angelegter »Amen«-Teil; doch auch mit diesem ist das Gloria noch nicht zu Ende, sondern es schließt – an sich gegen die liturgische Ordnung – mit einer Wiederaufnahme von Anfangstext und Anfangsmusik (»Gloria in excelsis Deo«). Als ähnlich breit angelegt, das textlich absolut Unumgängliche bei weitem übersteigend, wirkt der Credo-Schluß (»et vitam venturi saeculi, Amen«). Beethoven folgt also jeweils nur in einer ersten Etappe der alten Praxis, jene beiden Meßteil-Schlüsse besonders reich auszugestalten; zudem aber scheint ihm in diesen Schlußteilen besonders daran gelegen gewesen zu sein, einerseits mit den Rückgriffen auf etwas textlich schon früher Dagewesenes die Kleingliedrigkeit der Meßvertonung zu überwinden, andererseits musikalische Freiräume auszuschöpfen, die sich vorrangig dort eröffnen, wo er ein formales oder textliches Pensum bereits erfüllt hat – somit liegen die

Dinge am Schluß eines Meßteils ähnlich wie in der Coda eines Sinfonie-satzes. Der zweite Aspekt, mit dem Beethoven die Massivität seiner *Missa solemnis* erreicht, ist etwas fast Banales, das aber eine immense Wirkung hat. Normal in einer Messe ist es, dem Sanctus einen besonderen, herr-schaftlichen Glanz zu geben; andererseits ist der Text, der zu vertonen ist, extrem kurz, vor allem im Vergleich zum vorausgehenden Credo: Nach der Heilig-Anrufung »Sanctus, sanctus, sanctus Dominus Deus Sabaoth« folgt lediglich »Pleni sunt coeli et terra gloria tua«, ehe bereits der Schlußteil »Osanna in excelsis« erreicht wird (dessen Text bildet später auch den Schluß des Benedictus). Die Möglichkeiten, ein musikalisch vertretbares Gegengewicht zu den beiden vorausgegangenen textreichen Sätzen zu schaffen, sind also begrenzt. Die Standard-Konstruktion ist, den knappen »Sanctus«-Beginn ähnlich wie die langsame Einleitung eines schnellen Sinfoniesatzes anzulegen (dessen Funktion läge dann beim anschließenden, oft allerdings fugischen »Osanna«); doch Beethoven wählt ein ausgesprochen langsames Zeitmaß – er schreibt »Adagio. Mit Andacht« vor und steigert den Eindruck des Andachtsvollen noch dadurch, daß er in der Dynamik nicht über piano-Werte hinausgeht. Schließlich erhöht er das Sanctus-Gewicht noch dadurch, daß er den Text weiterdenkt: Beethoven läßt nicht nur das schlichte »dreimal Heilig« erklingen, ehe er auf die Fortsetzung »Dominus Deus Sabaoth« zu spre-chen kommt, sondern er läßt den gesamten Text dreimal vortragen und potenziert damit die Standard-Abläufe. Der erhöhte Zeitbedarf seiner Sanctus-Komposition wird also nicht über Zählbares (Takte, Noten) erreicht, sondern aus der Text-Zubereitung und dem Tempo heraus; und der Gesamteindruck wird dadurch noch unterfüttert, daß er keinen Maestoso-Satz schreibt, sondern auf jene besondere »andächtige« Grundstimmung abzielt. So kann auch das Ungleichgewicht, das zwi-schen den Text-Umfängen von Credo und Sanctus zwangsläufig ent-steht, zumindest partiell aufgefangen werden. In der Balance-Bildung der Meßteile und deren Glieder hinterfragt Beethoven also auch die Ausgangs-Gegebenheiten, die für eine Meßtext-Vertonung bestehen.

Direkt aus diesem Sanctus wächst ein Benedictus heraus, das in seinem Rahmenbedingungen wieder zunächst eher den musikalischen Traditio-nen zu entsprechen scheint: Es ist ein langsamer Satz mit ausgesproche-nen cantabile-Elementen und Teilabschnitten, in denen die Vokalsolisten hervortreten. Doch auch diesem Meßteil gibt Beethoven auf eine eigen-tümliche Weise ein besonderes, für die Aufführungsdauer markant wirksames Gewicht. Zunächst schlägt er eine Brücke zwischen Sanctus-Schluß und Benedictus-Beginn; normalerweise stehen die beiden Sätze unverbunden nebeneinander. Die Vermittlung erfolgt über ein instrumentales Präludium (eigens so bezeichnet; freilich wiederum ein langsamer Teilsatz), an dem lediglich Holzbläser und Bratschen sowie die Baßinstrumente Fagott, Cello, Kontrabaß und Orgel beteiligt sind; deren sonderbare Klangwelt »stiftet« den Impuls für die Fortführung – doch nicht etwa für den Texteinsatz, sondern zuvor für den Einsatz einer solistischen Violine. Im gesamten nachfolgenden Benedictus fordert diese daraufhin ebenso ihr Recht, wie es der Text tun kann. Schon in der Anfangsphase des Satzes wird dies deutlich: Im fünften Takt nach dem Violineinsatz läßt Beethoven den Chor-Baß mit einem schlichten »Benedictus, qui venit in nomine Domini« zum Orchester hinzutreten, als wolle er die Erwartung auf das Erklingen des Textes nun »endlich« befriedigen; doch nach Abschluß dieser Phrase vergehen sechzehn Takte (die beim gewählten Tempo eine außerordentliche Ausdehnung haben), ehe man wieder eine Singstimme zu hören bekommt. Zwar wird von da an der vokale Satz zunehmend verdichtet; weiterhin aber haben die instrumentalen Anteile ein besonderes Gewicht, und in ihnen spielt die Solovioline eine herausragende Rolle. Übrigens auch im buchstäblichen Sinne: Ihr Part ist in der Lagentechnik für zeitgenössische Begriffe überaus anspruchsvoll (der höchste Ton ist, ebenso wie im Violinkonzert op. 61, ein d^4 – elfte Lage). Neben der besonderen Schluß-Verbreiterung von Gloria und Credo und der »intensivierenden« Verlangsamung des Sanctus ist also das Wechselspiel zwischen dem Textvortrag des Benedictus und der rein musikalischen Anforderung, die Beethoven in der instrumentalen Solorolle entwickelt, ein dritter Aspekt, in dem sich klar feststellen läßt, wo genau die kompositorisch zusätzlichen Gewichte gesetzt werden; ebenso wie im Sanctus dürfte die Veranlassung dafür in der Knappheit des Texts liegen.

Doch diese besondere Benedictus-Gestaltung birgt für Beethovens kompositorische Sensibilität noch ein eigenes Problem: Wie läßt sich der Abschluß des vom Violinsolo so wesentlich bestimmten Abschnitts gestalten? Mit der Standard-Lösung der Meßvertonung, dem Benedictus eine Wiederaufnahme des »Osanna«-Texts lediglich als etwas Isoliertes, Andersartiges anzuschließen, konnte er sich offenbar nicht zufrieden geben; so fällt dieses »osanna in excelsis« zunächst relativ kurz aus – so kurz, daß Beethoven anschließend auf den Benedictus-Text und das Violinsolo zurückkommen kann. Ein Schluß mit »osanna in excelsis« ist zwar auch daraufhin nicht zu umgehen; doch nun kann Beethoven den Soloviolinpart auch in den – derart aus dem Ruder gelaufenen – Osanna-Schluß weiterführen. Indem Beethoven, nachdem er den Text »Osanna in excelsis« in das Benedictus schon hineingezogen hat, nochmals auf dessen Anfangstext zurückkommt, entsteht etwas ähnliches wie in seinen sinfonischen Menuett- oder Scherzo-Sätzen, in denen nicht etwa nur eine dreigliedrige Konstruktion (mit dem Trio in zentraler Position) zustandekommt, sondern eine fünfgliedrige – also mit einem zweimaligen Trio-Eintritt. Entgegen allen Text-Traditionen erhält das gesamte Benedictus mit diesem Rückgriff auf Früheres allerdings eine ähnliche formale Geschlossenheit wie das Gloria aus seinem besonderen Schluß heraus – nur daß hier das Verbindende, das Instrumentalsolo, etwas Außerliturgisches ist.

Noch einen Schritt weiter geht Beethoven beim vierten der angesprochenen Dehnungs-Aspekte: im Agnus Dei. Der liturgische Text, den er zu vertonen hat, besteht aus dem zweimal gleichen Satz »Agnus Dei, qui tollis peccata mundi«, der jeweils in den Satz »miserere nobis« mündet; beim dritten Eintritt des Start-Satzes folgt hingegen »dona nobis pacem«. Die Normal-Konstruktion ist, die zwei gleichen Satz-Durchgänge und den Beginn des Schlußgliedes etwa in eine Moll-Stimmung einzubetten, die vom »dona«-Einsatz an (häufig Beginn einer breit angelegten Schlußfuge) sofort überwunden ist. Doch Beethovens Überlegungen, mit denen er prinzipiell dem liturgisch Geforderten ebenso entgegen handelt wie am Benedictus-Schluß, zielen auf eine besondere sakrale Wirkung ab: Abgesehen davon, daß die »zwei kompletten« Textdurchgänge und der anschließende »halbe« kaum numerisch auszumachen sind, ist die Stimmung der »Agnus-Dei«-Anrufung für ihn noch nicht zu Ende, als er das »dona nobis pacem« erreicht hat, sondern sie ragt in deren D-Dur-Glanz noch wesentlich hinein. Ein knappes »Agnus Dei« (ohne die »richtige« Fortführung) geht dem ersten »Dona nobis pacem« voraus, und nachdem dessen Musik eine Zeitlang erklungen ist, verstummt das Ensemble plötzlich – nur die Pauke ist übriggeblieben, und von ihrer »Musik« ausgehend ergibt sich, zunächst als Alt-Rezitativ, ein neuerliches »Agnus Dei, qui tollis peccata mundi«. Der musikalischen Vorschrift »timidamente« (»ängstlich«) ist – für eine Charakterisierung des Abschnitts – nichts hinzuzusetzen. Neuerlich schließt sich »Dona nobis pacem« an, doch noch einmal dringt auch die Anrufung »Agnus Dei« in die Musik ein. Beethoven hat den Schluß des Agnus Dei ausdrücklich als ein »Gebet um inneren und äußeren Frieden« bezeichnet; warum aber setzt er diese

Überschrift zu einem Satz hinzu, der aus textlichen Gründen gar nichts anderes sein kann als eine Bitte um Frieden (»Dona nobis pacem«: Gib uns Frieden)? Hat Beethoven befürchtet, ein Standard-Meßsatz hätte nur zur Standard-Rezeption geführt, in der das Aufrüttelnde seines »Gebets« gar nicht hätte wahrgenommen werden können? Hat er deshalb die »Agnus-Dei«-Anrufung nochmals in die Komposition an einer Stelle hineingetragen, an der man dies nicht mehr erwartete? Wenn man also Beethovens Anliegen verallgemeinernd formulieren möchte, kommt man zu einem eigenartigen Ergebnis: Er erklärt das Normale. Oder anders: Konstellationen, gegen deren Wirkung man durch Gewöhnung abgestumpft ist, faßt er neu, so daß man als Hörer sie ebenfalls neu begreifen kann.

Die formalen Erweiterungen an den Schlüssen von Gloria, Benedictus und Agnus Dei haben zudem noch einen aufführungspraktischen Hintergrund. Die Meßteile hätten im Rahmen der Olmützer Meßfeier als einzeln stehende Blöcke aufgeführt werden müssen; die musikalische Geschlossenheit, die sich mit jenen erweiternden Text-Rückgriffen ergibt (ebenso im Credo dadurch, daß jener Glaubensartikel mit »credo, credo« eröffnet wird), ist also nicht nur abstrakt auf die Einheit der ansonsten so vielgliedrigen Sätze ausgerichtet, sondern zielt auch auf einen möglichst geschlossenen Gesamteindruck jedes einzeln stehenden Teils im Ablauf der Meßfeier ab. Es ist unverkennbar, daß Beethoven diesen Funktions-Bezug in seiner Komposition berücksichtigt hat.

Somit läßt sich lokalisieren, wo Beethoven seiner Messe das Massive gibt, das aber für den exzeptionellen Anlaß als angemessen erscheinen konnte: in den textreichen Sätzen Gloria und Credo allenfalls in den Schlußteilen, in den späteren Meßteilen hingegen, in denen ein knapperer Text zu vertonen ist, durch eine Stützung des Andachts-Charakters mit spezifisch musikalischen Mitteln; hierzu nahm er auch eine Verletzung der liturgischen Anforderungen in Kauf. Sein Ziel dürfte zudem in der Balance der Sätze gelegen haben: Die beiden Teile Sanctus/Benedictus und Agnus Dei erhalten ein Gewicht, das an das von Gloria und Credo heranreicht – und in diesen beiden vermeidet Beethoven folgerichtig eine breitere Anlage (abgesehen eben nur von den Schlüssen).

Im Detail wirken Beethovens Überlegungen überwältigend. Doch erstaunlicherweise brauchte er gedanklich nicht weit zu gehen, um zu ihnen zu gelangen: Im Grunde genommen macht er sich die Gedanken zunutze, aus denen heraus eine Missa brevis ihre knappe Gestaltung erlangt, um im Gegensatz dazu die *Missa solemnis* zu verbreitern. In einer

Missa brevis wird durch die schnelle Behandlung des Textes von Gloria und Credo letztlich auch eine Balance zu den »textarmen« Sätzen Kyrie, Sanctus, Benedictus, Agnus Dei herbeigeführt; Beethoven legt zwar Gloria und Credo breiter an als in einer Missa brevis, aber in ihnen streift er die Techniken einer Kurzmesse noch. Und so orientiert er sich offenbar selbst dann noch an den »Brevis«-Grundkonstituenten, wenn er das Gewicht der textärmeren Sätze erhöht; die Satzproportionen wirken somit eher wie die einer stark vergrößerten Missa brevis als wie die einer traditionellen Missa solemnis.

Von all diesen Überlegungen unberücksichtigt geblieben ist das Kyrie. Es hat einen noch knapperen Text als die übrigen Sätze (»Kyrie eleison – Christe eleison – Kyrie eleison«), und weder verändert Beethoven die aus dem Text heraus nahegelegte Dreigliedrigkeit, noch kommt es zu einer fundamentalen Verbreiterung im Sinne der späteren Sätze. Der Grund dafür liegt aber auf der Hand: Abgesehen von der textlichen Kürze scheint Beethoven mit dem linear fortschreitenden Höreindruck zu rechnen. Das Kyrie ist zwar zweifellos breit angelegt; daß dieses aber schon im Vergleich mit dem nachfolgenden, textreichen Gloria als »zu kurz« erschiene, ist unwahrscheinlich. Ein Gewichtungs-Problem kann viel eher für ein knappes Sanctus nach einem textreichen Credo entstehen, weil dieses die Maßstäbe für das Erleben des nachfolgenden Satzes setzt. Längenverhältnisse, wie sie in einer traditionellen Missa solemnis (als Werk mit mehreren »Kantatensätzen«) entstehen können, daß nämlich das Werk nach einem vielgliedrigen Gloria und Credo in Sanctus, Benedictus und Agnus Dei erstaunlich schnell seinem Ende zustrebt, sind damit ausgeschlossen. In Bachs h-Moll-Messe tritt dieses gattungsspezifische »Problem« deutlich zutage; Mozart hat der Nachwelt vorenthalten, wie er als reifer Komponist sich dessen Lösung vorgestellt hat, indem er seine c-Moll-Messe unvollendet ließ. Beethoven wählte eine knappere Form, die pro Meßteil nur einen Satz entstehen läßt; in ihr konnte jenes »Problem« nicht in der gleichen Brisanz entstehen. Dennoch zielen seine Überlegungen gerade auf jene Balance-Fragen ab.

Messe als Oratorium

Beethovens Kompositionsarbeit läßt sich bis in Skizzenbücher zurückverfolgen, die er seit Frühjahr 1819 benutzte; Rudolphs Inthronisation fand am 9. März 1820 statt – ohne Beethovens Musik, denn diese war erst

Moritz von Schwind: Beethoven.
Porträtzeichnung um 1820

1822/23 vollendet, und für die Olmützer Feierlichkeiten mußte man auf die c-Moll-Messe von Anton Teyber zurückgreifen, dem Vorgänger Beethovens als Lehrer Rudolphs. Das heißt nicht, daß Beethovens Musik ihrem ursprünglichen Zweck nicht entsprochen hätte; wenn sie rechtzeitig fertig gewesen wäre, hätte sie durchaus in dem Rahmen, für den sie gedacht war, aufgeführt werden können. Andererseits ist fraglich, an welcher Stelle des kirchlichen Lebens in jener Zeit eine derartige Messe Beethovens ähnlich »erforderlich« (oder: erwünscht) gewesen wäre, wie sie es für die Olmützer Feier gewesen wäre: Von allen persönlichen Komponenten, die Beethoven mit dem Werk verbunden gehabt haben mag, einmal abgesehen, wäre es ein bemerkenswerter Zufall gewesen, wenn sich für Beethoven die Möglichkeit einer Umwidmung für einen ähnlich herausgehobenen Anlaß ergeben hätte.

Gemeinsam mit der Uraufführung der Neunten Sinfonie erklangen immerhin Teile des Werks in einem Wiener Konzert am 7. Mai 1824, das mit nachhaltiger Unterstützung Wiener Musikerkreise zustandekam; aus der Messe wurden Kyrie, Credo und Agnus Dei musiziert. Die Aufführung als Tatsache war nicht unproblematisch: Die Zensurbehörde mußte ihre Zustimmung dazu geben, daß eine Meßvertonung in dem so weltlichen Ambiente des Kärntnertor-Theaters aufgeführt wurde. Dies zeigt, welche Probleme sich einer außerkirchlichen Aufführung des Werks in den Weg stellten.

Weniger problematisch waren die Bedingungen bei der Uraufführung tatsächlich des gesamten Werks – in St. Petersburg. Die Vorstufen dieser Aufführung lassen sich etwa folgendermaßen zusammenfassen: Wie in mehreren anderen Fällen bemühte sich Beethoven um den finanziellen Ertrag seiner Komposition bereits, als diese noch gar nicht fertiggestellt war: Am 10. Februar 1820 wandte er sich deshalb an das Verlagshaus Simrock und am 12. Dezember 1821 an Adolf Schlesinger, mit dem er schließlich einen Vertrag über die Publikation schloß, obgleich er das Werk Simrock schon fest zugesagt hatte; und auch dies alles hinderte nicht, daß Beethoven in den folgenden Jahren auch noch die Verlage Artaria, C. F. Peters und H. A. Probst ansprach, ehe dann 1824 B. Schott's Söhne vielleicht eher zufällig das Rennen machte – das Werk erschien dort im Frühjahr 1827. Wohl im Hinblick darauf, daß die Publikation sich verzögern würde, hatte Beethoven 1823 zunächst eine Reihe von Staats- und Musikgrößen eingeladen, auf eine handschriftliche Partitur zu subskribieren. An die Gesandtschaft des Kurfürsten von Hessen-Kassel in Wien etwa schrieb er am 23. Januar 1823[*]:

> »Der Unterzeichnete hegt den Wunsch, sein neuestes Werk, das er für das gelungenste seiner Geistesprodukte hält, dem allerhöchsten Hofe von Kassel einzusenden. Dasselbe ist eine große solenne Messe für vier Solostimmen, mit Chören und vollständigem großen Orchester, in Partitur, welche auch als Oratorium gebraucht werden kann. Er bittet daher, die hohe Gesandtschaft Sr. Königl. Hoheit des Kurfürsten von Hessen-Kassel möge geruhen, ihm die hierzu nötige Erlaubnis Ihres Allerhöchsten Hofes gnädigst zu bewirken. Da die Abschrift der Partitur jedoch beträchtliche Kosten erfordert, so glaubt der Gefertigte es nicht zu hoch anzurechnen, wenn ein Honorar von 50 Dukaten in Gold dafür festgesetzt werde. Das erwähnte Werk wird übrigens vorderhand nicht öffentlich im Stich ausgegeben werden.
> Ludwig van Beethoven.«

Beethoven schrieb die Briefe zudem in Etappen; noch am 21. Juni, als bereits Zusagen der Könige von Frankreich und Preußen sowie vom Großherzog von Hessen-Darmstadt vorlagen, warb er um weitere Subskriptionen – jene drei, die bereits eingegangen waren, wurden dabei als Referenz genannt*. Daß sich überhaupt zehn Interessenten regten, wird in der Regel als niederschmetternd für Beethoven gewertet. Doch eher ist die Frage, an wen Beethoven tatsächlich entsprechende Schreiben versandt hatte und wer letztlich in der Lage war, den stolzen Preis von 50 Dukaten überhaupt zu bezahlen – denn diejenigen, die schließlich reagierten, waren Vertreter allerhöchster Ränge: neben den drei genannten auch der russische Zar, die Könige von Sachsen und Dänemark, der Großherzog von der Toskana sowie Fürst Anton Radziwill, der Statthalter des Großherzogtums Posen, der mit Luise, einer Tante des Königs Friedrich Wilhelm III. von Preußen, verheiratet war. Die beiden restlichen Exemplare spiegeln hingegen Besonderes. Eines erwarb der Frankfurter Cäcilienverein durch seinen Leiter, Johann Nepomuk Schelble. Das andere ging an Nikolai Borissowitsch Galitzin in St. Petersburg, der eben zuvor Streichquartette bei Beethoven bestellt hatte und der schließlich mit der örtlichen Philharmonischen Gesellschaft jene Aufführung erreichte – am 7. April 1824 (26. März nach russischem Kalender, nicht erst am 6./18. April). Beethoven jedoch hat keine komplette Aufführung des Werkes erlebt.

Die Petersburger Uraufführung griff den Vorschlag Beethovens auf, daß das Werk »auch als Oratorium gebraucht werden« könne; in der Zeitung *Russki invalid* wurde die Aufführung folgendermaßen angekündigt: »Am Mittwoch, dem 26. dieses Monats, wird in dem alten Saal der Philharmonie ein großes Kirchenkonzert gegeben... Dieses Konzert wird aus einem neuen Oratorium des berühmten Beethoven bestehen.« Ein Kirchenkonzert in einem weltlichen Saal, die *Missa solemnis* als Oratorium: Die Wandlungen muten eigentümlich an, und sie machen verständlich, weshalb sich die Wiener Zensurbehörden mit dieser Überlegung schwerer getan hatten, ehe sie sie dann mittrugen. Im gleichen Kontext sind die Frankfurter Absichten Schelbles zu sehen: Er hatte 1818 nach einer zehnjährigen, internationalen Tätigkeit als Opernsänger den Frankfurter Cäcilienverein als eine Chorvereinigung gegründet, die der von Carl Friedrich Zelter geleiteten Berliner Singakademie vergleichbar ist – sowohl in der bürgerlichen Organisationsform als auch in ihrem musikalischen Profil (etwa in einem Eintreten für die Vokalmusik Bachs). Auch mit Blick auf Frankfurt ergab sich das Interesse zwar deshalb, weil man sich unter dem Schutz der Musik-Heiligen Cäcilia für geistliche Musik einsetzte, aber dennoch in einem Gewand, das aus den bürgerlichen Aspekten heraus eher einem nationalen und liberalen Ziel huldigte als einem im engsten Sinn kirchlichen. Eine vergleichbare Wiener Institution entstand (älter noch als der Wiener Singverein und die Wiener Singakademie) wenig später im »Verein zur Pflege der Kirchenmusik«, dessen Gründungszirkel eben noch Schuberts Es-Dur-Messe von 1828 initiierte – zur Aufführung allerdings wiederum in einer Kirche.

Wien knüpfte somit (nachdem die Zensur-Bedenken überwunden waren) letztlich auch an seiner schon traditionellen Schmelztiegel-Funktion für jene »säkularisierte« Kirchenmusik an. Hier hatte es zunächst, getragen vom »kaiserlichen Poeten« Pietro Metastasio, einen Ableger der italienischen Praxis gegeben, in der Fastenzeit statt der Opern Oratorien aufzuführen, Werke geistlichen Inhalts, die der Opern-Formensprache nahestanden. Durch die Vermittlung Gottfried van Swietens gesellte sich ein Ableger dessen dazu, was sich in England (vor allem durch Händel) aus dieser Tradition entwickelt hatte: Werke in der Nationalsprache für eher konzerthafte als operngebundene Aufführung. Beide Aspekte wirkten zunächst noch nebeneinander: 1786 trat Mozart mit seinem italienischen *Davide penitente* hervor, doch schon 1779 war Händels *Judas Maccabäus* in deutscher Bearbeitung aufgeführt worden; der dafür wohl Verantwortliche, Joseph Starzer, hatte seinerseits noch 1778 Metastasios *La Passione di Gesù Christo* vertont[*]. Oder Haydn: 1774/75 hatte er in jener »italienischen« Tradition sein Oratorium *Il ritorno di Tobia* geschrieben; mit *Die Schöpfung* und *Die Jahreszeiten* setzte er später seine Oratorienproduktion fort, in die er nun auch eigene England-Erfahrungen einbringen konnte. Mit diesen Werken aber erhielt das, was sich in Wien somit über längere Zeit hinweg aus örtlich Vorhandenem und Importiertem entwikkelt hatte, eine überragende (und nun selbst wiederum auf andere Regionen ausstrahlende) Bedeutung. Beethoven hatte nicht nur die Haydn-Tradition kennengelernt; in dem Konzert, in dem er 1795 vermutlich das 1. Klavierkonzert erstmals spielte, wurde ansonsten ein Akt des (italienischen) Oratoriums *Gioas, Re di Giuda* von Antonio Cartellieri musiziert. Unter solchen Einflüssen entstand auch Beethovens Oratorium *Christus am Ölberge*, das im Theater an der Wien uraufgeführt wurde – Einflüsse, die andererseits dazu führen konnten, daß man die ausschließliche Zentrierung von »Oratorien« auf geistliche Inhalte preisgeben konnte. Ein Werk wie *Meeresstille und Glückliche Fahrt* op. 112 (1814/15), in dem Beethoven die beiden schon 1796 als Paar veröffentlichten Goethe-

Gedichte vertonte, weist in diese Richtung: Das Werk mag kantatenartig anmuten; doch die Vertonung von Gedichten dieser Machart läßt eher an »Lied« denken. Auch liedartig ist Beethovens Komposition aber nicht, sondern eher ein »Chorwerk mit Orchester« – das ansonsten im Konzertbetrieb der Zeit am ehesten als Oratorium definiert ist. Der Aspekt des Betens (»orare«) ließ sich also zunehmend verdrängen; ihre letzte (freilich nicht zwingende) Konsequenz nahm diese Entwicklung darin, daß die sozialistische Musikkultur für solche Werke den Dachbegriff »Chorsinfonik« erfand.

Somit steht Beethovens *Missa solemnis* an einem ähnlichen Scheitelpunkt wie die Ouvertüre zu *Coriolan*: Konzipiert für einen traditionellen Kontext und (in diesem) für eine klar definierte Funktion, wurde es aus den sich gerade in jener Zeit wandelnden Aufführungsbedingungen heraus uminterpretiert. Für die *Missa solemnis* kommt eine weitere Facette hinzu: Sie wirkt in den Kreisen, die jenen neuen, »verbürgerlichten« Kirchenmusikbegriff tragen, unmittelbar stilprägend. Besonders offenkundig ist dies für den nachmaligen Beethoven-Biographen Adolph Bernhard Marx, der seit Gründung der *Berliner Allgemeinen Musikalischen Zeitung* (1824) sich in zentralen Artikeln vor allem über Beethovens Spätwerk äußerte (ausgehend von einer Rezension der Klaviersonate op. 109) und wenig später begann, sich für eine Wiederaufführung von Bachs *Matthäuspassion* einzusetzen (die dann 1829 zustandekam). Für die h-Moll-Messe Bachs, die schon 1818 der Züricher Musikverleger Hans Georg Nägeli erstmals drucken wollte (seine »Ankündigung des größten musikalischen Kunstwerks aller Zeiten und Völker« unterstreicht den Symbolcharakter, den er dem Unternehmen beimaß), erarbeitete Marx schließlich den ersten Klavierauszug, in dessen Titelformulierung dann erstmals der Terminus »Hohe Messe« für jenes Werk erscheint. Ganz offenkundig war dies als Analogiebildung zu dem Begriff »Missa solemnis« gedacht, mit dem in der aktuellen Konzertpraxis ausschließlich Beethovens Komposition belegt zu sein schien, den Marx also nicht mehr als Ausdruck einer klar faßbaren liturgischen Tradition sah. So konstituierte Beethovens Werk aus einer alten Wurzel einen neuen Gattungsbegriff – obgleich dieses (als fünfsätziges Werk) mit der Komposition Bachs, die den Meßtext in 24 Sätze zergliedert, nicht einmal formale Gemeinsamkeiten hat.

17. Kapitel

»Nicht diese Töne«?

Neunte Sinfonie

Voraussetzungen der Entstehung

Hatte die *Missa solemnis* etwas grundlegend Neues für Beethoven bewirkt? Seit 1812/14 hatte er sich aus eher »öffentlichen« Musikgattungen zurückgezogen gehabt: Werken wie der 7. und 8. Sinfonie (1811/12) und *Wellingtons Sieg* (1813) war kein weiteres sinfonisches gefolgt, und Kompositionen wie *Die Ruinen von Athen* op. 113 und *König Stephan oder Ungarns erster Wohltäter* op. 117, Schauspielmusiken zu Dramen August von Kotzebues, die zur Einweihung des Pester Theaters 1812 entstanden, deuten (irreführend) nur aus ihren höheren Opus-Nummern in eine spätere Zeit, ebenso die *Ouvertüre zur Namensfeier* op. 115 (1814/15). Auf diesem »öffentlicheren« Sektor hätte Beethoven demnach im Umfeld des Wiener Kongresses (*Der glorreiche Augenblick*) einen gewissen Schlußpunkt erreicht gehabt.

Ein bewußter, in allen Details geplanter Rückzug ist dies aber nicht gewesen; Art und Dauer ergaben sich wohl eher zufällig. Dies lassen die Skizzen vermuten, die schon 1816-18 für eine neue Sinfonie entstanden, unmittelbar anschließend an jenen Zeitabschnitt: Beethoven notierte sich damals erste Bruchstücke dessen, aus dem später die d-Moll-Sinfonie Nr. 9 erwuchs (daß er bereits damals zugleich eine zehnte Sinfonie plante, hat Nicholas Cook überzeugend widerlegt*). Die Tonartwahl ist bezeichnend: Anders als sich die c-Moll-Fünfte aus einer Nachbarschaft dieses Tonartkonzepts zu dem der Es-Dur-Dritten herleiten läßt, liegt hier der Gedanke nahe, daß sich die spezifischen Moll-Techniken, die Beethoven mit dem *Quartetto serioso* in der Kammermusik und mit der e-Moll-Sonate op. 90 in der Klaviersonate angelegt hatte, nun auch auf dem Gebiet der Sinfonie bewähren sollten, also in jener »öffentlicheren« Kunst. Doch das Skizzieren der nachmaligen Neunten brach ab, als

Beethovens Schaffen aus anderer Richtung Auftrieb erhalten hatte – in der Zeit um 1819, als für Beethoven neben seine fotgesetzte Arbeit an den späten Klaviersonaten nun auch die Arbeit an der *Missa solemnis* trat. Beethovens Alltag mag nun schlichtweg anderweitig ausgefüllt gewesen sein.

Dennoch: Für den Wiedereinstieg in die sinfonische Arbeit könnte ihm die *Missa solemnis* hilfreich gewesen sein, ebenso aber die Klaviersonaten, in denen sich allmählich eher die Monumentalität der *Hammerklavier-Sonate* als die Komprimiertheit der E-Dur-Sonate op. 109 fortsetzt, die (ebenso wie im *Quartetto serioso*) mit der harmonischen Komplexität gekoppelt erscheint. Einerseits relativierte Beethoven also die spezifische Moll-Grammatik; die Arbeit an jenen Sinfonie-Skizzen mag damit eine andere Gewichtung bekommen haben. Andererseits schlägt die *Missa solemnis* eine Brücke zwischen Privatem und Öffentlichem: Mit einer Aufführung in der Olmützer Feier wäre sie ein durch und durch »öffentliches« Werk gewesen, doch Beethoven hat sie offenbar mit einem äußerst privaten, sakral überhöhten Anliegen verbunden gesehen. Und die traditionellen Funktionen, die in einem Messenkonzept für Beethoven liegen (gerade für ihn als einen Musiker, der die Traditionen gekannt haben muß), ermöglichten jenes typische Hinterfragen des an sich Normalen. Die musikalische Gewichtung der einzelnen Meßteile, das andachtsvolle »Sanctus«, die Funktion, die die Solovioline für das Benedictus übernimmt, und die Erneuerung des originären Kontrasts zwischen »Agnus Dei« und »Dona nobis pacem« tragen dieses Hinterfragen stärker in die »öffentliche« Musik, als dies etwa in den sinfonischen Werken der Zeit um 1811/14 geschieht; damit trägt Beethoven aber das spezifische Hinterfragen in die Breite, das sich (freilich noch diffiziler) in der Tonsprache, der Modulatorik und den Formverläufen der Kammer- und Klaviermusik aus den Jahren seit 1810 äußert.

Wenn Beethoven nun zu jenen sinfonischen Skizzen zurückkehrte und sie daraufhin in relativ kurzer Zeit abschließen konnte (in so kurzer Zeit, daß die Neunte zugleich mit der Wiener Teilaufführung der *Missa solemnis* erklingen konnte), dann wird zudem deutlich, welche Dynamik die Beschäftigung mit den neuen kompositorischen Praktiken nun erlangen konnte – anders als offenbar um 1816-18. Dennoch ist das Abhängigkeitsverhältnis, das sich damit zwischen Neunter und *Missa solemnis* andeutet, nicht leicht zu fassen. Die Feststellung, daß die Messe dadurch retrospektiv Züge eines sinfonischen Werks erhalte, wäre banal: Daß eine Meßkomposition, die sich aus den eigenwilligen Traditionen jener privat-fürstlich organisierten Sakralmusik herleitete, nicht unbedingt an rein liturgischen Konzepten orientiert sei, sondern den musikalischen »Wildwuchs« in zeittypischer Weise umsetzte, ist gewissermaßen unvermeidlich, und die »säkularisierten« Aufführungsgepflogenheiten der Nachwelt dürften für diese den Eindruck des »Sinfonischen« noch erhöht haben. Andererseits wird die Neunte aus dieser Verbindung heraus auch nicht zu einem pseudosakralen Werk, und derjenige, der dies allein auf der Grundlage des Chor-Finales der Neunten konstatierte (angesichts von Formulierungen wie »Brüder, überm Sternenzelt / Muß ein lieber Vater wohnen«), der müßte erklären, welchen Stellenwert in diesem »sakralen« Konzept die Sätze 1–3 einnehmen. Die Verbindungen können also auf einer allgemeineren, praktischeren Ebene zustandegekommen sein; dies erforderte, daß man die Neunte aus Beethovens sonstigem Werk jener Zeit heraus erklärte, daß man Aspekte wie die, die die *Missa solemnis* auszeichnen, oder Fragestellungen, denen sich Beethoven etwa in den Klaviersonaten gewidmet hat, in den Mittelpunkt der Betrachtung stellt.

Die Anfänge der Sätze 1 bis 3

Das erste bemerkenswerte Detail erschließt sich bereits beim groben Überblick über das Werk, einem Überblick, den auch ein Programmzettel ermöglicht: Die Neunte ist Beethovens einzige Sinfonie, deren langsamer Satz an dritter Position steht. In kammermusikalischen Werken ist dies nicht unüblich, für Beethoven etwa auch schon im Streichquartett op. 18 Nr. 5; auch in Divertimenti kann ein Menuett dem langsamen Satz noch vorausgehen, und auf dieser Ebene ergibt sich die gleiche »eigenartige« Satzfolge für frühe Sinfonien Mozarts (etwa F-Dur KV 75, um 1771) und Haydns (zuletzt *Trauersinfonie* Nr. 44 e-Moll, vor 1772). Je klarer aber die Sinfonie als Gattung etabliert ist, desto klarer prägt sich die Viersätzigkeit mit dem Menuett oder Scherzo an dritter Satzposition aus – dies gilt für Haydn, Mozart und Schubert in gleicher Weise. Wenn Beethoven nun aber in der Zeit um 1820 die zweite Satzposition von Klaviersonaten geradezu vorrangig mit einem Scherzo-Satz besetzt, kommt man um einen Brückenschlag zwischen der Neunten und jener spezifischen Klaviersonaten-Konstruktion kaum herum. Somit hätte eine äußere Entscheidung Beethovens, die er in Musik für eher »private« Zwecke entwickelte, nun auch die Neunte geprägt.

Damit stellt sich für die Neunte aber das gleiche Problem der Tempo-

differenzierung wie in den Klaviersonaten: Die Schockwirkung des
»Molto vivace« im zweiten Satz ist gegenüber dem vorausgegangenen
»Allegro ma non troppo, un poco sostenuto« ebenso systembedingt wie
in der E-Dur-Sonate op. 109, die sogar noch nach einem »Vivace, ma non
troppo« zum Prestissimo übergeht. In ihr unterstreicht Beethoven die
Schroffheit des Übergangs dadurch, daß er zugleich das Tongeschlecht
von Dur nach Moll umschlagen läßt; in den Neunten bleibt die Tonart d-
Moll zwar gewahrt, doch mit Schockwirkungen spart Beethoven trotzdem nicht (Notenbeispiel 25b). Er läßt die Streicher im Unisono und
Fortissimo einen Oktavsprung vortragen, von einem D zum nächsten D
um eine Oktave abstürzend. Der Spuk ist ebenso schnell vorbei, wie er
eingetreten ist; was er zu bedeuten hat, ist zunächst nicht faßbar. Doch
kaum hat man sich »erholt«, folgt ein zweiter derartiger Absturz, von A
nach A. Neuerlich Stillschweigen; eine Erwartungshaltung auf einen
dritten Oktavsprung ist immerhin aufgebaut. Dieser kommt nun allerdings (man möchte sagen: gerade deshalb) anders als erwartet: Allein die
Pauke trägt ihn vor, von F nach F (hierzu muß die Pauke aus ihrer
normalen Quintenstimmung umgestimmt werden – so zieht sich die
besondere Arbeit mit der Pauke durch Beethovens gesamtes Schaffen
hindurch!). Wer aber nach diesem Pauken-Absturz sich neuerlich aufs
Pausieren einrichtete, wird neuerlich »schockiert«, denn unmittelbar an

Notenbeispiel 25a-c:
Sinfonie Nr. 9 d-Moll op. 125,
Anfänge der Sätze 1 bis 3

a) 1. Satz

ihn anschließend folgt eine weitere D-D-Oktave, zu der sich nun die Holz- und Blechbläser (mit Ausnahme der Posaunen) den Streichern anschließen. Erst dann wird das Feld wieder von Pausen regiert – für doppelt so viel Zeit wie jeweils zwischen den ersten drei Oktav-Abstürzen.

Beethoven sagt dem Hörer also zunächst gar nicht, was er mit diesem Satz bezweckt. Der erste Oktav-Absturz stellt lediglich klar, daß der typische lyrische Tonfall eines langsamen zweiten Satzes wohl nicht eintreten werde; Informationen über Tempo, Thema, Takt- und Tonart gibt dieser Beginn hingegen nicht. Die Tonart ergibt sich aus dem Zusammenblenden der vier Orchestereinwürfe: Die vier Töne D-A-F-D sind die Dreiklangstöne von d-Moll. Aber auch aus dem Wechsel zwischen unvermittelten Oktavabstürzen und Pausen entsteht noch kein Bewußtsein für Tempo und Takt; eine Thematik ergibt sich erst anschließend, jeweils von einem vergleichbaren Oktavsprung eröffnet und als Grundlage einer Fuge, und erst damit ist auch die Tempo- und Takt-Frage geklärt.

Das Prinzip, das eine solche Satzeröffnung regiert, ist für Beethoven selbstverständlich nicht außergewöhnlich: Er leitet die musikalischen Konstituenten, aus denen der Satz anschließend bestehen soll, erst allmählich her. Ähnlich ist die Lage zu Beginn der *Coriolan*-Ouvertüre, zu Beginn des dritten Satzes im 4. Klavierkonzert, letztlich auch in der *Eroica* mit ihren einleitenden Akkordschlägen, ehe das eigentliche Thema beginnt, oder in der Fünften, in der sich erst Klarheit ergibt, nachdem das Einleitungsmotiv zweimal in einem Klang hängengeblieben ist, der mit

b) 2. Satz

einer Fermate aus der Ordnung der benachbarten Musik herausgenommen wird. Und dieses Prinzip reicht bis in Beethovens früheste sinfonische Praxis zurück: Die Erste (Grundtonart C-Dur) beginnt mit einem C-Dur-Akkord, zu dem aber ein B als Septim hinzugefügt ist; der Anfangsakkord muß folglich zunächst nach F-Dur aufgelöst werden, und erst allmählich ergibt sich auch in dieser langsamen Einleitung, daß jenes verfremdete C-Dur doch die Grundtonart des Werks ist. In der Neunten gilt dieses Prinzip nicht nur für den zweiten Satz, den Beethoven damit in der so besonderen Satzfolge-Position zunächst noch regelrecht entwickelt, sondern ebenso auch für den ersten Satz.

Die Neunte steht in d-Moll; zu hören bekommt man aber zunächst nur die hohle Quinte A-E, einen Klangteppich aus sextolischen Sechzehnteln von zweiten Violinen und Celli (Notenbeispiel 25a). In dieses rhythmisch und motivisch so unbestimmte Umfeld werden nun ebenfalls E und A als Zwei-Ton-Kombinationen von ausgewählten Streicherstimmen eingestreut (Violine 1, Viola, Kontrabaß). Die Figuren sind so knapp, daß aus ihnen die Grund-Metrik unklar bleiben kann. Nach und nach treten immer mehr Instrumente hinzu, doch sie alle spielen zunächst nur jene »fatalen« Töne A und E. Dann setzen die Hörner 3 und 4 ein; allerdings bringen sie mit einem dissonierenden D mehr Unklarheit als Klarheit in die Komposition – obgleich sich auf diesem D nun die d-Moll-Grundtonart der Komposition entwickeln kann. Und tatsächlich: Mit dem Einsatz der letzten Instrumente, die bislang geschwiegen haben (Trompeten und Pauken), entwickelt sich aus dem Zwei-Ton-Motiv ein Thema in d-Moll. Sich auch mit dem Werkanfang noch erst dem Eigentlichen zu nähern: Dieses Prinzip gilt folglich auch für die Eröffnung der Neunten.

Zu fragen ist vor diesem Hintergrund: Wie beginnt der dritte Satz, der langsame, der die Grundtonart in traditioneller Weise verlassen kann? Es ist nicht weiter überraschend, daß Beethoven sich auch in ihm erst allmählich an das herantastet, was diesen Satz prägt (Notenbeispiel 25c): Fagotte und Klarinetten setzen im Abstand von einer Viertelnote mit etwas »Undefinierbarem« (dem Anschein beim Anhören zufolge) ein; nur zur harmonischen Stützung treten in tiefer Lage einige Streicherstimmen hinzu (zweite Violinen, Bratschen, Celli). Im dritten Takt beginnen dann die ersten Violinen zu spielen: mit einem klaren B-Dur-Thema, das aber in der Diktion nicht der Viertelbewegung folgt, die Beethoven zuvor in den Holzbläsern angelegt hat, sondern in Halben fortschreitet – gewissermaßen bremst Beethoven, aus dem Molto-vivace-Scherzo

kommend, den Lauf noch zu Beginn des Satzes in den Bläseranteilen ab
und erreicht dessen »eigentliches« Tempo erst mit dem Streicher-Ein-
satz. Ebenso schaltet er auch in der *Hammerklavier-Sonate* gewissermaßen
»zwischen« zweitem und drittem Satz einen beim Hören derart undefi-
nierbar erscheinenden Takt ein, mit dem er vom B-Dur-Scherzo zum fis-
Moll-Adagio überleitet (vgl. S. 350).

Selbst diese extremen Satzanfänge stehen also auf einer Linie mit
älteren Vorgehensweisen Beethovens. Das Komponieren allgemein
ermöglichte ihm jeweils zunächst eine außerordentlich breit gelagerte
Annäherung an die »eigentliche« musikalische Substanz eines Satzes; er
fesselt den Hörer dadurch, daß er ihm Grundinformationen eine Zeitlang
vorenthält, zwingt ihn zum Mitdenken, gibt ihm ein Gefühl dafür, was in
einem kompositorischen Kontext noch fehlt und welche Erwartungen
berechtigt sind. Als Hörer kann man daher die musikalischen Grundla-

c) 3. Satz

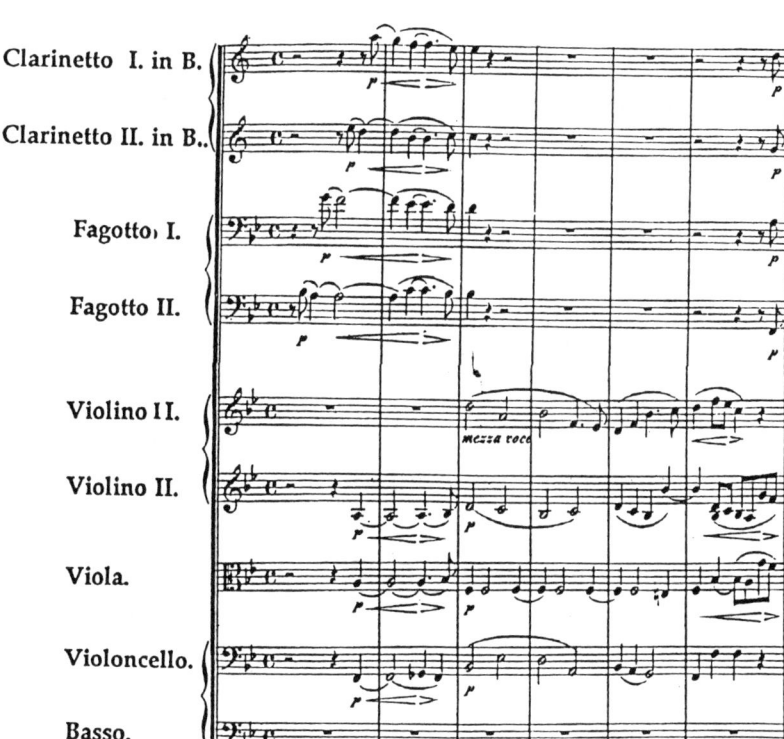

gen neu verstehen, die man ansonsten als naturgegeben übergeht oder
außer acht läßt. Es ist wie im »Dona nobis pacem« der *Missa solemnis*: Daß
in diesem Satz die »Bitte um inneren und äußeren Frieden« angelegt ist
(und nicht nur die »normale« Konstruktion einer Meßtext-Abhandlung),
begreift man als Hörer wohl nur aus dem unvermittelten, an sich gegen
den Text nochmals eintretenden »Agnus Dei, qui tollis peccata mundi«.

Der vierte Satz: Text und Musik

Die Aspekte hat man demnach im Sinn zu behalten, wenn man sich dem
Beginn des vierten Satzes zuwendet. In ihm wechselt das Tongeschlecht
von Moll nach Dur; daß dennoch zunächst die Moll-Grundhaltung wieder erreicht wird, ist nicht ungewöhnlich (auch etwa der Schlußsatz von
Mozarts d-Moll-Klavierkonzert KV 466 schlägt erst allmählich nach Dur
um). Das Moll wird allerdings geschärft, denn es ist kein reines d-Moll,
das erklingt, sondern diesem ist ein dissonierendes B hinzugesetzt, das
neben der Quinte A eine empfindliche Halbton-Reibung bewirkt. Diese
Klangwelt nun wird in einem Bläsertutti-Abschnitt im Fortissimo dargelegt; von der Technik der früheren Sätze ausgehend, kann man diesem
Abschnitt nur entnehmen, daß etwas d-Moll-Ähnliches bevorstehe, und
die Bewegung ist so schnell, daß ein Presto-Eindruck entsteht. Die
Bläserfanfare bricht ab und macht einer sehr viel langsameren rezitativi-
schen Linie der Celli und Kontrabässe Platz; die Konstruktion aus »Fanfare« und »Rezitativ« wird anschließend reproduziert. Anstelle der Fanfare, die man daraufhin wohl wieder erwartet, klingt dann die Musik
vom Anfang des ersten Satzes nochmals an, daraufhin, nach einem weiteren »Rezitativ«, ein Fugenbruchstück aus dem Scherzo, schließlich (wiederum »rezitativisch« abgesetzt) die Streicherlinie, mit der der langsame
dritte Satz begonnen hat. Aus einem neuerlichen Rezitativ-Bläser-Wech-
sel heraus wird dann eine Annäherung an D-Dur vollzogen. In diesem
setzen Celli und Kontrabässe mit einem Thema ein, bei dem es heutzutage schwerfällt, den Text »Freude, schöner Götterfunken, Tochter aus
Elysium« nicht von Anfang an mitzuhören.
    Der Sache nach ist daran, wie die Musik bis hierhin eingerichtet ist, nur
wenig Besonderes zu finden, denn die Elemente, die Beethoven hier
anwendet, gehören schon seit längerem zu dem Grundrepertoire seines
Komponierens – allerdings nicht in dieser strukturellen Anordnung. Daß
die Thematik (und mit ihr: die Durtonart) so spät einsetzt, ist im zeitge-

nössischen Gesamtkontext und ohnehin nach den vorausgegangenen drei Sätzen nicht verwunderlich; instrumentale Rezitative gibt es ebenso auch schon in der *Sturm*-Sonate op. 31 Nr. 2 (Beginn der Reprise im ersten Satz), und daß ein Rezitativ auch im langsamen Satz der As-Dur-Sonate op. 110 steht, ist neuerlich ein Hinweis auf die Gattungs-Verflechtung zwischen den etwas älteren kammermusikalischen und den etwas jüngeren größer besetzten Werken. Daß Beethoven Musik aus einem bereits abgeschlossenen Satz in das Finale hineinzieht, findet man auch in der *Hammerklavier-Sonate* (»Arioso dolente« in der Schlußfuge), vor allem aber in der A-Dur-Sonate op. 101, in der es mit gleicher Musik beginnt wie der Anfangssatz. Selbst aber wenn der Rekurs auf die vorausgegangenen Satzanfänge etwas Besonderes an der Neunten wäre, ergäbe sich zwangsläufig eine inhaltliche Verklammerung: Beethoven deutete damit an, daß es ihm auch im Finale um die besondere Anfangs-Situation geht.

In einer »normalen« Sinfonie wäre mit dem D-Dur-Thema der Startpunkt für die Entwicklung des eigentlichen Dur-Schlußteils gegeben. Und doch ist das Thema noch nicht das, was den Satz als etwas so Besonderes auszeichnet. Bis dahin sind die ersten 115 Takte der Komposition erklungen; fast ebenso viele (92) verstreichen, bis im 208. Takt des Finales nochmals eine Fanfare wie die des Satzbeginns erklingt, nun aber vom kompletten Orchester gespielt und harmonisch extrem geschärft (zu Beginn klingen sämtliche Töne der d-Moll-Tonleiter gleichzeitig, die VII. Tonleiterstufe als Cis). An ihrem Schluß setzt der Bassist – als erste Singstimme – in den Satz ein, und zwar mit folgenden Worten: »O Freunde, nicht diese Töne! Sondern laßt uns angenehmere anstimmen und freudenvollere!« Dieser Aufforderung zunächst selbst folgend, greift er das zuvor orchestrale D-Dur-Thema wieder auf und intoniert mit ihm den Schiller-Text »Freude, schöner Götterfunken«.

Wohl letztlich deshalb, weil man mittlerweile beim Hören des D-Dur-Themas nicht mehr vom Text abstrahieren kann, der im weiteren Verlauf mit dieser Musik verbunden wird, steht der Gedanke eines fundamentalen Kontrasts im Vordergrund des Interesses: Plötzlich passiert etwas Neues, und man kann die ganze bisherige Sinfonie über auf diesen Augenblick gewartet haben. Für Richard Wagner war damit das Ende der Sinfonie überhaupt erreicht; der Bassist wischt gewissermaßen das zuvor rein Instrumentale weg, und zwar sowohl in bezug auf die Grundhaltung der drei vorausgegangenen Sätze als auch auf die gesamte Gattung. In einem Bericht über seine wohl überaus wichtige Dresdner Aufführung von 1846, die für ihn einem Ur-Erlebnis gleichgekommen sein muß, schreibt er*: »Bewundern wir, wie der Meister das Hinzutreten der Sprache und Stimme des Menschen als eine zu erwartende Notwendigkeit mit diesem erschütternden Rezitativ der Instrumentalbässe vorbereitet, welches, die Schranken der absoluten Musik fast schon verlassend, wie mit kräftiger, gefühlvoller Rede den übrigen Instrumenten, auf Entscheidung dringend, entgegentritt und endlich selbst zu einem Gesangsthema übergeht, das in seinem einfachen, wie in feierlicher Freude bewegten Strome, die übrigen Instrumente mit sich fortzieht und so zu einer mächtigen Höhe anschwillt. Es erscheint dies wie der letzte Versuch, durch Instrumentalmusik allein ein sicheres, festbegrenztes und untrübbares freudiges Glück auszudrücken; das unbändige Element scheint aber dieser Beschränkung nicht fähig zu sein; wie zum brausenden Meere schäumt es auf, sinkt wieder zurück, und stärker noch als vorher dringt der wilde, chaotische Aufschrei der unbefriedigten Leidenschaft an unser Ohr. Da tritt eine menschliche Stimme mit dem klaren, sicheren Ausdruck der Sprache dem Toben der Instrumente entgegen, und wir wissen nicht, ob wir die kühne Eingebung oder die große Naivität des Meisters bewundern sollen, wenn er diese Stimme den Instrumenten zurufen läßt: ›Ihr Freunde, nicht diese Töne!…‹«

Wagners *Coriolan*-Sicht zeigt, daß er auch mit prinzipiell untextierter Musik Beethovens Probleme hatte und mit Bedenken wie denen, die Hoffmann gerade gegen Beethovens Komponieren für Singstimmen erhob, nichts anzufangen wußte. Hoffmann hat die Neunte nicht mehr kennengelernt (er ist 1822 gestorben); folglich gibt es von ihm keine Äußerung, die sich Wagners Sicht entsprechend entgegenhalten ließe. Man braucht sich freilich auch nicht der 1825 von einem der ersten Rezensenten angesprochenen Meinung anzuschließen, der schrieb*: »Es ist nicht zu läugnen, dass dies Finale mit seinen Chören der schwächere Theil des genialen Werks ist.« Daß Wagner aber auch hier (ähnlich wie für *Coriolan*) in der Argumentation an Beethovens Intentionen vorbeizielt, läßt sich keinesfalls ausschließen; daß seine Sicht die Einschätzung der Neunten langfristig wesentlich geprägt hat, steht allerdings außer Zweifel. Doch auch das Prinzip, nach dem Beethoven diesen Werkabschluß unter Hinzuziehung der Singstimmen gestaltet, ist für ihn nicht neu gewesen: Weshalb also machte Wagner es nicht zum entscheidenden musikhistorischen Ereignis, daß Beethoven in die *Chorfantasie* op. 80 den Singstimmeneinsatz ähnlich weit hinauszögert?

Auf Ähnlichkeiten zwischen der Situation in der *Chorfantasie* und derjenigen in der Neunten ist immer wieder hingewiesen worden – und es ist sogar Beethoven selbst, der die Nähe beider Werke hervorhebt. B. Schott's Söhne in Mainz beschrieb er die Neunte als »eine neue große Symphonie, welche mit einem Finale (auf Art meiner Klavierfantasie mit Chor, jedoch weit größer gehalten) mit Solos, und Chören von Singstimmen, die Worte von Schillers unsterblichem bekannten Lied: An die Freude schließt«*.

Abgesehen davon, daß in beiden Werken die Musik beträchtlich lange läuft und die Vokalthematik längst eingeführt ist, ehe dann »endlich« die Singstimmen eintreten, ist besonders der Versbau bemerkenswert, denn beide Texte gleichen einander hierin erstaunlich weitgehend. In der *Chorfantasie* lautet die erste Strophe:

> *Schmeichelnd hold und lieblich klingen*
> *Unsers Lebens Harmonien,*
> *Und dem Schönheitssinn entschwingen*
> *Blumen sich, die ewig blühn.*

Dem steht in den ersten vier Schiller-Versen folgendes gegenüber:

> *Freude, schöner Götterfunken,*
> *Tochter aus Elysium,*
> *Wir betreten feuertrunken,*
> *Himmlische, dein Heiligtum.*

Es wäre somit zunächst problemlos denkbar, die Texte des jeweils einen Werks für das jeweils andere zu nutzen. Ebenso: Die *Chorfantasie* steht in c-Moll, der vokale Schlußteil in C-Dur; die Neunte steht in d-Moll, der vokale Schlußteil in D-Dur. In beiden Konzeptionen geht es also darum, einem Moll-Werk einen Dur-Abschluß zu geben. Doch an dieser Stelle treten für die Neunte die Worte des Bassisten hinzu; die *Chorfantasie* hat kein Äquivalent für »O Freunde, nicht diese Töne«, den Text, den Beethoven dem Schiller-Gedicht frei vorausgestellt hat. Kann aber nur diese eine Textpassage verantwortlich dafür sein, daß man das Ereignis als so »fundamental« empfindet? Wirkungsvoll ist dies allemal; so schrieb ein Uraufführungs-Rezensent*: »Ref. sitzt nun abgekühlt am Schreibepulte, doch unvergesslich wird ihm dieser Moment bleiben; Kunst und Wahrheit feyern hier ihren glänzendsten Triumph, und mit Fug und Recht könnte man sagen: non plus ultra! – Wem möchte es wohl gelingen, diese unnennbare Stelle noch zu überbieten?«

Diese Reaktion zeigt, wie klein der Schritt zu Wagners Sicht war. Doch solche Reaktionen sollte man nicht überschätzen; die Frage, was in der

Kunst noch kommen könne, ist von Zeitgenossen »genialer« Künstler immer wieder gestellt worden. 1744 etwa sprach ein Komponist der Zeit von »denen vortrefflichisten Musicis, welche zu jetzigen Zeiten die Kunst gleichsam gäntzlich erschöpft zu haben scheinen«; niemand käme auf die Idee, diese Beobachtung (die an sich nicht weniger wertvoll ist als das Urteil eines Rezensenten über Beethovens Neunte) zu verabsolutieren. Doch ausgehend von jener auch allgemeinen Bewunderung über Beethovens Werk ist dies durch Wagner geschehen. Schumann etwa war sich dieser besonderen Situation eher bewußt; »wie hätte [man] nach der siebenten Beethovenschen Sinfonie eine achte, nach der achten eine neunte erwarten dürfen«, gibt er 1834 zu bedenken*.

Mit Wagner gesprochen, gelingt es Beethoven erst damit, »diese Töne«, die zunächst allein das Orchester gespielt hat, wirklich nach Dur umschlagen zu lassen; fragen müßte man aber, ob Beethoven es nicht auch anders gelungen wäre. Und die *Chorfantasie* zeigt: Es geht auch ohne Rezitativ. Müßte man deshalb nicht die Frage umkehren? Wenn die Baß-Rede nicht Ausdruck eines Problems ist, das Beethoven an dieser Stelle gehabt habe, ist doch denkbar, daß er die wörtliche Rede nur »benutzt« hat – gewissermaßen als Requisit seines Komponierens. Sie erscheint in Wagners Sicht als besonderer Ausdruck des Prinzips »per aspera ad astra«, das auch die Fünfte zu prägen scheint; doch wer aus diesem Prinzip so fundamentale Folgen ableitet, zeigt ein erstaunlich geringes Verständnis für das kompositorisch Normale. Und es ist eben normal, daß ein Moll-Werk der Zeit in seinem Schluß nach Dur umschlagen kann. Wenn Beethoven etwa auch in der *Missa solemnis* das Normale »erklärt« oder dessen Hintergründe nutzt, um besondere Details herauszuarbeiten, könnte man für den Eintritt des Bassisten analog feststellen: Auch hier erklärt er das Normale, nämlich den Übergang von Moll nach Dur. Doch der Übergang nach Dur ist schon weit vorher vollzogen worden, vom Orchester allein: dort, wo erstmals das »Freude«-Thema einsetzt. Verglichen mit der *Missa solemnis* befindet man sich dort an der Stelle, an der das »Dona nobis pacem« erstmals erreicht ist – eine Stelle, an der man glauben kann, daß nichts Besonderes mehr passieren werde, sondern lediglich noch ein prachtvoller Werkabschluß auf den Hörer warte.

Erst anschließend an die zweite Fanfare »erklärt« Beethoven somit den Übergang nach Dur verbal, obgleich das Werk schon zuvor unwiderruflich bei seinem Dur-Schluß angelangt zu sein scheint, obgleich man also schon vorher geglaubt haben kann, alles Nötige bereits zu wissen. Tatsächlich erschiene es kaum als denkbar, diese Erklärung nur mit den

Instrumenten des Orchesters zu geben; deren Wiederaufnahme des »Freude«-Themas könnte man nur als einen Rekurs auf etwas Dagewesenes empfinden, und die Fanfare erschiene als Fremdkörper in der organischen Entwicklung des Dur-Themas. Nur durch das Hinzutreten des Sängers erhält also der Rekurs seine Plausibilität; und daraufhin wäre zu fragen, ob (und, wenn ja, wann) diese eine Singstimme in diesem Sinfonie-Finale wieder zum Schweigen verurteilt werden solle. Beethoven aber handelt freilich aus Überlegung; das Hinzutreten des Chores ist ein geplantes Ereignis. Somit kann man ebenso »rückwärts« argumentieren wie in den harmonischen Konstruktionen der Kammermusik um 1810/15: Der Chor soll an der Sinfonie mitwirken; der Eintritt des Vokalapparats in die Sinfonie muß aber legitimiert werden. Diese Legitimation beschafft sich Beethoven daraus, daß er mit dem Baß-Einsatz den normalen Übergang von Moll nach Dur, der längst vollzogen ist, erklärt; um diese Erklärung aber überhaupt notwendig werden zu lassen (weil im Grunde genommen ja schon alles »gelaufen« ist), braucht er den Wiedereintritt der Fanfare. An sich ist also der »revolutionäre« Augenblick der Komposition die Tatsache, daß die Fanfare ein zweites Mal eintritt: An ihr kann deutlich werden, daß man sich zuvor mit etwas bereits zufriedengegeben hat, das für Beethovens Begriffe noch nicht als Ziel der Komposition gelten sollte. Wäre es folglich nicht sein Ziel gewesen, die Integration vokaler Kräfte in die Sinfonie auszuprobieren und möglichst plausibel anzulegen, dann wäre der Einsatz des Bassisten nur als Groteske zu verstehen – weil er erklärt, was längst geschehen ist; indem er aber das »Normale« nachträglich erklärt, ist auch der Grund für eine Integration aller übriger Singstimmen gelegt. Die Verdunkelung, die vom neuerlichen Eintritt der Fanfare ausgeht, ist somit tatsächlich dem nochmaligen »Agnus Dei« in der *Missa solemnis* vergleichbar, das, »timidamente« gesungen, den Glanz des »dona nobis pacem« so plötzlich trübt. In der *Chorfantasie* hatte Beethoven hingegen nur den Übergang nicht verbalisiert, den Chor-Eintritt aber nach gleichen Prinzipien geregelt; allerdings handelte es sich um eine »Fantasie« – um eine Komposition also, in der man Besetzungs- und Form-Begriffe auch sehr frei fassen kann.

Wagners Interpretation geht hingegen davon aus, daß Beethoven seit Satzbeginn (wenn nicht schon seit Werkbeginn) um diese Lösung gerungen habe. Doch Beethovens Satzkonzept ist so einfach, wie man es sich nur denken kann: Vom ersten Einsatz des »Freude«-Themas an schreibt er einen Variationenzyklus; der Satz wird also von dort an auf einer klar festgelegten Grundlinie fortentwickelt. Je drei Variationenglieder sind zusammengefaßt und von den nächsten dreien abgesetzt: Die Wiederholung der orchestralen Fanfare trennt einen ersten Block, in dem die Orchesterstimmen scheinbar fugisch in den Satz eingeführt werden, vom zweiten, in dem die Singstimmen hinzutreten; nach der sechsten Variation setzt das »Allegro assai vivace. Alla Marcia« mit der »türkischen« Musik ein (Piccoloflöte, Triangel, Becken und Große Trommel), nach der neunten kommt mit »Ihr stürzt nieder, Millionen« ein neues Satzprinzip in das Werk hinein, aus dem dann ein großer, von fugischen Prinzipien beherrschter Schlußteil entsteht. Daß Beethoven mit Variationentechniken arbeitet, ist für ihn individuell in einem Schlußsatz der Zeit um 1820 naheliegend, und daß er sie mit fugischen Prinzipien überhöht, gründet sich bereits auf ein jahrzehntelanges Kombinieren beider Techniken; die in den Klaviersonaten angelegte Typologie mag wiederum Vorbild gewesen sein. Sollte Wagner das Variationsprinzip in diesem Satz wirklich entgangen sein?

Somit erklärt Beethoven in seinem Schlußsatz tatsächlich alles, was zu erklären ist: Er widerruft das zunächst angeschlagene Presto und wählt erst für den instrumentalen Eintritt des »Freude«-Themas das Zeitmaß »Allegro assai«, knüpft an die Starts der vorausgegangenen Sätze an, weist mit dem Rezitativ darauf hin, daß noch etwas anderes kommen werde (nicht unbedingt vokal, wie die Klaviersonaten zeigen, aber eben in der Erwartung der Satzkombination »Rezitativ und Arie« als Ankündigung), nähert sich dabei erst allmählich der tatsächlichen Satz-Thematik an, erläutert im Nachhinein noch den an sich formtypischen Übergang von Dur nach Moll (dies ist tatsächlich wohl nur verbal-vokal möglich), womit er dann zugleich das Hinzutreten des Chors – analog zur Situation der *Chorfantasie* – erklärt hat. Dann sind die Vorgaben, die er sich gesetzt hat (und die er dem Hörer Stück um Stück nahebringt), in der Komposition aufgegangen; analog zu den vorausgegangenen Sätzen stellt er auch hier erst allmählich klar, worum es ihm geht – diese langsame Annäherung ist also ins Apotheotische fortgesetzt.

Aus dem weiteren Verlauf hat Beethoven nur noch zu erläutern, weshalb er einen Variationenzyklus schreibt: weil das zugrunde liegende Gedicht strophisch ist und eine tatsächlich strophische Behandlung des Textes wohl kaum als angemessener Sinfonie-Beschluß gelten könnte. Angesichts der großen Bedeutung, die die Variationstechnik für die späten Klaviersonaten hat, wäre nur noch zu überlegen, ob die Idee, das Schiller-Gedicht zu vertonen, in der Entstehungsgeschichte der Neunten älter ist als die, einen Variationenzyklus zu schreiben, oder umgekehrt.

Mit der Feststellung einer Verbindung zwischen Variationentechnik und strophischer Textanlage dringt man ins Formal-Inhaltliche des Schiller-schen Gedichts ein; und je weiter man damit fortschreitet, desto klarer können auch die Probleme werden, die Beethoven damit zwangsläufig hatte. Schillers Gedicht setzt sich aus Strophen (oder: Teilstrophen) unterschiedlichen Baus zusammen: Es alternieren miteinander achtzeilige Strophen (die somit das Doppelte des oben zitierten Texts enthalten) mit vierzeiligen Strophen, die sich in einem Detail empfindlich von den Achtzeilern unterscheiden: In diesen ist das Reimschema als »ab-ab« angelegt, in den Vierzeilern folgen die Verse nach dem Muster »ab-ba« aufeinander. Daher folgen in den Achtzeilern immer im Wechsel Verse mit unbetonter Schlußsilbe und Verse mit betonter aufeinander; in den Vierzeilern stehen die Verse mit betonter Schlußsilbe aber im Strophen-inneren – zum Beispiel:

> *Seid umschlungen, Millionen!*
> *Diesen Kuß der ganzen Welt!*
> *Brüder, überm Sternenzelt*
> *Muß ein lieber Vater wohnen.*

Schiller relativiert damit den strophischen Bau seines Gedichts und gibt jedem neunten bis zwölften Vers damit ein eigenes, gewissermaßen gegen den Takt laufendes Profil. Welche Folgen dies für einen Komponi-sten hat, ist leicht zu ersehen: So strophisch der Text angelegt ist, bricht er jeweils in gleichbleibenden Abständen aus diesem Muster aus. Beet-hovens Lösung für dieses Problem war radikal: Er verzichtete in seiner Vertonung zunächst völlig auf jene »gegenläufigen« Strophen und ver-tonte nur die so einheitlich gebauten Achtzeiler – allerdings nicht alle acht, die in Schillers Gedicht (bzw. in dessen für die Komposition wohl maßgeblicher Fassung) enthalten sind, sondern nur die ersten drei. Dann wählt er die vierte der Kurzstrophen (»Froh, wie seine Sonnen fliegen«), ohne aber daß die korrespondierende achtzeilige vierte Strophe vorausge-gangen wäre, widmet sich ferner der ersten Kurzstrophe (»Seid umschlungen, Millionen«) und einer Variierung der dritten (»Ihr stürzt nieder, Millionen«). Die Integrität des Schillerschen Gedichts steht für Beethoven also zur Disposition, und es dürften beileibe nicht nur inhaltli-che Gründe gewesen sein, die Beethoven zu der Umstellung bewogen haben[*] – denn ansonsten ist der Text nur als etwas Uneinheitliches,

Diskontinuierliches zu fassen (also schon gar nicht als Variationenzyklus). Dies zeigt sich auch, wenn man Schuberts Liedvertonung dieses Gedichts dagegenhält (D 189, 1815): Schubert folgt Schillers Versbau exakt; er schreibt ein einfaches Strophenlied, in dem er freilich für die alternierenden Acht- und Vierzeiler zweierlei Musik bereitzustellen hat, und erhöht den Kontrast noch dadurch, daß beide Strophentypen in unterschiedlichen Taktarten stehen (Vierviertel- und Dreivierteltakt).

Beethoven lag der Texttypus der Achtzeiler aber offenbar sehr am Herzen; er muß ihm für derart apotheotische Schlüsse geradezu als Ideal erschienen sein (er spricht daher auch von »Schillers unsterblichem bekannten Lied«*). Denn nicht nur die *Chorfantasie* endet mit Musik, die diesen Bau in sich aufnimmt, sondern auch *Fidelio*:

> *Wer ein holdes Weib errungen,*
> *Stimm' in unsern Jubel ein,*
> *Nie wird es zu hoch besungen,*
> *Retterin des Gatten sein.*

Besonders bemerkenswert ist dabei die auch inhaltliche Nähe zu Schillers Text, denn der Beginn des *Fidelio*-Schlußsatzes wirkt wie eine Umdichtung von den Anfangsversen der zweiten großen Strophe Schillers:

> *Wem der große Wurf gelungen,*
> *Eines Freundes Freund zu sein,*
> *Wer ein holdes Weib errungen,*
> *Mische seinen Jubel ein!*

Beethoven kannte den Schiller-Text schon in seiner Bonner Zeit – und schon damals entstand eine Komposition, in der das Schiller-Muster die apotheotische Schlußwirkung übernimmt, ebenfalls schon mit auch verbalen Anspielungen auf »An die Freude«: die Kantate auf die Erhebung Leopolds II. zum Kaiser von 1790. Ihrem Schlußsatz liegt zunächst folgender Text zugrunde:

> *Heil!*
> *Stürzet nieder, Millionen,*
> *An dem rauchenden Altar*
> *Blicket auf zum Herrn der Thronen,*
> *Der euch dieses Heil gebar.*

Somit klärt sich das Geflecht aus Textwahl und Variationenprinzip zumindest in Ansätzen: Das Variationenprinzip ließ sich nur anwenden, wenn Beethoven dem Text Gewalt antat und ihn zunächst auf das strophisch Faßbare reduzierte. Hätte er an dem Strophen-Prinzip entlang komponiert, wären variative Steigerungen kaum denkbar gewesen – der Wechsel des Versbaus erwiese sich stets als eine gleichartige Zäsur für derartige Fortentwicklungen. Insofern erscheint die »Verletzung« des Schiller-Textes sowohl als Teil des Variationenprinzips als auch als Voraussetzung von dessen Wahl: Nur dann, wenn Beethoven den Gesamttext radikal auf seine wirklich strophischen Elemente zurückführte, konnte er ihn (über ein »Am-Text-Entlangkomponieren« hinaus) in Variationen fassen. Wenn er aber die parallel gebauten Achtzeiler erst einmal in ein Variationsthema gegossen hatte und dieses dem Hörer restlos vertraut war, bereitete die Umgestaltung des Themas keine allzu großen Probleme mehr; das ist dann die gleiche Frage wie in den *Eroica-Variationen*: Bis zu welchem Grad nimmt man eine Entfernung von einem Thema noch als »vom Thema abhängig« wahr?

Auf eine weitere Folge der Variationentechnik hat Nicholas Cook aufmerksam gemacht: Durch deren Anwendung wird dem Schlußsatz der Neunten ihre Eindeutigkeit genommen; und Beethoven relativiere durch die Variationentechnik Grundzüge des Textes ebenso, wie man mit der Variationentechnik stets Grundzüge der Musik relativiert. Damit freilich ist auch die textliche Aussage ein Stück weit in Frage gestellt. Ferner: Beethoven stellt in der Doppelfuge zwei Texte einander gegenüber, die eigentlich nichts miteinander zu tun haben, sondern durch die Koppelung beide ein Stück weit Schaden nehmen: Eine Verbindung von »Freude, schöner Götterfunken« mit »Seid umschlungen, Millionen« dient keinem der beiden Texte, sondern bildet eine undurchdringliche Verbindung zwischen beiden – wobei wiederum bedeutsam ist, daß es sich obendrein um Ausschnitte aus zwei verschiedenen Strophenbau-Konzepten handelt. Beethoven ist also offenkundig bestrebt, diesen textlichen Widerspruch aus dem Variieren des Grundthemas heraus zu überwinden.

Somit läßt sich vieles in Beethovens Neunter aus deren Kontext heraus erklären: Sie erscheint nicht durchweg als revolutionäres Werk, sondern auch als konsequente Folge aus Überlegungen aller vorausgegangener Beethoven-Sinfonien, der *Chorfantasie* und des *Fidelio* sowie der momentanen Stilistik seiner kammermusikalischeren Werke. Daß daraufhin auch die Zehnte eine Sinfonie mit Chor gewesen wäre, ist kaum denkbar (die Skizzen reichen nicht weit genug, um dies abzuschätzen*); eher hätte sie wohl wiederum folgerichtig auf Beethovens aktueller Schaffensentwicklung aufgebaut und auf diese durchaus auch wieder eine rein instrumentale Antwort geben können. Das heißt nicht, daß die Neunte überschätzt worden wäre. Aber sie ist ein normalerer Ausdruck für Beethovens kompositorisches Vermögen nach 1820, als Wagner es um 1850 wahrhaben wollte.

Bezeichnenderweise verabsolutierte man auch erst um die Jahrhundertmitte den Gedanken, daß nach Beethovens Neunter keine weitere Sinfonie mehr geschrieben werden könne – jener Gedanke, der auf jungen Komponisten der Zeit so schwer lastete. Anders als Mendelssohn oder Schumann hatte Brahms große Schwierigkeiten im Umgang mit dem sinfonischen Medium – sowohl in seinem ersten Klavierkonzert, dessen Urform als Sonate für zwei Klaviere er verwarf und über eine Version als Sinfonie schließlich zum Konzert entwickelte, als auch in seiner ersten Sinfonie selbst. Als diese dann fertig war, bezeichnete Hans von Bülow sie flugs als »Beethovens Zehnte« – zweifellos eine schwere Hypothek für Brahms*. Bruckner hatte Probleme, sich der Gattung Sinfonie zu nähern – nicht umsonst versah er ein frühes sinfonisches Werk mit einer »Annullierung« der ersten Seite (daher die Benennung »Bruckners Nullte«). Und als dann auch noch Bruckner in der Sinfonien-Zahl nicht über die Neunte hinauskam, erwuchsen für Gustav Mahler daraus große Probleme: Zwar gelangte er in der Frage, wie man einen Vokalapparat in die Sinfonie hineinziehen könne, zu neuen Konzepten; aber dennoch scheute er davor zurück, nach der Achten (der großen *Faust*-Sinfonie) das *Lied von der Erde* als Neunte zu bezeichnen*. Er schrieb dann tatsächlich noch eine eigene Neunte (und hätte er das *Lied von der Erde* als Neunte bezeichnet, wäre der Fluch durchbrochen gewesen); doch seine Zehnte konnte er dann nicht mehr vollenden. So entwickelte sich die Diskussion darum, wer »Erbe Beethovens« sei, besonders auf sinfonischem Gebiet und eher in der zweiten Jahrhunderthälfte als in der ersten. Die Folgen der Neunten waren somit längerfristig auf exzeptionelle Weise gravierend: Seit ihrer Uraufführung zweifellos als großes Werk erachtet, erlangte erst später, für die übernächste Generation nach Beethoven, der Einwurf »O Freunde, nicht diese Töne!« jene übermenschliche, pseudosakrale Dimension. Wie schon *Coriolan* und die *Missa solemnis* hatte sich dann auch die Neunte aus ihrem kompositorischen Kontext isolieren lassen.

18. Kapitel

Galitzin und die Folgen

Die späten Streichquartette

Nachdem Beethoven im Sommer 1810 das *Quartetto serioso* komponiert hatte, gingen über zwölf Jahre ins Land, ohne daß er sich mit der Gattung Streichquartett in einem weiteren Werk befaßt hätte; ob er mit diesem stilistisch zu stark vorgeprescht war, ob er vor einer Wiederholung der sicherlich überaus komplexen Arbeit zurückscheute oder ob die besondere Streichquartett-Musiksprache nun für ihn mit diesem Werk »besetzt« war – es ist kaum zu entscheiden. Ähnlich wie für die Neunte gezeigt, ist auch für die Streichquartette nicht erkennbar, daß Beethoven sich bewußt von der Gattung zurückgezogen hatte. Schon im Herbst 1816 (also in der Mitte des Zeitabschnitts »ohne Streichquartett«) schrieb er an George Smart*: »Should you wish for some Quartetts for public performance I would compose them to this performance occasionally« – er dachte dabei an Ersatzstücke für das *Quartetto serioso*, an dessen Eignung für eine öffentliche Aufführung er zweifelte. Im Sommer 1822 dann bemühte er sich um einen Streichquartett-Interessenten in England, und als er wohl um die Jahreswende 1822/23 erste Skizzen für ein neues Streichquartett niederschrieb, griff er in der Satzanlage und Tonart zwar bereits auf den ersten Satz des nachmaligen Quartetts op. 127 voraus, ohne aber dessen musikalisches Material bereits zu antizipieren*. Doch schon diese Anfänge können als Folge eines externen Impulses gesehen werden, ähnlich dem, der Beethoven – mit der Wahl Rudolphs zum Olmützer Erzbischof – den Durchbruch auf dem Weg zu neuen großbesetzten Werken ermöglicht hatte. Jener Impuls hatte besonders nachhaltige Folgen: Er bewirkte, daß Beethovens letzte Schaffensjahre von Streichquartett-Arbeiten anscheinend regelrecht beherrscht wurden.

Georg Christian Hahn und Franz Seraph Hanfstaengl:
Nikolai Borissowitsch Galitzin. Lithographie

Dieser Startpunkt zu den späten Quartetten ergibt sich aus einer zunächst eigenartig wirkenden Richtung: Ende 1822 erhielt Beethoven aus Petersburg von Nikolai Borissowitsch Galitzin (der wenig später die Uraufführung der *Missa solemnis* herbeiführte) den Auftrag, ein bis drei Streichquartette für ihn zu schreiben. Denkbar ist, daß der Kontakt durch Rasumowsky (auch indirekt) vermittelt worden war; immerhin war dessen Vorgänger als russischer Botschafter in Wien ein Mitglied der Familie Galitzin gewesen (Dimitri Michailowitsch Galitzin, der dort bereits Konzerte veranstaltet hatte, in denen Mozart auftrat). Noch eher aber hat Schuppanzigh eine solche Vermittlerrolle ausgeübt: Nachdem Rasumowsky seine Förderung von dessen Quartett hatte einstellen müssen, hatte Schuppanzigh Konzertreisen unternommen und wesentlich in Rußland musiziert; daß dadurch Beethovens Popularität in Rußland nachhaltig zugenommen haben muß, deutet sich auch darin an, daß Schuppanzigh Kontakte Beethovens zu dem Petersburger Musikalienhändler Carl Iwanowitsch Lissner vermittelte. Und nachdem Schuppanzigh 1823 nach Wien zurückgekehrt war, berichtete er Beethoven von Galitzin – also nachdem dieser seinen Auftrag nach Wien gesandt hatte*.

Galitzin hatte zudem selbst direkt Einblick in die Strukturen des Wiener Musiklebens gewonnen. 1794 geboren, hatte er zwei Jahre seiner Jugend in Wien verbracht (1804-06) und unter anderem auch noch Haydn erlebt. Er spielte Cello, und seine Beethoven- und Streichquartett-Begeisterung ging so weit, daß er für seinen Gebrauch Werke auch entsprechend arrangierte. So stellte er ein fiktives Beethoven-Quartett aus den beiden Satzkomplexen der *Waldstein-Sonate* zusammen, indem er nach dem ersten Satz das Scherzo (Allegro molto) aus der A-Dur-Cellosonate op. 69 und das Largo der Klaviersonate op. 7 (jeweils in einer Quartettfassung) folgen ließ, ehe »Introduzione« und Rondo-Schlußsatz aus der *Waldstein-Sonate* den Abschluß bildeten – zweifellos ein reizvolles »Streichquartett« aus Sicht eines Cellisten. Für Galitzin war die Bestellung somit etwas Folgerichtiges, und daß er es Beethoven zu bestimmen überließ, wie viele Werke der Auftrag umfassen solle (anscheinend hätte sich Galitzin auch mit einem einzelnen Werk einigermaßen zufrieden gegeben), zeigt, wie sehr ihm daran gelegen war, daß überhaupt ein »Galitzin-Quartett« Beethovens zustandekam. Auch die finanzielle Seite ließ er offen; den Betrag, den Beethoven fordern würde, erklärte er sich ohne Umschweife bereit zu zahlen (allerdings hatte er dann damit 1826 erhebliche Probleme). Somit trat er als weiteres illustres Mitglied in den Kreis der Cellisten um Beethoven ein (neben Berufsmusikern wie Duport und den Schuppanzigh-Partnern auch Amateure wie Gleichenstein und Zmeskall umfassend, letztlich auch Radziwill, mit dem Galitzin übrigens in Kontakt stand). Welchen Stellenwert die alte Frage der Cello-Rolle im Streichquartett-Ensemble für Beethovens Kompositions-Start übernahm, sei dahingestellt.

Ehe Beethoven die eigentliche Streichquartett-Komposition aufnahm, arbeitete er allerdings noch an der *Missa solemnis* und an der Neunten (für kleinere Gelegenheitswerke wie 1823 die knappe Geburtstagskantate für den jungen Fürsten Ferdinand Lobkowitz WoO 106 blieb ohnehin stets Zeit). Erst 1824/25 war das erste Werk abgeschlossen, und für die lange Wartezeit wurde Galitzin zunächst mit der Widmung eines Orchesterwerks vertröstet, der Ouvertüre *Die Weihe des Hauses* op. 124, die anläßlich der Neu-Errichtung des Wiener Theaters in der Josefstadt im Oktober 1822 erstmals erklungen war. Beethoven kam dem Wunsch Galitzins in vollem Ausmaß nach: Dieser erhielt schließlich die drei ersten der fünf letzten Streichquartette Beethovens. Die Arbeit an diesen zunächst drei Werken erscheint als ähnlich kohärent wie die an den sechs Lobkowitz-Quartetten op. 18 und den drei *Rasumowsky-Quartetten*; sie prägt Beethovens Arbeiten vor allem im Jahr 1825. Nachdem im Februar das Es-Dur-Quartett op. 127 fertiggestellt war, griff Beethoven auf, was er sich mittlerweile für das nachmalige a-Moll-Quartett op. 132 skizziert hatte; dieses Werk wurde Ende Juli beendet. Kontinuierlicher und noch kürzer gestaltete sich die Arbeit zunächst am dritten der Werke, dem B-Dur-Quartett op. 130, dessen Arbeit den Herbst beherrschte – bis November 1825 war auch diese (einschließlich der *Großen Fuge* als Finalsatz, die später separat als op. 133 veröffentlicht wurde) abgeschlossen.

Galitzin hatte in seiner Bestellung von drei Quartetten gesprochen; daß man sie kaum als Verbund von Werken begreift, hängt einerseits damit zusammen, daß Beethoven das Komponieren von Quartetten unmittelbar weiter fortsetzte, andererseits damit, wie jene drei Werke im Druck erschienen: Anders als die *Rasumowsky-Quartette* erhielten die »Galitzin-Quartette« keine gemeinsame Opus-Zahl; sie erschienen nicht einmal beim gleichen Verleger, sondern im europäischen Musikverlagswesen breit gestreut: op. 127 bei Schott in Mainz, op. 130 bei Artaria in Wien, op. 132 in Berlin und Paris bei Vater und Sohn Schlesinger. Doch damit zeigt sich letztlich nur, daß sich Beethovens Publikations-Praktiken geändert hatten; auch Klaviersonaten (zu Mozarts Zeit noch eine Gattung, deren Werke man zu dritt oder im halben Dutzend druckte) ließ Beethoven nach denen mit der Opus-Nummer 31 und dem Sonatinenpaar op. 49 nicht mehr als Werk-Bündelung erscheinen, und schon die Sonaten op. 27 hatte Beethoven sogar zwei verschiedenen Personen gewidmet, obwohl sie durch die gleiche Opus-Zahl derart aufeinander bezogen erscheinen.

Diese Streuung spiegelt zugleich das große Interesse, auf das Beethovens Quartette-Komponieren bei Verlegern traf. So verhandelte Beethoven schon im Juni 1822 mit dem Leipziger Musikverlag C. F. Peters über eine Quartettpublikation (Galitzins Auftrag erreichte Beethoven erst im November). Und daß bereits 1824 eine Vereinbarung über den Druck des Quartetts op. 127 durch Schott getroffen wurde (noch weit vor der Fertigstellung), ergab sich daraus, daß das Mainzer Verlagshaus das Quartett und die *Missa solemnis* offenbar nur »im Paket« übernehmen wollte; auf den 1824 geäußerten Wunsch des Verlegers Anton Diabelli hin begann Beethoven auch Ende 1826 mit einem Streichquintett, das er allerdings nur noch in Umrissen zu Papier bringen konnte (veröffentlicht in Klavierfassung als *Letzter musikalischer Gedanke* WoO 62)*.

Daß die Nachfrage der Musikverleger mit den drei Galitzin-Werken noch nicht gestillt war, ist also aus den Begleitumständen schon von deren Publikation verständlich. Beethoven hatte offenbar nichts dagegen einzuwenden, seine Quartett-Arbeiten fortzusetzen, denn diese hatten für ihn offenbar auch eine eigene Dynamik entwickelt. Und so entstanden 1826 die Streichquartette in cis-Moll (op. 131) und F-Dur (op. 135); den Abschluß der Quartett-Arbeit bildete anschließend der neue Schlußsatz des Quartetts op. 130. Der Verlegerkreis blieb der gleiche weitgespannte wie zuvor: Schott übernahm das cis-Moll-Quartett, Schlesinger das F-Dur-Werk, Artaria schließlich verlegte die *Große Fuge* op. 133.

Die Entstehungsgeschichte der späten Streichquartette Beethovens wirft somit ein besonderes Licht auf dessen Stellung in den Jahren kurz vor seinem Tod: Man neigt dazu, sich ihn als allein gelassen, ungepflegt, taub, jähzornig und abweisend vorzustellen, und man neigt ebenso dazu, sich die späten Streichquartette als eine Art individuelles künstlerisches Credo dieses in einer gewissen Isolation Lebenden vorzustellen. Daß sie letztlich auftragsgebunden oder in Abstimmung mit Musikverlagen entstanden, relativiert zunächst den Eindruck der Isolation; außerdem stellt es aber auch Grundzüge dieses testamentarischen Charakters in Frage. Es ist nicht die »ultima ratio« von Beethovens Leben und Schaffen, daß diese Musik entstand, auch nicht, daß gerade Streichquartette es waren, in denen sie sich entlud – so differenziert die kompositorischen Techniken in den späten Streichquartetten sind und so individuell das stilistische Ergebnis wirkt. Vielmehr war diese Quartette-Gruppe eine Folge aus einer relativ kleinräumig wirksamen, fast momentanen Entwicklung. Auftragslage und Verlegerkontakte zeigen Beethoven zudem in lebendigem Austausch mit seiner Umwelt und in einem Brennpunkt des zeitgenössischen Musikinteresses stehend. Dies mindert die Bewunderung, die man den Werken entgegenbringt, in keiner Weise. Ähnlich ergab sich auch der Auftrag Hans Georg Nägelis an Beethoven, Klaviersonaten zu komponieren, aus einer momentanen Situation; die daraufhin entstehenden Sonaten op. 31 standen für Beethoven am Anfang seines »neuen Weges«. Auch die späten Streichquartette Beethovens zeigen also, daß Auftragsgebundenheit von Werken deren künstlerische Qualität nicht mindert, sondern welche Ventilwirkung Aufträge haben können. Der Vermächtnis-Charakter der Kompositionen entsteht allerdings nur aus der Sicht der Nachwelt: daraus, daß diese Quartette die letzten größeren Werke waren, die Beethoven vollendete.

Die Werkstrukturen und ihre Entwicklung

1822 hatte Beethoven die Arbeiten an der Klaviersonate op. 111 abgeschlossen; der Galitzin-Auftrag lag in einer Zeit vor, in der Beethoven die Komposition der Neunten abzuschließen hatte. Es ist also nicht erstaunlich, wenn man typische Aspekte jener beiden Gattungs-Strömungen auch in den Streichquartetten wiederfindet. In diesem Kontext wirkt die äußerliche Disposition des ersten der Quartette fast zahm: Beethoven

Streichquartett Es-Dur op. 127	
1 Maestoso – Allegro	Es
2 Adagio ma non troppo e molto cantabile	As
3 Scherzando vivace	Es
4 Finale	Es

schreibt ein viersätziges Werk in Es-Dur; nur der langsame Satz (zudem an traditioneller zweiter Satzposition) steht nicht in dieser Tonart. Für ihn knüpfte Beethoven allerdings direkt an Strukturen der Klaviersonaten an, indem er einen außerordentlich komplexen Variationensatz schrieb – der Tendenz nach ähnlich gehalten wie das, was den Schlußsatz aus der

Klaviersonate op. 109 prägt (also das Prinzip »nicht traditionell variieren, sondern am Thema entlang weiterkomponieren«). Anders als in dieser Sonate bleiben die Tempowechsel im ersten Satz hingegen ohne größere Folgen für den Satzbau: Ähnlich wie in der *Sturm*-Sonate op. 31 Nr. 2 geht es lediglich darum, daß die Motivik der langsamen Einleitung nicht nur die Exposition, sondern auch die Durchführung und die Reprise eröffnet. Dieses »traditionelle« Erscheinungsbild war aber, wie Sieghard Brandenburg gezeigt hat, nicht Startpunkt der Arbeit; diese zielte anscheinend zunächst auf ein Werk ab, das sich als mindestens fünfsätzig beschreiben läßt (mit einem »Gaieté« betitelten Satz an zweiter Satzposition) und in dem das Finale über eine langsame Einleitung vorbereitet wird, und erst die zunehmend konkretisierten Konturen des »Werks« führten dazu, daß Beethoven auf diese beiden Glieder verzichtete*.

Für das zweite der Quartette (a-Moll, op. 132) schlagen jene weiter ausgreifenden Werkstrukturen allerdings bis in die Endfassung durch; es zeigt sich, daß das Quartettekomponieren für ihn bereits jetzt eine Eigendynamik entwickelte. Und nicht weiter erstaunlich ist, daß der erste Satz mit einer langsamen Einleitung beginnt; erstaunlich ist schon eher, daß man der Grundtonart a-Moll (und überhaupt einer Moll-Haltung) anschließend erst wieder im Schlußsatz begegnet. Bis dahin erklingen nicht etwa nur zwei weitere Sätze, sondern drei, und zwar die beiden äußeren in A-Dur, der mittlere angeblich in lydischer Tonart – als »Heiliger Dankgesang eines Genesenden an die Gottheit«.

»Lydisch« ist eine der mittelalterlichen Kirchentonarten (V. bzw. VI. Ton): eine Tonart, in deren Tonleiter die Halbtonschritte so aufgebaut sind, wie wenn man von F nach F nur weiße Tasten auf dem Klavier spielt. Den aktuellen Zugang zu Musik in Kirchentonarten könnte sich Beethoven erschlossen haben, als er 1824 im Auftrag von Artaria ein Konvolut mit Musik des späteren 16. und frühen 17. Jahrhunderts durchzusehen hatte; von diesen Werken Palestrinas und seines Kreises erschien 1826 eine Auswahl, die der Herausgeber Christoph Tucher Beethoven widmete, und dieser hatte sich schon zuvor ein Gloria von Palestrina abgeschrieben, das sich in diesem Material befunden haben mag*. Ob allerdings gerade dieses Stück (im III. Kirchenton stehend, dem phrygischen) den Ausschlag gegeben haben kann, einen lydischen »Dankgesang« zu schreiben, ist zweifelhaft. Insgesamt hat Beethoven die melodischen Charakteristika des Lydischen zwar einigermaßen getroffen; die weitergehenden Bedingungen des Modus (etwa in der Kadenzordnung) hat er allerdings weithin unberücksichtigt gelassen und ist eher nur von einer allgemeineren Sicht von »Kirchen«-Tonarten ausgegangen, freilich so, wie diese damals üblich war. Somit steckt wohl auch weniger ein sakraler Gedanke hinter dieser Konstruktion, auch kein primär historistischer, sondern eher ein zeitgenössisch-klanglicher: Beethoven beschränkt sich darauf, den Satz so anzulegen, daß er archaisch wirkt. Der »Dankgesang« selbst wird dabei nach Art eines vierstimmigen Chorals gesetzt; zwischen die mutmaßlichen Zeilen treten Zwischenspiele, wie man dies aus Choralbearbeitungen etwa auch Bachs kennt. Diese Musik wird zweimal von D-Dur-Abschnitten unterbrochen (mit der Beischrift »neue Kraft fühlend«). Somit etabliert Beethoven aus dem angeblich Lydischen und aus dem D-Dur ein besonderes Klangverhältnis: Jene archaische F-Klanglichkeit erhält dadurch, daß in ihrer Leiter stets auch ein H vorkommt (das also nicht zum B alteriert wird), eine Schärfe, die den Übergang zum traditionell als glanzvoll empfundenen D-Dur minimiert. Insofern stellt sich etwas anderes ein als im *Quartetto serioso* mit der Betonung von F (klar als Dur oder klar als Moll) und D-Dur.

In dieser fünfgliedrigen Satzfolge kommt Beethoven insgesamt zu einem subtil ausbalancierten Kräfteverhältnis: Von den a-Moll-Außenglie-

Streichquartett a-Moll op. 132	
1 Assai sostenuto – Allegro	a
2 Allegro ma non tanto	A
3 Molto adagio – Andante	»F«/D
»Heiliger Dankgesang eines Genesenen an die Gottheit, in der lydischen Tonart« – »Neue Kraft fühlend«	
4 Alla marcia, assai vivace	A
5 Allegro appassionato	a

dern steht das erste im geraden, das letzte im ungeraden Takt (4/4, 3/4); umgekehrt dazu stehen, nach innen versetzt, die nächsten Glieder zwar beide in A-Dur, aber nun das erste im ungeraden und das andere im geraden Takt (3/4, 4/4). Das Mittelstück dazu wird dann in jener eigenartigen Unterterz-Konstruktion gebildet; auch hier wechseln gerader (»Dankgesang«, 2/4) und ungerader Takt (»neue Kraft fühlend«, 3/8). Die Tonartverhältnisse sind also spiegelsymmetrisch angelegt, die Taktordnung ist komplementär geregelt. Beides erinnert in verblüffender Weise an die Grundstrukturen, in denen Beethoven die Teil-Lieder des Zyklus *An die ferne Geliebte* aufeinander folgen läßt (vgl. S. 338). Die

Kräfte, die einen derart speziellen Lieder-»Zyklus« zusammenhalten, wirken also ähnlich stark wie die, die sich nun in einem Streichquartett ergeben können: nicht mehr als bloße »Satzfolge« in ihren schematischen Ausprägungen, sondern ebenso als Zyklus. Folglich zeigt sich auch, wie sehr Beethoven mittlerweile Kompositionspraktiken vom Gattungsspezifischen weg verallgemeinerte: Berührungspunkte konnten sich nicht nur zwischen Oratorium und Messe oder zwischen Sinfonie und Chorwerk ergeben, sondern auch zwischen Streichquartett und Liederzyklus. Und schließlich: Die Fünfsätzigkeit des a-Moll-Quartetts mag als Abrücken von traditionellen Gestaltungsprinzipien eines Streichquartetts erscheinen und die innere Abfolge der Sätze rätselhaft werden lassen; doch diese Unklarheiten lichten sich, wenn man sich im Denken von jenen allzu enggefaßten Gattungsnormen löst und deren Offenheit nachgeht – in den Dimensionen, in denen Beethovens Arbeit auch von scheinbar völlig Andersartigem befruchtet werden konnte.

Die Schritte, mit denen Beethoven zu dieser Balance der Sätze gelangte, sind allerdings klar ersichtlich, und sie zeigen an sich ein anderes Bild: Die Balance ist so ziemlich das jüngste an diesem Werk. Ursprünglich sollte die vierte Satzposition von dem Satz »Alla danza tedesca« eingenommen werden, der dann später in das Quartett op. 130 aufgenommen wurde. Dieser Dreivierteltakt-Satz hätte die Balance gestört – oder anders: Die Balance hat zu jenem Zeitpunkt der Werkgenese noch gar nicht bestanden. Doch dies mindert den Wert der Beobachtung nicht, sondern korrigiert nur den Blickwinkel, aus dem das Verbindende konstatiert werden will: *An die ferne Geliebte* hat nicht die Satzfolge des Quartetts direkt bestimmt, sondern ein klar faßbares Konstruktionsprinzip Beethovens, das über den Gattungs-Zuordnungen steht, hat sich lediglich zweimal in völlig verschiedenem Kontext ausgewirkt. Beethoven hat mit diesem Prinzip folglich die Qualität der Fünfsätzigkeit, demnach eine schon ältere Konstruktions-Idee für dieses Quartett, nachgebessert. Das Ausbalancieren der Satz-Eigenschaften bleibt ein Spezifikum des a-Moll-Quartetts; Beethoven hat es nicht auch im nächsten Werk fortgesetzt. Dennoch prägt die Fünfsätzigkeit, die er sich in diesem Rahmen erschlossen hatte, auch die beiden folgenden Quartette.

Daß eine solche Verbindung entsteht, ist allerdings im B-Dur-Quartett op. 130 kaum zu erkennen: Das Werk erscheint nicht als fünfsätzig, sondern als sechssätzig. Dem Finale geht die vielbewunderte »Cavatina« voraus – ein weiterer Satz aus Beethovens Spätwerk, mit dem ein instrumentales Musizieren auf vokale Kompositionspraktiken anspielt: Die Vorschrift »cantabile« stellt sich in den Klaviersonaten seit op. 90 mit schöner Regelmäßigkeit ein, in der As-Dur-Sonate op. 110 steht das »Arioso dolente«, das von einem »Recitativo« eingeleitet wird, dem Schlußsatz der Klaviersonate op. 111 liegt als Variationsthema eine »Arietta« zugrunde, und schließlich gibt es im Schlußsatz der Neunten jenes so kritische instrumentale Rezitativ. Die »Cavatina« kann zwar durchaus als eigenständiges Satzglied erscheinen, in formaler Hinsicht

---

Streichquartett B-Dur op. 130

1	Adagio ma non troppo – Allegro	B
2	Presto	b
3	Andante con moto ma non troppo	Des
4	Allegro assai	G
	»Alla danza tedesca«	
5	Adagio molto espressivo	Es
	»Cavatina«	
6	Finale. Allegro	(g)-B
	ursprünglich:	
6	Allegro – Meno mosso e moderato – Allegro	(G)-B
	»Große Fuge«; publiziert als op. 133	

---

aber auch als eine langsame Einleitung zum Schlußsatz wirken – ähnlich also, wie das »Arioso dolente« die Schlußfuge der Sonate op. 110 vorbereitet. Somit stünde auch hinter Sechssätzigkeit des B-Dur-Quartetts ein fünfsätziges Prinzip: Ebenso wie der Anfangssatz mit einer langsamen Einleitung vorbereitet wird, erhält eine solche auch der Schlußsatz. In zwei grundsätzlichen Punkten ist die Sicht allerdings problematisch: Die Cavatina hat mit 66 Takten eine beträchtliche Länge; und anders als eine langsame Einleitung am Beginn eines Werks steht sie nicht in dessen Grundtonart (hier: Es-Dur als Vorbereitung des B-Dur-Schlußsatzes). Klarheit über beides schafft dann das nächste Werk, das cis-Moll-Quartett op. 131.

Wie sehr dieser Einleitungs-Aspekt Beethoven in der Werkdisposition bestimmte, ist letztlich aber auch daran zu erkennen, wie er nach der Cavatina das »eigentliche« Finale eröffnet; und hierzu kann man zwei divergente Lösungen miteinander vergleichen. Ursprünglich sollte ihr die nachmalige *Große Fuge* op. 133 folgen, eröffnet von einem vier Oktaven überspannenden G-Klang der Instrumente; er schloß an den Es-Dur-

Akkord in Terzlage an (also: mit G als Spitzenton), mit dem die Cavatina endet. Aus diesem G entwickelt sich in der *Großen Fuge* eine Überleitung nach B-Dur, in dem die eigentliche Fuge dann beginnt. Nach der Wiener Uraufführung des Werks, in der die Fuge den Gesamterfolg anscheinend nachhaltig beeinträchtigte, schied Beethoven diese aus dem Werk aus und schrieb als Ersatz ein neues Finale, und den Anschluß regelte er auf die gleiche Weise wie in seiner ursprünglichen Konzeption: Nach dem Es-Dur-Schluß folgt eine G-Fortsetzung; allerdings erweist sich dessen Hintergrund langfristig als ein g-Moll, das dann über die Parallelbeziehung nach B-Dur umschlagen kann. Daß das neue Finale Teilaspekte der vorausgegangenen Sätze nicht mehr ähnlich zusammenfassen kann, wie es in einer Beethovenschen (variationsnahen) Fuge möglich ist, steht freilich auf einem anderen Blatt.

Vor diesem Hintergrund nimmt sich ein anderer Satzübergang in diesem Werk als total unvermittelt, fast rücksichtslos aus: Das »Alla danza tedesca« folgt in G-Dur auf das Des-Dur des dritten Satzes, folglich in einer Tritonus-Beziehung. Bei näherer Betrachtung wird aber erklärlich, weshalb auch dieser Satzübergang »funktioniert« und auf welcher Ebene Beethoven zu dieser Anschlußmöglichkeit gelangte. Der G-Dur-Satz wird von der ersten Violine mit einem D begonnen; den vorigen Satz hat sie mit einem Des beendet. Beide Sätze werden somit mit einem Halbtonschritt der ersten Violine voneinander getrennt – dieser »leittönige« Übergang wirkt somit im Nachhinein in einer von Beethoven reich erprobten Weise besonders plausibel. Ansonsten ist jener langsame dritte Satz von dem geradezu extremen Ausloten von Takt und Metrum geprägt, das in Beethovens Spätwerk nicht außergewöhnlich ist: In der Satzüberschrift wird die Vorschrift »Andante« mit »con moto« beschleunigt; anschließend wird die Beschleunigung mit »ma non troppo« wieder eingeschränkt – eine ähnliche Subtilität, wie sie in der Satzüberschrift »Geschwind, doch nicht zu sehr und mit Entschlossenheit« (Klaviersonate op. 101, Finale) oder in einem 12/32-Takt liegt (in den Variationen aus der Klaviersonate op. 111).

Ähnlich »zeittypisch« für die damaligen Arbeitsverhältnisse Beethovens ist, daß er im ersten Satz mehrfach das Tempo wechselt – hier allerdings mit einer kaum zu überbietenden Radikalität. Zu Satzbeginn fällt er, nachdem er aus der langsamen Einleitung heraus das Allegro schon erreicht hat, nochmals in deren Adagio zurück, ehe die nun vorerst ungebrochene Allegro-Exposition ihren Lauf nehmen kann. Dies verdichtet sich aber noch zu Beginn der Durchführung: Satzbestandteile, die im Allegro nur einen Takt lang sind, wechseln mit dreitaktigen Adagio-Abschnitten ab.

Dort wechselt Beethoven zudem vom Ges-Dur-Schluß der Exposition praktisch direkt ins D-Dur der Durchführung über. Den Schritt leitet er auf eine besondere Weise aus Halbtonverschiebungen her, doch hier verschleiern diese den harmonischen Gang eher, als daß sie ihn erklären (Notenbeispiel 26). Nach der Wiederholung versetzt Beethoven den ganzen Satz mit einem scheinbar vielsagenden Unisono um einen Halbton abwärts (also von Ges nach F); wer nun daraus aber weiterreichende Stimmungs-Konsequenzen erwartete, wird davon überrascht, wie ungerührt Beethoven daraufhin mit Fis-Dur fortfahren kann (das sich klanglich vom vormaligen Ges-Dur nicht unterscheidet). Gewissermaßen demonstriert Beethoven, wie gleichgültig es ihm ist, ob sein Expositionsziel F oder Fis (Ges) ist; beides sind für ihn gleich gute Ansatzpunkte, um über einen Terzschritt jenes D-Dur zu erreichen. Eine solche Rückung von Ges/Fis nach F hätte einst in der Tat fundamentale Folgen für den kompositorischen Verlauf haben können; Beethoven aber stellt eher in den Vordergrund, daß er in seinem Komponieren über gleichwertige Alternativen verfügt, die ihn zum gleichen Ziel führen können. So konzentriert er sich darauf, das Stimmungspotential einer solchen Rückung praktisch isoliert herauszuarbeiten. Traditioneller ist, daß Beethoven an diesen ersten Satz ein Moll-Presto anschließt – diese Tempo- und Stimmungs-Folge erlebt man ebenso beispielsweise in der Klaviersonate op. 110.

Die Cavatina reiht sich in die Folge der Sätze ein, in der Beethoven Gesungenes rein instrumental darstellte – jeder von ihnen zeigt also, wie wenig zwingend in jener Zeit die Annäherung an gesungene Formen in

Notenbeispiel 26:
Streichquartett B-Dur op. 130,
1. Satz, T. 92–96

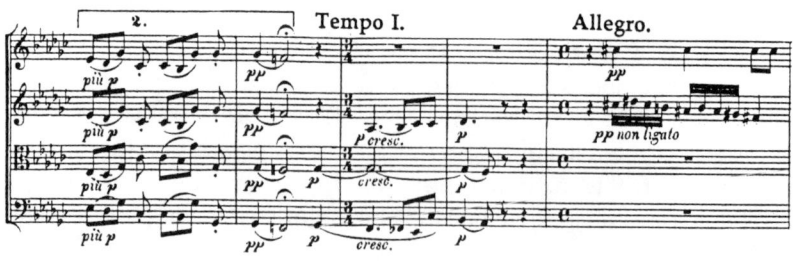

das tatsächliche Singen umschlagen mußte (wie Wagner es für die Neunte postulierte). Ähnliches gilt auch für den sogenannten dritten Satz im cis-Moll-Quartett op. 131, dem nächsten Werk: Der Satz nähert sich in seiner Diktion, ebenso in seiner tonartlich überleitenden Funktion, der Rezitativik besonders dicht an – und er ist auch nur 11 Takte lang, so daß man die

	Streichquartett cis-Moll op. 131	
1	Adagio ma non troppo e molto espressivo	cis
2	Allegro molto vivace	D
3	Allegro moderato	h-E
4	Andante ma non troppo e molto cantabile	A
	Più mosso	
	Andante molto e lusinghiero	
	Adagio	
	Allegretto	
	Adagio ma non troppo e semplice	
	Allegretto	
5	Presto	E
6	Adagio quasi un poco andante	gis
7	Allegro	cis

Frage, inwiefern hier ein eigener »Satz« entsteht, noch besonders zu überdenken hat. Dieses Problem stellt sich auch auf allgemeinerer Ebene für dieses Quartett, das schon wegen seiner Siebensätzigkeit als kaum überschaubar gilt; daß es nochmals sieben verschiedenen Tempi im vierten Satz gibt (kleinere Schwankungen nicht mitgerechnet), verschärft dieses Problem nur noch. Doch auch hier läßt sich Licht ins Dunkel bringen. Zunächst: Beethoven beginnt mit einem langsamen cis-Moll-Satz, stolze 121 Takte lang; an ihn schließt sich ein D-Dur-Allegro an. Der cis-Moll-Eröffnung muß man Eigenständigkeit zubilligen, nicht zuletzt deshalb, weil sie für den Tonarteindruck des gesamten Werks von essentieller Bedeutung ist – erst wieder der Schlußsatz steht in cis-Moll, also ähnlich wie im a-Moll-Quartett op. 132. Dennoch läßt sich diese cis-Moll-Eröffnung auch als Derivat traditioneller langsamer Einleitungen verstehen; es scheint demnach, daß Beethoven die Schlußsatz-Konstruktion aus dem Quartett op. 130 (Eröffnung des B-Dur-Finales mit der ausgedehnten Es-Dur-Cavatina) hier aus dem Werkinneren an den Werkbeginn versetzt hätte. Somit hätte sich Beethoven in beiden Werken mit einer Verfremdung traditioneller Einleitungs-Konzepte beschäftigt – mit der Verfremdung sowohl der Längendisposition als auch der Tonartwahl (der »schnelle Hauptteil« ist erst sehr spät erreicht, und er steht nicht in der Grundtonart des Werks). Nur hat diese Verfremdung am Beginn eines Werks offenbar eine andere, folgenreichere Bedeutung.

Tonartfragen in der Werkeröffnung beschäftigten Beethoven damals wohl auch auf allgemeinerer Ebene: Schon die d-Moll-Neunte beginnt von A ausgehend; gemeinsam mit den Einleitungstechniken der Quartette op. 130 und 131 zeigt sich also die Breite von Beethovens Experimentieren. Zudem begann Beethoven in seinen letzten Lebensmonaten noch mit den Planungen einer 10. Sinfonie; allem Anschein nach sollte ihre langsame Einleitung in Es-Dur, der schnelle Hauptteil in c-Moll stehen*. Üblicherweise wird angenommen, daß die gesamte Sinfonie daraufhin ein c-Moll-Werk sein sollte; in Anlehnung an das Quartett op. 131 wäre die Zehnte aber auch als eine Es-Dur-Sinfonie denkbar gewesen – ausgehend also von der Tonart der langsamen Einleitung.

Freilich werden cis-Moll und D-Dur in jenem cis-Moll-Quartett durch einen typischen Leitton-Schritt voneinander getrennt. Nach jener Satzkombination »langsame Einleitung – schnelle Fortsetzung« folgt der erwähnte rezitativische Abschnitt, der als »dritter Satz« zu jenem vielgliedrigen A-Dur-Andante überleitet. Was hinter dieser Koppelung steckt, ist relativ leicht zu erkennen: Dieses Andante erhält aus dem »Allegro moderato« heraus eine schnelle Einleitung. »Schnelle Einleitung – langsamer Satz«: Dies kehrt die Kategorien um, von denen das erste »Satzpaar« beherrscht wird. Dieser »vierte« Satz basiert auf Variationenprinzipien, die – in »zeittypischer« Weise Beethovens – auch zu extremen Differenzierungen von Taktart (etwa: 9/4-Takt) und zu variierten Tempi führen. Ihm folgt das E-Dur-Presto, schließlich (ähnlich wie am Schluß des vorausgegangenen Quartetts op. 130) ein Finale in der Grundtonart cis-Moll, das über einen langsamen gis-Moll-Teilsatz vorbereitet wird. Somit ergäbe sich die äußere Komplexität des cis-Moll-Quartetts lediglich aus einer Verbreiterung der Satztypen, denen man auch traditionell in Quartetten begegnen kann; hierfür brauchte Beethoven nur besondere Introduktions-Möglichkeiten auszuloten, und die Grundlagen hierzu hat er bereits in den Quartetten op. 132 und 130 angelegt. Die ersten beiden »Sätze« übernehmen als Paar die Funktion von langsamer Einleitung und schnellem »Hauptteil«; daran schließt sich zwar ein schnelles Satzglied an wie auch in den beiden vorausgegangenen Quartetten, doch Beethoven verkürzt dieses zu einer »schnellen Einleitung« des langsamen Satzes; die Eigenständigkeit, die jener schnelle Satz in den Quartetten op. 132 und 130 hat, wird also wieder abgebaut, so daß

sich die Satzfolge damit wieder traditionelleren Strukturen annähert.
Und ähnlich wie im Quartett op. 130 wird dem Schlußallegro ein langsa-
mer Teilsatz vorausgeschickt. Somit erschiene die Siebensätzigkeit (mit
ihrer reichen Differenzierung des »langsamen Satzes«) als unmittelbares
Derivat alter Viersätzigkeit, und das Presto übernähme darin die
Scherzo-Position des dritten Satzes. Der Form nach ist der Eindruck
nicht abwegig, denn es gibt im Presto Abschnitte, denen ein typischer
Trio-Charakter anhaftet. Allerdings steht der Satz im geraden Takt;
Beethovens Scherzo hat sich offenbar aus der alten Menuett-Tradition
des Dreivierteltakts gelöst – wie es sich schon im Scherzo-Trio der
Hammerklavier-Sonate andeutete (vgl. S. 351).

Die latente Viersätzigkeit des cis-Moll-Quartetts macht schließlich die
Situation des letzten Beethoven-Quartetts verständlich: Die Viersätzig-

---

Streichquartett F-Dur op. 135		
1	Allegretto	F
2	Vivace	F
3	Lento assai, cantante e tranquillo	Des
4	Grave ma non troppo tratto – Allegro	f-F
	»Der schwer gefaßte Entschluß« (»Muß es sein? Es muß sein!«)	

---

keit ist »wiederhergestellt«, und aus den jüngeren Traditionen seines
Schaffens übernimmt Beethoven lediglich den Aspekt, daß er den schnellen Schlußsatz mit einer langsamen Einleitung versieht. Dies aber prägte
schon sein Vorgehen in der 1. Sinfonie – wenn auch dort unmittelbar aus
der Frage abgeleitet, wie der Schlußsatz-Auftakt vorbereitet werden
könne (übrigens ist dies auch die Satzfolge des fiktiven Beethoven-
Quartetts in Galitzins Arrangement). Eine neue Einfachheit für Beethoven? Auch in der Tonsprache gibt es Anzeichen, die auf sie hindeuten;
wie trügerisch diese Anzeichen sein könnten, zeigt sich aber schon daran,
daß die Einfachheit sich aus Strukturen des äußerlich so diffizilen cis-
Moll-Quartetts ergäbe. Daß jene »Einfachheit« nur eine oberflächliche
Erscheinung ist oder nicht auf allen Ebenen zugleich erscheinen muß,
sondern auch mit Komplexem gebündelt werden kann, liegt somit
besonders nahe.

Auf eines der späten Quartette Beethovens ist ein eigenartiges Stück Literatur gemünzt: die Erzählung *Beethovens letztes Quartett* des russischen Fürsten Wladimir Fedorowitsch Odojewski. Odojewski (1803–1869) veröffentlichte die Erzählung 1831; sie ist darin zunächst ein bemerkenswert frühes Dokument für die Beethoven-Rezeption in Rußland. Daß er sich gerade auf eines der späten Quartette bezieht, dürfte eine der konkreten Folgen davon sein, daß späte Streichquartette Beethovens für Galitzin entstanden. Odojewski war gebürtiger Moskauer; als nach dem Tod Zar Alexanders 1825 der Dekabristenaufstand gescheitert war, zog er nach Petersburg*, also gewissermaßen in Galitzins Nachbarschaft. Odojewski war ein Bewunderer E. T. A. Hoffmanns; in Anlehnung an dessen *Serapionsbrüder* veröffentlichte er 1844 eine Sammlung von Erzählungen, die er in eine Rahmenhandlung einbettete (unter dem Titel *Russische Nächte*); in ihr fand auch die Erzählung *Beethovens letztes Quartett* einen Platz.

Vielleicht ist es nicht wirklich das »letzte« Quartett Beethovens gewesen, das Odojewski meinte, denn er bezieht sich auf ein Werk, das zu Lebzeiten Beethovens bereits im Druck vorlag – und das gilt nur für das 1826 gedruckte Es-Dur-Quartett op. 127. Andererseits ist denkbar, daß er das B-Dur-Quartett op. 130 meinte, dessen Druck seit Ende 1826 vorbereitet wurde und dessen Erscheinen sich nicht zuletzt deshalb verzögerte (bis Mai 1827), weil Beethoven den ursprünglichen Schlußsatz (*Große Fuge*) noch gegen ein neues Finale austauschte, das er in jener Zeit komponierte. Auch dieses Werk mag Odojewski selbst schon vor Frühjahr 1827 gehört haben (den Empfang von op. 130 und 132 quittierte Galitzin im November 1826), so daß Odojewskis literarische Phantasie von allen drei Werken geprägt werden konnte und die dichterische Freiheit nur der Frage der Drucklegung galt. Im Grunde genommen ist es aber nicht unbedingt erheblich, ob er tatsächlich ein einziges, konkretes Werk meinte, denn Odojewskis musikalisch »verwertbare« Bemerkungen gelten eher allgemeinen stilistischen Details. Mit ihnen leitet er seine Erzählung folgendermaßen ein:

»Im Frühjahr 1827 hatten sich in einem Haus eines Wiener Vororts einige Musikfreunde zusammengefunden, um ein neues Streichquartett Beethovens zu spielen, das soeben im Druck erschienen war. Erstaunt und verdrossen folgten sie den unbändigen Ausbrüchen des alternden Genies: Wie hatte sich sein Stil verändert! Verschwunden war der Reiz ursprünglicher Melodie voll poetischer Einfälle; künstlerische Vollendung hatte sich in kleinliche Pedanterie eines unbegabten Kontrapunktisten verwandelt; das Feuer, das einst in seinen dahinstürmenden Allegros lohte und sich, allmählich anschwellend, wie brodelnde Lava in vollen, gewaltigen Harmonien ergoß, war in unbegreiflichen Dissonanzen erloschen, und die originellen, scherzhaften Themen fröhlicher Menuetts hatten sich in Sprünge und Triller verwandelt, die keinem Instrumente möglich sind. Überall ein schülerhaftes, gewolltes Streben nach Wirkungen, die die Musik nicht kennt; überall irgendein dunkles, sich selbst unfaßliches Gefühl. Und das war dennoch derselbe Beethoven, dessen Name der Teutone zusammen mit denen Haydns und Mozarts mit Stolz und Verehrung nennt! Oft setzten die Musiker, von der Sinnlosigkeit des Werkes zur Verzweiflung gebracht, die Streichbogen ab und schienen sich die Frage stellen zu wollen, ob dies nicht nur eine Verspottung der Schöpfungen des Unsterblichen sei. Einige schrieben den Verfall seiner Musik der Taubheit zu, unter der Beethoven in seinen letzten Lebensjahren litt; andere – dem Wahnsinn, der bisweilen auch seine schöpferische Kraft getrübt.«

Die Geschichte geht damit weiter, daß Beethoven in Begleitung eines Mädchens namens Luise auftritt, sich die Wohnung, in der das Quartett gespielt wird, anschaut, und von dort wieder in die seine zurückkehrt. Odojewski läßt bei deren Beschreibung dann kein Klischee aus: Beethovens Stube ist extrem ärmlich, und am Klavier ist keine Saite mehr heil. In diesem Ambiente legt nun jener literarische Beethoven ein künstlerisches Credo ab, das zwar einerseits von dem – ebenfalls vielleicht klischeehaften – Prinzip des Genialischen geprägt ist, andererseits aber die Kritik, die in den Anfangssätzen der Erzählung anklingt, zur freien künstlerischen Absicht Beethovens ummünzt. Dann reißt Beethoven das Fenster auf und hört die *Egmont*-Ouvertüre (oder wohl eher: er glaubt, sie zu hören); damit bricht die Beethoven-Episode ab, Odojewski springt in ein anderes Ambiente, und die Erzählung endet mit folgenden knappen Sätzen: »Auf dem prunkvollen Ball eines Wiener Ministers; die Menschenmengen wogen auf und ab. ›Wie bedauerlich!‹ sagt jemand, ›der Theaterkapellmeister Beethoven ist gestorben und hat, sagt man, nichts hinterlassen, um ihn beerdigen zu können.‹ Allein diese Stimme verlor sich in der Menge; denn alle lauschten nur den Worten zweier Diplomaten, die sich über irgendwelche Streitigkeiten unterhielten, die sich zwischen irgendwem am Hof eines deutschen Fürsten zugetragen hatten.«

Abstrahiert man von all dem Kolportierten, frei Erfundenen und rein

Genialischen, das, in einer literarischen Form auf Beethoven bezogen, nur vier Jahre nach dessen Tod schon an sich bemerkenswert ist, bleiben Odojewskis Hinweise auf fünf musikalische Aspekte: die Abgerissenheit der Melodie, die Pedanterie des Kontrapunktisten, die Dissonanzen, die Trillerlastigkeit und die unvermittelt großen Sprünge. »Abgerissenheit der Gedanken« oder (positiv formuliert) Diskontinuität der Melodieführung könnte, wie gesehen, das Resultat sein, wenn man den Anfangssatz des Quartetts op. 130 hört und sich einen Reim auf die Tempowechsel zu machen versuchte; besonders klar wird aber an einem knappen Abschnitt des Quartetts op. 127 (ebenfalls im Eingangssatz), wieviel künstlerisches Prinzip hinter dieser Überlegung steht.

Beethoven beginnt mit einer langsamen Einleitung in reinem Es-Dur; einen »Triller« der ersten Violine benutzt er, um daraus in den Allegro-Hauptteil übergehen zu können, in dem daraufhin Grundtonart und Grundthematik in einem breitgelagerten Abschnitt dargelegt werden. Er endet mit einer klar abgrenzenden Kadenz, deren Wirkung zudem mit einer Pause verstärkt wird. Anschließend eröffnet das Cello die Fortführung (Notenbeispiel 27). Von Takt 33 auf 34 bringt es neuerlich den kadenzierenden Schritt B-Es; diese Quinte wird nun Stufe für Stufe nach unten versetzt, bis c-Moll erreicht ist, und dann übernehmen Violine 1 und Viola diese Musik und bringen sie nach g-Moll, die Tonart, in der dann das Seitenthema erklingt.

Diese knappen acht Takte, die Beethoven für die Überleitung von der Es-Dur-Kadenz zum Seitenthemen-Einsatz benötigt, haben es allerdings (zumindest dem Höreindruck zufolge) »in sich«. Die Cello-Eröffnung steht noch im Rahmen des Vorausgegangenen, das als durchweg verständlich erscheinen kann; doch mit den Takten 35 und 36 ist eigentlich nur schwer etwas anzufangen. Takt 35: Die Bratsche konkurriert buchstäblich mit dem Cello, spielt auf »Eins« das C, das auf »Zwei« im Cello liegt, und übernimmt dort das G, das das Cello auf »Eins« gespielt hat. Die Konstruktion wird also von dieser Doppelung regelrecht ausgebremst (man hört eben zweimal hintereinander nur diese Quinte, ohne ihre rhythmische Profilierung erfassen zu können) – zumal sich die erste Violine hier mit ihrem Es als »echter« halber Note noch darüberlegt. Doch Beethoven profiliert damit die Reihung der Cello-Quintschritte: Er sagt deutlich, daß dieses hier lediglich flüchtig gestreifte c-Moll sein erstes Ziel ist. Allerdings tut er nur das Allernötigste – und bereits das kann ja verwirrend sein, zumal nach der überaus breit gelagerten Es-Dur-Strecke zu Beginn des schnellen Hauptteils. Nachdem Beethoven dann in

Takt 36 das c-Moll erreicht hat, vollzieht er sofort die Wendung nach g-Moll (mit den beiden Violinen, Takt 37); daraufhin bleiben ihm drei weitere Takte, die er mit etwas Neuem ausfüllen kann. So paßt er in Takt 38 die zweite Violine zeitversetzt in die Koppelung Violine 1/Viola ein und führt die Violine 2 also für nur etwas mehr als einen Takt im Kanon mit den beiden anderen Instrumenten – so unerwartet die Kontrapunktik zustandekommt, so schnell ist dieser »Spuk« auch wieder vorbei.

Wenn man also an Werken wie dem Quartett op. 127 »Abgerissenheit« der Linien konstatierte, hinge dies auch damit zusammen, daß Beethoven normale kompositorische Prozeduren anders gewichtet als üblich: Die harmonische Fläche, auf der das Hauptthema eintreten kann, erstreckt sich über relativ lange 26 Takte; für die Überleitung braucht er nur acht Takte. In der Harmonik beschränkt sich Beethoven dabei auf das Aller-notwendigste; der Eindruck einer besonderen Komprimiertheit kommt dadurch zustande, daß er, sobald die harmonische Entwicklung als erle-digt gelten kann, die ohnehin so knappen Prozesse mit einer kontrapunk-tischen Konstruktion auffüllt. Beethoven nutzt also auf doppelte Weise

Notenbeispiel 27:
Streichquartett Es-Dur op. 127,
1. Satz, T. 25-40.
Im oberen System der Schluß des Hauptsatzes,
im unteren die knappe Überleitung.

413

Freiräume: darin, die musikalischen Prozesse so zu gewichten, wie er (und eben primär nur er) es für nötig hält, ferner darin, auch denkbar knappe Konstruktionen kontrapunktisch fortzuentwickeln. Dies mag in der Tat unverständlich wirken – als »kleinliche Pedanterie eines unbegabten Kontrapunktisten«, um Odojewskis polemische Worte zu zitieren. Wenn man aber Beethovens besonderes Hören voraussetzt, wird die Sensibilität für jene besonderen Freiräume verständlich; und über das »private« Komponieren der Kammermusik um 1810/15 geht er nur hinaus, indem er in die Knappheit der Überleitungs-Techniken jene neue Dichte aufnimmt.

Odojewski konstatiert in »seinem« Quartett, daß »die originellen, scherzhaften Themen fröhlicher Menuetts [...] sich in Sprünge und Triller verwandelt [hatten], die keinem Instrumente möglich sind« – wohlgemerkt im Menuett (bzw. Scherzo). Schwierige Sprünge – das läßt an eine schwierige Lagentechnik denken, die Beethoven seinen Spielern abverlangt. Daß dies so ist, zeigt sich zumindest am Part der ersten Violine allenthalben. Tatsächlich löst sich Beethoven im dritten Satz des Es-Dur-Quartetts (Scherzando vivace, 3/4-Takt) aber besonders weit vom melodischen Fluß des Satzes, indem er diesen aus knappen, eintaktigen Bausteinen zusammenstellt und die Stimmen jeweils die »Drei« eines Taktes mit einem Triller betonen läßt (Notenbeispiel 28; auch im vorausgegan-

Notenbeispiel 28:
Streichquartett Es-Dur op. 127,
3. Satz, Beginn: Triller-Techniken

genen langsamen Satz stehen zahllose Triller gerade auf den am wenig-
sten betonten Noten des Taktes). In einem späteren Abschnitt des dritten
Satzes schließlich (Takt 27) setzt er den Begriff »Ritmo di tre battute«
über die Notensysteme; damit fordert er, daß die Spieler jeweils drei
aufeinanderfolgende Takte so gewichten, als gehörten diese einem übergeordneten »Großtakt« an. In der normalen Ordnung der Phrasen ist es
üblich, daß viertaktige Perioden entstehen, die untereinander ähnlich
gewichtet sind wie ein »großer« Takt (zum Beispiel: mit einer besonderen Betonung auf dem ersten Takt und einer leichten »Auftaktigkeit« auf
dem vierten). Daß aber Beethoven diese zusätzliche Takt-Ordnung ein-
führt, zeigt zunächst, wie differenziert er diese Passagen »gehört« hat;
daß er nicht nur vier Takte derart aufeinander bezieht, sondern auch
lediglich drei, zeigt zudem, wie bewußt er Phrasenverformungen angelegt hat – auch übrigens im Scherzo der Neunten.

Das Presto des cis-Moll-Quartetts

Werke wie die Quartette op. 127 und 130 sind somit auf praktisch allen
Ebenen ihrer Konstruktion extrem komplex: Satzfolge, Tempodifferenzierung, Tonartgestaltung, Gewichtung von thematischen und überleitenden Abschnitten, Nutzung kontrapunktischer Freiräume, Phrasenstruktur. Doch ebenso wie die Satzfolge-Überlegungen für op. 135 (das
tatsächlich »letzte Quartett«) eine neue Einfachheit andeuten, zeigt sich
schon im Detail der drei vorausgegangenen Galitzin-Quartette, daß
Klangwelten wie die, aus denen heraus der erste Satz des Quartetts
op. 127 erwächst, auch als »einfacher« angelegt erscheinen können als
etwa im *Quartetto serioso* oder in den späten Klaviersonaten. Nicht, daß
Beethovens Harmonik tatsächlich einfach würde; die beschriebene Über-
leitungs-Passage des Es-Dur-Quartetts zeigt, auf welche Weise harmonisch einfachste Konstruktionen sich im Endeffekt dennoch als extrem
komplex erweisen können. Andererseits hatten jene Experimente Beethoven auch eine neue Freiheit im Umgang mit Einfachem erschlossen,
und wer seinem Hörer »das Normale erklärt« wie im »Dona nobis
pacem« einer Messe (vgl. S. 370), komponiert dieses auch bisweilen.
Wohin dies für ihn führt, sei am Presto aus dem cis-Moll-Quartett
op. 131 erläutert – an jenem eigenartigerweise geradtaktigen Scherzo des
wohl insgesamt komplexesten Quartetts.

Zunächst zu den Anfangstakten (Notenbeispiel 29): Die Melodiefüh-

rung des kompletten Quartettverbunds ist klar in viertaktigen Phrasen angelegt: Takt 3-6, Takt 7-10. Das »Problem«, das dem Eindruck dieser Klarheit im Wege steht, erweist sich schon auf rein numerischer Ebene: Wenn man erst im dritten Takt zu zählen anfängt und daraufhin geordnete Viertaktgruppen konstatiert, wird diese Vierer-Rechnung aus den beiden ersten Takten heraus offenkundig empfindlich gestört. Was also komponiert Beethoven dort: Takt 2 wird von einer Generalpause eingenommen; das Cello musiziert in Takt 1 in einem »schockartigen« Forte das, was zwei Takte später die Violine 1 in ein weitaus gefälligeres Piano übernimmt.

Zunächst muß man sich in die Situation des Cellisten, der ja keine Partitur vor sich hat, und seiner ersten Hörer versetzen, die nicht wissen können, was auf sie zukommt: Der Eindruck stellt sich leicht ein, daß der Cellist zu früh (oder eben zumindest: verkehrt) einsetzt. Dies mag zunächst wie ein »Scherzo-Scherz« wirken; doch an sich unterstreicht es die Schockwirkung, die daraufhin so schwer wieder abzubauen ist, und ähnliches gibt es für Beethoven auch schon seit langem – man mag an den »verfrühten« Horneinsatz vor Reprisenbeginn in der *Eroica* denken (erster Satz, vgl. S. 131). Hier allerdings spielt Beethoven nicht nur mit dem Mißgeschick, das der Hörer beim Cellisten vermuten kann, und er stellt auch nicht nur das Ereignishafte eines normalen Formaspekts heraus; vielmehr konstruiert Beethoven in den ersten zwei Takten etwas, das der Phrasenstruktur zuwiderläuft. Unvermeidlicherweise rüttelt er damit den Hörer auf, denn so regelmäßig der Phrasenbau auch späterhin ist, dauert es doch einige Zeit, bis sich der Eindruck dieses Regelmäßigen gegen die Anfangs-»Störung« restlos durchsetzt. Mit einem einfachen »Scherzo-Scherz« ist also zugleich der nachher so geordnete Phrasenbau in seinem Gesamteindruck brüchig geworden.

Auch die Harmonik ist dabei zunächst sehr einfach: Die Musik ist
weithin auf die Tonika E und die Dominante H bezogen. Über die
Feststellung solcher Tonika-Dominante-Verhältnisse haben um 1900
Hermann Kretzschmar und Hugo Riemann gestritten; Riemann hielt
Kretzschmar vor, Passagen aus dem Streichquartett op. 135 als »elenden
Musikantenquatsch von Tonika und Dominante« bezeichnet zu haben
(anonym, versteht sich, doch so, daß sich rekonstruieren läßt, wen er
meinte)*, und stellte sich diesem Negativ-Urteil als einem Sakrileg massiv entgegen. Anstatt derart zu werten (in welcher Richtung auch
immer), sollte man freilich eher nach den Rahmenbedingungen fragen.
Und diese zeigen hier etwas ähnliches wie die Komplikationen, die sich in
eine scheinbar einfachste Phrasenstruktur legen lassen. Man mag sich
eben aus der Verschiebung der metrischen Balance erholt und in dem
beständigen Wechsel von E-Dur- und H-Dur-Klängen eingerichtet
haben, da nutzt Beethoven in Takt 8 ein fis-Moll (normal eingeführt als
II. Stufe von E-Dur) zum Ausstieg in ein entferntes Gis-Dur, ist aber
sofort wieder bereit, in E-Dur fortzufahren – erst nach dem Doppelstrich
bleibt er in der Gis-Dur-Welt. Der Eindruck des Normalen erweist sich
folglich unvermittelt als trügerisch, und indem Beethoven das scheinbar
Einfache gerade an den Phrasenschlüssen außer Kraft setzt, wirkt diese
Musik in außerordentlichem Maß als »Öffnung« zu etwas Nachfolgendem – und es folgt tatsächlich sehr vieles nach: Abschnitte, in denen die
Instrumente nur auf den Tönen eines gis-Moll-Akkords spielen (erstmals
T. 37; sie tragen die Dreiklangstöne zeitlich versetzt vor, so daß sich ein
eigenartig oszillierender Klangeindruck ergibt), und solche Abschnitte,
in denen eine Melodie-Entwicklung nur dadurch entsteht, daß die Instrumente nacheinander Einzeltöne gezupft spielen (ähnlich wie im *Harfen-
Quartett* nutzt Beethoven damit den Klangeffekt aus, daß im pizzicato-
Spiel die bautechnisch bedingten Klangunterschiede der Instrumente, die
beim normal-gestrichenen Spiel unüberhörbar sind, nivelliert werden
können, so daß das Zupfen die eigentliche Voraussetzung für jenes Sich-
Zusammen-Hören der Melodie ist).
  Streckenweise sind Kretzschmars Beobachtungen also nicht unwichtig, so peinlich sie wegen seiner wertenden Äußerungen wirken. Beethoven setzt die scheinbar so einfachen Mittel nur ein, um mit ihnen jene
besondere Wirkung zu erreichen; und außerdem brechen aus diesem
scheinbar Einfachen immer wieder Details aus: die Phrasenstruktur, die
kontrapunktische Schichtung der Stimmen, aber auch die Bewertung der
Vorgänge in der Harmonik.

Die Klangdifferenzierungen bleiben nicht auf derartige Detail-Gewichtungen beschränkt; ebenso sind in den größeren Dimensionen der Satzübergänge Fundamentalkontraste möglich – auch dann, wenn die Sätze ineinander übergehen. Dies zeigt sich am Schluß jenes E-Dur-Prestos in besonders eindrucksvoller Weise. Dessen letzter pizzicato-Abschnitt mündet in eine eigenartig flach (oder auch: schrill) klingende Coda, die – wie schon so oft in dem Satz – auf die Anfangsmusik anspielt; nun aber läßt Beethoven die Streicher »sul ponticello« spielen, möglichst nahe am Steg, der die Saitenschwingungen auf die resonierende Instrumentenoberfläche überträgt, und somit ergibt sich die eigenartige Klangwirkung. Mit wenigen Schritten gelangt Beethoven von dort zu einem glanzvollen fortissimo-Schluß mit drei massiven Akkordschlägen in der Satz-Grundtonart E-Dur. In der gleichen Rhythmik folgen drei weitere Schläge: ein unisono-Vortrag der Töne Gis; und dann schließt unmittelbar der »sechste Satz« an. Das besondere Klangregister hat die Presto-Mittel also spukartig übersteigert; schon damit deutet sich vielleicht an, daß etwas radikal anderes bevorstehe. Beethoven läßt nun die beiden Geigen und das Cello auf engstem Raum die notwendige Akkordik entwickeln, zu der das verbleibende Instrument – die Bratsche mit ihrem ans Sentimentalische grenzenden Eigenklang – als Oberstimme des Satzes eine knappe Melodie entwickelt. Beethoven hätte ebensogut die Oberstimme in eine der beiden Violinen legen können; seine akustischen Vorstellungen zielen aber auch in dieser Moll-Fortführung auf einen ganz spezifischen Klang ab, der den Stimmungskontrast ähnlich erhöhen kann. Mit diesen sanglichen Mitteln leitet Beethoven dann ähnlich zum Schlußsatz über wie im B-Dur-Quartett op. 130 mit der berühmten Cavatina. Dort angekommen, enthüllt Beethoven eine ganz andere Moll-Facette: Das cis-Moll des Finales wirkt viel kantiger, unsentimentaler und weit weniger melodiös als das gis- und cis-Moll der langsamen Vorbereitung.

Der letzte Streichquartett-Satz: neue Einfachheit?

Nachdem Beethoven im Herbst 1826 mit dem F-Dur-Werk op. 135 das fünfte und letzte der »späten« Streichquartette abgeschlossen hatte, kehrte er nochmals zum B-Dur-Quartett op. 130 zurück – und damit auch zu dem Auftrag, den ihm Galitzin gegeben hatte: Beethoven schrieb, nachdem in der Wiener Uraufführung des Quartetts (21. März

1826) zwar das b-Moll-Presto und das »Alla danza tedesca« besonders gut gefallen hatten, ein neues Finale, das an die Stelle der *Großen Fuge* trat und schließlich die letzte Komposition geworden ist, die Beethoven vollendete. Der Gedanke einer »neuen Einfachheit« müßte sich also vor allem an diesem Satz bewähren. Tatsächlich gilt dieser Satz traditionell als besonders flüssig, als eher an Beethovens Jugendwerk orientiert. Doch auch hier stellen sich die Komplikationen unerwartet massiv ein*. »Flüssig« ist die Musik allenfalls, solange Beethoven ein Teilstück seiner Komposition tatsächlich fortlaufen läßt; sobald er aber an die Übergänge von einem Teilstück zum nächsten kommt, erweist sich das zuvor Heitere plötzlich als eine brüchige, dünne Eisschicht. Man sollte aber einer derartigen Charakterisierung nicht zu viel Bedeutung beimessen: Dieses Brüchige resultiert im wesentlichen daraus, daß Beethoven Aspekte, die man musikalisch für normal halten kann, an ihre Grenzen führt und somit eher die feste Verankerung »üblicher« Musikstrukturen in Frage stellt, als von vornherein eine solche »Gefühls«-Ebene in die Komposition aufzunehmen. Schon nach dem eröffnenden, aus seinen Wiederholungen klar gegliederten Teil ergibt sich Eigentümliches: Nach dessen Abschluß eröffnet Beethoven die Fortsetzung mit einer Cellolinie, die aber eigentlich kein neuer Beginn ist, sondern ein scheinbar beliebiges Bruchstück des zuvor Gehörten aufgreift, und aus ihm muß nun erst wieder ein neuer

Notenbeispiel 30:
Streichquartett B-Dur op. 130,
nachkomponierter »6.« Satz, T. 60–73

419

Zusammenhang gebildet werden. Neue Motivik an dieser Stelle hätte einen problemlosen Neu-Start ermöglicht; die motivische Verflechtung stiftet hingegen regelrcht jenes Nachsinnen des Hörers. Ähnlich wenig später (Takt 66, Notenbeispiel 30): Die vier Instrumente versammeln sich zum Vortrag einer großen Schlußwirkung, die die erste Violine zudem in höchsten Lagen vorbereitet; dann bricht die Vorbereitung unmittelbar vor dem Kadenz-Zielton in sich zusammen, und das Cello setzt den musikalischen Gang fort; doch wiederum ist die Musik (in ihrer Auftaktigkeit und letztlich auch in dem, was sich harmonisch aus ihr entwickelt) so zugeschnitten, daß die vorige Ordnung erst allmählich wiederherstellbar ist. Ähnlich unerwartet setzt Beethoven auch harmonische Komplikationen hinzu, die er aber ähnlich schnell überwindet wie die Gis-Dur-Ebene, in die er in den Eröffnungstakten im Presto des cis-Moll-Quartetts verfällt.

Dies alles scheint eigenartig weit am Bild eines Beethoven vorbeizuzielen, der wegen seiner körperlichen Behinderung von der Außenwelt abgeschnitten war. Die Streichquartette entstanden sogar vielmehr bereits auf der äußerlichsten Ebene (Auftragslage; Vertrieb) in enger Abstimmung mit jener Außenwelt; und, wie auch für die Klaviersonaten ausgeführt, war Beethoven in seiner Musiksprache auf das äußerliche Hören nicht angewiesen, um auch mit den Hör-Erwartungen anderer operieren zu können; jene Sprache entwickelte sich sogar vielleicht in dieser Abgeschiedenheit noch subtiler fort. Sein Errichten oszillierend-flächiger Klänge (die gis-Moll-Repetitionen im Presto aus op. 131), das Komponieren in Halbtonverhältnissen, die extreme Differenzierung der Taktarten, die präzisen rhythmischen und artikulatorischen Vorschriften an die Spieler: Nichts davon deutet auf ein auch nach innen abstumpfendes Hören hin – eher im Gegenteil. Und jene komponierte Brüchigkeit der Phrasenübergänge im Presto des cis-Moll-Quartetts oder im nachkomponierten Finale aus op. 130 unterstreicht die weitreichende Dialogbereitschaft Beethovens mit seinem Publikum: Dies ist ein Ausbalancieren der Wirkungen, die die Musik haben kann, und nicht in einer äußerlich massiven Form, sondern gewissermaßen in einem Milligramm-Bereich, der einerseits kompositorisch extrem schwer zu treffen ist, andererseits aber fundamentale Wirkungen hat.

Die Durchdringung der musikalischen Möglichkeiten, die sich in diesen späten Quartetten Beethovens zeigt, weist – so liest man das in der Regel – weit in die Zukunft. Dennoch: Unmittelbare Folgen dieser Quartett-kunst scheinen ausgeblieben zu sein; so klar, wie sich die Entwicklung der Sinfonie im 19. Jahrhundert zunehmend an den Werken Beethovens orientierte, gibt es für »privatere« Kompositionen wie die späten Streich-quartette keine Nachfolger – an sich übrigens ebensowenig für die späten Klaviersonaten. In einer knappen, blassen Äußerung widmet sich Wag-ner dem cis-Moll-Quartett 1854; er entschuldigt gewissermaßen mit weitschweifigen Ausführungen seine Annäherung an das Werk*, »wel-ches, als ein Werk aus der letzten Lebensperiode Beethovens, noch jetzt von vielen Musikern und Musikkennern für unverständlich gehalten, gewiß aber von den meisten wirklich unverständlich vorgetragen wird«, und nur mit Hilfe einer letztlich nichtssagenden »Inhalts«-Erläuterung wagt er es, das Werk an die Öffentlichkeit zu geben. Somit ist seine Äußerung geradezu ein Gradmesser dafür, wie wenig auch mit komposi-torischen Folgen der späten Beethovenschen Kammermusik zu rechnen ist; und es vielleicht kein Zufall, daß Franz Grillparzer in der *Rede am Grabe Beethovens* den Schlußsatz der Neunten als »Schwanengesang« bezeichnet*. In der Tat setzte ein eigenschöpferischer Umgang mit deren Musiksprache ein vergleichbar extremes Maß an kompositorischer Abstraktion voraus; und vermutlich gerade diese war das wirklich Indivi-duelle des späten Beethoven. Ob freilich Werke wie das *Quartetto serioso* oder letztlich auch die *Rasumowsky-Quartette* mehr Wirkung gehabt haben, mag man ebenso bezweifeln; zumindest auf dem Sektor dieser Gattung erscheint Beethoven somit als ein Komponist, der »neben« seiner Zeit steht, vielleicht ähnlich wie Bach in seiner späten Fugen-kunst*, vielleicht aber auch in einer schlichtweg typischen Weise – so, daß das Allgemeine eines Epochenbegriffs eben nicht aus dem Individuel-len eines Künstlers abgeleitet werden kann.

Um so erstaunlicher ist, daß anscheinend ein einziger Musiker der Zeit dennoch mit ähnlichen Überlegungen hat arbeiten können: Schubert. Die harmonischen Mittel, die er in seinen beiden späten Messen anwen-det (von denen die frühere, die As-Dur-Messe, etwa gleichzeitig mit Beethovens *Missa solemnis* entstand), stehen denjenigen außerordentlich nahe, mit denen Beethoven aus jener »privateren« Musik heraus experi-mentierte; die Gleichzeitigkeit macht deutlich, wie eigenständig Schubert dabei vorging. In jener Zeit schrieb Schubert nun etwa auch das *Rosamun-den-Quartett* D 804 (für Schuppanzigh), das im Kompositorischen mit deutlich einfacheren Mitteln entwickelt ist als die gleichzeitigen Kammermusikwerke Beethovens; deren Welt hingegen nähert sich das G-Dur-Quartett D 887 an, komponiert im Juni 1826, also während Beethoven an den beiden letzten Quartetten arbeitete und etwa in der Zeit, in der das Es-Dur-Quartett op. 127 im Druck erschien. In Schuberts Musik wirken die Gedanken vielleicht gefälliger geführt; die besonderen harmonischen Mittel werden damit aber nur in einen spezifischen Schubert-Kontext integriert. Das G-Dur-Quartett Schuberts wurde erst 1850 uraufgeführt; die Ratlosigkeit des Publikums, die Wagner für Beethovens op. 131 konstatiert, spiegelt sich hier in entsprechender Weise.

Beethoven starb am 26. März 1827. Drei Tage später fand die Beisetzung statt – eine geradezu beispiellose Feier, denn man übertrug gewissermaßen die Techniken eines Staatsbegräbnisses auf kulturelle Belange (ganz anders als es in Odojewskis Weltbild vom Sterben eines vereinsamten Genies paßte). Acht Kapellmeister trugen den Sarg, darunter Joseph Eybler, Johann Nepomuk Hummel, Konradin Kreutzer und Ignaz Ritter von Seyfried. Den Sarg begleiteten 36 Fackelträger, darunter der Musikverleger Tobias Haslinger, der Klavierbauer Conrad Graf, der Geiger Ignaz Schuppanzigh, die Dichter Franz Grillparzer und Ferdinand Raimund, der Schauspieler Heinrich Anschütz und schließlich auch Schubert; Anschütz verlas Grillparzers Grabrede. Schubert starb 20 Monate später, am 19. November 1828. Die Arbeit mit den speziellen Techniken, die die späte Musik Beethovens für kleine Besetzungen prägen und die Schubert auf eine eigenständige, äußerlich aber ähnliche Weise beschäftigten, setzte sich nicht fort; für die Musikgeschichtsschreibung ist damit die Wiener Klassik zu Ende. Überlegen sollte man aber eher, ob damit nicht eine spezielle Wiener Romantik zu Ende ging, die weder mit Haydn noch mit Mozart etwas zu tun hat und an die weder Mendelssohn noch Schumann, weder Liszt noch Wagner direkt anknüpften. In der Literaturgeschichte erfaßt man diese jüngere Generation mit »Biedermeier«, »Junges Deutschland« und frühem Realismus; ein Äquivalent zur vorausgegangenen Generation der literarischen Romantik hat die Musikgeschichtsschreibung nicht benannt. Gerade Aspekte wie die Verständnis-Ebene, die aus Schriften des Romantikers Hoffmann für Beethoven erkennbar ist und anschließend für die »musikalische Romantik« schon nicht mehr im gleichen Sinne besteht, sollte zum Nachdenken anregen.

Anmerkungen

Grundlegende Literatur, auf der ein Kapitel aufbaut, wird vor den Einzelnachweisen vorangestellt; alle übrigen Zitate werden unter der Seitenzahl des laufenden Textes nachgewiesen. Mehrfach zitierte Schriften werden nur mit einem Kurztitel erwähnt, der im Literaturverzeichnis aufgeschlüsselt wird.
Folgende Abkürzungen werden verwendet:
MGG = Die Musik in Geschichte und Gegenwart, Allgemeine Enzyklopädie der Musik, 17 Bände, Kassel etc. 1949–86.
TF   = Thayer-Forbes
TDR = Thayer-Deiters-Riemann

Vorwort

8 *oben:* Vgl. das Nachwort von Ernst Krause zur Ausgabe im Rahmen von: Romain Rolland, Gesammelte Werke in Einzelbänden, Berlin 1952.
   Mitte: Zitiert nach der Vorzugsausgabe Zürich 1920, S. 47.
9 *Mitte:* Ludwig Rellstab, Aus meinem Leben, Berlin 1861, S. 145–147.
   unten: Cook, Symphony No. 9, S. 95 f.
11 *oben:* Zum Rekonstruktionsbedarf vgl. etwa Staehelin, Another Approach, S. 314 f.
   Mitte: Igor Strawinsky, Gespräche mit Robert Craft, Zürich 1961, S. 103.
12 Zitiert nach dem Wortlaut der ersten Buchveröffentlichung, Wien etc. 1938, S. 5.

1. Kapitel: Bonn

Brandenburg, Beethovens politische Erfahrungen in Bonn.
17 *oben:* Niederland, Das Schöpferische im Lebenswerk Heinrich Schliemanns, in: Trauma und Kreativität, S. 63–78.
   unten: Kastner/Kapp, Nr. 246 (S. 166f.); Anderson, Nr. 256 (Bd. 1, S. 270f.).
18 Zitiert nach Kerst I, S. 3 f.
20 Die Namensform »Königsegg-Rothenfels« (so etwa TF, S. 14) bezieht sich auf ein oberallgäuisches Gebiet, das 1565–1785 den Königseggern gehörte; vgl. hierzu Adolf Layer, in: Max Spindler, Hrsg., Handbuch der bayerischen Geschichte, Band III/2, München 1971, S. 1001 f. Nur die Namensform »Königsegg-Aulendorf« ist hingegen richtig; sie gilt für alle nicht erstgeborenen Mitglieder der Familie (vgl. Genealogisches Handbuch des Adels, Fürstliche Häuser, Band 9, Limburg 1971, S. 236).

21   Adolf Sandberger, Die Inventare der Bonner Hofmusik. In: Ausgewählte Aufsätze zur Musikgeschichte, Zweiter Band: Forschungen, Studien und Kritiken zu Beethoven und zur Beethovenliteratur, München 1924, S. 109-130, S. 118-120.

22   *oben:* TDR 1, S. 189-195.
      Mitte: Vgl. Deutsches Wörterbuch von Jacob und Wilhelm Grimm, Bd. 1, Leipzig 1854, Sp. 126.

24   *oben:* Zitiert nach Kerst I, S. 9.
      unten: Zit. nach Bauer-Deutsch, Bd. 3, S. 194: Nr. 660, Z. 38-41.

25   *oben:* TDR I, S. 131 f.
      Mitte: Kerst I, S. 11.
      unten: Brief an Anton Schindler; zit. nach Schiedermair, Der junge Beethoven, S. 145.

28   Solomon, Beethoven, S. 46 f.

2. Kapitel: Haydn

Mann, Alfred: Beethoven's Contrapuntal Studies with Haydn, in: The Musical Quarterly 56 (1970), S. 711-726.

40   Nottebohm, Beethovens Studien, S. 21-43.

41   Angaben zur Schaffenschronologie nach Johnson, Beethoven's Early Sketches, Bd. 1, S. 303-313 (op. 1) und 313-320 (op. 2).

43   *Mitte:* Wegeler/Ries, S. 85.
      unten: Kerst I, S. 109.

47   Zitiert nach Grove, Symphonies, S. 6.

48   Fischman, Beethoveniana, S. 318 f.

51   Fischman, Beethoveniana, S. 317-320.

53   *Mitte:* Hierzu und im folgenden Johnson, Beethoven's Early Sketches, Bd. 1, S. 364-379 und 350-362.
      unten: Konrad Küster, Das Konzert, Form und Forum der Virtuosität, Kassel 1993, S. 86-89, 210.

55   *oben:* Zit. nach Dénes Bartha, Joseph Haydn, Gesammelte Briefe und Aufzeichnungen, Kassel etc. 1965, S. 297-299, Brief 202; Solomon, Beethoven, S. 94.
      Mitte: Haydn reiste über Wiesbaden; vgl. H. C. Robbins Landon, Haydn: Chronicle and Works, Vol. 3, London 1976, S. 231.
      unten: TF, S. 168.

3. Kapitel: Lichnowsky und andere

Brandenburg, Beethovens politische Erfahrungen in Bonn.
Igálffy-Igály, Ludwig: Stammtafel der Ritter, Freiherrn, Grafen und Fürsten Lichnowsky v. Woszczyc vom 14. Jahrhnudert bis zur Gegenwart, in: Adler, Zeitschrift für Genealogie und Heraldik, 3. (17.) Band, 1953-55, S. 117-143.
Johnson, Decisive Years.

58   Über das soziale Umfeld der Musik in Wien vgl. Julia Moore, The rise and decline of aristocratic Kapellen in eighteenth-century Austria, Referat auf der Tagung »Music in Austria, 1750-1800« Cardiff 1991 (im Druck).

62 Überblicksweise Alfred Orel, Gräfin Wilhelmine Thun (Mäzenatentum in Wiens klassischer Zeit), in: Mozart-Jahrbuch 1954, S. 89-101. Vgl. zudem die Stammtafeln und Artikel Lobkowitz und Waldstein in: Constant von Wurzbach, Biographisches Lexikon des Kaiserthums Oesterreich, Wien 1866 (Bd. 15) und 1885 (Bd. 52).

63 Das Geburtsjahr 1756 steht in Kinsky/Halm (S. 6) zu Recht mit einem Fragezeichen; ansonsten fehlt es häufig. Zum Geburtstag vgl. Igálffy-Igály (s. o.). Zu Lichnowsky vgl. auch: Walther Brauneis, »... wegen schuldigen 1435f 32 xr.«, Neuer Archivfund zur Finanzmisere Mozarts im November 1791, in: Mitteilungen der Internationalen Stiftung Mozarteum 39 (1991), S. 159-163.

65 Kastner/Kapp, Nr. 7 (Postskriptum, S. 19; irrtümlich einem Brief vom 2.11.1793 zugeordnet); vgl. Anderson, Nr. 9 (Bd. 1, S. 14f.).

66 Theophil Antonicek, Art. Cartellieri, in: MGG 15 (1973), Sp. 1341f.; TF, S. 173.

67 *oben:* Anderson, Nr. 107 (Bd. 1, S. 125), Kommentar; TF, S. 336f. *unten:* Kastner/Kapp, Nr. 52, S. 45-49; Anderson, Nr. 51 (Bd. 1, S. 57-62).

68 Deutsch, Mozart, Die Dokumente seines Lebens, S. 416.

69 Zum Umkreis der Preußischen Quartette vgl. Konrad Küster, Mozart, Eine musikalische Biographie, Stuttgart 1990, S. 336-347.

70 Wegeler/Ries, S. 109.

74 Wolfram Steinbeck, Mozarts »Scherzi«, in: Archiv für Musikwissenschaft 41 (1984), S. 208-231.

79 TF, S. 211; Solomon, S. 83.

4. Kapitel: »Neue Wege«

Kerman, The Beethoven Quartets, S. 3-86.

Macek, Jaroslav: Franz Joseph Maximilian Lobkowitz, Musikfreund und Kunstmäzen, sowie *Tomislav Volek* und ders.: Beethoven und Fürst Lobkowitz, in: Sieghard Brandenburg und Martella Gutiérrez-Denhoff, Beethoven und Böhmen, Beiträge zu Biographie und Wirkungsgeschichte Beethovens, Bonn 1988, S. 147-201 und S. 203-217.

Schwarz, Boris: Beethovens Opus 18 und Haydns Streichquartette. In: Carl Dahlhaus u. a. (Hrsg.), Bericht über den Internationalen musikwissenschaftlichen Kongreß Bonn 1970, Kassel etc. 1971, S. 75-79.

Seidel, Wilhelm: Ludwig van Beethoven, 1. Symphonie C-Dur. München 1983 (Meisterwerke der Musik, Heft 17).

Yudkin, Jeremy: Beethoven's »Mozart« Quartet, in: Journal of the American Musicological Society 45 (1992), S. 30-74.

83 *oben:* Kastner/Kapp, Nr. 52 (S. 46); Anderson, Nr. 51 (Bd. 1, S. 58f.). *unten:* Carl Czerny, Über den richtigen Vortrag der sämtlichen Beethoven'schen Klavierwerke, Wien 1963, S. 10; Carl Czerny, Erinnerungen aus meinem Leben, hrsg. von Walter Kolneder, Strasbourg und Baden-Baden 1968, S. 43; Kerst I, S. 46. Zur Datierung vgl. Dahlhaus, Beethoven und seine Zeit, S. 208.

84 Zu den Diskussionen um den »neuen Weg« vgl. vor allem die Positionen, die Carl Dahlhaus (Beethoven und seine Zeit, S. 207-222) und Sieghard Brandenburg vertreten haben (Die Quellen zu Beethovens Quartett op. 127, in: Beethoven-Jahrbuch 1978/1981, S. 222).

95 Shelley Davis, Art. Rellstab, Ludwig, in: Stanley Sadie (Hrsg.), The New Grove Dictionary of Music and Musicians, London 1980, Bd. 15, S. 732f.

98 Carl Reinecke, Die Beethoven'schen Clavier-Sonaten, Briefe an eine Freundin, Leipzig 6/1912, S. 49. Badura-Skoda/Demus, S. 94/96.

99 Mies, »Quasi una fantasia«.

100 Zusammenfassend zu allen Details der Entstehungsgeschichte vgl. Sieghard Brandenburg, Beethovens Streichquartette op. 18, in: Sieghard Brandenburg und Martella Gutiérrez-Denhoff, Beethoven und Böhmen, Beiträge zu Biographie und Wirkungsgeschichte Beethovens, Bonn 1988, S. 259-302.

101 Orthographie nach Brandenburg, op. 18, S. 284; Kastner/Kapp, Nr. 50, S. 42-44; Anderson, Nr. 53, S. 63-65.

108 *Mitte:* Kunze, Beethoven, S. 22.
     unten: Nottebohm, Beethovens Studien, S. 202.

110 Kunze, Beethoven, S. 313.

111 Beethoven, Sinfonie Nr. 1, 1. Satz, T. 77/78; 4. Satz, T. 140/144; vgl. Mozart, »Prager« Sinfonie KV 504, 1. Satz, T. 96/105, 4. Satz, T. 31/47; »Jupiter«-Sinfonie KV 551, T. 81.

112 *Mitte:* Kastner/Kapp, Nr. 52 (S. 46); Anderson, Nr. 51 (Bd. 1, S. 58f.).
     unten: Solomon, Beethoven, S. 136.

113 *oben:* Niederland, Handicap, Verlust und Kreativität, in: Trauma und Kreativität, S. 167-174, hier S. 173, 169.
     Mitte: Kastner/Kapp, Nr. 50 (S. 43; hier unter dem Datum 1. Juni 1801); Anderson, Nr. 53 (Bd. 1, S. 64).
     unten: Kastner/Kapp, Nr. 17 (S. 25f.; 19. Februar 1796); Anderson, Nr. 16 (Bd. 1, S. 22f.).

115 Canisius, Beethoven, S. 155-164 (zum Heiligenstädter Testament); Wilibald Nagel, Beethoven und seine Klaviersonaten, Langensalza 1903/05, Bd. 1, S. 208 (zu den Briefen an die »Unsterbliche Geliebte«).

5. *Kapitel: Vom »Dritten« zur »Vierten«*

Dahlhaus, Carl: Ludwig van Beethoven, IV. Symphonie B-Dur. München 1983 (Meisterwerke der Musik, Heft 20).

Osthoff, Wolfgang: Ludwig van Beethoven, Klavierkonzert Nr. 3 c-moll, op. 37. München 1983 (Meisterwerke der Musik, Heft 2).

118 TDR II, S. 78.

119 Zit. nach Bauer-Deutsch, Bd. 2, S. 304: Nr. 431, Z. 27-32 (28.2.1778).

124 Georg Joseph Vogler, Betrachtungen der Mannheimer Tonschule, 2. Jahrgang, 1. Lieferung: 15. Brachmonat 1779 (Faksimile Hildesheim 1974), S. 36.

126 Obgleich als Fortsetzung häufig das Hauptthema eintritt, braucht also nicht dieses für die Fortsetzung verantwortlich zu sein (Kerman, Beethoven's Codas).

129 Kunze, Beethoven, S. 35 (nach: Allgemeine musikalische Zeitung 1804).

131 *oben:* Grove, Symphonies, S. 68/70.
     Mitte: Wegeler/Ries, S. 79.
     unten: Kunze, Beethoven, S. 61 (nach: Allgemeine musikalische Zeitung 1807).

134 Kunze, Beethoven, S. 113.

6. Kapitel: Klavierwerke

Cooper, Barry: The Origins of Beethoven's D Minor Sonata Op. 31 No. 2.
In: Music & Letters 62 (1981), S. 261-280.

Dahlhaus, Carl: Zur Formidee von Beethovens d-moll-Sonate opus 31, 2. In: Die
Musikforschung 33 (1980), S. 310-312.

Derr, Ellwood: Beethoven's Long-Term Memory of C. P. E. Bach's Rondo in E Flat,
W. 61/1 (1787), Manifest in the Variations in E Flat for Piano, Opus 35 (1802). In:
The Musical Quarterly 70 (1984), S. 45-76.

Floros, Constantin: Beethovens Eroica und Prometheus-Musik. Sujet-Studien. Wil-
helmshaven 1978 (Veröffentlichungen zur Musikforschung, Band 3).

Heinemann, Michael: »Altes« und »Neues« in Beethovens »Eroica«-Variationen op. 35,
in: Archiv für Musikwissenschaft 49 (1992), S. 38-45.

Kunze, Stefan: Die »wirklich gantz neue Manier« in Beethovens Eroica-Variationen
op. 35. In: Archiv für Musikwissenschaft 29 (1972), S. 124-149.

146 Kastner/Kapp, Nr. 65, S. 61 f. (18. Oktober 1802); Anderson, Nr. 62 (Bd. 1,
     S. 76 f.). Vgl. Dahlhaus, Beethoven, S. 209.

151 Wagner, Zukunftsmusik, in: Schriften 7, S. 96.

154 Themenanfänge (in der Fuge) I: T. 1. – II: T. 20 (T. 28 Wiederaufnahme von I).
     – III: T. 42. – IV: T. 52. – V: T. 70. – VI: T. 77. – VII: T. 90. – VIII: T. 112. –
     IX/X: T. 133. – XI/XII: T. 165.

160 Vollständiges Lehrbuch der musikalischen Composition, deutsch von Carl Czerny,
     Wien 1834, Bd. 1, S. 334.

162 Wagner, Zukunftsmusik, in: Schriften 7, S. 127 und 130.

163 Zu op. 31 Nr. 3 vgl. den Artikel von Ludwig Finscher.

164 *oben:* Die Skizzen zur d-Moll-Sonate op. 31 Nr. 2 spiegeln tatsächlich, wie Beethoven
     die Stringenz harmonischer Standardverfahren auslotete; vgl. Barry Cooper (s. o.).
     unten: Sieghard Brandenburg, Beethovens Streichquartette op. 18, S. 270; nach
     TDR 2, S. 186.

168 Wegeler/Ries, S. 102 f.

169 Wegeler/Ries, S. 99.

170 *oben:* TDR 2, S. 495 (mit Fußnote 2); nach: Signale für die musikalische Welt,
     21. Juni 1866. Zum geistigen Umfeld der Zeit vgl. etwa Cook, Symphony
     No. 9, S. 78-80.
     Mitte: TF, S. 402 f., 407.

7. Kapitel: Leonore – Fidelio

Charlton, David: On Redefinitions of ›Rescue Opera‹. In: Malcolm Boyd (Hrsg.),
Music and the French Revolution, Cambridge 1992, S. 169-188.

Galliver, David: Léonore, ou L'amour conjugal: a celebrated offspring of the Revolution.
In: Malcolm Boyd (Hrsg.), Music and the French Revolution, Cambridge 1992, S. 157-168.

Hess, Willy: Beethovens Oper Fidelio und ihre drei Fassungen. Zürich 1953.

Jacobs, Helmut C.: Jean Nicolas Bouilly (1763-1842) und die Genese des Leonoren-
stoffes. »Léonore ou L'amour conjugal« als »Fait historique« der Revolutionszeit. In:
Archiv für Musikwissenschaft 48 (1991), S. 199-216.

427

175 Kunze, Beethoven, S. 39f.
186 Galliver widmet sich den Sachzusammenhängen deutlich sensibler als Jacobs,
der lediglich darauf abhebt, die Geschichte als solche habe sich nicht so zugetragen, wie Bouilly sie darstellt (zu beiden s. o.).
187 Richard Engländer, Paërs »Leonora« und Beethovens »Fidelio«. In: Neues
Beethoven-Jahrbuch 4 (1930), S. 118-132.
189 Michael F. Tusa, The Unknown Florestan: The 1805 Version of »In des Lebens
Frühlingstagen«, in: Journal of the American Musicological Society 46 (1993),
S. 176-220.
194 Tusa, The Unknown Florestan (s. o.), S. 178f.
197 Wagner, Zukunftsmusik, in: Schriften 7, S. 92f.

8. Kapitel: Russische Themen

Brandenburg, Sieghard: Zur Textgeschichte von Beethovens Violinsonate op. 47. In:
Martin Bente (Hrsg.), Musik, Edition, Interpretation, Gedenkschrift Günter Henle,
München 1980, S. 111-124.
Hübsch, Lini: Ludwig van Beethoven. Rasumowsky-Quartette Op. 59. München 1983
(Meisterwerke der Musik, Heft 40).
Kerman, The Beethoven Quartets, S. 89-154.
Salmen, Walter: Zur Gestaltung der »Thèmes russes« in Beethovens op. 59. In: Ludwig
Finscher und Christoph-Hellmut Mahling (Hrsg.), Festschrift für Walter Wiora zum
30. Dezember 1966, Kassel etc. 1967, S. 397-404.
201 *oben:* Solomon, Beethoven, S. 156f.
Mitte: Wegeler/Ries, S. 109.
205 *oben:* TDR 2, S. 389. Zu Angelo Soliman vgl. Volkmar Braunbehrens, Mozart
in Wien, München 1986, S. 99.
Mitte: Hierzu und im folgenden Wegeler/Ries, S. 83.
207 Zur Biographie: Constant von Wurzbach, Biographisches Lexikon für Oesterreich, Bd. 25, Wien 1873, S. 6-9; ferner TF, S. 400f., 444.
210 *oben:* Angaben nach TF, S. 156f.
unten: 1797 für das Quintett op. 16 [?], 1798 mit einer der Violinsonaten aus
op. 12 (vgl. TF, S. 204), und schließlich 1800 im Burgtheater-Konzert nachweisen, in dem Schuppanzigh das Septett op. 20 musizierte.
211 *Mitte:* Alan Tyson, The ›Razumovsky‹ Quartets: Some Aspects of the Sources, in:
Alan Tyson (Hrsg.), Beethoven Studies 3, Cambridge 1982, S. 107-140, hier S. 135.
unten: Zit. nach: Ludwig Finscher, Verwandlung der Tradition, Beethovens
Streichquartette aus den Jahren 1806-1810, Beiheft zur Aufnahme »Beethoven,
Die mittleren Streichquartette«, Hamburg 1985, S. 8.
212 Schindler, Bd. 1, S. 197.
216 *oben:* Nach Hübsch (s. o.), S. 31.
unten: Walter Salmen (s. o., S. 404) führt Czernys Vermutung hingegen darauf
zurück, daß Beethoven dem Thema den »Schein des Bekannten« gegeben habe.
217 Walther Vetter, Beethoven und Rußland, in: Mythos – Melos – Musica, Ausgewählte Aufsätze zur Musik, 1. Folge, Leipzig 1957, S. 368-376 (hier
S. 375f.).

220 Ludwig Finscher, Beethovens Streichquartett Opus 59, 3. Versuch einer Interpretation, in: Gerhard Schuhmacher (Hrsg.), Zur musikalischen Analyse, Darmstadt 1974 (Wege der Forschung, 257), S. 122-160.

222 *oben:* Übersichtsweise vgl. Cooper, Beethoven's Tenth Symphony, S. 11.
Mitte: TF, S. 409.
unten: Kunze, Beethoven, S. 68 f.

9. Kapitel: Konzertprogramme

Bockholdt, Rudolf: Ludwig van Beethoven, VI. Symphonie F-Dur op. 68, Pastorale. München 1983 (Meisterwerke der Musik, Heft 23).
Whiting, Steven Moore: »Hört ihr wohl«. Zu Funktion und Programm von Beethovens »Chorfantasie«, in: Archiv für Musikwissenschaft 45 (1988), S. 132-147.

223 Brief an Nikolaus II. von Esterházy, 26.7.1807: Kastner/Kapp, Nr. 140, S. 108; Anderson, Nr. 150, Bd. 1, S. 174.

224 25.12.1808; zit. nach Solomon, Beethoven, S. 175 f.

231 *oben:* François Lesure (Hrsg.), Claude Debussy, Monsieur Croche et autres écrits, Paris 1971, S. 94 (aus *Gil Blas*, 16.2.1903: M. F. Weingartner; Reprise de »La Traviata« à l'Opéra-Comique). Deutsche Übersetzung zit. nach: Debussy, Monsieur Croche, Potsdam 1949, S. 94.
Mitte: Kunze, Beethoven, S. 126.

235 Marx, Beethoven, Bd. 2, S. 57.

236 Hoffmanns Rezension zit. nach Kunze, Beethoven, S. 100-112.

238 Beate Angelika Kraus, Beethoven and the Revolution: the View of the French musical press, in: Malcolm Boyd (Hrsg.), Music and the French Revolution, Cambridge 1992, S. 300-314, hier S. 314; Noten S. 311-313.

239 Zu den Aufführungen TF S. 517, 969; zu den Kritiken vgl. Kunze, Beethoven, S. 248 f.

240 *Mitte:* Zitate nach Kunze, Beethoven, S. 256 und 260.
unten: Solomon, Beethoven, S. 307.

244 Kerst I, S. 51.

246 Claudia Macdonald, The Models for Schumann's F-major Piano Concerto of 1831, in: Studi musicali 21 (1992), S. 159-189.

10. Kapitel: Rudolph und Napoleon

Gutiérrez-Denhoff, Martella: »O Unseeliges Dekret«. Beethovens Rente von Fürst Lobkowitz, Fürst Kinsky und Erzherzog Rudolph. In: Sieghard Brandenburg und Martella Gutiérrez-Denhoff, Beethoven und Böhmen, Beiträge zu Biographie und Wirkungsgeschichte Beethovens, Bonn 1988, S. 91-145.
Kagan, Susan: Archduke Rudolph, Beethoven's Patron Pupil, and Friend: His Life and Music. Stuyvesant 1988.
Tyson, Alan: Beethoven's heroic phase. In: The Musical Times 110 (1969), S. 139-141.

250 Wegeler/Ries, S. 78.

251 Kinsky/Halm, S. 131.

429

252 *oben:* Kastner/Kapp, Nr. 101, S. 81 f.; Anderson, Nr. 96, Bd. 1, S. 115 f.
 Mitte: Entgegen Dahlhaus, Beethoven, S. 52 f.: Vgl. Deutsches Wörterbuch
 von Jacob und Wilhelm Grimm, Bd. 3, Leipzig 1862, Sp. 102 f.
255 Vgl. Dahlhaus, Beethoven, S. 55.
256 Kastner/Kapp, Nr. 226, S. 155-157; Anderson, Nr. 245, Bd. 1, S. 260-263.
257 Kastner/Kapp, Nr. 291, S. 200-203; Anderson, Nr. 325, Bd. 1, S. 336-340.
258 Schindler, Bd. 1, S. 147.
259 Quellenangaben nach Kinsky-Halm, S. 216.
260 Kastner/Kapp, Nr. 291, S. 200-203; Anderson, Nr. 325, Bd. 1, S. 336-340.
262 Kastner/Kapp, Nr. 201 (S. 142-144), Nr. 208 (S. 146 f.), Nr. 211a (S. 150);
 Anderson, Bd. 1, Nr. 220 (S. 233-236), Nr. 226 (S. 243 f.), Nr. 232 (S. 250).
263 Lewis Lockwood, Beethoven's Unfinished Piano Concerto of 1815: Sources
 and Problems, in: The Musical Quarterly 56 (1970), S. 624-646; Nicholas
 Cook, Beethoven's Unfinished Piano Concerto: a Case of Double Vision? In:
 Journal of the American Musicological Society 42 (1989), S. 338-374 (mit Ant-
 wort von Lewis Lockwood in Jahrgang 43, 1990, S. 376-382, und neuerlicher
 Antwort von Nicholas Cook, ebenda, S. 382-385). Zum Werkbeginn vgl.
 Table 1 und Exx. 1-2 in Cooks Artikel von 1989 (S. 341-343).

11. Kapitel: Goethe und Collin, Schiller und Wagner

Collin, Heinrich J. v.: Sämmtliche Werke, 1. Band (Regulus. Coriolan. Polyxena).
Wien 1812.
Schiller, Friedrich: Über Egmont, Trauerspiel von Goethe. Zitiert nach: Schillers Werke, Bd. 4, Frankfurt am Main 1966, S. 371-380 (die wörtlichen Zitate: S. 372 f. und 380).
Wagner, Richard: Beethovens Ouvertüre zu »Coriolan«, in: Schriften 5, S. 173-176.
265 An Breitkopf & Härtel, 2.12.1809: Kastner/Kapp, Nr. 209 (S. 147 f.),
 Anderson, Nr. 228 (Bd. 1, S. 245-247).
266 Kunze, Beethoven, S. 83.
267 Vgl. Wolfgang Kayser, in: Goethes Werke, Bd. 4, Hamburg 1953, München
 8/1974, Anhang, S. 583.
275 Kunze, Beethoven, S. 222.
276 Brief vom 25.6.1811 aus Karlsbad, zitiert nach: Goethes Briefe, Bd. 3, Hamburg 1965, S. 158.
277 Frimmel, Beethoven-Handbuch, Bd. 1, S. 346 (Art. Lichnowsky).
279 Zur Andante-Idee Hoffmanns vgl. Kunze, Beethoven, S. 83.
280 Marx, Bd. 2, S. 52 (ebenso die folgenden Zitate).
281 Kunze, Beethoven, S. 83; nach: Berliner Allgemeine Musikalische Zeitung 2
 (1825), S. 396.
285 Zu den Klaviertrios op. 70; vgl. Kunze, Beethoven, S. 129.

12. Kapitel: Veränderte Dimensionen

Fischer, Kurt von: »Never to be performed in public«. Zu Beethovens Streichquartett
op. 95. In: Beethoven-Jahrbuch 9 (1973/77), S. 87-96.
Kerman, The Beethoven Quartets, S. 155-187.

Wiesend, Reinhard: Bemerkungen zum Streichquartett op. 95. In: Sieghard Brandenburg und Helmut Loos, Hrsg., Beiträge zu Beethovens Kammermusik, Symposium Bonn 1984, München 1987, S. 125-134.

288 *oben:* Zur Geschichte beider Widmungen vgl. Lockwood, Beethoven, S. 256, Anm. 30.

    Mitte: Undatierte Briefe, ca. 1795/96 (Kastner/Kapp), 1796/99 (Anderson): Kastner/Kapp, Nr. 13, S. 23 f. (Anderson, Nr. 35, Bd. 1, S. 35 f.); Kastner/Kapp, Nr. 18, S. 26 (Anderson, Nr. 29, Bd. 1, S. 31 f.); Kastner/Kapp, Nr. 19, S. 27 (Anderson, Nr. 19, Bd. 1, S. 26 f.).

290 Kunze, Beethoven, S. 129-155.

297 *oben:* Kerst I, S. 162.

    unten: Sieghard Brandenburg (Die Quellen zu Beethovens Quartett op. 127, in: Beethoven-Jahrbuch 1978/1981, S. 223) weist darauf hin, daß beide Werke nur in Umarbeitungen der Zeit um 1814/15 erhalten seien; somit gilt der Aspekt der »Gleichaltrigkeit« für die beiden Werke auch in dieser Hinsicht.

299 Kerman (The Beethoven Quartets, S. 182) konstatiert einen Komplexitäts- und Spannungsabfall im Finale.

302 Anderson, Nr. 664 (Bd. 2, S. 604-607).

13. Kapitel: Teplitz 1812

Kinderman, William: Beethoven's Diabelli Variations. Oxford 1987.

303 Goethes Briefwechsel mit einem Kinde, zit. nach: Bettina von Arnim, Werke, hrsg. von Gustav Konrad, Band 2, Frechen 1959, S. 250; Echtheits-Tabelle im Anhang, S. 771.

304 Bettina von Arnim, Werke, hrsg. von Gustav Konrad, Band 5, Frechen 1961, S. 84.

306 *oben:* TF, S. 532.

    Mitte: Kastner/Kapp, Nr. 55, S. 50-52 (bei 1801 eingeordnet); Anderson Nr. 373 (Bd. 1, S. 373-376: 1812). Maynard Solomon, New Light on Beethoven's Letter to an Unknown Woman, in: The Musical Quarterly 58 (1972), S. 572-587. Vgl. ebenso: Solomon, Beethoven, S. 186-218.

308 Kastner/Kapp, Nr. 524, 710 und 565, S. 322 f., 404 f. und 338 f.; Anderson Nr. 570, 758, 607 (Bd. 2, S. 531 f., 667, S. 557 f.).

313 *oben:* Zit. nach: Karl Robert Mandelkow (Hrsg.), Briefe an Goethe, Bd. 2, Hamburg 1969, München 2/1982, S. 86.

    Mitte: Kastner/Kapp, Nr. 342, S. 227-229; Anderson, Appendix B, Nr. 2, Bd. 3, S. 1357-1359. Zit. nach Schindler, Bd. 2, S. 350.

314 *Mitte:* Zit. nach: Werner Pfister (Hrsg.), Briefwechsel Goethe-Zelter, Zürich und München 1987, S. 95.

    unten: Grove, Symphonies, S. 239, 282.

317 Kunze, Beethoven, S. 295 f. (nach: Allgemeine musikalische Zeitung 1816).

319 Finscher, Beethovens Klaviersonate opus 31, 3, S. 396.

320 Vgl. für die Grundlagen Nottebohm, Beethoveniana, S. 21 f.

14. Kapitel: Die Einheit von »Außen« und »Innen«

Küthen, Hans Werner: Neue Aspekte zur Entstehung von Wellingtons Sieg. In: Beethoven-Jahrbuch 8 (1971/72), S. 73-92.
Küthen, Hans Werner: »Wellingtons Sieg oder die Schlacht bei Vittoria«. Beethoven und das Epochenproblem Napoleon. In: Helga Lühning und Sieghard Brandenburg (Hrsg.), Beethoven, Zwischen Revolution und Restauration, S. 229-258.
Ladenburger, Michael (Hrsg.): Ludwig van Beethoven, Klaviersonate e-Moll op. 90, Autograph. Berlin 1993 (Patrimonia, Heft 63).
Vetter, Walther: Ludwig van Beethoven und das Zeitgeschehen. In: Mythos – Melos – Musica, 1. Folge, S. 377-397.

322   *oben:* Küthen, Neue Aspekte; nach Beethovens Brief von 1814 an den Juristen Karl von Adlersburg (Kastner/Kapp, Nr. 444, S. 274; Anderson, Nr. 485, Bd. 1, S. 459-462).
       Mitte: Zum Kontext vgl. TF, S. 559-561; Thomas Röder, Beethovens Sieg über die Schlachtenmusik, Opus 91 und die Tradition der Battaglia, in: Helga Lühning und Sieghard Brandenburg (Hrsg.), Beethoven, Zwischen Revolution und Restauration, S. 229-258.

324   Walther Vetters Sicht, die Abgrenzung der beiden Seiten sei »naiv« und zusammenhanglos (Ludwig van Beethoven und das Zeitgeschehen, in: Mythos – Melos – Musica, 1. Folge, S. 377-397, hier S. 393), läßt dies außer acht.

327   Zit. nach Solomon, Beethoven, S. 165.

329   Brief vom 21.9.1814: Kastner/Kapp, Nr. 460, S. 285 f.; Anderson, Nr. 498 (Bd. 1, S. 470 f.).

330   Schindler, Bd. 1, S. 241 f. (Anmerkung).

335   *oben:* Nach Kunze, Beethoven, S. 266 f.
       unten: Uhde, Beethovens Klaviermusik, Bd. 3, S. 300.

15. Kapitel: »Pour le Pianoforte«

339   »Triptychon«: vgl. etwa Badura-Skoda/Demus, S. 191. Die »letzten fünf Klaviersonaten«: vgl. Brandenburg, Beethovens Streichquartett op. 127, S. 224.

343   Edwin Fischer, Ludwig van Beethovens Klaviersonaten, Ein Begleiter für Studierende und Liebhaber, Wiesbaden 1956, S. 125.

16. Kapitel: Rudolph, Bischof von Olmütz

Drabkin, William: Beethoven: Missa solemnis. Cambridge 1991 (Cambridge Music Handbooks).
Fischman, Natan I.: Die Uraufführung der Missa solemnis. In: Beiträge zur Musikwissenschaft 12 (1970), S. 274-281.

360   Kastner/Kapp, Nr. 882 (S. 491-493); Anderson, Nr. 948 (S. 813-815).

373   Kastner/Kapp, Nr. 1059 (S. 634).

374   Nach dem Werbeschreiben nach St. Petersburg; vgl. Fischmann, Missa solemnis (s. o.), S. 275 (deutsche Übersetzung: S. 280). Zu weiteren Daten der Entstehungsgeschichte vgl. v. a. S. 274 und 277.

375 Zu Joseph Starzer vgl. Eva Badura-Skodas Artikel in MGG 12 (1965),
   Sp. 1190-1194. Detaillierte Ausführungen bei Andreas Holschneider, Neue
   Mozart-Ausgabe, Serie X, Werkgruppe 28, Abteilung 1, Bd. 1 (Acis und
   Galatea), Vorwort, S. VIII f.

17. Kapitel: »Nicht diese Töne«?

Cook, Symphony No. 9; Canisius, Beethoven, vor allem S. 167-186 und S. 243-252.

377 Cook, Symphony No. 9, S. 15-17.

385 Wagner, Bericht über die Aufführung der Neunten Symphonie, in: Schriften 2,
   S. 50-64, hier S. 61.

386 Kunze, Beethoven, S. 486.

387 oben: Brief vom 10.3.1824: Kastner/Kapp, Nr. 1191, S. 706f.; Anderson,
   Nr. 1270, Bd. 3, S. 1114f.
   unten: Kunze, Beethoven, S. 473.

388 Zitate: Columban Habisreutinger, Melodiae Ariosae zu denen in teutsche Vers
   gebundenen vier Büchern von der Nachfolgung Jesu Christi, Augsburg 1744,
   Vorwort; Robert Schumann, Gesammelte Schriften über Musik und Musiker,
   hrsg. von Martin Kreisig, Leipzig 1914, 1. Band, S. 10.

391 So noch: Andreas Eichhorn, Beethovens Neunte Symphonie, Die Geschichte
   ihrer Aufführung und Rezeption, Kassel 1993 (Kasseler Schriften zu Musik, 3),
   S. 229-231.

392 Brief vom 10.3.1824: Kastner/Kapp, Nr. 1191, S. 706f.; Anderson, Nr. 1270,
   Bd. 3, S. 1114f.

393 Vgl. Cooper, Beethoven's Tenth Symphony (Übersicht, S. 18).

394 Mitte: Martin Geck, Von Beethoven bis Mahler, Die Musik des deutschen
   Idealismus, Stuttgart und Weimar 1993, S. 105f.
   unten: Überblicksweise (und zur Diskussion des Problems als solchem) vgl.
   Hermann Danuser, Gustav Mahler, Das Lied von der Erde, München 1986
   (Meisterwerke der Musik, Heft 26), S. 24.

18. Kapitel: Galitzin und die Folgen

Brandenburg, Sieghard: The Autograph of Beethoven's String Quartet in A minor,
Opus 132: The Structure of the Manuscript and its Relevance for the Study of the
Genesis of the Work. In: Christoph Wolff (Hrsg.), The String Quartets of Haydn,
Mozarts, and Beethoven: Studies of the Autograph Manuscripts, Cambridge, Mass.,
1980, S. 278-301.

Brandenburg, Sieghard: The Historical Background to the ›Heiliger Dankgesang‹ in
Beethoven's A-minor Quartet Op. 132. In: Alan Tyson (Hrsg.), Beethoven Studies
3, Cambridge 1982, S. 161-191.

Helm, Theodor: Beethoven's Streichquartette. Versuch einer technischen Analyse
dieser Werke im Zusammenhange mit ihrem geistigen Gehalt. Leipzig 31921.

Kerman, The Beethoven Quartets, S. 191-379.

Kropfinger, Klaus: Das gespaltene Werk – Beethovens Streichquartett Op. 130/133, in: Sieghard Brandenburg und Helmut Loos, Hrsg., Beiträge zu Beethovens Kammermusik, Symposium Bonn 1984, München 1987, S. 296-335.

Odojewski(j), Wladimir Fedorowitsch: Beethovens letztes Quartett, in: Klassische Erzählungen Rußlands, Von Puschkin bis Gorki, deutsch von Ekkehard Jäkel, Leipzig 1953 (Sammlung Dieterich, 145), S. 53-62 (als Quelle der deutschen Zitate); auch in: ders., Russische Nächte, München 1970, S. 161-170 (mit einem anschließenden Diskurs über die Hintergründe der Erzählung in der Rahmenhandlung, S. 170-174).

Olias, Günter: Zum Beethoven-Bild in der russischen Literatur der ersten Hälfte des 19. Jahrhunderts. In: Heinz Alfred Brockhaus und Konrad Niemann (Hrsg.), Bericht über den Internationalen Beethoven-Kongreß 10.-12. Dezember 1970 in Berlin, Berlin 1971, S. 115-120.

395 *Mitte:* Anderson, Nr. 664 (Bd. 2, S. 605-607).
     unten: Brandenburg, Beethovens Streichquartett op. 127, S. 231, 233.

397 Zu Mozart: Bauer-Deutsch, Bd. 3, S. 303: Nr. 778, Z. 25 (mit Kommentar). – Zu Schuppanzigh: Lev Ginsburg, Ludwig van Beethoven und Nikolai Galitzin, in: Beethoven-Jahrbuch 1959/60, S. 59-71. – Zu Lissner: Kastner/Kapp, Nr. 1103 (S. 661; 7. Mai 1823); Anderson, Nr. 1177 (Bd. 3, S. 1034f.). – Zu Schuppanzighs Bericht: Beethoven, Konversationshefte, Bd. 3, S. 224.

399 Zu Schott: Mitteilung vom 12.12.1824 an Peters (Kastner/Kapp, Nr. 1259, S. 738; Anderson, Nr. 1324, Bd. 3, S. 1154); nach dem Angebot vom 10.3.1824 an Schott (Kastner/Kapp, Nr. 1191, S. 706f.; Anderson, Nr. 1270, Bd. 3, S. 1114f.). – Zu Diabelli: Staehelin, Another Approach, S. 304-306.

401 *oben:* Brandenburg, Beethovens Streichquartett op. 127, S. 250, 273 f.
     unten: Abraham Klimowitsky, Ein »Gloria« von Palestrina als Modell des »Heiligen Dankgesanges« aus Beethovens Streichquartett op. 132, in: Harry Goldschmidt u. a. (Hrsg.), Bericht über den Internationalen Beethoven-Kongreß 20. bis 23. März 1977 in Berlin, Leipzig 1978, S. 223-229 (russisch), S. 513-517 (deutsch); Fischman, Beethoveniana, S. 323.

408 Cooper, Tenth Symphony, S. 10, 18.

410 Heinrich A. Stammler, Nachwort zu: Odojewskij, Russische Nächte (s. o.), S. 374.

417 Vgl. Riemann, Streichquartette, S. 170.

419 Positionen gegen Wilhelm Altmann (Vorwort zur Eulenburg-Taschenpartitur von op. 130) und Theodor Helm (Beethovens Streichquartette, Leipzig 3/1921, S. 228) etwa bei Sieghard Brandenburg (Die Quellen zu Beethovens Streichquartett op. 127, in: Beethoven-Jahrbuch 1978/1981, S. 226f) und Klaus Kropfinger (Das gespaltene Werk, S. 323).

421 *oben:* Wagner, Beethovens cis-Moll-Quartett, in: Schriften 12, S. 350.
     Mitte: Zitiert nach: Grillparzers Werke in sechs Bänden, hrsg. von Heinz Kindermann, Leipzig o. J., Bd. 6, S. 88.
     unten: Vgl. zu derartigen Sehweisen etwa: Stefan Kunze, Carl Philipp Emanuel Bach – Zeit und Werk, in: Hans Joachim Marx (Hrsg.), Carl Philipp Emanuel Bach und die europäische Musikkultur des mittleren 18. Jahrhunderts, Göttingen 1990, S. 15-32 (mit einem Anhang: S. 33-38), besonders S. 17f.

Literatur

Schriften, auf die lediglich in einem Kapitel Bezug genommen wird, ist den entsprechenden Anmerkungs-Abschnitten als Literaturnachweis zugeordnet.

1. Ausgaben der Werke Beethovens

Ludwig van Beethovens Werke. Leipzig 1862-65 (Supplement: 1888).
Ludwig van Beethoven. Sämtliche Werke. Supplemente zur Gesamtausgabe, hrsg. von Willy Hess. Wiesbaden 1959-71.
Ludwig van Beethoven. Neue Ausgabe sämtlicher Werke. München und Duisburg 1961ff.

2. Beethoven: Quelleneditionen und Nachschlagewerke

Anderson, Emily (Hrsg.): The Letters of Beethoven. 3 Bände, London 1961.
Cooper, Barry (Hrsg.): Das Beethoven-Kompendium. Sein Leben, seine Musik. München 1992 (englische Originalausgabe: London 1991).
Dorfmüller, Kurt (Hrsg.): Beiträge zur Beethoven-Bibliographie. Studien und Materialien zum Werkverzeichnis von Kinsky-Halm. München 1978.
Frimmel, Theodor: Beethoven-Handbuch. 2 Bände, Leipzig 1926.
Johnson, Douglas (Hrsg.): The Beethoven Sketchbooks: History, Reconstruction, Inventory. Berkeley und Los Angeles 1985.
Kastner, Emerich, und Julius Kapp: Ludwig van Beethovens sämtliche Briefe. Leipzig 2/1923 (Nachdruck Tutzing 1975).
Kerst, Friedrich: Die Erinnerungen an Beethoven. 2 Bände, Stuttgart 2/1925.
Kinsky, Georg, und Hans Halm: Das Werk Beethovens. Thematisch-bibliographisches Verzeichnis seiner sämtlichen vollendeten Kompositionen. München 1955 (»Kinsky-Halm«).
Kunze, Stefan (Hrsg.): Ludwig van Beethoven. Die Werke im Spiegel seiner Zeit. Gesammelte Konzertberichte und Rezensionen bis 1830. Laaber 1987.
Ludwig van Beethovens Konversationshefte. Hrsg. von der Deutschen Staatsbibliothek Berlin (seit Bd. 10: von der Staatsbibliothek zu Berlin – Preußischer Kulturbesitz). Leipzig 1972ff.

3. Beethoven-Literatur im Speziellen

Badura-Skoda, Paul, und Jörg Demus: Die Klaviersonaten von Ludwig van Beethoven. Wiesbaden 1970.

Bekker, Paul: Beethoven. Berlin und Leipzig 1911.

Brandenburg, Sieghard: Die Quellen zur Entstehungsgeschichte von Beethovens Streichquartett Es-Dur Op. 127. In: Beethoven-Jahrbuch 10 (1978/81), S. 221-276.

Brandenburg, Sieghard: Beethovens Streichquartette op. 18, in: Sieghard Brandenburg und Martella Gutiérrez-Denhoff, Beethoven und Böhmen, Beiträge zu Biographie und Wirkungsgeschichte Beethovens, Bonn 1988, S. 259-302.

Brandenburg, Sieghard: Beethovens politische Erfahrungen in Bonn. In: Helga Lühning und Sieghard Brandenburg (Hrsg.), Beethoven, Zwischen Revolution und Restauration, Bonn 1989, S. 3-50.

Canisius, Claus: Beethoven. »Sehnsucht und Unruhe in der Musik«. Aspekte zu Leben und Werk. München und Mainz 1992.

Cook, Nicholas: Beethoven: Symphony No. 9. Cambridge 1993 (Cambridge Music Handbooks).

Cooper, Barry: Newly Identified Sketches for Beethoven's Tenth Symphony. In: Music & Letters 66 (1985), S. 9-18.

Cooper, Barry: Beethoven and the Creative Process. Oxford 1990.

Cooper, Martin: Beethoven: The Last Decade, 1817-1827. With a medical appendix by Edward Larkin. Oxford 1970.

Dahlhaus, Carl: Ludwig van Beethoven und seine Zeit. Laaber 1987.

Finscher, Ludwig: Beethovens Klaviersonate opus 31, 3. Versuch einer Interpretation. In: Ludwig Finscher und Christoph-Hellmut Mahling (Hrsg.), Festschrift für Walter Wiora zum 30. Dezember 1966, Kassel etc. 1967, S. 385-396.

Fischman, Natan I.: Beiträge zur Beethoveniana. In: Beiträge zur Musikwissenschaft 9 (1967), S. 317-324.

Forbes, Elliot: Thayer's Life of Beethoven. Princeton 2/1967 (»TF«).

Grove, Sir George: Beethoven and His Nine Symphonies. London 3/1898, Nachdruck New York 1962.

Johnson, Douglas: Beethoven's Early Sketches in the ›Fischhof Miscellany‹, Berlin Autograph 28. 2 Bände, Ann Arbor 1980 (Studies in Musicology, 22).

Johnson, Douglas: 1794-1795: Decisive Years in Beethoven's Early Development. In: Alan Tyson (Hrsg.), Beethoven Studies 3, Cambridge 1982, S. 1-28.

Kerman, Joseph: The Beethoven Quartets. London 1967.

Kerman, Joseph: Notes on Beethoven's Codas. In: Alan Tyson (Hrsg.), Beethoven Studies 3, Cambridge 1982, S. 141-159.

Kerman, Joseph, und Alan Tyson: Beethoven. The New Grove. Stuttgart und Weimar 1992 (originale Einzelausgabe: London 1983).

Lenz, Wilhelm von: Beethoven. Eine Kunststudie. Kassel 1855; Neudruck mit Ergänzungen und Erläuterungen von Alfred Chr. Kalischer, Berlin 1908.

Lockwood, Lewis: Beethoven: Studies in the Creative Process. Cambridge, Mass., und London 1992.

Marx, Adolph Bernhard: Ludwig van Beethoven. Leben und Schaffen. 2 Bände, Berlin 1859, Leipzig 6/1902.

Mies, Ludwig: »Quasi una fantasia«, in: Siegfried Kross und Hans Schmidt (Hrsg.), Colloquium amicorum, Joseph Schmidt-Görg zum 70. Geburtstag, Bonn 1967, S. 239-249.

Mies, Ludwig: Die Bedeutung der Pauke in den Werken Beethovens. In: Beethoven-Jahrbuch 8 (1971/72), S. 49-71.

Nottebohm, Gustav: Beethoveniana. Aufsätze und Mittheilungen. Leipzig 1872.

Nottebohm, Gustav: Beethovens Studien. 1. Band: Beethoven's Unterricht bei J. Haydn, Albrechtsberger und Salieri. Leipzig und Winterthur 1873 (Nachdruck Niederwalluf 1971).

Oboussier, Robert: Die Sinfonien von Beethoven. Berlin 1937.

Riemann, Hugo: Beethoven's Streichquartette. Berlin und Wien 1910 (Schlesingersche Musik-Bibliothek, Meisterführer Band 12).

Riezler, Walter: Beethoven. Berlin und Zürich 1936.

Schiedermair, Ludwig: Der junge Beethoven. Leipzig 1925, Weimar 2/1939.

Schindler, Anton: Ludwig van Beethoven. Münster 3/1860 (Faksimile, hrsg. von Fritz Volbach, Münster 1927).

Siegele, Ulrich: Beethoven. Formale Strategien der späten Quartette. München 1990 (Musik-Konzepte, Band 67/68).

Solomon, Maynard: Beethoven. Biographie. München 1979; Frankfurt am Main 1987 (Originalausgabe: New York 1977).

Staehelin, Martin: Another Approach to Beethoven's Last String Quartet Oeuvre: The Unfinished String Quintet of 1826/27. In: Christoph Wolff (Hrsg.), The String Quartets of Haydn, Mozarts, and Beethoven: Studies of the Autograph Manuscripts, Cambridge, Mass., 1980, S. 302-326.

Thayer, Alexander Wheelock: Ludwig van Beethovens Leben. Übersetzt von Hermann Deiters, bearbeitet von Hugo Riemann. Leipzig 1917-23. (»TDR«; siehe auch Forbes, Elliot).

Uhde, Jürgen: Beethovens Klaviermusik. 3 Bände, Stuttgart 1968-74.

Wegeler, Franz Gerhard, und Ferdinand Ries: Biographische Notizen über Ludwig van Beethoven. Koblenz 1838 (Faksimile Hildesheim etc. 1972).

4. Sonstige Schriften

Bauer, Wilhelm A., und Otto Erich Deutsch (Hrsg.): Mozart. Briefe und Aufzeichnungen. Gesamtausgabe (erl. von Joseph Heinz Eibl). 7 Bände, Kassel etc. 1962-75.

Deutsch, Otto Erich (Hrsg.): Mozart. Die Dokumente seines Lebens. Kassel etc. 1961.

Niederland, William G.: Trauma und Kreativität. Frankfurt am Main 1989.

Österreich zur Zeit Kaiser Josephs II. Niederösterreichische Landesausstellung, Stift Melk 1980, Wien 1980.

Wagner, Richard: Gesammelte Schriften und Dichtungen. Volksausgabe. 16 Bände, Leipzig 1911.

Wurzbach, Constant von: Biographisches Lexikon für Oesterreich. 60 Bände, Wien 1856-1891.

Register der erwähnten Werke Beethovens

Personenregister

447

Ausgewählte Widmungsempfänger Beethovens

a) Innerhalb der Verwandtschaftsbeziehungen des Wiener Adels
(vgl. Übersicht auf dem vorderen Vorsatzblatt)

Maria Fürstin Esterházy	op. 45	3 Märsche für Klavier zu vier Händen
Nikolaus Fürst Esterházy	op. 86	Messe C-Dur (nur Auftrag)
Ferdinand Fürst Kinsky	op. 86	Messe C-Dur
Carolina Fürstin Kinsky	op. 75	6 Lieder (Goethe u. a.)
	op. 83	3 Lieder (Goethe)
	op. 94	Lied »An die Hoffnung«
Christiane Fürstin Lichnowsky	op. 43	Die Geschöpfe des Prometheus
	WoO 45	Variationen über ein Thema aus »Judas Maccabäus« von Händel
Henriette Gräfin Lichnowsky	op. 51/2	Rondo G-Dur für Klavier
Karl Fürst Lichnowsky	op. 1	3 Klaviertrios
	op. 13	Sonate pathétique für Klavier
	op. 26	Klaviersonate As-Dur
	op. 36	Sinfonie Nr. 2 D-Dur
	WoO 69	Variationen über ein Thema aus »La molinara« von Paisiello
Moritz Graf Lichnowsky	op. 35	»Eroica-Variationen«
	op. 90	Klaviersonate e-Moll
Josephine Fürstin Liechtenstein	op. 27/1	»Sonata quasi una fantasia« Es-Dur für Klavier
Franz Joseph Fürst Lobkowitz	op. 18	6 Streichquartette
	op. 55	Sinfonie Nr. 3 Es-Dur (»Eroica«)
	op. 56	Tripelkonzert
	op. 67	Sinfonie Nr. 5 c-Moll
	op. 68	Sinfonie Nr. 6 F-Dur (»Pastorale«)
	op. 74	Streichquartett Es-Dur (»Harfenquartett«)
	op. 98	Liederzyklus »An die ferne Geliebte«
Ferdinand Fürst Lobkowitz	WoO 106	»Lobkowitz-Kantate« (nicht zu Beethovens Lebzeiten gedruckt)
Andreas Fürst Rasumowsky	op. 59	3 Streichquartette (»Rasumowsky-Quartette«)
	op. 67	Sinfonie Nr. 5 c-Moll
	op. 68	Sinfonie Nr. 6 F-Dur (»Pastorale«)
Joseph Fürst Schwarzenberg	op. 16	Quintett für Klavier und Bläser
Wilhelmine Gräfin Thun	op. 11	Trio für Klavier, Klarinette und Violoncello
Ferdinand Graf Waldstein	op. 53	Klaviersonate C-Dur (»Waldstein-Sonate«)
	WoO 1	»Ritterballett« (nicht zu Beethovens Lebzeiten gedruckt)